CURSO DE TEORIA GERAL DO DIREITO
(O Constructivismo Lógico-Semântico)

CIP-BRASIL. CATALOGAÇÃO NA PUBLICAÇÃO
SINDICATO NACIONAL DOS EDITORES DE LIVROS, RJ

C321c
7. ed.

Carvalho, Aurora Tomazini de

Curso de teoria geral do direito : o constructivismo lógico-semântico / Aurora Tomazini de Carvalho. - 7. ed., rev. - São Paulo : Noeses, 2023.

836 p. ; 23 cm.

Inclui bibliografia

ISBN 978-65-89888-87-1

1. Direito - Linguagem. 2. Hermenêutica (Direito). 3. Semântica (Direito). 4. Norma (Filosofia). I. Título.

23-83125 CDU: 340.12

Gabriela Faray Ferreira Lopes - Bibliotecária - CRB-7/6643

Aurora Tomazini de Carvalho

Doutora em Filosofia do Direito e Mestra em Direito Tributário pela Pontifícia Universidade Católica de São Paulo. Jurista e Professora da Universidade Estadual de Londrina.

CURSO DE TEORIA GERAL DO DIREITO
(O Constructivismo Lógico-Semântico)

7ª edição revista

2023

editora e livraria
NOESES

Copyright © Editora Noeses 2023
Fundador e Editor-chefe: Paulo de Barros Carvalho
Gerente de Produção Editorial: Rosangela Santos
Arte e Diagramação: Renato Castro
Designer de Capa: Aliá3 - Marcos Duarte

TODOS OS DIREITOS RESERVADOS. Proibida a reprodução total ou parcial, por qualquer meio ou processo, especialmente por sistemas gráficos, microfílmicos, fotográficos, reprográficos, fonográficos, videográficos. Vedada a memorização e/ou a recuperação total ou parcial, bem como a inclusão de qualquer parte desta obra em qualquer sistema de processamento de dados. Essas proibições aplicam-se também às características gráficas da obra e à sua editoração. A violação dos direitos autorais é punível como crime (art. 184 e parágrafos, do Código Penal), com pena de prisão e multa, conjuntamente com busca e apreensão e indenizações diversas (arts. 101 a 110 da Lei 9.610, de 19.02.1998, Lei dos Direitos Autorais).

2023

editora e livraria
NOESES
Editora Noeses Ltda.
Tel/fax: 55 11 3666 6055
www.editoranoeses.com.br

AGRADECIMENTOS

Aprendi, com a metodologia do IBET Instituto Brasileiro de Estudos Tributários, que "ninguém muda sozinho, nós mudamos nos encontros". Este trabalho é resultado de vários encontros com diferentes pessoas, que fizeram parte da minha vida durante os três anos que passei no Doutorado em Direito da Pontifícia Universidade Católica de São Paulo, às quais eu tenho muito a agradecer:

Serei sempre grata ao Prof. Paulo de Barros Carvalho, meu orientador, por quem nutro admiração inestimável, por ter me aceito na sua escola e me introduzido no mundo da reflexão sobre o direito e por todas as oportunidades que me concedeu ao longo destes anos.

Ao CNPQ que viabilizou financeiramente a realização da tese.

Aos meus alunos que, com suas dúvidas e colocações, me ajudaram a conceber, reforçar e testar muitas das ideias presentes neste livro.

A toda equipe do IBET, a qual tenho a satisfação de integrar como professora e pesquisadora, em particular ao querido amigo Eurico Marcos Diniz de Santi, cuja capacidade de trabalho me impressiona a cada dia.

Aos amigos professores do COGEAE e da UEL, em especial ao Charles McNaughton, pela leitura do texto e tradução do resumo da tese.

Aos colegas do grupo de estudos e ao pessoal do escritório.

Aos membros da minha banca Robson Maia Lins, Tácio Lacerda Gama, Fabiana del Padre Tomé e Tárek Moysés Moussallem.

À Editora Noeses.

E, a toda minha família, em especial à minha mãe Marcolina que, com seu carinho e inabalável disposição, muito me incentivou, à minha irmãzinha Helena, que me mostra a todo instante a simplicidade da vida e, mais que especialmente, ao meu pai Alcides, que muito me ajudou com seu imensurável conhecimento, paciência e longas tardes de discussões sobre grande parte dos pensamentos aqui manifestos, bem como pelas leituras e revisão do texto.

Obrigada, obrigada, obrigada!

PREFÁCIO DA AUTORA À 6ª EDIÇÃO

Há exatos 10 anos da minha defesa de doutorado, que resultou na produção deste livro, muita coisa mudou. Minha cabeça não cabe mais nos conceitos do direito, depois de percorrer o caminho da Filosofia do Conhecimento.

Tudo que sabemos do mundo nos faz sentido dentro de nossos referenciais e da condição de percepção que criamos para nós. Quando entendemos o processo de percepção, de construção intelectual da realidade, de como trazemos o que está fora de nós para dentro de nós (Filosofia do Conhecimento – apresentada no capítulo I deste livro) passamos a compreender como a linguagem (forma utilizada por nosso intelecto para produzir conhecimento) nos limita e nos condiciona, assim como também nossa condição de humanos, como expectadores do mundo que captamos.

O universo está em movimento, temos uma infinidade de probabilidades e improbabilidades e nossa condição de observador modifica a experiência (Física Quântica). Não somos capazes de captar o todo, mas somente aspectos linguísticos daquilo que podemos perceber pela nossa condição humana. A libélula, que gira sobre a luz de uma ópera, não compreende a ópera, nem a luz (como nós humanos) Ela está presa a sua condição de libélula. Mas ela e nós estamos ali, ocupando uma certa dimensão espacial. Somos poeira cósmica vagando num universo de probabilidades, incapazes de compreender por completo onde estamos e o que somos no meio do todo (onde nós somos a libélula).

Em razão da sobrevivência de nossa espécie, nosso cérebro nos levou a fazer associações e com essas associações nos desenvolvemos como espécie dominante no mundo que conhecemos. Controlar o incontrolável garantiu a evolução de nossa espécie, mas condicionou nosso cérebro ao conhecimento, instaurou a atividade de produção de pensamentos em nosso dna. E é disso que se trata o conhecimento. Queremos conhecer para controlar o que não temos ideia, nem controle.

A linguagem cria uma camada superficial em nossa mente chamada conhecimento (em razão dele falamos e atuamos com ganho de causa). Mas tudo que conhecemos do mundo, conhecemos do nosso jeito e por meio da nossa sútil condição humana.

Quando entendemos como se dá o conhecimento, passamos a acreditar em tudo e não acreditar em nada ao mesmo tempo, a saber que tudo que temos do mundo são conceitos sobre os quais construímos nossa realidade (intelectual e tecnológica) e que tudo pode ser possível e impossível ao mesmo tempo em razão da mudança de referenciais.

Neste momento passamos a não dar mais tanto valor ao que vemos, ouvimos e pensamos, nem também aos nossos sentidos, pois eles nos enganam, assim como a linguagem que constitui nossos pensamentos. Há muito mais fora e dentro de nós do que nossas limitações podem perceber.

Há uma energia que nos conecta, há uma frequência que nos guia que nos impulsiona no curso da vida. É difícil nos atentarmos a isso, pois são coisas que encontram-se fora dos nossos padrões de entendimento do mundo, mas elas estão lá influindo no nosso ser todos os milésimos de segundo da nossa existência física.

Então, passamos a vivenciar o conceito de fé.

Fé é acreditar que existe uma força maior, conectando tudo, mas que não temos a capacidade de compreendê-la, apesar de sabemos que está ali (por nossa intuição emocional). É acreditar em nós mesmos e na nossa conexão com o universo. Se tudo é uma onda de probabilidades, se não temos controle de nada, então, melhor não nos irritarmos, somente fluir, sentir que o momento presente é o mais importante porque ele é o único. Então, se deu certo, deu. Se não deu, deu também. Estamos sempre em fluxo e o importante é estar confortável na dimensão espacial presente. Se está incomodando, movimente-se, sem culpa, sem tragédias, se está bom fique, com amor, se doer, chore, mas sem drama e não muito. Sorria sempre, siga o fluxo da alma e direcione sua vida neste sentido, fiel aos seus valores e princípios. O resto o universo dá conta! Confie. Feche os olhos. afaste a linguagem da sua mente e acredite! O melhor está sempre por vir!

Este livro me ajudou muito e tem ajudado muitos alunos no decorrer destes 10 anos. Acho que é isso que levamos da vida. Ao facilitar nosso processo, facilitamos o do outro.

Londrina, 15 de abril de 2019

Aurora Tomazini de Carvalho

ALGUMAS PALAVRAS SOBRE À 5ª EDIÇÃO

5ª edição...

Já se passaram sete anos da primeira e da defesa da minha tese de doutorado que deu origem ao conteúdo desta obra. E no decorrer deste tempo minha convicção em relação ao método e aos pressupostos da Escola do Constructivismo Lógico-Semântico só se confirmaram ainda mais. Seja na sala de aula, nos cursos que tenho ministrado por todo país, na atuação como julgadora no Conselho Administrativo Fiscal (CARF) e até mesmo na vida, sinto, a cada momento, a comprovação da utilidade do método e o avanço na visão de quem trabalha com ele.

Definir conceitos é fundamental, em primeiro lugar porque é com a definição do termo que alcançamos o conhecimento em sentido estrito (proposicional) da coisa. Antes da definição o que temos é o conceito, uma ideia, que nos possibilita utilizar a palavra que a representa num contexto comunicacional. Com a definição surgem as características definitórias, ou seja, os critérios que fazem com que algo seja algo para nós. Isso dá firmeza ao discurso e garante que a comunicação se instaure adequadamente.

A base do método do Constructivismo Lógico-Semântico é essa. Trabalhamos com um modelo filosófico bem determinado: a Filosofia da Linguagem segundo a qual todo conhecimento é proposicional, isto é, se dá mediante a produção de uma linguagem, com a amarração significativa e estrutural de conceitos. E, por isso, a importância das definições. Nossa realidade (conhecida) é criada, construída, pela amarração lógica-semântica de conceitos. Isto que significa Constructivismo Lógico-Semântico (enquanto método), nós construímos uma linguagem, mediante a estruturação significativa de conceitos, e assim conhecemos as coisas, o mundo de fora passa a existir para nós enquanto conteúdo de nossa consciência.

Por método entende-se o caminho para o conhecimento. Como agimos perante um objeto (realidade) para conhecê-lo. Em termos técnicos é a forma lógico-comportamental do sujeito perante o objeto. Partindo-se do pressuposto de que tudo que conhecemos do mundo é a linguagem que o constitui como tal em nosso intelecto, o Constructivismo, enquanto método, é uma forma lógico-comportamental de construção desta linguagem, mediante a qual construímos nossa realidade. Tal método tem como pressuposto um modelo filosófico bem definido e trabalha com a definição de conceitos e amarração significativa e estrutural destas definições.

Para mim, mais do que uma forma lógico-comportamental de conhecer o direito, o Constructivismo é um método para se conhecer o mundo e as diferenças, que mudou não só meu modo de conhecer o direito, mas de enxergar a realidade por completo e a vida. Hoje o emprego em tudo, não só no âmbito profissional, mas pessoal também. E é impressionante, onde atuo em consciência com o método, há êxito, pois ele deixa as coisas às claras. Com a definição dos conceitos, o conteúdo compreendido é bem demarcado e acessível ao outro. Não é preciso concordar, mas o método proporciona, ao menos, um entendimento com relação à realidade que é construída por cada um. O que é o primeiro passo, inclusive, para se poder discordar. Com isso, as discussões ganham profundidade e se mantêm em um nível argumentativo forte.

A aplicação do método no estudo do direito, depois que o conhecemos, é inevitável. Não tenho notícia de nenhum aluno que depois de experimentar profundamente o método queira trabalhar com outro. Geralmente isso acontece com aqueles que não entendem o modelo. As críticas que vejo também enfatizam a falta de conhecimento por aqueles que as fazem, o que é perfeitamente determinável pelo próprio método. E, o que só o reforça, na minha concepção.

A ideia do livro foi trabalhar as categorias gerais do direito, tendo como base o método do Constructivismo Lógico-Semântico, delimitando conceitos que se repetem em todos os ramos do direito, por isso gerais, sob a ótica da Escola do Constructivismo Lógico-Semântico fundada pelo Prof. Paulo de Barros Carvalho, com base nas lições do Prof. Lourival Vilanova, da qual sou adepta.

Hoje, depois de sete anos da primeira publicação, sinto a mais comprovada convicção de que o livro vem respondendo seu propósito de firmar e reafirmar os pressupostos do método e da Escola, na análise do direito. Seu conteúdo continua atual e assim continuará, mesmo que toda a legislação se modifique, pois trata de conceitos basilares, fundamentais na compreensão e na atuação do direito.

Enxergar o direito como linguagem, um dos pressupostos da Escola do Constructivismo Lógico-Semântico, foi e continua sendo um diferencial na minha vida. Cada vez estou mais convencida da aplicação da teoria. E o retorno dos leitores, bem como as críticas sobre o livro, que manifestam suas impressões só confirmam esta convicção. Seja nas palestras e conferências que dou pelo país, seja na participação em Congressos internacionais, por todos os cantos em que atuo, recebo sinais de que o livro tem ajudado na compreensão do direito. Vejo mentes atentas e olhos brilhando, como os meus quando do primeiro contato com a teoria, e me sinto muito feliz e realizada, pois o intuito sempre foi este: compartilhar e simplificar.

O livro apresenta um conteúdo teórico científico, seguido por um grupo de pessoas (a Escola do Constructivismo). É um livro científico, mas que tentei colocar numa linguagem mais simplificada, acessível tanto para o aluno da graduação que está iniciando seus estudos jurídicos como para aqueles que já se encontram em nível de especialização, mestrado ou doutorado, pois particularmente, tive muita dificuldade na assimilação dos conceitos da Escola. A ideia, inclusive implementada pelo próprio método, é simplificar os conceitos jurídicos. Esta é a função da Ciência: reduzir as complexidades do seu objeto, pois com a simplificação elevamos o entendimento da linguagem jurídica, que por si só já é de extrema complexidade.

Passamos anos na faculdade, às vezes uma vida, estudando e lidando com o direito e não nos damos conta do que é o direito e de como devemos lidar com ele. O livro é a porta de entrada para uma concepção de direito mais tangível à realidade vivenciada. Fornece ao leitor os conceitos de base para sua formação jurídica e facilita o trato diário, disponibilizando os instrumentos necessários para compreensão dos textos positivados e construção de fundamentações e argumentações jurídicas convincentes.

E, assim como mudei meus referenciais, espero que esta obra continue transformando seus leitores para melhor e que desperte naqueles que o leiam toda a amplitude de caminhos cognitivos que a Teoria abriu para mim.

São Paulo, 23 de outubro de 2016

Aurora Tomazini de Carvalho

ALGUMAS PALAVRAS SOBRE À 2ª EDIÇÃO

Esta é a 2ª edição do Curso de Teoria Geral do Direito, elaborado consoante os pressupostos do Constructivismo Lógico-Semântico, linha metodológica difundida por Paulo de Barros Carvalho e fundada nas lições magistrais de Lourival Vilanova.

Surpreendeu-me a aceitação da obra, que teve sua primeira edição esgotada em menos de um ano, motivo pelo qual o texto foi revisto e ampliado, acolhendo as observações críticas que os leitores atentos amavelmente me dirigiram. Muito contribuiu, para tanto, a experiência da adoção do livro no Curso de Teoria Geral do Direito realizado pelo IBET (Instituto Brasileiro de Direito Tributário), bem como no mestrado e doutorado da PUC/SP e da USP, programas que operam com os postulados do constructivismo.

Para reforçar as proposições básicas de cada capítulo, fiz acrescentar questionário com perguntas atinentes à matéria exposta, tendo como objetivo fixar conceitos, testar informações e estimular a discussão dos temas correspondentes. Além disso, procurando facilitar o acesso do leitor ao conteúdo do constructivismo, principalmente nos primeiros capítulos, onde são apresentados seus pressupostos, inseri 7 (sete) novos gráficos que julguei oportunos para aperfeiçoar o cunho didático da exposição. Quanto ao mais, aproveitei o ensejo para corrigir pequenas falhas ortográficas que as reiteradas leituras do texto foram apontando.

Nesta oportunidade, expresso, mais uma vez, minha gratidão e respeito pela pessoa e pela obra do Professor Paulo de Barros Carvalho, a quem muito admiro.

São Paulo, 25 de agosto de 2010
Aurora Tomazini de Carvalho

PREFÁCIO À 1ª EDIÇÃO

> *"La base de la formación del jurista es la su formación en la teoría general. Es más, estamos convencidos que en la ciencia del derecho todo lo que no es teoría general es contingencia, casi papel de desecho. (...) ya que casi siempre que estamos ante un verdadero problema jurídico estamos ante un problema de teoría de derecho"*

Quem sabe não fora eu a pessoa mais indicada para anunciar, em tom de prefácio, a proposta deste livro denso, cheio de conteúdo, mas tecido com a singeleza e a transparência dos textos que se pretendem compreendidos. Isso porque a intenção da Autora, desde o início, circunscreveu-se à ideia de organizar uma base ampla que servisse de sustentação para os desdobramentos daquilo que vem sendo conhecido como o *constructivismo lógico-semântico*, tal qual preconizada, a teoria, por Lourival Vilanova, que se apressava logo para advertir nada ter que ver a expressão com o *constructivismo ético*. O constructivismo de que falamos é método de trabalho, simples na sua concepção, mas objetivo e fecundo nos seus resultados, apto para explorar, com o rigor possível, as estruturas lógico-sintáticas do texto examinado, abrindo desse modo o caminho às atribuições de sentido, dentro delas as estipulações axiológicas tão vivas no ato cognoscente dos objetos da cultura. Óbvio que a dimensão pragmática não poderia estar ausente, pois a estabilidade das significações é uma função do uso e as relações entre signo e seus utentes são estudadas naquela instância. O nome da teoria, contudo, foi firmado em reação espontânea pelo eminente professor e sempre me pareceu mais fácil elucidá-lo do que empreender qualquer tipo de acréscimo.

Para que se emita juízo de valor sobre este projeto é preciso saber que a Autora dominou primeiro a adaptação de um feixe de proposições teóricas ao campo do Direito Tributário para, somente depois, buscando os fundamentos e as articulações que toda a proposta intelectual reclama, encontrar os alicerces sistêmicos que marcariam, de forma superior, o vulto de uma Teoria Geral do Direito inserida, por inteiro, na Filosofia da Linguagem. Para compor o trabalho, procurou colocar-se no lugar de quem se depara com a teoria, pela primeira vez, o que não lhe custou muito, pois já passara por essa situação.Pensou, então, nas dificuldades que teve de enfrentar e como conseguiu superá-las, reduzindo complexidades e fazendo progredir o raciocínio em direção aos pontos fixados como propósitos derradeiros.

Pois bem. O conhecimento deste meio de aproximar-se dos objetos da experiência, em especial do Direito, faz muito está à disposição de todos aqueles que se animaram a travar contacto com a obra extraordinária do jusfilósofo pernambucano. A novidade, porém, se aloja na iniciativa de inserir o método proposto no contexto de uma concepção linguística mais acentuada, a qual, é necessário esclarecer, já está comodamente instalada nas dobras do pensamento do mestre, algumas vezes até de forma explícita. Com os temperamentos que possamos aduzir, a visão de mundo de Lourival Vilanova surgiu nos horizontes da linguagem, seja ela constituinte dos próprios objetos ou mesmo por ela implicados mediata ou imediatamente, sobretudo na região dos fatos sociais, inevitavelmente perpassados pelo elemento linguístico. Ainda que esteja subjacente a todas as construções, não foi essa a tônica predominante na sua potente e grandiosa maneira de conceber o Direito. Daí o caráter original do livro que agora prefacio: apresentar o *constructivismo lógico-semântico* dentro de uma filosofia da linguagem mais radical, exercitada e operada com força e determinação. E, mais ainda, oferecido o volume ao leitor na configuração didática de um *curso*, com sua feição abrangente e com os instrumentos pedagógicos que lhe são ínsitos. Aliás, nada melhor do que um *curso* para cobrir, de modo extensional, os conteúdos de determinado segmento do saber, topicamente distribuídos para obter o melhor rendimento na transmissão da mensagem cognoscitiva.

Ora, se pensarmos que há uma *escola jurídica* praticando tais categorias no campo específico do Direito Tributário, há mais de 20 (vinte) anos, bem se pode aquilatar a oportunidade e o papel histórico desta contribuição da jovem Professora Aurora Tomazini de Carvalho. Explica também a cláusula inicial desta apresentação, quando expressei que talvez não fosse eu a pessoa mais indicada para prefaciar o livro. O comprometimento que mantenho com as linhas noéticas deste projeto é sabido e ressabido por quantos acompanham a trajetória de meu trabalho, o que não me impede de expressar entusiasmo e alegria em ver editada obra de tamanha envergadura. Digo mais: caso não tivesse sido convidado para enunciar estas palavras introdutórias, trataria de insinuar à Autora que me concedesse o privilégio de fazê-lo.

Com efeito. O texto da Professora Aurora vem trazer, numa linguagem acessível e num estilo que, sobre ser simples e elucidativo, tende à precisão, a extensa plataforma teórica que sustenta a implementação dos princípios, categorias e formas que utilizamos, com crescente otimismo e renovado vigor ao longo desse período de estudos e de reflexões sobre o Direito. Convém assinalar que tudo isso tem como ponto de partida a experiência jurídico-tributária no Brasil, tomada aqui como pretexto para um estudo maior e mais aprofundado.

Na dialética do conhecimento jurídico, naquele ir e vir que se estabelece entre a formulação normativa das regras gerais e abstratas e a região material das condutas intersubjetivas, no incessante processo de positivação ou de determinação do Direito em busca da regulação dos comportamentos sociais, há problemas intermináveis e o rol de sugestões para que eles sejam resolvidos se acumula nos depósitos das questões dificílimas, em face da incerteza do próprio pensar humano. A relatividade do conhecimento e os limites de expansão da linguagem, dos quais somos eternos prisioneiros, levantam-se como obstáculos intransponíveis às soluções definitivas. Nem por isso, contudo, a Autora deixa de propor caminhos e traçar paradigmas, empregando uma retórica expressiva que, sem deixar de ser forte, abre espaço à admissão de outras interpretações possíveis. Usa, com desenvoltura, aquilo que entendemos ser *a estratégia do respeito*: acatar sempre as opiniões adversas, seja porque os julgamentos alheios mereçam nosso respeito, seja porque, com tal atitude, teremos boas possibilidades de, em seguida, ser ouvidos e poder transmitir-lhes nossas posições. É nesse sentido que elogio a retórica da Autora: suave, mas insinuante; leve, porém persistente; didática, no entanto eficaz.

Por ter a amplitude de um curso, as conexões tornam-se evidentes, pois estipula princípios e, deles, com coerência, vai construindo toda a escala de conceitos que se lhes subordinam.Ademais, sua exposição persegue a clareza e, de espaço a espaço, propõe ao leitor um diagrama sugestivo que facilita a comunicação e faz descansar a mente do destinatário com outros artifícios de linguagem. Quando o gráfico é mais complexo, impõe-se elucidação, o que a Autora promove, completando satisfatoriamente o teor da mensagem. Para além disso, retempera seu estilo mencionando doutrinadores de tomo. Afinal de contas, é difícil seguir uma linha metodológica sem socorrer-se das experiências dogmáticas de um punhado de professores que absorveram cuidadosamente o modelo e o têm utilizado na prática de suas atividades.

De outra parte, convém assinalar que muitos dos textos que compõem o livro já serviram de material de estudo, após o doutoramento da Autora, em programas breves de Teoria Geral do Direito promovidos pelo IBET. Com o presente volume, certamente, passarão a ser de conhecimento obrigatório a todos os que pretenderem trabalhar com a linha constructivista, hoje ministrada nos cursos da COGEAE (PUC/SP), do IBET (Instituto Brasileiro de Estudos Tributários), bem como nas especializações, mestrados e doutorados, tanto da PUC/SP quanto da USP.

Na brevidade destas anotações, não poderia deixar de mencionar o reconhecido talento da Autora, alimentado por uma vocação empírica toda ela voltada para o jurídico, vocação manifestada com dedicação e apreço, estudando, pesquisando, discutindo e participando de maneira intensa do Grupo de Estudos do IBET. Seu espírito analítico e sua predisposição às reflexões axiológicas a credenciam positivamente na interpretação do Direito e, lembremo-nos, *interpretar* é atribuir valores aos signos e, por meio deles, fazer referência aos objetos do mundo. É interpretando que conhecemos a realidade que nos cerca.

São Paulo, 8 de julho de 2009
Paulo de Barros Carvalho
Professor Emérito e Titular da Faculdade de Direito da PUC/SP
Professor Emérito e Titular da Faculdade de Direito da USP

SUMÁRIO

AGRADECIMENTOS V

PREFÁCIO DA AUTORA À 6ª EDIÇÃO VII

ALGUMAS PALAVRAS SOBRE À 5ª EDIÇÃO XI

ALGUMAS PALAVRAS SOBRE À 2ª EDIÇÃO XV

PREFÁCIO À 1ª EDIÇÃO XVII

INTRODUÇÃO 1

LIVRO I
PRESSUPOSTOS DO CONSTRUCTIVISMO LÓGICO-SEMÂNTICO

Capítulo I
PROPOSIÇÕES PROPEDÊUTICAS

1. FUNDAMENTOS DE UMA TEORIA 7
2. PRESSUPOSTOS DO CONHECIMENTO 10

2.1 Conhecimento em sentido amplo e em sentido estrito	13
2.2 Giro-linguístico	17
2.3 Linguagem e realidade...	22
2.4 Língua e realidade..	24
2.5 Sistema de referência...	28
2.6 Considerações sobre a verdade.............................	33
2.7 Autorreferência da linguagem	38
2.8 Teoria dos jogos de linguagem	41
3. CONHECIMENTO CIENTÍFICO..................................	43
3.1 Linguagem científica e Neopositivismo Lógico...	44
3.2 Pressupostos de uma teoria	47
3.2.1 Delimitação do objeto	48
3.2.2 Método	53
4. TEORIA GERAL DO DIREITO......................................	58
4.1 Teoria geral e teorias específicas do direito	59
4.2 Pode-se falar na existência de uma Teoria Geral do Direito?..	63
4.3 Importância da Teoria Geral do Direito.............	68

Capítulo II
O "DIREITO" COMO OBJETO DE ESTUDO

1. SOBRE O CONCEITO DE "DIREITO"	73
2. SOBRE A DEFINIÇÃO DO CONCEITO DE "DIREITO"	77
2.1 As definições...	77
2.2 Definição e direito	80

3. PROBLEMAS DA PALAVRA "DIREITO" 80
   3.1 Ambiguidade 82
   3.2 Vaguidade... 85
   3.3 Carga emotiva 87
4. TEORIAS SOBRE O DIREITO.................................. 89
   4.1 Jusnaturalismo... 90
   4.2 Escola da Exegese.. 92
   4.3 Historicismo... 93
   4.4 Realismo jurídico 93
   4.5 Positivismo... 95
   4.6 Culturalismo Jurídico 97
   4.7 Pós-Positivismo 99
5. SOBRE O CONSTRUCTIVISMO LÓGICO-SEMÂNTICO   100
6. O DIREITO COMO NOSSO OBJETO DE ESTUDOS...... 102
7. CONSEQUÊNCIAS METODOLÓGICAS DESTE RECORTE.   103
8. MÉTODO HERMENÊUTICO-ANALÍTICO............. 107

Capítulo III
DIREITO POSITIVO E CIÊNCIA DO DIREITO

1. DIREITO POSITIVO E CIÊNCIA DO DIREITO 111
2. CRITÉRIOS DIFERENCIADORES DAS LINGUAGENS DO DIREITO POSITIVO E DA CIÊNCIA DO DIREITO.. 114
   2.1 Quanto à função... 114
   2.2 Quanto ao objeto 121
   2.3 Quanto ao nível de linguagem............................. 123

2.4 Quanto ao tipo ou grau de elaboração 125

2.5 Quanto à estrutura 128

2.6 Quanto aos valores... 130

2.7 Quanto à coerência 133

2.8 Síntese 136

Capítulo IV
TEORIA DOS SISTEMAS

1. SOBRE OS SISTEMAS.. 141
   1.1 Noção de sistema... 142
   1.2 Classificação dos sistemas 145
2. DIREITO POSITIVO, CIÊNCIA DO DIREITO E REALIDADE SOCIAL.. 151
   2.1 Intransitividade entre os sistemas....................... 153
   2.2 Direito positivo e Ciência do Direito como subsistemas sociais.. 155
   2.3 Teoria dos sistemas... 158
      2.3.1 Código, programas e função 159
      2.3.2 Acoplamento estrutural, abertura cognitiva e fechamento operativo............................. 161
3. DÚVIDAS QUANTO AO DIREITO POSITIVO SER UM SISTEMA.. 164
4. SOBRE O SISTEMA DA CIÊNCIA DO DIREITO... 167
5. FALSA AUTONOMIA DOS RAMOS DO DIREITO 169
6. DIREITO POSITIVO E OUTROS SISTEMAS NORMATIVOS 172

Capítulo V
SEMIÓTICA E TEORIA COMUNICACIONAL DO DIREITO

1. LÍNGUA, LINGUAGEM E FALA.................................. 177
   - 1.1 O signo... 179
   - 1.2 Suporte físico, significado e significação do direito positivo e da Ciência do Direito............................ 182
2. SEMIÓTICA E DIREITO 184
3. TEORIA COMUNICACIONAL DO DIREITO POSITIVO 186
4. O DIREITO COMO TEXTO... 190
   - 4.1 Texto e conteúdo 192
   - 4.2 Dialogismo – contexto e intertextualidade......... 194

Capítulo VI
O DIREITO E A LÓGICA

1. LÓGICA E LINGUAGEM... 199
   - 1.1 Enunciado e proposição 201
   - 1.2 Formalização da linguagem 203
   - 1.3 Fórmulas lógicas 206
   - 1.4 Operações lógicas 210
2. A LÓGICA COMO INSTRUMENTO PARA O ESTUDO DO DIREITO... 212
3. OS MUNDOS DO "SER" E DO "DEVER-SER" 214
   - 3.1 Causalidade e nexos lógicos 214
   - 3.2 Causalidade física ou natural e causalidade jurídica 217
   - 3.3 Leis da natureza e leis do direito..................... 221

4. MODAIS ALÉTICOS E DEÔNTICOS.......................... 223
5. O CARÁTER RELACIONAL DO "DEVER-SER" ... 231
6. DIREITO E SUA REDUÇÃO LÓGICA – MODAIS DEÔNTICOS E VALORAÇÃO DA HIPÓTESE NORMATIVA 234

Capítulo VII
HERMENÊUTICA JURÍDICA E TEORIA DOS VALORES

1. TEORIAS SOBRE A INTERPRETAÇÃO 239
2. COMPREENSÃO E INTERPRETAÇÃO 243
3. INTERPRETAÇÃO E TRADUÇÃO............................ 247
4. INTERPRETAÇÃO DOS TEXTOS JURÍDICOS..... 249
5. SOBRE O PLANO DE CONTEÚDO DO DIREITO. 253
6. PERCURSO DA CONSTRUÇÃO DO SENTIDO DOS TEXTOS JURÍDICOS 256
   6.1 S1 – o sistema dos enunciados prescritivos – plano de expressão do direito positivo............................ 259
   6.2 S2 – o sistema dos conteúdos significativos dos enunciados prescritivos... 264
   6.3 S3 – o sistema das significações normativas – proposições deonticamente estruturadas........... 267
   6.4 S4 – o plano das significações normativas sistematicamente organizadas..................................... 271
   6.5 Integração entre os subdomínios S1, S2, S3 e S4 274
7. INTERPRETAÇÃO AUTÊNTICA 275
8. SOBRE OS MÉTODOS DE ANÁLISE DO DIREITO 280
9. TEORIA DOS VALORES... 285
   9.1 Sobre os valores 285

9.2 Os valores e o direito 289

LIVRO II
TEORIA DA NORMA JURÍDICA

Capítulo VIII
A ESTRUTURA NORMATIVA

1. POR QUE UMA TEORIA DA NORMA JURÍDICA? ... 295
2. QUE É NORMA JURÍDICA? 297
3. NORMA JURÍDICA EM SENTIDO ESTRITO 300
4. HOMOGENEIDADE SINTÁTICA E HETEROGENEIDADE SEMÂNTICA E PRAGMÁTICA DAS NORMAS JURÍDICAS 304
5. ESTRUTURA DA NORMA JURÍDICA 308
   5.1 Antecedente normativo 312
   5.2 O operador deôntico 315
   5.3 O consequente normativo 317
   5.4 A implicação como forma sintática normativa ... 321
6. NORMA JURÍDICA COMPLETA 324
   6.1 Norma primária e secundária na doutrina jurídica 325
   6.2 Fundamentos da norma secundária 327
   6.3 Estrutura completa da norma jurídica 328
   6.4 Normas secundárias 330
   6.5 Sobre o conectivo das normas primária e secundária 332
7. O CONCEITO DE SANÇÃO NO DIREITO 334

Capítulo IX
CONTEÚDO NORMATIVO E CLASSIFICAÇÃO DAS NORMAS

1.	CONTEÚDO NORMATIVO E TEORIA DAS CLASSES	339
	1.1 Sobre a teoria das classes	340
	1.2 Aplicação das noções de classe para explicação do conteúdo normativo	345
2.	TIPOS DE NORMAS JURÍDICAS	351
	2.1 Sobre o ato de classificar	351
	2.2 Classificação das normas jurídicas	355
	2.2.1 Tipos de enunciados prescritivos – S1	357
	2.2.2 Tipos de proposições isoladas – S2	359
	2.2.3 Tipos de normas jurídicas (*stricto sensu*) – S3	367
	2.2.3.1 Normas de conduta e normas de estrutura	367
	2.2.3.1.1 Normas de estrutura e suas respectivas normas secundárias	370
	2.2.3.2 Normas abstratas e concretas, gerais e individuais	372
	2.2.3.3 Tipos de normas jurídicas segundo as relações estabelecidas em S4	376
	2.2.3.3.1 Normas dispositivas e derivadas, punitivas e não-punitivas	377
	2.2.3.1.1.1 Conectivos lógicos das normas dispositivas derivadas e punitivas e não-punitivas	383

2.2.4 Tipos de normas jurídicas em sentido amplo.. 385

    2.2.4.1 Diferenciação quanto ao núcleo semântico (matéria).............................. 385

    2.2.4.2 Diferenciação quanto ao veículo introdutor.. 386

Capítulo X
A REGRA-MATRIZ

1. QUE É REGRA-MATRIZ?... 389
   1.1 Normas de incidência e normas produzidas como resultado da incidência 391
   1.2 A regra-matriz de incidência................................. 393
   1.3 Ambiguidade da expressão "regra-matriz de incidência" 396
2. CRITÉRIOS DA HIPÓTESE... 398
   2.1 Critério material 400
   2.2 Critério espacial 405
   2.3 Critério temporal 411
3. CRITÉRIOS DO CONSEQUENTE 417
   3.1 Critério pessoal – sujeitos ativo e passivo........... 419
   3.2 Critério prestacional.. 426
4. A FUNÇÃO OPERATIVA DO ESQUEMA LÓGICO DA REGRA-MATRIZ... 429
   4.1 Teoria na prática... 432

LIVRO III
TEORIA DA INCIDÊNCIA NORMATIVA

Capítulo XI
INCIDÊNCIA E APLICAÇÃO DA NORMA JURÍDICA

1. TEORIAS SOBRE A INCIDÊNCIA DA NORMA JURÍDICA 441
   1.1 Teoria tradicional 442
   1.2 Teoria de PAULO DE BARROS CARVALHO ... 444
   1.3 Considerações sobre as teorias 447
2. INCIDÊNCIA E APLICAÇÃO DO DIREITO 450
3. A FENOMENOLOGIA DA INCIDÊNCIA 452
4. EFEITOS DA APLICAÇÃO – TEORIAS DECLARATÓRIA E CONSTITUTIVA 459
5. SOBRE O CICLO DE POSITIVAÇÃO DO DIREITO 463
6. APLICAÇÃO E REGRAS DE ESTRUTURA 466
7. APLICAÇÃO: NORMA, PROCEDIMENTO E PRODUTO 470
   7.1 Teoria da ação: ato, norma e procedimento 471
   7.2 Aplicação como ato, norma e procedimento 474
8. ANÁLISE SEMIÓTICA DA INCIDÊNCIA 477
   8.1 Plano lógico: subsunção e imputação 478
   8.2 Plano semântico: denotação dos conteúdos normativos 482
   8.3 Plano pragmático: interpretação e produção da norma individual e concreta 485
9. DO "DEVER-SER" AO "SER" DA CONDUTA 486

Capítulo XII
APLICAÇÃO – INTERPRETAÇÃO E TEORIA DA DECISÃO

1. INTERPRETAÇÃO E PRODUÇÃO DA NORMA INDIVIDUAL E CONCRETA 491
   1.1 Interpretação da linguagem do fato 492
   1.2 Interpretação do direito 500
       1.2.1 O problema das lacunas 503
             1.2.1.1 As lacunas na doutrina 503
             1.2.1.2 Completude sistêmica 506
             1.2.1.3 Integração de "lacunas" 509
                     1.2.1.3.1 Analogia 510
                     1.2.1.3.2 Costumes 511
                     1.2.1.3.3 Princípios gerais do direito 515
                             1.2.1.3.3.1 Princípio como enunciado, proposição ou norma jurídica 515
                             1.2.1.3.3.2 Princípio como valor e como limite objetivo 519
                             1.2.1.3.3.3 Aplicação: entre regras e princípios 522
       1.2.2 O problema das antinomias 524
             1.2.2.1 Critério hierárquico 527
             1.2.2.2 Critério cronológico 529
             1.2.2.3 Critério da especialidade 530
   1.3 Constituição da linguagem competente e teoria da decisão jurídica 532

Capítulo XIII
TEORIA DO FATO JURÍDICO

1. EVENTO, FATO E FATO JURÍDICO 539
2. AMBIGUIDADE DA EXPRESSÃO "FATO JURÍDICO" 544
3. INTERSUBJETIVIDADE DO FATO JURÍDICO 548
4. CATEGORIAS DA SEMIÓTICA – OBJETO DINÂMICO E OBJETO IMEDIATO.. 553
5. FATO JURÍDICO E CATEGORIAS DA SEMIÓTICA. 557
6. TEORIA DAS PROVAS NA CONSTITUIÇÃO DO FATO JURÍDICO.. 563
7. TEORIA DA LEGITIMAÇÃO PELO PROCEDIMENTO E A RELAÇÃO ENTRE VERDADE E FATO JURÍDICO 571
8. TEMPO E LOCAL DO FATO X TEMPO E LOCAL NO FATO 576
10. A FALSA INTERDISCIPLINARIDADE DO FATO JURÍDICO 582
11. FATOS JURÍDICOS LÍCITOS E ILÍCITOS 587

Capítulo XIV
TEORIA DA RELAÇÃO JURÍDICA

1. RELAÇÃO JURÍDICA NO CONTEXTO DO DIREITO 593
2. FALÁCIA DA RELAÇÃO JURÍDICA "EFECTUAL".. 598
3. TEORIA DAS RELAÇÕES 602
4. RELAÇÃO JURÍDICA COMO ENUNCIADO FACTUAL 608
    4.1 Determinação do enunciado relacional 611
    4.2 Aplicação das categorias da semiótica................ 613

5. ELEMENTOS DO FATO RELACIONAL 615
   5.1 Sujeitos 616
   5.2 Objeto – Prestação 617
   5.3 Direito subjetivo e dever jurídico 621
6. CARACTERÍSTICAS LÓGICO-SEMÂNTICAS DA RELAÇÃO JURÍDICA 622
7. CLASSIFICAÇÃO DAS RELAÇÕES JURÍDICAS .. 625
8. EFICÁCIA DAS RELAÇÕES JURÍDICAS 630
9. EFEITOS DAS RELAÇÕES JURÍDICAS NO TEMPO 632
10. MODIFICAÇÃO E EXTINÇÃO DAS RELAÇÕES JURÍDICAS 635

LIVRO IV
TEORIA DO ORDENAMENTO JURÍDICO

Capítulo XV
ORDENAMENTO JURÍDICO

1. ORGANIZAÇÃO DO DIREITO POSITIVO 643
   1.1 Relações de subordinação entre normas 644
   1.2 Relações de coordenação entre normas 648
   1.3 Sistemas jurídicos federal, estaduais e municipais 649
   1.4 Estática e dinâmica do ordenamento 650
2. ORDENAMENTO E SISTEMA 652
   2.1 Teorias sobre o ordenamento 652
      2.1.1 Ordenamento como texto bruto 653

      2.1.2 Ordenamento como sequência de sistemas normativos 657

  2.2 Axiomas do ordenamento jurídico 659

Capítulo XVI
FONTES DO DIREITO

1. SOBRE O TEMA DAS FONTES DO DIREITO 663

  1.1 Fontes do direito na doutrina jurídica 664

2. SOBRE O CONCEITO DE "FONTES DO DIREITO" 668
3. ENUNCIAÇÃO COMO FONTE DO DIREITO 671
4. DICOTOMIA DAS FONTES FORMAIS E FONTES MATERIAIS... 676
5. A LEI, O COSTUME, A JURISPRUDÊNCIA E A DOUTRINA SÃO FONTES DO DIREITO? 680
6. DOCUMENTO NORMATIVO COMO PONTO DE PARTIDA PARA O ESTUDO DAS FONTES 682

  6.1 Enunciação-enunciada 684

      6.1.1 Utilidade da enunciação-enunciada 685

      6.1.2 Enunciação-enunciada é fonte do direito?. 687

      6.1.3 Sobre a exposição de motivos 688

  6.2 Enunciado-enunciado 690

7. ENUNCIAÇÃO COMO ACONTECIMENTO SOCIAL E COMO FATO JURÍDICO NA ENUNCIAÇÃO--ENUNCIADA... 690
8. QUE É VEÍCULO INTRODUTOR DE NORMAS? .. 691
9. SÍNTESE EXPLICATIVA 694
10. CLASSIFICAÇÃO DOS VEÍCULOS INTRODUTORES 695
11. HIERARQUIA DOS VEÍCULOS INTRODUTORES 701

11.1 Hierarquia das Leis Complementares 702

Capítulo XVII
VALIDADE E FUNDAMENTO DE VALIDADE DAS NORMAS JURÍDICAS

1. A VALIDADE E O DIREITO 707
2. QUE É "VALIDADE"? 709
3. TEORIAS SOBRE A VALIDADE 713
   3.1 Atos inexistentes, nulos e anuláveis 714
   3.2 Validade como relação de pertencialidade da norma jurídica ao sistema do direito positivo 717
   3.3 Validade do ponto de vista do observador e do ponto de vista do participante 719
   3.4 Validade como sinônimo de eficácia social ou justiça 721
4. VALIDADE E A EXPRESSÃO "NORMA JURÍDICA" 723
5. CRITÉRIOS DE VALIDADE 725
6. PRESUNÇÃO DE VALIDADE 729
7. MARCO TEMPORAL DA VALIDADE JURÍDICA.. 733
8. VALIDADE E FUNDAMENTO DE VALIDADE 736
9. A QUESTÃO DO FUNDAMENTO JURÍDICO DO TEXTO ORIGINÁRIO DE UMA ORDEM 740
   9.1 Fundamento jurídico último na ordem anterior ou no próprio texto originário 741
   9.2 A norma hipotética fundamental de KELSEN.. 744
10. ADEQUAÇÃO ÀS NORMAS DE PRODUÇÃO COMO CRITÉRIO DE PERMANÊNCIA DA NORMA JURÍDICA NO SISTEMA 746

Capítulo XVIII
VIGÊNCIA, EFICÁCIA E REVOGAÇÃO DAS NORMAS JURÍDICAS

1. VIGÊNCIA DAS NORMAS JURÍDICAS 753
   - 1.1 Vigência plena e vigência parcial 756
   - 1.2 Vigência das normas gerais e abstratas e das normas individuais e concretas 757
   - 1.3 Vigência das regras introdutoras e das regras introduzidas 760
2. VIGÊNCIA NO TEMPO E NO ESPAÇO 763
   - 2.1 Vigência no tempo 763
   - 2.2 Vigência no espaço 765
3. VIGÊNCIA E APLICAÇÃO 766
4. EFICÁCIA DAS NORMAS JURÍDICAS 767
   - 4.1 Eficácia técnica 768
     - 4.1.1 Ineficácia técnica sob os enfoques sintático, semântico e pragmático 769
   - 4.2 Eficácia jurídica 771
   - 4.3 Eficácia social 774
5. VALIDADE, VIGÊNCIA E EFICÁCIA 776
6. REVOGAÇÃO DAS NORMAS JURÍDICAS 778
   - 6.1 Sobre a revogação das normas jurídicas 779
   - 6.2 Efeitos da revogação no direito 782

REFERÊNCIAS BIBLIOGRÁFICAS 787

INTRODUÇÃO

Esta obra é um convite à reflexão sobre as categorias gerais do direito dentro de um modelo metodológico próprio, intitulado de Constructivismo Lógico-Semântico.

Categorias gerais do direito são conceitos jurídicos que permanecem lineares em todos os subdomínios do direito. Como por exemplo, os conceitos de direito, Ciência do Direito, norma jurídica, incidência, aplicação, interpretação, validade, vigência, eficácia, fontes, fato jurídico, relação jurídica, ordenamento e sistema. Tais conceitos só adquirem a especificidade do ramo, mas permanecem inalteráveis em todos os segmentos jurídicos.

O Constructivismo Lógico-Semântico é um método de estudo jurídico, fundado nas lições dos professores PAULO DE BARROS CARVALHO e LOURIVAL VILANOVA, com um forte referencial filosófico pautado na Filosofia da Linguagem, que enxerga o direito como linguagem e o estuda utilizando-se de categorias da Semiótica, Teoria dos Valores e Lógica.

O livro é apresentado na forma de Curso, pois compreende a matéria "Teoria Geral do Direito" em toda sua extensão e ao final de cada capítulo é apresentado ao leitor um questionário, para testar as informações apreendidas e fomentar a discussão sobre os temas.

Estruturalmente o livro é dividido em quatro grandes partes: Livro I – Pressupostos do Constructivismo Lógico-Semântico, que se estende do capítulo I ao VII, onde são fixadas as premissas em que se fundam o Constructivismo Lógico-Semântico e os pressupostos de uma Teoria Geral do Direito sob este referencial; Livro II – Teoria da Norma Jurídica, do capítulo VIII ao X, onde são estudados a estrutura e o conteúdo das unidades do sistema do direito positivo; Livro III – Teoria da Incidência Normativa, do capítulo XI ao XIV, que trata da aplicação das normas jurídicas e da produção de seus efeitos na ordem jurídica; e Livro IV – Teoria do Ordenamento Jurídico, do capítulo XV ao XVII, dedicado às relações que se estabelecem entre as normas jurídicas na conformação do sistema e a origem, validade, vigência e eficácia dessas normas.

No Livro I – Pressupostos do Constructivismo Lógico-Semântico, começamos nossas investigações percorrendo o caminho do conhecimento científico, mesmo porque, nossa proposta é conhecer cientificamente as categorias gerais do direito e isto, primeiramente, pressupõe compreendermos o que seja "conhecer" e "conhecer cientificamente" o direito. No primeiro capítulo, fixamos nossas premissas, explicando alguns pressupostos da filosofia da linguagem e traçando as características do discurso científico. No segundo capítulo, delimitaremos o conceito de direito, tecendo algumas críticas às principais escolas que o tomam como objeto. O terceiro capítulo será dedicado à diferenciação das linguagens do direito positivo e da Ciência do Direito. O quarto, à teoria dos sistemas, onde, além de fixarmos as propriedades de tal teoria, analisaremos os pontos que separam e aproximam os sistemas do direito positivo, da Ciência do Direito e da realidade social. No capítulo quinto, faremos uma incursão na Semiótica e na Teoria Comunicacional, explicando a relevância de ambas no estudo do direito. No sexto, ingressaremos no universo das fórmulas lógicas, elencando as diferenças entre os mundos do "ser" e do "dever-ser", da causalidade natural e jurídica, das leis do direito e da natureza. O sétimo e último capítulo deste livro são dedicados à hermenêutica jurídica e à teoria dos valores, onde discorreremos sobre a construção de sentido dos textos jurídicos, fazendo uma crítica aos métodos tradicionais e relacionando direito e valores.

No livro II – Teoria da Norma Jurídica, analisaremos as normas jurídicas, unidades do direito positivo, principalmente sob seus aspectos sintáticos e semânticos. No capítulo oitavo, depois de refletirmos sobre a importância de uma teoria da norma jurídica, voltaremos nossa atenção à sua estrutura, observando detalhadamente cada uma das partes que a compõem. No capítulo nono, apresentaremos uma proposta de classificação das normas jurídicas (em sentido amplo e estrito), mas antes disso, adentraremos na teoria das classes e estudaremos o ato de classificar. E no capítulo décimo, analisaremos a regra-matriz de incidência, propondo um esquema lógico que pode ser aplicado na construção de qualquer norma jurídica.

No livro III – Teoria da Incidência Normativa, nossa atenção se voltará à aplicação das normas jurídicas e à produção de seus efeitos no mundo do direito. A análise estará direcionada, principalmente, ao aspecto pragmático das unidades do sistema. No capítulo décimo primeiro, estudaremos a incidência e aplicação das normas jurídicas, estabelecendo as diferenças entre as teorias declaratória e constitutiva e tecendo críticas à concepção tradicional. Proporemos um estudo semiótico da incidência, passando, rapidamente, pela teoria da ação para explicar a aplicação como ato, norma e procedimento. O capítulo décimo segundo será dedicado à hermenêutica e à teoria da decisão vinculadas ao aspecto pragmático da aplicação. Nele discorreremos sobre os problemas das lacunas e antinomias do sistema. No capítulo décimo terceiro, realizaremos um estudo do fato jurídico, trabalhando os conceitos de evento, fato e fato jurídico, a importância da teoria das provas e da legitimação pelo procedimento para o direito, além de estabelecer critérios para diferenciação do erro de fato e de direito, do fato lícito e do fato ilícito e explicar a falsa ideia da interdisciplinaridade do fato jurídico. E, no capítulo décimo quarto, último capítulo deste livro (III), nossa análise recairá sobre a relação jurídica.

Faremos uma breve incursão na lógica dos predicados poliádicos, para observarmos detalhadamente cada um dos elementos da relação jurídica e suas características, discorreremos sobre as classificações das relações jurídicas, seus efeitos e teceremos críticas à teoria da tripla eficácia.

No livro IV – Teoria do Ordenamento Jurídico, ampliaremos nosso foco de análise para, além das normas jurídicas, estudar as relações que se estabelecem entre tais unidades, na conformação do sistema jurídico. No capítulo décimo quinto, delimitaremos o conceito de ordenamento jurídico e identificaremos os vínculos que o compõem, posicionando-nos criticamente em relação às doutrinas que distinguem ordenamento e sistema. O capítulo décimo sexto será dedicado ao estudo das fontes do direito. Analisaremos nele, a origem das normas jurídicas, trabalhando os termos enunciação, enunciação-enunciada e enunciado-enunciado e tecendo críticas à teoria tradicional que considera doutrina, lei, jurisprudência e costume fontes do direito. No capítulo décimo sétimo, nosso foco volta-se à questão da validade e do fundamento de validade das normas jurídicas. Faremos uma reflexão sobre o conceito de validade e os critérios utilizados para sua demarcação, bem como, sobre a norma hipotética fundamental e sua função axiomática na delimitação do sistema jurídico. E, no capítulo décimo oitavo, o último da obra, nossa análise recairá sobre os conceitos de vigência, eficácia e revogação das normas jurídicas.

Abordando todos esses temas, sempre com base nas lições de PAULO DE BARROS CARVALHO, esperamos construir uma Teoria Geral do Direito sob o enfoque do Constructivismo Lógico-Semântico, que explique as categorias que se repetem de maneira uniforme em todos os segmentos do direito.

LIVRO I

Pressupostos do Constructivismo Lógico-Semântico

Capítulo I
PROPOSIÇÕES PROPEDÊUTICAS

SUMÁRIO: 1. Fundamentos de uma teoria; 2. Pressupostos do conhecimento; 2.1. Conhecimento em sentido amplo e em sentido estrito; 2.2. Giro-linguístico; 2.3. Linguagem e realidade; 2.4. Língua e realidade; 2.5. Sistema de referência; 2.6. Considerações sobre a verdade; 2.7. Autorreferência da linguagem; 2.8. Teoria dos jogos de linguagem; 3. Conhecimento científico; 3.1. Linguagem científica e o neopositivismo lógico; 3.2. Pressupostos de uma teoria; 3.2.1. Delimitação do objeto; 3.2.2. Método; 4. Teoria geral do direito.

1. FUNDAMENTOS DE UMA TEORIA

Toda teoria existe para conhecer um objeto. Quando pensamos numa teoria, o que nos vem à mente é um conjunto de informações que possibilitam identificar e compreender certa realidade. Podemos, assim, definir o termo como um sistema de proposições descritivas acerca de determinado objeto, que nos capacita a compreendê-lo e a operá-lo com maior eficiência nas situações em que nos envolvemos com ele. E, aqui logo aparece a sugestiva distinção entre "teoria" e "prática".

Classicamente distingue-se teoria da prática tendo-se aquela como um conjunto de informações que tem por objetivo explicar determinada realidade e esta como a realidade explicada tal qual ela se apresenta. Neste contexto, explica RICARDO GUIBOURG: "uma boa teoria serve para melhor interpretar a realidade e para guiar com maior eficácia a prática até os objetivos que esta tenha fixado. E, uma boa prática é capaz de examinar os resultados para promover a revisão da teoria, de tal sorte que, ambos os polos do conhecimento se auxiliam reciprocamente para o avanço conjunto".[1]

Em síntese: a teoria explica a prática e a prática confirma ou infirma a teoria. Mas não podemos esquecer que ambas são apenas fatores diferentes de um mesmo objeto, cujo conhecimento pressupõe tanto a teoria quanto a prática. É nesse sentido que PAULO DE BARROS CARVALHO relembra a lição de PONTES DE MIRANDA segundo a qual "não há diferença entre teoria e prática, mas aquilo que existe é o conhecimento do objeto: ou se conhece o objeto ou não se conhece o objeto".[2]

Não existe prática sem teoria e nem teoria sem prática. Nenhum caso concreto é conhecido ou resolvido sem um conjunto de proposições que o explique e nenhum conjunto de proposições explicativas é construído sem uma concretude que o reclame. O homem não foi à lua por acaso, não descobriu o sarampo, a rubéola, a paralisia infantil e nem as vacinas destas doenças do nada, não desenvolveu técnicas cirúrgicas acidentalmente e nem casualmente inventou computadores, aviões, telefones e toda a tecnologia de que dispomos hoje. Se assim o fez, foi porque construiu uma teoria, porque parou, pensou e emitiu proposições sobre. E, se construiu uma teoria, foi porque se deparou com alguma concretude que precisava ser explicada ou resolvida.

Entre os planos teórico e prático, entretanto, existe outro que os conecta: é a linguagem da experiência (conforme

---

1. *El fenómeno normativo*, p. 28.

2. *Direito tributário, fundamentos jurídicos da incidência*, p. 5-6.

representa o gráfico abaixo), que torna efetivamente possível o conhecimento do objeto. Muitas vezes sabemos a teoria e nos deparamos com inúmeros casos práticos que compõem nosso dia a dia, mas não temos a linguagem da experiência, sem a qual não somos capazes de realizar a integração entre linguagem teórica e linguagem prática, único meio de, concretamente, conhecermos o objeto.

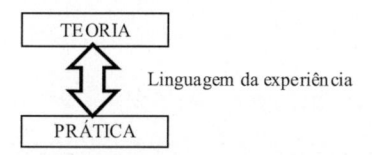

```
   TEORIA
     ⇅      Linguagem da experiência
   PRÁTICA
```

Explicando: Entre a linguagem da teoria e a linguagem da prática existe sempre a linguagem da experiência que as conecta.

De nada serve sabermos uma teoria se não conseguimos aplicá-la para explicar a concretude experimentada. Do mesmo modo, de nada adianta experimentarmos uma concretude se não temos uma teoria para compreendê-la, em nenhum dos casos conheceremos o objeto. Como ilustração, podemos citar o exemplo de um médico que reconhece teoricamente os aspectos das formações cancerosas de pele (porque estudou na faculdade ou residência), mas ao deparar-se com o caso concreto de uma alteração cutânea, não a identifica como cancerosa (dando-lhe outro diagnóstico). Na verdade, independente daquilo que se denomina teoria ou prática, o médico não sabe o que é câncer de pele, justamente porque lhe falta a linguagem da experiência. No campo do direito podemos citar o exemplo do estagiário que vivenciou a teoria da sistemática dos recursos nas aulas de Processo Civil na faculdade, mas na prática do escritório escolhe a peça recursal errada para apresentar a seu chefe. Pode-se dizer que tal estagiário conhece a teoria dos recursos, mas não a prática ou ele simplesmente não conhece a sistemática dos recursos? De nada adianta conhecermos a teoria e não termos a linguagem da experiência para associá-la à situação prática vivenciada, pois sem tal associação a situação vivenciada não existirá para nós como descrita pela teoria, mas como outra realidade.

Transportando tais considerações para o âmbito jurídico, uma Teoria do Direito existe para conhecer o direito. Consiste ela num conjunto de enunciados descritivos, precisos e coesamente ordenados, que nos diz o que é o direito, permitindo-nos identificar e compreender aquilo que denominamos realidade jurídica. Em última análise a finalidade de quem constrói uma teoria sobre o direito é fornecer informações que possibilitem seu conhecimento àqueles que com ele operam. A realidade prática se esgota na sua ocorrência, assim, não há como estudá-la, já que o próximo caso será sempre diferente. Por isso, construímos as teorias, que nos dão chance de conhecermos a prática seja qual for sua apresentação.

Muito embora o objetivo deste trabalho seja a construção de uma Teoria Geral do Direito, antes de direcionarmos nossa análise ao "direito", objeto central deste estudo, entendemos ser importante darmos um passo atrás e voltarmos nossa atenção, ainda que rapidamente, à questão do conhecimento, pois como toda teoria visa conhecer seu objeto, o modo como concebemos ser processado tal conhecimento influencia diretamente toda e qualquer construção teórica.

2. PRESSUPOSTOS DO CONHECIMENTO

Caracteriza-se, o conhecimento (na sua redução mais simples), como a forma da consciência humana por meio da qual o homem atribui significado ao mundo (isto é, o representa intelectualmente). Neste sentido, conhecer algo é ter consciência sobre este algo, de modo que, se perde a consciência o ser humano nada mais conhece.[3]

---

[3]. Trabalharemos, neste tópico, com alguns pressupostos da filosofia da consciência instaurada por KANT, apesar de tal vertente não se constituir como paradigma filosófico desta obra.

A consciência, função pela qual o homem trava contato com suas vivências interiores e exteriores, é sempre de algo, o que caracteriza sua direcionalidade. A apreensão deste algo se faz mediante certa forma, que é produzida por determinado ato. Nestes termos, seguindo os ensinamentos de EDMUND HUSSERL[4] diferenciam-se: (i) o ato de consciência (ex: perceber, lembrar, imaginar, sonhar, pensar, refletir, almejar, etc.); (ii) o resultado deste ato, que é a forma (percepção, lembrança, imaginação, sonho, pensamento, reflexão, etc.); e (iii) seu conteúdo, que é o objeto captado pela consciência e articulável em nosso intelecto (o percebido, o lembrado, o imaginado, o sonhado, o pensado, o refletido, etc.).

O desenho abaixo esclarece melhor tais conceitos:

Forma de consciência
(ex.: percepção, imaginação, pensamento)

Conteúdo de consciência
(ex.: o percebido, o imaginado, o pensado)

Ato de consciência
(ex.: perceber, imaginar, pensar)

Explicando: Mediante um ato específico e determinado no tempo (ex. perceber, imaginar, pensar), a consciência humana produz uma forma (ex. percepção, imaginação, pensamento), que aprisiona determinado objeto como seu conteúdo (ex. o percebido, o imaginado, o pensado).

Devemos separar, assim: (i) conhecer, enquanto ato específico e histórico da consciência; (ii) conhecimento, como resultado desse ato, enquanto forma de consciência; e (iii) aquilo que se conhece, conteúdo da consciência, ou seja, o objeto do conhecimento.[5] São três faces diferentes do conheci-

---

4. *Investigações Lógicas*, passim.
5. In *Investigações lógicas*, p. 54.

mento humano: uma coisa é o ato de conhecer; outra a forma, o conhecimento por ele gerado; e outra ainda o conteúdo conhecido (objeto).

O ato de conhecer fundamenta-se na tentativa do espírito humano de estabelecer uma ordem para o mundo (exterior ou interior) para que este, como conteúdo de uma consciência, torne-se inteligível, ou seja, possa ser articulado intelectualmente (constituindo aquilo que a filosofia chama de racionalidade).

Todo conteúdo requer uma forma, que é o meio mediante o qual ele aparece, de modo que, não há objeto articulável intelectualmente sem uma forma de consciência que o apreenda. O conhecimento é uma forma da consciência, que se dá com a produção de outras formas de consciência como a percepção, o pensamento, a lembrança, a memória, a intuição, e que vai se consolidando na medida em que utilizamo-nos de mais de uma delas (ex: percepção visual + lembrança + imaginação). Por esta razão, podemos dizer que existem várias etapas de conhecimento e que este é gradativo, isto é, se sedimenta aos poucos. Conforme seu conteúdo (o objeto) vai aparecendo sob diferentes formas de consciência, ele vai se firmando em nosso intelecto.

Neste sentido, a palavra "conhecimento" apresenta o vício da ambiguidade procedimento/ato, forma/conteúdo. Conhecer é um processo da consciência humana, que se sedimenta num ato, que tem uma forma e um conteúdo.

LEÔNIDAS HEGENBERG, em elaborado estudo, identifica três etapas do conhecimento: (i) saber de; (ii) saber como; e (iii) saber que.[6]

Segundo o autor, o *saber de* dá-se mediante a habitualidade, com o acúmulo de sensações (adquiridas por nossos sentidos: visão, tato, olfato, audição e paladar) que nos permite identificar certos objetos sempre que eles se repetem. Consiste numa interpretação rudimentar, com a qual cada

---

6. *Saber de e saber que: alicerces da racionalidade*, p. 24-30.

um de nós se ajusta ao seu mundo e nele pode sobreviver. O *saber como* é uma espécie mais elaborada de conhecimento, que nos permite executar ações de crescente complexidade e aparece quando somos capazes de desenvolver esquemas estabelecendo associações de causa e efeito. E o *saber que* é alcançado em função de inferências, que defluem do uso da razão acoplado às ações, mediante ele atribuímos uma lógica ao mundo.

Para exemplificar, com o *saber de* conhecemos a existência de certos objetos: garfo, faca, abridor; com o *saber como* apreendemos a utilizar tais objetos para realizar certas ações: comer, cortar carne, abrir garrafa; e com o *saber que* conhecemos que se não formos cuidadosos com a faca ela pode nos ferir, ou que para cortar a carne ela deve estar afiada. Primeiro o ser humano *sabe de*, depois *sabe como* e por fim *sabe que* as coisas são. Nos dizeres do autor, "à medida que entramos em contato com novos objetos (antes ignorados) aumentamos o *saber de*. Nosso contato com as coisas se orienta em função de alguma ação a executar, com isso, ganha realce o *saber como*. E, usando a capacidade de que fomos dotados, na condição de humanos, estamos aptos a pensar, raciocinar, inferir, atingimos, assim, com o auxílio da lógica, o *saber que*, o conhecimento, que nos conduzirá, enfim, à sabedoria".[7]

2.1 Conhecimento em sentido amplo e em sentido estrito

Com objetivo de simplificar nossos estudos, reduzimos as complexidades diferenciando conhecimento em *sentido amplo* e em *sentido estrito*. Em sentido amplo, toda forma de consciência que aprisiona um objeto intelectualmente como seu conteúdo é conhecimento. Alcança esta concepção estrita, no entanto, a partir do momento em que seu conteúdo aparece na forma de juízo (uma das modalidades do pensamento) quando, então, pode ser submetido a critérios de confirmação ou infirmação.

---

7. Idem, p. 29-30.

O pensamento (forma da consciência mediante a qual são processados os juízos) aperfeiçoa-se em três estágios, isto é, com a conjuntura de três outras formas: (i) primeiro os objetos são apreendidos na forma de ideias (representadas linguisticamente por termos – ex: "homem"); (ii) com a associação das ideias surgem os juízos (representados pelas proposições – ex: "homem é mamífero"); e (iii) da relação entre juízos são construídos os raciocínios (representados pelos argumentos – ex: "homem é mamífero, mamífero é animal, então homem é animal"). Nos dizeres de PAULO DE BARROS CARVALHO, "A apreensão nos leva à ideia, noção ou conceito, o julgamento produz o juízo e a conjunção de juízos, com vista à obtenção de um terceiro, manifesta-se como raciocínio".[8]

Mediante as ideias temos um conhecimento rudimentar do mundo (conhecimento aqui empregado em acepção ampla), com o qual somos capazes de identificar certos objetos no meio do caos de sensações. Com os juízos atribuímos características a estes objetos e passamos a conhecer suas propriedades definitórias, alcançamos, então, o conhecimento em sentido estrito. Mediante os raciocínios justificamos os juízos estabelecidos e alcançamos um conhecimento mais refinado (racionalizado).

Todo conhecimento, considerando-se o termo em acepção estrita, nasce da intuição. Antes mesmo de sermos capazes de identificar certos objetos por meio das ideias, os intuímos, ou seja, temos uma sensação direcionada, mas incerta de sua existência e é esta sensação que dirige todos os outros atos da consciência humana voltados à formação e justificação das proposições. Primeiro intuímos, depois racionalizamos para que nossa consciência aceite o objeto conhecido como tal. Por meio da racionalização, o intelecto justifica e legitima as proposições construídas (e, em última instância, a intuição) tornando-as verdadeiras para o sujeito cognoscente. Neste sentido, os raciocínios são adaptáveis à intuição e,

---

8. *Apostila do curso de teoria geral do direito*, p. 92.

portanto, não são puros, ainda que indispensáveis ao conhecimento, uma vez que o legitimam.

Pouco se sabe sobre a intuição, marco inicial do conhecimento, que determina sua construção e condiciona sua fundamentação. Ao contrário, a racionalização, processo mediante o qual o conhecimento é legitimado (aceito como verdadeiro), é objeto de variada gama de estudos.

Em termos resumidos, podemos dizer que os raciocínios são constituídos por meio de inferências, processo mediante o qual se obtém uma proposição (conclusiva) a partir de outra(s) (premissas).

As inferências são classificadas como: (i) imediatas ou (ii) mediatas.

(i) Inferências imediatas são constituídas tomando-se por base apenas uma proposição (premissa). Podem se dar: (i.a) por oposição; ou (i.b) por conversão.

Na oposição, a proposição-conclusão é obtida com a alteração da quantidade ou qualidade da proposição-premissa, mantendo-se os mesmos termos como sujeito e como predicado (ex: todos os homens são racionais, logo, nenhum homem é não-racional). Já na conversão a proposição-conclusão é construída a partir da transposição da proposição-premissa (ex: todos advogados são juristas, logo, alguns juristas são advogados).

(ii) Inferências mediatas caracterizam-se pelo trânsito de um juízo (premissa 1) para outro (conclusão) mediante um terceiro (premissa 2). As cinco formas mais comuns são: (ii.a) analogia; (ii.b) indução; (ii.c) dedução; (ii.d) dialética; (ii.e) abdução.

Faz-se analogia por meio de comparações, a partir de semelhanças entre dois juízos diferentes, obtém-se uma identidade entre eles (ex: considerando as semelhanças dos sintomas apresentados entre João e Pedro, conclui-se que Pedro tem a mesma doença de João). Com a indução desenvolve-se do particular para o geral, a partir da observação de certo número de casos (antecedentes) se infere uma explicação aplicável a todos os casos da mesma espécie (ex: considerando que o ferro dilata com o calor, a prata dilata com o calor, o cobre dilata com o calor e que o ferro, a prata e o cobre são metais, conclui-se: os metais dilatam com o calor). Com a dedução constrói-se uma proposição que é conclusão lógica de duas ou mais premissas (ex: considerando que todo número divisível por dois é par e que 280 é divisível por dois, conclui-se que o número 280 é par). Com a dialética (também denominada de raciocínio crítico), constrói-se uma conclusão (síntese) resultante da contraposição de juízos conflitantes denominados tese e antítese (ex: água é uma necessidade do organismo, mas causa afogamento, logo deve ser ingerida com moderação). E, com a abdução a partir de uma proposição geral, supõem-se hipóteses explicativas que, passo a passo, são superadas na construção de uma conclusão (ex: contos policiais).

Existem várias outras formas de racionalização, um estudo mais aprofundado, entretanto, foge ao foco de nossa proposta. A título de exemplo, estas são suficientes para compreendermos como intelectualmente se processa a legitimação das proposições produzidas a título de conhecimento.

O que queremos chamar atenção, no entanto, é que: primeiro (i) todo conhecimento "juízo" para ser aceito por nós como verdadeiro, e utilizado pelo nosso intelecto para construção da nossa realidade, precisa ser legitimado/justificado (racionalizado), caso contrário, enquanto juízo, perde-se, não nos sendo útil para explicar nossas experiências. E que, segundo (ii) diante de todas as considerações feitas acima, observa-se um ponto comum sobre o conhecimento: em momento algum deixamos o campo das proposições. Isto nos autoriza dizer que todo conhecimento é proposicional. Dá-se com a construção e relação de juízos. Nestes termos, não há conhecimento sem linguagem.

Conhece, aquele que é capaz de emitir proposições sobre e mais, de relacionar tais proposições de modo coerente, na forma de raciocínios. Vejamos o exemplo da "mitocôndria": a pessoa que não sabe o que é mitocôndria, não consegue emitir qualquer proposição sobre ela; aquele que tem um conhecimento leigo é capaz de emitir algumas proposições, mas não muitas; já um biólogo pode passar horas construindo e relacionando proposições sobre a mitocôndria. Esta sua capacidade demonstra maior conhecimento sobre o objeto. O mesmo podemos dizer sobre o direito: "o que é usufruto?". Quantas pessoas podem passar mais de uma hora falando sobre esta ou qualquer outra realidade jurídica? Aqueles que não a conhecem não têm linguagem sobre ela, os que têm linguagem são aqueles que a conhecem.

É neste sentido que LUDWIG WITTGENSTEIN doutrina: "os limites da minha linguagem significam o limite do meu mundo"[9] ou em outras palavras, o conhecimento está limitado à capacidade de formular proposições sobre – mais se conhece um objeto na medida em que mais se consegue falar sobre ele.

A questão, contudo, de ser a linguagem pressuposto do conhecimento, ou apenas instrumento para sua fixação e comunicação foi tema de muitas discussões que acabaram por resultar numa mudança de paradigma na Filosofia do Conhecimento.

2.2 Giro-linguístico

Desde o *Crátilo* de PLATÃO, escrito presumivelmente no ano de 388 a.C., a Filosofia baseava-se na ideia de que o ato de conhecer constituía-se da relação entre sujeito e objeto e que a linguagem servia como instrumento, cuja função era expressar a ordem objetiva das coisas.[10] Acreditava-se que por meio da linguagem o sujeito se conectava ao objeto, porque esta expressava sua essência.

---

9. *Tractatus Logico-Philosophicus*, p. 111.

10. MANFREDO ARAUJO DE OLIVEIRA, *Reviravolta linguístico-pragmática na filosofia contemporânea*, p. 17-114.

Existia, nesta concepção, uma correspondência entre as ideias e as coisas que eram descritas pela linguagem, de modo que, o sujeito mantinha uma relação com o mundo anterior a qualquer formação linguística. O conhecimento era concebido como a reprodução intelectual do real, sendo a verdade resultado da correspondência entre tal reprodução e o objeto referido. Uma proposição era considerada verdadeira quando demonstrava a essência de algo, já que a linguagem não passava de um reflexo, uma cópia do mundo.

O estudo do conhecimento, neste contexto, durante o decurso dos séculos, foi feito a partir do sujeito (gnosiologia), do objeto (ontologia), ou da relação entre ambos (fenomenologia) e a linguagem foi sempre considerada como instrumento secundário do conhecimento.

Segundo esta tradição filosófica, existia um mundo "em si" refletido pelas palavras (filosofia do ser) ou conhecido mediante atos de consciência e depois fixado e comunicado aos outros por meio da linguagem (filosofia da consciência).[11] A linguagem, portanto, não era condição do conhecimento, mas um instrumento de representação da realidade tal qual ela se apresentava e era conhecida pelo sujeito cognoscente.

Em meados do século passado, houve uma mudança na concepção filosófica do conhecimento, denominada de giro-linguístico, cujo termo inicial é marcado pela obra de **LUDWIG WITTGENSTEIN** (*Tractatus logico-philosophicus*). Foi quando a então chamada "filosofia da consciência" deu lugar à "filosofia da linguagem".

De acordo com esta nova concepção filosófica, a linguagem deixa de ser apenas instrumento de comunicação de um conhecimento já realizado e passa a ser condição de

---

11. KANT é o marco da filosofia da consciência que se fundamenta no estudo de como a consciência se comporta no mundo em que era posto. Sua obra para a filosofia do conhecimento é considerada como um X, pois todos os filósofos ou se encontram ou partem de KANT. Cronologicamente temos a filosofia do ser, depois de KANT instaura-se a filosofia da consciência e com WITTGENSTEIN a filosofia da linguagem.

possibilidade para constituição do próprio conhecimento enquanto tal. Este não é mais visto como uma relação entre sujeito e objeto, mas sim entre linguagens. Nos dizeres de DARDO SCAVINO, "a linguagem deixa de ser um meio, algo que estaria entre o sujeito e a realidade, para se converter num léxico capaz de criar tanto o sujeito como a realidade".[12]

Não existe mais um mundo "em si", independente da linguagem, que seja copiado por ela, nem uma essência nas coisas para ser descoberta. Só temos o mundo e as coisas na linguagem; nunca "em si". Assim, não há uma correspondência entre a linguagem e o objeto, pois este é criado por ela. A linguagem, nesta concepção, passa a ser o pressuposto por excelência do conhecimento.

O ser humano só conhece o mundo quando o constitui linguisticamente em seu intelecto, por isso, HUMBERTO MATURANA e FRANCISCO VARELA afirmam que "todo ato de conhecimento produz um mundo".[13] Conhecer não significa mais a simples apreensão mental de uma dada realidade, mas a sua construção intelectual, o que só é possível mediante linguagem.

O gráfico abaixo representa tal concepção:

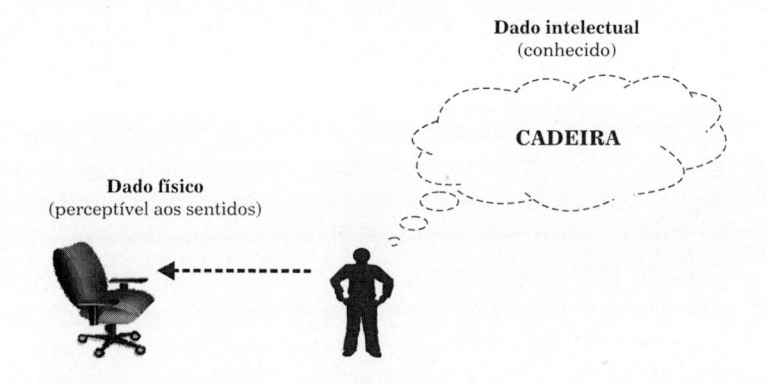

Dado intelectual
(conhecido)

CADEIRA

Dado físico
(perceptível aos sentidos)

---

12. *La filosofia actual: pensar sin certezas*, p. 12.
13. *A árvore do conhecimento*, p. 68.

Explicando: o sujeito cognoscente entra em contato com o dado físico (cadeira), mas é incapaz de apreendê-lo ou reproduzi-lo em sua mente; para conhecê-lo o constitui intelectualmente por meio de uma linguagem (a palavra cadeira).

Sob este novo paradigma, o conhecimento deixa de ser a reprodução mental do real e passa a ser a sua constituição para o sujeito cognoscente. Deste modo, a verdade, como resultado da correspondência entre formulação mental e essência do objeto significado linguisticamente, perde o fundamento, porque não existem mais essências a serem descobertas, já que os objetos são criados linguisticamente. A verdade das proposições conhecidas apresenta-se vinculada ao contexto em que o conhecimento se opera, dependendo do meio social, do tempo histórico e das vivências do sujeito cognoscente.

Já não há mais verdades absolutas. Sabemos das coisas porque conhecemos a significação das palavras tal como elas existem numa língua, ou seja, porque fazemos parte de uma cultura. Na verdade, o que conhecemos são construções linguísticas (interpretações) que se reportam a outras construções linguísticas (interpretações), todas elas condicionadas ao contexto sócio-cultural constituído por uma língua. Neste sentido, o objeto do conhecimento não são as coisas em si, mas as proposições que as descrevem, porque delas decorre a própria existência dos objetos.

O homem utiliza-se de signos convencionados linguisticamente para dar sentido aos dados sensoriais que lhes são perceptíveis. A relação entre tais símbolos e o que eles representam é constituída artificialmente por uma comunidade linguística. As coisas do mundo não têm um sentido ontológico. É o homem quem dá significado às coisas quando constrói a relação entre uma palavra e aquilo que ela representa, associando-a a outras palavras que, juntas, formam sua "definição".

O conhecimento nos dá acesso às definições. Não conhecemos as coisas em si, mas o significado das palavras dentro do contexto de uma língua e o significado já não depende da relação com a coisa, mas do vínculo com outras palavras. Exemplo disso pode ser observado quando buscamos o sentido de um termo no dicionário, não encontramos a coisa em si (referente), mas outras palavras. Deste modo, podemos afirmar que a correspondência não se dá entre um termo e a coisa, mas entre um termo e outros, ou seja, entre linguagem. A essência ou a natureza das coisas, idealizada pela filosofia da consciência, é algo intangível.

O desenho abaixo esclarece melhor tal afirmação:

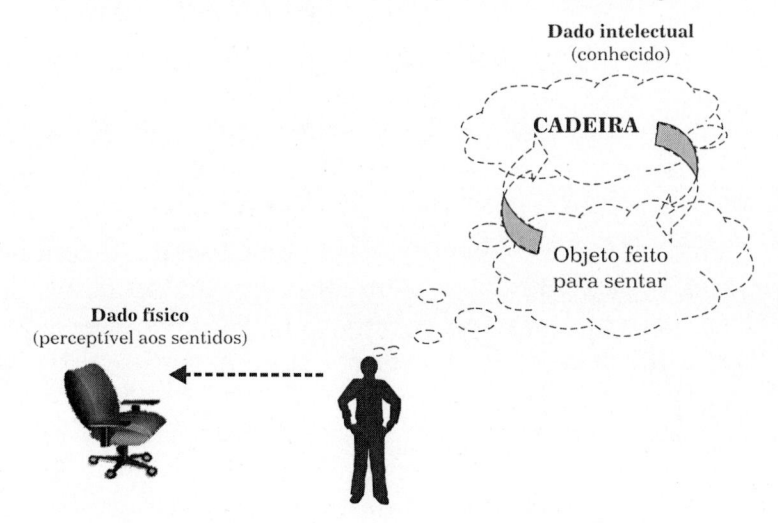

Dado intelectual
(conhecido)

CADEIRA

Objeto feito para sentar

Dado físico
(perceptível aos sentidos)

Explicando: incapaz de apreender ou reproduzir em sua mente a cadeira (objeto físico), o homem faz associações linguísticas entre a palavra "cadeira" e outras palavras "objeto feito para sentar", a fim de construir, em seu intelecto, o que é a cadeira, ou seja, seu significado, o que lhe permite conhecer a "cadeira" e utilizar aquela palavra para nominar tal dado físico experimentado por seus sentidos.

Assim, de acordo com esta nova perspectiva filosófica, nunca conhecemos os objetos tal como eles se apresentam fisicamente, fora dos discursos que falam acerca deles e que os constituem.[14] Conhecemos sempre uma interpretação. Por isso, a afirmação segundo a qual o mundo exterior não existe para o sujeito cognoscente sem uma linguagem que o constitua. Isto que chamamos de mundo nada mais é do que uma construção (interpretação), condicionada culturalmente e, por isso, incapaz de refletir a coisa tal qual ela é livre de qualquer influência ideológica.

2.3 Linguagem e realidade

Desde o início da filosofia, no séc. VI a.C., os pensadores têm se questionado se captamos a realidade pelos sentidos ou se, ao contrário, tudo não passa de uma ilusão. O ponto central deste questionamento está fundado no que se entende por "realidade" e a resposta a tal indagação é primordial para determinar o conceito de conhecimento.

Temos para nós que a realidade não passa de uma interpretação, ou seja, de um sentido atribuído aos dados brutos que nos são sensorialmente perceptíveis. Não captamos a realidade, tal qual ela é, por meio da experiência sensorial (visão, tato, audição, paladar e olfato), mas a construímos atribuindo significado aos elementos sensoriais que se nos apresentam. O real é, assim, uma construção de sentido e como toda e qualquer construção de sentido dá-se num universo linguístico. É neste contexto que trabalhamos com a afirmação segundo a qual a linguagem cria ou constrói a realidade.

Uma vez vislumbrado o caráter transcendental da linguagem, com o giro-linguístico, cai por terra a teoria objetivista (instrumentalista, designativa), segundo a qual a linguagem seria um instrumento secundário de comunicação do conhecimento humano. Assume esta a condição de possibilidade para a sua constituição, pois não há consciência sem linguagem.

---

14. DARDO SCAVINO, *La filosofia actual: pensar sin certezas*, p. 38.

As coisas não precedem à linguagem, pois só se tornam reais para o homem depois de terem sido, por ele, interpretadas. Algo só tem significado, isto é, só se torna inteligível, a partir do momento em que lhe é atribuído um nome. A palavra torna o dado experimental articulável intelectualmente permitindo que ele apareça como realidade para o ser humano. Em termos mais precisos LENIO LUIZ STRECK assevera: "estamos mergulhados num mundo que somente aparece (como mundo) na e pela linguagem. Algo só é algo se podemos dizer que é algo".[15]

A experiência sensorial (captada pelos sentidos) nos fornece sensações, que se distinguem das palavras qualitativamente. As sensações são dados inarticulados por nossa consciência, são imediatos e para serem computados precisam ser interpretados, transformados em linguagem pelo nosso intelecto. Observando isso VILÉM FLUSSER compara o intelecto a uma tecelagem, que usa palavras como fios, mas que tem uma antessala na qual funciona uma fiação que transforma algodão bruto (dados sensoriais) em fios (palavras).[16] Os dados inarticulados dispersam-se, apenas aqueles transformados em signos tornam-se por nós conhecidos.

É por isso que, como ensina MARTIN HEIDEGGER, nosso "ser-no-mundo" é sempre linguisticamente mediado. Nas palavras do autor, "a linguagem é a morada do ser, o lugar onde o sentido do ser se mostra. É por meio dela que ocorre a manifestação dos entes a nós, de modo que, só onde existe linguagem o ente pode revelar-se como ente".[17] Não utilizamos a linguagem para manipular o real, mas antes, ela nos determina e nela se dá a criação daquilo que chamamos de realidade.

Dizer, todavia, que a realidade é constituída pela linguagem, não significa afirmar a inexistência de dados físicos

---

15. *Hermenêutica jurídica e(m) crise: uma exploração hermenêutica da construção do direito*, p. 178.

16. *Língua e realidade*, p. 38.

17. *A caminho da linguagem*, p. 170.

independentes da linguagem. Frisamos apenas que somente pela linguagem podemos conhecê-los, identificá-los e transformá-los numa realidade objetiva para nosso intelecto. Um exemplo ajuda-nos a esclarecer tal ideia: imaginemos um sujeito que esteja andando por um caminho e no seu decorrer tropece em algo, ele experimenta, por meio de seus sentidos, uma alteração física no ambiente que o rodeia, mas só é capaz de identificar e conhecer tal alteração a partir do momento em que lhe atribui um nome – "isto é uma pedra", neste instante, aquele algo se constitui como uma realidade para ele e torna-se articulável em seu intelecto. Sob este paradigma, linguagem e realidade estão de tal forma entrelaçadas que qualquer acesso a uma realidade não-interpretada é negado aos homens, porque ininteligível.

2.4 Língua e realidade

FERDINAND DE SAUSSURE, ao tomar a linguagem como objeto de seus estudos, observou que duas partes a compõem: (i) uma social (essencial), que é a língua; (ii) outra individual (acessória), que é a fala. Língua é um sistema de signos artificialmente constituído por uma comunidade de discurso e fala é um ato de seleção e atualização da língua, dependente da vontade do homem e diz respeito às combinações pelas quais ele realiza o código da língua com propósito de constituir seu pensamento.[18] No fundo, a língua influencia a fala, pois o modo como o indivíduo lida e estrutura os signos condiciona-se ao seu uso pela sociedade e a fala influi na língua na medida em que os usos reiterados determinam as convenções sociais.

Cada língua tem uma personalidade própria, proporcionando ao sujeito cognoscente que nela habita um clima específico de realidade. Nós, moradores dos trópicos, por exemplo, olhamos para algo branco que cai do céu e enxergamos uma

---

18. *Curso de linguística geral*, p. 15-32.

realidade (a neve), os esquimós da Groelândia, por habitarem uma língua diferente da nossa, se deparam com o mesmo dado físico e enxergam mais de vinte realidades distintas. Por uma questão de sobrevivência eles identificam vários tipos de neve (ex: a que serve para construir iglus, a que serve para beber, para cavar e pescar, a que afunda, etc.), atribuindo nomes diferentes e as constituindo, assim, como realidades distintas daquela que nós conhecemos. Onde para nós existe uma realidade, para os esquimós há mais de vinte. Isto acontece porque a língua que habitamos determina nossa visão do mundo.

Outro exemplo, trazido por DARDO SCARVINO, é a separação que os yamanas fazem daquilo que nós chamamos de "morte"; para eles as pessoas se "pierden" e os animais se "rompen". Condicionados pela língua que habitam a realidade 'morte' para os yamanas não existe, ou ao menos não significa o mesmo que para nós.

No caso do direito, a realidade jurídica é constituída pela língua jurídica. Nela, por exemplo, existe a realidade "concluso" (quando os autos do processo se encontram com o juiz) que não se entende em outra língua. Assim também o é com a Física, a Biologia, a Química; a língua destas ciências constrói a realidade física, biológica e química que enxergamos. O que é um *quarker*? Uma célula embrionária? Uma molécula de carbono? São realidades criadas pela língua destas ciências e que existem em razão delas.

Compartilhamos do entendimento de que a língua não é uma estrutura por meio da qual compreendemos o mundo, ela é uma atividade mental estruturante do mundo. Assim, cada língua cria uma realidade. Para ilustrar tal afirmação, VILÉM FLUSSER compara a vivência de várias línguas a uma coleção de óculos que dispõe o intelecto para observar os dados brutos a ele inatingíveis. Toda a vez que o intelecto troca de óculos (língua) a realidade se modifica.[19]

---

19. *Língua e realidade*, p. 52.

Isto acontece porque, como sublinha JÜRGEN HABERMAS, quando o homem habita uma língua ela "projeta um horizonte categorial de significação em que se articulam uma forma de vida cultural e a pré-compreensão do mundo".[20] Determinantes, léxico e sintaxe de uma língua formam um conjunto de categorias e modos de pensar que é só seu, no qual se articula uma 'visão' do mundo e do qual só é possível sair quando se passa a habitar outra língua. É assim com os dialetos, a fala, a escrita, a matemática, a física, a biologia, a informática, o direito[21] e etc. Cada língua cria um mundo e para vivenciarmos outros mundos, faz-se necessário mudar de língua, ou seja, temos que trocar os óculos de nosso intelecto.

Ao passar de uma língua a outra, nossa consciência vive a dissolução de uma realidade e a construção de outra. Atravessa, como ensina VILÉM FLUSSER, o abismo do nada, que cria para o intelecto uma sensação de irrealidade,[22] pois as coisas só têm sentido para o homem dentro de uma língua. Cada pessoa, entretanto, realiza tal passagem de sua maneira, o que justifica as diferentes formas de tradução.

Ao conjunto de categorias e modos de pensar incorporados pela vivência de uma ou várias línguas atribuímos o nome de cultura. E, neste sentido, dizemos que os horizontes culturais do intérprete condicionam seu conhecimento, ou seja, sua realidade.

Aquilo que chamamos de realidade é, assim, algo social antes de ser individual. UMBERTO ECO ilustra com clareza tal afirmação trazendo o exemplo do caçador que interpreta pegadas da caça. O caçador só conhece as pegadas porque vivencia a língua da caçada. Nos dizeres do autor, "os fenômenos naturais só 'falam' ao homem na medida em que toda uma tradição linguística o ensinou a lê-los. O homem vive num

---

20. *Verdade e justificação: ensaios filosóficos*, p. 33.

21. Tudo que acontece com uma língua se aplica às Ciências, que se constituem como línguas particulares.

22. *Língua e realidade*, p. 59.

mundo de signos não porque vive na natureza, mas porque, mesmo quando está sozinho, vive na sociedade: aquela sociedade linguística que não teria se constituído e não teria podido sobreviver se não tivesse elaborado os próprios códigos, os próprios sistemas de interpretação dos dados materiais (que por isso mesmo se tornam dados culturais)".[23]

Os objetos, embora construídos como conteúdo de atos de consciência do ser cognoscente (subjetivo, pessoal), encontram-se condicionados pelas vivências do sujeito, sendo estas determinadas pelas categorias de uma língua (coletivo, social). É isso que faz com que o mundo "pareça" uno para todos que vivem na mesma comunidade linguística e que torna possível sua compreensão. Quando, por exemplo, um médico lê no exame de um paciente "carcinoma basocelular esclerodermiforme", os termos 'carcinoma', 'basocelular' e 'esclerodermiforme' representam, cada um deles, significados convencionados, inteligíveis para quem habita a língua da medicina. Se assim não fosse, a proposição não teria sentido para o médico. Para o paciente, entretanto, que não vivencia tal língua, o exame nada significa objetivamente.

O homem, desde seu nascimento, encontra-se situado num mundo determinado como hermenêutico e a realidade das coisas desse mundo à qual ele tem acesso nada mais é do que uma interpretação, condicionada por uma tradição linguística. Compreendemos as coisas do mundo, como ensina MANFREDO ARAÚJO DE OLIVEIRA, "a partir das expectativas de sentido que nos dirigem e provém de nossa tradição específica, onde quer que compreendamos algo, nós o fazemos a partir do horizonte de uma tradição de sentido, que nos marca e precisamente torna essa compreensão possível".[24] A realidade, entendida aqui como o conjunto de proposições mediante o qual transformamos o caos em algo inteligível, é, desde sempre, integrada a um horizonte de significação. É o

---

23. *O signo*, p. 12.
24. *Reviravolta linguístico-pragmática na filosofia contemporânea*, p. 228.

caso da língua do direito: embargos infringentes, agravo de instrumento, só manuseia estes signos quem vive a língua do direito.

2.5 Sistema de referência

Não há conhecimento sem sistema de referência, pois o ato de conhecer se estabelece por meio de relações associativas, condicionadas pelo horizonte cultural do sujeito cognoscente e determinadas pelas coordenadas de tempo e espaço em que são processadas.

Conhecemos um objeto porque o identificamos em relação a outros elementos, estabelecendo vínculos capazes de delimitar seu significado. Assim, todo nosso conhecimento do mundo encontra-se determinado pelos referenciais destas associações que, por sua vez, são marcadas por nossas vivências.

Chamamos de sistema de referência as condições que informam o conhecimento sobre algo. Uma criança que nasce numa colônia de pescadores, por exemplo, olha para o mar e sabe distinguir os diversos tipos de marés, o que dificilmente acontece com uma criança que nasce na cidade grande. Isso se dá, porque o referencial de uma é diferente do da outra. Para primeira criança, o mar tem um sentido mais complexo, significa muita coisa, porque grande parte das vivências que formam seu contexto linguístico estão relacionadas a ele, o que já não se verifica com a segunda criança. Temos, assim, distintas interpretações, que se reportam ao mesmo dado experimental, constituindo duas realidades próprias, cada qual condizente com os referenciais dentro dos quais são processadas. Transpondo tais considerações para o direito, por exemplo, uma pessoa que fez todo o curso de graduação em direito dentro de uma formação x (i.e. Constructivismo Lógico-Semântico) vai enxergar a realidade direito diferente de outra que o fez dentro de uma formação y (i.e. Teoria Tridimensional).

Além do referencial cultural, constituído pela vivência numa língua, toda compreensão do mundo pressupõe um modelo, um ponto de partida, que o fundamenta e atribui credibilidade ao conteúdo conhecido. Este modelo consiste num conjunto de premissas que acaba por determinar aquilo que se conhece. Observamos, por exemplo, uma mesa de madeira a certa distância e afirmamos tratar-se de uma superfície lisa, olhando mais de perto, percebemos algumas fissuras e lhe atribuímos o qualificativo de rugosa, depois, observando-a com uma lupa, enxergamos várias rachaduras e concluímos tratar-se de uma superfície estriada. Mas, afinal, o que podemos afirmar sobre a superfície da mesa de madeira? Ela é lisa, rugosa ou estriada? A melhor resposta é: depende. Primeiro temos que saber qual o modelo adotado na construção da proposição. De longe, a mesa é lisa, de perto, ela é rugosa, e com lente de aumento, é estriada. Se não adotarmos um referencial, nada poderemos dizer sobre a superfície da mesa de madeira. É por isso que GOFFREDO TELLES JÚNIOR enuncia: "sem sistema de referência, o conhecimento é desconhecimento".[25]

Para ilustrar tal afirmação, o autor serve-se do clássico exemplo, imaginado por EINSTEIN (citado por PAULO DE BARROS CARVALHO[26]), de um trem muito comprido (5.400.000 km) caminhando numa velocidade constante, em movimento retilíneo e uniforme (240.000 km/s), que tivesse uma lâmpada bem no centro e duas portas, uma dianteira e outra traseira e que se abririam, automaticamente, assim que os raios de luz emitidos pela lâmpada as atingissem. Com operações aritméticas simples, EINSTEIN demonstrou que um viajante deste trem, veria as portas se abrirem simultaneamente, nove segundos depois de ver a lâmpada acender-se e que um lavrador, parado fora do trem, ainda que observasse a lâmpada se acender no mesmo instante que o viajante, veria

---

25. *O direito quântico*, p. 289.
26. *Direito tributário: fundamentos jurídicos da incidência*, p. 2-3.

a porta traseira abrir-se cinco segundos após e a porta dianteira somente quarenta e cinco segundos depois.

O evento observado pelo viajante e pelo lavrador seria exatamente o mesmo, mas como o lavrador não estaria dentro do trem e, portanto, seu sistema de referência não seria o mesmo do viajante, para ele, o fato das portas se abrirem seria sucessivo, enquanto que para o viajante seria simultâneo. Mas qual destes fatos é o verdadeiro? O que se poderia dizer sobre a abertura das portas do trem? É simultânea ou sucessiva? A resposta, novamente, é: depende. Primeiro temos que saber qual o sistema de referência adotado na formulação do fato, pois, conforme o referencial, a resposta é diferente. Nesse sentido, sublinha PAULO DE BARROS CARVALHO, "quando se afirma algo como verdadeiro, faz-se mister que indiquemos o modelo dentro do qual a proposição se aloja, visto que será diferente a resposta dada, em função das premissas que desencadeiam o raciocínio".[27]

Cada pessoa dispõe de uma forma particular de conhecimento em conformidade com um sistema de referências adotado e condicionado por seus horizontes culturais. Em razão disso, não há que se falar em verdades absolutas, próprias de um objeto, porque o mesmo dado experimental comporta inúmeras interpretações. A verdade é uma característica da linguagem, determinada de acordo com o modelo adotado, pelas condições de espaço-tempo e também, pela vivência sócio-cultural de uma língua. É, portanto, sempre relativa.

Tudo pode ser alterado em razão da mudança de referencial (cultural ou propedêutico). Até aquilo que experimentamos empiricamente e parece-nos inquestionável (que temos como verdade absoluta), pode ser transformado. O pôr do sol, por exemplo, há algo que nos parece mais verdadeiro, do que observar o sol baixar-se no horizonte e afirmar que ele se põe quando não mais o enxergamos? Considerando, no entanto, que a luz do sol demora oito minutos para chegar até nós (na

---
27. Idem, p. 3.

terra), quando deixamos de enxergá-lo estamos atrasados, ele já transpôs a linha horizonte (oito minutos atrás). E então, em que momento o sol se põe? A melhor resposta novamente será depende do referencial adotado.[28]

Até a experiência sensorial, que nos parece tão certa e precisa, é uma interpretação. Vejamos o caso do som, por exemplo: tudo que escutamos, não passa, fisicamente, de ondas interpretadas por nosso sistema auditivo. O som (como algo construído mentalmente) não está no mundo, que é silencioso, ele está dentro de nós, é o sentido que atribuímos às modificações físicas, percebidas por nossos ouvidos, decorrentes da propagação de uma onda. O mesmo acontece com a visão, por meio da qual interpretamos a luz, com o paladar, o olfato e tato. E, nestes termos, tudo é relativo.

Dizer que a verdade é relativa, contudo, não significa negar a existência de afirmações verdadeiras (ceticismo), porque todo discurso descritivo é construído em nome da verdade. Também não significa considerar a verdade como subjetiva (relativismo), admitindo que algo seja verdadeiro para um sujeito e falso para outro dentro do mesmo modelo-referencial.[29] Significa apenas que, de acordo com os referenciais adotados, não trabalhamos com a existência de verdades absolutas, inquestionáveis, ou universais – aliás, frisamos a expressão "de acordo com os referenciais adotados", pois sob esta perspectiva, a própria afirmação segundo a qual não existem verdades absolutas é relativa, depende do referencial adotado pelo sujeito cognoscente.

O problema é que nossa cultura tem a expectativa da verdade de último reduto, influenciada pela tradição filosófica anterior ao giro-linguístico, principalmente em relação ao

---

28. JAKOBSON explica que os russos quiseram acabar com a ideia de "pôr do sol", porque afinal (no modelo heliocêntrico), não é o caso do sol se pôr, mas da terra girar em torno do sol. É interessante, então, que, mesmo em termos científicos, não há sentido dizer "o sol se põe", mas a expressão é tão forte que enxergamos assim a realidade (CHARLES WILLIAM MCNAUGHTON, *passim*).

29. Nota-se, aqui, a ambiguidade do termo "relativo".

discurso científico e tende a repudiar, ingenuamente, a ideia de que uma proposição tomada como verdadeira num modelo, possa ser falsa se construída noutro.

Novas teorias, inclusive no âmbito das Ciências Naturais, também refletem esta tendência de pensamento. Em seu último livro *O Grande Projeto*, o famoso e consagrado físico STEPHEN HAWKING apresenta o que ele chama de "realismo dependente do modelo" para explicar situações nas quais teorias radicalmente distintas (como as leis de Newton e a moderna física quântica) podem descrever com precisão o mesmo fenômeno de forma diferente, sem se excluírem. As leis de Newton e Einstein servem para explicar o comportamento de grandes matérias, mas não se aplicam ao comportamento das pequenas partículas, que são explicadas pela física quântica (teoria radicalmente distinta). No entanto, como as grandes estruturas do universo (submetidas às leis de Newton/Einstein) são formadas por pequenas partículas (submetidas às leis da física quântica), ele não pode ser explicado somente com base nas teorias de Newton e Einstein, nem somente com base na física quântica. E a proposta de uma teoria única é utópica justamente porque os modelos (pontos de partida) são diferentes. O universo se explica pela conjunção de várias teorias. Cada uma descreve certas propriedades e nenhuma delas pode ser considerada melhor ou mais real do que a outra.

A exemplo, podemos citar o comportamento da luz, que ora se apresenta como onda ora como partícula, dependendo do modelo adotado. Mas qual é a realidade? A luz é uma onda ou uma partícula? A ideia de que um objeto possa ser descrito como uma onda ou uma partícula causa certo desconforto intelectual, pois um dos princípios que informam nosso raciocínio descritivo é o da identidade (i.e. uma coisa é uma coisa e só ela mesma). Não entendemos como uma coisa pode ser duas ao mesmo tempo, dado que a contradição é um dos critérios lógicos utilizados pelo nosso intelecto para desqualificar a veracidade de uma proposição, no processo de racionalização. É por isso que estamos sempre na busca de uma teoria única, que descreva com precisão seu objeto (sua verdadeira essência). Mas teorias radicalmente distintas que descrevem com precisão o mesmo objeto de forma diferente podem perfeitamente coexistir como teorias verdadeiras, cada uma condizente com o seu modelo referencial.

Nas palavras de HAWKING, "de acordo com o realismo dependente o modelo, nossos cérebros interpretam as informações vindas de nossos órgãos sensoriais construindo um modelo do mundo exterior. Formamos conceitos mentais de nossa casa, das árvores, de outras pessoas, da eletricidade que sai das tomadas, dos átomos, das moléculas e de outros universos. Esses conceitos mentais constituem a única realidade que conhecemos. Não há realidade independente do modelo. Daí decorre que um modelo bem construído cria sua própria realidade".[30] É possível a luz ser uma onda ou uma partícula, dependendo das escolhas do observador.

Não há como remover o observador (intérprete) da realidade que é criada em seu intelecto. "Nossa percepção e, portanto, as observações nas quais se baseiam nossas teorias, não é direta, mas antes moldada por uma espécie de lente, a estrutura interpretativa do cérebro humano".[31]

2.6 Considerações sobre a verdade

A definição clássica de "conhecimento" originada em PLATÃO diz que ele consiste num conjunto de crenças e verdades justificadas. As crenças são afirmações sobre as quais se tem certo grau de certeza, são proposições (juízos) consideradas como verdadeiras. A certeza de uma crença (proposição/juízo) é fundamentada na justificação, que se aperfeiçoa mediante aquilo que denominamos de provas ou premissas (estruturadas na forma da consciência que chamamos de raciocínio). Tanto as provas como as premissas, no entanto, nada

---

30. *O grande projeto*, p.126.
31. *O grande projeto*, p. 34.

mais são do que outras crenças (proposições/juízos). Assim, uma proposição é verdadeira quando cremos na sua veracidade e cremos quando podemos comprová-la, justificando-a por meio de outras proposições. Neste sentido, a realidade (como ela é) é a verdade em que se crê, ou seja, é a totalidade das afirmações (proposições) sobre a qual se tem certo grau de certeza.

Adotamos a concepção segundo a qual a verdade é o valor atribuído a uma proposição quando ela se encontra em consonância a certo modelo. Seguindo a linha das considerações feitas acima, aquilo que chamamos de "modelo" não passa de um conjunto estruturado de formulações linguísticas. Por esta razão, podemos dizer que a verdade se dá pela relação entre linguagens. É pelo vínculo estabelecido entre uma proposição e as linguagens de determinado sistema que podemos aferir sua veracidade ou falsidade. Considera-se verdadeira a proposição condizente com o sentido comum, instituído dentro de um modelo. Destaca-se, assim, a importância da noção de sistema de referência para atribuição do valor verdade a qualquer afirmação.

Tradicionalmente, nos termos da filosofia da consciência, a verdade era tida como uma relação entre sentença e coisa. Este conceito, entretanto, não se encaixa na concepção filosófica por nós adotada, segundo a qual a linguagem cria os objetos e, sendo assim, não existe qualquer relação entre sentença e coisa, apenas entre sentença e outras sentenças. A verdade não se descobre, pois não há essências a serem descobertas, ela se inventa, constrói-se linguisticamente dentro de um sistema referencial, juntamente com a coisa. Por isso, a verdade de ontem já não é a verdade de hoje. O mundo de antigamente, por exemplo, era plano, atualmente é redondo; o sol girava em torno da terra, agora a terra gira ao redor dele; até pouco tempo Plutão era um planeta, hoje não é mais. Tudo isso porque, o valor de veracidade atribuído a uma proposição pode ser alterado em razão do referencial adotado.

Enxergamos as coisas dentro de uma cultura particular, própria de nossa comunidade linguística, de modo que, a constituição individual do objeto deve justificar-se numa interpretação estabelecida, aceita dentro desta comunidade. Todo sistema de referência, no entanto, é mutável, podendo sofrer alterações a qualquer momento. O índio que sai de sua aldeia para estudar na cidade grande, por exemplo, deixa de ver o "boitatá", na forma azulada que sai de noite dos corpos de animais mortos, para enxergar ali o gás metano exalado no processo de putrefação. A verdade "boitatá" altera-se para a verdade "gás metano" devido à mudança de referencial. Neste sentido, toda proposição tomada como verdadeira é falível, podendo ser sempre revista em conformidade com novos referenciais adotados. No caso do direito, voltando ao exemplo trazido no item anterior, o estudante que segue uma linha (y – Teoria Tridimensional) e pretende estudar outra (x – Constructivismo Lógico-Semântico) tem que mudar seu sistema de referência (ou ao menos aceitar a possibilidade de outro referencial), caso contrário, nada fará sentido para ele. É o mesmo que querer convencer o índio, que nunca saiu da aldeia e, portanto, não sofreu alteração de referencial, de que o "boitatá" é o "gás metano".

A pergunta "que é verdade?" aflige a humanidade desde seus primórdios filosóficos.[32] Várias correntes do pensamento voltam-se à solução de tal questão, dentre as quais podemos citar: (i) verdade por correspondência;[33] (ii) verdade por

---

32. Consta, inclusive, dos relatos bíblicos que esta pergunta foi feita a Jesus Cristo, quando interrogado por Pôncio Pilatos, e que este, justamente, por estar convicto da inexistência de verdades absolutas, nem esperou resposta para lavar suas mãos e entregar Jesus para a crucificação. – Pilatos perguntou: "Então, tu és rei?" Jesus respondeu: "Tu o dizes, eu sou rei! Para isto nasci. Para isto vim ao mundo: para dar testemunho da verdade. Todo aquele que é da verdade escuta minha voz". Pilatos, por fim lhe perguntou: "Mas que é a verdade?". Dito isto saiu de novo ao encontro dos judeus e comunicou-lhes: "Não acho nenhuma culpa nele" (João18,37-38).

33. Sustenta a teoria da verdade por correspondência que esta se define pela adequação entre determinado enunciado e a realidade referida. Um enunciado é verdadeiro quando condizente com a realidade por ele descrita e falso quando não condizente. Tal posicionamento filosófico não é compatível com as premissas

coerência;³⁴ (iii) verdade por consenso;³⁵ e (iv) verdade pragmática.³⁶ Mas a que melhor se enquadra no modelo adotado neste trabalho é a verdade como valor em nome do qual se fala, característica lógica necessária de qualquer discurso descritivo (verdade lógica).

Sempre que informamos algo, fazemo-no em nome de uma verdade. Sem esta aspiração, a descrição não tem sentido. Isto porque, quando emitimos uma mensagem descritiva, nossa pretensão é de que seu receptor a aceite, ou seja, tome-a como verdadeira, pois só deste modo ela terá o condão de informá-lo. Falamos, assim, em nome de uma verdade, até quando mentimos. Atribuímos esse valor às proposições descritivas por nós formuladas, almejando que outras pessoas nelas creiam. E tais pessoas lhes atribuem esse mesmo valor ao aceitá-las. É neste sentido que dizemos ser a verdade característica lógica necessária dos discursos informativos.

Como valor, a verdade é um conceito metafísico. Os conceitos metafísicos são aqueles que transcendem a física, isto é, que ultrapassam o campo do empírico e, por isso, não são susceptíveis de apreciação pela experiência. Como bem explica

---

firmadas neste trabalho, segundo as quais as coisas só têm existência para o ser humano quando articuláveis em seu intelecto, ou seja, quando constituídas em linguagem. Assim, não há como verificar a compatibilidade de um enunciado com o objeto ao qual ele se refere, mas somente com outro enunciado. Ademais, nenhuma sentença é capaz de captar a totalidade do objeto, pois nossa percepção do mundo é sempre parcial e, neste sentido, não há possibilidade de correspondência entre qualquer enunciado e o objeto-em-si, ao qual ele se refere.

34. A teoria da verdade por coerência parte do pressuposto que a realidade é um todo coerente. Uma proposição é verdadeira quando deduzida de outras proposições e não-contraditória com as demais de um mesmo sistema. Tais critérios definem a verdade interna de um certo sistema e preservam a ausência de contradição entre seus termos.

35. Segundo a teoria da verdade por consenso, a verdade decorre do acordo comum entre indivíduos de uma mesma comunidade linguística. Uma proposição é verdadeira quando aceita como tal por um grupo social. Este posicionamento é compatível com as premissas adotadas neste trabalho se considerarmos que os critérios de aceitação são determinados pelo próprio sistema linguístico em que a proposição é processada.

36. Para a teoria da verdade pragmática, um enunciado é verdadeiro quando tem efeitos práticos, ou seja, quando é útil. Verdade se confunde com utilidade.

FABIANA DEL PADRE TOMÉ em brilhante estudo sobre a prova no direito tributário, "todos falam em nome da verdade, mas não há como saber, mediante procedimentos experimentais, quem está realmente dizendo a verdade".[37] Dizer, no entanto, que a verdade é um conceito insusceptível de experiência não significa afirmar ser ela ininteligível. Como sublinha a autora, "o fato de ser inexperimentável não se confunde com a incognoscibilidade: o metafísico é passível de conhecimento, ainda que não empírico".

Atribuímos o valor verdade a uma proposição quando identificamos a presença de certos critérios, estes sim susceptíveis de apreciação pela experiência. A eleição de tais critérios, no entanto, também está condicionada pelo sistema (língua) habitado por cada intérprete. E, logo que fixados, já é possível identificar concretamente quais proposições são verdadeiras e quais são falsas.

Nos termos das premissas pontuadas neste trabalho, adotamos o critério da consonância da proposição com certo sistema de referência. Uma proposição é verdadeira quando está de acordo com uma interpretação aceita, instituída nos moldes dos referenciais, dentro dos quais é processada. Nos dizeres de DARDO SCARVINO, "um enunciado é verdadeiro, em princípio, quando resulta conforme com uma interpretação estabelecida, aceita, instituída dentro de uma comunidade de pertinência".[38]

O autor ainda chama atenção para o fato de que os enunciados tidos como verdadeiros "não dizem o que uma coisa é, senão o que pressupomos que seja dentro de uma cultura particular, sendo este pressuposto, um conjunto de enunciados acerca de outro pressuposto". O próprio sistema referencial, dentro do qual são processadas e verificadas as informações tidas por verdadeiras, é um conjunto de crenças, ou seja, de outras proposições tomadas como verdadeiras. Acolhemos

---

37. *A prova no direito tributário*, p. 11.

38. *La filosofia actual: pensar sin certezas*, p. 48.

certas crenças e as utilizamos como ponto de partida para o desenvolvimento de novas proposições que, por consonância com aquelas são tomadas como verdadeiras. Uma crença, assim, sustenta-se sempre em outra, caracterizando-se as proposições verdadeiras como interpretações que coincidem com outras interpretações prévias.

Transpondo todas estas considerações para o estudo do direito, a forma como cada pessoa enxerga a realidade "direito" é diferente. Não existe um jeito único, verdadeiro e certo. Existem vários modelos, cada um construído de acordo com um sistema de referência. Em regra, acabamos por adotar aquele que melhor se enquadra a nossos referenciais, pois é o que se constitui como uma realidade (verdadeira) para nós.

2.7 Autorreferência da linguagem

A linguagem se autorrefere e se autossustenta. Isto significa que ela não tem outro fundamento além de si própria, "não havendo elementos externos à linguagem (fatos, objetos, coisas, relações) que possam garantir sua consciência e legitimá-la".[39] Assim dispõe o princípio da autorreferência do discurso, alicerce das teorias retóricas.[40]

Na concepção do giro-linguístico não há relação entre palavras e objetos, pois é a linguagem que os constitui. Toda linguagem se fundamenta noutra linguagem e nada mais existe além dela. Sempre que procuramos o significado de uma palavra ou a justificativa para uma sentença não encontramos a coisa-em-si, nos deparamos com outras palavras ou outras sentenças. É neste sentido que dizemos ser o discurso autorreferente. Por mais que diga, uma linguagem não se reporta a outra coisa senão a outra linguagem.

---

39. PAULO DE BARROS CARVALHO, *Direito tributário, fundamentos jurídicos da incidência*, p. 5.

40. Nos termos das teorias retóricas, toda linguagem fundamenta-se em outra linguagem. Tal posicionamento contrapõe-se à linha das teorias ontológicas, segundo as quais a linguagem se constitui num meio de expressar a realidade objetiva e, portanto, o fundamento de toda linguagem encontra-se nesta realidade objetiva.

O gráfico abaixo representa tal ideia:

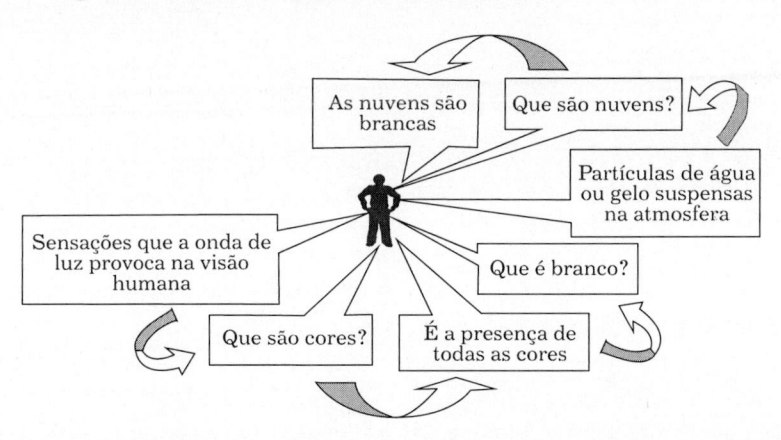

[Diagrama: As nuvens são brancas → Que são nuvens? → Partículas de água ou gelo suspensas na atmosfera → Que é branco? → É a presença de todas as cores → Que são cores? → Sensações que a onda de luz provoca na visão humana]

Explicando: uma pessoa, por exemplo, diante do enunciado: "as nuvens são brancas", pergunta: "que é nuvem?" e depara-se com a sentença: "nuvem é o conjunto visível de partículas de água ou gelo em suspensão na atmosfera". Em seguida questiona-se: "e que é branco?", obtendo a resposta mediante outra sentença: "branco é a presença de todas as cores". Ao indagar, ainda, "por que as nuvens são brancas?", depara-se com outro enunciado: "as nuvens são brancas porque refletem todas as cores". E, intrigada por saber "que são cores?", também se vê diante de mais palavras: "cores são sensações que a onda de luz provoca no órgão de visão humana e que depende, primordialmente, do cumprimento das radiações".

Nota-se que, em momento algum a pessoa deixa o mundo dos vocábulos, é o que denominamos de "o cerco inapelável da linguagem". Isto acontece porque as proposições se autorreferem, sendo as coisas-em-si intangíveis ao intelecto humano.

Tanto a palavra quanto o significado que ela representa (objeto) estão no mesmo plano: o linguístico. Não precisamos observar dados físicos para entender o significado de um termo, para daí em diante empregá-lo corretamente. Conforme ensina LEÔNIDAS HEGENBERG, "a palavra torna-se inteligível graças a outras palavras".[41]

Além de autorreferente, o discurso se autossustenta. A linguagem cria e destrói objetos, coisas, fatos e relações, independentemente deles serem verificados empiricamente. Como bem ilustra FABIANA DEL PADRE TOMÉ, "é comum referirmo-nos a coisas que não percebemos diretamente e de que só temos notícias por meio de testemunhos alheios. Falamos de lugares que não visitamos, pessoas que não vimos e não veremos (como nossos antepassados e os vultos da História), de estrelas invisíveis a olho nu, de sons humanamente inaudíveis (como os que só os cães percebem), e de muitas outras situações que não foram e talvez jamais serão observadas por nós. Referimo-nos, até mesmo, a coisas que não existem concretamente".[42] Isto porque a linguagem não precisa de referenciais empíricos, ela própria se mantém, construindo e desconstruindo suas realidades.

Devido à autossustentação pela linguagem, é possível que mesmo não existindo determinada coisa ou não tendo ocorrido certo acontecimento estes venham a ser reconhecidos pela linguagem. É o que se verifica, por exemplo, quando contamos uma mentira. O enunciado que a veicula prevalece até que outro o desconstitua.

Não há notícias de acontecimentos ou objetos (numa concepção pré giro-linguístico) que se voltaram contra a linguagem que os descreve para desconstituí-la, demonstrando sua inadequação a eles, simplesmente porque os eventos e os objetos não falam. Somente um enunciado tem o poder de refutar outro. A terra, por exemplo, nunca se rebelou contra a teoria que a descrevia como plana. Foi com a produção de novos enunciados, sustentados por outras proposições, que ela deixou de ser plana e passou a ser redonda.

---

41. *Saber de e saber que*, p. 80.

42. *A prova no direito tributário*, p. 18.

Da mesma forma, não há notícias de acontecimentos ou objeto que atestem a linguagem que os descreve, demonstrando sua adequação a eles. Cabe aqui, a lição de DARDO SCAVINO de que "um feito nada prova, simplesmente porque os feitos não falam, se obstinam a um silêncio absoluto do qual uma interpretação sempre deve resgatá-lo. Somos nós quem provamos, que nos valemos da interpretação de um feito para demonstrar uma teoria". Somente uma proposição tem o poder de atestar outra.

Em suma, queremos deixar claro que: uma linguagem se mantém e se desconstitui sempre mediante outras linguagens, nunca em razão dos acontecimentos ou dos objetos por ela descritos. No caso do direito podemos observar isso com as diferentes escolas que o descrevem ao longo do tempo (i.e. Jusnaturalismo, Realismo, Positivismo – objeto de análise no próximo capítulo). Uma teoria se sobrepõe à outra, mas qual delas constitui a ideia mais correta de direito? Qual delas melhor descreve a realidade direito? Cada qual constitui uma realidade jurídica diferente, que se sustenta pela própria linguagem que a constitui, nada mais.

2.8 Teoria dos jogos de linguagem

A teoria dos jogos de linguagem, apresentada por WITTGENSTEIN,[43] pretende acentuar que, nos diferentes contextos, existem diferentes regras, podendo-se a partir delas determinar o sentido das expressões linguísticas. O autor não define o que é "jogo de linguagem" (mesmo porque, na segunda fase do seu pensamento, isto é impossível), mas mostra, mediante a teoria dos jogos, como a linguagem funciona.

Segundo suas explicações, as formações linguísticas têm sentido porque há regras específicas de manejá-las que são intersubjetivamente válidas e que determinam sua significação.

---

43. *Tractatus logico-philosophicus, passim.*

O significado das palavras é estabelecido pelo seu uso na linguagem, sendo este determinado por certos hábitos linguísticos, de modo que, apreender uma língua significa ter certo adestramento, ou seja, capacitar-se a dominar uma técnica de cumprimento de suas regras.

De acordo com a teoria dos jogos, todo jogo é composto por um conjunto de regras próprias, que o determina e o diferencia dos demais. É mediante o cumprimento destas regras que se joga o jogo e é por meio delas que sabemos qual o jogo jogado. Assim, para jogarmos um jogo temos que, primeiramente, aceitar suas regras e realizar cada jogada dentro do modelo estabelecido, caso contrário, ela não é aceita como uma jogada daquele jogo.

Transpondo tais afirmações, a teoria dos jogos de linguagem postula ser toda linguagem composta por um conjunto de regras próprias, que a determina e a diferencia das demais. Sabemos que uma linguagem é científica, por exemplo, quando observamos que sua elaboração está de acordo com as regras do jogo científico; conhecemos uma linguagem jurídica e a diferenciamos das demais, por ter sido ela produzida nos moldes do direito; da mesma forma, dizemos estar diante de uma linguagem política, se constatamos ter sido ela constituída em cumprimento das regras da linguagem política e assim por diante. É mediante o cumprimento de regras próprias que se constitui cada linguagem e é por meio delas que sabemos qual a linguagem constituída.

Para produzirmos um enunciado (ex: científico, jurídico, político, econômico, religioso, etc.), é preciso, primeiramente, aceitar as regras do jogo de linguagem que se pretende jogar (ex: Ciência, direito, política, economia, religião, etc.). As regras do jogo estabelecem o procedimento e este determina e legitima o produto. Se quisermos, por exemplo, produzir uma poesia temos que obedecer as regras poéticas, caso contrário, não criamos poesia, mas outra linguagem. Da mesma forma, para produzirmos uma linguagem científica, temos que obedecer as regras do discurso científico, caso contrário, não criamos Ciência. Isto acontece também com o direito e com qualquer outro tipo de linguagem que se pretenda constituir. É por seguir um procedimento, determinado por regras próprias, que o enunciado é legitimado como pertencente a um determinado jogo (ex: poético, científico, jurídico, político, econômico, religioso, etc.), mas só temos acesso a ele (jogo) mediante o próprio enunciado, ou seja, após ser ele produzido.

Cada jogo, no entanto, apenas pode legitimar as jogadas nele efetuadas, isto é, produzidas de acordo com suas regras. As regras do jogo científico, por exemplo, legitimam a produção da linguagem científica e apenas ela; ao mesmo passo, as regras do jogo político legitimam a produção da linguagem política e somente ela; as do direto, apenas a jurídica e assim por diante.

Por legitimar apenas as jogadas nele efetuadas, uma proposição só tem valor dentro do jogo de linguagem jogado. Um enunciado poético, por exemplo, não tem o condão de comprovar ou refutar uma teoria, somente um enunciado científico pode fazê-lo; do mesmo modo, enunciados científicos não legitimam nem desconstituem enunciados jurídicos, porque ambos pertencem a jogos de linguagem diferentes, e somente proposições do mesmo jogo são capazes de refutar ou justificar outras proposições daquele jogo.

Em suma, a teoria dos jogos aplicada ao estudo da linguagem enuncia que cada língua é um jogo. As regras do jogo, além de atribuírem identificação aos seus elementos (significado das palavras) e estabelecerem como será realizada cada jogada (utilização das palavras para formação de enunciados e destes para formação do discurso), determinam o próprio jogo (qual a linguagem produzida). Nesses termos, para habitarmos uma língua temos que jogar seu jogo.

3. CONHECIMENTO CIENTÍFICO

Postulamos, nas primeiras linhas deste trabalho, que toda teoria existe para conhecer seu objeto, mas não apenas conhecê-lo ordinariamente e sim cientificamente. Conhecer algo cientificamente significa jogar o jogo da linguagem científica, observando, a cada jogada, as regras que lhe são próprias.

Desde os primeiros meses de vida, nosso intelecto volta-se para a construção do mundo em que vivemos. Vagamente vamos experimentando sensações, até que em algum momento conseguimos isolar proposicionalmente as coisas e associá-las a outras, daí para frente este processo torna-se comum em toda nossa existência. É assim que se dá o conhecimento ordinário, constituído pela linguagem natural (comum ou ordinária), instrumento por excelência da comunicação entre os indivíduos, desenvolvida espontaneamente no curso de nossas vivências. Este processo é livre. Não temos um comprometimento rigoroso com as proposições por nós formuladas, nem nos submetemos a regras de delimitação e aproximação do objeto. Mas basta visualizarmos uma teoria para percebermos não ser este o tipo de linguagem que a constitui. As teorias existem para conhecer rigorosamente seus objetos (e somente eles), mediante regras próprias de aproximação que atribuem rigor e credibilidade às proposições formuladas. Exigem, assim, a produção de uma linguagem mais sofisticada: a científica, um discurso "purificado", produzido a partir da linguagem natural.

3.1 Linguagem científica e Neopositivismo Lógico

Antes de adquirir a roupagem com a qual trabalhamos nesta obra, a filosofia da linguagem passou por vários momentos. Na segunda década do século passado, adquiriu corpo e expressividade uma corrente do pensamento humano voltada à natureza do conhecimento científico, denominada de Neopositivismo Lógico – também conhecida como Filosofia Analítica ou Empirismo Lógico. Tal corrente estruturou-se com a formação do Círculo de Viena, um grupo heterogêneo de filósofos e cientistas de diferentes áreas (físicos, sociólogos, matemáticos, psicólogos, lógicos, juristas, etc.), profundamente motivados e interessados em seus respectivos campos de especulações, que se encontravam, sistematicamente, em Viena, para discutir e trocar experiências sobre os fundamentos de suas ciências. Esta intensa troca de ideias possibilitou uma série de conclusões tidas como válidas para os diversos setores do conhecimento científico e contribuíram para formação uma Teoria Geral do Conhecimento Científico (Epistemologia).

Os neopositivistas lógicos reduziram o estudo do conhecimento à Epistemologia e esta à análise das condições para se produzirem proposições científicas. Para esta corrente, o discurso científico caracterizava-se por proporcionar uma visão rigorosa e sistemática do mundo. E nesse sentido, a preocupação da Epistemologia dirigia-se à identificação dos pressupostos para a construção de uma linguagem rígida e precisa, isto é, uma linguagem ideal para as Ciências.

A linguagem era tomada como instrumento e controle do saber científico na busca de modelos artificiais que permitissem a "purificação" do conhecimento comum. Imaginava-se a possibilidade de abstração de todos os valores e a redução de todas as Ciências a um modelo lógico.

Focados na linguagem, os neopositivistas lógicos contribuíram ao apontar as regras do jogo da linguagem científica. Como alguns de seus pressupostos temos que: (i) as proposições científicas devem ser passíveis de comprovação empírica ou legitimadas pelos termos que as compõem, quando nada afirmam sobre a realidade (no caso das tautologias); (ii) devem convergir para um mesmo campo temático, permitindo a demarcação do objeto, o que lhe garante foros de unidade; (iii) a organização sintática da linguagem científica deve ser rígida submetendo-se às regras da lógica e aos princípios da identidade, terceiro excluído (verdade/falsidade) e não-contradição; (iv) suas significações devem ser, na medida do possível, unívocas e, quando não possível, elucidadas.

Afastando-se as incompatibilidades,[44] trabalhamos com os pressupostos do neopositivismo lógico para caracterização e elaboração do discurso científico, que dentro da concepção hermenêutica, afastada a verdade por correspondência, funcionam como instrumentos de legitimação e fundamentação, atributivos de credibilidade ao discurso.

Uma das características da linguagem científica é ser precisa, isto significa que seu plano semântico é cuidadosamente elaborado. O cientista, no esforço de afastar confusões significativas, trabalha com a depuração da linguagem ordinária (aquela mediante a qual se constitui o conhecimento comum), substituindo os termos de acepções imprecisas por locuções, na medida do possível, unívocas.

Outra característica é o rigor sintático, que atribui coerência ao discurso. A linguagem científica apresenta-se de forma coesa, não se admitindo construções contraditórias (do tipo: *s é p* e *s não é p*). A rigidez de seus planos semântico e sintático, no entanto, diminuem as possibilidades de manobras de que dispõem os usuários na sua elaboração e utilização, o que importa o enfraquecimento de seu campo pragmático.

Devido sua função descritiva, outra característica da linguagem científica é ter o domínio informativo de seu objeto. Neste sentido, o cientista deve esforçar-se para, em primeiro lugar, manter suas proposições dirigidas a um ponto comum, o que atribui unidade ao discurso e, em segundo, para afastar ao máximo inclinações ideológicas, manifestações emotivas e recursos retóricos, fazendo de seu discurso o mais neutro possível. A neutralidade absoluta, no entanto, é uma utopia, nos termos da filosofia da linguagem adotada neste trabalho, pois todo conhecimento importa uma valoração (interpretação) condicionada aos horizontes culturais e ideológicos do intérprete.

---

44. Manifesta no Teorema de Gödel que demonstra sempre existir contradições num conjunto, pois, por mais formalizado que seja, não há um sistema que não traga um mínimo de incerteza, decorrente da impossibilidade de neutralidade de qualquer objeto.

3.2 Pressupostos de uma teoria

De acordo com PAULO DE BARROS CARVALHO, "o discurso científico está caracterizado pela existência de um feixe de proposições linguísticas, relacionadas entre si por leis lógicas, e unitariamente consideradas, em função de convergirem para um único objetivo, o que dá aos enunciados um critério de significação objetiva".[45] Este critério de significação objetiva é alcançado com a delimitação de um objeto e a presença de um método. Assim, a cada teoria corresponde um e somente um objeto e um e somente um método.

A delimitação do objeto indica os limites da experiência, evitando sua propagação ao infinito. E o método determina a forma de aproximação do objeto, atribuindo sincretismo às proposições formuladas. Ambos também exercem a função de controle dos enunciados construídos, que, para pertencerem a uma teoria, não podem extrapolar os limites de seu objeto nem serem produzidas em desacordo com as regras fixadas para sua aproximação.

Não há como fazer ciência abrindo mão da uniformidade na apreciação do objeto (o que é alcançado com a utilização de um único método) e da rigorosa demarcação do campo sobre o qual haverá de se voltar a atenção cognoscitiva.

PAULO DE BARROS CARVALHO tem insistido neste ponto, especialmente no que tange à doutrina jurídica. Convicto da impossibilidade do discurso científico não penetrado por preocupações metodológicas, enuncia: "O descaso pelo método e a irrelevância que se atribui ao modo de surpreender o objeto, quase sempre, acompanhados da ânsia de oferecer farta cópia de informações, num estranho amor à pátria e na tentativa vã de dissociá-la das formulações teoréticas, impedindo o conhecimento. E o resultado é desastroso: notícias recolhidas desordenadamente aparecem justapostas ou sobrepostas, na expectativa de nova e até mais penosa

---
45. PAULO DE BARROS CARVALHO, *Apostila de Lógica Jurídica*, p. 8.

sistematização. Os dados da experiência, jogados ao léu, perdem arranjo, reclamam organização. E o esforço despendido se perde, distando de proporcionar uma descrição mais ampla e abrangente do fenômeno central".[46] Nesse sentido, sem organização metodológica e precisa delimitação do objeto, o conhecimento científico (ou aquilo que se propõe como tal) torna-se completo desconhecimento.

Dizer que as teorias são conjuntos de proposições com pretensões e finalidades veritativas significa afirmar, dentro da concepção que adotamos, que elas são constituídas em nome de uma verdade, fundamentada e legitimada pelo próprio discurso.

Conhecer cientificamente um objeto significa reduzir suas complexidades, mediante a depuração da linguagem natural que o constitui ordinariamente. Contudo devemos lembrar que nenhuma teoria é capaz de esgotar tais complexidades, pois há sempre algo mais a ser dito, ou por ela mesma, ou por outras teorias.

Como ensina PAULO DE BARROS CARVALHO, "o real é irrepetível e a experiência é infinita e inesgotável".[47] O dado-físico é impossível de reprodução por qualquer atividade cognoscitiva, porque o conhecimento é sempre proposicional. Podemos passar horas, meses, anos, descrevendo o mesmo objeto e nunca chegaremos ao exaurimento de suas possibilidades descritivas. O que se verifica é o esgotamento da nossa capacidade de interpretá-lo, ou seja, de produzir linguagem sobre ele.

3.2.1 Delimitação do objeto

Primeiro passo para o conhecimento científico é a delimitação daquilo que se pretende conhecer.

---

46. *Apostila do Curso de Teoria Geral do Direito*, p. 2-3.
47. *Direito tributário, fundamentos jurídicos da incidência*, p. 87.

A realidade é complexa: infinita e não demarcada, requer cortes que indicam os limites da atividade cognoscitiva, delimitando a experiência. Os cortes são realizados mediante um processo denominado de abstração, pelo qual o sujeito cognoscente renuncia partes do todo, canalizando sua atenção a um ponto específico e, embora importem perda da totalidade, aduzem especificidade ao conhecimento.

Tal processo é necessário sempre e desde o início. Para conhecermos, por exemplo, um copo de água posicionado sobre a mesa, estabelecemos recortes que o separam da mesa, das partículas de ar que o envolvem e da água que se encontra dentro dele. Realizamos, assim, uma abstração de tudo a sua volta e direcionamos nossa atenção unicamente para a materialidade à qual atribuímos o nome de copo. Sem este recurso, não há conhecimento possível.

As incisões são epistemológicas: não modificam, nem condicionam o dado físico, apenas delimitam o campo de experiência do sujeito cognoscente, constituindo seu objeto. Prova disso é que infinitos recortes podem ser feitos sobre a mesma base empírica e esta permanece sempre a mesma. Sentados numa praia, abstraímos, para fins cognoscitivos, o mar, as pedras e os coqueiros da areia, as nuvens do céu, as ondas do mar, as folhas, o caule, a raiz e o coco do coqueiro, mas tudo continua intacto, de modo que, se outra pessoa ali sentar pode fazer outra abstração. Esta é mais uma prova de que o isolamento cognoscitivo é sempre proposicional.

De acordo com o posicionamento adotado neste trabalho, o objeto do conhecimento não se encontra no plano físico, perceptível pela experiência sensorial. Ele é construído proposicionalmente como conteúdo de nossa consciência. Segundo as lições de LOURIVAL VILANOVA, do contínuo-heterogêneo que é o real, o sujeito constrói um descontínuo-homogêneo que é o objeto.[48] As delimitações constituidoras do objeto, no entanto,

---

48. *Analítica do dever-ser*, p. 8.

não se operam sobre o dado-empírico, mas sobre nossa percepção do mundo. Tudo que podemos saber sobre a realidade resume-se a sua significação. Neste sentido, não abstraímos, nem classificamos, nem compreendemos o dado-físico, mas sim a linguagem que o torna inteligível para nós e que independe da existência externa das coisas. O objeto do conhecimento não é a coisa concreta, experimentada fisicamente, é sempre algo construído mentalmente, que se apresenta sob alguma forma de consciência.

HEIDEGGER ensina que o sujeito vai ao objeto conhecer aquilo que, previamente, já sabe.[49] Esta afirmação se justifica porque só conseguimos abstrair aquilo que somos capazes de perceber como algo. E se somos capazes de perceber algo dentre as sensações que nos cerca, é porque já temos um mínimo de conhecimento sobre este algo (ainda que apenas intuitivo), isto é, porque este algo já se constitui como conteúdo de nossa consciência. Ninguém se propõe a conhecer aquilo que desconhece por completo. O sujeito só vai ao objeto se, em algum momento, o capta como tal, ou seja, o fixa como conteúdo de alguma forma de consciência (percepção, intuição sensível, emocional, intelectual).

Temos para nós que o objeto do conhecimento é sempre interior, apresenta-se, invariavelmente, sob determinada forma de consciência e constitui-se linguisticamente. Esta é uma visão antropocêntrica dos objetos. Como explica PAULO DE BARROS CARVALHO, os filósofos separam de maneira clara duas situações: (i) objeto em sentido amplo, a coisa-em-si, perceptível aos nossos sentidos (experimentada); e (ii) objeto em sentido estrito, epistêmico, conteúdo de uma forma de consciência; por ser comum a confusão entre o objeto físico, concretamente existente e o que está em nossa consciência,[50] conforme representa o gráfico a seguir:

---

49. *Conferências e escritos filosóficos*, passim.

50. *Direito tributário, linguagem e método*, p. 14.

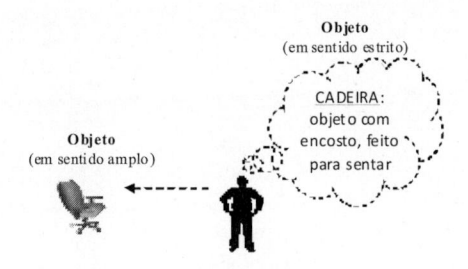

O mundo não cabe dentro de nós, o objeto, como algo existente materialmente (objeto em sentido amplo), é transformado para ser conhecido em conteúdo de uma forma de consciência (objeto em sentido estrito). Que temos para nós, por exemplo, é a cadeira em sentido estrito, pois a cadeira em sentido amplo tem muito mais características do que capta nossa consciência e jamais será alcançado completamente. Conhecemos apenas a cadeira em sentido estrito, que se resume na representação de uma "lasca" da cadeira (em sentido amplo), articulável por nosso intelecto.

Neste sentido, justifica-se a distinção que os teóricos fazem entre objeto-formal e objeto-material das Ciências. De acordo com esta separação, as proposições produzidas pelo cientista criam o denominado objeto-formal (próprio de cada teoria), caracterizando-se, com relação a este, como constructivistas ou constitutivas. Mas, ao mesmo tempo, têm a função de informar sobre algo, o objeto-material (realidade experimentada), caracterizando-se, quanto a este, como descritivas ou informativas. Neste contexto, um único objeto-material dá margem à construção de infinitos objetos-formais, pois diversas teorias podem descrevê-lo cada uma a seu modo.

MIGUEL REALE correlaciona o exemplo elucidativo do "direito" tomado como objeto-material de várias ciências (ex: Sociologia Jurídica, Economia Jurídica, História do Direito), cada uma delas constituidoras de diferentes visões do "direito" enquanto objeto formal. E esclarece: "não é o objeto-material que distingue uma Ciência das outras. O que diversifica um ramo do saber é seu objeto-formal, ou seja, a especial maneira com que a matéria é apreciada, vista, considerada. O objeto-formal de uma Ciência, portanto, liga-se no ângulo especial de apreciação de um objeto-material".[51] É por isso que se diz ser cada teoria um ponto de vista sobre seu objeto (material).

Numa visão reducionista, porém, trabalhando com as premissas do giro-linguístico, todo objeto do conhecimento é formal. Não temos acesso aos dados físicos, somente às interpretações que os constituem como realidade inteligível ao nosso intelecto. O próprio objeto-material, ao ser percebido ou sentido, o é como conteúdo de alguma forma de consciência, articulável intelectualmente como construção linguística, não isenta das interferências sócio-culturais que condicionam qualquer interpretação.

Da heterogeneidade contínua do real, somente alguns dados são captados por nossa consciência e processados linguisticamente pelo intelecto para a formação da ideia (objeto em sentido estrito). Nos dizeres de LOURIVAL VILANOVA, "o conceito (ideia) vale como um esquema em cujos limites o real é pensado. Somente aquilo que do real cai dentro da órbita desse esquema é, rigorosamente, objeto. As restantes determinações não fixadas conceptualmente pertencem ao real, existem, mas não são objeto. O objeto é o composto delineado pelo conceito. É o aspecto do real trabalhado pelo pensamento".[52] Sobre este conceito, tido por nós como objeto-material (mas que não passa de uma significação), o cientista vai realizando recortes e produzindo proposições sobre, constituindo, assim, seu objeto-formal.

A delimitação do conceito do objeto marca os limites da experiência cognoscitiva. O cientista encontra-se preso às suas demarcações sob pena de não compreender aquilo que pretende, pois como enuncia KELSEN, uma teoria pura quer única e exclusivamente conhecer seu próprio objeto e nada

---

51. *Filosofia do direito*, p. 76.

52. *Escritos jurídicos filosóficos* – Sobre o conceito de direito, vol. 1, p. 10.

mais além dele.[53] O problema, muitas vezes, é identificar precisamente aquilo que se pretende conhecer, dizer, por exemplo, onde termina a política e começa o direito, onde começa o direito e termina a sociologia, onde termina a sociologia e começa a história, etc. Uma das maiores dificuldades daqueles que se propõem a fazer Ciência é especificar estes limites e se manter neles, restringindo seu campo de análise apenas ao seu objeto, justamente porque isto é, na verdade, uma construção.

3.2.2 Método

A palavra "método" é derivada do grego *méthodos* que significa "caminho para se chegar a um fim". Neste trabalho, adotamos a concepção de "método científico" como sendo a forma lógico-comportamental investigatória na qual se baseia o intelecto do pesquisador para buscar os resultados que pretende (construir suas proposições científicas – ou seja, o objeto formal).

Constituem-se os métodos em instrumentos regentes da produção da linguagem científica. É importante que o cientista siga as mesmas regras, desde o início até o final de sua atividade cognoscitiva, para que suas proposições tenham sentido e coerência, caso contrário põe em risco a ordenação lógico-semântica de suas ideias e a própria construção de seu objeto. É, por isso que não existe conhecimento científico sem método e que este influi diretamente na construção do objeto.

O método, no entanto, pode se consubstanciar em diferentes técnicas. O signo "técnica" é aqui entendido como o conjunto diferenciado de informações reunidas e associadas instrumentalmente para realizar operações intelectuais. Ao aproximar-se do objeto, o cientista vale-se de outras teorias e de seu conhecimento em diversos setores, aplicando tais informações para construir formalmente seu objeto e testar

---

53. *Teoria Pura do Direito*, p. 11.

suas proposições, tudo isso dentro de uma forma lógico-comportamental própria. Assim, método e técnica não se confundem. Uma teoria pode ter um método próprio, mas valer-se de diferentes técnicas para reduzir as complexidades de seu objeto.[54]

CARLOS COSSIO, ao desenvolver sua doutrina egológica do direito, retomou a teoria husserliana sobre os objetos, identificando o ato gnoseológico e o método por meio do qual aproximamo-nos de cada uma das quatro regiões ônticas.[55]

De acordo com a estruturação do autor, sintetizada na obra de MARIA HELENA DINIZ, os objetos classificam-se em: (i) naturais (ex: plantas, animais, rochas, minerais etc.); (ii) ideais (ex: formas geométricas, equações matemáticas, fórmulas lógicas, etc.); (iii) culturais, construídos pelo homem tendo em vista certa finalidade (ex: martelo, casa, cadeira, mesa, livro, etc.); e (iv) metafísicos (ex: milagres, unicórnios, fadas, deuses, anjos, etc.).[56]

Os objetos naturais são reais, têm existência no tempo e no espaço, estão na experiência e são neutros de valor, a explicação é o ato gnosiológico utilizado para sua aproximação científica e o método é o empírico-indutivo. Os objetos ideais são irreais, não têm existência no espaço e no tempo, não estão na experiência e são neutros de valor, a intelecção (intuição intelectual) é o ato gnosiológico utilizado para sua aproximação científica e o método é o racional-dedutivo. Os objetos culturais[57] são reais, têm existência no tempo e no es-

---

54. O direito positivo, por exemplo, tomado como corpo de linguagem prescritiva tem como método próprio, de acordo com as premissas filosóficas fixadas neste trabalho, o hermenêutico-analítico. Mas dentro desta forma lógico-comportamental, podemos nos valer de várias técnicas para estudá-lo, como a Semiótica, a Lógica, a Axiologia, etc.

55. *La Valoración Jurídica y la ciencia del derecho*, passim.

56. *Compêndio de introdução à ciência do direito*, p. 124.

57. Cossio divide os objetos culturais em: (i) mundanais, cujo suporte físico constitui-se de dados materiais (ex. carro, caneta, telefone, etc.); (ii) egológicos, cujo suporte físico constitui-se numa conduta humana (ex. compra e venda de um bem, casamento, atropelamento, etc.).

paço, estão na experiência e são valiosos (positiva ou negativamente), o ato gnosiológico de aproximação científica é a compreensão e o método o empírico-dialético. Os objetos metafísicos são reais, têm existência no tempo e no espaço, não estão na experiência e são valiosos (positiva ou negativamente), porém, não apresentam possibilidade de serem estudados cientificamente.

Apesar de considerarmos tal classificação elucidativa no que tange à variação do domínio dos objetos (quando entendidos em sentido amplo), acolhemo-a com certa ressalva, pois adotamos a premissa de que nada existe fora da linguagem. De acordo com a concepção que nos filiamos, as coisas (objeto do conhecimento – em sentido estrito), sejam elas naturais, ideais, culturais e metafísicas, são constituídas proposicionalmente pelo homem como conteúdo de um ato de consciência, por meio de abstrações na continuidade-heterogênea de sensações ou intuições por ele experimentadas.

Não temos acesso ao empírico (físico), apenas à linguagem que o constitui, ou seja, a sua significação. Construímos e conhecemos os objetos mediante atribuição de sentido aos conteúdos que nos são perceptíveis e tal atribuição é condicionada por nossos referenciais culturais (conhecimentos anteriores). Nesses termos, a forma de aproximação, por excelência, de qualquer objeto é a interpretação (considerado por nós como método em sentido amplo).

Conforme já frisamos, em diversas passagens desta obra, tudo que sabemos do mundo resume-se a sua interpretação. Nessa perspectiva, GADAMER assevera: "a forma de realização da compreensão é a interpretação, todo compreender é interpretar e toda interpretação se desenvolve em meio a uma linguagem que pretende deixar falar o objeto e ao mesmo tempo a linguagem própria de seu intérprete".[58] Conhecemos algo quando lhe atribuímos algum sentido, isto é, quando o interpretamos. Nestes termos, conhecer é interpretar e, como toda

---

58. *Verdade e método*, p. 467.

interpretação é condicionada pelas vivências do intérprete que, enquanto ser humano, encontra-se num mundo cultural encravado de valores, nenhum objeto é livre de valoração.

Sob estes pressupostos, não trabalhamos com a distinção formulada por autores como DILTHEY, MAX WEBER e SPRANGER, entre "compreender" e "explicar", como ato gnosiológico próprios para apreensão dos objetos culturais e naturais (respectivamente), pois, para nós, todo explicar pressupõe um compreender. Quando o cientista estuda um fenômeno natural, não descobre sua realidade, nem o reproduz, atribui-lhe um sentido. Por mais aperfeiçoado que se encontrem os processos de raciocínio e os instrumentos de aproximação, sublinha MIGUEL REALE, "permanece sempre um resíduo na pesquisa científica, que se subordina ao coeficiente pessoal do observador, que não parte jamais de fatos brutos, mas sim de fatos sobre os quais já incidiram interpretações e teorias. Mesmo nas Ciências chamadas exatas existe a presença do homem de ciência, em virtude de uma perspectiva e não de outra, de uma forma ou não de outra na observação do fato".[59]

É claro que, em algumas circunstâncias, de acordo com a materialidade do objeto, a valoração mostra-se mais presente na forma comportamental de sua aproximação, com a necessidade da implementação de preferências ideológicas e axiológicas. É o que acontece, por exemplo, quando da compreensão de uma obra de arte, de uma poesia, ou de um livro (objetos culturais – tomados em sentido estrito: construídos pelo homem para alcançar certas finalidades). Em outros casos, no entanto, tais preferências se mostram irrelevantes, quando não, até atrapalham. É o que ocorre, por exemplo, na compreensão dos fenômenos naturais, como a composição da água, a decantação de resíduos, a mistura de gases, ou dos objetos ideais como as fórmulas lógicas, as figuras geométricas, etc. Mas, de acordo com a proposta filosófica por nós adotada,

---

59. *Filosofia do direito*, p. 246.

fazemos este parêntese para salientar que o interpretar é desde o início e a valoração encontra-se sempre presente.

O método, bem como as técnicas utilizadas, está intimamente ligado às escolhas epistemológicas do cientista e influi diretamente na construção de seu objeto, demarcando o caminho percorrido para justificação de suas asserções. É nesse sentido que MIGUEL REALE afirma ser "o problema do método correlato ao problema do objeto".[60]

O fato de trabalharmos com os pressupostos do Neopositivismo Lógico de que o discurso científico é construído mediante a depuração da linguagem natural, alcançada através do denominado método analítico, o qual se consubstancia na decomposição (significativa) do discurso ordinário, não nos distancia em momento algum do modelo hermenêutico.

Analiticamente, o comportamento científico exigido na aproximação do objeto é a redução da linguagem ordinária que o constitui, numa linguagem mais elaborada conceitualmente, denominada científica. Quanto mais decomposta significativamente (analisada), mais precisa a linguagem se torna. O método analítico, assim, reduz-se na tradução da linguagem natural para uma linguagem cada vez mais precisa.

Seguindo as lições de VILÉM FLUSSER (aludidas nos itens acima), a tradução ocorre mediante o aniquilamento intelectual da língua traduzida e a construção de novas categorias significativas na língua tradutora. Pressupõe, portanto, um processo interpretativo, através do qual um novo sentido é atribuído. Nestes termos, toda análise supõe uma interpretação e toda nova linguagem é uma construção (cria uma nova realidade) o que só fortalece ser (dentro dos pressupostos filosóficos aos quais nos filiamos) este o modo de aproximação, por excelência, de qualquer objeto.

Nesses termos, insistimos neste tópico que a base para qualquer conhecimento, seja ele ordinário, técnico, científico,

---

60. Idem, p. 77.

filosófico, lógico ou artístico, é a interpretação. Esta visão reducionista, no entanto, não afasta outras formas comportamentais, que podem ser utilizadas pelo intérprete para estruturá-las (as quais denominamos de método – no sentido estrito da palavra), como por exemplo: a analítica (decomposição do sentido), a indução (onde parte-se de sentidos específicos para se chegar a sentidos gerais), a dedução (onde parte-se de dois sentidos para se chegar a um terceiro como conclusão dos dois), a dialética (contraposição de sentidos), a dogmática (fixação de dogmas para construção do sentido), a hermenêutica (valoração como forma de fundamentação/legitimação do sentido), etc.

Tais formas comportamentais consubstanciam-se em modelos de aproximação específicos (métodos em sentido estrito), implantados por decisões unilaterais do sujeito cognoscente que determinam as regras do jogo a serem jogadas na produção da linguagem científica, ou seja, ditam o caminho e o processo a ser seguido pelo cientista na construção de seu objeto-formal. Mas em todo momento o interpretar está presente.

4. TEORIA GERAL DO DIREITO

Uma Teoria do Direito existe para explicar cientificamente o direito, reduzindo as complexidades de sua linguagem para que seus utentes possam operá-la com maior facilidade. Esta é a finalidade, a teoria (linguagem científica) se volta para seu objeto com a finalidade de descrevê-lo, visando reduzir as complexidades de quem lida com o objeto. Embora muitas teorias existam mais para criar complexidades do que para reduzi-las, é em nome dessa redução que são criadas.

Seguindo a linha de raciocínio por nós adotada, como toda realidade é constituída linguisticamente, toda e qualquer teoria tem como objeto outra linguagem e, portanto, caracteriza-se como linguagem de sobrenível (mais precisa e cuidadosamente estruturada) em relação à linguagem-objeto, a qual ela descreve e visa informar.

No caso da Ciência do Direito tal constatação é mais fácil de ser notada, pois seu objeto é materializado na forma de linguagem escrita (textos das leis, da Constituição, das sentenças, dos atos administrativos, portarias, decretos, contratos, boletins de ocorrência, inquéritos policiais, autos de infração, etc.). Dizemos, então, que a Teoria do Direito é uma metalinguagem em relação ao direito, ou seja, uma linguagem (científica) que fala sobre a linguagem jurídica.

Toda metalinguagem é redutora da linguagem que lhe é objeto. Isto não é diferente na Ciência do Direito. As reduções podem ter caráter geral ou específico, dependendo dos recortes metodológicos realizados pelo cientista.

4.1. Teoria geral e teorias específicas do direito

Dado sua complexidade, para melhor conhecê-la, o cientista pode retalhar a linguagem jurídica em diversos segmentos tendo em conta um fator comum, aprofundando sua análise em cada um deles. Deste modo, formam-se os denominados ramos da Ciência do Direito (ex: Direito Constitucional, Trabalhista, Administrativo, Tributário, Penal, Civil, Processual, Ambiental, etc.), como ocorre na Medicina (ex: Cardiologia, Urologia, Dermatologia, Pediatria, etc.), na Física (ex: Mecânica, Termologia, Ondulatória, Atômica, etc.), na Biologia (Bioquímica, Fisiologia, Ontogenia, etc.) e em todas as demais Ciências. Cada um destes ramos consubstancia-se num recorte metodológico sobre a linguagem jurídica, efetuado com o objetivo de reduzir suas complexidades, para aumentar a especificidade cognoscitiva sobre o direito como um todo. Temos, assim, a formação das Ciências Específicas do Direito.

O gráfico abaixo nos ilustra a delimitação feita pela Ciência sobre o direito positivo, tomando como critério um elemento comum, com vistas à apuração do conhecimento, na criação dos ramos específicos do direito:

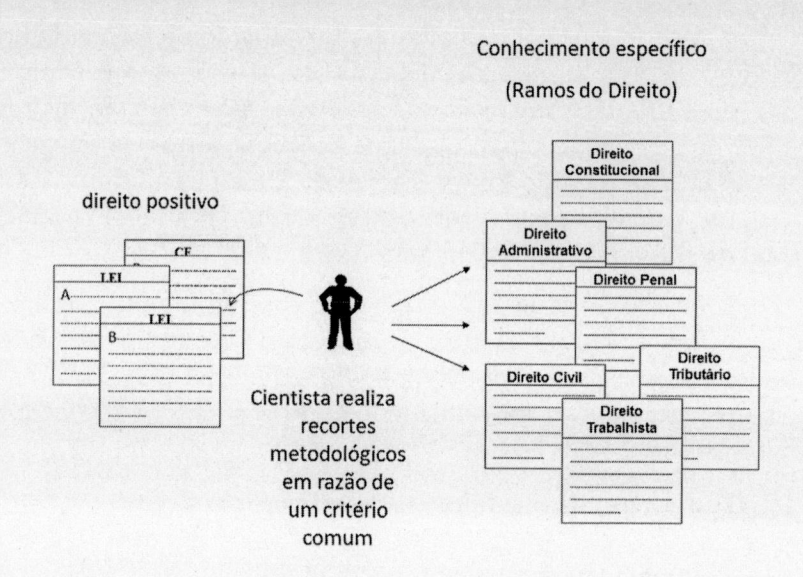

Conhecimento específico
(Ramos do Direito)

direito positivo

Cientista realiza recortes metodológicos em razão de um critério comum

Direito Constitucional
Direito Administrativo
Direito Penal
Direito Civil
Direito Tributário
Direito Trabalhista

Explicando: O cientista do direito, visando reduzir as complexidades de seu objeto, elege um critério comum para agrupar normas jurídicas e dar mais especificidade ao seu conhecimento. Com isso estabelece recortes metodológicos (que só existem na Ciência) sobre o direito positivo, criando os ramos específicos do direito. Separa didaticamente as normas presentes na Constituição Federal e passa a estudá-las isoladamente de todas as outras, cria-se assim o Direito Constitucional (como um ramo específico do direito). Volta-se às normas que cuidam direta e indiretamente da instituição, arrecadação e fiscalização de tributos e o Direito Tributário aparece como um ramo do direito. E assim por diante.

De outro lado, também com o objetivo de reduzir sua complexidade, o cientista pode abstrair da linguagem jurídica um núcleo de conceitos que permanecem lineares e atravessam universalmente todos os subdomínios do objeto, adquirindo, em cada um deles, apenas um *quantum* de especificidade. São os denominados, segundo as lições de LOURIVAL VILANOVA, "conceitos fundamentais",[61] responsáveis pela uniformidade da linguagem-objeto. Com a eleição destes pontos de intersecção que se repetem nos vários ramos da Ciência do Direito, formada pelas Teorias Específicas, temos a generalização e, com ela, a formação de uma Teoria Geral do Direito.

Ao invés de eleger um critério específico para recortar um conjunto de normas e agrupá-las, nesta empreitada, o cientista examina conceitos que se repetem e permanecem lineares em todos os subdomínios do seu objeto, como os de: norma jurídica, validade, vigência, eficácia, incidência, aplicação, interpretação das normas jurídicas, fato jurídico, relação jurídica, fontes do direito. Tais conceitos permeiam todos os ramos, com a diferença que em cada um deles ganham suas especificidades. O cientista ao identificar tais conceitos, que se repetem e permanecem os mesmos em todas as especificidades jurídicas, faz um estudo daquilo que chamamos de suas categorias gerais. Gerais no sentido de que é aplicado em todos os subdomínios. Assim temos que as normas jurídicas penais, tributárias, trabalhistas são todas, antes de serem penais, tributárias e trabalhistas, normas jurídicas. E, a ideia de norma jurídica aplicada no Direito Administrativo, Constitucional, Civil, Empresarial é igual à ideia trabalhada no Direito Penal, Trabalhista, Processual e em todos os subdomínios do direito, o que faz com que a ideia de "norma jurídica" seja um conceito de Teoria Geral do Direito, assim como a ideia de validade, vigência, eficácia, incidência, interpretação, fato jurídico, relação jurídica, fontes, etc.

O gráfico abaixo exemplifica tal abstração cognitiva perante o direito:

---

61. *Causalidade e relação no direito*, p. 28.

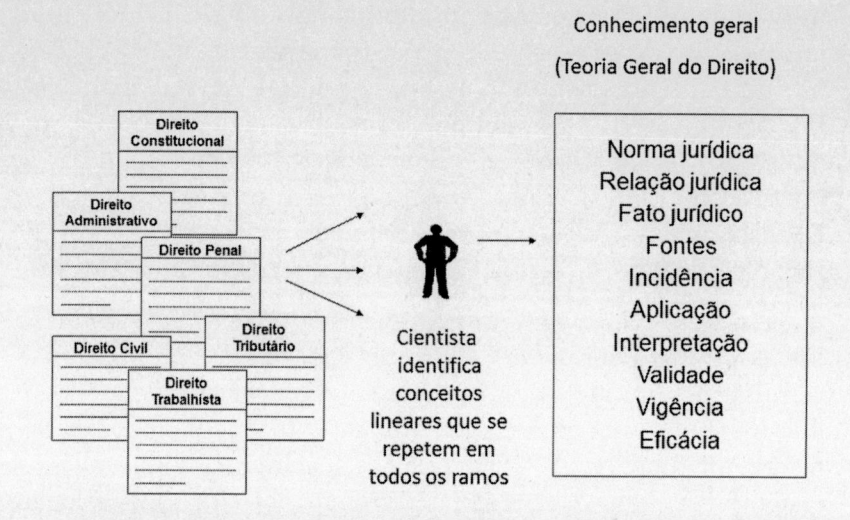

Conhecimento geral
(Teoria Geral do Direito)

- Direito Constitucional
- Direito Administrativo
- Direito Penal
- Direito Civil
- Direito Tributário
- Direito Trabalhista

Cientista identifica conceitos lineares que se repetem em todos os ramos

- Norma jurídica
- Relação jurídica
- Fato jurídico
- Fontes
- Incidência
- Aplicação
- Interpretação
- Validade
- Vigência
- Eficácia

<u>Explicando:</u> Observando os conceitos que se repetem e permanecem lineares em todos os subdomínios do direito, abstraindo-se as especificidades próprias de cada ramo, o cientista chega as categorias gerais do direito. São conceitos que se encontram em todos os ramos, em todos os subdomínios de forma imutável. Ao estudá-los o cientista ingressa no âmbito da Teoria Geral do Direito.

Ressalva-se, porém, que embora a Teoria Geral do Direito trabalhe com conceitos que se repetem em cada um dos segmentos específicos das Ciências do Direito, ela não se caracteriza como metalinguagem em relação àquelas (a exemplo da Epistemologia Jurídica – que se preocupa em como se dá o conhecimento científico do direito). Apresenta-se no mesmo nível linguístico das Teorias Específicas: é metalinguagem do direito.

As reduções científicas do direito, tanto de caráter geral quanto específico, incidem sobre a linguagem jurídica, ou seja, sobre aquilo que o cientista entende ser a realidade jurídica. Mas, esta permanece una e indecomponível. Os recortes, por serem metodológicos, só aparecem no campo das Ciências, ou seja, da linguagem científica, não têm o condão de modificar sua linguagem-objeto, pois tanto uma quanto outra pertencem a jogos diferentes.

Nunca é demasiado lembrar, também, que as reduções metodológicas e, com elas, a constituição do objeto (formal), são influenciadas pelas escolhas epistemológicas do cientista. Muitos são os sistemas de referência por intermédio do qual a realidade jurídica pode ser examinada e concebida. Existem inúmeras formas de compreender o direito, de modo que não há uma Teoria absoluta que o explique. Cada uma o projeta sob sua forma, de acordo com um dado modelo referencial e na conformidade de seu método. A nossa forma defendida nesta obra é apenas mais um ponto de vista, como tantos outros. Um ponto de vista que se amolda aos referenciais e às premissas pontuadas no decorrer deste capítulo.

4.2 Pode-se falar na existência de uma Teoria Geral do Direito?

Muito se critica hoje a existência de uma Teoria Geral do Direito. Fala-se que a melhor terminologia para a matéria seria Teoria do Direito, pois não haveria uma só teoria que explicasse o que é o direito, mas sim várias concepções e, por isso, não se poderia falar numa Teoria Geral para o seu estudo. Penso que esta crítica vem de uma confusão em relação ao objeto de estudos de uma Teoria Geral do Direito e da delimitação do conceito de "geral".

O direito é um objeto que comporta inúmeras formas de análise, é preciso deixar bem claro qual a abordagem de cada uma delas antes de se acatar tal crítica. A confusão se instaura porque sob o nome de "Teoria Geral do Direito" são feitas análises que não se enquadram na categoria de uma Teoria Geral do Direito (considerando a expressão em acepção estrita). Assim, para melhor compreendermos esta confusão, precisamos nos voltar para o objeto delimitado e tomado para estudo por cada teoria.

Podemos separar três formas de análise diferentes do "direito" que são feitas, sob a perspectiva de serem inerentes ou próprias de uma Teoria Geral do Direito (considerando-se a expressão em acepção ampla), mas que a nosso modo de ver, não se enquadram propriamente como seu objeto e, sim, de outras Teorias. Logo, sobre o manto da Teoria Geral do Direito, são estudadas também: i) Teoria do Direito; ii) Teoria Crítica do Direito; e iii) Teoria Geral do Direito (em sentido estrito). E, é esta falta de identificação e percepção precisa com relação aos objetos das teorias que acaba gerando toda a confusão doutrinária e a crescente crítica (inclusive em âmbito internacional) de que não se poderia mais hoje falar na existência de uma Teoria Geral do Direito, contudo o nome mais indicado seria "Teorias do Direito".

Toda teoria que se volta ao direito com a finalidade de conhecê-lo cientificamente é uma "Teoria do Direito" (em sentido amplo, ou numa concepção mais leiga). São "Teorias sobre o Direito". Mas de forma mais específica, em termos científicos, temos que buscar o rigor da linguagem e ao voltar-nos para as formas como cada uma das Teorias sobre o Direito o tomam como objeto, conseguimos identificar algumas diferenças de perspectivas.

Quando uma Teoria toma o direito como objeto, com a finalidade de explorar sua ontologia, de delimitá-lo, de dizer o que é, como funciona, o que representa para a sociedade, como ele se relaciona com outros sistemas, estamos diante de uma Teoria do Direito (em sentido estrito). Ela se volta para explicar, delimitar, dizer para que serve e como funciona o direito. A pergunta básica aqui a ser respondida pela Teoria é: o que é o direito? E a finalidade é delimitá-lo, averiguar sua natureza.

Aqui a crítica é apropriada, pois nenhum recorte será igual. Diante de tudo que fixamos neste capítulo, partindo-se da concepção de conhecimento da filosofia da linguagem, nenhuma Teoria vai descrever uma verdade absoluta com relação a seu objeto, mas sim pontos de vistas sobre o direito e cada perspectiva constituirá uma realidade jurídica diferente. Por isso, nunca teremos uma Teoria única do direito, uma Teoria que informe de forma absoluta o que é o direito. Teremos várias Teorias, várias formas de enxergar o que é o direito. E, neste sentido, não poderíamos falar numa Teoria Geral do Direito.

Nota-se, no entanto, que o termo "geral" aqui é empregado (pela crítica) no sentido de única e não no sentido de conceitos que se repetem e permanecem inalteráveis ao longo de todos os subdomínios de análise do objeto. Adotando-se esse sentido ao termo "geral", realmente, com tantas Teorias sobre o Direito, hoje não podemos falar numa Teoria Geral do Direito. No entanto, este não é o sentido com o qual trabalhamos.

Há uma diferença de objetos, quando uma teoria toma o direito como um todo, com a finalidade de defini-lo e informar sobre sua natureza (ontologia) e quando ela se volta para identificar as categorias que se repetem e permanecem lineares em todos os seus subdomínios, mas que não necessariamente determinam sua definição. No primeiro caso, temos Teoria do Direito, no segundo, Teoria Geral do Direito.

Quando a análise do cientista se volta para as categorias fundamentais, que se repetem em todos os ramos do direito (como o conceito de norma jurídica, fato jurídico, relação jurídica, incidência, aplicação, interpretação, validade, vigência e eficácia das normas jurídicas), diferente do primeiro caso, tem-se uma Teoria Geral do Direito (em sentido estrito). O "geral" aqui não é no sentido de delimitação de uma ordem universal. O termo "geral" representa o que é comum, o que se repete, conceitos que permanecem constantes em todos os subdomínios do direito. Essa diferenciação, a meu modo de ver, é fundamental antes que se teça qualquer crítica no sentido de que hoje (no direito "moderno") não se usa mais dizer que existe uma Teoria Geral do Direito.

Grande parte da confusão também se estabelece, porque as Teorias que se voltam para as categorias gerais do direito, antes de assim o fazerem, o definem, delimitam sua natureza, sua finalidade, operatividade, finalidade e sua relação com outros sistemas, ou seja, ingressam no âmbito da Teoria do Direito, antes de efetivamente tecerem considerações de Teoria Geral do Direito. É o caso deste livro. Ele se volta para o exame dos conceitos jurídicos que se repetem em todos os ramos do direito, dentro do modelo metodológico do Constructivismo Lógico-Semântico, mas para isso, antes de adentrarmos no estudo das categorias fundamentais, definimos como o direito é compreendido como objeto para o Constructivismo Lógico-Semântico. A crítica pode ser aplicada com relação ao modelo (a forma como ele enxerga o direito). Em cada modelo pode-se dizer que o direito é e se apresenta diferentemente, mas a partir do momento em que se fixa o modelo e passa-se a analisar suas categorias gerais, o fato de existirem outras Teorias sobre o direito (que o descrevam de forma diferente) não é mais relevante, pois os conceitos gerais serão analisados no contexto do modelo adotado.

A crítica da impossibilidade de se falar em uma Teoria Geral do Direito, assim, não mais se aplica. Embora possam existir várias concepções sobre norma jurídica, validade, vigência, eficácia, fontes, aplicação, interpretação do direito, elas continuam sendo categorias gerais do direito. As Teorias que se voltam a tais conceitos se enquadram na concepção de Teoria Geral do Direito, em razão do objeto investigado e não por estabelecerem conceitos absolutos. O conceito que um autor fixa de norma jurídica, embora possível de variação em razão do modelo, será o mesmo para as normas jurídicas penais, administrativas, tributárias, constitucionais e é justamente isso que o caracteriza como um conceito de Teoria Geral do Direito. O que faz a Teoria ser uma Teoria Geral do Direito é ela se voltar para as categorias gerais do objeto, aquelas que permanecem lineares em todos os seus subdomínios.

Sob o nome de Teoria Geral do Direito, muitos autores se voltam a estudar, estabelecer paralelos e críticas em relação às Teorias do Direito (feitas por outros autores), corroborando para a confusão da sua delimitação. Aqui, o objeto tomado como análise não é o direito propriamente dito, mas as Teorias que se voltam a descrevê-lo. Assim, quando a análise se volta ao estudo não do direito em si, nem das suas categorias gerais, mas das teorias que o descrevem, tomando como objeto a forma mediante a qual cada autor (teoria ou escola jurídica) trata o direito, tem-se uma Teoria Crítica do Direito.

Na Teoria Crítica, temos a comparação entre autores, escolas e concepções jurídicas. Este tipo de análise também pode ser verificado no âmbito de uma Teoria Geral do Direito, em alguns momentos neste trabalho fazemos uso dela, mas este não é o objeto de uma Teoria Geral.

Os gráficos abaixo identificam a diferença destas três formas de análise.

1. Teoria do Direito

2. Teoria Geral do Direito

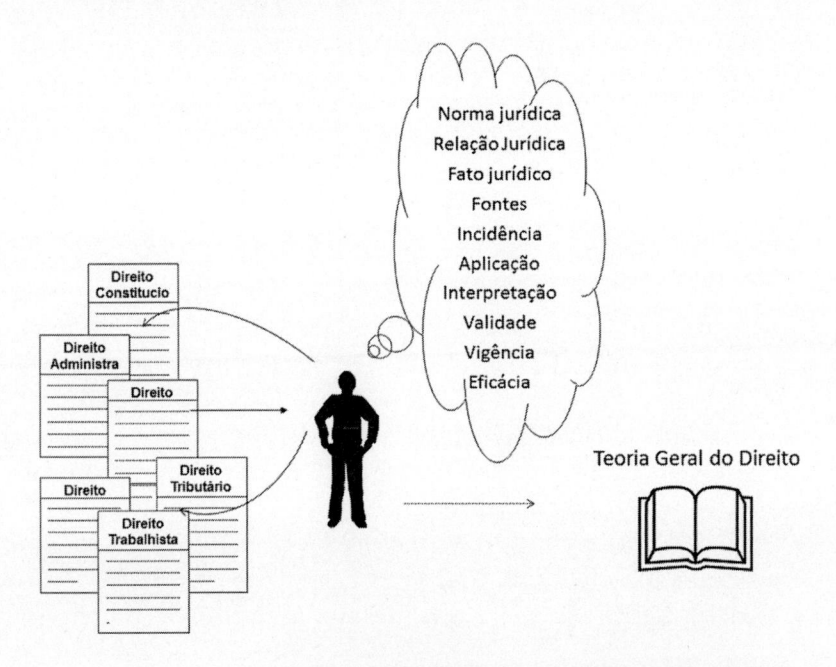

3. Teoria Crítica do Direito

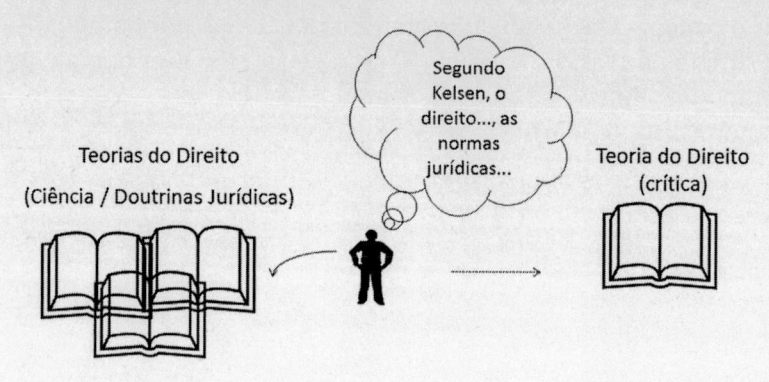

Teorias do Direito
(Ciência / Doutrinas Jurídicas)

Segundo Kelsen, o direito..., as normas jurídicas...

Teoria do Direito
(crítica)

Explicando: No desenho 1, temos Teoria do Direito, o objeto de investigação é o direito e o intuito cognitivo é delimitá-lo. No desenho 2, temos Teoria Geral do Direito, o objeto de investigação é o direito, mas o intuito cognitivo volta-se aos conceitos que permanecem lineares em seus subdomínios. No desenho 3, temos Teoria Crítica do Direito, o objeto de investigação são a doutrina e escolas jurídicas e o intuito é a análise das teorias que delimitam o direito como seu objeto, ou tratam de suas categorias.

São diferentes recortes metodológicos e diferentes finalidades cognitivas em relação ao direito. É importante delimitá-las para não incorrer em confusão quando do estudo do direito. É preciso saber o que se está estudando e qual a finalidade de um estudo e de outro ao lidamos com o direito.

4.3 Importância da Teoria Geral do Direito

O próprio nome já diz tudo. Quando dominamos o âmbito da Teoria Geral do Direito, conhecemos seus aspectos gerais, que se repetem em todas as especialidades do objeto, assim, mesmo não conhecendo a especificidade da matéria sabemos lidar com ela, pois temos a base na qual ela se funda. Podemos não saber definir o que é um vínculo trabalhista, mas tendo noções de Teoria Geral do Direito, o identificamos como uma relação jurídica (categoria geral), o que facilita seu entendimento, pois já temos a base do seu conceito.

Todas as grandes discussões em qualquer ramo do direito têm por base conceitos de Teoria Geral do Direito, pois os conceitos específicos fundamentam-se nas categorias gerais. Essa ressalva é feita por PAULO DE BARROS CARVALHO, ao revelar que as discussões específicas não duram mais que cinco minutos e já caem no âmbito das categorias gerais. Por exemplo, ao investigar o que é a obrigação tributária acessória, logo identificamos tratar-se de uma relação jurídica e com isso já saímos do âmbito da especialidade e entramos no âmbito da Teoria Geral do Direito. O mesmo acontece quando analisamos o lançamento tributário, ao dizer que ele é o ato de aplicação da norma tributária já estamos novamente, não no âmbito da especialidade, mas em tema de Teoria Geral do Direito. Ao identificar uma norma processual a ser aplicada num caso de antinomias, por exemplo, não estamos tratando de conceitos específicos, mas de Teoria Geral do Direito. Ao averiguar a validade, a interpretação e a incidência de uma norma, mesmo que específica, estamos no âmbito da Teoria Geral do Direito. A Teoria Geral do Direito permeia todos os subdomínios do direito, de modo que é impossível conhecer qualquer categoria específica sem conhecer os conceitos de Teoria Geral do Direito.

<u>Quem domina as categorias gerais tem muito mais facilidade de lidar com o conhecimento específico do direito em qualquer de seus ramos.</u> É um diferencial claramente identificável, porque tais conceitos formam a base de todo o conhecimento jurídico. Eles permeiam toda a especificidade do objeto e potencializam o seu conhecimento. <u>Quem domina as categorias gerais do direito tem o domínio da análise jurídica em todos os seus segmentos.</u>

Questões:

1. Há diferença entre teoria e prática? Justifique.

2. Em que consiste o conhecimento? Explique como se dá o conhecimento relacionando-o com as categorias de Edmund Husserl de: (i) ato de consciência, (ii) forma de consciência, e (iii) conteúdo de consciência; e de Leônidas Hegenberg de: (i) saber de, (ii) saber como, (iii) saber que.

3. Diferencie: (i) conhecimento em sentido amplo; e (ii) conhecimento em sentido estrito.

4. Qual a função da intuição e da racionalização no conhecimento?

5. Que é giro-linguístico? Que caracteriza tal mudança de concepção filosófica?

6. Relacione: (i) linguagem e (ii) realidade, explicando a sentença: *"O conhecimento nos dá acesso às definições. Não conhecemos as coisas em si, mas o significado das palavras dentro do contexto de uma língua e o significado já não depende da relação com a coisa, mas do vínculo com outras palavras"*.

7. Que é língua? Qual a relevância da língua para o conhecimento?

8. Que se entende por sistema de referência?

9. Que é realidade? E verdade? Qual a importância do sistema de referência para tais conceitos?

10. Explique a autorreferência da linguagem.

11. Em que consiste a teoria dos jogos? Como ela pode ser aplicada no estudo da linguagem?

12. Que é conhecimento científico?

13. Que caracteriza uma teoria?

14. A distinção que os teóricos fazem entre objeto-formal (objeto em sentido estrito) e objeto-material (objeto em sentido amplo) se justifica? Por quê?

15. Que é método? Por que a cada Ciência corresponde um e somente um objeto e um e somente um método?

16. Relacionar direito, linguagem e método e explicar qual o método adequado para o estudo do direito.

17. Em que consiste uma Teoria Geral do Direito?

18. Pode-se falar na existência de uma Teoria Geral do Direito?

19. Diferencie: i) Teoria do Direito; ii) Teoria Geral do Direito; Teoria Crítica do Direito.

20. Qual a importância do estudo de Teoria Geral do Direito?

Capítulo II
O "DIREITO" COMO OBJETO DE ESTUDO

SUMÁRIO: 1. Sobre o conceito de "direito"; 2. Sobre a definição do conceito de "direito"; 2.1. As definições; 2.2. Definição e direito; 3. Problemas da palavra "direito"; 3.1. Ambiguidade; 3.2. Vaguidade; 3.3. Carga emotiva; 4. Teorias sobre o direito; 4.1. Jusnaturalismo; 4.2. Escola da Exegese; 4.3. Historicismo; 4.4. Realismo Jurídico; 4.5. Positivismo; 4.6. Culturalismo Jurídico; 4.7. Pós-positivismo; 5. Sobre o Constructivismo Lógico-Semântico; 6. O "direito" como nosso objeto de estudos; 7. Consequências metodológicas deste recorte; 8. Método hermenêutico-analítico.

1. SOBRE O CONCEITO DE "DIREITO"

Antes de perguntarmo-nos: "que é direito?", devemos ter em mente que "direito" é uma palavra.

Com a mudança de paradigma do giro-linguístico, torna-se inevitável abordar qualquer assunto sem pensar na linguagem, pois não há essências nas coisas para serem descobertas, nem verdades a serem reveladas. Vivemos num mundo de linguagem, de modo que, sob este paradigma, aquilo que temos das coisas são ideias, construções linguísticas existentes em função dos nomes. Nestes termos, nada aprendemos sobre as coisas, mas sim sobre o costume linguístico de um grupo de pessoas.

Não conceituamos dados da experiência, conceituamos termos. A relação da palavra com aquilo que ela significa para nós parece natural, o que acarreta o erro de misturar a realidade, física com a linguística. Mas os vocábulos são símbolos, arbitrariamente convencionados, para serem associados a outros símbolos. Não se relacionam ontologicamente com os dados físicos que eles representam. Neste sentido, vale a pena registrar a afirmação de MARTIN HEIDEGGER segundo o qual, "fazemos das palavras apenas sinais de designação das coisas com as quais podemos dizer tudo, porque no fundo, elas não dizem nada".[62]

Entende-se por conceito a ideia do termo, sua significação, que permite a identificação de uma forma de uso da palavra dentro de um contexto comunicacional.

A única coisa à qual temos acesso, na formação da ideia de um vocábulo, é seu modo de estruturação dentro de certas formações discursivas. Tendo em vista uma determinada forma de utilização da palavra, nossa consciência a associa a um significado, ou seja, a outros signos (ex: imagens, símbolos, etc.), com esta atitude mental, construímos um juízo significativo (significação) em relação ao termo. É, por isso, que temos o conceito como um critério de classificação e diferenciação dos objetos. Algo é nominado de 'x' porque se enquadra na ideia o de 'x', isto é, porque se associa à ideia (imagem, palavra, ruído) vinculada ao termo.

Neste sentido, o conceito cria uma classe: a classe de uso da palavra (x) e com ela a classe do seu não-uso (-x), denominada de contraconceito. Tudo que se enquadra no conceito (ideia) de "x" é denominado de "x", o que não se enquadra de "não-x".

---

62. *Was Heißt denken?*, p. 58, apud Manfredo Araújo de Oliveira, *Reviravolta linguístico-pragmática na filosofia contemporânea*, p. 204.

O gráfico abaixo esclarece tal anotação:

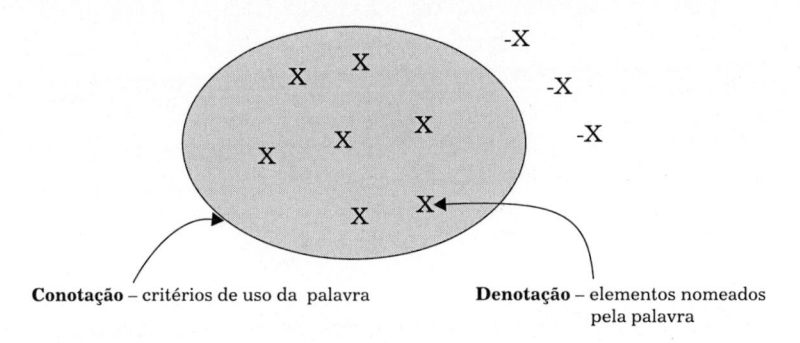

Conotação – critérios de uso da palavra   **Denotação** – elementos nomeados pela palavra

Explicando: Todo conceito cria uma classe: a classe de uso da palavra X e com ela o seu não uso –X. Tudo que se enquadra na classe X é denominado de "X". Tudo que não se enquadra na classe X é denominado de "não X" ("-X" = contraconceito). A conotação é formada pelos critérios de uso da palavra (aquilo que faz com que algo seja nominado de X). A denotação é formada pelos elementos que se enquadram nos critérios de uso da palavra.

Todo conceito tem função seletiva. A realidade intuída, percebida, experimentada é infinitamente mais complexa do que o conceito que a constitui como objeto intelectualmente articulável e este, sempre mais pobre que os dados-físicos. Isto se justifica pelo fato da linguagem não reproduzir o empírico, que implicaria uma duplicação do domínio real, impossível quando trabalhamos no plano das ideias (conteúdos de consciência).

Seguindo o paradigma do giro-linguístico, as palavras não têm um único conceito, este varia em razão da sua forma de uso. O termo "casa", por exemplo, pode ser vinculado, na língua portuguesa, ao signo "moradia" ou à expressão "buraco de botão", dependendo de como é empregado na composição da frase ou do discurso. A ideia de "casa" modifica-se, assim, conforme seu uso na linguagem.

É certo que, só possuímos o conceito de uma palavra por vivenciarmos uma língua, ou seja, por habitarmos um dado contexto cultural. É isto que aproxima e distancia os conceitos e torna possível a comunicação. Não há um mínimo de significado comum preso às palavras, as associações são livres. As ideias se aproximam porque formuladas por pessoas que habitam a mesma cultura, ou seja, que vivenciam uma tradição linguística e, em decorrência disso, acabam por realizar associações significativas próximas. No entanto, apesar de próximos, os conceitos se distanciam por serem as vivências culturais próprias de um indivíduo.

Trazendo tais considerações para nosso campo de análise, um dos grandes problemas enfrentado pelos juristas é a utópica busca do conceito de "direito", procurando sua natureza, como se fosse possível extraí-lo experimentalmente. TÁREK MOYSÉS MOUSSALLEM, ao abordar tal problema, enuncia: "a busca pelo âmago do signo 'direito' é insolúvel, se o interlocutor almeja desvendar a relação entre a palavra e a realidade. Até mesmo porque o signo 'direito' é da espécie símbolo e, como tal, seu uso é convencionado pelos utentes da linguagem."[63]

O conceito de "direito" é formado em nosso intelecto, em razão das formas de uso da palavra no discurso, tendo em vista os referenciais culturais do intérprete. Assim, não há um conceito absoluto de "direito". Cada pessoa tem sua ideia em relação a dado contexto.

Com a associação do termo "direito" a outros signos realizada de acordo com certa tradição linguística, construímos a conotação do que ele denota e, assim, temos acesso à realidade que, para nós, denomina-se "direito". Nestes termos, em momento algum, encontramos resposta para a pergunta "que é *direito*?". Nossos esforços se voltam para solução das indagações "*direito* em que sentido?" ou "*direito* sob qual referencial?".

---

63. *Fontes do direito tributário*, p. 52.

2. SOBRE A DEFINIÇÃO DO CONCEITO DE "DIREITO"

Traçamos, desde logo, uma distinção: uma coisa é o conceito de "direito", outra sua definição. JOHN HOSPER destaca que uma pessoa pode possuir o conceito de uma palavra, saber utilizá-la em diversos contextos todos os dias, sem ser capaz de lhe dar uma definição.[64] Isto porque, definir é por em palavras o conceito.

Muitas vezes temos a ideia do termo, ou seja, das suas possibilidades de uso num discurso, mas não somos capazes de apontar, por meio de outras palavras, as características que fazem com que algo seja nominado por aquele termo, isto é, que fazem com que possa ele ser utilizado em certos contextos. Para ser fixada, a ideia do termo precisa ser demarcada linguisticamente, ou melhor, constituída em linguagem, pois como pressupomos, só assim ela se torna articulável intelectualmente. É por meio da definição que realizamos tal demarcação. Definir, assim, é explicar o conceito, pô-lo em palavras, é identificar a forma de uso do termo.

2.1 As definições

Não é demasiado reforçar que o conceito de um vocábulo não depende da relação com a coisa, mas do vínculo que mantém com outros vocábulos. Nestas condições, definir não é fixar a essência de algo, mas sim eleger critérios que apontem determinada forma de uso da palavra, a fim de introduzi-la ou identificá-la num contexto comunicacional. Não definimos coisas, definimos termos. Os objetos são batizados por nós com certos nomes em razão de habitarmos uma comunidade linguística, ao definirmos estes nomes, restringimos suas várias possibilidades de uso, na tentativa de afastar os problemas de ordem semântica inerentes ao discurso. Por isso quanto mais detalhada a definição, menores as possibilidades de utilização da palavra.

---

64. *Introducción al analísis filosófico*, p. 142.

Toda definição é composta de duas partes: (i) *definiendum*, termo a definir; e (ii) *definiens*, enunciação do significado do termo.

Para a constituição do *definiens* utilizamo-nos de certos critérios, escolhidos de acordo com nossa tradição linguística, os quais são responsáveis pela indicação da forma de uso da palavra. Ao eleger tais critérios separamos dois tipos de características: (i) definidoras; e (ii) concomitantes. As primeiras (definidoras) são utilizadas para demarcação do conceito no qual o objeto é pensado. Estando elas presentes em todos os objetos nominados pelo termo (*definiendum*), são responsáveis por atribuirmos a tais objetos o mesmo nome. Já as segundas (concomitantes) são as infinitas outras, percebidas ou não, que não levamos em conta na delimitação do conceito do termo.

O conceito de uma palavra pode ser definido sob dois fatores: (i) conotação, apontando os critérios de uso da classe (x); e (ii) denotação, apontando os elementos que se subsomem à tal classe, ou seja, aqueles objetos que pertencem à classe "x" e por isso podem ser nomeados de "x". Atento a tais fatores RICARDO GUIBOURG diferencia: (i) *definições conotativas* e (ii) *definições denotativas*[65]. As primeiras delimitam o uso da palavra, apontando, mediante outros vocábulos, os critérios (características) que nos fazem chamar certos objetos por aquele nome, de forma que, mesmo não enumerando tais objetos há possibilidade de identificá-los. Já as segundas não indicam as características comuns que nos possibilitam agrupar certos objetos sob a denominação do termo definido, mas enumeram os objetos por ele nomeados, permitindo, assim, a identificação de seu conceito.

Para elucidar esta diferenciação o autor utiliza como exemplo a palavra "planeta". Enunciar: "Mercúrio, Vênus, Terra, Marte, Júpiter, Saturno, Urano, Netuno" é definir

---

65. *Introducción al conocimiento científico*, p. 58.

denotativamente o termo, ao passo que enunciar: "corpo celeste, opaco, que brilha pela luz reflexa do Sol, arredor do qual descreve uma órbita com movimento próprio e periódico" é defini-lo conotativamente. Nota-se que as denominadas *definições denotativas* são abertas, não determinam o conceito, elas o induzem e, por isso clamam por uma *definição conotativa*. É esta última que nos autoriza usar a palavra "planeta" numa frase, que aponta seu conceito, determinando porque algo é nominado "planeta".

Nestes termos, no âmbito científico, as definições tidas como denotativas devem ser afastadas ou explicadas gradativamente por definições conotativas, porque, na verdade, elas nada definem. Tal recomendação parece desnecessária, mas basta um percurso despreocupado pela doutrina jurídica para percebermos que diversos autores não se dão conta deste tipo de impropriedade, fazendo uso de definições denotativas como se conotativas fossem. Um exemplo disso é verificado na questão dos "ramos do Direito". Não são poucos os que, ao explicarem tal expressão, limitam-se a indicar significações que a denotam: "Direito Constitucional, Administrativo, Tributário, Civil, Penal, etc.", sem determinar a conotação de "ramos do Direito". Isto para os destinatários da Teoria soa como uma morbidade cognoscitiva: aprendemos apontar os diversos "ramos do Direito", mas não sabemos o porquê deles serem "ramos do Direito", ou seja, não temos delimitado seu conceito.

Além da diferenciação entre definições denotativas e conotativas RICARDO GUIBOURG trabalha com a distinção entre definições: (i) *verbais*; e (ii) *ostensivas*[66]. De acordo com seus critérios classificatórios, as primeiras identificam as características definitórias de uma palavra por meio de outras palavras, enquanto as segundas apontam para o objeto portador de tais características (são sempre denotativas). Um professor universitário, por exemplo, pode definir o conceito

---
66. *Idem*, p. 55.

de "direito" apontando para um compêndio de legislação e dizendo: "Isto é direito". Trata-se de definição ostensiva.

Ainda segundo os critérios classificatórios do autor, as definições podem ser: (i) *informativas,* quando descrevem o costume linguístico de certa comunidade a respeito do uso da palavra (ex: as presentes no dicionário de uma língua); e (ii) *estipulativas* quando identificam a forma de uso da palavra por uma pessoa em seu discurso[67]. É este tipo de definição que permite a introdução de novos termos, requeridos pelo discurso científico e a precisão daqueles ordinariamente já conhecidos.

2.2 Definição e direito

Ao definir "direito" delimitamos a realidade tomada como objeto de nossos estudos e ao explicar as categorias gerais desta realidade construímos nossa Teoria Geral do Direito. Por isso, a importância de uma definição precisa. Ora, como apreender se não se sabe o que estudar? Muitas vezes é a falta de determinação do conceito de "direito" que acarreta enorme confusão na sua compreensão, o que poderia facilmente ser solucionado com uma simples definição.

A questão é que definir "direito" não é assim tão simples. As possibilidades de suas formas de uso e estruturação frásica são muitas. Seu conceito é amplo, os vários modos de recortá-lo demonstram a infinidade de definições possíveis e, em cada uma, a constituição de diferentes realidades jurídicas. Como escolher entre uma delas? O fato é que temos de escolher, caso contrário, a experiência com a realidade "direito" resta prejudicada.

3. PROBLEMAS DA PALAVRA "DIREITO"

Com a definição de "direito", tentamos afastar as imprecisões linguísticas do termo, evitando, assim, certos problemas,

---

[67]. *Idem*, p. 60.

de que são dotadas quase a totalidade das palavras por nós conhecidas, que atrapalham a formação de seu conceito e consequentemente, seu uso na linguagem.

Dentre os inúmeros problemas inerentes à linguagem TERCIO SAMPAIO FERRAZ JR. chama atenção para as imprecisões sintáticas, semânticas e pragmáticas do termo "direito". Explica o autor que, em seu uso comum, o termo "é sintaticamente impreciso, pois pode ser conectado com verbos (ex: *meus direitos não valem nada*), substantivos (ex: *direito é uma ciência*), adjetivos (ex: *este direito é injusto*), podendo ele próprio ser usado como substantivo (ex: *o direito brasileiro prevê...*), advérbio (ex: *fulano não agiu direito*) e adjetivo (ex: *não é um homem direito*)". Semanticamente "é um termo denotativamente e conotativamente impreciso. Denotativamente ele é vago, porque tem muitos significados e conotativamente ele é ambíguo, porque, no uso comum, é impossível enunciar uniformemente as propriedades que devem estar presentes em todos os casos em que se usa a palavra". E "pragmaticamente é uma palavra que tem grande carga emotiva"[68], o que acaba por influenciar substancialmente sua conotação e denotação.

Em suma, podemos dizer, apoiados também nas lições de CARLOS SANTIAGO NINO[69], que três problemas prejudicam o conhecimento da palavra "direito" e, por conseguinte, da realidade jurídica, já que esta é delimitada com a definição do termo, são eles: (i) ambiguidade; (ii) vaguidade; e (iii) carga emotiva.

Tais problemas são imperfeições muito comuns na linguagem ordinária, não só inerentes ao termo "direito", mas a quase todos outros, que devem ser afastadas na construção do discurso científico, embora tal tarefa não seja de todo possível, dado que as palavras não guardam relação natural com as coisas.

---

68. *Introdução ao estudo do direito*, p. 38.
69. *Introducción al análisis del derecho*, passim.

Neste sentido, com muita precisão explica TÁREK MOYSÉS MOUSSALEM, que não é possível expurgá-los definitivamente. Nos dizeres do autor, "funciona da seguinte forma: já que não conseguimos vencer nosso inimigo (ambiguidade, vaguidade e carga emotiva), procuramos conviver com ele pacificamente, caso contrário, viver (em um mundo linguístico), habitar uma linguagem, tornar-se-ia, insuportável"[70].

Os problemas ambiguidade, vaguidade e carga emotiva não anulam a utilidade do idioma, prova disso é que a comunicação se estabelece mesmo com eles e muitas vezes nem os percebemos, contudo, eles contaminam o conhecimento do "direito", assim como de muitas outras realidades e, por isso, devemos procurar afastá-los no âmbito das Ciências.

Mas vejamos cada um destes vícios separadamente.

3.1 Ambiguidade

Ambiguidade é característica dos termos que comportam mais de um significado, isto é, que podem ser utilizados em dois ou mais sentidos.

A título de exemplo: a palavra "cadeira" pode ser empregada na acepção de "assento com costas para uma pessoa" ou de "disciplina, matéria de um curso". A palavra "casa" pode ser utilizada no sentido de "moradia" ou de "buraco por onde passa o botão". Sempre que o mesmo vocábulo apresenta duas ou mais acepções, deparamo-nos com o vício da ambiguidade.

Tal problema surge justamente porque não existe significado ontológico ao termo, pois estes não tocam a realidade. O vínculo que se estabelece entre a palavra (suporte físico) e seu significado é artificialmente construído por uma comunidade de discurso e nada impede que a um mesmo suporte

---

70. *Fontes do direito tributário*, p. 53.

físico seja relacionado mais de um significado. Aliás, este é um recurso constante na linguagem.

Uma solução para o problema da ambiguidade é o que CARNAP denominou *processo de elucidação*, por meio do qual o utente da língua vai apontando o sentido dado ao termo, conforme sua utilização. Isto afasta imprecisões quando há dualidade, ou multiplicidade, significativa, pois a explicação de sua forma de uso acompanha o termo. Este processo funciona desde que realizado toda vez que a palavra é utilizada em sentido diferente do anteriormente elucidado.

A palavra "direito" é multiplamente ambígua. Além disso, apresenta a pior espécie de ambiguidade, como observa TÁREK MOYSÉS MOUSSALLEM, "aquela constituída por vários significados estritamente relacionados entre si"[71]. Diferente, por exemplo, da ambiguidade da palavra "casa", cujos significados ("morada" x "buraco do botão") não estão vinculados semanticamente, os diversos conceitos de "direito" se entrelaçam.

Para corroborar a ambiguidade múltipla do termo "direito", basta abrirmos qualquer dicionário da língua portuguesa, que lá estarão diversos sentidos para o vocábulo. Encontramos pelo menos treze acepções, quase todas extremamente relacionadas, vejamos:

(i) complexo de leis ou normas que regem as relações entre os homens (ex: o *direito* brasileiro);

(ii) ciência ou disciplina jurídica que estuda as normas (ex: livro de *direito*);

(iii) faculdade de praticar um ato, de possuir, usar, exigir, ou dispor de alguma coisa (ex: ela tem *direito* de vender o imóvel);

(iv) legitimidade (ex: é dele por *direito*);

---

71. *Fontes do direito tributário*, p. 54.

(v) que segue a lei e os bons costumes, justo, correto, honesto (ex: comerciante *direito* não rouba no preço);

(vi) de conduta impecável, irrepreensível (ex: moça *direita*);

(vii) sem erros; certo, correto (ex: seu cálculo está *direito*);

(viii) vertical, aprumado, empertigado (ex: não fique curvo, fique *direito*);

(ix) lado oposto ao coração (ex: braço *direito*);

(x) justiça (ex: é dele por *direito*);

(xi) jurisprudência, decisão (ex: o *direito* dos tribunais);

(xii) conjunto de cursos e disciplinas constituintes do curso de nível superior que forma profissionais da lei (ex: ele cursa o 3º ano de *direito*);

(xiii) educadamente, bem, atenciosamente (ex: trate *direito* as visitas)[72].

Atentos à ambiguidade da palavra, definir o significado de "direito" pressupõe, uma tomada de decisão quanto sua forma de uso. Dentre todas estas acepções, não há uma certa ou errada, mas sim aquela que se enquadra, ou não, à situação estrutural de sua utilização. Nota-se, com os exemplos dados acima, que o sentido do termo é determinado pela sua contextualização com outros termos, na composição da frase. Como leciona FERDINAND DE SAUSSURE, "seu conteúdo só é verdadeiramente determinado pelo concurso do que existe fora dele"[73], isto é, em razão da relação com as outras palavras.

Mas para qual destes sentidos voltam-se as preocupações cognoscitivas da Ciência do Direito? Para responder isso, devemos levar em conta o contexto em que o termo é empregado

---

72. *Dicionário eletrônico Houaiss da língua portuguesa.*

73. *Curso de linguística geral,* p. 134.

quando tomado como objeto da Ciência. Percebe-se que, dependendo do sentido adotado, o enfoque temático se modifica.

3.2 Vaguidade

Entende-se por vaguidade a falta de precisão no significado de uma palavra, vício assinalado pela incapacidade de se determinar, exatamente, quais objetos são abrangidos por seu conceito, o que torna duvidosa sua utilização.

A título de exemplo: dizemos que uma pessoa é jovem quando tem menos de 30 anos e que é velha se maior de 60. E a pessoa que tem 40 é jovem ou é velha? Nota-se que, há aqui, incerteza quanto à aplicabilidade das palavras "jovem" e "velho", o que GENARO CARRIÓ denomina *zona de penumbra*[74], responsável pelo problema da vaguidade dos termos. Tal *zona de penumbra* é constituída pela carência de designação precisa, característica inerente a todos os vocábulos.

Como adverte RICARDO GUIBOURG, "todas as palavras são vagas e muitas são ambíguas (todas ao menos potencialmente ambíguas)"[75]. Isto acontece porque a linguagem é construída na medida de nossas necessidades. A linguagem comum, por exemplo, por meio da qual se materializa o conhecimento ordinário, só não é mais precisa porque nossas necessidades cognoscitivas não requerem maior precisão. Já a linguagem científica requer maior precisão linguística, pois o conhecimento científico é mais apurado em relação ao ordinário, de modo que a designação das palavras aparece com maior rigor.

O remédio para a vaguidade está na definição. Tudo é uma questão de delimitação do conceito da palavra. Ao elegermos critérios conotativos do uso de um termo, estamos restringindo suas possíveis denotações e assim o tornando

---

74. *Notas sobre el derecho y lenguaje*, p. 34.

75. *Introducción al conocimiento científico*, p. 51.

mais preciso. Nos dizeres de LEÔNIDAS HEGENBERG: "nas sucessivas dicotomias, diminui-se a extensão da classe considerada e aumenta a compreensão. As divisões prosseguirão até que a classe tenha elementos 'melhor caracterizados', em função de objetivos propostos"[76]. Nesse sentido, aumentamos a precisão de um termo diminuindo a extensão da sua conotação, ou seja, definindo seu conceito mais detalhadamente.

Ressalvamos, porém, que as definições funcionam apenas como remédio para falta de precisão das palavras, não eliminam o vício da vaguidade, isto porque, definimos um termo, utilizando-nos de outros termos que também são vagos. De acordo com as premissas fixadas neste trabalho, como as palavras não tocam a realidade, nenhuma definição, por mais precisa que seja, tem o condão de reproduzi-la.

Apesar dos cortes definitórios atribuírem precisão designativa aos termos (*definiendum*), os critérios que os constituem, por serem formados de outras palavras são imprecisos, necessitam de outros cortes para serem pontualmente determinados. Este fluxo vai ao infinito e, por isso, a vaguidade é permanente. No entanto, nada impede que vá sendo amenizada. O vício conlui todas as palavras, mas conforme as definimos, gradativamente, vamos diminuindo suas imprecisões significativas e tornando nosso habitar na linguagem possível e mais agradável.

No caso do "direito" não é diferente. O termo é impreciso. Por mais elaborada que seja sua definição, restará sempre um *quantum* de vaguidade (zona de penumbra) a ser solucionada por outras definições. Isto tudo porque os termos utilizados na demarcação de seu conceito pressupõem outros para serem explicados, e estes outros, numa circularidade infinita, justificada na autorreferibilidade da linguagem.

---

76. *Saber de e saber que*, p. 133.

3.3 Carga emotiva

Ademais de serem vagas e ambíguas, algumas palavras incitam elevada carga emotiva quando interpretadas.

Em todos os termos verificamos a presença de valores, isto porque a atribuição de sentido é uma construção humana (cultural), decorrente do processo de interpretação. FERDINAND DE SAUSSURE assinala a dificuldade de se separar os valores da significação de um termo, nos dizeres do autor, "o valor, tomado em seu aspecto conceitual, constitui, sem dúvida, um elemento da significação e é dificílimo saber como esta se distingue dele, apesar de estar sob sua dependência"[77].

Existem termos, no entanto, geralmente empregados para exprimir sentimentos, ideologias e os próprios valores (ex: amor, comunismo, justiça), cuja compreensão comporta graus valorativos mais acentuados e afloram as emoções do sujeito interpretante, que acabam por interferir significativamente na formação de seu conceito.

O "direito" é uma destas palavras. Espera-se que o conceito de "direito" incite um sentimento de justiça, característico de sua utilização na linguagem comum, influenciado pela cultura etimológica do termo, que se explica desde os primórdios tempos de seu uso. A associação ao valor justiça, etimologicamente, faz-se presente no adjetivo "jurídico" empregado para nomear "aquilo que é de direito", e acaba por influenciar o conceito deste.

A palavra "jurídico" é derivada do latim *juris, jus*, que significa "equidade, justiça divina, direito" (do verbo *jubère* – ordenar, mandar, dar ordem). Já a palavra "direito" vem do latim *directum*, (do latim clássico *directus* – em linha reta, alinhado, direito). *Directus* é o particípio passado de *dirigere*, "endireitar, alinhar, dirigir", de *regere*, "dirigir, conduzir, reger, governar", de mesma origem que *rex, regis*, "rei", e

---

77. *Curso de linguística geral*, p. 133.

regula, "regra". Enquanto o termo *jus* liga-se a ideia de justiça divina, direito ditado pelos deuses, o sentido do termo *directum* não vincula seus ordenamentos em imperativos religiosos e morais. Do latim *directum* derivou o português *direito* (1152), o espanhol *derecho* (1010), o italiano *dirito* (séc. XII), o francês *droit* (séc. XII), que não formaram adjetivos. Para suprimir essa lacuna, apesar de ter permanecido nítida a diferença entre *jus* e *directum*, lançou-se mão do latim *juridicus*, "relativo aos tribunais, à justiça, ao direito" (derivado de *jus* e de *dictio* – ação de dizer), em português e espanhol *jurídico* (séc. XVI e 1515), em italiano *giuridico* (séc. XV – XVI), em francês *juridique* (1410), em inglês *juridic, juridical* (séc. XVI), donde respectivamente, o substantivo português *juridicidade* e demais vernaculizações, todas de formação recente.

Nota-se que etimologicamente, o conceito de "direito" associa-se ao de "justiça". Este é, sem dúvida, um dos vícios que envolvem a construção do sentido de "direito" e, consequentemente, sua definição. Juristas e todos aqueles que, de certa forma, lidam com a realidade jurídica, influenciados pela cultura etimológica da palavra e pelo seu uso na linguagem comum, inclinam-se a definições satisfativas de suas convicções ideológicas[78].

O problema não está na valoração do termo "direito", pois todo termo é valorativo, dado que o homem (sujeito que o interpreta) é um ser cultural, impregnado de valores. A

---

78. A justiça é um valor atribuído às normas jurídicas ou às condutas por elas reguladas. Um exemplo disso é sempre lembrado por PAULO DE BARROS CARVALHO: "o advogado de uma das partes elabora sua petição inicial e ao final faz o pedido em nome da justiça, a parte contrária contesta e ao final também faz o pedido em nome da justiça, o juiz julga e profere a sentença em nome da justiça e o tribunal modifica a sentença também em nome da justiça, e onde está a justiça?". Certamente não está no direito positivo. O direito positivo é o conjunto de normas jurídicas válidas num dado país e a justiça é um valor que o homem atribui ao ordenamento, é uma expectativa que temos, mas que nem sempre se realiza no mundo jurídico. Apesar de se ajustar perfeitamente ao discurso retórico do advogado, o que é justo ou injusto não cabe no discurso da dogmática jurídica, que, ressalvamos novamente, presa pela neutralidade de suas proposições e tem como objeto unicamente as normas jurídicas e as relações que se estabelecem entre elas.

imperfeição se mostra na carga emotiva empregada na definição de seu conceito. HANS KELSEN, buscando ignorar os ideais políticos e morais como objeto da Ciência Jurídica, já expunha a dificuldade de "libertar do conceito de direito a idcia de justiça, porque ambos estão confundidos no pensamento político"[79].

No âmbito científico as definições tendentes a satisfações ideológicas devem ser afastadas, pois as Ciências prezam pela neutralidade do discurso. A neutralidade científica, no entanto, não implica isenção de valores, pois eles estão presentes inerentemente a toda compreensão que se faça do mundo, mas importa evitar a expressão de emoções na definição do uso dos termos.

No caso do "direito" este afastamento emotivo é complicado, pois a expectativa dos destinatários das proposições científicas e seus próprios emitentes clamam por esta carga emotiva no conhecimento da realidade jurídica, por influências históricas determinantes do uso do termo na linguagem.

4. TEORIAS SOBRE O DIREITO

Dentre a diversidade de acepções em que a palavra "direito" pode ser empregada, nossa preocupação volta-se para aquela que designa a realidade jurídica, objeto da Ciência do Direito.

Mas antes de definirmos o conceito de "direito" com o qual trabalhamos e fixarmos o objeto da nossa Ciência do Direito, é interessante examinarmos rapidamente o tratamento que é dado a tal realidade por algumas das mais conhecidas teorias que a tomaram como objeto. A diversidade conceitual verificada em cada uma delas, só corrobora a afirmação de que as Ciências Jurídicas não descrevem verdades absolutas, apenas pontos de vistas determinados em razão de certos

---

79. *Teoria geral do direito e do estado*, p. 8.

referenciais teóricos, sendo cada uma delas responsável pela construção de um objeto próprio.

Até o final do século passado várias teorias voltaram-se à realidade jurídica, explicando-a sob diferentes enfoques, os quais acabam por influenciar substancialmente as concepções mais modernas. Dentre elas, citamos sete como algumas das mais influentes: (i) jusnaturalismo; (ii) escola da exegese; (iii) historicismo; (iv) realismo jurídico; (v) positivismo (sociológico e normativo); (vi) culturalismo jurídico e (vii) pós-positivismo. Passemos a analisar, resumidamente, as propostas de cada uma delas.

4.1 Jusnaturalismo

O jusnaturalismo é a Escola mais antiga[80]. Na sua concepção, o direito é uma ordem de princípios eternos absolutos e imutáveis cuja existência é imanente à própria natureza humana. Há um "direito natural" anterior ao conjunto de leis postas e aprovadas pelo Estado.

Segundo tal corrente, desde que o homem se vê em sociedade sabe comportar-se nela em razão da existência de um conjunto de ordens tidas como naturais, que regem suas relações intersubjetivas. Muito antes do Estado produzir as leis, os homens já eram sujeitos de relações reguladas por esta ordem natural baseada no senso de justiça: plantavam, trocavam produtos, constituíam família, tinham escravos, transferiam seus bens de ascendente para descendente. Para a corrente jusnaturalista, este conjunto de ordens naturais constitui-se no direito. As intervenções estatais, feitas por uma ordem legal, limitam-se apenas a tornar estáveis as relações "jurídicas" já existentes. Por isso a definição do conceito de "direito" não se limita apenas à ordem posta pelo Estado, mas a algo maior: uma ordem natural. Neste contexto, as leis jurídicas pertencem à natureza e, embora algumas sejam consolidadas

---

80. Vide MIGUEL REALE. *Direito Natural/Direito Positivo*, Saraiva, São Paulo, 1984.

pelo poder estatal na forma de direito posto, o objeto das Ciências Jurídicas é esta ordem natural, materializada nas leis do Estado.

O conceito de "ordem natural", alterou-se substancialmente, acompanhando as modificações filosóficas do transcorrer histórico, de modo que podemos identificar três fases do Jusnaturalismo: (i) clássico; (ii) medieval; (iii) moderno.

O Jusnaturalismo clássico é marcado pelo pensamento grego pré-socrático e tem fundamento na existência de uma lei natural. A "ordem natural" é inerente à essência das coisas, permanente e imutável. Deste modo, da mesma forma que há uma ordem intrínseca na natureza para os movimentos dos corpos, para transformação da matéria, existe uma ordem jurídica para o convívio em sociedade: o direito. Seus principais representantes são SÓCRATES, PLATÃO e ARISTÓTELES.

No jusnaturalismo medieval, a "ordem natural" deixa de ser o modo próprio das coisas para ser a vontade divina. Misturam-se o conceito de "direito" com o de "justiça divina". O direito passa a ser visto como uma ordem ontológica que expressa o justo, de modo que, a positivação das leis pelo Estado está subordinada às exigências de uma ordem normativa superior, a justiça divina. Seus principais representantes são SANTO TOMÁS DE AQUINO e SANTO AGOSTINHO.

E no jusnaturalismo moderno a "ordem natural" não se encontra na essência do convívio social ou na vontade divina. É o homem que ordena as coisas por meio da razão e assim o faz com a sociedade. O direito passa a ser visto como uma ordem racional, ou seja, o que a razão humana entende como justo. Seus principais representantes são ROUSSEAU, HOBBES e LOCKE.

Em suma, na concepção jusnaturalista, "direito" é uma ordem natural e a função do Estado, mediante a produção e aprovação de leis, nada mais é do que positivar normas já existentes como meio de se alcançar a justiça social. Há duas formas, no entanto, de conceber a ordem positivada: (i) a monista, que elimina qualquer outro direito que não o natural, considerando que este é uma mera exteriorização daquele; e (ii) a dualista, que difere 'direito natural' e 'direito positivado', mas declara a supremacia daquele em relação a este.

4.2 Escola da Exegese

A Escola da Exegese surgiu na França, no início do século XIX, no decorrer da Revolução Francesa, com a codificação do direito civil francês e unificação das leis na promulgação do Código de Napoleão. Segundo esta concepção, não há direito fora do texto legal. Este se consubstancia num sistema normativo emanado do poder estatal, prescritor de todas as relações e conflitos humanos e incapaz de sofrer modificações ou influências da dinâmica social na qual se encontra inserido. O fundamento da Escola da Exegese está na lei escrita. Ela é a única expressão do "direito" que se encontra todo codificado.

Por idolatrar a lei, seus adeptos se atêm à interpretação literal, alguns mais radicais pregam, inclusive, a desnecessidade da interpretação. O texto se revela na sua gramaticalidade, suas palavras são e dizem tudo, dispensando, assim, outro entendimento que não o positivado pelo legislador. Nesse sentido, como a lei contém todo "direito" e este é certo e completo, o processo de aplicação passa a ser mero silogismo. O trabalho do julgador se resume apenas em aplicar as leis e o do jurista em revelá-las. Ambos atêm-se com rigor absoluto ao texto legal, exercendo função meramente mecânica.

Em suma, o que vale para a Escola da Exegese é o texto codificado. O conceito de "direito" está relacionado à ideia de "lei" que, de acordo com o posicionamento desta escola, é absoluta, completa e clara. A lei é compreendida e aplicada a partir de esquemas da lógica dedutiva, criados para revelar o sentido literal dos textos, nada acrescentando nem retirando da regra positivada[81].

---

81. Vide MARIA HELENA DINIZ, *Compêndio de introdução à ciência do direito*, p. 50-57.

4.3 Historicismo

A Escola Histórica do Direito surgiu na Alemanha, na primeira metade do século XIX, como reação política aos ideais burgueses e ao racionalismo de todas as formas, que marcaram a concepção da Escola da Exegese.

Solidificada no pensamento de SAVIGNY, essa corrente contrapõe-se ao jusnaturalismo e ao empirismo exegético, concebendo o "direito" como produto da história social, que se fundamenta nos costumes de cada povo e não na racionalização do legislador. A ideia basilar é a oposição à codificação do "direito", pois este é tido como expressão ou manifestação da livre consciência social. "O legislador não cria direito, apenas traduz em normas escritas o direito vivo, latente no espírito popular que se forma através da história desse povo, como resultado de suas aspirações e necessidades"[82].

O Historicismo Jurídico substitui a lei pela convicção popular, manifestada sob a forma de costume, direcionando o estudo do fenômeno jurídico ao ambiente social em que é produzido. O "direito", para esta corrente, longe de ser criação da vontade estatal, é produto do "espírito popular", constituído pelos costumes sociais. A análise jurídica, neste sentido, volta-se aos estudos dos costumes, determinados pela história da sociedade.

Em suma, para historicismo jurídico o conceito de "direito" está atrelado à revolução histórica da sociedade. As normas jurídicas aplicadas, não são as leis codificadas, mas o uso e o costume de um povo.

4.4 Realismo jurídico

A Escola do Realismo Jurídico desenvolveu-se na primeira metade do século passado XX, principalmente na

---

82. *Idem*, p. 98.

Escandinávia e nos Estados Unidos da América, como vertente do sociologismo jurídico (positivismo sociológico), atribuindo um enfoque social ao "direito", também voltado para sua efetividade. Na concepção desta escola o "direito" é resultado de forças sociais e instrumento de controle social, não existe, portanto, separado do fato social, contudo a preocupação central se volta para a verificação da conduta de aplicação do "direito", o que só é possível, nos termos dessa corrente, com a análise empírica.

As duas difusões mais importantes da Escola são: (i) realismo jurídico norte-americano; e (ii) realismo jurídico escandinavo.

De acordo com a primeira corrente, desenvolvida no sistema da *common law*, onde os juízes possuem um importante papel no plano da produção normativa, o "direito" tem natureza empírica, constituindo-se num conjunto das decisões tomadas pelos tribunais em relação a casos concretos. Embora seus adeptos relacionem o conceito de "direito" a origens sociais (numa visão sociológica), consideram que este se manifesta com a atividade do Poder Judiciário. Neste contexto, sua existência vincula-se à vontade do julgador. O "direito" é fruto da decisão política do juiz e não de uma norma de hierarquia superior, pois ninguém pode conhecer o direito (real e efetivo) relativo a certa situação até que haja uma decisão específica a respeito. Resumindo, na concepção do realismo norte-americano, o "direito" é aquilo que os tribunais concretizam, produto das decisões judiciais, fundado em precedentes jurisprudenciais.

Já o realismo jurídico escandinavo, preocupa-se com a questão hermenêutica, buscando a descoberta de princípios gerais, resultantes da experiência concreta da sociedade, para implementá-la. Tal corrente interpreta o "direito" em razão da efetividade social das normas jurídicas, mediante observações empíricas de cunho psicológico ou sociológico, buscando certa correspondência entre seu conteúdo "ideal" e os fenômenos sociais. Influenciada pela filosofia da linguagem a Escola concebe o direito como meio de comunicação entre os seres humanos, mas atribui-lhe um enfoque sociológico, considerando-o uma forma de controle do comportamento inter-humano (é, por isso, também denominada de realismo linguístico), determinado pela finalidade social. A Ciência do Direto é concebida como Ciência Social empírica (de observação experimental), dado que as decisões judiciais não se encontram apenas motivadas por normas jurídicas, mas também por fins sociais e pelas relações sociais relevantes para concretização destes fins.

Sob a rubrica de "realismo jurídico" alguns autores, como MIGUEL REALE, reúnem todas as teorias que consideram o "direito" sob o prisma predominantemente (quando não exclusivo) social[83], o que inclui o positivismo sociológico, o historicismo jurídico e algumas tendências da escola da livre investigação do direito. Nós restringimos o termo para designar o pensamento das Escolas escandinava e norte-americana que atribuem um enfoque empírico-social ao "direito", mas voltado para sua efetivação.

4.5 Positivismo

O termo "positivismo" é utilizado para designar duas tendências epistemológicas, que tem como ponto comum o afastamento do "direito natural" e o reconhecimento do "direito positivo" como aquele vigente e eficaz em determinada sociedade, mas que muito se distanciam na delimitação do conceito de "direito". São as Escolas: (i) do positivismo sociológico, ou sociologismo; e (ii) do positivismo jurídico.

O positivismo sociológico adveio da teoria de AUGUSTO COMTE, traduz-se num exagero da Sociologia Jurídica, que concebe o "direito" como fenômeno social, objeto das Ciências Sociais. A Ciência do Direito é vista, neste contexto, como um segmento da Sociologia (Sociologia Jurídica). O "direito" como

---

83. *Filosofia do direito*, p. 434.

fato social deve ser estudado e compreendido pelo método sociológico. As ideias do positivismo sociológico são manifestas no direito brasileiro na obra de PONTES DE MIRANDA, que chegou a afirmar que: "a Ciência Positiva do Direito é a sistematização dos conhecimentos positivos das relações sociais, como função do desenvolvimento geral das investigações científicas em todos os ramos do saber. Nas portas das escolas de direito deveria estar escrito: aqui não entrará quem não for sociólogo"[84]. Como principais representantes desta tendência temos: DURKHEIN, DUGUIT, GURVITCH e no Brasil, TOBIAS BARRETO, ALBERTO SALES, CLÓVIS BEVILÁQUA, dentre outros.

O Positivismo Normativo ou Jurídico é marcado pela tentativa de fundamentação autônoma da Ciência do Direito, sugerida na Teoria Pura de HANS KELSEN. Surgiu como reação à falta de domínio científico da Ciência Jurídica que, reduzida à Sociologia, submetia o "direito" a diversas metodologias empíricas (psicologia, dedução silogística, histórica, sociológica, etc.), tomando emprestados métodos próprios de outras Ciências para seu estudo. Com isso, não havia autonomia científica. O cientista do direito estava autorizado a ingressar em todos os domínios empíricos sob o fundamento de um estudo jurídico. Como reação a tal situação, KELSEN propôs a purificação metodológica da Ciência Jurídica, ou seja, a investigação do "direito" mediante processos próprios que o afastassem da Sociologia, da Política e da Moral. E assim o fez submetendo-a a uma dupla depuração:

(i) primeiro, procurou afastá-la de qualquer influência sociológica, libertando a vinculação da concepção de "direito" à análise de aspectos fácticos. Ao jurista não interessa explicações causais das normas jurídicas. O objeto de uma Ciência do Direito pura são as normas jurídicas, o jurista já as recebe prontas e acabadas, de modo que, não lhe interessa saber o que veio antes ou depois, nem o que motivou sua produção.

(ii) segundo, retirou do campo de apreciação da Ciência do

---

84. *Introdução à política científica e fundamentos da ciência positiva do direito*, p. 19, apud MARIA HELENA DINIZ, *Compêndio de introdução à ciência do direito*, p. 108.

Direito a ideologia política e os aspectos valorativos do direito, relegando-as a Ciência Política e a Ética, a Filosofia Jurídica e a Religião. Não interessa, para o jurista, analisar os critérios políticos que motivaram o legislador na produção das normas jurídicas, pois estes são anteriores a elas, nem os aspectos valorativos a ele atribuídos, vez que toda valoração supõe a aceitação de uma ideologia.

Com esta depuração, KELSEN delimitou as normas jurídicas como único objeto da Ciência do Direito, que as deve expor de forma ordenada e coerente. O problema do jurista resume-se em saber como as normas jurídicas se articulam entre si, qual seu fundamento de validade e qual critério a ser adotado para definir-lhes unidade sistêmica.

Em suma, a Escola do Positivismo Normativo concebe o "direito" como conjunto de normas jurídicas, afastando do campo de estudos da Ciência do Direito tudo aquilo que extravasa os limites das normas postas. O direito natural, bem como o fato social, os costumes e os valores de justiça são excluídos da categoria do "direito", que passa a ser compreendido apenas como o "direito posto".

4.6 Culturalismo Jurídico

O Culturalismo Jurídico surgiu como reação ao Positivismo, que nos seus termos, contentava-se apenas com as conexões estruturais do "direito" sem cuidar dos valores ou significados destas estruturas. A Escola concebe o "direito" como fator cultural, dotado de sentido, constituído de valores, sendo estes determinados historicamente. Nesta esteira, a Ciência Jurídica aparece como Ciência Cultural, de base concreta, mas que repousa seu domínio no campo dos valores, determinados "sob o influxo de conteúdos ideológicos em diferentes épocas e conforme a problemática social de cada tempo e lugar"[85].

---

85. MARIA HELENA DINIZ, *Compêndio de introdução à ciência do direito*, p. 131.

Foi na Escola de BADEN, a que se filiaram LASK e RADBRUCH, que o culturalismo jurídico fincou suas bases filosóficas. Com a percepção do conceito de valor como elemento-chave para a compreensão do mundo, no corte feito por KANT entre ser e dever-ser, a Escola impôs entre realidade e valor, um elemento conectivo: a cultura, ou seja, um complexo de realidades valiosas (referidas a valores)[86]. Constituiu-se, assim, uma Filosofia da Cultura, em torno da qual se desenvolveram as diversas espécies de culturalismo jurídico.

O "direito", na concepção culturalista é tido como bem cultural. Os bens culturais são constituídos pelo homem, para alcançar certas finalidades específicas, isto é, certos valores. Pressupõem sempre um suporte natural, ou real, ao qual é atribuído um significado próprio, em virtude dos valores a que se refere, vividos como tais através dos tempos. Neste sentido, o "direito" constitui-se num conjunto de significações, analisado como objeto da compreensão humana, impregnado de valores e condicionado culturalmente.

Forte defensor do Culturalismo Jurídico no Brasil, MIGUEL REALE explica que "a descrição essencial de um fenômeno cultural qualquer, resolve-se na necessária indagação que qualificamos de histórico-axiológica, ou crítico-histórica, inerente à subjetividade transcendental"[87]. Nos termos desta corrente e de acordo com a dialética que envolve sujeito-objeto e valor-realidade, o fenômeno jurídico, caracterizado como cultural, pode ser estudado segundo dois pontos de vista: (i) sob sua objetividade (descrição fenomenológica); (ii) sob sua subjetividade (como se manifesta histórica e axiologicamente no sujeito cognoscente).

---

86. MIGUEL REALE, *Teoria tridimensional do direito*, p. 70.

87. *Filosofia do direito*, p. 368.

4.7 Pós-Positivismo

O pós-positivismo é um movimento recente que mistura tendências normativistas e culturalistas, surgindo como uma crítica à dogmática jurídica tradicional (positivismo), à objetividade do direito e à neutralidade do intérprete. Suas ideias ultrapassam o legalismo estrito do positivismo sem, no entanto, recorrer às categorias da razão subjetiva do jusnaturalismo.

Como uma de suas vertentes, podemos citar a escola do Constitucionalismo Moderno, difundida no Brasil por LUIS ROBERTO BARROSO[88], cujos traços característicos são a ascensão dos valores, o reconhecimento da normatividade dos princípios e a essencialidade dos direitos fundamentais. Tal escola traz a discussão ética para o direito, exaltando os princípios constitucionais como síntese dos valores abrangidos no ordenamento jurídico que dão unidade e harmonia ao sistema. O direito é visto como uma mistura de regras e princípios[89], cada qual desempenhando papéis diferentes na composição da ordem jurídica. Os princípios, além de atribuírem unidade ao conjunto normativo, servem como guia para o intérprete, que deve pautar-se neles para chegar às formulações das regras.

Num primeiro momento, pode parecer que nossa escola, o Constructivismo Lógico-Semântico, por pautar-se em traços positivistas (normativistas) e culturalistas, enquadra-se nesta vertente de pensamento, o que não consideramos ser o mais acertado. Para justificar tal posição basta pensarmos no que é o pós-positivismo, senão tudo aquilo que vem depois do positivismo. Algo muito genérico, que engloba qualquer tomada de posição perante o direito posto posterior ao positivismo, com traços deste movimento, mas misturando outras tendências, totalmente contraposto aos critérios delineadores

---

88. *Fundamentos teóricos e filosóficos do novo direito constitucional brasileiro (pós-modernidade, teoria crítica e pós-positivismo)*.

89. O que se deve à sistematização de RONALD DWORKIN, *Taking rights seriously*.

de nossa escola, que se mostram bem definidos na formação de uma corrente própria do pensamento jurídico.

Fundada nas lições de LOURIVAL VILANOVA, o Constructivismo Lógico-Semântico tem no movimento do Giro-linguístico, na Semiótica, na Teoria dos Valores e numa postura analítica suas ferramentas básicas. E são com essas ferramentas que estudaremos os conceitos que se repetem em todos os ramos do direito positivo para construirmos nossa Teoria Geral do Direito sobre os referenciais desta escola.

5. SOBRE O CONSTRUCTIVISMO LÓGICO-SEMÂNTICO

A expressão "Constructivismo Lógico-Semântico" é empregada em dois sentidos: (i) para se reportar à Escola Epistemológica do Direito da qual somos adeptos, fundada nas lições dos professores PAULO DE BARROS CARVALHO e LOURIVAL VILANOVA e que vem, a cada dia, ganhando mais e mais seguidores no âmbito jurídico (ii) e ao método utilizado por esta Escola que pode ser empregado no conhecimento de qualquer objeto.

A proposta metodológica da Escola do Constructivismo Lógico-Semântico é estudar o direito dentro de uma concepção epistemológica bem demarcada, a Filosofia da Linguagem (uma das vertentes da Filosofia do Conhecimento) e a partir deste referencial, amarrar lógica e semanticamente suas proposições para construção de seu objeto (que se constitui em uma das infinitas possibilidades de se enxergar o direito).

Por isso o nome Constructivismo Lógico-Semântico: *"Constructivismo"* porque a ideia é de que o sujeito cognoscente não descreve seu objeto, constrói-o mentalmente em nome de uma descrição. E assim o faz, amparado num forte referencial metodológico que justifica e fundamenta todas as proposições construídas, desde que estas estejam estruturalmente e significativamente amarradas a tais referenciais, o que justifica o *"Lógico-Semântico"* do nome. O cientista constrói seu objeto (como a realidade que sua teoria descreve) com a ordenação lógica-semântica de conceitos estruturada a partir de certo sistema de referência.

Um exemplo esclarece melhor: vamos pensar na realidade direito, o que é o direito? Como já vimos nos itens anteriores deste capítulo, "direito" é uma palavra que comporta inúmeras significações. Para estudar e saber o que é o "direito" alguém terá que delimitar o conceito desta palavra. Aquilo que chamaremos de "direito" será exatamente o que se enquadrar nesta delimitação. Neste sentido o nome "Constructivismo", quando o cientista delimita um conceito, cria aquela realidade cientificamente. Ao delimitar o conceito da palavra "direito", criamos a realidade "direito" para nós. O "Lógico-Semântico" porque na criação do conceito, para se garantir a credibilidade da construção, deve estar amarrado estruturalmente e significativamente aos referenciais filosóficos, às premissas que o fundamentam e aos outros conceitos dele decorrentes. No caso do nosso exemplo, ao delimitar "direito" como "o conjunto de normas jurídicas válidas num dado país", seria incoerente dizer linhas à frente que este é composto por princípios e normas jurídicas, para construir um discurso científico coerente ou mudamos nosso conceito de direito (para "o conjunto de princípios e normas jurídicas válidos num dado país") ou admitimos que "princípios" são normas jurídicas.

O Constructivismo Lógico-Semântico enquanto método garante essa uniformidade e coerência na construção do discurso científico e, consequentemente, da realidade objeto deste discurso. Por quantas vezes nos deparamos com conceitos jurídicos desconexos? Lidamos com estas delimitações e não conseguimos identificar em nossa mente a realidade a qual o conceito faz referência, não conseguimos construi-la como uma realidade. Isto se deve, principalmente, à falta de rigor estrutural na delimitação de conceitos presente nas doutrinas jurídicas que acabam por criar realidades jurídicas totalmente desconexas, sem sentido e que só dificultam ainda mais a compreensão do nosso objeto.

Era essa sensação que tínhamos da doutrina jurídica até nos depararmos com o Constructivismo Lógico-Semântico. Este método (quando utilizado adequadamente) proporciona a construção de um discurso científico estruturado e de conteúdo rigoroso, o que nos possibilita ter uma visão plena da realidade por ele constituída.

É o que se observa na Escola do Constructivismo Lógico-Semântico, cuja realidade "direito" é constituída como tal com o emprego deste método. Os conceitos são delimitados de forma amarrada, cuidadosamente pensados, dentro de uma concepção filosófica, por meio de técnicas metodológicas justificadas nestes referenciais, o que lhes atribui ainda maior credibilidade. Diferente do se verifica na grande maioria da doutrina jurídica.

6. O DIREITO COMO NOSSO OBJETO DE ESTUDOS

Inspirados na teoria kelseniana, adotamos uma posição positiva normativista do direito, considerando-o como "o complexo de normas jurídicas válidas num dado país"[90]. Este é o primeiro corte metodológico para demarcação do nosso objeto de estudos: há direito onde houver normas jurídicas.

Seguindo, contudo, a concepção filosófica por nós adotada, não podemos deixar de considerar as normas jurídicas como uma manifestação linguística, sendo este nosso segundo corte metodológico: onde houver normas jurídicas haverá sempre uma linguagem (no caso do direito brasileiro, uma linguagem idiomática, manifesta na forma escrita).

Enquanto linguagem, o direito é produzido pelo homem para obter determinado fim: disciplinar condutas sociais. Isto implica reconhecê-lo como produto cultural, e aqui fixamos nosso terceiro corte metodológico: o direito é um instrumento, constituído pelo homem com a finalidade de regular

---

90. PAULO DE BARROS CARVALHO, *Curso de direito tributário*, p. 2.

condutas intersubjetivas, canalizando-as em direção a certos valores que a sociedade deseja ver realizados. Encontra-se, segundo a classificação de HUSSERL (especificada no capítulo anterior), na região ôntica dos objetos culturais e, portanto, impregnados de valores.

Estes recortes encontram-se bem delimitados na obra de PAULO DE BARROS CARVALHO, que pontualmente enuncia: "Trato o direito positivo adotando um sistema de referência, e esse sistema de referência é o seguinte: Primeiro, um corte metodológico, eu diria de inspiração kelseniana – onde houver direito haverá normas jurídicas, necessariamente. Segundo corte – se onde houver direito há, necessariamente, normas jurídicas, nós poderíamos dizer: onde houver normas jurídicas há, necessariamente, uma linguagem em que estas normas se manifestam. Terceiro corte – o direito é produzido pelo ser humano para disciplinar os comportamentos sociais; vamos tomá-lo como um produto cultural, entendendo objeto cultural como todo aquele produzido pelo homem para obter um determinado fim"[91].

Com estes três cortes metodológicos fixamos o "direito positivo" como objeto de nossos estudos.

7. CONSEQUÊNCIAS METODOLÓGICAS DESTE RECORTE

Voltando aos nossos estudos sobre a natureza classificatória das definições, podemos observar serem três os critérios separatórios que fundamentam a definição do conceito de "direito" com o qual trabalhamos (direito positivo): (i) ser norma; (ii) ser jurídica; e (iii) ser válida. Com o primeiro critério, dividimos a classe das normas (linguagem prescritiva), da classe das não-normas (outras linguagens: descritiva, interrogativa, poética, etc.). Com o segundo critério, separamos a classe das normas entre jurídicas (postas perante ato

---

91. *Apostila do Curso de Teoria Geral do Direito*, p. 141.

de vontade de autoridade competente), das não-jurídicas (morais, religiosas, éticas, etc.). E, por fim, com o terceiro critério isolamos a classe das normas jurídicas em válidas (presentes – existentes) e não-válidas (futuras e passadas – não-existentes). Constituímos, assim, a classe do "direito positivo", nosso objeto de estudo.

Com este primeiro recorte, fixamos uma visão normativista do direito, determinamos o que é o jurídico pela presença de "normas jurídicas" e, assim, delimitamos o objeto da Ciência do Direito.

Dizer que há direito onde houver normas jurídicas válidas importa, desde logo, afastar do campo de interesse da Dogmática Jurídica o "direito" passado (normas jurídicas não mais válidas) e o direito futuro (normas jurídicas ainda não-válidas). Também não interessa à Ciência Jurídica as razões (políticas, econômicas ou sociais) que lhe precedem, as consequências (políticas econômicas ou sociais) por ele desencadeadas, nem os conceitos éticos ou morais que lhe permeiam, pois seu objeto se resume às normas jurídicas válidas.

Esta primeira tomada de posição implica desprezar tudo que não se configura norma jurídica da abrangência do conceito de direito positivo. Como já vimos, cada Ciência existe para conhecer seu objeto e nada mais. Neste sentido, à Ciência do Direito compete o estudo do direito posto, nada além, nem antes e nem depois dele. E, considerando-se que este consubstancia-se em normas jurídicas, o objeto de estudos da Ciência do Direito são as normas jurídicas e só elas. Nada além, nem antes e nem depois delas.

Um estudo da evolução histórica das normas jurídicas, por exemplo, compete à História do Direito. A análise do fato social por elas regulado é realizada pela Sociologia do Direito. A relação das normas jurídicas com os homens (sociedade) é foco de uma Teoria Antropológica do Direito. O estudo da situação política em que foram produzidas, compete à Ciência Política do Direito. Isto tudo porque, aquilo que interessa ao jurista é "o complexo de normas jurídicas válidas num dado país" e só. Este é o objeto da Ciência do Direito, o que não significa, porém, desconsiderarmos a importância de todos os demais enfoques, cada qual próprio de uma Ciência específica, que não a Jurídica.

O jurista, por exemplo, que se propõe a uma análise jurídica e parte da apreciação do fato social, não se restringe às normas jurídicas válidas, vai além dos recortes daquilo que delimitamos de "direito positivo" (objeto da Ciência do Direito) e, apesar de construir suas proposições em nome de uma análise jurídica, realiza um estudo sociológico, dado que o fato social é objeto de uma Ciência própria: a Sociologia. No mesmo erro insurgem todos aqueles que escapam suas investigações às normas jurídicas. Acabam por ultrapassar os limites do jurídico.

Esta é uma das consequências do recorte metodológico de se tomar o direito (objeto de estudos da Ciência Jurídica) como um complexo de normas jurídicas válidas. É claro que, tais restrições podem não se aplicar se as incisões na delimitação do objeto forem outras. Mas seguindo este caminho e adotado tal posicionamento, a análise do jurista volta-se exclusivamente à norma jurídica, especificamente ao seu conteúdo, sua estrutura e às relações que mantém com outras normas jurídicas na conformação do sistema. Falamos, assim: (i) numa análise estática, voltada para o conteúdo normativo e sua estrutura; e (ii) numa análise dinâmica, direcionada à criação, aplicação e revogação de tais normas.

A expressão "direito positivo", a princípio, parece redundante, pois para todos aqueles que adotam uma posição kelseniana não existe outro direito, senão o posto. No entanto, o pleonasmo se justifica pela ambiguidade do termo, para diferenciar sua forma de uso como "objeto da Ciência do Direito" de todas as demais acepções que possui. O qualificativo "positivo" significa produzido por um ato de vontade de autoridade e, agregado ao termo "direito", aumenta sua precisão terminológica.

Nosso segundo recorte diz respeito à materialidade do direito. Tomá-lo como corpo de linguagem importa um posicionamento muito particular, a ser implementado com recursos das Ciências da Linguagem. Dizer que onde há direito, existe uma linguagem, na qual ele se materializa, implica, em última instância, afirmar que o objeto de análise do jurista é a linguagem positivada. Estudar o direito, assim, é estudar uma linguagem.

O trato do direito como linguagem demanda reconhecer o homem como pressuposto de sua existência. Nestes termos, o direito não é algo divino, ou dado pela natureza (como propõe o jusnaturalismo). É algo construído pelo homem para alcançar certas finalidades.

Em consequência disso, aparece nosso terceiro e último recorte, que imerge o jurista no universo dos valores. Tratar o direito como objeto cultural (constituído pelo homem para alcançar determinada finalidade) importa compreender sua realidade submersa num processo histórico-axiológico (cultural). Como ensina MIGUEL REALE, "cada norma ou conjunto de normas jurídicas representa, em dado momento e em função de determinadas circunstâncias, a incidência de certos valores"[92]. O cientista, ao lidar com o direito, trabalha a todo momento com valores, seja na construção do conteúdo normativo ou na compreensão dos fatos e das condutas valoradas pelo legislador na produção da norma jurídica.

Com este terceiro corte fixamos uma visão culturalista do direito. Este se consubstancia no conjunto de normas jurídicas válidas num dado país, que se materializam por meio de uma linguagem, mas que só têm existência e sentido porque imersas num universo cultural (valorativo), que as determinam.

---

92. *Teoria tridimensional do direito*, p. 75.

8. MÉTODO HERMENÊUTICO-ANALÍTICO

Ensina MIGUEL REALE que cada método deve adaptar-se a seu objeto[93]. Em razão disso, afastam-se, pela própria ontologia objetal do direito, as vias racional-dedutiva (adequada ao plano dos objetos ideais) e empírico-indutiva (apropriada ao plano dos objetos naturais). O direito, tomado como objeto cultural, é uma construção do ser humano que, como explica PAULO DE BARROS CARVALHO, "está longe de ser um dado simplesmente ideal, não lhe sendo aplicável, também, as técnicas de investigação do mundo natural"[94]. O ato congnoscente que o apreende é a compreensão e o caminho a ser percorrido é a via empírico-dialética.

Nosso trato com o direito revela uma tomada de posição analítico-hermenêutica, fundada nas proposições filosóficas fixadas no início deste trabalho (capítulo I), bem como na delimitação de nosso objeto (pontuada neste capítulo).

Tomamos o direito como um corpo de linguagem e, nesse sentido, o método analítico mostra-se eficiente para o seu conhecimento. Com ele, e amparados nas Ciências da Linguagem e com auxílio da Lógica, realizamos a decomposição do discurso jurídico, para estudá-lo minuciosamente em seus âmbitos sintático (estrutural), semântico (significativo) e pragmático (prático – de aplicação) para construirmos a unicidade do objeto por meio de seu detalhamento.

Mas, por outro lado, quando lidamos com os valores imersos na linguagem jurídica, ou seja, com os fins que a permeiam, pressupomos a hermenêutica. Com ela entramos em contato com o sentido dos textos positivados e com os referenciais culturais que os informam. Quem se propõe a conhecer o "direito", ressalta PAULO DE BARROS CARVALHO, "não pode aproximar-se dele na condição de sujeito puro,

---

93. *Filosofia do direito*, p. 148.

94. *Apostila do curso de Teoria Geral do Direito*, p. 95.

despojado de atitudes ideológicas, como se estivesse perante um fenômeno da natureza. A neutralidade axiológica impede, desde o início, a compreensão das normas, tolhendo a investigação"[95].

Neste sentido, analítica e hermenêutica se completam, consubstanciando-se no método próprio da Ciência Jurídica a qual nos propomos. A construção analítico-hermenêutica, no entanto, ocorre dentro de um processo dialético, de contraposição de sentidos, próprio ao plano dos objetos culturais.

Não podemos deixar de ressalvar, também, que o modelo dogmático permeia toda nossa construção. TERCIO SAMPAIO FERRAZ JR. explica que "há duas possibilidades de proceder à investigação de um problema: acentuando o aspecto pergunta, ou o aspecto resposta. No primeiro caso, temos um enfoque zetético, no segundo, um enfoque dogmático. O enfoque dogmático revela o ato de opinar e ressalva algumas opiniões. O zetético, ao contrário, desintegra, dissolve as opiniões, pondo-as em dúvidas"[96].

A base do Constructivismo Lógico-Semântico, como o próprio nome enseja, não é a desintegração de uma opinião, mas a construção de uma posição, fundada em premissas solidificadas num referencial filosófico, onde o modelo dogmático mostra-se presente do começo ao fim[97].

---

95. *Idem*, p. 95.

96. Segue o autor: "se o aspecto pergunta é acentuado, os conceitos básicos, as premissas, os princípios ficam abertos à dúvida. Isto é, aqueles elementos que constituem a base para organização de um sistema de enunciados que, como teoria, explicam um fenômeno, conservam seu caráter hipotético e problemático, não perdem sua qualidade de tentativa, permanecendo abertos à crítica. No segundo aspecto, ao contrário, determinados elementos são, de antemão, subtraídos à dúvida, predominando o lado resposta. Isto é, postos fora de questionamento, mantidos como soluções não acatáveis, eles são, pelo menos temporariamente, assumidos como insubstituíveis, como postos de modo absoluto. Elas dominam, assim, as demais respostas, de tal modo que estas, mesmo quando postas em dúvida em relação aos problemas, não põem em perigo as premissas de que partem; ao contrário, devem ser ajeitadas a elas de maneira aceitável" (*Introdução ao estudo do direito*, p. 40-41).

97. Para corroborar tal posicionamento, citamos uma passagem de PAULO DE BARROS CARVALHO: "nutro uma convicção que me parece acertada: a expansão

Condizentes com a proposição adotada de que o conhecimento jurídico-científico é construtivo de seu objeto em razão do sistema de referência indicado pelo cientista e dos recortes efetuados, em algum momento é necessário que este estabeleça um corte restritivo, ponto de partida para elaboração descritiva, fundamentado no conjunto de premissas, às quais se espera que se mantenha fiel do começo ao fim de suas investigações. As proposições delineadoras deste recorte são tomadas como "dogmas" e delas partem todas as outras ponderações. Não questionamos tais proposições, aceitamo-nas como verdadeiras e com base nelas vamos amarrando todas as outras para, em nome de uma descrição, construir nosso objeto (formal). E, nesse sentido, o método dogmático se encontra sempre aparente.

Questões:

1. Explique a seguinte sentença: "Em momento algum encontramos resposta para a pergunta *que é direito*? Nossos esforços voltam-se para a solução das indagações *direito em que sentido* ou *direito sob qual referencial*?"

2. Diferençar: (i) conceito e definição; (ii) características definidoras e concomitantes; (iii) definições conotativas e denotativas; (iv) definições verbais e ostensivas; (v) definições informativas e estipulativas.

3. Quais os problemas que prejudicam o conhecimento da palavra "direito"?

4. Que é ambiguidade? Que significa dizer que a palavra "direito" é multiplamente ambígua? Como resolver este problema?

---

dos horizontes do saber do exegeta do direito positivo só será possível por meio de um método dogmático, restritivo do conteúdo da realidade semântica difusa, fundando este corte metodológico em premissas sólidas" (*Apostila do curso de teoria geral do direito*, aula 9).

5. Que é vaguidade? Por que a palavra "direito" é vaga? Por que se diz que a definição é apenas um remédio, mas não uma solução para tal problema?

6. Por que a carga emotiva é um problema na definição do conceito de "direito"?

7. Explique, resumidamente, os pressupostos das escolas que se voltaram à realidade jurídica (jusnaturalismo, escola da exegese, historicismo, realismo jurídico, positivismo sociológico e normativo, culturalismo jurídico e pós-positivismo).

8. Que se entende por Constructivismo Lógico-Semântico?

9. Qual nossa concepção de "direito"? Quais os três cortes metodológicos utilizados para defini-lo?

10. Quais as consequências metodológicas deste recorte?

11. Por que o método hermenêutico-analítico é o eleito para estudar o direito?

Capítulo III
DIREITO POSITIVO E CIÊNCIA DO DIREITO

SUMÁRIO: 1. Direito positivo e Ciência do Direito; 2. Critérios diferenciadores das linguagens do direito positivo e da Ciência do Direito; 2.1. Quanto à função; 2.2. Quanto ao objeto; 2.3. Quanto ao nível de linguagem; 2.4. Quanto ao tipo ou grau de elaboração; 2.5. Quanto à estrutura; 2.6. Quanto aos valores; 2.7. Quanto à coerência; 2.8. Síntese.

1. DIREITO POSITIVO E CIÊNCIA DO DIREITO

Dentre as inúmeras referências denotativas do termo "direito" encontramos duas realidades distintas: o direito positivo e a Ciência do Direito, dois mundos muito diferentes, que não se confundem, mas que, por serem representados linguisticamente pela mesma palavra e por serem ambos tomados como objeto do saber jurídico, acabam não sendo percebidos separadamente por todos.

Quando entramos na Faculdade de Direito, somos apresentados a dois tipos de textos: os professores nos recomendam uma série de livros para leitura, alguns contendo textos de lei (ex: os Códigos, a Constituição, os compêndios de legislação), produzidos por autoridade competente e outros contendo descrições destas leis, produzidos pelos mais renomados juristas, os quais denominamos de doutrina. Logo notamos que estes últimos referem-se aos primeiros. Ambos são textos jurídicos e diante deles a distinção nos salta aos olhos. Sem maiores problemas podemos reconhecer a existência de duas realidades: uma envolvendo os textos da doutrina e outra formada pelos textos legislativos: Ciência do Direito ali e direito positivo aqui. Com este exemplo, fica fácil compreender que o estudo do direito comporta dois campos de observação e, por isso, se instaura a confusão, que é reforçada pela ambiguidade do termo "direito", empregado para denotar tanto uma quanto outra realidade.

Conforme alerta PAULO DE BARROS CARVALHO, os autores, de um modo geral, não têm dado a devida importância às dessemelhanças que separam estes dois campos do saber jurídico criando uma enorme confusão de conceitos ao utilizarem-se de propriedades de uma das realidades para definição da outra[98]. O autor traz um bom exemplo em que tal confusão pode atrapalhar o aprendizado, demonstrando a importância de se ter bem demarcada tal distinção quando da definição do conceito de "direito tributário". O ilustre professor enfatiza a importância de se considerar, em primeiro lugar, sob qual ângulo a definição irá se pautar: sob o campo do direito tributário positivo, ou sob o campo do Direito Tributário enquanto Ciência e destaca que se esta separação não for feita, perde-se o rigor descritivo, instaurando-se certa instabilidade semântica que compromete a compreensão do objeto, dado que as características de tais campos não se misturam[99].

Assim, é de fundamental importância destacar as diferenças que afastam estas duas regiões, para não misturarmos os conceitos atinentes à Ciência do Direito ao nos referirmos à realidade do direito positivo, ou vice-versa.

HANS KELSEN já frisava esta distinção utilizando-se da expressão "proposição jurídica" para referir-se às formulações

---

98. *Curso de direito tributário*, p. 1.

99. *Curso de direito tributário*, p. 13.

da Ciência Jurídica e da elocução "norma jurídica" para aludir-se aos elementos do direito positivo[100] e advertia que "as manifestações por meio das quais a Ciência Jurídica descreve o direito, não devem ser confundidas com as normas criadas pelas autoridades legislativas, dado que estas são prescritivas, enquanto aquelas são descritivas"[101]. Embora naquela época ainda não se trabalhasse com o emprego de recursos da linguística no estudo do direito, o autor já se preocupava com a distinção entre estes dois planos do conhecimento jurídico. O emprego da linguística só veio a reforçar substancialmente as diferenças entre Ciência do Direito e direito positivo, já demarcadas por KELSEN, pois ao pensarmos nos dois planos enquanto corpos de linguagem, podemos diferenciá-los por meio de critérios linguísticos.

Antes de voltarmo-nos a tais critérios, contudo, fazemos aqui um parêntese para advertir sobre o uso do termo "proposição jurídica", utilizado por KELSEN para referir-se às manifestações científicas, quando se contrapõe à realidade do direito positivo, formado por "normas jurídicas". Trabalhamos com o termo "proposição" na acepção de "significação", isto é, aquilo que construímos em nossa mente como resultado de um processo hermenêutico. Logo, nesta acepção e partindo da premissa que tanto o direito positivo e a Ciência do Direito são textos, formados com a sistematização de enunciados, a expressão "proposição jurídica" pode ser empregada para referir-se tanto à significação dos enunciados da Ciência do Direito, quanto dos enunciados do direito positivo. Por esta razão, embora compartilhemos com as diferenças delimitadas por KELSEN ao separar direito positivo e Ciência do Direito, não adotamos a terminologia por ele utilizada para identificar o discurso do cientista, em nível de metalinguagem. Preferimos utilizar "proposições descritivas" ou "científicas" para referirmo-nos à significação dos enunciados da Ciência do

---

100. *Teoria pura do direito*, p. 80.

101. HANS KELSEN, *Teoria Geral do Direito e do Estado*, p. 63.

Direito e "proposições normativas" ou "prescritivas" quando tratarmos do sentido dos textos do direito positivo. Mas independentemente da nomenclatura utilizada, necessário é que fixemos a existência das diferenças entre estas duas realidades jurídicas, de modo que possamos separá-las e identificá-las.

Uma coisa é o direito positivo enquanto conjunto de normas jurídicas válidas num dado país, outra coisa é a Ciência do Direito enquanto conjunto de enunciados descritivos destas normas jurídicas. São dois planos de linguagem distintos, cujas diferenças devem estar bem definidas em nossa mente para não incidirmos no erro de confundi-los.

2. CRITÉRIOS DIFERENCIADORES DAS LINGUAGENS DO DIREITO POSITIVO E DA CIÊNCIA DO DIREITO

Dentro das premissas com as quais trabalhamos, atenta-se para um ponto comum: tanto o direito positivo como a Ciência do Direito constituem-se como linguagens, ambos são produtos de um processo comunicacional e, portanto, materializam-se como textos, cada qual, porém, com características e função próprias. Nesse sentido, diferençar direito positivo de Ciência do Direito importa eleger critérios de identificação que separem dois textos ou, no dizer de PAULO DE BARROS CARVALHO, duas linguagens.

Passemos, então, à análise das diferenças que separam estas duas linguagens.

2.1 Quanto à função

A função de uma linguagem refere-se a sua forma de uso, isto é, o modo com que seu emissor dela utiliza-se para alcançar as finalidades que almeja. É determinada pelo *animus* que move seu emitente e estabelecida de acordo com as necessidades finalísticas de sua produção.

Para implementar as relações comunicacionais que permeiam o campo social, utilizamo-nos de diferentes funções linguísticas, em conformidade com a finalidade que desejamos alcançar em relação aos receptores das mensagens. Cada situação requer uma linguagem apropriada: quando, por exemplo, nossa vontade é relatar, indicar ou informar acerca de situações objetivas ou subjetivas que ocorrem no mundo existencial, produzimos uma linguagem com função descritiva; para expressar sentimentos, emitimos uma linguagem com função expressiva de situações subjetivas; quando estamos diante de uma situação que desconhecemos, produzimos uma linguagem com função interrogativa; e para direcionar condutas emitimos uma linguagem prescritiva.

Condizente com esta distinção PAULO DE BARROS CARVALHO, indo além da classificação proposta por ROMAN JAKOBSON[102], identifica dez funções linguísticas: (i) descritiva; (ii) expressiva de situações objetivas; (iii) prescritiva; (iv) interrogativa; (v) operativa; (vi) fáctica; (vii) persuasiva; (viii) afásica; (ix) fabuladora; e (x) metalinguística[103]. Analisemos cada uma delas:

(i) Linguagem descritiva (informativa, declarativa, indicativa, denotativa ou referencial) – é o veículo adequado para transmissão de informações, tendo por finalidade relatar ao receptor acontecimentos do mundo circundante (ex. o céu é azul, as nuvens são brancas e os pássaros voam). É a linguagem própria para a constituição e transmissão do conhecimento (vulgar ou científico). Apresenta-se como um conjunto de proposições que remetem seu destinatário às situações por ela indicadas. Submetem-se aos valores de verdade e falsidade, podendo ser afirmadas ou negadas por outras proposições de mesma ordem.

---

102. *Linguística e comunicação*, p. 123.

103. Língua e linguagem – signos linguísticos – funções, formas e tipos de linguagem – hierarquia de linguagens. *Apostila de Lógica Jurídica do Curso de Pós-Graduação da PUC-SP*, p. 17-30 e *Direito tributário, linguagem e método*, p. 37-52.

(ii) Linguagem expressiva de situações subjetivas – é constituída para exprimir sentimentos (ex. ai!; viva!; te adoro!; vai saudades e diz a ela, diz pra ela aparecer...). É a linguagem própria para manifestação de emoções vividas pelo remetente que tende a provocar em seu receptor o mesmo sentimento. Pode apresentar-se como interjeições (ex. oh!) ou como um conjunto de proposições (ex. poesias). Não se submete aos valores de verdade ou falsidade.

(iii) Linguagem prescritiva de condutas (normativa) – é utilizada para a expedição de ordens e comandos (ex. é proibido fumar). Própria para a regulação de comportamentos (intersubjetivos e intrassubjetivos), projetando-se sobre a região material da conduta humana com a finalidade de modificá-la. Submetem-se aos valores de validade e não-validade, não podendo ser afirmadas ou negadas, mas sim observadas ou não.

(iv) Linguagem interrogativa (das perguntas ou dos pedidos) – é produzida pelo ser humano diante de situações que desconhece, quando se pretende obter uma resposta de seu semelhante (ex. direito é uma Ciência?). Reflete as inseguranças do emissor e provoca uma tomada de posição do destinatário, que tem a opção de respondê-la ou não. As perguntas, assim como as ordens, não são verdadeiras ou falsas, são pertinentes ou impertinentes (adequadas ou inadequadas; próprias ou impróprias).

(v) Linguagem operativa (performativa) – é aquela utilizada para concretizar certas ações (ex. eu vos declaro marido e mulher). Atribuem concretude factual aos eventos que exigem linguagem para sua concretização (ex. casar, desculpar, batizar, parabenizar, prometer, etc.). É uma linguagem constitutiva de determinadas situações.

(vi) Linguagem fáctica – é produzida com o intuito de instaurar a comunicação ou para manter e cortar o contato comunicacional já estabelecido (ex. alô; como vai?; um momento, por favor; até logo). Exerce papel puramente introdutório, mantenedor ou terminativo da comunicação. As orações interrogativas que a integram, ressalva PAULO DE BARROS CARVALHO, "não visam à obtenção de respostas, a não ser graduações ínfimas"[104].

(vii) Linguagem persuasiva – é constituída com a finalidade imediata de convencer, persuadir, induzir (ex. se eu fosse você, não emprestava o material). Dizemos "finalidade imediata", porque as linguagens produzidas com outra função sempre têm um *quantum* de persuasivas – é neste sentido que PAULO DE BARROS CARVALHO prefere a expressão "propriamente persuasivas". As orações persuasivas são identificadas quando o intuito de induzir o receptor a aceitar a argumentação posta pelo emissor estabelecendo-se, assim, um acordo de opiniões mostra-se presente prioritariamente.

(viii) Linguagem afásica – é produzida com o animus de perturbar a comunicação, visando obscurecer ou confundir uma mensagem expedida por outrem perante terceiros (ex. linguagem produzida por advogado de uma das partes para tumultuar o andamento regular do processo). Pode ser utilizada na forma negativa ou positiva, quando a perturbação acaba por preencher o discurso ao qual se dirige (ex. interpretação equitativa).

(ix) Linguagem fabuladora – é utilizada na criação de ficções e textos fantasiosos ou fictícios. É a linguagem das novelas, das fábulas, dos contos infantis, dos filmes, das anedotas, das peças de teatro. Seus enunciados podem até ser susceptíveis (em algumas circunstâncias) de apreciação segundo critérios de verdade/falsidade, mas tal verificação, diferente do que ocorre com os enunciados descritivos, não importa para fins da mensagem, que se propõe a construção de um mundo diferente do real.

---

104. Exemplifica o autor: "Quando nos encontramos com pessoa de nossas relações e emitimos a pergunta 'como vai?', o objetivo não é travarmos conhecimento com o estado de saúde física ou psíquica do destinatário, mas simplesmente saudá-lo." *Apostila do Curso de Extensão em Teoria Geral do Direito*, p. 55.

(x) Linguagem com função metalinguística – é o veículo utilizado pelo emissor para rever suas colocações dentro do seu próprio discurso. Nela ele se antecipa ao destinatário, procurando explicar empregos que lhe parecem vagos, imprecisos ou duvidosos. Com o desempenho da função metalinguística o emissor fala da sua linguagem dentro dela própria, o que é denunciado pelas expressões "isto é", "ou seja", "dito de outra forma".

A linguagem do direito positivo caracteriza-se por ter função prescritiva, isto porque, a vontade daquele que a produz é regular o comportamento de outrem a fim de implementar certos valores. Diferentemente, a Ciência do Direito aparece como linguagem de função descritiva, porque o *animus* daquele que a emite é de relatar, informar ao receptor da mensagem como é o direito positivo. Traçamos, então, a separação de dois planos linguísticos que dizem respeito à natureza do objeto de que nos ocupamos: os textos do direito positivo compõem uma camada de linguagem *prescritiva* ao passo que os textos da Ciência do Direito formam um plano de linguagem *descritiva*.

A linguagem prescritiva é própria dos sistemas normativos. Como leciona LOURIVAL VILANOVA, "todas as organizações normativas operam com esta linguagem para incidir no proceder humano canalizando as condutas no sentido de implementar valores"[105]. Já a linguagem descritiva é própria das Ciências, porque é informativa. Aquele que a produz tem por objetivo descrever a alguém o objeto observado que, no caso da Ciência do Direito, é o direito posto.

É certo que vários enunciados do direito positivo nos dão a impressão de que, por vezes, a função empregada é a descritiva, principalmente porque algumas palavras que o legislador escolhe para compor seu discurso encontram-se estruturadas na forma declarativa, como por exemplo: "*A Republica Federativa do Brasil, formada pela união indissolúvel dos Estados e*

---

105. *As estruturas lógicas e sistema do direito positivo*, p. 18.

Municípios e do Distrito Federal, constitui-se em Estado Democrático de Direito" (art. 1º da CF). Isto, porém, não desqualifica a função prescritiva da linguagem do direito positivo, que nada descreve nem nada informa, dirigindo-se à região das condutas intersubjetivas com o intuito de regulá-las. Por este motivo, ainda que a estruturação frásica dos enunciados nos tenda a uma construção de sentido descritiva, são enunciados com função prescritiva, constituídos no intuito de disciplinar comportamentos e assim devem ser interpretados.

Não são poucos os autores que incidem neste erro, sustentando ser o direito positivo composto também de enunciados descritivos principalmente quando diante da delimitação, pelo legislador, de institutos jurídicos, como por exemplo o art. 3º do Código Tributário Nacional, que dispõe sobre o conceito de tributo. Para não ocorrer neste equívoco, devemos ter em mente que, mesmo quando o legislador dispõe sobre conceitos jurídicos (ex. o que é propriedade, empresário, bem imóvel, tributo, etc.), não está descrevendo uma realidade e sim prescrevendo como tal realidade deve ser considerada juridicamente. O art. 3º nada informa, prescreve o que deve ser entendido como "tributo" no discurso do direito positivo. Basta considerarmos o contexto comunicacional em que tais enunciados encontram-se inseridos e logo observamos se tratar de enunciados prescritivos, vez que o *animus* do legislador volta-se a disciplinar e não a informar.

Forçoso lembrar aqui a advertência de IRVING M. COPI, segundo a qual, as manifestações linguísticas não são espécies quimicamente puras, ou seja, não apresentam invariavelmente uma única função[106]. Por isso, para determinação da função linguística, adota-se a vontade dominante do emissor da mensagem produzida, ainda que sobre ela outras funções se agreguem. O caráter dominante da linguagem do direito positivo é o prescritivo, a vontade do legislador dirige-se à região das condutas intersubjetivas com intuito de discipliná-

---

106. *Introdução à lógica*, p. 54.

-las. Esta é sua finalidade primordial, ainda que ele se utilize de outras funções elas aparecerão apenas como instrumento para implementação das prescrições.

A mesma advertência fazemos à linguagem da Ciência do Direito, sua função primordial é a descritiva, mesmo que alguns de seus enunciados reportem nossa percepção a outras funções, como por exemplo, à retórica. Aliás, não é demasiado sublinhar que todos os discursos descritivos apresentam recursos persuasivos, essenciais para o convencimento do que se relata, mas a função predominante da linguagem científica continua sendo a descritiva. A função retórica é utilizada apenas como instrumento para se atribuir autoridade à informação que se deseja passar.

Fazemos estas ressalvas para enfatizar que, nos discursos do direito positivo e da Ciência do Direito, conquanto possamos identificar outras funções, são predominantemente dois os *animus* que motivam o emissor da mensagem: (i) no direito positivo, o prescritivo; e (ii) na Ciência do Direito, o descritivo. O legislador, aqui entendido na sua acepção ampla de emissor da mensagem jurídica, visando o direcionamento do comportamento de outrem, produz um texto cuja função predominante é a prescritiva, ao passo que o jurista, visando informar a outrem acerca do direito positivo, produz um texto cuja função predominante é a descritiva.

O direito positivo prescreve e a Ciência do Direito descreve. São dois planos linguísticos que não se confundem, o primeiro disciplina condutas e o segundo informa sobre o primeiro. Por mais que o legislador conceitue institutos jurídicos, o faz no primeiro plano[107]. Da mesma forma, por mais que o

---

107. O direito positivo também nada estuda. O estudo compete à Ciência do Direito. Falamos isto porque não são poucos os autores que fazem esta confusão ao conceituarem alguns segmentos didáticos como "ramos do direito positivo, cuja finalidade é o estudo de certa especificidade" (administrativo, constitucional, penal, civil, tributário etc.). Sem adentrarmos aqui na impropriedade de divisão do direito positivo, chamamos atenção para a desordem de conceitos: se o ramo é do direito positivo ele nada estuda, apenas prescreve. O estudo, lembramos, de qualquer segmento jurídico, compete à Ciência do Direito. Com isso, ressalvamos mais uma vez

cientista fale sobre o direito, não tem o condão de modificá-lo nem de prescrever novas condutas.

Devemos advertir, também, que a função independe da forma da linguagem. Indicam os autores seis formas mediante as quais as linguagens podem apresentar-se: (i) declarativa; (ii) interrogativa; (iii) exclamativa; (iv) imperativa; (v) optativa; (vi) imprecativa[108]. A forma, contudo, não está relacionada à função. Como ensina PAULO DE BARROS CARVALHO, "as funções de que se utiliza a linguagem não se prendem a formas determinadas, de modo que o emissor poderá escolher esta ou aquela, a que melhor lhe aprouver, para transmitir seu comunicado"[109]. Neste sentido, a forma empregada na construção da linguagem não é um critério seguro para determinar sua função. Isto justifica o fato do legislador, por exemplo, utilizar-se da forma declarativa para produzir enunciados prescritivos, sem que isso interfira na sua função.

2.2 Quanto ao objeto

O objeto, como critério de distinção entre direito positivo e Ciência do Direito, diz respeito à região ôntica para qual cada uma das linguagens se volta. Todo discurso é dirigido à determinada realidade. Quando indagamos produzimos uma linguagem interrogativa voltada especificamente à

---

a importância de se identificar o direito positivo como linguagem prescritiva e a Ciência do Direito como linguagem descritiva.

108. PAULO DE BARROS CARVALHO reduz estas espécies em apenas quatro, fundamentando que as frases optativas (utilizadas para manifestar desejos) e as imprecativas (utilizadas para manifestar execrações) inserem-se na classe das exclamativas – *Apostila do Curso de Extensão em Teoria Geral do Direito*, p. 65.

109. O autor traz alguns exemplos que elucidam tal afirmação: a) "Palmares é cidade do Estado de Pernambuco" – forma declarativa e função declarativa; b) "Estou com muita sede" – forma declarativa e função interrogativa (imagina-se um meio de pedir água); c) "O som elevado da televisão está atrapalhando meu trabalho" – forma declarativa e função prescritiva (manifesta uma ordem para abaixar o volume); d) "Eu te batizo em nome do Pai, do Filho e do Espírito Santo" – forma declarativa e função operativa, etc. (*Idem*, p. 66).

materialidade sobre a qual queremos informações, isto porque sempre indagamos sobre algo. Quando queremos convencer alguém também o persuadimos sobre algo. Quando descrevemos, prescrevemos ou produzimos qualquer outro texto, sempre o fazemos em razão de algo. E assim o é, porque nenhuma linguagem existe sem referencialidade, em outros termos, toda linguagem pressupõe um objeto.

Já somos capazes de separar direito positivo e Ciência do Direito como duas linguagens autônomas, dado a diferença de funções que as caracterizam: uma prescritiva, outra descritiva. Agora, basta uma análise de ambos os discursos para percebemos que enquanto a primeira dirige-se à materialidade das condutas intersubjetivas a fim de discipliná-las, a segunda volta-se à linguagem do direito positivo, com a finalidade de compreendê-la e relatá-la. Em outros termos temos que: o objeto do direito positivo são as condutas intersubjetivas que ele regula (linguagem social), ao passo que o objeto da Ciência do Direito é a linguagem do direito positivo que ela descreve.

O exemplo gráfico abaixo ajuda visualizar o que queremos dizer:

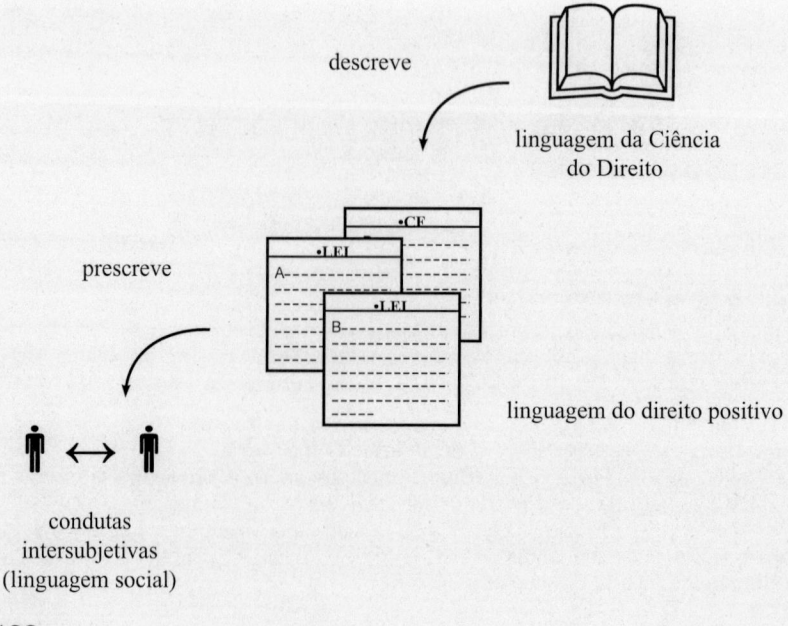

Explicando: a linguagem do direito positivo (representada pela figura do meio – "texto constitucional e de leis") refere-se à realidade social (linguagem social – representada pela figura de baixo – "dois sujeitos em interação"), mas especificamente às condutas entre sujeitos, prescrevendo-as, enquanto a Ciência do Direito (representada pela gravura de cima – "livro") refere-se ao direito positivo, descrevendo-o. Linguagem objeto (Lo) ali e linguagem de sobrenível aqui (Lm).

Assim, identificamos outro critério caracterizador das diferenças entre direito positivo e Ciência do Direito: o nível de suas linguagens.

2.3 Quanto ao nível de linguagem

Ao voltarmos nossa atenção ao objeto para qual cada uma das linguagens se dirige, as estruturamos, estabelecendo uma relação de dependência entre elas. Na base, figura a linguagem que chamamos de objeto (Lo), a qual a outra linguagem (de sobrenível) se refere. Esta segunda constitui-se como sobrelinguagem ou metalinguagem (Lm), em relação à primeira, isto é, uma linguagem que tem por objeto outra linguagem. Ela, porém, também pode ser tomada como objeto de uma terceira linguagem (Lm'), que se constitui como meta-metalinguagem em relação primeira, ou metalinguagem em relação à segunda e assim, por conseguinte, até o infinito, porque há sempre a possibilidade de se produzir uma nova linguagem que a tome como objeto.

Considerando-se as linguagens do direito positivo e da Ciência do Direito, esta se caracteriza como metalinguagem (Lm) daquela, que se apresenta como linguagem objeto (Lo). Isso porque a Ciência do Direito toma o direito positivo como objeto, ela o descreve, isto é, fala sobre ele.

Ressalva-se, porém, que o direito positivo é tomado como linguagem objeto em relação à Ciência do Direito, mas figura como metalinguagem em relação à linguagem social sobre a qual incide. Sob o ponto de vista do giro-linguístico, a realidade é construída pela linguagem e, neste sentido, todos os objetos, tomados como referência material, são linguísticos. A linguagem se autorrefere, de modo que, todo discurso tem como objeto outro discurso.

A realidade social, dentro desta concepção, é constituída pela linguagem, o que faz ter o direito positivo, assim como a Ciência que o descreve, um objeto linguístico: a linguagem social. Enquanto a Ciência sobre ele incide descrevendo-o, ele incide sobre a linguagem social, prescrevendo-a. Por isso, é tomado como linguagem objeto em relação à Ciência do Direito e metalinguagem em relação à linguagem social.

O gráfico abaixo representa tal relação entre as linguagens do direito positivo, da Ciência do Direito e da realidade social:

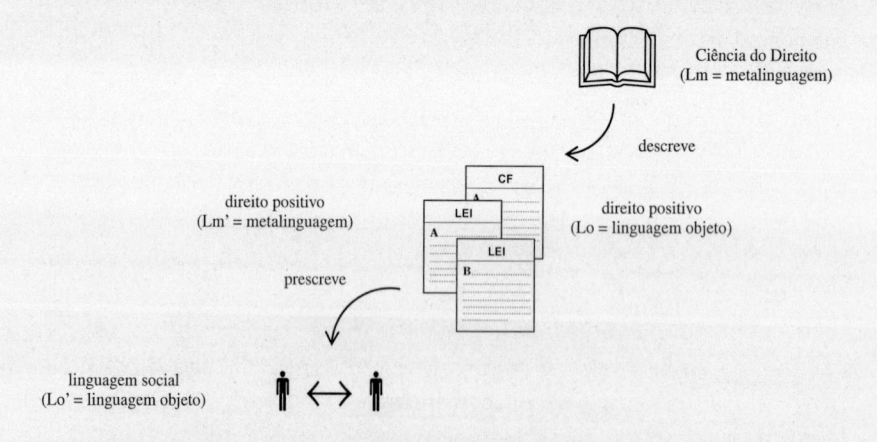

Ciência do Direito
(Lm = metalinguagem)

descreve

direito positivo
(Lm' = metalinguagem)

direito positivo
(Lo = linguagem objeto)

prescreve

linguagem social
(Lo' = linguagem objeto)

Explicando: o direito positivo (representado pela figura do meio – "texto constitucional e de leis") apresenta-se como linguagem objeto (Lo) em relação à Ciência do Direito (representada pela figura de cima – "livro") que o descreve e esta como metalinguagem (Lm) em relação a ele. Em relação à linguagem da realidade social (representada pela figura de baixo – "dois sujeitos em interação") o direito positivo, por prescrevê-la, caracteriza-se como metalinguagem (Lm') da qual ela se constitui como linguagem objeto (Lo').

O legislador, ao produzir a linguagem do direito positivo, toma a linguagem social como objeto e a ela atribui os valores de obrigatoriedade (O), permissão (P) e proibição (V), sombreando quais das suas porções são lícitas e quais são ilícitas. Igualmente faz o jurista, ele dirige-se à linguagem prescritiva do direito positivo, tomando-a como objeto para a ela atribuir sua interpretação e construir a linguagem descritiva da Ciência do Direito.

Importante salientar que o direito positivo e a Ciência do Direito, enquanto metalinguagens, não modificam suas linguagens objeto (para isso é preciso que pertençam ao mesmo jogo), eles apenas se valem delas para construir suas proposições (prescritivas ou descritivas).

2.4 Quanto ao tipo ou grau de elaboração

Outro critério de distinção entre direito positivo e Ciência do Direito é o tipo de linguagem na qual se materializam. PAULO DE BARROS CARVALHO, em referência ao neopositivismo lógico, identifica seis tipos de linguagem: (i) natural ou ordinária; (ii) técnica; (iii) científica; (iv) filosófica; (v) formalizada; e (vi) artística. Vejamos as características de cada uma delas:

(i) Linguagem natural ou ordinária – é o instrumento por excelência da comunicação humana, própria do cotidiano das pessoas. Não encontra fortes limitações, é descomprometida com aspectos demarcatórios e espontaneamente construída. Lida com significações muitas vezes imprecisas e não se prende a esquemas rígidos de estruturação, de modo que seus planos sintático e semântico são restritos. Em compensação, possui uma vasta e evoluída dimensão pragmática.

(ii) Linguagem técnica – assenta-se no discurso natural, mas utiliza-se de recursos e expressões específicas, próprias da comunicação científica. Muito embora não tenha o rigor e a precisão de uma produção cientifica apresenta maior grau de elaboração em relação à linguagem ordinária, vez que se utiliza de termos próprios. É a linguagem, por exemplo, dos manuais, das bulas de remédio, que tem certo rigor e precisão, mas firma-se na linguagem comum.

(iii) Linguagem científica – alcançada com a depuração da linguagem natural, o que a caracteriza como artificialmente constituída. É comprometida com aspectos demarcatórios, suas significações são precisas e rigidamente estruturadas, de modo que seus termos apresentam-se de forma unívoca e suficientemente apta para indicar com exatidão as situações que descreve. Suas proposições são na medida do possível isentas de inclinações ideológicas (valorativas). Seus planos sintáticos e semânticos são cuidadosamente elaborados, o que importa uma redução no seu aspecto pragmático.

(iv) Linguagem filosófica – é o instrumento das reflexões e meditações humanas. Nela o sujeito questiona sua trajetória existencial, seu papel no mundo, seus anseios, e apelos. É saturada de valores e pode voltar-se tanto à linguagem natural (conhecimento ordinário – *doxa*), quanto à linguagem científica (conhecimento científico – *episteme*).

(v) Linguagem formalizada ou lógica – assenta-se na forma estrutural, tendo seu fundamento na necessidade de abandono dos conteúdos significativos das linguagens idiomáticas para o estudo da relação de seus elementos (campo sintático). Nela são revelados os laços estruturais disfarçados pelos conteúdos significativos. É composta por símbolos artificialmente constituídos denominados variáveis e constantes, que substituem as significações e os vínculos estruturais. Sintaticamente rígida e bem organizada, sua dimensão semântica apresenta uma e somente uma significação e seu plano pragmático é bem restrito, mas existente.

(vi) Linguagem artística – produzidas para revelar valores estéticos, orientando nossa sensibilidade em direção ao belo. Desperta em nosso espírito, como primeira reação, o sentimento de admiração, seja pela organização de seus elementos ou pela organização simétrica de seus conteúdos significativos.

Aplicando tais categorias ao estudo das linguagens do direito positivo e da Ciência do Direito, temos aquela como linguagem do tipo técnica e esta como linguagem do tipo científica.

O direito positivo é produzido por legisladores (aqui entendidos em acepção ampla, como todos aqueles capazes de produzir normas jurídicas – ex: membros das Casas Legislativas, juízes, funcionários do Poder Executivo e particulares). Tais pessoas não são, necessariamente, portadores de formação especializada daquilo que legislam, mesmo porque, como o direito positivo permeia todos os segmentos do social, isto seria impossível. Até os juízes, que possuem formação jurídica, necessitam entrar em outros campos do conhecimento para exararem suas sentenças. Por esta razão, não podemos esperar que a linguagem do direito positivo tenha um grau elevado de elaboração próprio dos discursos produzidos por pessoas de formação especializada, como é o caso da linguagem da Ciência do Direito, elaborada por um especialista: o jurista.

Por outro lado, a linguagem do direito positivo não se iguala ao discurso natural, aquele utilizado pelas pessoas para se comunicarem cotidianamente, ela é mais depurada, apresenta certo grau de especificidade, ao utilizar-se de termos peculiares, mesmo não mantendo uma precisão linear, própria da linguagem científica. Com estas características ela se apresenta como uma linguagem do tipo técnica.

Já a Ciência do Direito é rigorosamente construída, por meio de um método próprio. Seus enunciados são coerentemente estruturados e significativamente precisos. O cientista trabalha com a depuração da linguagem técnica do direito, substituindo os termos ambíguos por locuções na medida do possível unívocas ou, então, quando não é possível a estipulação de palavras unívocas, utiliza-se do processo de elucidação, explicando o sentido em que o termo é utilizado. Com estas características ela se apresenta como uma linguagem do tipo científica.

Considerando-se as diferenças que as separam, a linguagem científica, na qual se materializa a Ciência do Direito, é um discurso bem mais trabalhado, preparado com mais cuidado e rigor e com maior grau de elaboração em relação à linguagem técnica do direito positivo, que lhe é objeto.

2.5 Quanto à estrutura

Toda linguagem apresenta-se sob uma forma de estruturação lógica na qual se sustentam suas significações. Para termos acesso a esta estruturação temos que passar por um processo denominado de formalização, ou abstração lógica, mediante o qual os conceitos são desembaraçados da estrutura da linguagem. Tal desembaraço é alcançado pela substituição das significações por variáveis e por constantes com função operatória invariável, de modo que, é possível observar as relações que se repetem entre elas[110].

O processo de formalização encerra-se na produção de outra linguagem, denominada de linguagem formalizada ou lógica, representativa da estrutura da linguagem submetida à formalização (tomada como objeto – Lo) e que se constitui como metalinguagem (Lm) em relação àquela. Como toda linguagem tem uma forma estrutural, isto é, um campo sintático que se organiza de algum modo, podemos dizer que toda linguagem tem uma lógica que lhe é própria[111].

---

110. Sobre a formalização vide LOURIVAL VILANOVA, *Estruturas lógicas e sistema do direito positivo*, cap. I. O processo será melhor estudado num capítulo próprio (sobre o Direito e a Lógica).

111. PAULO DE BARROS CARVALHO frisa que quando alguém reclama não existir uma lógica que tome determinada linguagem como objeto é porque apenas nada se falou sobre o seu plano sintático, ou porque ninguém, até agora, conseguiu estruturá-lo. Isto não significa dizer que ele não exista, nem que não haja a possibilidade se falar sobre ele, ou seja, construir uma lógica própria daquela linguagem (*passim*).

Submetendo as linguagens do direito positivo e da Ciência do Direito ao processo de formalização, observa-se que as relações estruturais que as compõem são bem diferentes e que, por isso, a cada qual corresponde uma lógica específica.

O direito positivo, por manifestar-se como um corpo de linguagem prescritiva, opera com o modal deôntico (*dever--ser*). Isto quer dizer que suas proposições se relacionam na forma implicacional: "*Se H, deve ser C*" – em linguagem totalmente formalizada "*H → C*", onde "*H*" e "*C*" são variáveis e "→" é constante. Em todas as unidades do direito positivo encontramos esta estrutura: a descrição de um fato, representado pela variável "*H*" que implica (→) uma consequência representada por "*C*".

A relação entre as variáveis, representada pela constante implicacional "→", indica aquilo que LOURIVAL VILANOVA denomina de causalidade jurídica[112] e é imutável. Já as significações que preenchem as variáveis "*H*" e "*C*" são mutáveis conforme as referências conceptuais que o legislador trouxer para o mundo jurídico. Nestes termos, PAULO DE BARROS CARVALHO trabalha com as premissas da homogeneidade sintática das unidades do direito positivo e da heterogeneidade semântica dos conteúdos significativos das unidades normativas[113].

Toda linguagem prescritiva apresenta-se sobre esta mesma forma, sendo estruturada pela Lógica Deôntica (do *dever--ser* ou das normas)[114], da qual a lógica jurídica é espécie. E, assim o é porque todo comando que se pretenda passar tem, necessariamente, a forma hipotético-condicional (H → C). Nestes termos, o direito positivo, enquanto linguagem prescritiva que é, apresenta-se estruturado pela Lógica Deôntica.

Em razão do universo do comportamento humano regulado, as estruturas deônticas operam com três modalizadores:

---

112. *Causalidade e relação no direito*, p. 31.
113. *Direito tributário, fundamentos jurídicos da incidência*, p. 7.
114. Desenvolvida por VON WRIGHT (1976).

obrigatório (O), *permitido* (P) e *proibido* (V), que representam os valores inerentes às condutas disciplinadas pela linguagem prescritiva[115] – "*Se H deve ser obrigatório / permitido / proibido C*". Não há uma quarta possibilidade na regulação de condutas. Neste sentido, quanto aos modalizadores estruturais do direito positivo aplica-se o princípio do quarto excluído.

Diferentemente, a linguagem da Ciência do Direito opera com o modal alético (*ser*). Suas proposições relacionam-se na forma "*S é P*" – em linguagem formalizada "*S(P)*". Esta é a estrutura própria das linguagens descritivas. Na Ciência do Direito, todas as unidades significativas constituem-se sob a mesma forma: "*S é P*" – onde '*S*' e '*P*' são variáveis representativas das proposições sujeito e predicado, mutáveis conforme as referências conceptuais construídos pelo cientista; e '*é*' é a constante, identificadora da relação entre os conteúdos significativos das variáveis *S* e *P*.

A sintaxe da linguagem descritiva, da qual a Ciência do Direito é espécie, é estruturada pela Lógica Alética (apofântica, das ciências ou clássica). Em razão da função descritiva, as estruturas aléticas "*S é P*" operam com dois modalizadores: *necessário* (N) e *possível* (M), que representam os valores inerentes às realidades observadas pela linguagem descritiva: "*S é necessariamente / possivelmente P*". Não há uma terceira possibilidade, motivo pelo qual opera-se a lei do terceiro excluído.

2.6 Quanto aos valores

Entre outras características que separam as linguagens do direito positivo da Ciência do Direito pode ser destacado o fato de a ambas serem compatíveis valências diferentes, o

---

115. "A relação intersubjetiva – entre sujeitos da ação ou omissão – divide-se exaustivamente nessas três possibilidades. Uma lei ontológica de quarta possibilidade excluída diz: a conduta é obrigatória, permitida ou proibida,
sem mais outra possibilidade. Assim, a variável relacional deôntica tem três e somente três valores, justamente as constantes operativas obrigatório, permitido e proibido" (LOURIVAL VILANOVA, *Norma jurídica*, p. 124-125).

que decorre da circunstância de cada uma apresentar-se sob estruturas lógicas distintas.

A linguagem descritiva submete-se aos valores de verdade e falsidade correspondente à Lógica Alética, isto porque, seus enunciados relatam certas realidades, de tal sorte que é possível determinar se estão de acordo com os referenciais constituintes desta realidade. Na linguagem prescritiva isso não se verifica, suas proposições estipulam formas normativas à conduta e não se condicionam à conformação ontológica destas condutas. Independentemente do comportamento prescrito ser cumprido ou não, as prescrições continuam normatizando condutas. Isto acontece porque a linguagem prescritiva submete-se a valores de validade e não-validade, correspondente à Lógica Deôntica. Uma ordem existe ou não existe, é válida ou inválida, não se aplicando a ela as valências de verdade/falsidade.

As proposições normativas são válidas ou não-válidas, nunca verdadeiras ou falsas. Tal afirmação se mantém mesmo ao analisarmos a porção descritiva das normas. Como já salientamos, toda norma é estruturada na forma condicional (H → C), onde uma proposição descritora de um fato (antecedente ou hipótese – 'H') implica outra prescritora da conduta a ser cumprida caso tal fato se verifique (consequente – 'C'). Embora a porção antecedente ('H') seja descritiva, sua não ocorrência em nada interfere na existência da norma, não estando esta, assim, sujeita a contestação de veracidade ou falsidade[116].

---

116. Vale aqui transcrever a lição de LOURIVAL VILANOVA segundo a qual: "Apesar da descritividade da hipótese ou pressuposto de um enunciado normativo, a hipótese como tal carece de valor veritativo. Não é verdadeira se o fato descrito lhe corresponde, nem é falsa se o fato descrito (delineado, esquematizado nela) não corresponde ao fato tal como se dá na realidade(...). As hipóteses fácticas valem porque foram constituídas por normas do sistema jurídico positivo, e valem porque são pressupostos de consequências" (*Analítica do dever-ser*, p. 18-19).

Temos para nós que a validade é um valor, atribuído para caracterizar a existência de algo[117]. Dizemos que as coisas são válidas enquanto elas existem como tal. No direito as normas jurídicas são válidas porque existem enquanto elementos do sistema direito positivo. E, sua existência independe da concretização do fato descrito em sua hipótese e do cumprimento da conduta prescrita em seu consequente.

Diferentemente, os valores atribuíveis às proposições da Ciência do Direito são os de verdade e falsidade. Como vimos no início deste trabalho (cap. I), tratamos a verdade como característica lógica necessária do discurso descritivo. Toda Ciência fala em nome de uma verdade, mas há vários critérios que determinam sua atribuição. De acordo com as premissas adotadas, trabalhamos com o critério da correspondência a certo modelo referencial, uma proposição é verdadeira quando se enquadra ao sistema de referência adotado pelo cientista e falsa quando não se enquadra. A verdade é aferida em decorrência da relação entre linguagens, já que não existe uma realidade (independente da linguagem) à qual o enunciado descritivo possa ser correspondente – embora toda proposição descritiva seja produzida em nome desta correspondência (enunciado x realidade). As proposições descritivas da Ciência do Direito são verdadeiras quando tidas como correspondentes à realidade jurídica.

Sem adentrarmos nas discussões calorosas que envolvem os conceitos de validade e verdade, queremos registrar, neste tópico, que as valências das linguagens do direito positivo e da Ciência do Direito não se confundem. Aos enunciados do direito positivo são compatíveis os valores de validade/invalidade alusivos à sua existência e à Ciência do Direito as valências de verdade/falsidade, indicativas da referencialidade a certo modelo. A linguagem do legislador é válida ou não-válida, ao passo que a do jurista é verdadeira ou falsa. Em ambas não

---

117. Estudaremos melhor o conceito de validade das normas jurídicas e os critérios utilizados para sua atribuição em capítulo próprio (sobre a validade e fundamento jurídico de validade das normas jurídicas).

há uma terceira possibilidade: não existem normas mais ou menos válidas (no caso do direito positivo), nem proposições descritivas mais ou menos verdadeiras (no caso da Ciência do Direito), do mesmo modo não há uma significação indefinida. Impera aqui a lei lógica do terceiro excluído: as proposições científicas são verdadeiras ou falsas e as normativas são válidas ou inválidas.

2.7 Quanto à coerência

Como já tivemos oportunidade de verificar (no item 2.4 deste capítulo), a linguagem da Ciência do Direito é mais trabalhada do que a do direito positivo. Isto porque o jurista tem mais cuidado na formação de seu discurso, preocupando-se em levar ao receptor da mensagem um relato preciso acerca do objeto ao qual se refere. Já o legislador não tem esta preocupação com a depuração da linguagem. Para ele, basta que ela seja compreendida, de modo que a finalidade para qual foi criada possa ser alcançada. Ademais o cientista do direito tem uma formação específica e direcionada, ao passo que muitos dos habilitados a inserirem normas no sistema, não possuem aprofundamento do saber jurídico. Isto tudo justifica a presença de enunciados contraditórios no plano do direito positivo e a ausência deles no campo das Ciências Jurídicas.

Empregamos o termo "contradição" na acepção de incoerência. Existe contradição quando, dentro do mesmo discurso, uma proposição nega a outra – em termos formais "*(p . –p)*". Como quando, por exemplo, se diz: "vai chover e não vai chover"; "o lápis caiu e o lápis não caiu". Ela é, nos dizeres de LOURIVAL VILANOVA, um contrassentido lógico, pois se tomando a primeira (*p*) como verdadeira, a segunda (– *p*) é falsa.

As linguagens do conhecimento, dentre as quais a Ciência do Direito é espécie, operam com a lei da não-contradição

– que em termos lógicos é representada pela fórmula "–(p . –p)". Isto porque, dentro do discurso descritivo, as contradições constituem-se como obstáculos à coerência da linguagem. Havendo proposições contraditórias, é certo que uma delas é falsa, pois, segundo a lei da não-contradição: *"uma coisa não pode ser (p) e não ser (p) ao mesmo tempo"*. A presença de um enunciado falso acaba com a harmonia necessária à realização do critério de verdade do discurso.

Já as linguagens prescritivas convivem com antinomias, podendo abrigar normas cujos conteúdos significativos são contraditórios, isto é, semanticamente incompatíveis entre si. É possível existir uma proposição normativa que obrigue determinada conduta e outra que não obrigue o mesmo comportamento, sendo ambas válidas. Isto ocorre, porque o direito positivo não trabalha com critérios de verdade, seus valores são o da validade e não-validade, admitindo, assim, a existência de antinomias.

Seguindo as lições de LOURIVAL VILANOVA, há contradições no plano das significações do direito positivo sempre que a um modo deôntico se oponha o mesmo modo afetado pela sua negação[118]. Neste sentido se contradizem as proposições normativas que: (i) proíbem e não proíbem a mesma conduta (Vp . -Vp); (ii) obrigam e não obrigam a mesma conduta (Op . -Op); (iii) permitem e não permitem a mesma conduta (Pp . -Pp); (iv) proíbem a omissão de uma conduta, mas não proíbem a sua omissão (V-p . -V-p); (v) obrigam a omissão de uma conduta e ao mesmo tempo não obrigam a sua omissão (O-p .-O-p); e (vi) aquelas que não permitem a omissão de uma conduta ao mesmo tempo que a permitem (-P-p . P-p) [119].

---

118. LOURIVAL VILANOVA, *As estruturas lógicas e o sistema do direito positivo*, p. 299.

119. Considerando o quadro de oposições deônticas, contradizem-se as proposições: (i) que obrigam certa conduta com aquelas que permitem sua não realização (Op . P-p); e (ii) que proíbem determinada conduta com aquelas que a permitem (Vp . Pp). Mas elas nada mais demonstram do que a interdefinibilidade das contradições aqui enunciadas. (Vide: DELIA TERESA ENCHAVE, MARÍA EUGENIA URQUIJO e RICARDO A. GUIBOURG, *Lógica, proposición y norma*, p. 127).

Também configuram incoerências no plano semântico do direito positivo as proposições contrárias, que valoram com o mesmo modal uma conduta e sua omissão: (i) que obrigam fazer e obrigam não fazer (Op . O-p); (ii) que proíbem fazer e proíbem não fazer (Vp . V-p); e (iii) que não permitem não fazer e não permitem fazer (-P-p . -Pp). As proposições que permitem uma conduta e sua omissão (Pp . P-p), embora sejam sintaticamente contrárias, definem o facultativo ($Fp \equiv Pp . P\text{-}p$) sendo simultaneamente aplicáveis, por isso, semanticamente, não operam como antinomias. A contradição se estabelece em relação ao facultativo, quando ele é negado, isto é, quando existem proposições que *facultam e não facultam uma mesma conduta* (Fp . -Fp)[120].

Proposições contraditórias ou contrárias do direito positivo não se excluem. Elas convivem juridicamente, constituindo incoerências no sistema. Tais incoerências, contudo, não sobrevivem à instância da aplicação, dado que não são possíveis de serem implementadas conjuntamente no campo das condutas intersubjetivas. No âmbito da incidência o homem vai dirimindo os conflitos presentes no sistema do direito positivo ao escolher quais proposições aplicar, de modo que o contrassentido do cumprimento conjunto não interfere na simultânea validade de normas contraditórias.

As contradições presentes no direito positivo, no entanto, não transitam para a metalinguagem da Ciência do Direito, que não admite incoerência de seus termos. No âmbito da linguagem descritiva, uma proposição exclui a outra, quando ambas se contradizem. Isto se verifica claramente quando tomamos o exemplo dos resultados de exames de sangue (proposições produzidas pelas Ciências Biológicas): se um resultado for positivo para determinada substância e outro for negativo para a mesma substância, faz-se outro exame, pois havendo contradição as proposições se anulam e nada dizem sobre a presença da substância. A Ciência do Direito, enquanto linguagem descritiva,

---

120. Lembramos que o functor (F) não se caracteriza como um quarto modal deôntico, pois é conjunção lógica do modal permissivo (Pp . P-p) – VERNENGO, *Curso de teoría general del derecho*, p. 76-101.

tem função de informar seu receptor acerca do direito positivo. A presença de proposições contraditórias em seu discurso a impede de cumprir o papel cognositivo ao qual se propõe, desencadeando confusão ao invés de informação.

Trabalharmos com a existência de contradições no campo direito positivo não nos vincula admitir a presença de antinomias no plano da Ciência do Direito. Isto porque a não-contradição dessa linguagem independe da não-contradição daquela, que lhe é objeto. Neste sentido, LOURIVAL VILANOVA faz uma crítica à KELSEN. Segundo o autor austríaco inexistiria contradição no direito positivo, porque se assim não o fosse, seria impossível à Ciência do Direito construir um sistema coerente de "proposições normativas" – livre de enunciados do tipo "*A deve-ser e A não-deve ser*". Ocorre que, segundo as premissas com as quais trabalhamos, a Ciência descreve, não reproduz a linguagem do direito positivo e, ao informar a existência de dois enunciados contraditórios, ela não se contradiz. Reproduzindo as palavras do autor pernambucano: "*as proposições jurídicas não se contradizem por descreverem a existência de normas contraditórias*"[121].

Ao observarmos os textos do direito positivo logo verificamos estar ele repleto de enunciados que se contradizem, o que não interfere na sua existência enquanto sistema. A linguagem do direito positivo não precisa ser totalmente coerente, vez que as contradições existentes têm a chance de serem sanadas no plano da sua aplicação. Já a Ciência do Direito não. Sua linguagem, pelas características do rigor e da precisão próprias das linguagens descritivas, presa pela coerência de seus enunciados.

2.8 Síntese

Sintetizando as características vistas acima, temos:

(i) O direito positivo é um corpo de linguagem com função prescritiva, que se dirige ao campo das condutas intersubjetivas

---

121. LOURIVAL VILANOVA, *Estruturas lógicas e sistema do direito positivo*, p. 303-306.

com a finalidade de alterá-las. Configura-se como linguagem objeto em relação à Ciência do Direito e como metalinguagem em relação à linguagem social. É materializado numa linguagem do tipo técnica, que se assenta no discurso natural, mas utiliza-se de termos próprios do discurso científico. É operado pela Lógica Deôntica, o que significa dizer que suas proposições estruturam-se sob fórmula "$H \rightarrow C$", onde a consequência prescrita "C" aparece modalizada com os valores obrigatório (O), proibido (V) e permitido (P). Suas valências são validade e não-validade, o que não impede a existência de contradições entre seus termos.

(ii) A Ciência do Direito é um corpo de linguagem com função descritiva, que tem como objeto o direito positivo, caracterizando-se como metalinguagem em relação a ele. É objetivada num discurso científico, onde os termos são precisamente colocados. Sintaticamente é operada pela Lógica Alética, o que significa dizer que suas proposições manifestam-se sob a forma "S é P", onde o predicado "P" aparece modalizado com os valores necessário (N) e possível (M). Suas valências são verdade e falsidade e seu discurso não admite a existência de contradições entre os termos.

O quadro a seguir resume tais diferenças:

critérios linguísticos	direito positivo	Ciência do Direito
função	prescritiva	descritiva
objeto	condutas intersubjetivas	direito positivo
nível	linguagem objeto	metalinguagem
tipo	técnica	científica
lógica	deôntica (dever-ser)	alética / clássica (ser)
modais	obrigatório (O), proibido (V) ou permitido (P)	possível (M) ou necessário (N)
valências	válidas ou não-válidas	falsas ou verdadeiras
coerência	admite contradições	não admite contradições

Com estes critérios separamos a linguagem do direito positivo da linguagem da Ciência do Direito. Tais diferenças devem estar bem presentes em nossa mente para que possamos delimitar e não confundir estes dois campos do saber jurídico. Assim, quando alguém nos indagar ou algo nos informar sobre o direito, podemos identificar se a pergunta ou a informação dirige-se ao conjunto de disposições prescritivas de condutas intersubjetivas ou ao conjunto de disposições que descrevem tais prescrições.

Questões:

1. Que é direito positivo? E Ciência do Direito?

2. Que caracteriza a função de uma linguagem? Diante do enunciado: "*A República Federativa do Brasil, formada pela união indissolúvel dos Estados e Municípios e do Distrito Federal, constitui-se em Estado Democrático de Direito*" (art. 1º. da CF) pode-se dizer que o direito positivo apresenta função descritiva?

3. Que é metalinguagem? Por que dizemos ser o direito metalinguagem em relação à linguagem social e a Ciência do Direito metalinguagem em relação ao direito positivo?

4. Que se pode dizer sobre o grau de elaboração da linguagem do direito positivo e da Ciência do Direito?

5. Que se pode dizer sobre a estrutura da linguagem do direito positivo e da Ciência do Direito?

6. Por que a linguagem do direito positivo submete-se aos valores de válido e não-válido e a linguagem da Ciência do Direito aos valores de verdade e falsidade?

7. Por que o direito positivo admite contradições e a Ciência do Direito não?

8. Construa um quadro comparativo indicando as diferenças entre a linguagem do direito positivo e da Ciência do Direito.

9. Diante dos fragmentos abaixo identifique tratar-se de: (i) direito positivo; (ii) Ciência do Direito. Justifique sua resposta.

   a) Prefeitura de Caxias, Lei Municipal n. 2.809, de 10/10/2002

   Art. 1º Esta **taxa de controle de obras** tem como fato gerador a prestação de serviço de conservação de imóveis, por empresa ou profissional autônomo, no território municipal.

   Art. 2º A base de cálculo dessa taxa é o preço do serviço prestado.

   § 1º A alíquota é de 5%.

   § 2º O valor da taxa será calculado sobre o preço deduzido das parcelas correspondentes ao valor dos materiais utilizados na prestação do serviço.

   Art. 3º Contribuinte é o prestador de serviço.

   Art. 4º Dá-se a incidência dessa taxa no momento da conclusão efetiva do serviço, devendo, desde logo, ser devidamente destacado o valor na respectiva "NOTA FISCAL DE SERVIÇOS" pelo prestador de serviço.

   Art. 5º A importância devida a título de taxa deve ser recolhida até o décimo dia útil do mês subsequente, sob pena de multa de 10% sobre o valor do tributo devido.

   b)   "em seu uso comum, o termo *direito* é sintaticamente impreciso, pois pode ser conectado com verbos (ex: *meus direitos não valem nada*), substantivos (ex: *direito é uma ciência*), adjetivos (ex: *este direito é injusto*), podendo ele próprio ser usado como substantivo (ex: *o direito brasileiro prevê...*), advérbio (ex: *fulano não agiu direito*) e adjetivo (ex: *não é um homem direito*)", (TERCIO SAMPAIO FERRAZ JR, *Introdução ao estudo do direito*, p. 38).

   c) RESP N. 221488-RS(99/0058787-1)

   RELATOR: MINISTRO GARCIA VIEIRA

   RECORRENTE: FAZENDA NACIONAL

   TRIBUTÁRIO – TAXA – ESTADIA E PASSAGEM DE VEÍCULO – TERMINAL ALFANDEGÁRIO.

   É taxa e não preço público a exação correspondente ao uso compulsório de pátio que dá acesso a terminal alfandegário.

   Recurso improvido.

CAPÍTULO IV
TEORIA DOS SISTEMAS

SUMÁRIO: 1. Sobre os sistemas; 1.2. Noção de sistema; 1.2. Classificação dos sistemas; 2. Direito positivo, Ciência do Direito e realidade social; 2.1. Intransitividade entre os sistemas; 2.2. Direito positivo e Ciência do Direito como subsistemas sociais; 2.3. Teoria dos sistemas; 2.3.1. Código, programas e função; 2.3.1. Acoplamento estrutural, abertura cognitiva e fechamento operativo; 3. Dúvidas quanto ao direito positivo ser um sistema; 4. Sobre o sistema da Ciência do Direito; 5. Falsa autonomia dos ramos do direito; 6. Direito positivo e outros sistemas normativos.

1. SOBRE OS SISTEMAS

Quando pensamos no estudo do direito e atentamos para a diferença entre a linguagem do direito positivo, da Ciência do Direito, somos capazes de separar, segundo um denominador comum, de um lado os textos prescritivos do direito posto e de outro os textos descritivos da dogmática jurídica e de ordená-los, estabelecendo vínculos de subordinação e coordenação, de modo que eles apareçam para nós como duas realidades distintas. Estamos, pois, diante de dois sistemas: o direito positivo e a Ciência do Direito.

```
    ( )   Conjunto de textos        ( )   Conjunto de textos
          prescritivos jurídicos          descritivos do direito
                                          positivo
       S                              S'
  direito positivo              Ciência do Direito
```

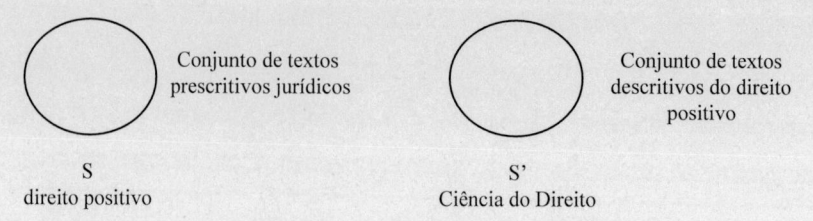

Mas por que o direito positivo e a Ciência do Direito são tratados como sistema? E, antes disso, que é um sistema? Tais indagações autorizam-nos adentrar no campo da Teoria dos Sistemas e utilizá-la para melhor conhecer estes dois planos do saber jurídico.

1.1 Noção de sistema

"Sistema" é uma palavra que, como a maioria das outras, apresenta o vício da ambiguidade. Há várias acepções em que o termo pode ser empregado e nossa função, ao definir seu conceito, é enunciar a forma de uso com a qual trabalhamos. Diversos autores tratam do tema, uns utilizam-na num sentido mais amplo, de modo que, direito positivo e Ciência do Direito enquadram-se em seu conceito, outros a empregam de forma mais restrita, limitando seu campo denotativo apenas à Ciência do Direito. Nós trabalhamos com uma acepção moderada.

Na sua significação mais extensa, o conceito de "sistema" alude à ideia de uma totalidade construída, composta de várias partes – um conglomerado. A esta concepção conjugamos o sentido de organização, de ordem interna, para entendermos como "sistema" o conjunto de elementos que se relacionam entre si e se aglutinam perante um referencial comum. Assim, onde houver a possibilidade de reunirmos, de forma estruturada, elementos que se conectam sob um princípio unificador, está presente a noção de sistema.

Nestes termos, o conceito de "sistema" apresenta denotação um pouco mais estrita do que a ideia de conjunto ou de classe. Sob o aspecto lógico, todo sistema se reduz a uma classe. As classes são entidades ideais, resultantes da aglutinação de elementos em razão de critérios comuns. O elemento 'p' pertence à classe 'K' se e somente se satisfizer os critérios de existência de 'K'. Transpondo tais considerações à ideia de sistema: o elemento 'x' pertencerá ao sistema 'S' se e somente se satisfizer seus critérios de existência, de modo que, a relação que se estabelece entre o elemento 'x' e o sistema 'S' é de pertinencialidade ($x \in S$) – se o elemento 'x' não se adequar ao critério de existência do sistema, a ele não pertence. Os sistemas, no entanto, são mais do que classes de objetos. São conjuntos de objetos que se relacionam entre si e não apenas que apresentam características comuns. São classes, mas com estruturação interna, onde os elementos se encontram vinculados uns aos outros mediante relações de coordenação e subordinação.

O conceito de "sistema", nestes termos, é mais complexo do que as aglutinações de elementos que se combinam em razão de conotações comuns, como por exemplo, a classe dos mamíferos, dos rios, dos órgãos digestivos, dos planetas, etc. Para termos um sistema, é preciso que os elementos de uma classe se apresentem sobre certa estrutura, que se relacionem entre si em razão de um referencial comum. É o caso, por exemplo, do sistema ferroviário de um país, que é diferente do conjunto de suas ferrovias. A ideia de sistema implica uma estrutura, onde todas as ferrovias se interligam. O mesmo podemos dizer do sistema reprodutor ou digestivo, que não se confunde com o conjunto dos órgãos reprodutores ou digestivos. Na forma de sistema tais órgãos encontram-se relacionados sobre um vetor comum e não apenas agrupados.

Falamos assim, em "sistema", quando *elementos* e *relações* se encontrem sob uma referência comum[122]. TERCIO SAMPAIO FERRAZ JR. chama de *estrutura* o complexo de relações que se estabelecem dentro de um sistema e, de *repertório*, ao conjunto de elementos que o formam[123]. Utilizando-nos

---

122. LOURIVAL VILANOVA, *As estruturas lógicas do direito positivo*, p. 173.
123. *Introdução ao estudo do direito*, p. 165.

da sua terminologia, há sistema quando repertório e estrutura encontram-se sob um denominador comum.

Devemos ressalvar, contudo, que seguindo as premissas por nós fixadas, não há sistema fora do homem e, consequentemente, não há sistema sem linguagem. O ser humano vai sistematizando a realidade que o cerca, porque sob a forma de sistema ela lhe é compreensível. Os sistemas não estão no mundo existencial esperando para serem descobertos são, construídos pelo homem por meio de associações linguísticas, são resultado de arranjos estruturais e, portanto, pressupõem necessariamente, a linguagem.

Em termos lógicos, o sistema é a forma mais aprimorada das associações linguísticas. Não há outra estruturação que o transponha. Nada impede, porém, que sob vetores comuns sejam eles agrupados e estruturados na forma de outro sistema, no qual apareçam como subsistemas.

Ainda com relação ao conceito de sistema, alguns autores trabalham com o critério da coerência interna dos elementos. Nesta linha de raciocínio, só existiria sistema se os elementos conectados e estruturados em razão de um princípio comum fossem absolutamente harmônicos entre si, isto é, caso não se contradissessem. Sob esta óptica, somente a Ciência do Direito se caracterizaria como sistema.

Não comungamos de tal opinião. Os sistemas existem independentemente de seus elementos se contradizerem ou não. É claro que toda forma estrutural pressupõe um mínimo de harmonia que torna possível a relação entre seus termos, mas tal harmonia, no nosso entender, não precisa ser absoluta, de modo a não se admitir a presença de conflitos. Mesmo porque, para que duas proposições sejam consideradas contraditórias é preciso que entre elas se estabeleça uma relação e que tenham como base um referencial comum, isto é, que pertençam ao mesmo sistema, caso contrário, não há contradição. Como ensina TÁREK MOYSÉS MOUSSALLEM, "falar em conflito ou incoerência só tem sentido se for no interior de um mesmo sistema, conflitos intersistêmicos são extralógicos"[124].

---

124. *Fontes do direito tributário*, p. 65.

Nestes termos, existem sistemas que comportam contradições e aqueles que não as admitem porque trabalham com referências de verdade e falsidade, de modo que, a coerência, ou compatibilidade dos elementos, não é tomada como nota essencial na definição de seu conceito[125].

1.2 Classificação dos sistemas

As classificações são operações lógicas que existem para auxiliar-nos no conhecimento dos objetos, mediante a separação de elementos que se aglutinam sob critérios comuns (em classes). Numa classificação, determinada classe é tomada como gênero e, por meio de diferenças específicas associadas ao conceito desta classe, vão se formando suas espécies e subespécies. A operação ocorre nos seguintes moldes: atribui-se uma diferença específica (De) à classe-gênero (G) e chega-se a classe-espécie (E); atribui-se uma diferença específica (De') à classe-espécie (E) e chega-se a classe subespécie (E'); isto ocorre sucessivamente até onde alcançar a linguagem do classificador. Tem-se, nestes termos, que a classe-espécie é a classe-gênero com um *plus* a mais: a que STUART MILL denomina de "diferença específica"[126] (E = G + De), o que vale também para as subespécies (E' = E + De').

Um exemplo melhor esclarece tal assertiva: à classe dos "animais", tomada como gênero (G), atribui-se a diferença específica "ter glândulas mamárias" (De) e encontramo-nos diante da espécie "mamíferos" (E). Ser mamífero, assim, é ter todas as características que conotam a classe dos "animais" + a diferença específica "ter glândulas mamárias" (E = G + De).

Cada classe-gênero, quando da associação a uma diferença específica, divide-se em duas outras (espécies): as que comportam a diferença específica e as que não a comportam. Isto porque,

---

125. MARCELO NEVES, *Teoria da inconstitucionalidade das leis*, p. 2.
126. Nas palavras do autor: "a diferença específica é aquilo que deve ser adicionado à conotação do gênero para completar a conotação da espécie" (*O sistema da lógica*, p. 34).

a formação de toda classe "x" é conceitual, criando, assim, sua contra-classe "– x" (ex. mamíferos e não-mamíferos).

Vale lembrar que os critérios classificatórios, responsáveis pela conotação (conceito) das classes são determinados por atos de escolha do classificador, de modo que, as classificações não existem prontas no mundo, são construídas pelos homens, de acordo com suas finalidades cognoscitivas. Por este motivo, não existem classificações certas ou erradas, mas sim úteis e não úteis. Há aquelas que se prestam a descrever certos objetos sob determinadas premissas e aquelas que não se prestam.

Dizemos isso porque partimos da classificação de sistemas sugerida por MARCELO NEVES[127], porém a adotamos com certas ressalvas.

Segundo o autor os sistemas se dividem em: (i) reais (empíricos), constituídos por dados do mundo físico e social; e (ii) proposicionais, constituídos por proposições, pressupondo, portanto, linguagem. Estes últimos dividem-se em: (ii.a) nomológicos, formados por proposição sem denotação empírica, que partem de axiomas e desenvolvem-se mediante operações formais de dedução, como as fórmulas lógicas e entidades ideais da matemática; e (ii.b) nomoempíricos, formados por proposições com referência empírica, que se subdividem em: (b.1) descritivos, constituídos de proposições informativas; e (b.2) prescritivos, formado por proposições que se dirigem ao campo das condutas humanas com a finalidade de regulá-las.

Sinopticamente:

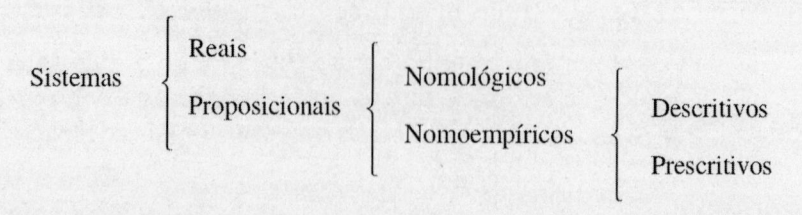

Sistemas
- Reais
- Proposicionais
  - Nomológicos
  - Nomoempíricos
    - Descritivos
    - Prescritivos

---

[127]. *Teoria da inconstitucionalidade das leis*, p. 4.

O critério que separa as duas primeiras espécies (reais e proposicionais) é o linguístico. Por sistemas reais, entende-se aqueles compostos por elementos extralinguísticos, dados ou construções do mundo natural, perceptíveis pelo homem, aglutinados e relacionados em função de um ordenador comum. Em tal classe se enquadrariam sistemas como: o nervoso, respiratório, de saúde, educação, hidroviários, rodoviários, etc. Segundo esta concepção, a reunião de elementos presentes no mundo empírico comporia a classe dos sistemas reais e o relato em linguagem destes conjuntos formaria outro sistema, da categoria dos proposicionais (nomoempíricos descritivos).

Tais considerações, no entanto, não se enquadram no modelo filosófico adotado neste trabalho. E aqui fazemos nossa primeira ressalva. Explica PAULO DE BARROS CARVALHO, que o "fenômeno da tomada de consciência da reunião de elementos do mundo exterior, pelos sentidos, já se pressupõe a manipulação de um conjunto de signos. À medida que pensamos um evento qualquer, empregamos automaticamente uma linguagem que o vai revestindo, de tal sorte que a situação pensada apresenta-se invariavelmente vestida de um fragmento linguístico"[128]. Neste sentido, todos os sistemas são proposicionais. Para organizarmos objetos em torno de um princípio unificador precisamos, primeiramente, conhecê-los como objeto e se partimos da premissa de que estes não existem sem linguagem, todos os sistemas, invariavelmente, são proposicionais. Por este motivo o citado autor afasta a primeira divisão desta classificação, enunciando: "É preciso acentuar que a subespécie dos sistemas reais não pode ser aceita no âmbito do modelo que venho desenvolvendo, exatamente porque pressupõe objetos da experiência que extrapolam os limites da linguagem"[129].

---

128. *Fundamentos jurídicos da incidência tributária*, p. 43.

129. *Idem*, p. 44.

Dentro deste modelo, a constituição linguística não configura uma diferença específica a ser eleita como critério classificatório dos sistemas, pois todos eles pressupõem linguagem. No entanto, podemos separar aqueles cujos elementos (linguagem) inserem-se num contexto comunicacional, ou seja, resultam da troca de mensagens entre duas ou mais pessoas (ex. religiosos, econômicos, políticos, educacionais, científicos, etc.) e aqueles cujos elementos, embora percebidos e estruturados por nossa mente sob alguma forma linguística, não resultam de um processo de trocas de mensagens realizado entre duas ou mais pessoas (ex. sistemas elétricos, hidráulicos, ferroviário, psíquicos, biológicos, etc.). Chamamos, assim, os primeiros de sistemas comunicionais e os segundos de sistemas não-comunicacionais, utilizando-nos, para tanto, do termo "comunicação" para designar um processo de intercâmbio de mensagem entre um emissor e um receptor, num conceito relacional (social).

Outra ressalva a ser feita é que, dentre a espécie de sistemas nomoempíricos, não encontramos apenas os descritivos e prescritivos. Considerando-se a função da linguagem, existem outras possibilidades de aglutinação e estruturação de elementos linguísticos que não apenas aqueles destinados a informar ou prescrever condutas – a exemplo, temos os sistemas inquisitivos, conjuntos de perguntas estruturadas e direcionadas por vetores comuns como: testar conhecimentos (i.e. vestibulares, as provas, exames de qualificação), definir estatísticas (i.e. senso populacional, agrícola); os sistemas ficcionados, cujos elementos agrupados e estruturados criam realidades fictícias (i.e. romances, novelas, jogos eletrônicos); os sistemas operacionais, que se destinam à realização de certas atividades (i.e. previdenciário, judiciário, político); etc. Neste sentido, tal divisão, apesar de elucidativa, não resiste a uma análise mais apurada.

Desta forma, preferimos separar os sistemas nomoempíricos em: (i) descritivos; e (ii) não-descritivos, tomando-se como critério serem seus elementos proposições informativas, neste caso os sistemas prescritivos e não-prescritivos figuram como subespécies destes últimos (ii.a e ii.b – respectivamente). Assim, resolvemos o problema dos sistemas inquisitivos, fabuladores e de todos os demais que não se enquadram na espécie dos descritivos, nem dos prescritivos. Em quadro sinóptico:

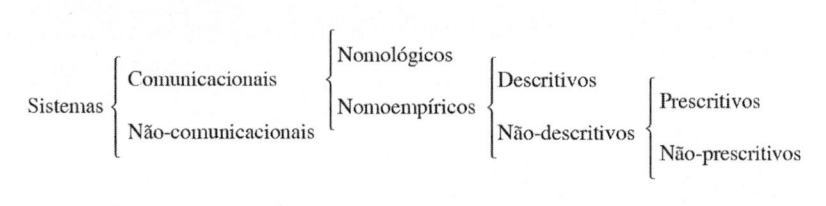

$$\text{Sistemas} \begin{cases} \text{Comunicacionais} \\ \text{Não-comunicacionais} \end{cases} \begin{cases} \text{Nomológicos} \\ \text{Nomoempíricos} \end{cases} \begin{cases} \text{Descritivos} \\ \text{Não-descritivos} \end{cases} \begin{cases} \text{Prescritivos} \\ \text{Não-prescritivos} \end{cases}$$

Indo um pouco mais além, ao voltarmos nossa atenção à Ciência do Direito, ela aparece como espécie dos sistemas descritivos: apresenta-se como conjunto de proposições de materialidade textual idiomática, de referência empírica, que tem como função descrever certa realidade: o direito positivo.

Os sistemas científicos, no âmbito da classificação proposta, configuram-se como espécies dos sistemas descritivos, que se materializarem numa linguagem mais depurada. Nem todos os sistemas descritivos são científicos. O ser científico é um *plus* a mais (diferença específica) dos sistemas descritivos, que comportam também aqueles constituídos numa linguagem não tão rigorosa. Especificamente, a Ciência do Direito, além de ser um sistema descritivo e científico, tem outro *plus*: o ser jurídico, por suas descrições direcionarem-se ao campo empírico do direito positivo.

Existem ainda outras peculiaridades que podem ser tomadas como diferença específica na classificação dos sistemas científicos. Enquanto as Ciências tidas por naturais (ex. Biologia, Física, Química) se preocupam com a descrição de fenômenos cujos dados brutos perceptíveis aos nossos sentidos não apresentam materialização linguística (ex. plantas, animais, luz, calor, som, água), a Ciência do Direito volta-se a um conjunto de elementos materializados na forma de textos, inseridos num processo comunicacional (social) – o direito positivo. Com base nesta diferença específica podemos ainda separar os sistemas científicos em duas espécies: sociais, aqueles cujo objeto são mensagens escritas, faladas ou gesticuladas, integrantes de um processo comunicacional; e não-sociais, aqueles que tomam como objeto fenômenos naturais, não integrantes de um processo comunicacional ainda que, como tais, só sejam conhecidos linguisticamente.

Com relação ao direito positivo, pensando-o dentro desta classificação, ele se caracteriza como sistema prescritivo, é um conjunto de proposições voltadas a disciplinar condutas intersubjetivas. No entanto, é de se ressalvar, que ele não é o único pertencente à categoria dos prescritivos, ao lado dele figuram sistemas como os religiosos, morais, éticos, etc. (também voltados à regular condutas). A diferença específica é que suas prescrições gozam de coercitividade estatal, ou seja, dispõem do aparato do Estado para serem adimplidas.

Vejamos tais especificações em quadro sinóptico:

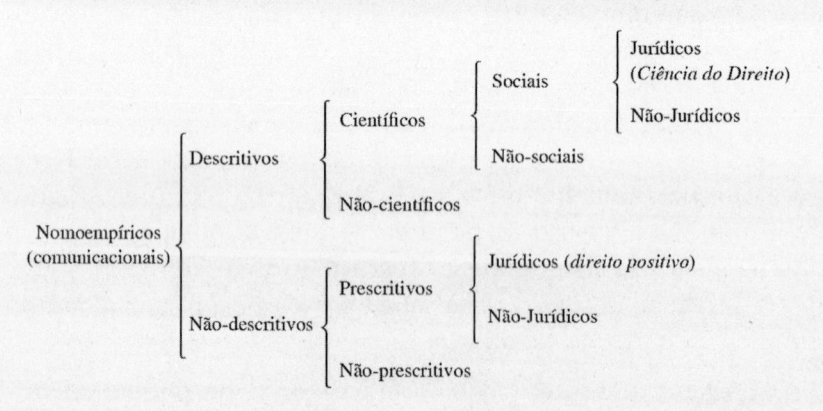

Nomoempíricos (comunicacionais)
- Descritivos
  - Científicos
    - Sociais
      - Jurídicos (*Ciência do Direito*)
      - Não-Jurídicos
    - Não-sociais
  - Não-científicos
- Não-descritivos
  - Prescritivos
    - Jurídicos (*direito positivo*)
    - Não-Jurídicos
  - Não-prescritivos

Elaborada a classificação dos sistemas, observa-se, mais uma vez, que as realidades direito positivo e Ciência do Direito não se misturam, nem se confundem. Embora a ambos seja atribuído o qualificativo de "jurídicos", a Ciência do Direito pertence à categoria dos sistemas descritivos que toma como objeto o direito positivo, enquanto este a dos sistemas prescritivos (não-descritivos) que toma como objeto a realidade social.

2. DIREITO POSITIVO, CIÊNCIA DO DIREITO E REALIDADE SOCIAL

No capítulo anterior, atentamo-nos detalhadamente à diferenciação entre a linguagem do direito positivo e da Ciência do Direito (os dois sistemas que analisamos linhas acima), mas de igual importância é a separação que se mantém entre estes dois corpos de linguagem e o plano da realidade social, onde se materializam as relações intersubjetivas prescritas pelo direito.

De acordo com a concepção que adotamos, a realidade social também é um corpo de linguagem, cuja constituição interage duas ou mais pessoas que antes se mantinham na individualidade. Ela caracteriza-se, única e exclusivamente, pela função comunicacional[130]. Sem adentrarmos, no entanto, nas nuanças desta linguagem (como fizemos com a Ciência do Direito e o direito positivo no capítulo anterior), queremos registrar apenas que devemos ter em mente não só a separação dos sistemas do direito positivo e da Ciência do Direito, mas destes três planos linguísticos: (i) a realidade social; (ii) o direito positivo; e (iii) a Ciência do Direito[131]. Todos os corpos estruturados, de linguagens distintas, que não se misturam, embora se relacionem semântica e pragmaticamente.

---

130. Existem corpos de linguagens não comunicacionais (sociais), como por exemplo, o sentimento, o pensamento. Tanto os pensamentos quanto os sentimentos são constituídos na mente de um indivíduo como corpos de linguagem, pois nada nos é inteligível se não for constituído em linguagem. São, contudo, linguagens não comunicacionais, isto é, não imersas num contexto relacional entre duas pessoas. A prova disso é que para serem transmitidos é preciso a produção de uma linguagem social, diferente daquela que os constitui.

131. Esta diferenciação é imprescindível para entender a teoria de PAULO DE BARROS CARVALHO, permeando todas suas obras.

O desenho abaixo deixa claro tal separação e as relações existentes entre eles:

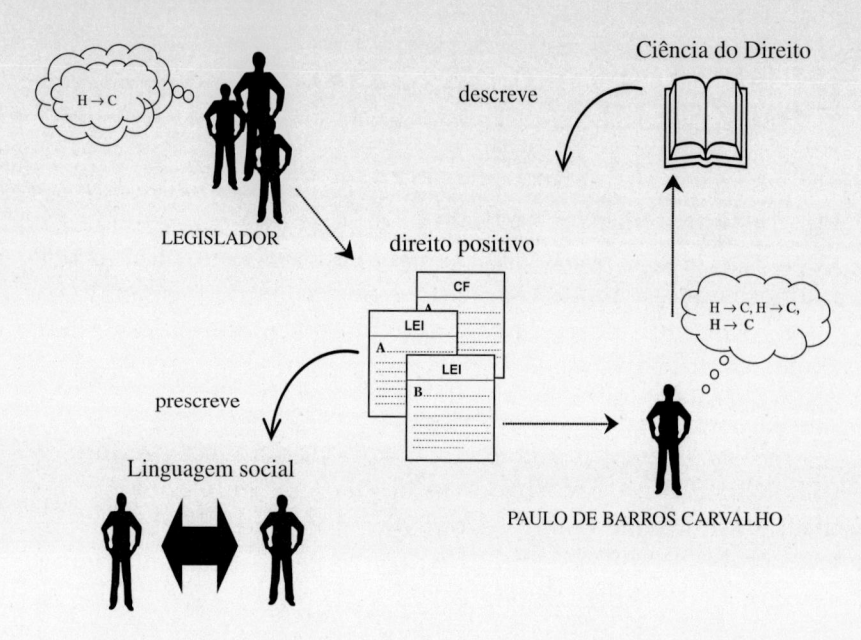

Explicando: o legislador (representado pela figura dos três homens no canto superior esquerdo do desenho), no intuito de disciplinar condutas intersubjetivas, pensa a norma jurídica e produz um conjunto de textos (linguagem prescritiva – representado pelo desenho da "constituição e leis"). Este corpo de linguagem, ao qual atribuímos o nome de direito positivo, dirige-se ao campo da realidade social a fim de estabelecer outras relações entre sujeitos (representada pela figura dos dois homens no canto inferior esquerdo do desenho). Surge então um jurista (representado pela figura do homem do lado direito do desenho – "Paulo de Barros Carvalho"), interpreta a linguagem do direito positivo construindo, em sua mente, as respectivas normas jurídicas e, ao descrever suas construções, produz outro conjunto de textos (linguagem descritiva – representada pela figura do "livro"). A este corpo de linguagem produzido pelo jurista atribuímos o nome de

Ciência do Direito. Ele dirige-se à linguagem do direito positivo com a finalidade de descrevê-la.

Temos, assim, três planos de linguagem: (i) Ciência do Direito; (ii) direito positivo; (iii) linguagem social. Eles interagem entre si, mas constituem-se separadamente como unidades distintas, de modo que podemos dizer serem três sistemas diferentes.

2.1 Intransitividade entre os sistemas

O fato da realidade social, do direito positivo e da Ciência do Direito interagirem-se entre si, não significa que um interfere diretamente no outro, pois, enquanto sistemas, os elementos linguísticos que os compõem são diferentes e não se misturam. Esta é uma das consequências de trabalhá-los como corpos de linguagem.

Para que um acontecimento da realidade social (plano do *ser*) ingresse no plano do direito positivo (mundo do *dever-ser*) é preciso que ele seja enunciado na linguagem própria do direito: na linguagem jurídica. Caso isso não ocorra, ele continuará a pertencer ao plano da realidade social.

Nos mesmos termos, a modificação efetiva de determinada conduta não se dá com aplicação da norma e consequente produção de uma linguagem jurídica (norma individual e concreta), mas com a constituição de uma nova linguagem social orientada pela linguagem jurídica.

Na fenomenologia de atuação do direito, reportando-nos aos dizeres de PAULO DE BARROS CARVALHO, "da projeção da linguagem jurídica sobre o plano da realidade social, surge o domínio da facticidade jurídica. Em símbolos formais [(Ldp $\cap$ Lrs) $\to$ Lfj]"[132] – onde se lê: "a linguagem do direito positivo (Ldp) incidindo ($\cap$ – símbolo da intersecção de classes) sobre a linguagem da realidade social (Lrs) produz (símbolo da implicação) a linguagem da facticidade jurídica

---

132. *Fundamentos jurídicos da incidência tributária*, p. 12.

(Lft)". Continuando o raciocínio, o domínio da facticidade jurídica implica a produção de efeitos na ordem jurídica e estes efeitos se projetam sobre a linguagem da realidade social com a finalidade de modificá-la. Em símbolos formais [(Lft → Lrj) ∩ Lrs] – onde se lê: "a linguagem da facticidade jurídica (Lfj) implica (→) a produção de efeitos jurídicos (Lrj), que se projetam (∩) sobre a linguagem da realidade social (Lrs), com a finalidade de modificá-la".

Nota-se: para que uma articulação linguística do plano social faça parte do mundo jurídico, ela deve ser rearticulada na estrutura própria do direito, o que se dá com a produção da linguagem da facticidade jurídica. Da mesma forma, para que uma relação posta juridicamente projete-se no campo das condutas intersubjetivas e alcance os domínios do *ser*, é necessário a produção de uma nova linguagem social, caso contrário, ela não transpassa os domínios do *dever-ser*. Neste sentido, LOURIVAL VILANOVA explica resumidamente: "a abertura por onde entram os fatos são as hipóteses fácticas; e as consequências em fatos se transformam pela realização dos efeitos"[133].

Neste sentido, o interagir entre os dois mundos não significa dizer que direito positivo e realidade social se confundam, pois uma coisa é ser linguagem pertencente ao sistema do direito positivo e outra pertencente ao sistema da realidade social. Para que a linguagem social ingresse no sistema do direito positivo, é preciso que ela apresente certos critérios de pertencialidade determinados pelo próprio sistema. É preciso que ela passe pelo filtro da facticidade jurídica, para que deixe de ser linguagem social e constitui-se, então, a ser linguagem jurídica. Aplicando a teoria dos jogos de linguagem, é preciso que se produza uma jogada dentro do jogo do direito. O mesmo se aplica na ordem inversa: só se altera a realidade social com a produção de outra linguagem social, ou seja, para alterar o jogo social é preciso efetuar uma jogada do jogo social.

---

133. *Causalidade e relação no direito*, p. 55.

Diante destas colocações, surge uma dúvida: se a linguagem jurídica não toca a realidade social, como o direito positivo cumpre sua função de disciplinar condutas intersubjetivas? Devemos entender o termo "disciplinar" não no sentido de modificar, mas sim como uma forte influência a ser imposta mentalmente ao receptor da mensagem prescritiva para que este aja socialmente de uma forma determinada.

Sob o ponto de vista da Ciência do Direito temos o mesmo raciocínio: da mesma forma que a linguagem do direito positivo, por si só, não tem o condão de modificar a realidade social e vice-versa, a linguagem da Ciência do Direito não pode alterar o direito positivo. Por mais que um jurista fale sobre o direito positivo, não consegue modificá-lo. Na ordem inversa, por mais que haja transformações no direito, se não for a enunciação de um jurista, com a produção de uma linguagem descritiva, a Ciência do Direito em nada se modifica. Isto é suficiente para que os entendamos como corpos de linguagem autônomos.

2.2 Direito positivo e Ciência do Direito como subsistemas sociais

Tanto o direito positivo como a Ciência do Direito pertencem à categoria dos sistemas sociais, apresentando-se com dois de seus vários subsistemas.

A sociedade é o sistema comunicacional por excelência. O ser do "social" reside no fato relacional, isto é, na circunstância de duas ou mais pessoas conectarem-se, o que só é possível mediante um ato de comunicação. Neste sentido, a comunicação faz-se presente sempre que existir contato entre indivíduos, de modo que nenhuma sociedade e nenhuma relação intersubjetiva existem sem que haja, entre os sujeitos, a capacidade de se comunicarem por meio de signos. Retira-se esta aptidão e o ser humano se isola. Daí a afirmação segundo a qual a sociedade é o sistema comunicacional por excelência: sua unidade é a comunicação.

Conceituar a sociedade como um sistema composto de comunicações equivale dizer que os elementos que o compõem são fatos cujo sentido é comunicar. Ela é, utilizando-nos das palavras de GUSTAVO SAMPAIO VALVERDE, um grande sistema que compreende todas as formas possíveis de comunicação[134].

Afastando-se as ambiguidades[135], o termo "comunicação", aqui, é empregado na sua acepção mais geral, para designar o intercâmbio de mensagem entre um emissor e um receptor[136]. Qualquer aproximação entre sujeitos pressupõe um contexto comunicativo, onde uma mensagem é transmitida. Assim, para se inter-relacionarem, os homens produzem comunicação, que interage com outras comunicações anteriormente estabelecidas, formando um conjunto estruturado de comunicações, um sistema, ao qual atribuímos o nome de "sociedade"[137].

Os fatos comunicacionais (relacionais), elementos do sistema social, efetivam-se com a produção de uma linguagem. Esta linguagem, no entanto, não aparece necessariamente no modo idiomático, mas sob alguma forma significativa (de signo) como, por exemplo, um olhar, um gesto, uma roupa, um quadro. Até mesmo o silêncio ou a omissão (falta de palavras) caracteriza-se como comunicação quando carregada de significado, isto é, na medida em que possam ser interpretados.

---

134. *Coisa julgada em matéria tributária*, p. 40.

135. PAULO DE BARROS CARVALHO alerta sobre os diversos sentidos do termo "comunicação" ao tratar da teoria comunicacional do direito (*Direito tributário, linguagem e método*, p. 165-170).

136. GÉRARD DUROZOI e ANDRÉ ROUSSEL, *Dicionário de filosofia*, p. 95.

137. Explica CELSO FERNANDES CAMPILONGO, ao reportar-se à teoria de LUHMANN, que: "o conjunto ou o processo de sucessivas comunicações formam uma rede recursiva que define a unidade do sistema social. Os sistemas sociais usam a comunicação como seu ato de reprodução. Tudo o que não é comunicação – por exemplo, a vida orgânica ou a consciência – pode ser observado pelo sistema social e transformado em tema da comunicação" (*Política, sistema jurídico e decisão judicial*, p. 69).

Tomada como um grande sistema, a sociedade é formada por uma rede estruturada de comunicações de vários tipos, dentre os quais identificamos inúmeros subsistemas compostos por comunicações diferenciadas entre si, como é o caso do direito positivo, da política, da economia e da dogmática jurídica (Ciência do Direito).

Tanto o direito positivo, quanto a Ciência do Direito, apresentam-se como conjuntos de comunicações peculiares, com função específica, característica esta que lhes confere unidade e autonomia em relação às demais comunicações que compõem o sistema social, do qual aparecem como subespécies. O direito positivo é formado pelo conjunto estruturado de comunicações do tipo jurídico-normativas (linguagem prescritiva) e a Ciência do Direito, pelo conjunto estruturado de comunicações do tipo jurídico-descritivas (linguagem descritiva). Apesar, no entanto, de constituírem-se como sistemas autônomos, eles mantêm estrita relação um com o outro e com o sistema social, isto é, com o conjunto de todas as outras comunicações que formam seu ambiente[138].

O gráfico abaixo bem representa esta ideia[139].

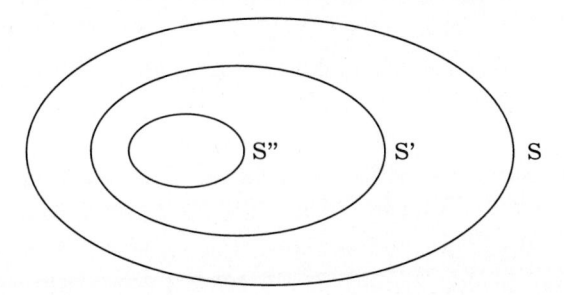

Explicando: Tanto o direito positivo (S') como a Ciência do Direito (S") configuram-se como sistemas autônomos (linearmente demarcados), na medida em que seus elementos

---

138. O termo "ambiente" é aqui utilizado na acepção de: "tudo aquilo que está fora do sistema e não se configura como seu elemento".

139. Na concepção da Teoria dos Sistemas de NIKLAS LUHMANN.

são comunicações (linguagem) diferenciadas. No entanto, constituem-se como subsistemas de um sistema maior: a realidade social (composto por todas as demais comunicações – relações intersubjetivas – S) e com ele se relacionam. O direito positivo incide sobre a realidade social com a finalidade de regulá-la, de modo que todas as demais comunicações integrantes de seu ambiente (sistema social) o informam cognitivamente. Já a Ciência do Direito incide sobre o direito positivo, retira dele suas informações, com a finalidade de descrevê-lo e, assim, fazendo, presta-se a informar cognitivamente todas as demais comunicações integrantes do sistema social.

2.3 Teoria dos sistemas

Trabalhar o direito positivo como um subsistema social, autoriza-nos utilizar algumas categorias da teoria dos sistemas sociais de NIKLAS LUHMANN para estudá-lo[140]. O ponto de partida desta teoria, como ensina CELSO FERNANDES CAMPILONGO, reside na diferença entre sistema e ambiente[141]. O conceito de ambiente se explica pela noção de "realidade" ou de "mundo circundante", que engloba tudo. É algo pensado sem fronteiras, que se resume na totalidade das coisas, onde nada existe e acontece fora dele. O ser ambiente, assim, é algo extremamente complexo e a formação dos sistemas vem reduzir tais complexidades, estabelecendo limites, demarcados por conceitos diferenciais, que acabam por constituir uma determinação (unidade). O sistema se constitui nesta determinação (unidade), formada pela diferença com o seu ambiente. Aquilo que não pertence ao sistema, que não se

---

140. Isto não significa que adotamos uma posição luhmanniana com relação ao direito positivo e à Ciência do Direito (evidenciada na sua obra *O direito da sociedade*), apenas que podemos utilizar algumas de suas categorias para explicar o modo como enxergamos o direito positivo e a Ciência do Direito (naquilo em que as teorias se aproximam).

141. *Política, sistema jurídico e decisão judicial*, p. 66.

constitui como seu elemento (em razão da diferença), compõe seu ambiente.

Aplicando esta diferenciação temos a sociedade como um sistema constituído por comunicação e seu ambiente por tudo aquilo que não é comunicação (ex: atos psíquicos, fenômenos naturais). A sociedade vale-se cognitivamente destas não-comunicações, bem como de suas próprias comunicações, para produzir outras comunicações (novos elementos).

Tal diferenciação, no entanto, não se aplica apenas para separar a sociedade dos sistemas não-comunicativos, mas se reproduz no interior do próprio sistema social, em relação a cada um de seus subsistemas. O direito, por exemplo, aparece como um sistema comunicativo, funcionalmente diferenciado, formado por comunicações jurídicas cujo ambiente é constituído por todas as demais comunicações (não-jurídicas).

2.3.1 Código, programas e função

Conforme anota GUSTAVO SAMPAIO VALVERDE, ao explicar a teoria de NIKLAS LUHMANN, os sistemas integrantes do macrossistema social (ex: político, jurídico, econômico, científico, etc.) possuem códigos de comunicação próprios, que lhes conferem um fechamento operativo e também uma específica forma de abertura cognitiva ao ambiente[142]. Todo sistema apresenta uma função e uma estrutura, que garante o cumprimento desta função, determinada por um código e um programa específico, que viabilizam a diferenciação e interação com seu ambiente.

FABIANA DEL PADRE TOMÉ, num aprofundado estudo, explica com clareza as categorias luhmannianas[143]. Por função entende-se toda ação ou atividade que o sistema desenvolve, visando atingir seus objetivos. O cumprimento desta função só

---

142. *Coisa julgada em matéria tributária*, p. 40.
143. *A prova no direito tributário*, p. 41-53.

é possível mediante determinações estruturais denominadas de "código" e "programa". O código é um esquema binário invariável, produzido no implemento da função, que fundamenta a identificabilidade do sistema, permitindo separá-lo de seu ambiente. É por meio dele que os elementos de fora são processados para dentro do sistema. Para que os códigos cumpram seu papel na produção de elementos internos ao sistema, no entanto, impõe-se a existência de programas que os complementem, conferindo-lhes conteúdo. A programação de um sistema determina em que circunstâncias os elementos externos são qualificados pelo seu código e passam a existir internamente.

Transpondo tais categorias ao estudo do sistema do direito positivo, temos que sua função consiste na estabilização das expectativas normativas. O direito diferencia-se funcionalmente dos demais sistemas sociais por ter a finalidade de garantir a manutenção de expectativas normativas, ainda que estas não venham a ser implementadas socialmente. Para executar sua função o sistema utiliza-se de um código binário próprio: *lícito/ilícito*, segundo o qual as expectativas normativas cumprem-se ou frustram-se. O código atua sobre as mensagens vindas do ambiente, reproduzindo-as de forma lícita ou ilícita para dentro do sistema, o que lhe atribui identidade. É por meio do código que o direito diferencia-se dos demais sistemas sociais, seus elementos são comunicações codificadas sob os valores da licitude e da ilicitude. Determinando a maneira como o código é implementado, o direito utiliza-se de programas normativos (compostos por leis, regulamentos, precedentes jurisprudenciais, contratos, etc.) que estabelecem em que hipóteses as comunicações externas são qualificadas como lícitas ou ilícitas. A programação do direito, assim, é estabelecida por normas jurídicas, ela determina o conteúdo codificado, sendo constantemente alterada como respostas às demandas advindas do sistema social. Cabe a ela acompanhar a evolução da sociedade, indicando ao sistema as novas situações que necessitam de tratamento jurídico.

A previsão normativa determina quais e como as informações da sociedade são processadas em linguagem jurídica. "O que não estiver previsto nas normas do sistema, permanecerá como comunicação meramente social, passível de processamento por outro subsistema, porém irrelevante para o direito"[144]. A linguagem social só passa a ser linguagem jurídica quando o próprio sistema a seleciona e lhe confere tratamento jurídico por meio de suas estruturas (código e programa). Neste sentido, a programação assegura uma abertura cognitiva ao sistema em relação a seu ambiente, pois é ela que colhe as informações que são processadas no código lícito e ilícito, para dentro do sistema. Ao mesmo tempo, juntamente com o código binário, a programação assegura o fechamento operativo do direito, organizando a produção de sua comunicação, pois todas as informações de seu ambiente só nele ingressam quando colhidas por normas jurídicas e qualificadas no código que lhe é próprio (como lícitas ou ilícitas).

2.3.2 Acoplamento estrutural, abertura cognitiva e fechamento operativo

A dualidade programação/código faz com que os sistemas sociais constituam-se ao mesmo tempo, como sistemas abertos e fechados. São abertos porque sua programação permite que neles ingressem informações de seu ambiente e fechados porque possuem um código de comunicação próprio. Cada sistema, assim, utilizando-se desta dualidade, dispõe de um critério (programa) e uma forma (código) de processar informações do seu ambiente. O sistema jurídico, por exemplo, vai buscar fora dele (no seu ambiente – sociedade) a comunicação que deseja disciplinar e a traz para dentro dele como comunicação jurídica atribuindo-lhe tratamento normativo ao qualificá-la na forma lícita ou ilícita. Neste sentido, é aberto cognitivamente, pois seu programa permite o ingresso de

---

144. GUSTAVO SAMPAIO VALVERDE, *Coisa julgada em matéria tributária*, p. 68.

informações de seu ambiente e fechado operacionalmente, porque tal ingresso só é possível com a tradução das informações externas no código que lhe é próprio (lícito/ilícito).

Para que uma comunicação qualquer (linguagem social) torne-se jurídica, ela tem, necessariamente, que passar pelo filtro da juridicidade, ou melhor dizendo, tem que ser vertida em linguagem jurídica. Mas quando isso ocorre, ela deixa de ser qualquer comunicação e torna-se comunicação jurídica. Nestes termos, o direito só opera com um tipo de linguagem (as qualificadas pelo código lícito/ilícito) e, por isso, é estruturalmente fechado em relação ao seu ambiente. Esta clausura operacional assegura a autonomia do sistema. Isto não significa, no entanto, que ele seja isolado. Apesar de estruturalmente fechado, o sistema permite que dados externos nele ingressem por meio das hipóteses normativas e que suas comunicações se externem por meio das relações jurídicas, o que lhe atribui uma abertura de conteúdo e de uso/aplicação em relação ao seu ambiente[145].

É nesta concepção, mas trabalhando com pressupostos da Semiótica, que PAULO DE BARROS CARVALHO diz ser o direito positivo fechado sintaticamente e aberto semântica e pragmaticamente. É fechado sintaticamente porque sua dinâmica operacional reduz-se na estrutura (H "lícito/ilícito"→ C "proibido, permitido e obrigatório"). E, é aberto semântica e pragmaticamente porque colhe informações e incide sobre a linguagem social.

Com relação à Ciência do Direito, verifica-se também um fechamento operacional e uma abertura cognitiva[146]. A

---

145. *Direito Tributário, linguagem e método*, 212.

146. Embora trabalhemos, neste item, como categorias da teoria luhmanniana, LUHMANN não concebe a Ciência do Direito como um sistema operacionalmente fechado em relação ao direito positivo, mas como uma reflexão deste. Faltaria a ela um código binário próprio e programas específicos. Para nós, no entanto, este fechamento operacional se mostra claro, pois o direito positivo é constituído por linguagem prescritiva do tipo técnica e a Ciência do Direito por linguagem descritiva do tipo científica.

dogmática jurídica recolhe informações do sistema jurídico (e somente dele) e as processa na forma descritiva, para seu interior, com a produção de enunciados jurídico-científicos, que acabam por influir no conteúdo de outras comunicações (sociais).

Analisando sob o enfoque da Semiótica, podemos dizer que a Ciência do Direito é um sistema operacionalmente fechado, pois trabalha com uma linguagem jurídico-descritiva coerentemente estruturada; semanticamente aberto porque recolhe informações de outro sistema, mas apenas em relação ao direito positivo (dado que a dogmática jurídica não está autorizada a colher informações de outros sistemas sociais – ex: econômico, político, religioso – sob pena de descaracterizar-se como Ciência do Direito); e pragmaticamente aberta, visto que sua linguagem informa vários outros sistemas sociais quando da produção de seus elementos.

A esta interação entre sistemas a teoria luhmanniana atribui-se o nome de *acoplamento estrutural*. Por meio dele os sistemas realizam distinções para selecionar, no ambiente, as informações relevantes para suas operações internas[147]. Funcionalmente os acoplamentos produzem o que LUHMANN chama de "irritações", percebidas e registradas pelas estruturas do sistema. Ele reage a tais irritações processando as informações externas e transformando-as em elementos no seu interior. Tais irritações, no entanto, ao serem percebidas e registradas pelo sistema consubstanciam-se em construções internas (autoirritações)[148]. Neste sentido, o sistema, em resposta as suas autoirritações, cria novos elementos, num ciclo autorreprodutivo onde comunicação jurídica gera nova comunicação jurídica.

---

147. GUSTAVO SAMPAIO VALVERDE, *Coisa julgada em matéria tributária*, p. 51.
148. NIKLAS LUHMANN, *Introducción a la teoría del sistemas*, p. 100.

É assim que, na teoria de LUHMANN, o direito positivo é visto como um sistema autopoiético[149]. Tal característica assenta-se no pressuposto de que todos os elementos e estruturas do sistema são construídos por operações e processos próprios do sistema e não pela influência direta de seu ambiente. Isto significa que o direito se organiza e se reproduz por autorreferências[150]. Aceitamos tal assertiva não no sentido de que o direito se autorreproduz, mas de que toda criação de comunicação jurídica é regulada pelo próprio sistema. O direito prescreve sua forma de produção e é nestes termos que trabalhamos com sua autorreferência. Não podemos esquecer que, embora nosso corte metodológico isole, entre uma comunicação e outra existe um ato de vontade humano, de modo que, sem ele o direito não se reproduz.

3. DÚVIDAS QUANTO AO DIREITO POSITIVO SER UM SISTEMA

Há autores que não aceitam o direito positivo como sistema por entenderem faltar-lhe harmonia interna. Para estes autores, o fato de existir contradições no direito positivo o impede de ter natureza sistêmica, pois geralmente, mesmo que não de forma explícita, eles adotam a não-contradição como uma das características definidora do conceito de sistema[151]. Não compartilhamos do mesmo posicionamento, pois quando definimos nosso conceito de sistema, deixamos fora de seu *definiens* a característica da coerência de seus elementos. Isto demonstra que, para nós, a não-contradição dos termos de um conjunto estruturado não é pressuposto para que ele seja considerado um sistema.

---

149. A teoria da autopoiese foi desenvolvida, inicialmente, por HUMBERTO MATURANA e FRANCISCO VARELLA, para explicar os sistemas biológicos e, dada sua operatividade, passou a ser aplicada ao estudo dos sistemas sociais por NIKLAS LUHMANN.

150. GUNTHER TEUBNER, *O direito como sistema autopoiético*, p. 31.

151. GREGORIO ROBLES MORCHÓN é um destes autores. Para ele o direito só assume feição de sistema quando harmoniosamente organizado pela Ciência do Direito.

No meio de um caos não somos capazes de enxergar sistemas, justamente porque não há possibilidade de se identificar elementos e muito menos as relações que os unem. Mas logicamente não há que se falar de duas proposições que se contradizem se elas ocupam conjuntos diferentes. Se somos capazes de perceber as antinomias é porque reconhecemos os termos e as relações existentes entre eles, é porque visualizamos (na nossa concepção) o sistema.

Dentro desta linha de raciocínio, o direito positivo apresenta-se como um sistema que comporta antinomias, alguns de seus termos se contradizem, mas somos capazes de identificá-los e de enxergar as relações que se estabelecem entre eles. Mesmo se pensarmos apenas nos textos, enquanto plano de expressão abstraídos de seus conteúdos significativos, observamos certa ordem estrutural suficiente para visualizarmos um sistema.

É certo que ao entrarmos em contato com os textos "brutos" (ainda não interpretados) do direito positivo logo começamos, em nossa mente, um processo gerador de sentido, visando decodificar a mensagem legislada, que se apresenta para nós mediante um sistema de palavras dispostas sobre um papel. Nesse processo, vamos atribuindo significações aos enunciados e tecendo as relações estruturais que se estabelecem entre eles. Visualizamos, então, o direito não mais como um sistema de "textos brutos" (palavras sobre um papel), mas como um sistema de conteúdos significativos.

Desta forma, não podemos confundir a significação atribuída aos textos do direito positivo, que é prescritiva, com a descrição destas significações realizada pela Ciência do Direito. Certamente que para descrever o direito, o cientista passa por este processo de construção de sentido, mas a Dogmática Jurídica está a um passo além, ela descreve as significações prescritivas construídas neste processo, é resultado de outro "ato de fala" que se consubstancia noutro tipo de linguagem (com função descritiva). Assim, tanto o conjunto de "textos brutos" no qual ela se materializa, quanto as proposições (significações) deles construídas, formam outro sistema, não mais prescritivo e sim descritivo.

A representação abaixo demonstra bem esta posição:

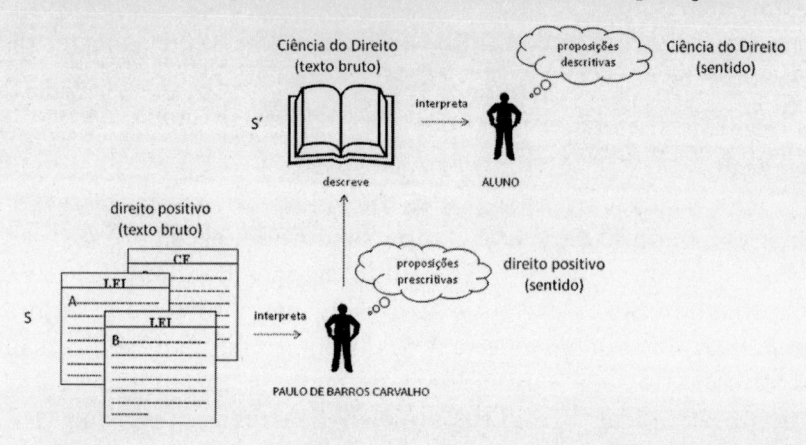

Explicando: S representa o sistema do direito positivo (corpo de linguagem prescritiva). S' representa o sistema da Ciência do Direito (corpo de linguagem descritiva). O homem (PAULO DE BARROS CARVALHO) entra em contato com a linguagem do direito positivo (tal como ela se materializa – "textos brutos") a interpreta e constrói na sua mente seu sentido (que é prescritivo), depois o descreve produzindo outra linguagem: a Ciência do Direito[152].

Sob este enfoque, diferentemente do que pensou KELSEN, o sistema do direito positivo, existe independentemente da Ciência do Direito, pois, como ensina PAULO DE BARROS CARVALHO, o "material bruto dos comandos legislados, mesmo antes de receber o tratamento hermenêutico do cientista dogmático, já se afirma como expressão linguística de um ato de fala, inserido no contexto comunicacional que se instaura entre enunciador e enunciatário"[153].

---

152. Esta postura ficará melhor evidenciada no próximo capítulo, quando estudaremos o direito como um fenômeno comunicacional, utilizando-nos da Semiótica como instrumento de análise.

153. *Direito tributário, linguagem e método*, p. 215.

A Ciência do Direito descreve, de forma rigidamente organizada e mediante um método próprio, aquilo que o jurista apreende de sua experiência com o direito positivo. E, aquilo que ele apreende é o sentido atribuído aos textos que, por sua vez, foram elaborados pelo legislador. Nestes termos, a Ciência do Direito, enquanto sistema descritivo que é, não constrói o sistema do direito positivo (no sentido de elaborá-lo – tal função compete ao legislador ou ao intérprete), ela o descreve.

Podemos até aceitar a afirmação de que o cientista "constrói" o direito, sob o fundamento de que todas as Ciências são constructivistas na medida em que criam seus objetos. Mas "direito", aqui entendido enquanto objeto de uma Ciência; o que não significa dizer que o direito positivo, enquanto conjunto de normas jurídicas de um dado país, pressupõe uma Ciência para existir como sistema.

4. SOBRE O SISTEMA DA CIÊNCIA DO DIREITO

A Ciência do Direito é um sistema descritivo que, como já frisamos em anteriores passagens, tem como objeto única e exclusivamente o direito positivo e nada mais além dele. Este é um cuidado ao qual o jurista deve atentar-se em todas as etapas de sua trajetória, o que não é algo extremamente fácil, pois a linguagem jurídica atravessa todos os outros campos do relacionamento social. A sociedade utiliza-se do direito para implementar suas relações familiares, políticas, trabalhistas, econômicas, comerciais, etc. e isso nos faz sentir autorizados a analisá-lo sob estes enfoques, sem nos darmos conta de que abandonamos o plano jurídico[154].

As análises se distanciam do objeto jurídico quando há um descompasso entre o objeto construído pelo cientista e os

---

154. Um exemplo clássico dessa confusão se dá quando passamos a analisar o cumprimento das normas e as sensações/modificações que elas causam na sociedade, se elas são "justas" ou "injustas".

limites do sistema jurídico positivo.

Vejamos a ilustração gráfica abaixo:

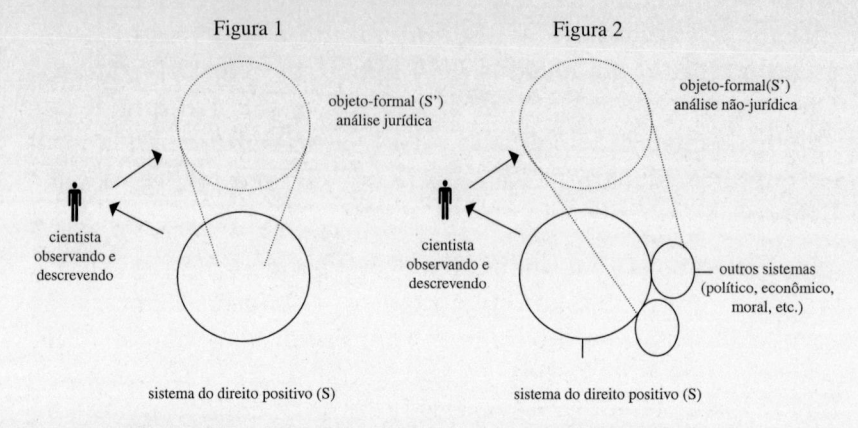

Figura 1 — objeto-formal (S') análise jurídica; cientista observando e descrevendo; sistema do direito positivo (S)

Figura 2 — objeto-formal (S") análise não-jurídica; cientista observando e descrevendo; outros sistemas (político, econômico, moral, etc.); sistema do direito positivo (S)

<u>Explicando</u>: Delimitamos direito positivo (S) como o conjunto de normas jurídicas validadas num dado país, que se materializa numa linguagem prescritiva utilizada como instrumento para implementar certos valores almejados pela sociedade. Quando a análise do cientista extrapola os limites do sistema, incide não mais sobre o direito, constituindo como seu objeto algo não-jurídico (S") – conforme aponta a figura 2. Na figura 1, ao contrário, a análise do cientista dirige-se ao interior do sistema, caracterizando-se como uma análise jurídica.

O mesmo fato social pode ser observado por vários ângulos, mas só um deles é jurídico: aquele que toma como objeto o conjunto de normas jurídicas. PAULO DE BARROS CARVALHO utiliza-se de um exemplo que bem demonstra tal afirmação: o fato do professor estar na sala de aula ministrando uma aula. Este simples fato pode ser observado sob vários aspectos: jurídico – o contrato do professor com a instituição; econômico – o custo da aula para a faculdade; psicológico – o que se passa na cabeça do professor quando está expondo a matéria; social – o relacionamento do professor com a turma; etc. Todas as análises falam sobre o mesmo acontecimento, descrevem o mesmo fato, só que sob enfoques diferentes. O ser jurídico é apenas um dos aspectos do fato, é uma entre todas as formas sob as quais podemos analisá-lo.

5. FALSA AUTONOMIA DOS RAMOS DO DIREITO

O direito positivo é um sistema muito complexo. Imaginemos todas as normas jurídicas existentes hoje no Brasil, reunidas num grande conjunto e logo constatamos a impossibilidade de conhecê-las sem que separadas em partes. É assim que surgem os chamados "ramos do direito", que nada mais são do que recortes epistemológicos realizados para reduzir a complexidade do objeto. Como a Medicina recorta epistemologicamente o corpo humano para melhor conhecê-lo, criando diferentes especificidades científicas (ex: Cardiologia, Urologia, Neurologia, Dermatologia, etc.), a Ciência do Direito recorta epistemologicamente o direito positivo, criando diferentes especificidades jurídicas (ex: Civil, Penal, Tributário, Administrativo, Constitucional, Trabalhista, etc.), para melhor conhecê-lo.

Os "ramos" (cortes realizados no direito positivo), por serem epistemológicos, não interferem na composição do sistema, apenas criam uma especialidade para a Ciência, não tendo o condão de criá-la juridicamente, pois o direito positivo é um sistema uno e indecomponível. Todas as normas jurídicas encontram-se relacionadas entre si, de forma que, tentar isolar regras jurídicas, como se prescindissem da totalidade do conjunto, seria ignorar o direito enquanto sistema.

Pensar o contrário, por exemplo, seria o mesmo que admitir que o corte metodológico da Cardiologia tem o condão de isolar o coração da unidade do corpo humano e entendê-lo como autônomo. Nota-se que a separação é apenas didática, o corte é feito para que se possa melhor conhecer o coração, mas este é uma parte do corpo humano, que se relaciona com todas as demais unidades e assim deve ser entendido.

Neste sentido, ALFREDO AUGUSTO BECKER firma seu

posicionamento de que a separação dos diversos ramos do Direito é apenas didática: "Pela simples razão de não poder existir regra jurídica independente da totalidade do sistema jurídico, a autonomia (no sentido de independência) de qualquer ramo do direito positivo é sempre e unicamente didática"[155].

O gráfico representa tal concepção:

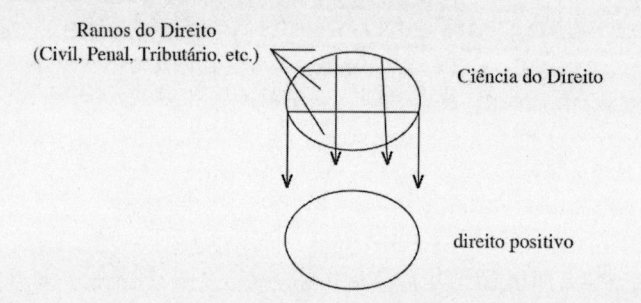

Ramos do Direito (Civil, Penal, Tributário, etc.)

Ciência do Direito

direito positivo

Explicando: A Ciência do Direito (sistema representado pelo círculo superior), ao tomar o direito positivo como objeto (sistema representado pelo círculo inferior), faz diversos recortes para melhor conhecê-lo. Estes recortes, porém, são apenas didáticos, incidem sobre o direito positivo, mas este permanece um todo unitário.

As divisões responsáveis pelos diversos "ramos" do direito não ultrapassam os limites da Ciência. Apenas temos uma dificuldade maior de perceber isso (em relação às Ciências Médicas, por exemplo), porque o próprio legislador atribui especificidade aos textos jurídicos ao separá-los em Código Civil, Código Penal, Código Tributário Nacional, Consolidação das Leis trabalhistas (CLT), etc., dando-nos a falsa impressão de que cada um destes textos existe isoladamente.

Dizemos falsa impressão porque o estudo de um ramo específico do Direito não engloba apenas as normas veiculadas pelo Código daquela especificidade e sim, várias outras que

---

155. *Teoria geral do direito tributário*, p. 31.

com elas se relacionam. Nesse sentido é que não existe autonomia entre os ramos do Direito, qualquer especialidade que se pretenda delimitar didaticamente não é pura.

Para reforçar tal afirmação PAULO DE BARROS CARVALHO utiliza-se do exemplo do IPTU (imposto predial e territorial urbano), objeto do Direito Tributário, que obriga "o proprietário, aquele que tem a posse, ou domínio útil de bem imóvel situado no perímetro urbano de determinado município no dia 1º de janeiro de cada ano, a pagar 1% sobre o valor venal do imóvel à prefeitura municipal". Ao analisar tal imposto estamos na esfera do Direito Tributário, mas para sabermos o que é "proprietário", "posse", "domínio útil" e "bem imóvel" temos que nos socorrer do Direito Civil, para conhecermos o perímetro urbano temos que nos valer do Direito Administrativo e para entendermos o que é município, voltarmo-nos ao Direito Constitucional. Com isso concluímos a análise do IPTU sem estudar Direito Tributário. Mas o IPTU não é uma figura do Direito Tributário? Sim, os impostos são objetos da Ciência do Direito Tributário, no entanto, servimo-nos de vários outros ramos do Direito para estudá-los, o que demonstra não haver autonomia entre os ramos do Direito[156].

A separação didática é sempre construída artificialmente de acordo com o recorte realizado pelo cientista. Recortar certas normas com fins analíticos pode constituir, para uma teoria, certo ramo do Direito e para outra, que as toma com relação a outras normas como um sub-ramo de outra disciplina. Sob este ponto de vista, algumas discussões (do tipo se o Direito Tributário é um ramo autônomo do Direito, ou se é um sub-ramo do Direito Administrativo ou Financeiro, se o Direito Penal Tributário pertence ao ramo do Direito Penal, do Direito Tributário, ou se é um ramo autônomo), perdem o sentido, pois tudo dependerá dos recortes efetuados pelo cientista na constituição de seu objeto. O Direito Tributário

---

156. Aula inaugural no curso de especialização em direito tributário na pós-graduação da PUC-SP (15/08/2005).

pode ser tomado como um sub-ramo do Direito Administrativo se os estudos se voltarem às normas administrativas e pode, perfeitamente, ser tomado como um ramo principal do Direito, se o estudo recair sobre as normas tributárias, neste caso, o Direito Administrativo aparecerá como um sub-ramo do Direito Tributário. Tudo isso porque, não existe uma regra para as delimitações metodológicas.

6. DIREITO POSITIVO E OUTROS SISTEMAS NORMATIVOS

A linguagem prescritiva, na qual o direito se materializa, é uma particularidade dos sistemas normativos. Toda vez que alguém deseja transmitir uma ordem para outra pessoa, o faz mediante a produção de uma linguagem prescritiva. Neste sentido, todos os sistemas de ordens são prescritivos. Mas o que faz o direito positivo ser diferente destes demais sistemas? Para alguns autores a resposta está na juridicidade das normas, mas que é a "juridicidade"? Ou melhor, o que atribui esta característica ao sistema?

Pensemos nas ordens de alguns sistemas prescritivos como a moral, religião, etiqueta, educação (de pai para filho), trabalhista (de patrão para empregado) para entendermos o que elas têm de diferente em relação às ordens jurídicas.

(i) Uma das ordens morais do casamento dispõe: *"se for casado (a), deve ser, que não é permitido trair o cônjuge"*. Mas vamos supor que um dos cônjuges traia, o que pode acontecer com ele além de sua consciência ficar pesada? Mesmo que o outro descubra, o que pode acontecer a ele? O outro pode ficar chateado, perder a confiança, mas nenhuma consequência pelo não cumprimento da ordem passará do campo do psicológico, pois é nele que o sistema moral atua. Sua coerção é mental.

(ii) Uma das ordens religiosas contida nos sete pecados capitais é a inveja. E se alguém o comete? Digamos que o padre, como penitência, mande rezar duzentas Ave-Marias. O que vai acontecer se a pessoa não rezar? Provavelmente vai sentir-se culpada temendo o julgamento após sua morte. A coerção, assim, não passa do plano metafísico. Somente aquele que acredita na existência divina se sente coagido a cumprir a norma.

(iii) O caso do filho que pega emprestado um brinquedo do coleguinha e não quer devolver. O pai emite uma ordem para que ele devolva o brinquedo. O filho pode devolver por medo e respeito à autoridade paterna, ou se negar a obedecer à ordem dada pelo pai. Como castigo o pai lhe ameaça com uma palmada. Se ainda assim o filho continuar com o brinquedo na mão, o pai pode tomá-lo a força e devolver para o coleguinha. A coerção existe em razão da autoridade paterna e no caso foi fisicamente exercida, se o filho cresce e não reconhece no pai uma autoridade, deixa de cumprir suas ordens.

No direito, a coercitividade, entendida como a força de que é dotado o sistema para fazer valer suas ordens, é judicial. A coação psicológica, isto é, o medo de sofrer as penalidades prescritas pelo descumprimento das normas, faz com que muitos de seus utentes as cumpram. No entanto, como há aqueles que não temem as penalidades, existe a figura do judiciário capaz de forçosamente fazer com que as ordens Jurídicas sejam executadas.

Digamos que uma pessoa, por exemplo, não cumpra uma ordem jurídica que prescreve o dever de pagar determinada quantia em dinheiro a outrem. A pessoa lesada pode dirigir-se ao Poder Judiciário para que este, utilizando-se do aparato coercitivo estatal, execute o devedor. Se o devedor não adimplir a dívida por sua livre vontade o juiz ordenará que se proceda a penhora dos bens e depois que eles sejam leiloados, para que a pessoa lesada receba o valor devido.

O mesmo ocorre, por exemplo, com o réu condenado criminalmente ao cumprimento de uma pena de reclusão em favor do Estado. De livre e espontânea vontade ele não se dirige à penitenciária e ali permanece para cumprir sua pena, então o Estado se vale do juiz de execuções penais, que emite um mandado, isto é, uma ordem de prisão aos policiais e estes privam a pessoa de sua liberdade de locomoção.

Toda coercitividade do direito é viabilizada pela via judicial e é isso que atribui juridicidade às suas ordens. Todos os direitos e deveres prescritos por normas jurídicas são amparados pela possibilidade de ingresso no Judiciário para que sejam adimplidos. Por isso, a expressão: "a todo direito corresponde uma ação". A coercitividade jurídica é viabilizada com o direito de ação daquele sujeito prejudicado pelo seu descumprimento.

Diferentemente de qualquer outro sistema prescritivo, a coerção do direito positivo é exercida pelo Poder Estatal, que pode se utilizar, dentro dos limites estabelecidos pelo próprio direito, de toda sua máquina para fazer valer as prescrições inadimplidas. Todos os sistemas prescritivos são coercitivos, pelo menos apresentam um mínimo de coercitividade, ou seja, alguma força que faça com que suas regras sejam cumpridas. No direito positivo esta força é exercida pelo Estado e viabilizada pelo Judiciário. Neste sentido, o que diferencia, pois, uma norma jurídica de outra norma é a sua coercitividade, isto é, o fato de sua execução ser reforçada e garantida pelo Estado.

O direito, no entanto, não interfere fisicamente no plano social, sua coerção é normativa. O máximo que o juiz pode fazer é expedir outra ordem, a uma terceira pessoa (ex. policial, oficial de justiça), para que ela promova a execução da prescrição descumprida. Esta terceira pessoa pode cumprir ou não a ordem judicial, tudo depende de um ato de vontade. É claro que este ato de vontade sofre várias influências, inclusive do próprio direito, a pessoa pensará na sua responsabilidade profissional, no sustento de sua família, nas penalidades jurídicas que poderá sofrer caso descumpra a ordem judicial e, se sentindo coagida, decide realizar os atos que, reunidos com outros, culminarão na execução da ordem não cumprida por outrem.

Outra característica do direito, que o diferencia dos demais sistemas prescritivos, é que sua regulação volta-se ao campo das condutas intersubjetivas. Ao direito positivo não interessa disciplinar condutas intrassubjetivas, isto é, aquelas do homem para consigo mesmo. Outros sistemas prescritivos não têm esta peculiaridade. À moral e à religião, por exemplo, interessa a integridade do sujeito perante os outros e também a integralidade de seus próprios pensamentos. Já para o direito não, em pensamento uma pessoa pode matar, roubar, fraudar, sonegar, que juridicamente nenhuma relevância haverá.

Como ilustração, citamos o exemplo do suicídio: o direito não proíbe o suicídio, mas imputa uma pena a sua instigação. Isto porque suicidar-se é uma conduta intrassubjetiva, isto é, do sujeito para com ele mesmo, ao passo que, quando alguém instiga outrem a cometer suicídio, estamos diante de uma conduta social. Diferentemente, a religião proíbe o suicídio porque é um sistema prescritivo que regula não só condutas intersubjetivas, como também intrassubjetivas.

Questões:

1. Que é sistema?
2. Efetue uma proposta de classificação dos sistemas.
3. Em que se constitui a intransitividade entre os sistemas do direito positivo, da realidade social e da Ciência do Direito?
4. Por que o direito positivo se caracteriza como subsistema social?
5. Em que se constituem código, programa e função para a teoria dos sistemas? Qual o código, programa e função do direito positivo?
6. Que se entende por acoplamento estrutural?
7. Que significa dizer que o direito positivo é um sistema operacionalmente fechado e cognoscitivamente aberto?

8. O direito positivo por si só constitui-se num sistema ou ele precisa da Ciência do Direito para tanto?

9. Explique a seguinte afirmação: *"A Ciência do Direito é um sistema descritivo que tem por objeto única e exclusivamente o direito positivo"*.

10. Que são ramos do direito? Por que é falsa a ideia de autonomia dos ramos do direito?

11. Que diferencia o direito positivo dos demais sistemas de linguagem prescritiva?

Capítulo V
SEMIÓTICA E TEORIA COMUNICACIONAL DO DIREITO

SUMÁRIO: 1. Língua, linguagem e fala; 1.1. O signo; 1.2. Suporte físico, significado e significação do direito positivo e da Ciência do Direito; 2. Semiótica e direito; 3. Teoria comunicacional do direito; 4. O direito como texto; 4.1. Texto e conteúdo; 4.2. Dialogismo – contexto e intertextualidade.

1. LÍNGUA, LINGUAGEM E FALA

Os conceitos de "língua", "linguagem" e "fala", tornam-se indispensáveis à Teoria do Direito quando tomamos seu objeto como um corpo de linguagem produzido dentro de um contexto comunicacional.

Sem a pretensão de uma análise mais rigorosa, mesmo porque esta não é a finalidade deste trabalho, dentre outras várias acepções, consideramos a língua como um sistema de signos em vigor em determinada comunidade, isto é, o código aceito e utilizado numa sociedade como instrumento de comunicação entre seus membros. Este código pode ser idiomático (ex: o português, o francês, o inglês, o alemão, etc.) ou não-idiomático (ex: expressão corporal, vestuário, mobiliário, arquitetura, pintura, música, etc.), desde que se preste à comunicação entre sujeitos[157].

Enquanto sistema convencional de signos, a língua é uma instituição social, isto significa que atos individuais isolados não têm o condão de modificá-la, sua alteração pressupõe uma evolução histórica[158]. Apesar de ser social, a língua é um depósito que está dentro de nós, imerso no inconsciente humano como um sistema de signos e de regras de utilização destes signos.

A diferença entre língua e fala aparece na obra de FERDINAND DE SAUSSURE. Segundo o linguista, consiste a fala num ato individual de seleção e atualização da língua[159]. Seleção porque por meio dela o homem escolhe, dentre a infinidade de signos e regras contidos em seu inconsciente (língua), as palavras e as relações a serem estabelecidas entre elas, de forma que lhe parece mais apropriada. E atualização porque ao utilizar-se deste ou daquele signo, bem como desta ou daquela estruturação os mantém presentes, como elementos de uma língua.

Enquanto a língua caracteriza-se como uma instituição social, depositada no nosso inconsciente dentro de um processo histórico-evolutivo, a fala tem caráter pessoal, ela traz consigo a "individualidade" manifesta nas escolhas daquele que se utiliza da língua. A língua é algo estático que se movimenta (transforma) por meio da fala. Já a fala é algo dinâmico, ela é a língua em movimento.

É com a prática da fala que a língua vai sendo depositada dentro de nós e que ela se mantém viva no seio de uma sociedade. Enquanto a língua com suas regras e signos determina

---

157. Para o estudo do direito interessa-nos a língua idiomática.

158. Diferente da língua é a sua gramática (da língua idiomática), consistente nas regras que a convencionam. A gramática de uma língua pode ser alterada de um dia para outro, não a língua.

159. *Curso de linguística geral*, p. 18.

a fala, as seleções da fala vão consolidando e modificando as convenções sígnicas da língua, de modo que é impossível compreendê-las dissociadamente.

A linguagem é o produto da fala, é o resultado da utilização da língua por um sujeito. De modo mais abrangente podemos dizer que ela é a "capacidade do ser humano para comunicar-se por intermédio de signos, cujo conjunto sistematizado é a língua"[160]. Neste sentido, língua, fala e linguagem são conceitos conexos, tão interligados que por vezes utilizamos o termo "linguagem" para referirmo-nos tanto à língua, quanto à fala. Mas, por apreço à diferenciação, em termos mais simples, sintetiza-se que a língua é a linguagem sem a fala e a fala é a linguagem sem a língua.

1.1 O signo

Falar em língua, linguagem e fala remete-nos a outro termo: o signo. Num conceito mais genérico, o signo é tudo que representa algo para alguém, um objeto, um desenho, um dado físico, um gesto, uma expressão facial, etc. Num conceito mais específico, adotando-se as terminologias de EDMUND HUSSERL, o signo é uma relação triádica entre: (i) um *suporte físico*; (ii) um *significado*; e (iii) uma *significação*[161].

O suporte físico é a parte material do signo, apreendida pelos nossos sentidos, aquilo com o qual temos contato fisicamente (ex: os gestos da mímica; as ondas sonoras da fala, as marcas de tinta no papel da escrita, as roupas do vestuário, etc.). Ele refere-se a algo que está no mundo (concreto,

---

160. *Direito tributário, linguagem e método*, p. 32.

161. Há um grande descompasso entre os autores a respeito das denominações atribuídas aos termos (elementos) do signo e ao fato de ser tal relação triádia ou bilateral. CARNAP utiliza-se da terminologia *indicador* e *indicado*; SAUSSURE *significante* e *significado*; UMBERTO ECO *significante, referente* e *significado*; PEIRCE *signo, objeto* e *interpretante*; MORIS *veículo sígnico, denotatum* e *designatum* (PAULO DE BARROS CARVALHO, *Apostila de Lógica Jurídica do Curso de Pós-Graduação da PUC-SP*, p. 12-13).

imaginário, subjetivo, empírico, atual, passado ou futuro), denominado de seu significado, entendido como a representação individualizada do suporte físico. E suscita na mente de quem o interpreta uma noção, ideia ou conceito, que é sua significação[162].

A palavra "gato", por exemplo, é um signo: As marcas de tinta "G A T O" gravadas no papel é o seu *suporte físico*. Este suporte físico refere-se a uma realidade individualizada, por nós conhecida como "um mamífero, domesticado, da espécie dos felinos" – seu *significado*. E, suscita na mente de quem o lê e o interpreta um conceito (ideia), variável de pessoa para pessoa, de acordo com os valores inerentes a cada um, que é a sua *significação*.

A ilustração abaixo ajuda-nos a visualizar melhor esta noção de signo:

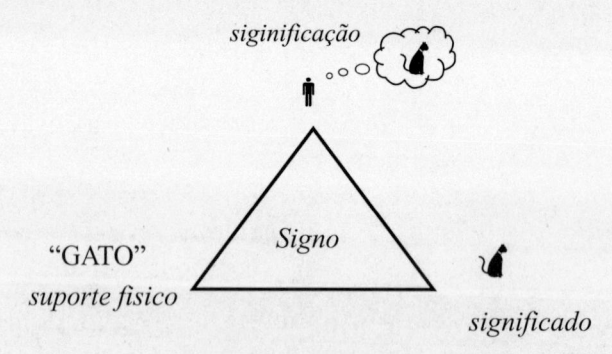

siginificação

"GATO"
suporte físico

Signo

significado

Explicando: A palavra "GATO" que está no papel é o suporte físico; o "gato" animal (🐈) é seu significado; e o "gato" que aparece na nossa cabeça quando lemos a palavra é sua significação. O signo, nesta concepção, é um *suporte físico* que se associa a um *significado* e que suscita uma *significação*, compondo o que se denomina de *triângulo semiótico*, uma relação entre esses três elementos.

---

162. PAULO DE BARROS CARVALHO, *Direito tributário, linguagem e método*, p. 33-34.

Trabalhando com os pressupostos do giro-linguístico (fixados no capítulo I deste trabalho) a ideia de significação e significado se misturam, pois a realidade a que se refere qualquer suporte físico é construída pelo intérprete e, portanto, sempre condicionada às suas vivências[163]. Da mesma forma, tanto o significado, quanto a significação, materializam-se noutros suportes físicos, já que nenhuma realidade existe senão pela linguagem. Mas justamente por ser o signo uma relação, todos estes conceitos estão intimamente ligados, de modo que um influi diretamente na existência do outro[164]. Todo suporte físico suscita uma interpretação (significação), que constitui uma realidade como seu significado, esta realidade, por sua vez, é também uma linguagem, materializa-se num suporte físico, que suscita outra interpretação (significação), numa semiose sem fim[165].

Os signos podem ser de várias espécies. Muitos são os autores e inúmeras são as classificações empregadas para diferenciá-los. Dentre elas, destaca-se a proposta de CHARLES S. PEIRCE, que separa os signos em três tipos de acordo com a relação estabelecida entre o suporte físico e seu significado: (i) índice; (ii) ícone; e (iii) símbolo[166]. O índice mantém vínculo físico (natural) com o objeto que indica (ex: fumaça é índice de fogo; febre é índice de infecção). O ícone tenta reproduzir o objeto que representa (ex: foto; caricatura; filme; pintura).

---

163. O significado de "fazenda", por exemplo, depende da minha significação de "fazenda", pois sem ela, a fazenda (objeto representado pelo signo) não existe para mim.

164. É, por isso, que alguns autores preferem explicar o signo como uma relação diádica (na terminologia de SAUSSURE, *significante* – no lugar de "suporte físico"; e *significado*). Outros se utilizam da diferenciação entre "significado denotativo" e "significado conotativo". O primeiro desprovido de valor; e o segundo articulando às vivências do intérprete (ROLAND BARTHES, *A retórica da imagem*, p. 41). O pôr do sol (*suporte físico*), por exemplo, denota o fim de mais um dia, mas pode conotar saudade, serenidade, solidão, dependendo de quem o interpreta. Preferimos não trabalhar com tal diferenciação, pois utilizamos "denotação" e "conotação" em outro sentido.

165. "Semiose" aqui entendida como o processo de um signo gerar outro.

166. PAULO DE BARROS CARVALHO, *Direito tributário, linguagem e método*, p. 35.

E, o símbolo é um signo arbitrariamente construído, a relação que seu suporte físico mantém com o objeto que representa é imposta de forma convencional pelos membros de uma sociedade (ex: placas de trânsito; palavras; sinais luminosos; bandeiras; brasões de família). Para nós, interessa os signos desta última espécie (os símbolos), pois são eles, na forma idiomática escrita (palavras[167]), que constituem nosso objeto de estudo, o direito positivo.

Mas o que nos interessa fixar neste tópico é a premissa de que toda linguagem compõe-se, invariavelmente, por estes três elementos: *suporte físico*, *significado* e *significação*, inerentes aos signos que a constitui. Imersos na concepção do giro-linguístico de que vivemos num mundo de linguagem, sendo o signo uma relação (entre um suporte físico, um significado e uma significação) e a linguagem um conjunto estruturado de signos, em última instância, podemos afirmar que vivemos num mundo de relações, relações entre significados, significações e suportes físicos.

1.2 Suporte físico, significado e significação do direito positivo e da Ciência do Direito

Sendo constituídos por linguagem, tanto o direito positivo, quanto à Ciência do Direito consubstanciam-se num conjunto estruturado de signos. Os signos do direito positivo, no entanto, diferenciam-se dos signos da Ciência do Direito e estas diferenças se reforçam quando examinamos os elementos do triângulo semiótico de cada uma destas linguagens.

O direito positivo, enquanto corpo de linguagem voltado à região das condutas intersubjetivas, com a finalidade de implementar certos valores almejados pela sociedade, tem como suporte físico os enunciados prescritivos que o compõem materialmente (ex: artigos, incisos e parágrafos de uma

---

167. CHARLES SANDES PEIRCE ensina: "todas as palavras, sentenças, livros e outros signos convencionais são símbolos". (*Semiótica e filosofia*, p. 126).

lei). Tais enunciados reportam-se à conduta humana, mais especificamente às relações intersubjetivas, que é seu significado. E, suscitam na mente daqueles que os interpretam a construção de normas jurídicas, que se constituem na sua significação.

Diferentemente, a Ciência do Direito, enquanto corpo de linguagem voltado ao direito positivo com finalidades cognitivas, tem como suporte físico os enunciados descritivos que a compõem materialmente (ex: linhas e parágrafos de um livro de doutrina). Tais enunciados reportam-se ao direito positivo, que é seu significado. E, suscitam na mente de quem os interpreta uma série de proposições descritivas (ex: juízos do tipo "S é P" construídos na mente de um aluno de direito quando da leitura de um livro de doutrina – "a regra do art. 121 do Código Penal prescreve que se matar alguém deve ser a pena de reclusão"). A ilustração abaixo permite uma melhor comparação:

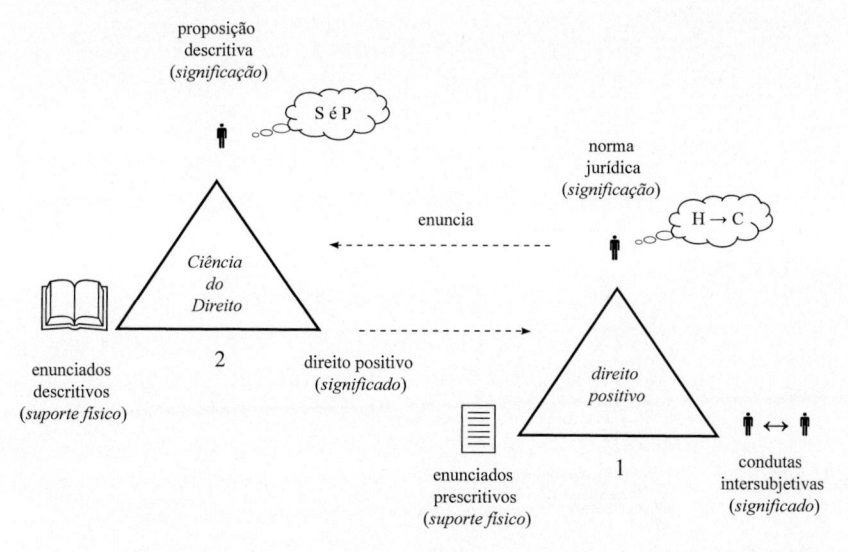

Explicando: A figura triangular 1 representa o direito positivo enquanto signo, seu suporte físico são os enunciados prescritivos (▤), que têm como objeto (significado) as condutas intersubjetivas (🯅 ≪ 🯅) e sua significação são as normas jurídicas construídas na mente daqueles que os interpreta (H→C). Quando quem interpreta enuncia na forma descritiva as significações construídas de modo sistemático e mediante um método próprio (operação identificada no gráfico pela seta pontilhada superior), produz outro signo, a Ciência do Direito, (representado pela figura triangular 2). Seu suporte físico materializa-se na forma de enunciados descritivos (📖), que tem como objeto (significado) o direito positivo (como indica a seta pontilhada inferior, em direção ao triângulo semiótico 1) e sua significação são as proposições descritivas construídas na mente daqueles que os interpreta (S é P). Logo temos: (i) no signo direito positivo, os textos de lei como suporte físico; as condutas intersubjetivas por ele reguladas como significado; e as normas jurídicas como significação; e (ii) no signo Ciência do Direito, os livros doutrinários, as ondas sonoras produzidas numa conferência como suporte físico; o direito positivo como significado; e as proposições descritivas como significação.

A afirmação feita linhas acima, de que significação e significado se misturam, dado que a realidade (significado) a que se refere qualquer suporte físico acaba sendo aquela construída pelo intérprete (significação), é reforçada no exemplo desta ilustração. Nota-se que, a significação do direito acaba por determinar o seu significado, ou seja, o modo como as relações intersubjetivas são disciplinadas. A "realidade" jurídica à qual o enunciado prescritivo faz referência acaba sendo aquela construída pelo intérprete. Da mesma forma, a interpretação da doutrina pelo aluno (significação) influi no modo como a realidade "direito positivo" para ele se apresenta. São todos conceitos interligados e, por isso, tão fáceis de serem misturados.

2. SEMIÓTICA E DIREITO

Semiótica é a Teoria Geral dos Signos, é a Ciência que se presta ao estudo das unidades representativas do discurso. Por ser materializado em linguagem, cuja unidade elementar é o signo, a Semiótica aparece como uma das técnicas mediante a qual o direito positivo pode ser investigado.

Conforme leciona PAULO DE BARROS CARVALHO, PEIRCE e outro americano – CHARLES MORRIS – distinguem três planos na investigação dos sistemas sígnicos: (i) sintático; (ii) semântico; (iii) pragmático[168]. No plano sintático, estudam-se as relações dos signos entre si, ou seja, os vínculos que se estabelecem entre eles quando estruturados num discurso. No plano semântico, são examinadas as relações do signo com a realidade que ele exprime (suporte físico e significado). E no plano pragmático, a atenção se volta às relações dos signos com seus utentes de linguagem, isto é, ao modo como os emissores e os destinatários lidam com o signo no contexto comunicacional.

A sintaxe da língua portuguesa, por exemplo, analisa as relações das palavras na frase e das frases no discurso. A semântica preocupa-se com o significado destas palavras e frases. E a pragmática examina o modo pelo qual as pessoas se utilizam destas palavras e frases na realização para se comunicarem.

Aplicando esta técnica ao direito positivo, o estudo de seu plano sintático, que tem a Lógica como forte instrumento, permite conhecer as relações estruturais do sistema e de sua unidade, a norma jurídica. O ingresso no seu plano semântico possibilita a análise dos conteúdos significativos atribuídos aos símbolos positivados. É nele que lidamos com os problemas de vaguidade, ambiguidade e carga valorativa das palavras e que estabelecemos a ponte que liga a linguagem normativa à conduta intersubjetiva que ela regula. E as investidas de ordem pragmática permitem observar o modo como os sujeitos utilizam-se da linguagem jurídica para implantar certos valores almejados socialmente. É nele que se investiga o manuseio dos textos pelos tribunais, bem como questões de criação e aplicação de normas jurídicas[169].

---

168. *Direito tributário, linguagem e método*, p. 36.
169. *Curso de direito tributário*, p. 98.

Em suma, o ângulo sintático conduz a uma análise estrutural, o semântico a uma análise conceitual (de conteúdo) e o plano pragmático a uma análise do uso da linguagem jurídica. Cada um destes planos caracteriza-se como um ponto de vista sobre o direito, de modo que para conhecê-lo devemos percorrer todos eles.

O uso da Semiótica como técnica metodológica favorece o estudo analítico. Não podemos esquecer, no entanto, que esta perspectiva está sempre envolta por critérios ideológicos delimitados pelas vivências do intérprete, principalmente no que diz respeito aos planos semânticos e pragmáticos, o que só reforça nossas convicções a respeito da propriedade do método hermenêutico-analítico empregado no estudo do direito positivo.

3. TEORIA COMUNICACIONAL DO DIREITO POSITIVO

Até agora tratamos do direito positivo como um corpo de linguagem prescritiva, não podemos esquecer, no entanto, que esta linguagem encontra-se inserida num contexto comunicacional, apresentando-se, assim, como um fenômeno de comunicação. O direito, sob este ponto de vista, é um sistema de mensagens, insertas num processo comunicacional, produzidas pelo homem e por ele utilizadas com a finalidade de canalizar o comportamento inter-humano em direção a valores que a sociedade almeja realizar. Mas o que nos interessa, agora, é saber porquê o direito positivo se manifesta linguisticamente. Por que o direcionamento de condutas intersubjetivas se dá no plano comunicacional? E o que implica esta tomada de posição.

Como já vimos (no capítulo II deste trabalho) o direito é um objeto cultural, que se materializa na forma idiomática escrita. O que, por vezes, bloqueia-nos de vê-lo assim é o fato dele ser um instrumento de intervenção social e não de intervenção no mundo físico. Esta dificuldade também se revela porque muitos não se atentam para a separação entre os sistemas do direito positivo e da realidade social, não o enxergando como uma linguagem prescritiva que toma como objeto a linguagem social, a fim de manipulá-la. Sem esta separação o direito positivo é visto como um objeto natural, que nasce e se modifica conforme surgem e se transformam as diversas relações humanas, ou então, como objeto ideal, uma espécie de vetor agregado ao homem que o direciona ao justo.

Tendo em conta ser o sistema social constituído por atos de comunicação, sabemos que as pessoas só se relacionam entre si quando estão em disposição de se entenderem, quando entre elas existe um sistema de signos que assegure a interação. Sob este referencial, logo percebemos que não há outra maneira a ser utilizada pela sociedade, para direcionar relações inter-humanas, que não seja por atos de comunicação. Impor formas normativas ao comportamento social só é possível, neste sentido, mediante um processo comunicacional, com a produção de uma linguagem própria, que é a linguagem das normas. Ganha força, aqui, a observação de **LOURIVAL VILANOVA** sempre lembrada por **PAULO DE BARROS CARVALHO**: *Altera-se o mundo físico mediante o trabalho e a tecnologia, que o potencia em resultados. E altera-se o mundo social mediante a linguagem das normas, uma classe da qual é a linguagem do direito*[170]. Neste sentido, é que entendemos o direito como fenômeno comunicacional (subsistema do sistema social).

Especificando o conceito geral que fixamos quando tratamos da teoria dos sistemas, de acordo com ROMAN JAKOBSON, a "comunicação" é a "transmissão, por um agente emissor, de uma mensagem, veiculada por um canal, para um agente receptor, segundo código comum e dentro de um contexto"[171]. O autor identifica seis elementos do processo comunicacional: (i) remetente, que envia a mensagem; (ii)

---

170. *As estruturas lógicas e o sistema do direito positivo*, p. 34.
171. *Linguística e comunicação*, p. 123.

destinatário, que a recebe; (iii) a mensagem; (iv) um contexto que a envolve, comum ao remetente e ao destinatário; (v) um código, também comum ao remetente e ao destinatário, no qual ela se verbalize (vi) um contato, canal físico que conecte o receptor ao destinatário. A estes seis elementos PAULO DE BARROS CARVALHO adiciona mais um: (vii) a conexão psicológica entre emissor e receptor[172]. Na falta de um deles a comunicação não se instaura, de modo que não há sociedade e nem direito.

A ilustração abaixo representa o processo comunicativo e seus elementos[173]:

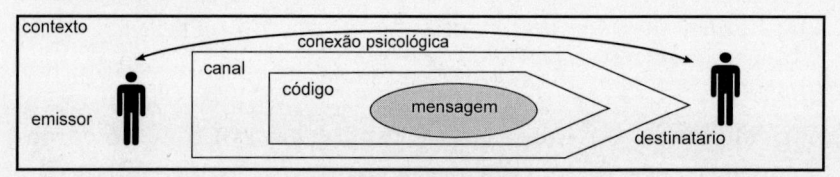

Explicando: Um sujeito emissor, por meio de um canal físico (ex: papel, ondas sonoras, mãos), mediante um código devidamente estruturado (ex: língua portuguesa) emite uma mensagem (a ser decodificada) a outro sujeito (destinatário), ao qual se encontra psicologicamente conectado, inserido no seu contexto histórico-cultural. A mensagem é possível de ser decodificada e compreendida pelo destinatário por ser o código comum, por ele e o emissor vivenciarem o mesmo contexto e por estarem conectados psicologicamente. Conforme representa a figura, a mensagem (forma oval) está "imersa" no código (forma retangular pontiaguda mais escura, direcionada ao destinatário) e este "imerso" (gravado) no contato ou canal (forma retangular pontiaguda mais clara, direcionada ao destinatário), todos eles, bem como emissor e destinatário inserem-se no contexto (forma retangular que envolve toda a representação) e estes dois últimos mantêm uma conexão psicológica (flexa arcada superior).

---

172. *Direito tributário, linguagem e método*, p. 166-167.
173. ULISSES INFANTE, *Do texto ao texto*, p. 214.

Aplicando estes conceitos ao direito positivo temos: o agente competente como emissor; os sujeitos das prescrições como destinatários; a norma jurídica como a mensagem; as circunstâncias histórico-culturais que envolvem emissor e receptor como contexto; a concentração subjetiva de ambos na expedição e recepção da mensagem como a conexão psicológica; a língua portuguesa como código comum; o diário oficial, enquanto suporte físico, onde se encontram gravadas as palavras na forma de marcas de tintas no papel, como o canal que estabelece a conexão entre emissor e destinatário.

Logo percebemos que sem um destes elementos o direito não existe. Retira-se o agente competente (emissor) e a mensagem nem é produzida (não há codificação). Retira-se o destinatário e a mensagem perde a sua função, pois não haverá transmissão. Sem o canal não há contato entre emissor e destinatário e a mensagem também não é transmitida (não há suporte físico para que ela se materialize). Sem um contexto e uma conexão psicológica duas pessoas não se conectam, se há conexão é porque esta se deu em alguma circunstância histórica e porque há um vínculo psicológico unindo duas pessoas. Se o código não é comum torna-se impossível a decodificação e a mensagem não aparece. Nestes termos o direito é comunicação e é por este motivo que GREGORIO ROBLES MORCHÓN propõe uma Teoria Comunicacional para o estudo do direito[174].

Ao observarmos o direito como um fenômeno comunicacional fica fácil de identificarmos e compreendermos os diversos enfoques que podem ser dados ao seu estudo. Se tomarmos como objeto a emissão da mensagem, teremos uma Teoria das Fontes do Direito, ou uma Teoria Política do Direito. Se nosso enfoque recair sobre o contexto, provavelmente produziremos uma Teoria Histórica do Direito. Se a analise tiver como objeto a conduta dos destinatários, a contribução cientifica será uma Teoria Sociológica do Direito e assim

---

174. *In Teoria del Derecho (fundamentos de teoria comunicacional del derecho).*

por diante. Mas como já vimos (no capítulo II), o estudo do direito positivo pressupõe a decodificação do código no qual ele se materializa e atém-se à mensagem legislada, pois é nela que se encontra o direcionamento dos comportamentos intersubjetivos.

Trabalhar o direito como conjunto de normas jurídicas, enquanto mensagem transmitida dentro de um processo comunicacional, também facilita compreendermos a dificuldade de sua concretização, dado os vários fatores que influem na codificação, transmissão e decodificação da mensagem e os obstáculos susceptíveis a cada etapa do processo comunicacional. Em primeiro lugar, a existência de uma mensagem jurídica pressupõe um emissor próprio, eleito pelo sistema como apto a produzir normas jurídicas. É preciso também que este emissor tenha capacidade para lidar com o código, ou seja, para estruturar-lhe de modo que seja compreendido pelo destinatário. A transmissão da mensagem pressupõe boa qualidade do canal. Se, por exemplo, as marcas de tinta estiverem borradas ou apagadas nada se transmite. No caso da mensagem jurídica ainda há uma especialidade, pois o direito prescreve o canal apropriado para veiculá-la. Outro obstáculo é o código, além da necessidade de ser comum ao emissor e receptor, ele deve estar bem estruturado. Além de tudo isso, a mensagem modifica-se de acordo com o contexto em que é decodificada e em razão de fatores vivenciais de seu destinatário. Uma teoria comunicacional do direito permite-nos esta visualização.

4. O DIREITO COMO TEXTO

Do processo comunicacional, o que temos acesso é o substrato linguístico, seu produto, base empírica para que o destinatário construa a mensagem emitida. A mensagem não vem pronta, como muitos pressupõem, ela é o sentido do código estruturado pelo emissor e só aparece na mente do destinatário, com sua decodificação. Até a ilustração reproduzida acima dá-nos a impressão de que o destinatário recebe a mensagem, como se ela viesse pronta, no entanto, o que acontece em qualquer processo comunicacional não é isso. O destinatário tem acesso apenas ao suporte fisco (canal ou contato), nele ele reconhece o código e mediante a existência de um contexto constrói a mensagem na forma de significação.

Com o direito positivo não é diferente. Tudo a que se tem acesso são palavras, um conjunto de signos devidamente estruturados na forma de textos e todo o esforço do destinatário volta-se para a construção do sentido destas palavras, para a decodificação do código e compreensão da mensagem legislada.

Ao conjunto estruturado de signos pelo qual se viabiliza a comunicação, dá-se o nome de linguagem (língua + fala). Daí a afirmação segundo a qual o direito positivo se manifesta em linguagem. Fisicamente ele se apresenta na forma idiomática escrita, é composto por signos arbitrariamente construídos e aceitos por convenções linguísticas (símbolos). Este é o seu dado empírico, por isso, qualquer estudo jurídico que se pretenda tem como ponto de partida e de retorno a linguagem.

Para sabermos, por exemplo, que regras jurídicas disciplinam as relações familiares, a compra e venda de bens, a constituição de uma sociedade, a contratação de funcionários, etc., temos que nos dirigir aos Códigos Civil, Comercial e à Consolidação de Leis Trabalhistas. E o que encontramos nos Códigos, e nas Leis senão um aglomerado de palavras gravadas num papel? Tudo a que temos acesso, na nossa experiência sensorial com o direito positivo, são palavras estruturadas em frases e sistematizadas na forma de textos. Assim sendo, *o trato com o direito positivo sempre nos conduz ao manejo de textos*[175].

Não há outra saída para o jurista, o aplicador, o advogado, o estudante de direito senão o manejo de textos. Quando o

---

175. GREGORIO ROBLES MORCHÓN, *Teoria del Derecho (fundamentos de teoria comunicacional del derecho)*, p. 69.

Poder Constituinte promulga a Constituição Federal, produz um texto, quando o legislador edita uma Lei produz um texto, quando a administração edita atos administrativos o faz mediante a produção de textos, quando o juiz sentencia, produz um texto, o advogado, ao peticionar, produz um texto, os particulares ao contratarem, também produzem um texto. A Constituição Federal, os Códigos, as Leis, os Decretos, as resoluções, portarias, atos administrativos, sentenças, acórdãos, contratos, regulamentos, etc., apresentam-se invariavelmente como textos. Logo, não há outro modo de lidar com o direito que não seja o trato com textos. É neste sentido que GREGORIO ROBLES MORCHÓN sustenta ser o "direito um grande texto composto de múltiplos textos parciais"[176].

No direito brasileiro estes textos são necessariamente escritos. Pensemos em qualquer manifestação jurídica e logo percebemos que ela se encontra reduzida a termo. Desde as manifestações mais complexas como a Constituição Federal e os compêndios legislativos até as mais simples como as resoluções e portarias se apresentam na forma de texto escrito, cuja função pragmática é direcionar comportamentos intersubjetivos.

4.1 Texto e conteúdo

Toda linguagem só assim o é porque tem um sentido. Se voltarmos nossa atenção ao texto, enquanto conjunto estruturado de símbolos, logo percebemos que ele comporta três ângulos de análise atinentes à ontologia relacional dos signos que o integram. Como já tivemos a oportunidade de estudar, ainda neste capítulo, os signos compõem-se de um substrato material, que tem natureza física e lhes serve de suporte (suporte físico); de uma dimensão ideal construída na mente daquele que o interpreta (significação); e de um campo de referencial, isto é, alusivo aos objetos por ele referidos com os

---

176. *Idem*, p. 70.

quais mantém relação semântica (significado). Ao compreendermos o texto como um conjunto de signos ordenados com o intuito comunicacional, facilmente podemos visualizar estes três ângulos de observação.

Dos três planos que compõem as relações sígnicas de um texto, aquele a que temos acesso é o seu suporte físico, que é a base para construção das significações e o dado referencial dos significados. É nele que as manifestações subjetivas do emissor da mensagem ganham objetividade e tornam-se intersubjetivas, vale dizer, se materializam e podem ser conhecidas (interpretadas) por outros.

O suporte físico de um texto é o seu dado material empírico. Na linguagem escrita são as marcas de tinta gravadas sobre um papel. É unicamente a estas marcas de tinta que temos acesso quando lidamos com os textos escritos e é a partir delas, por meio de um processo interpretativo, que construímos seu sentido. Aquele que não sabe manusear tais marcas e que não consegue associá-las a um significado, não é capaz de construir sentido algum, olha para aquele aglomerado de símbolos e só vê marcas de tinta sobre o papel. Isto nos prova duas coisas: (i) primeiro que o sentido não está no suporte físico, ele é construído na mente daquele que o interpreta; e (ii) segundo, que não existe texto sem sentido. Não existe um suporte físico ao qual não possamos atribuir uma significação. Se não houver a possibilidade de interpretá-lo, ou seja, de se construir um sentido, o suporte físico perde sua função e não podemos mais falar na existência de signos.

Atentando para esta unicidade PAULO DE BARROS CARVALHO faz uma distinção quanto ao uso do termo "texto". Por muitas vezes a palavra é utilizada para denotar o suporte físico, dado material ao qual temos acesso na construção do sentido, por outras vezes, a mesma palavra é utilizada para referir ao suporte físico e seu sentido. Verifica-se aqui, mais uma vez, o problema da ambiguidade que impregna o uso das palavras. Por exemplo, quando se diz: *"vamos interpretar o texto"* utiliza-se o termo "texto" na acepção de suporte físico, diferentemente, quando se diz: "*o texto é sobre direito positivo*", utiliza-se o mesmo termo na acepção de suporte físico mais sua significação.

Para resolver este problema o autor propõe uma simples, mas precisa, distinção entre *texto em sentido estrito* e *texto em acepção ampla*[177]. *Stricto sensu* o "texto" restringe-se apenas ao suporte físico, dado material tomado como base empírica para construção de significações (refere-se ao primeiro exemplo) aquilo que GREGORIO ROBLES denomina de "texto bruto"[178]. Já em *sentido amplo* de "texto" abrange sua implicitude, seu sentido (refere-se ao segundo exemplo).

Transportando estas considerações genéricas para a especificidade dos textos do direito positivo, percebemos estes dois planos: (i) do texto em sentido estrito, suporte físico, dado empírico do direito positivo; e (ii) do conteúdo normativo, composto pelas significações construídas na mente daquele que interpreta seus enunciados prescritivos.

A norma jurídica encontra-se no plano das significações, do conteúdo dos textos do direito positivo. Ela existe na mente humana como resultado da interpretação dos enunciados que compõem seu plano de expressão. Nos dizeres de PAULO DE BARROS CARVALHO *ela é exatamente o juízo (ou pensamento) que a leitura do texto provoca em nosso espírito*[179].

4.2 Dialogismo – contexto e intertextualidade

Todo texto (aqui utilizado na sua acepção ampla) é envolvido por um contexto, isto é, encontra-se inserido num processo histórico-social onde atuam determinadas formações ideológicas. Neste sentido, podemos dizer que não há texto sem contexto.

---

177. *Fundamentos jurídicos da incidência tributária*, p. 16.

178. *Teoria del derecho (fundamentos de teoria comunicacional del derecho)*, cap. 5. Conforme estudamos no cap. III, item 6 desta obra.

179. *Curso de direito tributário*, p. 8.

O contexto é formado por todos os enunciados com os quais um texto se relaciona. Nenhum texto é individual, todo discurso, inserto num processo comunicacional, independente de sua dimensão, mantém relação com outros discursos[180], pois, segundo os pressupostos com os quais trabalhamos, nenhum enunciado se volta para a realidade em si, senão para outros enunciados que os circundam. Neste sentido, todo texto (em acepção ampla) é atravessado, ocupado por textos alheios, de modo que para apreendermos seu sentido, não basta identificarmos o significado das unidades que o compõem (signos), é preciso perceber as relações que ele mantém com outros textos[181].

As relações de sentido que se estabelecem entre dois textos são denominadas de "dialogismo"[182]. Como todo texto é dialógico, isto é, mantém relações com outros textos, o dialogismo acaba sendo, nas palavras de JOSÉ LUIZ FIORIN, o princípio construtivo dos textos. Construímos um enunciado a partir de outros enunciados e ele é compreendido porque mantém relação dialógica com outros enunciados.

Qualquer relação dialógica é denominada intertextualidade. O direito positivo como texto, relaciona-se cognoscitivamente com outros sistemas (social, econômico, político, histórico, etc.), que também são linguísticos. Há, neste sentido, uma intertextualidade externa (contexto não-jurídico) muito importante, pois, apesar do foco da análise jurídica não recair sobre seu contexto histórico-social, é esta relação dialógica que molda as valorações do intérprete. Como sistema, as unidades do direito positivo também se relacionam entre si. Há, neste sentido, uma intertextualidade interna (contexto jurídico), na

---

180. Na Semiótica o termo "texto" é empregado para denotar o plano de expressão, enquanto o termo "discurso" é utilizado para denotar o plano de conteúdo (Diálogos com Barkhin – ed. UFPR – p. 32).

181. JOSÉ LUIZ FIORIN, *Introdução ao pensamento de Barkhin*, p. 23.

182. Podemos diferençar dois tipos de dialogismo: (i) o que se estabelece ente o texto produzido pelo emissor da mensagem e o construído pelo intérprete; (ii) o que se estabelece entre o texto e todos os outros que informam seu conteúdo.

qual se justificam e fundamentam todas as construções significativas da análise jurídica.

Atento à separação entre texto e contexto, PAULO DE BARROS CARVALHO chama atenção para a possibilidade de termos dois pontos de vista sobre o texto: (i) um interno; e (ii) outro externo. "Fala-se numa análise interna, recaindo sobre os procedimentos e mecanismos que armam a estrutura do texto, e numa análise externa, envolvendo a circunstância histórica e sociológica em que o texto foi produzido"[183]. A primeira análise tem como foco o texto como produto do processo comunicacional e a segunda recai sobre o texto enquanto instrumento de comunicação entre dois sujeitos, abarcando as manifestações linguísticas e extralinguísticas que o envolvem.

Transpondo tais considerações para o direito positivo temos que: (i) uma análise interna leva em conta seu contexto jurídico; e (ii) uma análise externa seu contexto não jurídico. Nossa proposta é uma análise interna do texto jurídico. O contexto histórico-social em que se encontra envolvida sua produção exerce total influência na construção das significações jurídicas, mas não é ele que nos serve como base para construção destas significações. Nossa forma de estudar o direito, conforme já propunha KELSEN[184], isola as manifestações normativas e as desassocia de qualquer outra espécie de manifestação que não seja jurídica. É, portanto, uma análise interna aos textos jurídicos. No entanto, tal análise não foge à noção externa. Para concebermos o direito como ele é (numa visão culturalista), não podemos ignorar a existência de seu contexto, mesmo que a análise sobre ele não recaia. Sem a contextualização, não há como dizer qual é o direito, porque para o compreendermos atribuímos valores ao seu suporte físico, e os valores são imprescindíveis de historicidade.

---

183. *Fundamentos jurídicos da incidência tributária*, p. 16.

184. *Teoria pura do direito*, p. 1.

Questões:

1. Diferencie: (i) língua, (ii) linguagem, (iii) fala.

2. Que é signo? Diferencie (i) suporte físico; (ii) significado; (iii) significação utilizando um exemplo.

3. Quais as espécies de signos? Dê exemplos.

4. Identifique o suporte físico, o significado e a significação do direito positivo e da Ciência do Direito.

5. Qual a relação entre Semiótica e direito?

6. Em que constituem os planos sintático, semântico e pragmático de uma linguagem? Identifique tais planos no direito positivo.

7. Em que se constitui um Teoria Comunicacional do Direito?

8. Quais os elementos da comunicação? Identifique-os no direito positivo.

9. Quais as consequências de tratar o direito como texto?

10. Diferencie: (i) texto em sentido estrito; e (ii) texto em sentido amplo.

11. Que é dialogismo? Explique a intertextualidade e a intratextualidade jurídica.

Capítulo VI
O DIREITO E A LÓGICA

SUMÁRIO: 1. Lógica e linguagem; 1.1. Enunciado e proposição 1.2. Formalização da linguagem; 1.3. Fórmulas lógicas; 1.4. Operações lógicas; 2. A lógica como instrumento para o estudo do direito; 3. Os mundos do "ser" e do "dever-ser"; 3.1. Causalidade e nexos lógicos; 3.2. Causalidade física ou natural e causalidade jurídica; 3.3. Leis da natureza e leis do direito; 4. Modais aléticos e deônticos; 5. O caráter relacional do "dever-ser"; 6. O direito e sua redução lógica – modais deônticos e valoração da hipótese normativa.

1. LÓGICA E LINGUAGEM

O termo "lógica" (do grego *logiké*) pode ser utilizado em pelo menos duas acepções: (i) Ciência; e (ii) sistema linguístico estrutural. Enquanto ciência, a Lógica estuda a estruturação e métodos do raciocínio humano, ou seja, a forma como se dá a estruturação de uma linguagem. Raciocinar, como já vimos (no capítulo I), "consiste em manipular a informação disponível – aquilo que sabemos, ou supomos ser verdadeiro – e construir consequências disso, obtendo informação nova"[185].

---
185. CEZAR A. MORTARI, *Introdução à lógica*, p. 4.

A lógica cuida deste processo, mas a ela não cabe dizer como se dá o raciocínio, o que compete à Psicologia, ela cuida das estruturas formais do pensamento[186]. Enquanto linguagem (língua), a lógica é um sistema de significação dotado de regras sintáticas rígidas, cujos signos apresentam um e somente um sentido, que tem por função reproduzir as relações estabelecidas entre os termos, proposições e argumentos de outra linguagem, a qual denominamos de linguagem-objeto. Neste sentido, a lógica é sempre metalinguagem.

Sabendo-se que o pensamento humano encontra-se indissociavelmente atrelado à linguagem, mais acertado é dizer que a Lógica (enquanto ciência) cuida das estruturas formais de outra linguagem. Como bem ensina PAULO DE BARROS CARVALHO, "não há lógica na floresta, no fundo dos oceanos ou no céu estrelado: torna-se impossível investigarmos entes lógicos em qualquer outra porção da existência real que não seja um fragmento de linguagem"[187]. Neste sentido, a lógica (enquanto ciência ou linguagem) pressupõe sempre uma linguagem que é seu ponto de partida (objeto) epistemológico.

As fórmulas lógicas (elementos da linguagem lógica), representativas da estrutura de certa linguagem (objeto), segundo as categorias de EDMUND HUSSERL, enquadram-se na região ôntica dos objetos ideais. Não têm existência concreta, real; não estão na experiência e são axiologicamente neutras.

Apesar de só serem percebidas onde houver manifestação linguística, não nos deparamos com as fórmulas lógicas no contado mediato com o dado físico de uma linguagem. Elas são construídas, mentalmente, mediante um processo que denominamos de "formalização". Para entendermos, no

---

186. O objetivo inicial da Lógica, criada por Aristóteles (384-322 a. C.), era a análise de argumentos, produzidos pelo processo de inferência, com o uso por Frege (1848 – 1925) de linguagens artificiais a lógica contemporânea ampliou seu âmbito de atuação e passou a ter outros usos como, por exemplo, a representação formal das significações de uma linguagem, passando a ser denominada como "lógica simbólica".

187. *Apostila do curso de teoria geral do direito*, p. 10.

entanto, tal processo é preciso, primeiramente, estabelecermos a diferença entre "enunciado" e "proposição".

1.1 Enunciado e proposição

Enunciado é a expressão linguística, produto da atividade psicofísica de enunciação, são sentenças (frases) formadas pelo conjunto de fonemas e grafemas devidamente estruturados que tem por finalidade transmitir um conteúdo completo, num contexto comunicacional. Em outros termos, enunciado é uma forma física que, por exemplo, na linguagem escrita, manifesta-se numa sequência de palavras (símbolos) gramaticalmente estruturadas, com o pretexto de serem significativas de um conteúdo completo (ex: "o dia está ensolarado"; "a indenização mede-se pela extensão do dano" – art. 944, CC).

As palavras podem ser combinadas para formar diversas expressões linguísticas, enunciados e textos, mas nem toda sequência de vocábulos é um enunciado. O que determina quais sequências de palavras de uma língua constituem enunciados é a sua gramática – conjunto de regras que prescrevem a forma como se pode combinar os termos de uma língua. Assim, por exemplo, o seguinte conjunto de palavras "pela mede-se indenização a dano do extensão", não constitui um enunciado, isto porque, não obedecendo as regras gramaticais nenhuma sequência de palavras é capaz de transmitir um conteúdo completo dentro de um contexto comunicacional.

Embora intimamente relacionados, muito diferente do enunciado é a proposição, tomada como conteúdo do enunciado, o sentido que lhe é atribuído, ou seja, aquilo que construímos em nossa mente quando o interpretamos. Como suporte físico, o enunciado refere-se "a algo do mundo exterior, de existência concreta ou imaginária, atual ou passada, que é o seu significado; e suscita em nossa mente uma noção, ideia ou conceito, que chamamos de significação"[188]. Apesar de am-

---
188. PAULO DE BARROS CARVALHO, *Língua e linguagem* (Apostila de Lógica Ju-

bos estarem totalmente vinculados, pois não há conteúdo sem suporte físico, diferentemente dos enunciados que são dados materiais, presentes no mundo experimentável, as proposições são objetos conceptuais, que estão em nossa mente e, assim sendo, não têm natureza física.

Tomando a proposição como a significação que construímos a partir da leitura de um enunciado, temos que de uma mesma sequência de palavras podemos construir inúmeras proposições diferentes, dependendo dos valores atribuídos a cada um de seus termos. Por exemplo, do enunciado "é proibido usar trajes de banho" podemos construir a significação de que "deve-se usar uma roupa mais composta", ou de que "não se deve usar roupa alguma". Da mesma forma, duas sequências de palavras diferentes também podem dar ensejo à mesma proposição, como por exemplo, os enunciados "ligue o ar condicionado" e "o ar condicionado está ligado?". Assim, não há relação entre o número de enunciados com o número de proposições. Porém, a cada enunciado corresponde ao menos uma proposição, caso contrário, não se trata de enunciado, pois estes só se caracterizam como tal por estimularem intelectualmente a construção de um sentido completo.

Há de se ressaltar que a proposição, é uma significação mais complexa do que aquela referente a um termo isolado. Os termos, ou palavras, são expressões físicas de ideias, noções, ou conceitos, que, por sua vez, se constituem como significações, por serem construções da mente humana que têm como base certo suporte físico. A significação de um termo isolado consubstancia-se numa ideia, ou melhor dizendo, no conceito de tal termo. A significação de um enunciado, por sua vez, consubstancia-se um juízo, o qual denominamos de proposição. O juízo (proposição) aparece em nossa mente, quando associamos ideias e somos capazes de julgar afirmativa ou negativamente tal associação.

---

rídica), p. 4.

A Lógica está voltada às estruturas proposicionais, para o modo como as ideias se relacionam na composição dos juízos e como estes se vinculam na constituição dos raciocínios e não para a forma dos enunciados, cuja análise estrutural compete à Gramática, não à Lógica. Por analogia, podemos então dizer que a Lógica está para a proposição assim como a Gramática de uma língua está para o enunciado.

1.2 Formalização da linguagem

Chegamos às estruturas lógicas por meio da formalização da linguagem objeto, processo mediante o qual os conteúdos significativos específicos das palavras são substituídos por signos convencionalmente estabelecidos, que não denotam um ou outro objeto específico, mas um conceito abstrato, não a vinculando a qualquer significado (objeto). Num primeiro momento o lógico se depara com os enunciados componentes do plano de expressão da linguagem objeto. A partir destes enunciados constrói proposições e depois, abstrai o conteúdo proposicional, substituindo os signos idiomáticos por símbolos arbitrariamente escolhidos, cujo único requisito repousa na univocidade. Assim, chega-se à estrutura da linguagem, que até então se encontrava encoberta pelas palavras e seus conteúdos significativos.

O processo de formalização, mediante o qual chegamos à estrutura de uma linguagem, não se confunde com a generalização, atividade por meio da qual se constrói uma conclusão sobre todos os fatos de uma dada matéria. Na generalização, o observador manipula conteúdos significativos, constantes e uniformes: não abandona, em momento algum, o domínio do objeto, não se desprende da irradiação semântica das palavras, permanecendo no campo dos conteúdos materiais. Se o objeto delimitado, por exemplo, for o direito positivo, sai o sujeito cognoscente pesquisando, de especificidade em especificidade, conceitos que se repetem, até identificar os traços gerais integrantes do todo, sem jamais ultrapassar os limites materiais do direito positivo. O intuito é criar um enunciado conclusivo explicativo dos fenômenos examinados e válidos para explicar aqueles ainda não submetidos à experiência. Formalizar, entretanto, é algo bem diferente. Neste processo, deixa-se de lado os conteúdos significativos das palavras e dá-se um salto para o território da estrutura da linguagem, composta por fórmulas lógicas, o sujeito cognoscente abandona o campo de irradiação semântica das palavras, para lidar com o campo sintático das relações entre as ideias e proposições do discurso.

Também não se confunde a formalização com o processo de abstração isoladora utilizada para conhecer, admirar e identificar qualquer objeto. Neste último, a mente humana provoca um corte metodológico, separando cognoscitivamente a inseparável heterogeneidade do mundo que o cerca. Ao observar um problema na coluna de um paciente, por exemplo, o médico faz uma abstração conceitual, isolando-a de todos os demais órgãos do corpo humano, dos objetos a ele agregados, como roupas e acessórios e de todos os demais que lhe são perceptíveis naquela circunstância, recolhe somente a coluna, a separando de todo o resto, como se isso fosse possível. A abstração conceitual se estabelece no nível proposicional (de conteúdo), é o isolamento de propriedades que delimitam o objeto, diferente da formalização, ou também denominada de abstração lógica, onde o sujeito cognoscitivo, ao substituir os conteúdos significativos de uma linguagem por constantes e variáveis, ingressa em outro plano, o das fórmulas lógicas, responsáveis pela estruturação da linguagem.

O percurso da formalização consubstancia-se, assim, na substituição dos termos ou enunciados da linguagem tomada como objeto, por símbolos de significação unívoca, denominados *variáveis* e *constantes*.

Nos termos da Lógica Alética, as *variáveis* são símbolos, representativos dos conteúdos significativos da linguagem tomada como objeto, substituíveis por diversos valores de qualquer campo do conhecimento (físico, social, musical, inclusive jurídico)[189] e as *constantes* exercem funções operatórias fixas, são conectivos que atuam sobre as variáveis, representativo das relações entre significações na formação das proposições e entre proposições na formação do raciocínio, sendo insubstituíveis por símbolos denotativos de objetos. As *constantes*, conhecidas também como "conectivos lógicos", "operadores" ou "functores" podem ser monádicas, quando afetam só uma forma, ou diádicas, quando atuam sobre duas formas conjuntamente, estabelecendo relação entre elas na formação de estruturas mais complexas. Além das *variáveis* e *constantes*, na formalização de uma linguagem, utiliza-se como símbolos auxiliares parênteses "( )", colchetes "[ ]", chaves "{ }" e barras "| |", exatamente nesta sequência, para esclarecer os conectivos dominantes e evitar ambiguidade quando dos agrupamentos simbólicos.

Um exemplo melhor esclarece como se dá a formalização de uma linguagem. Partindo do enunciado: "todos os cisnes são brancos", constrói-se o conteúdo proposicional e, arbitrariamente, confere-se o símbolo "S" ao termo "cisnes" e o símbolo "P" ao termo "brancos". Tem-se, então, o enunciado: "todo S é P", onde "S" e "P" são variáveis de sujeito e predicado (respectivamente) susceptíveis de serem preenchidas por qualquer conteúdo (ex: todos os homens são mortais; todos os astros são estrelas; todos os números pares são divisíveis por dois; todos os carros são automotores, etc.). Seguindo o mesmo processo, elimina-se o resíduo de linguagem natural persistente nas palavras "todos" e "é", substituindo-as pela constante, também arbitrária "→", representativa do vínculo implicacional entre os termos. A linguagem, então, aparece totalmente formalizada no enunciado lógico: "x(S)→x(P)", onde se lê: "se x é S (cisne), então x é P (branco)", ou em outros termos "S(P)", que significa: "S tem a propriedade P".

---

189. A convenção mais difundida para os símbolos de variáveis é aquela representada por consoantes minúsculas do final do alfabeto: p, q, r, s, t, u, v, w, y, z, acrescentando-lhes aspas simples, segundo as necessidades de variação simbólica. Assim, p e p', q e q', r e r', lemos: "p" e "p-linha", "q" e "q-linha", "r" e "r-linha". (PAULO DE BARROS CARVALHO, *Apostila de lógica jurídica*, p. 63).

Por sua vez, num processo mais elaborado, a proposição "todos os cisnes são brancos", na sua integralidade, pode ser substituída por uma variável "p" e relacionada com outra proposição "q" (construída, por exemplo, do enunciado "todos os cisnes vivem em água doce"), para a identificação de estruturas mais complexas como, por exemplo, a sentença: "todos os cisnes são brancos e vivem em água doce" (p . q), onde "p" e "q" são variáveis proposicionais. No primeiro caso, a formalização ocupa-se da compostura interna da proposição e a Lógica é dos predicados, ou "Lógica dos termos". No segundo caso, a formalização demonstra a relação entre proposições, estamos, então, no campo da Lógica Proposicional.

As variações da Lógica Proposicional estão ligadas à finalidade empregada à linguagem, determinada pela sua função. As alterações de função determinam modificações importantes nos nexos lógicos, sendo, portanto, imprescindível para identificar o tipo de lógica com a qual devemos trabalhar. A cada função linguística, compete uma lógica diferente. Assim temos: a Lógica Apofântica (Alética ou Clássica), para linguagem utilizada em função descritiva, cujos valores são a verdade e a falsidade; a Lógica Deôntica, para linguagem utilizada na função prescritiva, cujos valores são a validade e a não-validade; a Lógica Erotética, para linguagem utilizada na função interrogativa, cujos valores são a pertinência e a impertinência; a Lógica da linguagem persuasiva, cujos valores são o convincente e o não-convincente; e assim se segue. De acordo com a função empregada, alteram-se a estrutura da linguagem e, portanto, a lógica que a representa formalmente.

1.3 Fórmulas lógicas

Caracteriza-se a fórmula lógica pela estrutura de uma proposição ou de um argumento, representada logicamente por uma variável ou pela junção delas por meio de constantes. As fórmulas lógicas podem ser atômicas ou moleculares. Atômica é a fórmula constituída, exclusivamente, por uma variável proposicional, não modificada por operador algum (ex: p, q, r, etc.). As fórmulas que aparecem com um operado monádico (ex: -p, -q, -r, etc.) e aquelas que resultam da combinação de fórmulas atômicas unidas por conectivos diádicos (ex: "p . q", "r v s", "z ≡ w", etc.) são chamadas de fórmulas moleculares.

Voltando nossas atenções à Lógica Alética, neste primeiro momento, podemos apontar seis tipos de conectivos lógicos (constantes): (i) negador (-); (ii) conjuntor (.); (iii) disjuntor (iii.a) includente (v) e (iii.b) excludente (≠); (iv) condicional (→); e (v) bicondicional (≡). O primeiro, negador, é o único operador monádico da lógica proposicional, atuando exclusivamente sobre a fórmula (atômica ou molecular) que se encontra a sua direita. Os demais são diádicos, porquanto, unem duas fórmulas (atômicas ou moleculares), exercendo sobre ambas, função sintática. Vejamos cada um deles de modo mais detalhado:

(i) O negador (-) não faz liame entre fórmulas como os outros conectivos, mas tem a função de inverter o valor de verdade da fórmula à qual se aplica. Cada estrutura lógica tem um valor lógico, que é uma função do valor das fórmulas atômicas que a compõem, tomando-se como referência o conectivo que as une ou a qual se agrega. Uma fórmula verdadeira negada é falsa e uma fórmula falsa negada é verdadeira, por isso, sua função de inverter o valor de verdade da proposição à qual se junta. A fórmula "p" negada, remanesce "-p" (não-p), saturando-a com um conteúdo qualquer, teríamos a seguinte diferença: choveu hoje (p); não choveu hoje (-p). Quando o negador é aplicado a fórmulas moleculares, modifica-as por inteiro. Por exemplo, na fórmula "p v q" – onde se lê "é verdadeiro que p ou q", com a aplicação do negador "– (p v q)", passamos a ler: "é falso que p ou q". Aqui se percebe a importância dos símbolos auxiliares (como o parênteses, por exemplo). Em linguagem formalizada, a articulação "– (p v q)" é completamente diferente da fórmula "-p v q", onde o negador aparece agregado à fórmula atômica. Nesta o negador atinge apenas a fórmula atômica "p", onde lemos: "é verdadeiro que não-p ou q", naquela inverte-se o valor da fórmula molecular em sua totalidade ("é falso que p ou q").

(ii) O conjuntor, representado pelo símbolo ".", aplica-se na formalização de qualquer enunciado que conjugue duas proposições, como por exemplo: "chove e faz frio", "te liguei, mas o telefone estava ocupado", "é obrigatório preencher o formulário e pagar a taxa", "todo homem é capaz de direitos e obrigações na ordem civil", etc. A fórmula conjuntiva "(p . q)" é dada pela constante "e", devendo ser lida: "p e q" e só é verdadeira se seus dois termos assim o forem, em todos os demais casos ela é falsa.

(iii) A conjunção disjuntiva representada pelo termo "ou" na linguagem natural pode ser entendida como "uma coisa ou outra, ou ambas simultaneamente", como também "uma coisa ou outra, mas não ambas". Para dissolver tal ambiguidade, a linguagem lógica utiliza-se de dois tipos de disjunção: (iii.a) disjuntor includente, representado pelo signo "v"; e (iii.b) disjuntor excludente, identificado pelo signo "≠". O ou-inclusivo é utilizado na formalização do primeiro caso da linguagem natural, admite a verdade de apenas uma das proposições ou de ambas em conjunto. A relação proposicional é representada pela fórmula lógica "p v q", onde se lê: "p ou q, ou p e q" e pode ser utilizada, por exemplo, na formalização do enunciado: "para participar do concurso, tem de ser brasileiro nato ou residir no Brasil a mais de 5 anos" – o sujeito que for brasileiro nato e residir no Brasil a mais de 5 anos; que for só brasileiro nato, mas não residir no Brasil a 5 anos; e o que residir a mais de 5 anos, mas não ser brasileiro nato estará apto a participar do concurso, enquanto aquele que não possui pelo menos uma das características acima, encontra-se impedido de participar do concurso. Já o ou-excludente só admite a verdade de uma das proposições, não de ambas, por isso utilizado na formalização do segundo caso da linguagem natural. A relação proposicional é representada pela fórmula lógica "p ≠ q", onde se lê: "p ou q, mas não ambos" e é verdadeira quando uma de suas variáveis for verdadeira e outra falsa. Como exemplo podemos citar o enunciado: "faz frio ou faz calor" – ou faz frio ou faz calor, nunca os dois. Ambas as disjunções têm algo em comum: são falsas quando seus componentes forem falsos.

(iv) O condicional é assim simbolizado: "p → q", onde se lê: "se p então q". Utilizamos tal constante para formalizar proposições do tipo: "se tomar chuva, então ficará molhado". Diferente das relações comutativas, expressas pela conjunção e disjunções, onde "p . q" tem o mesmo valor de verdade que "q . p", não importando a ordem das variáveis, na fórmula condicional é importante distinguir a ordem em que aparecem seus componentes, pois dela depende o valor de verdade da fórmula. A variável à esquerda do condicional é denominada de antecedente e a que se encontra à direita de consequente. O condicional será sempre verdadeiro, exceto no caso de o antecedente ser verdadeiro e o consequente falso. No exemplo dado, o condicional será falso se alguém tomar chuva, mas não ficar molhado. Para o estudo das fórmulas lógicas do direito (Lógica Jurídica) este é o conectivo que mais nos interessa, pois nele se funda toda a estrutura da linguagem jurídica.

(v) Por último, temos o bicondicional, simbolizado por: "p ≡ q", onde se lê: "p se, e somente se q", fórmula que pode ser interpretada como "gosto de peixe, se e somente se estiver sem espinho". Se o peixe está sem espinho me agrada e ao mesmo tempo, mas de forma inversa, se me agrada é porque está sem espinho". O bicondicional é um condicional comutativo, em que cada termo é, ao mesmo tempo, antecedente e consequente do outro, como se fossem dois condicionais cruzados. Tal relação resulta verdadeira se, e somente se, os dois termos têm o mesmo valor de verdade (se ambos são verdadeiros ou se ambos são falsos), assim sendo, o bicondicional equivale à negação da disjunção excludente, cuja verdade pressupõe que uma proposição seja verdadeira e a outra falsa.

1.4 Operações lógicas

Ressalvando a advertência de TÁREK MOYSÉS MOUSSALEM, a Lógica não se contenta apenas em alcançar a *forma* de um discurso. Uma vez obtida, procede a operações de cálculo e de deduções em linguagem puramente formalizada para a construção de teoremas, tudo com base em regras de formação e transformação pertencentes ao próprio sistema[190]. Na Lógica Alética, como vimos, as fórmulas lógicas e as operações de cálculo nos permitem a verificação da verdade ou falsidade dos enunciados proposicionais antes da constatação do conteúdo proposicional.

Por cálculo proposicional entende-se o conjunto das relações possíveis entre as unidades de uma fórmula, isto é, entre os elementos de um sistema lógico. Quanto maior a fórmula, mais complexo é o cálculo. Encontramos o número de relações possíveis de uma fórmula da lógica bivalente (submetida a dois valores) elevando 2 à potência n, onde n é o número de variáveis da fórmula. Dado, por exemplo, a fórmula "p . q", temos quatro possíveis relações ($2^2=2\times2=4$): (i) "p" verdadeiro e "q" verdadeiro"; (ii) "p" verdadeiro e "q" falso"; (iii) "p" falso" e "q" verdadeiro", e (iv) "p" falso e "q" falso. Sem qualquer verificação de conteúdo das variáveis constatamos que somente na primeira opção o enunciado proposicional será verdadeiro (porque a conjunção só é verdadeira se os dois termos assim o forem).

A elaboração e principalmente as operações entre fórmulas lógicas submetem-se a alguns princípios elementares, são eles: (i) identidade, (ii) não-contradição; e (iii) terceiro excluído[191]. De acordo com o princípio da identidade, toda

---

190. *Revogação em matéria tributária*, p. 40.

191. Tais princípios são leis lógicas postas em status de relevância em razão do uso frequente. As leis lógicas enunciam uma tautologia: sua verdade formal se mantém para todos os casos, isto quer dizer que, substituindo suas variáveis, o resultado será sempre uma proposição verdadeira (DELIA TERESA ECHAVE, MARÍA EUGENIA URQUIJO e RICARDO A. GUIBOURG, *Lógica, proposición y norma*, p. 81-82).

proposição implica em si mesma "(p → p)", que resulta na sua equivalência "(p ≡ p)", é dizer: "se a mesa é quadrada, a mesa é quadrada", "se o sol é redondo, o sol é redondo". O princípio da não-contradição enuncia que nenhuma proposição descritiva pode ser verdadeira e falsa ao mesmo tempo "– (p . –p)", o que significa dizer que uma proposição é verdadeira, ou falsa "(p v –p)", exatamente o que estabelece o princípio do terceiro excluído: "toda proposição é verdadeira, ou falsa, não existe uma terceira possibilidade".

Os sistemas lógicos são construídos por conceitos primitivos, elaborados por regras de construção (como as vistas acima) e por conceitos derivados, obtidos dos primeiros por dedução. O procedimento de dedução é condicionado por três regras, as quais denominamos "regras de inferência", que exprimem a transitividade de uma fórmula à outra, isto é, a possibilidade de movimento e modificação das estruturas, sem sair do sistema. São elas: (i) substituição simples; (ii) intercâmbio; e (iii) *modus ponens*. A substituição simples autoriza que se alterem todas as aparições de uma variável por qualquer outra fórmula (atômica ou molecular) sem que se altere o valor lógico da estrutura. Pelo intercâmbio troca-se qualquer fórmula por outra equivalente. E no *modus ponens*, admitindo-se um condicional como verdadeiro (p → q) e a verdade de seu antecedente "p", necessariamente deve-se reconhecer a verdade de seu consequente "[(p → q) . p] → q".

Muito ainda teríamos a dizer sobre a Lógica Proposicional, mas, por ora, estas colocações são suficientes para o estudo ao qual nos propomos, não sendo necessário o ingresso mais profundo nos domínios da linguagem formal.

No entanto, antes de finalizarmos nossas considerações introdutórias, importante salientar que, por se apresentar como linguagem formalizada, a lógica requer uma outra linguagem, para explicá-la, isto é, uma metalinguagem que a toma como linguagem objeto. O enunciado lógico dirá: "p → q" e o da Metalógica explicará: "esta fórmula molecular exprime o conectivo condicional, de maneira que, sendo verdadeira a proposição 'p', como antecedente, a consequente 'q' também o será"[192]. É na metalinguagem da lógica que são emitidas as regras sintáticas para a formação de estruturas pertencentes à linguagem formalizada. Existe nela um aspecto formal, dado que lida com variáveis e constantes, mas existe também uma parcela de linguagem natural explicativa da relação interproposicional.

2. A LÓGICA COMO INSTRUMENTO PARA O ESTUDO DO DIREITO

A Lógica de que falamos é a denominada "Lógica Formal", que tem por objetivo o estudo das formas do pensamento, abstraindo-se seus conteúdos significativos. Dirige-se à estrutura do conhecimento, independentemente do objeto ao qual ele se reporta, por isso, suas leis têm caráter universal, aplicando-se a qualquer campo de observação. Quando, porém, o homem se utiliza da Lógica Formal para conhecer determinado segmento linguístico, surge a Lógica Aplicada, ou Lógica Material, que significa a aplicação da Lógica a uma específica região do saber.

A Lógica aplicada é um forte e seguro instrumento para a análise sintática de qualquer linguagem. Ela nos permite ingressar nos domínios da sua estrutura para compreendermos a forma e as relações que se estabelecem entre suas unidades, proporcionando precisão linguística ao cientista e controle do conhecimento por ele produzidos, tão exaltado pelos neopositivistas lógicos.

Aplicada ao direito, a Lógica permite conhecer sua estrutura, a forma e as relações que se estabelecem entre suas unidades e, por isso, muito nos diz sobre linguagem jurídica, sendo um preciso e importante instrumento para o conhecimento de seu plano sintático, o que justifica dedicarmos um capítulo inteiro ao tema. No entanto, o estudo proporcionado com emprego da Lógica não é completo, pois se dirige apenas

---

192. PAULO DE BARROS CARVALHO, *Apostila de lógica jurídica*, p. 45.

a um aspecto da linguagem, ficando os outros planos (semântico e pragmático) prejudicados. Abstraindo seus campos semântico e pragmático, a Lógica é apenas um ponto de vista sobre o conhecimento, que não contempla o direito na sua totalidade. Não compete à Lógica dizer qual o conteúdo jurídico, tampouco lhe cabe indicar que proposição normativa é aplicada a determinado fato. O que está ao alcance da Lógica é a verificação da estrutura da linguagem jurídica.

Ideal a qualquer estudo normativo é a passagem pelos três ângulos semióticos, cada qual igualmente importante. É comum, no entanto, verificarmos na doutrina alguns autores que tendem a uma análise mais lógica, outros que preferem o estudo semântico, outros que propendem a um enfoque mais pragmático. Todas estas escolhas são questões de preferências metodológicas perfeitamente cabíveis na abstração isoladora das Ciências, ainda que para alcançarmos a totalidade do objeto o ingresso nos três planos se faça necessário.

A lógica também, como instrumento metodológico, nos possibilita um estudo analítico, realizado pela via dedutiva, muito crítico da linguagem jurídica. Não podemos esquecer, porém, que ao estudarmos o direito estamos longe de um dado ideal, mas diante de um objeto cultural, construído pelo homem e impregnado de valores. A via racional dedutiva, alcançada com o emprego da Lógica, é propriamente utilizada para o conhecimento dos objetos ideias, que não têm existência espaço-temporal e não se encontram na experiência, como é o caso da estrutura de uma linguagem. Tal método, isoladamente, não convém à investigação dos objetos culturais, sempre valorativos, cujo ato de aproximação é outro: a compreensão. Por isso, destacamos a importância das categorias lógicas como um instrumento muito rico ao estudo da linguagem jurídica, mas que deve ser utilizado com cautela, com o conhecimento de que ele nos possibilita apenas um ponto de vista sobre o direito, não alcançando a integridade de sua amplitude empírica, apenas suas características formais.

3. OS MUNDOS DO "SER" E DO "DEVER-SER"

Muito antes da sistematização da Lógica Deôntica, por VON WRIGT, credenciada para revelar a estrutura da linguagem jurídica, KANT já diferenciava as leis da natureza, submetidas ao princípio da causalidade física (ser), das leis jurídicas, estruturadas pela imputabilidade deôntica (dever-ser). KELSEN também assim o fez, ainda que indutivamente (sem o emprego de uma lógica própria), distinguindo as relações articuladoras das proposições de cada sistema: num, a síntese do "ser" (*if* A *is*, B *is* – "*se* A *é*, B *é*") e noutro, a do "dever-ser" (*if* A *is*, B *ought to be* – "*se* A *é*, B *deve ser*"), ambas relações de índole lógica, vínculos implicacionais que atrelam um fato-causa a um fato-efeito e constituem causalidades, ainda que muito distintas. Por isso, antes de direcionarmos nossos estudos à Lógica Deôntica, entendemos por bem tecermos algumas considerações a respeito dos mundos do "ser" e do "dever-ser", sobre as causalidades física e jurídica e as relações lógicas que se estabelecem entre as proposições de ambas as linguagens.

3.1 Causalidade e nexos lógicos

Como já vimos acima, os nexos lógicos são construções ideais (manifestados linguisticamente por símbolos unívocos) perceptíveis a partir da experiência com uma linguagem objeto. As relações de implicação entre um fato-causa e um fato-efeito, no entanto, instauram-se entre variáveis proposicionais e, só chegamos aos domínios de tal relação, mediante um processo de abstração, tendo como ponto de apoio o dado linguístico. Evidentemente que, para explicar a realidade que o envolve, o homem transporta, para o domínio empírico, relações de índole lógica, mas como observa PAULO DE BARROS CARVALHO, isto é mera transposição que o falar comum insistentemente registra, mas que não se sustenta numa análise rigorosa[193], mesmo porque todo conhecimento se dá num universo de linguagem sendo, portanto, conceitual e sujeito à formalização.

Com o emprego da linguagem o homem conhece o mundo que habita e transmite tal experiência a seus semelhantes. Observando as constantes dos acontecimentos que o cercam, ele vai realizando associações que lhe permitem compreender a dinâmica existencial da realidade em que vive. Tais associações não pertencem ao campo da experiência, se dão num plano abstrato, cuja existência só é possível dentro de um universo de linguagem. Pela experiência empírica, constatando repetidamente o evento da transformação da água de seu estado sólido para líquido e gasoso, o homem, de forma indutiva, produz um enunciado descritivo: "a água se torna sólida (congela) à temperatura de 0º C e entra em ebulição (evapora) à temperatura de 100º C". Ao conhecer que a água evapora a 100º C, o sujeito cognoscente estabelece em sua mente uma relação lógica não manifesta: o vínculo entre duas variáveis "S" e "P", onde "S" é o aquecimento da água a temperatura de 100º C e "P" a ebulição da água. A individualização das variáveis, que se dá com a definição das classes, causa (S) e efeito (P)[194], não é um dado imediato à percepção humana exterior, é uma construção conceitual que só existe onde houver linguagem.

Como ensina LOURIVAL VILANOVA, "o simples enunciado que protocoliza o fato 'este S é causa de P', envolve operações que ultrapassam o limite da experiência, os dados imediatos da percepção do mundo exterior. O conhecimento causal parte da experiência e a ela regressa, mas nele coparticipam o empírico e o conceptual, os fatos e as operações lógicas"[195]. Por isso, a causalidade natural não está presente no

---

193. *Apostila do curso de teoria geral do direito*, p. 78.

194. No caso do enunciado "o aquecimento da água a temperatura de 100º C (p) causa a sua transformação de estado líquido para gasoso (q)", 'p' é o único membro da classe e 'q' também, o que faz o enunciado ser fortemente geral.

195. *Causalidade e relação no direito*, p. 30.

mundo dos acontecimentos físicos, embora isso nos pareça pela transposição das relações lógicas. Ela aparece apenas no momento em que tais acontecimentos são pensados (ou seja, constituídos em linguagem). E, à relação de implicação, como nexo lógico, estruturador da causalidade, só temos acesso quando surge a possibilidade de representar tais acontecimentos por meio da semiologia lógica, em uma linguagem de sobrenível[196], mas única e exclusivamente porque foram transcritos em termos verbais como adverte PAULO DE BARROS CARVALHO[197].

Tais afirmações ficam mais fáceis de serem compreendidas quando trazemos à tona a questão das "relações factuais". Como explicar, por exemplo, que o evento "p" implica o acontecimento "q"? Nossa experiência com o mundo externo nos permite perceber a relação de anterioridade ou posterioridade do acontecimento "p" ao evento "q" na cronologia do tempo, algo inteiramente estranho ao campo da lógica, mas o vínculo implicacional só instaura-se em âmbito proposicional, ou seja, quando o homem organiza linguisticamente os dados brutos que lhe são experimentados estabelecendo relações entre os acontecimentos que se manifestam no plano das ocorrências tangíveis. Não há implicação entre acontecimentos, tal relação se instaura em nível proposicional, à medida em que os eventos são vertidos em linguagem (constituídos em fatos), mas ela mesma (relação como nexo lógico) não se encontra na linguagem que relata tais acontecimentos, é fórmula lógica, que não têm existência concreta.

Nestes termos, a causalidade é uma relação de causa e efeito que se estabelece entre duas proposições. Assim, não existe causalidade onde não houver linguagem.

---

196. As relações lógicas dão-se na região ôntica dos objetos ideais, com a produção de uma linguagem de sobrenível, a partir da experiência com uma linguagem objeto, por isso, nela (linguagem objeto) também não se encontram.

197. *Apostila do curso de teoria geral do direito*, p. 78.

3.2 Causalidade física ou natural e causalidade jurídica

Por causalidade física entende-se a natural, ou seja, as relações implicacionais que *se dão* na realidade física constituída pela linguagem descritiva, representadas pela síntese do "ser". Já a causalidade jurídica, espécie de causalidade normativa, é aquela própria dos sistemas prescritivos, do qual o direito positivo é espécie, que compreende as relações que *devem se dar* entre sujeitos, representadas pela síntese do "dever-ser".

Quando nos referimos ao mundo do "ser" e do "dever-ser", estamos tratando de dois corpos de linguagem, separados em razão do vínculo que se estabelece entre suas proposições. A distinção, nesta proporção, é possível justamente porque ambos são sistemas proposicionais. Em um se opera a causalidade física, ou natural, noutro, a causalidade jurídica.

Quanto à causalidade jurídica, temos maior facilidade de enxergá-la a nível proposicional, visto que o dado físico do direito é a linguagem idiomática escrita, passível de ser manuseada (códigos, leis, sentenças, atos administrativos, contratos, documentos probatórios, etc.). Já quanto à causalidade física ou natural, em alguns pontos, notamos certa dificuldade de aceitá-la como relação interproposicional. Mas tal bloqueio desaparece quando consideramos que o homem habita um universo de discurso, onde todo e qualquer conhecimento se dá a nível proposicional. A causalidade física não se encontra nas coisas ou nos fenômenos do mundo, é constituída pela linguagem juntamente com as coisas ou os fatos que a integram.

Nas duas causalidades (jurídica e natural) temos a implicação, o conectivo condicional, atrelando uma proposição causa (antecedente) a uma proposição efeito (consequente). Aquela, na posição sintática de antecedente, é condição suficiente desta, alojada no lugar sintático de consequente; que, por sua vez, é condição necessária daquela. Dizemos, em termos lógicos, devido à regra de inferência do *modus ponens*, que a proposição antecedente é condição suficiente da proposição consequente porque se aquela for verdadeira, esta também será; na proporção inversa, dizemos que a proposição consequente é condição necessária da proposição antecedente, porque se aquela for falsa esta também será (lei lógica do *modus tollens*)[198]. Estas constantes são observadas tanto nas leis físicas (da natureza), como nas leis do direito.

Como exemplo, retomemos o enunciado sobre a ebulição da água. Para conhecer o fenômeno observado na natureza o cientista constrói o seguinte: "a água ferve a 100º C". Ao assim fazer, estabelece uma relação de implicação entre o aquecimento da água a 100º C e sua ebulição (causalidade física), de modo que a constatação do aquecimento da água a 100ºC, por si só, basta para afirmarmos que a água entrou em estado de ebulição (condição suficiente); e a verificação da sua não-ebulição, por si só, basta para sabermos que ela não foi aquecida a 100º C (condição necessária). Da mesma forma, o legislador, para prescrever condutas intersubjetivas, observa a realidade social que o cerca e elege um fato como causa de um efeito jurídico. Por exemplo, ao enunciar: "os menores de 16 anos são absolutamente incapazes de exercerem pessoalmente atos da vida civil (art. 3º, I, do CC)", o legislador impõe uma relação de implicação entre o fato de ser menor que 16 anos e a capacidade para exercer pessoalmente atos da vida civil (causalidade jurídica), de modo que, a verificação da menoridade, por si só, basta para afirmarmos que a pessoa está incapacitada (condição suficiente); e pela constatação da ausência de incapacidade (capacidade) sabemos que ela é maior de 16 anos (condição necessária).

O nexo causal é o mesmo. Tanto na causalidade física, como na jurídica, temos a implicação de dois termos ou de duas proposições. Mas, então, o que separa estes dois mundos tão diferentes?

---

[198]. A condição necessária não se afere pela verdade do consequente, pois sendo este verdadeiro, nada podemos dizer sobre a proposição antecedente, já que o condicional é falso se o antecedente for verdadeiro e o consequente falso.

PAULO DE BARROS CARVALHO, seguindo os ensinamentos de LOURIVAL VILANOVA e com base na teoria do uso e menção de W.V.O QUINE, ensina que o conectivo condicional, quando mencionado, denota um domínio ôntico ("ser") que se contrapõe ao mundo do "dever-ser", onde as proposições implicantes e implicadas são postas por um ato de autoridade[199]. A diferença, então, se estabelece entre o uso e a menção da implicação.

No plano do "ser" a implicação é mencionada. Para conhecer e explicar o mundo que o cerca, o homem estabelece em sua mente, associações implicativas entre termos e proposições, mas transporta tais relações para o domínio empírico ao descrevê-las como vínculos existentes na realidade observada, porque, efetivamente, sua compreensão se dá de forma associativa. As proposições produzidas são descritivas, o vínculo é descrito, porque pressuposto como integrante da realidade tomada como objeto da experiência, por isso, dizemos ser mencionado. As partículas constantes da linguagem, em que se manifesta o mundo do "ser", enunciam predicados de sujeitos, conotando ou incluindo termos, proposições ou conjunto de proposições como subconjunto dentro de outro conjunto (extensionalidade). Ao formalizar a linguagem em que se constitui a realidade física, deparamo-nos com a seguinte fórmula: "S é P", o que explica a síntese do "ser" (é) na causalidade física. Nas leis da natureza, os enunciados dizem como as coisas são e o modo como os fenômenos se dão, a relação de causa e efeito é estabelecida pelo homem com a função de descrever, à medida que vai conhecendo e fazendo associações entre objetos, para explicar o mundo que habita.

No mudo do "dever-ser" a implicação é utilizada. As proposições, implicante e implicada, são atreladas, não por um ato de conhecimento, mas por um ato de autoridade. O legislador, com a finalidade de direcionar condutas intersubjetivas, emprega o vínculo implicacional, associando um fato a

---

199. *Apostila do curso de teoria geral do direito*, p. 81-82.

uma consequência, para alcançar tal finalidade. Por isso, dizermos ser ele utilizado e não mencionado. A relação entre as proposições da linguagem em que se manifesta o direito não se estabelece na forma "S é P", como na linguagem da realidade física, pois são prescritivas do mundo circundante. Ela aparece na fórmula "S deve ser P" que, em termos totalmente formais, representa-se: "D (S→P)" (deve ser que S implique P). A causalidade é estatuída. É por um ato de vontade da autoridade que legisla, de prescrever condutas, que o termo-hipótese se encontra ligado ao termo-tese e não por um ato de conhecimento. As leis do direito não dizem como as coisas do mundo são, ou como os fenômenos se dão, elas prescrevem condutas intersubjetivas.

No caso, por exemplo, do enunciado citado da menoridade civil, o legislador, diante da realidade social que o cerca, elege o fato "ser menor de 16 anos" e a ele atribui o efeito da incapacidade absoluta, ao tomá-lo como termo-hipótese deste termo-consequente. E por que não elegeu o fato "ser menor de 18 anos"? E por que não lhe atribuiu a consequência da incapacidade relativa? Porque os vínculos jurídicos se estabelecem exclusivamente por meio de atos de vontade do legislador. O mesmo fato pode ser atrelado a inúmeras consequências (ex: o fato de um acidente de carro com vítimas atrela-se juridicamente ao recebimento do seguro, à indenização civil, à ação criminal, etc.), assim como, a mesma consequência pode decorrer de vários fatos (ex: a consequência da incapacidade absoluta pode decorrer juridicamente do fato da deficiência mental e da impossibilidade de manifestação de vontade), isto acontece porque, as relações entre fato-causa e fato-efeito, constantes da linguagem do direito, são postas pelo legislador. A causalidade que o sistema jurídico estabelece é uma relação deonticamente firmada, como diz LOURIVAL VILANOVA, "o efeito não segue sempre o fato, mas dado o fato jurídico, *deve ser* o seu efeito."[200]

200.. *Causalidade e relação no direito*, p. 61.

A origem das relações causais-naturais está na experiência com os objetos, na explicação dos fenômenos físicos, ao passo que a das relações causais-normativas está na vontade da autoridade que as institui. O nexo causal natural ou físico provém da experiência de finitos casos e tem seu fundamento na constância da observação. A causalidade jurídica tem semelhança porque advém da experiência, mas é preposta, preestabelecida, prefigurada, ante os fatos. "A causalidade natural é descritiva do acontecer físico. A causalidade jurídica é prescritiva. Não registra como se dá a relação constante entre fatos, mas estatui como deve ser"[201].

Enquanto, na causalidade natural, a relação entre o fato-causa e o fato-efeito é necessária ou ao menos possível fisicamente (ex: "uma maçã, ao soltar-se do galho, necessariamente cairá"; "um homem que subir na árvore, provavelmente cairá"), na causalidade jurídica ela é posta por um ato de autoridade (ex: "se matar alguém deve ser o cumprimento da pena de x a y anos"). O fato de matar alguém gera vários efeitos no mundo físico e social, como a decomposição do corpo, o sepultamento, a revolta familiar, mas só implica o cumprimento de uma pena, porque o legislador instituiu tal vinculação. Vê-se aqui a diferença: a linguagem jurídica utiliza-se do vínculo implicacional para prescrever condutas intersubjetivas. Na causalidade jurídica as relações não "são", mas "devem ser" em razão de uma força autoritária. O legislador livremente constrói o vínculo entre o fato jurídico (causa) e sua eficácia (efeito), não reproduz, gnosiologicamente, a causalidade do fato que conhece.

3.3 Leis da natureza e leis do direito

Enquanto as leis da natureza, submetidas ao princípio da causalidade física, são refutáveis pela experiência, as leis jurídicas, articuladas pela imputabilidade deôntica, não. Isto

---

201. *Idem*, p. 81.

porque, aquelas se submetem a valores de verdade e falsidade, ao passo que estas, a valores de validade e não-validade. Basta, por exemplo, que se verifique um cisne preto e o enunciado "todos os cisnes são brancos" passar de verdadeiro para falso. Já no direito, o fato de um sujeito menor de 16 anos realizar atos da vida civil, não invalida a norma da incapacidade, embora o negócio realizado possa ser desfeito. Diferentemente do que acontece com a frase "todos os cisnes são brancos", o enunciado que prescreve serem os menores de 16 anos incapazes de praticar atos da vida civil não adquire outro valor pela verificação de conduta contrária. Ele continua válido e prescrevendo a incapacidade dos menores de 16 anos, porque as leis jurídicas só adquirem e deixam de ter status de validade por um ato de autoridade.

As leis da natureza têm função descritiva, elas nos informam sobre as coisas. As leis do direito têm função prescritiva, nada informam sobre as coisas, dirigem-se ao plano das condutas intersubjetivas com a finalidade de alterá-las. Certamente que, dependendo do contexto, a linguagem descritiva também tem o condão de modificar condutas. Imaginemos, por exemplo, a situação em que várias pessoas estejam assistindo a uma peça de teatro quando alguém grita da plateia: "o teatro está pegando fogo!" mais que depressa, alguns se levantarão e sairão correndo. A linguagem, embora empregada na função descritiva, é capaz de motivar a modificação de condutas devido o contexto em que se encontra inserida. No entanto, mesmo nestas circunstâncias em nada se identifica com a linguagem prescritiva empregada não no intuito de informar sobre determinado acontecimento, mas de direcionar condutas.

As leis do direito nada informam, não dizem como as coisas *são*, mas como *devem ser*, ao passo que as leis naturais enunciam como as coisas *são*. A conhecida proposição de Copérnico: "a terra gira em torno do sol" descreve um fenômeno da natureza indicando como ele é. Já o art. 121 do Código Penal ao prescrever "matar alguém: pena de reclusão de x a y anos", nada informa sobre as coisas do mundo, estabelece uma ordem, associando um fato a uma consequência: "se matar alguém, *deve ser* o cumprimento da pena de x a y anos". Por isso, linguagem descritiva ali e prescritiva aqui.

Já vimos que, conforme se altera a função da linguagem, modifica-se sua estrutura. A linguagem descritiva, própria das leis da natureza, é formalizada pela Lógica Alética e submetida a valores de verdade e falsidade. A linguagem prescritiva, na qual se materializa o direito, submete-se aos valores de validade e não-validade e é formalizada pela Lógica Deôntica. A estrutura de ambas é diferente. As leis da natureza são estruturadas para explicar o mundo em que vivemos, ao passo que as leis do direito, para regular condutas entre humanos. Numa, impera a síntese do *ser*, noutra, a do *dever-ser*, por isso, tão importante o estudo das estruturas lógicas da linguagem para compreendermos a separação e a forma operacional destes dois mundos.

4. MODAIS ALÉTICOS E DEÔNTICOS

Onde houver linguagem, haverá a possibilidade de formalizá-la e assim, estudar sua estrutura. A Lógica Apofântica, de que tratamos no primeiro item deste capítulo, está credenciada a revelar somente a estrutura da linguagem empregada na função descritiva, na qual se manifestam as leis da natureza e os fatos da realidade social, não servindo para a linguagem prescritiva do direito, na qual são empregadas outras categorias de formação, sistematizadas pela Lógica Deôntica, desenvolvida por VON WRIGHT, a partir da transposição, com as devidas adaptações, dos conhecimentos da Lógica Modal Alética à linguagem do direito positivo.

Como visto, uma proposição descritiva construída a partir do enunciado "hoje vai chover" pode ser verdadeira ou falsa e seu valor lógico pode ser alterado com o uso do conetivo negador (-). ARISTÓTELES, no entanto, registrou a possibilidade de um enunciado funcionar como sujeito de outro enunciado maior, predicando a proposição descritiva, ao observar que os enunciados descritivos não são sempre simplesmente verdadeiros e que, em algumas ocasiões, se apresentam como possivelmente verdadeiros e em outras, necessariamente verdadeiros. Por exemplo, é possível se predicar o enunciado "hoje vai chover", simbolizado por "p" e criar dois outros enunciados incompatíveis entre si: "possivelmente hoje vai chover", em termos formais "Mp" e "necessariamente hoje vai chover" representado por "Np". Nota-se que, em ambos os casos, temos a descrição de um estado de coisas (representado por "p") e uma predição daquela descrição (representada por "M" e "N"), isto é, algo que se diz de "p", o que os lógicos denominam de predicado de segundo nível, ou modal alético. Tanto a "possibilidade" (M), como a necessidade (N) são predicações capazes de modificar o sentido de uma proposição. São, portanto, modais ou operadores aléticos, intimamente relacionados de tal maneira que um pode ser definido a partir do outro[202]. Para expressar as relações entre as modalidades de predicados de segundo nível que podem afetar uma proposição descritiva, existe a denominada Lógica Modal Alética.

Ciente de que os operadores aléticos não servem para qualificar proposições prescritivas de condutas intersubjetivas, mas apenas aquelas descritivas de estados de coisas, VON WRIGTH, estabeleceu a seguinte analogia entre os predicados "possível" e "permitido": "M" (possível) / "P" (permitido); "-M" (impossível) / "-P" (não-permitido = proibido); "-M-" (necessário) / "-P-" (não-permitido não fazer = obrigatório), adaptando as categorias da Lógica Modal Alética ao estudo do direito. Tal analogia o possibilitou formalizar a linguagem normativa, surgindo, assim, a Lógica Deôntica, com seus três,

---

202. Se não é possível que uma proposição não seja verdadeira, ela é necessariamente verdadeira (-M-p ≡ Np); se não é possível que uma proposição seja verdadeira, ela necessariamente não será verdadeira (-Mp ≡ N-p); se é possível que uma proposição não seja verdadeira, ela não será necessariamente verdadeira (M-p ≡ -Np); se é possível que uma proposição seja verdadeira, ela não necessariamente será não verdadeira (Mp ≡ -N-p). DELIA TERESA ENCHAVE, MARÍA EUGENIA URQUIJO e RICARDO A. GUIBOURG, *Lógica, proposición y norma*, p 111.

e somente três, modais: (i) permitido (P); (ii) proibido (V); e (iii) obrigatório (O).

Os modais deônticos aparecem como predicados de segundo nível, atuando sobre as variáveis representativas das condutas intersubjetivas que a linguagem normativa pretende disciplinar ("p" – ex: matar, pagar, fumar, votar, vender, etc.). Temos então: "Pp", "Op" e "Vp", onde, saturando os conteúdos das fórmulas, lê-se: "permitido vender", "obrigatório pagar" e "proibido fumar". Os operadores deônticos qualificam as condutas, possibilitando, assim, que elas sejam reguladas.

Como na Lógica Alética, os modais deônticos podem ser definidos uns pelos outros, devido sua interdefinibilidade, segundo a qual se estabelecem as seguintes equivalências: (i) "Pp ≡ -O-p ≡ -Vp" – dizer que uma conduta está permitida, é o mesmo que afirmar a não obrigatoriedade de não realizá-la e a não proibição de sua realização, utilizando-nos do exemplo acima "é permitido vender cigarro equivale a não obrigatoriedade de não vender e a não proibição de vender tal produto"; (ii) "-Pp ≡ O-p ≡ Vp" – quando uma conduta não está permitida significa que é obrigatório não realizá-la e que está proibido sua realização, em termos não formalizados "a não permissão de fumar equivale à obrigação de não fumar e à proibição de fumar"; (iii) "P-p ≡ -Op ≡ -V-p" – afirmar que é permitida a não realização de uma conduta equivale dizer que não está obrigada a sua realização e não é proibido não realizá-la, saturando os conteúdos temos que, "a permissão para não votar equivale a não obrigação de votar e a não proibição de não votar"; e (iv) "-P-p ≡ Op ≡ V-p" – dizer que não é permitido a não realização de uma conduta é o mesmo que afirmar sua obrigatoriedade e a proibição de sua não realização, voltando-nos ao exemplo, temos "a não permissão de não pagar equivale à obrigação de pagar e à proibição de não pagar".

Pela interdefinibilidade dos modais deônticos os operadores O (obrigatório) e V (proibido) podem ser definidos mediante o operador P (permitido) com a ajuda do negador (-) e, da mesma forma, o conceito da permissão pode ser definido mediante os operadores O (obrigatório) e V (proibido), mais o emprego da negação (-)[203]. Isto possibilita serem eles substituídos a qualquer momento por sua equivalência. Se é obrigatório, por exemplo, efetuar o pagamento de um tributo, entregar a mercadoria comprada, dividir os dividendos entre os sócios, é certo que tais condutas não estão proibidas e não está permitido deixar de realizá-las. Se é proibido aplicar pena de morte, torturar, fazer discriminação entre raças, sabemos que tais condutas não estão permitidas e que a não realização delas é obrigatória. Devido à interdefinibilidade dos modais, sem sabermos o conteúdo das normas, podemos tomar um modal como primitivo, isto é, indefinível e, com base nele, definir os demais.

Chamamos atenção para o modal facultativo. Quando se afirma que uma conduta está permitida (Pp), somente se diz que está permitido cumpri-la, ou seja, que não está proibida e não é obrigatória a sua não realização, mas nada se diz sobre a sua omissão (-p), é o que chamamos de permissão unilateral. Isto porque, se a sua realização e omissão estão conjuntamente permitidas temos a permissão bilateral, ou seja, a facultatividade da conduta (Fp). Uma conduta é facultativa quando é permitido realizá-la (Pp) e também é permitido não realizá-la (P-p), em termos formais: "$F \equiv (Pp \cdot P\text{-}p)$".

A facultatividade expressa a liberdade de realizar uma conduta, permitindo tanto seu cumprimento como sua omissão. No casamento, por exemplo, há permissão para contrair matrimônio e também há a permissão para não contrair matrimônio, dizemos, assim que o casamento é facultativo no sistema jurídico brasileiro, pois o destinatário da prescrição pode escolher entre casar-se ou não. Poderia o facultativo ser considerado um quarto modal, pois predicativo de uma conduta intersubjetiva, mas ele nada mais é do que uma construção do modal *permitido* (P), ou se preferirmos, aplicando

---

203. DELIA TERESA ENCHAVE, MARÍA EUGENIA URQUIJO e RICARDO A. GUIBOURG, *Lógica, proposición y norma*, p 123.

as categorias da interdefinibilidade, do modal *obrigatório* (O): "F ≡ (-O-p . -Op)", ou do modal *proibido* (V): "F (-Vp . -V-p)". Neste sentido, quanto aos modalizadores da linguagem normativa, continua-se aplicando o princípio do quarto excluído. As possibilidades de valoração jurídica das condutas são somente três: obrigatório (O), proibido (V) e permitido (P) e o facultativo (F) aparece como uma relação entre dois modalizadores (Pp . P-p).

A Lógica Alética registra, mediante a oposição das proposições modalizadas as relações de: (i) contrariedade; (ii) contradição; (iii) subcontrariedade; e (iv) subalternação.

(i) São contrárias entre si duas proposições quando é possível que ambas sejam falsas, mas não é possível que ambas sejam verdadeiras, por exemplo, se é necessário que a parede seja branca, não pode ser necessário que ela não seja branca e vice-versa, mas também pode ser falsa a necessidade da parede ser branca e a necessidade dela não ser branca.

(ii) São contraditórias entre si duas proposições quando uma é verdadeira e a outra falsa. Assim, se é verdade que uma fruta seja necessariamente vermelha é falso que seja possível ela não ser vermelha.

(iii) A subcontrariedade se afere quando é possível que ambas as proposições sejam verdadeiras, mas não falsas. Por exemplo, pode ser verdade que é possível o avião cair e que é possível ele não cair, mas não há de ocorrer que ambas as possibilidades sejam falsas.

(iv) Por fim, na relação de subalternação, onde as proposições são postas na posição de subalternantes e subalternas, da verdade da subalternante se infere a verdade da subalterna e da falsidade da subalterna se infere a falsidade da subalternante, vejamos, se é necessário que o cachorro lata, é possível que ele lata; e se a possibilidade dele latir não existe, será falsa a necessidade dele latir.

Adaptando tais categorias, na Lógica Deôntica encontramos as mesmas relações entre os operadores, das quais se inferem as seguintes tautologias, denominadas leis deônticas: (i) princípio da subcontrariedade deôntica; (ii) lei da contrariedade deôntica; (iii) leis da subalternação deôntica; e (iv) leis de contradição deôntica.

Tomado como axioma, do qual são derivadas as demais leis, o princípio da subcontrariedade deôntica enuncia que dada uma conduta determinada (p), está permitido realizá-la e/ou está permitido omiti-la "(Pp v P-p)". O sistema permite realizar uma conduta ou omiti-la e também permite a possibilidade da faculdade entre ambas. As duas primeiras situações se justificam porque quando uma conduta é obrigatória, o legislador deve permitir sua realização e quando ela é proibida, sua omissão deve ser permitida, por isso, "permitido fazer" (Pp), ou "permitido não fazer" (P-p), já que as condutas não podem ser obrigatórias e proibidas ao mesmo tempo. Tal princípio também fundamenta a existência de condutas facultativas dentro do sistema jurídico, ao prever a possibilidade de que tanto uma conduta, como sua omissão, estejam igualmente permitidas "(Pp . P-p)".

Do princípio da subcontrariedade deôntica deduz-se as leis da contrariedade deôntica e da subalternação deôntica. De acordo com a primeira, uma mesma conduta não pode ser obrigatória e proibida "– (Op . Vp)"[204]. Se uma norma, por exemplo, obriga a restituição de tributos pagos indevidamente e outra proíbe tal conduta, há uma contrariedade no sistema. Já nos termos das leis da subalternação, toda conduta

---

204. Esta fórmula é deduzida do princípio da subcontrariedade deôntica (Pp v P-p) nos seguintes termos: Com a comutatividade da disjunção (p v q) ≡ (q v p), modificamos a fórmula para (P-p v Pp), a lei de Morgan permite converter uma disjunção em conjunção: (p v q) ≡ – (– p . – q), aplicada à fórmula obtemos: – (-P-p . –Pp). Pela interdefinibilidade dos operadores deônticos substituímos –P-p por Op e –Pp por Vp. Assim temos, como teorema, a lei da contrariedade deôntica -(Op . Vp) (DELIA TERESA ENCHAVE, MARÍA EUGENIA URQUIJO e RICARDO A. GUIBOURG, *Lógica, proposición y norma*, p. 130).

obrigatória está permitida "(Op → Pp)"[205] e toda conduta proibida está permitida sua omissão "(Vp → P-p)"[206]. Se estamos obrigados ao pagamento do imposto sobre a renda, por exemplo, a legislação deve permitir a realização deste pagamento, este é inclusive o fundamento da ação de consignação do pagamento, proposta quando o credor se recusa a aceitá-lo. Neste mesmo sentido, se é proibida a comercialização de animais silvestres, a omissão desta conduta deve ser permitida, caso contrário, estaríamos diante de uma contradição normativa. E, por último, as leis da contradição deôntica enunciam que uma conduta não pode ser obrigatória quando se permite sua omissão "– (Op . P-p)" nem tampouco podem ser proibidas quando permitidas "– (Vp . Pp)". Assim, não podemos dizer que é obrigatório pagar imposto sobre a renda quando a lei permite o não pagamento, da mesma forma que não está proibida a venda de animais silvestres nos casos em que a lei a permite.

É importante destacar que na linguagem normativa, os operadores permitido (P), obrigatório (O) e proibido (V), além de afetarem uma proposição isoladamente (Pp, Op e Vp), podem predicar condutas mais complexas, como uma relação interproposicional, ou cada membro da relação. Por exemplo, na sentença "é obrigatório cumprir o contrato ou indenizar os danos provocados pelo seu descumprimento" o modal obrigatório afeta uma relação interproposicional O(p ≠ q), assim

---

205. A fórmula é deduzida do princípio da subcontrariedade deôntica (Pp v P-p) pelos seguintes passos. Com a comutatividade da disjunção (p v q) ≡ (q v p), modificamos a fórmula para (P-p v Pp), a lei de definição do condicional nos permite converter a disjunção (p v q) ≡ (-p ®q), aplicada à fórmula, obtemos: (-P-p ®Pp) e pela interdefinibilidade dos operadores deônticos substituímos –P-p por Op e chegamos à fórmula (Op → Pp). (DELIA TERESA ENCHAVE, MARÍA EUGENIA URQUIJO e RICARDO A. GUIBOURG, *Lógica, proposición y norma*, p. 131).

206. A fórmula é deduzida do princípio da subcontrariedade deôntica (Pp v P-p) pelos seguintes passos. Transformada a fórmula em condicional com a aplicação da lei de definição do condicional: (-Pp P-p) e pela interdefinibilidade dos operadores deônticos substituímos –Pp por Vp e chegamos à fórmula (Vp → P-p). (DELIA TERESA ENCHAVE, MARÍA EUGENIA URQUIJO e RICARDO A. GUIBOURG, *Lógica, proposición y norma*, p. 131-132).

como no enunciado "é proibido dirigir e falar no celular ao mesmo tempo" V(p . q), já no caso em que a obrigação de declarar rendimentos implica a obrigação de não omiti-los, o modal obrigatório afeta cada membro da relação (Op → Oq). A Lógica Deôntica também se preocupa com os vínculos que se estabelecem entre estas fórmulas mais complexas, fixando uma série de leis que as explicam, mas cremos que as colocações feitas até aqui já são suficientes para o estudo da estrutura da linguagem jurídica, ao qual nos propomos.

Vale ressaltar, porém, antes de finalizar nossas considerações, que os valores da Lógica Deôntica não são os de validade e falsidade, mas sim os de validade e não-validade. O fato de existir no sistema uma norma que obrigue determinada conduta e outra que a proíba (Op . Vp) ou permita a sua omissão (Op . P-p), não acarreta empecilhos para que ambas sejam válidas e assim permaneçam no sistema normativo. A constatação de contrariedades e contradições no plano formal não exclui a validade simultânea das normas, apenas demonstra a incompatibilidade de serem aplicadas conjuntamente, pois, ao se cumprir a primeira, necessariamente se descumpre a segunda. O sistema jurídico abriga proposições contraditórias que são juridicamente válidas. Isto porque, a validade das normas é questão que ultrapassa os limites da lógica (extralógica). Uma proposição normativa é válida, ou não-válida de acordo com critérios que o sistema jurídico estabelece.

Como ensina BULYGIN, "a lógica das normas estabelece critérios para a consistência, mas nada diz sobre a existência (validade) das normas"[207]. Num sistema de proposições descritivas a contradição lhe dá inconsistência, o que afasta a verdade empírica, pois, a verdade formal é pressuposto da verdade material, mas num sistema de proposições prescritivas as contradições em nada influem na validade das normas. A Lógica Deôntica é um importante instrumento para detectarmos as contradições do ordenamento jurídico, mas, sozinha, não

---

207. *Lógica deôntica*, p. 136.

as resolve, porque toda aproximação do direito é valorativa e, por isso, só um ato de valoração pode dizer qual das normas aplicar, já que ambas existem no mesmo sistema.

5. O CARÁTER RELACIONAL DO "DEVER-SER"

Ao formalizarmos a linguagem do direito, reduzindo-a do ponto de vista gramatical a sua estrutura lógica, encontramos o esquema da norma jurídica D(H → C). A norma de direito enuncia que se ocorrer um fato deve seguir-se uma relação jurídica entre sujeitos, cuja conduta regulada encontra-se modalizada como obrigatória (O), proibida (V) e permitida (P). Internamente, na estrutura normativa, há uma implicação ligando a hipótese ao consequente e o modal que estatui tal ligação é o deôntico, porque posto por um ato de autoridade. A hipótese não implica o consequente possivelmente ou necessariamente, como ensina LOURIVAL VILANOVA, "a implicação não *é*, mas *deve ser*, ainda que na realidade os correspondentes semânticos dessa estrutura sintática não se verifiquem"[208].

Vimos linhas acima que nas leis da natureza a relação entre hipótese e consequente é descritiva, podendo ser esquematizada nos seguintes termos: "é assim que se H, então C", a qual modalizada lê-se: "é possível, é necessário, é impossível ou não é necessário que se H, então C". Isto se dá, porque as leis da causalidade natural procuram reconstruir conceptualmente aquilo que ocorre no mundo perceptível, sendo verdadeiras quando confirmadas e falsas quando infirmadas dentro dos referenciais do intérprete. Até alguns anos atrás necessariamente se a água fosse submetida à temperatura superior a 0º C, então ela se transformaria do estado sólido para líquido", hoje em dia, com a descoberta dos nanocubos de carbono, é possível manter a água sólida até 27º C, o que torna a proposição não mais adequada para explicar o fenômeno.

---

208. *Causalidade e relação no direito*, p. 103.

Já nas leis do direito, a causalidade estabelece uma relação que "deve ser" entre a hipótese e o consequente. As normas jurídicas se estruturam na forma: "deve ser que se H então C", onde as proposições implicante (H) e implicada (C) são postas por um ato de autoridade – em termos formais "D (H→C)". A hipótese "H" simboliza uma situação concreta e o consequente "C" a relação entre dois ou mais sujeitos, postos na posição de ativo e passivo. O vínculo implicativo "→" é interno, participa da estrutura da fórmula da norma jurídica, estabelecendo a ligação que "dever-ser" entre a proposição hipótese e a proposição consequente. O "dever-ser" aqui aparece como um operador interproposicional, ponente da relação implicacional entre hipótese e consequente.

No entanto, formalizando o consequente normativo, temos que um sujeito qualquer S' mantém uma relação qualquer R em face de outro sujeito S", nos deparamos, portanto, com outra estrutura relacional S' R S", ou R (S' . S"). R é uma variável relacional, não pode ser substituída por nomes de objetos, condutas, ou indivíduos, nem por qualquer proposição, ela é indicativa de uma ligação que "deve ser" entre dois sujeitos. Distinguimos, assim: (i) o functor deôntico "D", modal genérico, que afeta todo complexo proposicional normativo D (H→C); e (ii) o modal deôntico relacional "R", interno à proposição consequente S' R S". Em termos formais temos: D [H→C (S' R S")]. O "dever-ser" interno ao consequente normativo é um operador deôntico intraproposicional que aproxima dois termos de sujeitos. Este "dever-ser" intraproposicional, como ensina PAULO DE BARROS CARVALHO, "triparte-se nos modais obrigatório (O), permitido (P) e proibido (V), diferente do primeiro, responsável pela implicação, que nunca se modaliza"[209]. O "dever-ser" interproposicional, que liga as proposições "H" e "C" é neutro, não recebendo qualquer modalização.

---

209. *Apostila do curso de teoria geral do direito*, p. 82.

Por exercer o papel de um conceito funcional, estabelecendo relações entre proposições (hipótese e consequente) e termos de sujeitos (sujeito ativo e sujeito passivo), destaca-se o caráter relacional do "dever-ser".

Especialmente na estrutura normativa do direito positivo, o "dever-ser", embora relacional, não ingressa na categoria dos operadores relacionais reflexivos, ou seja, aqueles que satisfazem a fórmula "x R x", isto porque, o direito não disciplina condutas intrassubjetivas (reflexivas), de um sujeito para com ele mesmo, apenas intersubjetivas. Como enfatiza LOURIVAL VILANOVA, "inexiste possibilidade lógica e ontológica de alguém juridicamente proibir-se a si mesmo, obrigar-se a si mesmo"[210]. Um sujeito não é devedor de si próprio, nem contratante de si mesmo, nem é comodatário em relação a sua pessoa. Todo relacional deôntico do direito positivo é entre sujeitos diferentes, está ligado a condutas inter-humanas.

O "dever-ser" é constitutivo da estrutura da proposição normativa. É o operador específico da linguagem das normas que, em falta, desfaz sua prescritividade. Por isso, dizemos ser ele o operador por excelência da linguagem normativa, da qual a linguagem do direito positivo é espécie. O operador alético ("ser") não ingressa no interior da estrutura normativa, ainda que a proposição hipótese seja descritiva de um acontecimento.

Lembramos mais uma vez, que no plano físico da linguagem jurídica (escrita ou falada) não nos deparamos com o "deve ser", que é uma partícula operativa presente na fórmula das proposições normativas. Só com a formalização da linguagem do direito positivo obtemos o conceito do "dever-ser" que compõe sua estrutura.

---

210. *As estruturas lógicas do direito positivo*, p. 78.

6. DIREITO E SUA REDUÇÃO LÓGICA – MODAIS DEÔNTICOS E VALORAÇÃO DA HIPÓTESE NORMATIVA

O direito positivo, como corpo de linguagem prescritiva, está sujeito à formalização pela Lógica Deôntica. Reduzindo-o a sua expressão significativa mais simples chegamos à norma jurídica como uma proposição estruturada na forma hipotético-condicional D (H→C), "deve ser que se ocorrer o fato x então será a consequência y". A hipótese descreve um fato, valorado pelo legislador com o sinal positivo da licitude ou negativo da ilicitude e o consequente prescreve uma relação valorada como obrigatória (O) permitida (P), ou proibida (V). Não há uma terceira possibilidade valorativa no consequente, onde impera a lei do quarto excluído e nem uma segunda possibilidade na hipótese, que repousa na lei do terceiro excluído. Esta será sempre lícita (+) ou ilícita (-) e aquele sempre obrigatório, permitido, ou proibido. Não há um fato meio licito ou meio ilícito, assim como, não há condutas meio obrigatórias, meio permitidas ou meio proibidas.

Licitude e ilicitude são predicações do fato, que o legislador recorda da realidade social e transporta para o mundo do direito positivo atribuindo-lhe sinal positivo ou negativo, para que possam produzir efeitos jurídicos. A obrigação, permissão ou proibição são predicações da relação jurídica, que se transportam para o plano da realidade social, na disciplinação de condutas intersubjetivas.

A ilicitude de um fato, posto na condição de hipótese normativa, constitui-se pela negação de uma conduta já valorada, no consequente de outra norma jurídica, pressupõe, portanto, uma modalização anterior. O conteúdo de qualquer fato ilícito é a negativa da realização de condutas valoradas pelo modal obrigatório (Op e O-p) ou a positiva realização de condutas valoradas pelo modal proibido (Vp e V-p). Se não realizamos uma conduta prescrita como obrigatória (Op), negamos a conduta valorada juridicamente (-p) e, é atribuindo esta valoração negativa que o direito constitui o conceito de ilicitude do fato. Da mesma forma, na realização de uma conduta (p), cuja omissão seja obrigatória (O-p), nega-se a conduta valorada juridicamente e atribuindo esta valoração negativa o direito delimita a ilicitude do fato.

A licitude, em contrapartida, é atribuída valorando-se positivamente a realização de condutas modalizadas juridicamente pela obrigação (Op e O-p) ou negativamente quando modalizadas pela proibição (Vp e V-p). Se realizarmos uma conduta prescrita como obrigatória (Op), confirmamos a conduta valorada juridicamente (p) e é atribuindo esta valoração positiva que o direito constitui o conceito de licitude do fato. Da mesma forma, na omissão de uma conduta (p), cuja não realização seja obrigatória (O-p), confirma-se a conduta valorada juridicamente e assim se delimita a licitude do fato.

Um fato pode ser descrito como lícito quando o direito não proíbe sua realização, ou quando proíbe sua omissão. E, é titulado como ilícito quando há uma proibição para sua realização. Em outros termos podemos dizer que o mesmo fato é lícito quando sua realização é obrigatória ou quando se perfaz na realização de uma conduta, cuja omissão não é obrigatória e é ilícito quando existe uma obrigação de não realizá-lo. Em resumo, a realização de um fato só pode ser tipificada como ilícita quando contrária ao disposto pelo direito. No caso de condutas proibidas a sua realização será contrária "(Vp . p) → i" – Se proibido p, a realização de p implica a ilicitude; "(V-p . -p) → i" – Se proibida a omissão de p, a omissão de p implica ilicitude. No caso de condutas obrigatórias a sua negação será contrária ao direito "(Op . -p) → i" – Se obrigatório p, a não-realização de p (-p) implica ilicitude; "(O-p . p) → i" – Se obrigatória a omissão de p (-p), a realização de p implica ilicitude. No caso das condutas permitidas nada podemos dizer sobre a ilicitude, apenas sobre a licitude, se a permissão for positiva (Pp) a realização da conduta é lícita "(Pp . p) → l"; se a permissão for negativa (P-p) a não-realização constitui-se como fato lícito "(P-p . -p) → l". Na valoração da licitude e ilicitude dos fatos, o legislador só é livre para atuar dentro destas possibilidades.

Em análise à tabela de interdefinibilidade dos modais deônticos, fica mais claro estabelecermos as relações entre os modalizadores deônticos e as possibilidades valorativas da hipótese normativa:

$Pp \equiv -O\text{-}p \equiv -Vp$ (a realização de "p" é lícita e nada se pode dizer sobre a ilicitude)

$-Pp \equiv O\text{-}p \equiv Vp$ (a realização de "p" é ilícita e a omissão de "p" lícita)

$P\text{-}p \equiv -Op \equiv -V\text{-}p$ (a omissão de "p" é lícita e nada se pode dizer sobre a ilicitude)

$-P\text{-}p \equiv Op \equiv V\text{-}p$ (a omissão de "p" é ilícita e a realização de "p" é lícita)

Determinada pela valoração positiva ou negativa do legislador da realização ou omissão de condutas modalizadas pelo próprio sistema, a hipótese normativa indica os fatos lícitos, valorados positivamente e os ilícitos aos quais é atribuído o sinal negativo. Por sua vez, o consequente normativo, diante da licitude ou ilicitude da hipótese, valora condutas intersubjetivas, em termos relacionais, como obrigatórias (O), permitidas (P) e proibidas (V). Temos assim, a redução do direito a dois valores factuais (lícito e ilícito), presentes na hipótese normativa, e três valores relacionais (obrigatório, permitido, proibido), situados na posição sintática de consequente. É com emprego destes cinco valores e com as relações que se estabelecem entre eles que o direito cumpre seu papel, como objeto cultural, de disciplinar condutas intersubjetivas.

A princípio todas estas informações que trabalhamos até agora pode não parecer ter muito sentido, mas ao longo do trabalho, com o avanço de nossas investigações, vamos percebendo a importância destas noções introdutórias sobre a lógica (especialmente a deôntica) para compreensão da estrutura do sistema jurídico e de suas unidades.

Questões:

1. Que é lógica? Qual a relação da lógica com a linguagem?
2. Diferencie enunciado de proposição.
3. Como se dá o processo de formalização de uma linguagem?
4. Diferencie os processos de formalização e abstração isoladora.
5. Que são fórmulas lógicas?
6. Explique a atuação dos 6 tipos de conectivos lógicos na conformação da fórmula.
7. Explique os 3 princípios da lógica proposicional: (i) identidade; (ii) não-contradição; e (iii) terceiro excluído.
8. Que são regras de inferência? Explique-as.
9. Diferencie lógica formal de lógica material.
10. Como a lógica pode ser utilizada para o estudo do direito?
11. Explique a seguinte afirmação: *"a lógica é apenas um ponto de vista sobre o conhecimento, que não contempla o direito na sua totalidade"*.
12. Que é causalidade? Diferencie causalidade física e causalidade jurídica.
13. Que diferencia as leis da natureza das leis jurídicas?
14. Quais são os operadores da lógica deôntica? Qual a função que desempenham?
15. Que é interdefinibilidade dos modais deônticos? Aponte as equivalências existentes.
16. O facultativo aparece como um quarto modal deôntico? Por que?
17. Explique: (i) princípio da subcontrariedade deôntica; (ii) lei da contrariedade deôntica; (iii) leis da subalternação deôntica; e (iv) leis da contradição deôntica.

18. Que se entende por condição necessária e condição suficiente?

19. Explique o caráter relacional do "dever-ser".

20. Justifique, utilizando-se dos modais deônticos, a ilicitude e a licitude no direito.

Capítulo VII
HERMENÊUTICA JURÍDICA E TEORIA DOS VALORES

SUMÁRIO: 1. Teorias sobre a interpretação; 2. Compreensão e interpretação; 3. Interpretação e tradução; 4. Interpretação dos textos jurídicos; 5. Sobre o plano de conteúdo do direito; 6. Percurso da construção do sentido dos textos jurídicos; 6.1. S1 – o sistema dos enunciados prescritivos – plano de expressão do direito positivo; 6.2. S2 – o sistema dos conteúdos significativos dos enunciados prescritivos; 6.3. S3 – o sistema das significações normativas – proposições deonticamente estruturadas; 6.4. S4 – plano das significações normativas sistematicamente organizadas; 6.5. Integração entre os subdomínios S1, S2, S3 e S4; 7. Interpretação autêntica; 8. Sobre os métodos de análise do direito; 9. Teoria dos valores; 9.1. Sobre os valores; 9.2. Os valores e o direito.

1. TEORIAS SOBRE A INTERPRETAÇÃO

Hermenêutica Jurídica é a Ciência que tem por objeto o estudo e a sistematização dos processos aplicáveis para construção e justificação do sentido dos textos do direito positivo. É, nos dizeres de CARLOS MAXIMILIANO, "a teoria da arte de interpretar"[211].

---
211. *Hermenêutica e aplicação do direito*, p. 1.

Durante muitos anos a tradição hermenêutica associou o termo "interpretação" à ideia de revelação do conteúdo contido no texto. Interpretar era mostrar o verdadeiro sentido de uma expressão, extrair da frase ou sentença tudo que ela contivesse[212]. Tal ideia justificava-se na tradição filosófica anterior ao giro-linguístico, de que as coisas tinham um significado ontológico e que as palavras denotavam tal significado, de modo que, existia um conteúdo próprio a cada termo. Assim, o trabalho do intérprete resumia-se em encontrar a significação preexistente no texto, extraindo o sentido que ali existia.

Sob esta perspectiva, o sentido era algo dado, contido no texto, mas escondido na sua implicitude, sendo a função do intérprete exteriorizá-lo.

Com a mudança de paradigma da filosofia do conhecimento, as palavras deixam de ter um significado ontológico (atrelado às coisas), vez que é a própria linguagem que cria o objeto. Sob esta nova perspectiva, o conteúdo dos textos deixa de ser algo dado, preexistente, para ser algo construído e vinculado aos referenciais do intérprete.

O sentido não está mais escondido no texto (aqui considerado em acepção estrita), como algo a ser descoberto ou extraído pelo intérprete. Não há um sentido próprio (verdadeiro) para cada palavra, expressão ou frase. Ele é construído por meio de um ato de valoração do intérprete. Sobre este ponto, PAULO DE BARROS CARVALHO esclarece: "Segundo os padrões da moderna Ciência da Interpretação, o sujeito do conhecimento não extrai ou descobre o sentido que se achava oculto no texto. Ele o constrói em função de sua ideologia e, principalmente, dentro dos limites de seu mundo, vale dizer, do seu universo de linguagem"[213].

---

212. O supracitado autor – CARLOS MAXIMILIANO, expressa bem esta tendência, segundo ele: "interpretar é explicar, esclarecer; dar significado de vocábulo, atitude ou gesto; reproduzir por outras palavras um pensamento exteriorizado; mostrar o sentido verdadeiro de uma expressão; extrair, de frase, sentença ou norma, tudo o que na mesma se contém" (*Idem*, p. 9).

213. *Direito tributário, linguagem e método*, p. 192.

Nestes termos, e seguindo as premissas adotadas neste trabalho, interpretar não é extrair da frase ou sentença tudo que ela contém, mesmo porque ela nada contém. A significação não está atrelada ao signo (suporte físico) como algo inerente a sua natureza, ela é atribuída pelo intérprete e condicionada as suas tradições culturais. Uma prova disso está na divergência de sentidos interpretados do mesmo texto. Se cada palavra (enquanto marca de tinta presente num papel, ou onda sonora) contivesse uma significação própria e o trabalho do intérprete se restringisse em encontrar tal significação, todos os sentidos seriam unívocos, ou pelo menos tenderiam à unicidade. Isto não ocorre justamente porque o sentido não está no texto, está no intérprete e, desta forma condiciona-se aos seus referenciais linguísticos.

O intérprete constrói o conteúdo textual. O texto (em sentido estrito) é significativo, mas não contém, em si mesmo, significações (seu conteúdo). Ele serve como estímulos para a produção do sentido. As significações são construídas na mente daquele que interpreta o suporte físico, por este motivo, requerem, indispensavelmente, a presença do homem. Assim sendo, podemos dizer que não existe texto sem conteúdo, mas também não existe conteúdo sem o ser humano. O conteúdo está no homem, apenas é atribuído ao texto.

Transportando estas considerações para a especificidade dos textos jurídicos, vale a crítica de PAULO DE BARROS CARVALHO sobre a afirmação segundo a qual: "dos textos do direito positivo *extraímos* normas jurídicas"[214]. Tal assertiva pressupõe ser possível retirar, de entidades meramente físicas, conteúdos significativos, da mesma forma que se extrai água de um pano molhado, ou mel de uma colmeia, como se as significações estivessem impregnadas no suporte físico e todo o esforço do intérprete se voltasse para arrancá-las de dentro dos enunciados.

---

214. *Fundamentos jurídicos da incidência tributária*, p. 17.

O plano de conteúdo do direito positivo (normas jurídicas) não é extraído do substrato material do texto, como se nele estivesse imerso, esperando por alguém que o encontre. Ele é construído como juízo, na forma de significação, na mente daquele que se propõe a interpretar seu substrato material. O suporte físico do direito posto é apenas o ponto de partida para a construção das significações normativas, que não existem senão na mente humana.

Nesta concepção, o homem se torna indispensável à existência do direito em dois momentos: para instaurar o processo comunicacional e emitir a mensagem jurídica (emissor – legislador) e depois, para interpretar o texto produzido e construir os juízos normativos (destinatário – intérprete). Ciente desta dualidade, GABRIEL IVO enfatiza que "no universo do direito o próprio objeto de estudo é ele mesmo construído pelo homem. Assim a presença humana é encontrada não só no plano da ciência, mas também, na constituição do objeto. As normas jurídicas não estão aí independentes do homem. O homem as constrói. E constrói em dois momentos. Quando faz ingressar por meio dos instrumentos introdutores, os enunciados e, depois, quando, a partir dos enunciados postos pelo legislador, constrói sua significação, a norma jurídica"[215].

Para termos acesso às prescrições jurídicas, partimos do texto (em sentido estrito) e, mediante um processo hermenêutico, construímos seu sentido. A mensagem legislativa, assim, só é conhecida, se interpretada. Podemos até fazer uma análise do plano de expressão, da forma como o direito se manifesta materialmente: verificar a tinta utilizada, o papel, a fonte das letras, a formatação, etc. Mas o conhecimento do conteúdo jurídico só se atinge mediante um ato de valoração do intérprete.

---

215. *A incidência da norma jurídica tributária*, p. 1.

2. COMPREENSÃO E INTERPRETAÇÃO

Sendo o direito um objeto cultural, o ato cognoscitivo próprio para seu conhecimento é a compreensão. O compreender é um ato satisfativo da consciência humana, por meio do qual um sentido é fixado intelectualmente como próprio de dado suporte físico. Tal ato é alcançado com a interpretação, processo mediante o qual o conteúdo de um texto é construído. A hermenêutica, assim, parte da triologia: (i) leitura; (ii) interpretação; e (iii) compreensão. Primeiro o intérprete lê, depois interpreta aquilo que lê e compreende aquilo que interpreta. É por isso que o método é o empírico dialético: com a leitura do texto (base empírica) o intérprete constrói conteúdos e os confronta, num processo inesgotável, até alcançar a compreenção.

LOURIVAL VILANOVA ensina que "interpretar é atribuir valores aos símbolos, isto é, adjudicar-lhes significações e, por meio dessas, referências a objetos"[216]. Sem interpretação o símbolo fica desprovido de valor e nada diz, o que só corrobora nosso entendimento de que o sentido não está preso ao suporte físico, de modo a ser descoberto ou extraído, ele é construído e encontra-se limitado aos horizontes culturais do intérprete.

Que todo texto tem um plano de conteúdo e que, segundo os pressupostos adotados neste trabalho, este é construído pelo intérprete, não há dúvidas, a questão é saber como ingressamos neste plano? Como se dá a construção de sentido de um texto, ou seja, como passamos do plano de expressão para o plano do conteúdo?

Imaginemos que fosse possível visualizar o trajeto realizado na mente humana para construção do sentido de um texto qualquer (TGS – trajeto gerador de sentido): Ele seria representado por uma infinita reta em espiral que toma como base o suporte físico (TE – texto em sentido estrito) e vai seguindo

---

216. *O universo das fórmulas lógicas e o direito*, p. 15.

verticalmente limitada aos horizontes culturais do intérprete (H1 e H2). Conforme vão sendo atribuídos valores aos símbolos presentes no campo físico, estágios de compreensão vão sendo alcançados (representados pelas espirais – C1, C2, C3, C4...) e, assim, o conteúdo textual vai sendo construído (PC – plano do conteúdo), conjugando a formação do texto na sua concepção ampla (TA – texto em sentido amplo: plano da expressão + plano da implicitude ou do conteúdo).

O gráfico[217] abaixo representa tal trajetória:

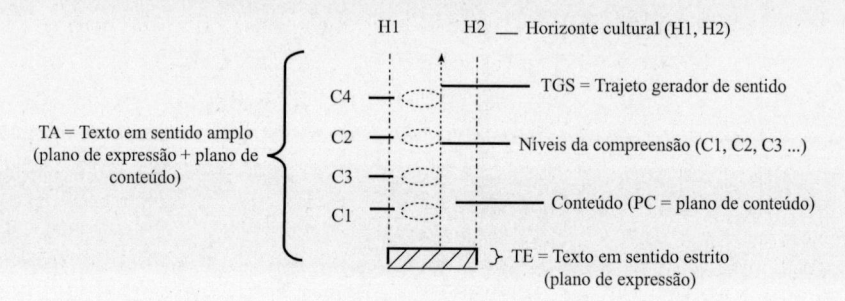

```
                        H1      H2  ___ Horizonte cultural (H1, H2)
                    C4  ─┤ ◌ │
                                    ─── TGS = Trajeto gerador de sentido
 TA = Texto em sentido amplo   C2  ─┤ ◌ │
 (plano de expressão + plano de                ─── Níveis da compreensão (C1, C2, C3 ...)
          conteúdo)             C3  ─┤ ◌ │
                                                ─── Conteúdo (PC = plano de conteúdo)
                                C1  ─┤ ◌ │
                                    ▓▓▓▓   }─ TE = Texto em sentido estrito
                                              (plano de expressão)
```

Explicando: do texto em sentido estrito (TE) o intérprete inicia sua trajetória geradora de sentido (representado pela linha reta em espiral no centro da figura), durante este percurso vai alcançando níveis de compreensão (C1, C2, C3 e C4 – representados pelas espirais da reta) e construindo o conteúdo do texto (PC). Todo este processo encontra-se limitado por seus horizontes culturais (representados pelas linhas pontilhadas H1 e H2) e o plano de expressão somado ao plano do conteúdo constitui aquilo que denominamos de texto em sentido amplo (TA).

A flecha, no topo da reta em espiral, representa ser a interpretação infinita. O intérprete vai percorrendo sua trajetória hermenêutica e alcançando certos níveis de compreensão (C1, C2, C3, C4...) até que em algum momento sente-se satisfeito e pára de interpretar, depois retoma o mesmo processo

---

217. Gráfico construído por PAULO DE BARROS CARVALHO e apresentado por DANIELA DE ANDRADE BRAGHETTA em *Tributação do comércio eletrônico*.

para alcançar outros níveis de compreensão (C5, C6, C7, C8...), até que se sinta satisfeito novamente. Aqui visualizamos a assertiva feita acima de ser a compreensão uma forma da consciência humana (e o compreender um ato) por meio do qual um sentido é fixado como próprio a dado suporte físico e a interpretação como processo mediante o qual a compreensão é alcançada.

Chamamos atenção, no entanto, para ambiguidade do termo "interpretação" causada pela dualidade processo/produto. "Interpretação" e "compreensão" enquanto produto (conteúdo apreendido por uma forma de consciência) equiparam-se semanticamente, denotando a significação produzida. Enquanto processo e ato permanece a diferença.

A interpretação (processo) é inesgotável. Este, como explica PAULO DE BARROS CARVALHO, é um de seus axiomas. Há sempre a possibilidade de atribuir novos valores aos símbolos e cada uma dessas possibilidades é uma interpretação diferente. Daí a ideia de inesgotabilidade: todo texto pode ser reinterpretado, infinitamente. Outro axioma da interpretação, como bem pontua o autor é a intertextualidade, caracterizada pelo diálogo que os textos mantêm entre si e que determina todo processo gerador de sentido[218]. Como já vimos (no capítulo sobre a teoria comunicacional do direito), temos uma contextualização interna ao texto, relativa à formação e estruturação de seus enunciados e uma contextualização externa, referente às relações do texto com outros preexistentes ou que ainda estão por existir. Ambos influem diretamente na construção de sentido vez que, nos moldes da filosofia da linguagem, este não se encontra atrelado aos vocábulos, é

---

218. Nas palavras do autor: "Dois pontos suportam o trabalho interpretativo como axiomas da interpretação: intertextualidade e inegotabilidade. A intertextualidade é formada pelo intenso diálogo que os textos mantém entre si, sejam eles passados presentes ou futuros, pouco importando as relações de dependência estabelecidas entre eles. (...) A inesgotabilidade, por sua vez, é a ideia de que toda a interpretação é infinita, nunca restrita a determinado campo semântico. Daí a inferência de que todo texto poderá ser reinterpretado. Eis as duas regras que aprisionam o ato de interpretação do sujeito cognoscente" (*Direito tributário, linguagem e método*, p. 193).

apontado em razão das formas de uso das palavras e dos referenciais do intérprete que, por sua vez, são determinados pelo contexto, isto é, pelas relações intra e intertextuais que o sujeito interpretante estabelece.

No gráfico, as duas linhas pontilhadas paralelas à reta do trajeto gerador de sentido (H1 e H2) representam os horizontes culturais do intérprete. Isto porque, sendo o sentido uma construção do sujeito, não há como dissociá-lo da sua historicidade (cultura). As significações construídas no processo interpretativo encontram-se condicionadas aos pré-conceitos e pré-compreensões do intérprete, não são obras da sua subjetividade isolada, separada da história, mas só explicáveis a partir de uma tradição, que codetermina sua existência no mundo[219]. É neste sentido que VILÉM FLUSSER afirma: "cada palavra, cada forma gramatical é uma mensagem que nos chega do fundo do poço da história, e por meio de cada palavra e de cada forma gramatical a história conversa conosco"[220].

Tal influência que a história exerce sobre os conteúdos significativos produzidos no processo de interpretação, independe da consciência que os intérpretes possuem de sua historicidade. Mesmo sem saber identificar ao certo quais os pré-conceitos e pré-compreensões que informam o sentido construído eles estão presentes em toda trajetória hermenêutica.

O fato é que qualquer pessoa que deseja conhecer uma realidade textual percorre necessariamente o percurso aqui descrito. E, para nós, que trabalhamos com a concepção do giro-linguístico, tal caminho se mostra mais do que presente, indispensável, pois, considerando que toda realidade é linguagem (textual), todo conhecimento pressupõe este trajeto.

---

219. MANFREDO ARAÚJO, *Reviravolta linguístico-pragmática na filosofia contemporânea*, p. 227.

220. *Língua e realidade*, p. 215.

3. INTERPRETAÇÃO E TRADUÇÃO

Toda interpretação cria uma nova realidade. Quando atribuímos valores, adjudicando significações a suportes físicos, saltamos do plano de expressão para o plano dos conteúdos, proporcionando ao intelecto um clima de realidade diferente a cada percurso.

Seguindo as premissas fixadas neste trabalho, as palavras não se relacionam com as coisas em si, senão com outros termos, de modo que, os sentidos não são unos nem próprios, eles são atribuídos em razão das formas de uso determinadas pelo contexto e estão condicionados pelos horizontes culturais de cada intérprete. Assim, um mesmo suporte físico (texto em sentido estrito) possibilita a construção de infinitos planos de conteúdos, dando origem a diferentes textos (em sentido amplo). E, cada texto (em sentido amplo), consubstancia-se numa realidade própria para o sujeito que o interpretou. Neste sentido, explica MANFREDO ARAÚJO, o mesmo texto (em sentido estrito), quando compreendido de maneira diferente, se nos apresenta sempre de outro modo[221].

A leitura do plano de expressão serve como estímulo para a produção de significações, sendo estas responsáveis pela constituição de diferentes mundos, produzidos em conformidade com os contextos estabelecidos e os referenciais culturais de cada intérprete. Diante, por exemplo, da placa: "é proibido o uso de biquíni", podemos construir duas significações: (i) "deve-se usar roupa mais composta"; (ii) "deve-se tirar o maiô". São duas realidades distintas e contrárias, ambas constituídas do mesmo suporte físico.

Mas como identificar a significação própria de um texto em sentido estrito? É possível estabelecer esta relação de propriedade? Em primeiro lugar devemos lembrar que não há vínculo ontológico entre suporte físico e significação e que tudo não passa de uma construção. Os sentidos são próximos

---

221. *Reviravolta linguístico-pragmática na filosofia contemporânea*, p. 134.

em razão do contexto que os determina e por seus intérpretes vivenciarem a mesma língua, isto é, terem tradições comuns.

No exemplo acima, considerando-se o contexto, o sentido atribuído à placa tenderia à primeira opção (i – *deve-se usar roupa mais composta*) se ela estivesse fixada na porta de uma igreja; e à segunda (ii – *deve-se tirar o maiô*), caso fixada na entrada de uma praia de nudismo. Isolando-se o contexto, diante da placa, uma freira, provavelmente, ficaria com a primeira opção e uma jovem mais moderninha, com a segunda.

Trabalhando com os pressupostos da teoria comunicacional o que aproxima os sentidos e consequentemente as realidades significativas construídas (textos em sentido amplo) é o contexto comum e o fato dos intérpretes vivenciarem culturas próximas. Muda-se o contexto, modifica-se a significação. Muda-se o intérprete ou seus referenciais culturais e modifica-se a significação.

Neste sentido, a compreensão não está vinculada ao que o emissor quis dizer. Embora seja construída em nome dessa prerrogativa, está relacionada aos vínculos que se estabelecem entre os textos (contexto) e aos referenciais histórico-culturais de cada intérprete. Entre o conteúdo pensado pelo emissor e o construído pelo receptor há um completo aniquilamento de realidades, transposto pela presença do texto em sentido estrito, onde se objetivam as realidades do emissor e dos receptores. É por isso que, como bem explica TATHIANE DOS SANTOS PISCITELLI, a vontade do legislador é de todo inatingível[222]. "O fato de alguém realmente compreender o que uma frase significa, compreender seu sentido, não depende absolutamente de que seu emissor tenha querido significar isso. A compreensão depende da situação histórica em que a frase é usada e não do ato intencional de querer significar"[223].

---

222. *Os limites à interpretação das normas tributárias*, p. 35.

223. MANFREDO ARAÚJO, *Reviravolta linguístico-pragmática na filosofia contemporânea*, p. 135.

4. INTERPRETAÇÃO DOS TEXTOS JURÍDICOS

À frente do cientista do direito, tudo que existe como objeto de sua experiência, são textos (em sentido estrito): um aglomerado de símbolos estruturados em frases que se relacionam entre si, formando um sistema de signos. Logo, qualquer pessoa que pretenda conhecê-lo, no intuito de compreender a mensagem pretendida pelo legislador, só tem uma alternativa, interpretá-lo. É por isso que PAULO DE BARROS CARVALHO, com a precisão que lhe é peculiar, enuncia: "conhecer o direito é em última análise compreendê-lo, interpretá-lo, construindo o conteúdo, sentido e alcance da mensagem legislada"[224].

Em seu plano de expressão o direito positivo é constituído pela linguagem idiomática na sua forma escrita. Este é seu suporte material, dado objetivo ao qual todos que lidam com a realidade jurídica têm acesso. O plano de expressão, no entanto, isoladamente nada diz, é preciso ingressar no plano de conteúdo para ter acesso à mensagem legislada. Isto se torna claro, por exemplo, quando entregamos a Constituição da República a uma pessoa incapacitada de interpretar os signos ali contidos (analfabeto). Tal indivíduo entra em contato com o suporte físico do direito, percebe as formas da escrita, é capaz de dizer qual a textura do papel, qual o tipo de caligrafia utilizado, a fonte das letras, a cor da tinta, mas nada pode dizer sobre o conteúdo legislado.

Mas como ter acesso ao conteúdo legislado, isto é, como são produzidos os sentidos dos textos jurídicos? E a resposta é: *como de qualquer outro texto*.

O intérprete, limitado por seus horizontes culturais (determinados por suas vivências linguísticas), entra em contato com o plano de expressão do direito positivo e, por meio da leitura, vai atribuindo valores aos símbolos nele contidos e adjudicando-lhes significações, neste processo (denominado de

---

224. *Linguagem e método*. Texto inédito (Cap. 3, item 3.3.1).

interpretação) vai alcançando vários níveis de compreensão até que se sinta satisfeito, fixando um conteúdo significativo como próprio do texto. Por esta trajetória passam invariavelmente todos aqueles que se propõem a uma experiência cognitiva com o direito positivo.

Há uma dificuldade, própria das mudanças de paradigmas, em conceber a norma jurídica (e consequentemente o direito) como uma construção do intérprete (significação), justamente pela subjetividade que lhe é atribuída por esta visão. Mas dentro da concepção filosófica à qual nos filiamos, não conseguimos compreender de outro modo, mesmo porque, a pragmática jurídica só vem corroborar com nosso posicionamento. Se o direito (conjunto de normas jurídicas) fosse algo certo e determinado (significação unívoca) contido nos textos positivados (dado material), não haveria divergências doutrinárias, nem jurisprudenciais. O juiz simplesmente extrairia o conteúdo do texto e o aplicaria ao caso concreto, numa operação mecânica.

Mas basta entrarmos em contato com o direito para percebermos como uma única frase é capaz de dar ensejo a discrepantes construções de sentido, cada qual consoante a valoração que o sujeito interpretante atribui aos termos empregados pelo legislador. Se a norma jurídica estivesse no plano material dos textos positivados não haveria tantas discussões sobre o conteúdo normativo.

Esclarecemos, porém, que adotar a postura de serem as normas jurídicas construção do intérprete, não importa situar o direito no plano das subjetividades (intrassujeito) e nem limitá-lo à vontade do intérprete. Adotamos uma posição culturalista perante o direito ao concebê-lo como instrumento linguístico susceptível de valoração e utilizado para implementar certos valores, mas ao mesmo tempo, positivista ao considerar que tais valores objetivam-se no texto positivado e que todas as valorações do sujeito interpretante estão restritas a ele.

O texto em sentido estrito (dado material produzido pelo legislador) é a base para as construções do sentido normativo (conteúdo jurídico) e nele devem fundar-se todas as construções, sob pena de não mais se caracterizarem como jurídicas. Fixando tal restrição, PAULO DE BARROS CARVALHO explica: "Em qualquer sistema de signos o esforço de decodificação tomará por base o texto, e o desenvolvimento hermenêutico fixará, nessa instância material, todo o apoio de suas construções"[225].

Podemos dizer que os limites construtivos da mensagem jurídica são: (i) o plano de expressão dos textos jurídicos; (ii) os horizontes culturais do intérprete; e (iii) todo contexto que os envolve. Isto causa um desconforto em muitos juristas, porque não há um padrão significativo para a construção normativa. Todas as palavras, expressões e frases presentes no texto produzido pelo legislador podem dar ensejo a inúmeras significações. Mas o fato é que o direito é assim.

Não existe um limite objetivo para a interpretação, como pressupõe a teoria tradicional. A objetividade do direito está no seu suporte físico, que é aberto. A comunicação jurídica (entre legislador e intérpretes) se estabelece por ambos vivenciarem a mesma língua, a mesma cultura, por estarem inseridos no mesmo contexto histórico. É por isso que, para HEIDEGGER, a referência objetiva do diálogo, que guia o processo de entendimento mútuo, deve sempre se dar no solo de um consenso prévio, produzido por tradições comuns[226]. As significações jurídicas, assim, se aproximam tendo em conta o mesmo contexto histórico-cultural, mas se afastam na medida em que se considera as associações valorativas ideológicas que informam os horizontes culturais de cada intérprete[227].

---

225. *Fundamentos jurídicos da incidência tributária*, p. 15.

226. JÜRGEN HABERMAS, *Verdade e justificação*, p. 87.

227. Tal abertura é que possibilita sentenças tidas por muitos como absurdas, mas totalmente compatíveis com as referências do juiz que as produziu.

Outro critério a ser levado em conta, quando da construção das significações jurídicas, é a intertextualidade interna, ou seja, as relações que o texto interpretado mantém com outros textos jurídicos, seu contexto jurídico. O contexto jurídico exerce grande influência na valoração significativa, acabando por determinar o conteúdo produzido pelo intérprete. Mas, no fundo, o próprio contexto não passa de uma construção interpretativa. Os vínculos intertextuais, bem como os conteúdos dos textos com os quais o suporte físico interpretado se relaciona, são significações construídas mediante atos de valoração do intérprete.

GADAMER trabalha com a premissa de que o processo da interpretação só é possível sobre o solo de um contexto tradicional comum. Segundo o autor, "a pré-compreensão que um intérprete leva para o texto já é, quer ele queira ou não, impregnada e marcada pela história dos efeitos do próprio texto dentro de uma comunidade discursiva. Tal tradição, no entanto, é dissimulada por um processo metodológico assegurador da verdade dos conteúdos interpretados"[228]. Isto quer dizer que, quando utilizamo-nos do contexto para justificar certo conteúdo interpretativo, valoramos e construímos o nosso contexto – quando digo qual é o contexto é porque interpretei o contexto. Ele, então, é dissimulado, deixa de ser contexto (referencial – tradições do intérprete) para ser justificação, isto é, uma forma de legitimação da significação produzida.

Sob esta perspectiva, não existem interpretações jurídicas certas ou erradas, pois "certo/errado" não passa de mais uma valoração e a quem competiria dizê-lo? Podemos falar em interpretações mais aceitas, menos aceitas, justificadas, não justificadas, positivadas e não-positivadas.

---

228. JÜRGEN HABERMAS, *Verdade e Justificação*, p. 87.

5. SOBRE O PLANO DE CONTEÚDO DO DIREITO

A preocupação da doutrina hermenêutica tradicional do direito dedicou-se a desenvolver um método de uniformização dos conteúdos significativos, que conferisse limites e segurança à interpretação, como se fosse possível determinar um único sentido próprio para cada enunciado positivado, o que nos parece uma grande utopia.

Os enunciados prescritivos, constituintes do campo de expressão do direito, são a base para construção de infinitos conteúdos significativos, dependentes da valoração que lhes é atribuída e condicionados aos horizontes culturais de cada intérprete. Não existe apenas um conteúdo significativo próprio, muito menos um esquema hermenêutico que aponte qual o sentido correto do enunciado, exatamente porque não existe um sentido correto.

É difícil adotar um critério que, objetivamente, aponte uma única possibilidade valorativa a ser atribuída aos textos produzidos pelo legislador. Pensemos em qualquer critério utilizado pela doutrina tradicional ou mesmo aqueles prescritos pelo próprio direito positivo e logo se percebe que todos eles pressupõem uma valoração e que, no fundo não passam de critérios de justificação ou legitimação. Analisemos alguns destes critérios:

(i) vontade significativa do legislador: a hermenêutica jurídica tradicional aconselha interpretar o direito, buscando-se a vontade do legislador, como se ela, de alguma forma estivesse presente no texto (suporte físico). Mas que é a vontade do legislador senão a construção dela pelo intérprete, condicionada aos referenciais histórico-culturais da língua que habita? Nestes termos, a vontade do legislador é algo inalcançável a qualquer intérprete.

(ii) contexto histórico ou jurídico: novamente, ao que temos acesso é uma construção do intérprete, condicionado aos seus horizontes culturais. Ele diz qual é o contexto.

(iii) vontade da lei: a lei, enquanto suporte físico, não tem vontade, é o intérprete que diz qual a vontade da lei, tudo não passa também de uma construção determinada por suas vivências anteriores. Algumas vezes o direito prescreve como devem ser construídos os conteúdos de significação de seus enunciados, utilizando-se da forma metalinguística (sem desvirtuar sua função prescritiva) ao dispor que tais e quais termos, expressões ou sentenças devem ser entendidos desta e daquela maneira – é o que chamamos de dirigismo hermenêutico. Mas, mesmo nestes casos, temos que interpretar, isto é, construir o sentido e dizer que é "desta e daquela maneira".

O fato é que todo o conteúdo jurídico depende de valoração e esta se condiciona às vivências do intérprete. Não existe um método hermenêutico que aponte objetivamente um único sentido (correto, verdadeiro, próprio) a ser atribuído aos enunciados do direito positivo, o que existe são técnicas de construção e justificação das valorações atribuídas. Prevalece a interpretação que convence, por sua justificação, devido à retórica do intérprete, pela identidade de referenciais, proximidade de culturas, etc.

Um exemplo disso está no descompasso das interpretações produzidas pela doutrina jurídica (Ciência do Direito). Vários autores podem falar sobre um mesmo texto jurídico, mas nenhum deles o fará exatamente do mesmo modo que o outro, pois a cada um competirá uma valoração diferente. Estudamos livros de autores ilustres que dizem uma coisa, depois nos deparamos com outros autores, tão ilustres quanto os primeiros, que dizem exatamente o contrário e tendemos a aceitar uma ou outra interpretação, em razão, também, dos referenciais que nos constituem como intérpretes. Lidamos com a construção dos conteúdos normativos todos os dias, mas temos uma grande dificuldade em aceitá-la como algo condicionado as nossas vivências, porque interpretamos o direito com a expectativa da certeza e a segurança da existência de uma única significação correta.

Alguns autores propõem a existência de um sentido mínimo ao qual o intérprete estaria limitado. Tal sentido mínimo seria o conteúdo significativo de base de cada palavra, aceito arbitrariamente por todos que habitam a mesma comunidade de discurso. O problema é a delimitação deste conteúdo mínimo quando já sabido que todas as palavras são vagas e potencialmente ambíguas. O sentido de base é, também, uma significação. As convenções linguísticas determinam as regras de uso e estruturação dos termos num discurso, mas o conceito do vocábulo é construído, invariavelmente, na mente do sujeito que o interpreta e o utiliza e, portanto, encontra-se condicionado as suas vivências e a seu sistema referencial.

Um exemplo elucida o que queremos dizer: quando a Constituição Federal prescreve que *"todos os livros são imunes à tributação"* nós (intérpretes) lemos tal enunciado e passamos a adjudicar significações aos seus termos. Todos nós sabemos que é um livro, porque vivemos no mesmo universo linguístico e conhecemos as regras de uso e estruturação da palavra – o que seria seu significado de base. Isto não significa, contudo que temos o mesmo conceito de "livro". Quantas folhas algo precisa ter para ser um livro? Quanto de escrita? Quanto de conteúdo? Podemos compreender que a palavra "livro" refere-se a um "conjunto de folhas impressas e reunidas num volume encadernado", neste sentido, as revistas seriam alcançadas pela imunidade, mas algo não-impresso (i.e. eletrônico) não. Por outro lado, podemos entender que o termo denota a ideia de "veículo de transmissão de conteúdos culturais" e, deste modo, os livros eletrônicos seriam imunes, ao passo que os cadernos não. E as revistas masculinas, poderíamos considerar que elas transmitem conteúdos culturais? Criaríamos outro problema, justamente porque delimitamos o sentido por meio de outras palavras. Nestes termos, não há um sentido mínimo, senão aquele que nós construímos e consideramos como mínimo. Da mesma forma, não há uma interpretação mais correta, senão aquela que nós entendemos que seja a mais correta.

Neste sentido, não trabalhamos com a existência de uma interpretação correta, apenas com aquelas construídas a partir dos enunciados do direito positivo, às quais atribuímos o nome de jurídicas. No entanto, não deixamos de considerar a existência de sentidos válidos, aqueles positivados pelos órgãos aplicadores do direito, aquilo que KELSEN denomina de "interpretação autêntica". Quando um juiz, ou tribunal, aplica uma norma, ele constrói um sentido a partir de certos enunciados jurídicos (gerais e abstratos) e o positiva para aquele caso em concreto. O sentido construído torna-se válido na forma de novos enunciados jurídicos (individuais e concretos), isto não significa, porém, que ele é o mais correto ou mais justo, apenas que aquela valoração passou a integrar o direito positivo.

Cada um de nós constrói o direito (enquanto conjunto de significações) que acha mais conveniente, coerente, justo, adequado. Mas o direito que prevalece num conflito de interesses é aquele construído (interpretado) pelo Judiciário.

6. PERCURSO DA CONSTRUÇÃO DO SENTIDO DOS TEXTOS JURÍDICOS

Diante dos textos (em sentido estrito) do direito positivo o exegeta, a fim de compreendê-los, só tem uma alternativa: interpretá-los. PAULO DE BARROS CARVALHO voltou-se ao estudo do percurso gerador do sentido dos textos jurídicos, oferecendo-nos um modelo, seguido por todos aqueles que ingressam nesta empreitada, que nos permite analisar a trajetória de construção do sentido de qualquer sistema prescritivo (e, propriamente do direito) em quatro planos: S1 (plano dos enunciados); S2 (plano das proposições); S3 (plano das normas jurídicas); S4 (plano da sistematização) [229].

O ponto de partida para qualquer pessoa que deseja conhecer o direito positivo é seu dado físico, um sistema de

---

229. *Curso de direito tributário*, p. 126-127 e *Direito tributário: fundamentos jurídicos da incidência*, p. 59-76.

enunciados prescritivos (S1). Este sistema é o primeiro plano com o qual o intérprete, na busca da construção do sentido legislado, se depara, pois é nele que o direito se materializa.

Tendo em frente um conjunto de símbolos estruturados na forma de frases e estas organizadas na forma de um texto, a atitude cognoscitiva do jurista para com o direito positivo se dá, num primeiro momento, com a leitura. Ao ler tais enunciados ele passa a interpretá-los mediante um processo de atribuição de valores aos símbolos ali presentes e, assim, vai construindo um conjunto de proposições (significações), que a princípio aparecem isoladamente.

A partir deste instante, ingressa-se noutro plano, não mais físico, mas imaterial, construído na mente do intérprete e composto pelas significações atribuídas aos símbolos positivados pelo legislador (S2). Tais significações, no entanto, embora proposicionais, não são suficientes, em si, para compreensão da mensagem legislada, isto é, para construção do sentido deôntico completo, por meio do qual o direito regula condutas intersubjetivas. É preciso estruturá-las na fórmula hipotético-condicional (H→C), para que passem a ser proposições normativas e revelem o conteúdo prescritivo. Nesta etapa, ingressasse outro plano (S3): o das proposições estruturadas na forma hipotética-condicional, isto é, o plano das normas jurídicas (em sentido estrito).

Como a norma jurídica não existe isoladamente, depois de construída, resta ao intérprete situá-la dentro do seu sistema de significações, passando, então, a estabelecer os vínculos de subordinação e coordenação que ela mantém com as outras normas que construiu. Neste momento, ingressa noutro plano: o da sistematização (S4).

Ao percorrer todos estas etapas, podemos dizer que o intérprete construiu o sentido dos textos jurídicos e compreendeu o conteúdo legislado.

Desmembrando tal processo, temos quatro planos de análise: (i) S1 – sistema dos significantes, composto pelos enunciados prescritivos que constituem o dado jurídico material, plano de expressão do direito positivo; (ii) S2 – sistema das proposições, composto por significações isoladas atribuídas ao campo de expressão do direito, mas ainda não deonticamente estruturadas; (iii) S3 – sistema das significações deonticamente estruturadas, plano das normas jurídicas; e (iv) S4 – sistematização das normas jurídicas, no qual são constituídas as relações entre normas. Estes são os quatro estágios hermenêuticos do direito.

Vejamos a representação destas etapas no gráfico abaixo:

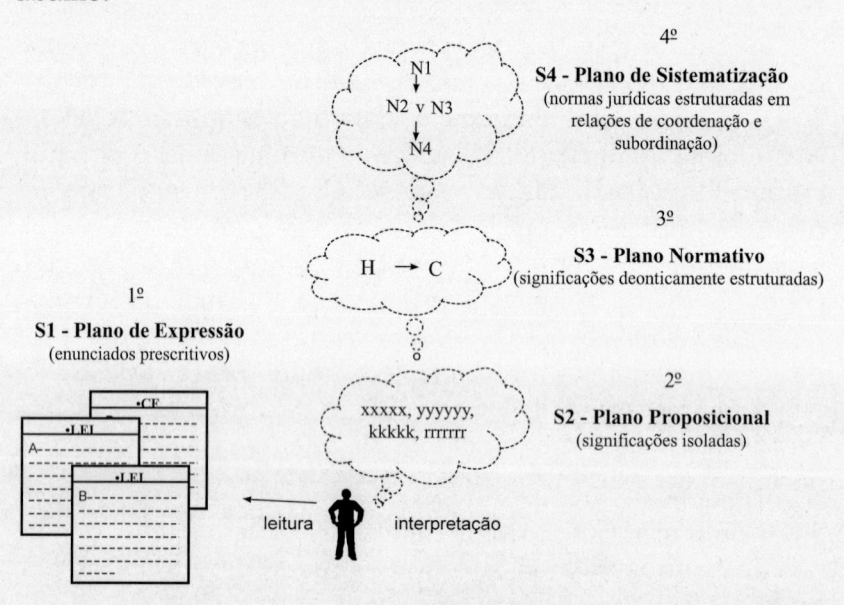

Explicando: a compreensão dos textos jurídicos é um trabalho construtivo, resultado de um esforço intelectual. Num primeiro momento, o intérprete entra em contato com um dado objetivo, a literalidade textual, um aglomerado de frases ordenadas que formam o chamado plano de expressão (S1 – representado na ilustração pela figura da CF e das Leis). Partindo deste plano, com a leitura dos enunciados prescritivos, o intérprete vai atribuindo valores aos símbolos que os compõem e, assim, construindo em sua mente significações, que constituem o plano das proposições ainda não deonticamente estruturadas (S2 – representado na ilustração pelo primeiro balão de pensamento). Com a estruturação destas proposições na forma implicacional (H→C), o intérprete junta algumas das significações construídas na posição sintática de hipótese e outras, no lugar de consequente, ingressando no plano das normas jurídicas (S3 – representado na ilustração pelo segundo balão de pensamento). E, por fim, ordenar as significações normativas, construídas no plano S3, de acordo com critérios de subordinação e coordenação, compondo os vínculos que se estabelecem sistematicamente entre as normas, para construir seu sistema normativo (S4 – representado na ilustração pelo terceiro balão de pensamento).

Mas vejamos detalhadamente cada um destes planos:

6.1 S1 – o sistema dos enunciados prescritivos – plano de expressão do direito positivo

O primeiro contato do intérprete, no percurso de construção do sentido dos textos jurídicos é com o campo da literalidade textual, formado pelo conjunto dos enunciados prescritivos, um "conjunto estruturado de letras, palavras, frases, períodos e parágrafos graficamente manifestados nos documentos produzidos pelos órgãos de criação do direito"[230]. É seu plano de expressão, único dado que lhe é objetivo, base material para a construção das significações jurídicas.

O plano da literalidade é representado pelo suporte físico textual, no qual se objetivam as prescrições do legislador e dos quais parte o intérprete para construção do sentido legislado. A palavra "textual" aqui é empregada como conjunto de enunciados devidamente estruturados e os "enunciados" são tomados como

---

230. PAULO DE BARROS CARVALHO, *Direito tributário fundamentos jurídicos da incidência*, p. 62.

sinônimo de frases[231]. As frases são formas de transmissão de um sentido completo num processo comunicacional. São formas porque se constituem num suporte físico, produzido pela manifestação de um de nossos sentidos (fala, escrita, gestos, etc.). Tal forma é invariavelmente representada por um código comum estruturado convencionalmente para que o receptor possa construir uma significação aproximada do pensado pelo emissor.

Pressuposto das frases é formação de um sentido completo, isso quer dizer que da sua forma podemos construir uma proposição (s é p). Quando tal construção não é possível, o suporte físico não se caracteriza como um enunciado. Este é um dado relevante para o direito. Os artigos que compõem nossa legislação, quando constantes de incisos e alineas, só viabilizam a construção de um sentido completo quando interpretados conjuntamente com tais itens; isto significa dizer que sem eles o enunciado prescritivo não se constitui como tal. Já os parágrafos, considerados isoladamente, configuram-se como enunciados prescritivos, pois suficientes para transmitir um juízo independentemente do artigo que o pressupõe.

Dentre todas as formas que as frases podem ter (escrita, sonora, gestual) a que nos interessa é a escrita, pois é o meio pelo qual o direito se manifesta. Não há situação juridicamente conhecida que não seja reduzida à forma escrita. A frase escrita aparece fisicamente como marcas de tinta num papel (aqui considerado na acepção ampla abrangendo também os suportes virtuais) e pode ser constituída de um, ou mais, vocábulos.

Se constituída de uma só palavra, é necessário que ela seja suficiente para construção de uma proposição (ex: Concluso

---

231. A grande maioria dos autores de linguística tratam frase e enunciado como sinônimos (JOAQUIM MATTOSO CÂMARA JR, *Dicionário de linguística e gramática referente à língua portuguesa*; JEAN DUBOIS, MATHÉE GIACOMO, LOUIS GUESPIN, CHRISTIANE MARCELLESI, JEAN-BAPTISTE MARCELLESI, E JEAN-PIERRE MEVEL, *Dicionário de linguística*; ZÉLIO DOS SANTOS JOTA, *Dicionário de linguística*, Presença, etc.), JOHN LYONS é uma exceção, o autor diferencia "enunciado" de "frase". A frase seria o esquema abstrato da língua e o enunciado a sua realização no discurso – *Introdução à linguística teórica*, trad. Rosa Virginia Mattos e Silva e Hélio Pimentel, ed. Nacional, São Paulo, 1979.

– "o processo está com o juiz". Indeferido – "o juiz não aceitou o pedido da parte x"). Nas frases compostas por mais de um vocábulo, encontramos uma estrutura mais complexa, denominada sintagma[232]. Sintagma é o resultado da combinação de um determinante e um determinado numa unidade linguística, podendo ser: (i) nominal, quando o núcleo da combinação for um substantivo; e (ii) verbal, composto por um verbo.

As frases visualmente expressas são identificadas por marcas especiais de pontuação após seu último termo e pelo uso de maiúscula na inicial de seu primeiro termo. Os elementos das frases escritas são as palavras. As palavras são signos (do tipo símbolo) que se constituem de unidades mínimas significativas denominadas "morfemas". Os morfemas são os menores segmentos fônicos portadores de significado. Podem aparecer como: (i) morfema lexical, ou lexema, quando diz respeito à base gramatical da palavra (tributária – *tribut*); e (ii) morfema gramatical, ou gramema, determinante das mutações nas palavras de mesma base gramatical (tributária – *ária*).

Tais variações da composição frásica podem ser melhor visualizadas no exemplo a seguir (art. 113 do CTN):

A obrigação tributária é principal ou acessória.

— — — —— — — —— —— —— — morfemas lexema/gramema

— —— — —— —— — —— vocábulos

———— ———— sintagmas

——————— frase/enunciado

Sob este enfoque, reduzindo a sua expressão mais simples, podemos dizer que o plano material do direito positivo (S1) é composto pela associação de lexemas e gramemas.

---

232. Alguns autores conceituam "frase" como combinação de palavras ou de sintagmas (MANUEL DOS SANTOS ALVES, *Prontuário da língua portuguesa*; EMILE GENOUVRIER e JEAN PEYTARD, *Linguística e ensino do português*, trad. Rodolfo Ilari, Libraria Almeida; ZELIO DOS SANTOS JOTA, *Dicionário de linguística*). Esta definição excluiria as frases de um só vocábulo, como por exemplo: "*Indeferido*".

Assim, para que o intérprete possa construir o sentido dos textos positivados sua primeira condição é que tenha conhecimento das regras de associação destas partículas morfológicas e compreenda sua aglomeração como um texto.

A organização dos signos é um ato individual do emissor, determinante para a construção do sentido pelo intérprete. A construção do conteúdo normativo tem como pressuposto uma boa organização sintática dos enunciados que compõem o plano da literalidade textual do direito positivo, de tal modo que a não observância às regras de organização gramaticais, por parte dos órgãos credenciados para a produção de textos jurídico-prescritivos, compromete o conteúdo normativo a ser construído pelo intérprete.

PAULO DE BARROS CARVALHO chama atenção para a acepção dúbia do vocábulo "enunciado". Nos seus dizeres, "a palavra 'enunciado' quer aludir tanto à forma expressional, matéria empírica gravada nos documentos dos fatos comunicacionais, como ao sentido a ele atribuído"[233]. Portadores desta dubiedade, os enunciados, tanto pertencem ao plano da literalidade textual, base empírica para a construção das significações, como participam, ao mesmo tempo, do plano do conteúdo normativo com o sentido que, necessariamente, suscitam. É nesta acepção que o autor trabalha a existência de enunciados implícitos. Exemplos de enunciados explícitos seriam as leis, seus artigos e parágrafos, enquanto suportes físicos e de enunciados implícitos os obtidos por derivação lógica de outros enunciados explícitos, como o princípio da isonomia das pessoas políticas de direito público interno (construído a partir dos enunciados do art. 1° da CF e do art. 5° da CF).

Para não incidirmos nos equívocos gerados pela ambiguidade do termo, distinguimos (no capítulo sobre lógica jurídica) *enunciado* e *proposição*: o primeiro é entendido como parte integrante do plano da literalidade textual, componente do dado material em que se expressa o direito positivo; o

---

233. *Direito tributário fundamentos jurídicos da incidência*, p. 64.

segundo é o sentido atribuído aos símbolos que compõem o campo de expressão do primeiro. O enunciado, na linguagem escrita, apresenta-se como um conjunto de morfemas que, obedecendo a regras gramaticais de certo idioma, materializa a mensagem produzida pelo legislador, e serve como base para a mensagem construída pelo intérprete, num contexto comunicacional. Neste sentido, ele aparece sempre de forma objetiva, como dado físico do direito positivo. Já a proposição não, ela é um dado imaterial e apresenta-se como juízo construído na mente daquele que interpreta o suporte físico no qual se materializa o direito positivo[234].

O número de enunciados não é, necessariamente, igual ao número de proposições que os tomam como base, pois de um único enunciado, diferentes proposições podem ser produzidas. No entanto, não é demasiado lembrar que de um enunciado construímos, pelo menos, uma significação, pois uma das condições para que seja considerado como enunciado é sua capacidade de transmitir um sentido completo. Nota-se que, aqui não estamos falando de uma proposição normativa (sentido deôntico), que é complexa, pressupõe, essencialmente, uma proposição antecedente e outra consequente (H→C) e por isto, muitas vezes, precisamos de vários enunciados para compô-la. Referimo-nos a um sentido, que todo enunciado tem que ter para ser entendido como tal.

Ao travar contato com o campo de expressão do direito, o que aparece na frente do intérprete é um conjunto de símbolos, de partículas morfológicas que se entrelaçam em relações de coordenação e subordinação na composição de palavras,

---

234. Utilizando-nos desta separação não trabalhamos com a concepção de *enunciados explícitos* e *implícitos*. Embora o termo "enunciado" remeta-nos à ideia de um campo explícito (das estruturas morfológicas que o compõem) e outro implícito (do sentido a ele empregado), fizemos a opção metodológica de empregá-lo apenas na sua acepção de suporte físico, não esquecendo, certamente, a condição de que este dado objetivo seja significativo. Para representar o sentido a ele atribuído, utilizamo-nos do termo "proposição". Logo, com base nesta opção, os enunciados implícitos são na verdade proposições, juízos construídos mentalmente a partir de certos suportes físicos (enunciados explícitos) e, assim sendo, não ocupam o plano de expressão do direito (S1).

frases, parágrafos, capítulos e títulos. Sua percepção, de que todo este conjunto constitui um texto, marca o início da investida exegética. Basta um contato cognoscitivo com tal suporte físico para desencadear, no intérprete, um processo mental de construção de sentido, o que nos permite metodologicamente isolar o plano da literalidade textual, deixando suspenso o plano de conteúdo, para examinarmos especificamente as combinações morfológicas empregadas pelo legislador na produção do discurso jurídico, as estruturações sintáticas que ordenam os vocábulos nas formações frásicas e as conexões entre enunciados na formação dos parágrafos e capítulos. Neste âmbito de análise, o conjunto estruturado dos enunciados prescritivos aparece-nos como um sistema (S1).

O sistema dos enunciados prescritivos, que se constitui na base empírica do direito positivo, tem um campo de especulações muito vasto e de grande importância à medida que nele são introduzidas as modificações almejadas pelo legislador que influem em alterações de todos outros planos hermenêuticos. As mutações de ordem pragmática, que alteram o conteúdo significativo atribuído aos símbolos positivados (planos S2, S3, S4), são incontroláveis, uma vez que dependem de fatores externos relacionados à cultura e à historicidade do intérprete. Já as modificações introduzidas no plano da literalidade textual representam uma deliberação consciente e querida pelas fontes produtoras do direito.

6.2 S2 – o sistema dos conteúdos significativos dos enunciados prescritivos

Isolada a base física dos textos que pretende compreender, com a leitura dos enunciados prescritivos que os compõem, o intérprete ingressa no plano dos conteúdos e assim o faz na medida em que vai atribuindo valores aos símbolos constantes no plano da materialidade textual do direito. Num primeiro momento, os enunciados são compreendidos isoladamente; depois, as proposições construídas passam a ser associadas e o exegeta tem uma visão integrada do conjunto. Nesta instância estamos diante do sistema dos conteúdos de significação dos enunciados prescritivos (S2).

O sujeito que ingressa no plano dos conteúdos dos textos do direito positivo, passa a lidar com as significações dos símbolos positivados e não mais com o seu plano de expressão (suporte físico). Mergulha no campo semântico, onde reside toda a problemática que envolve o contexto jurídico. Seu trabalho volta-se à construção de sentidos prescritivos, que implementam diretivos à regulação de condutas intersubjetivas. Por certo que, em várias passagens, os enunciados do direito se apresentam na forma declarativa, como se o legislador descrevesse aspectos da vida social, ou acontecimentos naturais a ela relacionados. Mas, na construção do sentido legislado, o intérprete não deve esquecer que lida com frases prescritivas.

Já tratamos da questão da presença, no direito positivo, de enunciados empregados na forma declarativa (quando falamos da função da linguagem – Capítulo III), mas é relevante, neste tópico, voltarmos ao assunto. Frequentemente o legislador, ao estruturar as palavras que escolhe para compor seu discurso, o faz na forma declarativa (como, por exemplo, o art. 13 da CF: *"A língua portuguesa é o idioma oficial da República Federativa do Brasil"*). A confusão se instaura porque com a mesma frequência o legislador evidencia a função prescritiva ao expressar, em seu discurso, modalizadores deônticos (como por exemplo, o art. 150, IV da CF: *"É vedado à União, aos Estados, ao Distrito Federal e aos Municípios utilizar tributo com efeito de confisco"*). Isto nos dá a impressão de que a função empregada, quando a forma é declarativa, é a descritiva, o que desqualificaria o direito como sistema prescritivo. Ocorre que, mesmo quando a estruturação frásica dos enunciados tende-nos a uma construção de sentido descritiva, devemos entendê-los como enunciados prescritivos e assim interpretá-los. Quando dizemos que os enunciados do direito são prescritivos não estamos nos referindo a sua forma estrutural, mas a seu sentido, isto quer dizer que a significação dele construída é orientada para o setor dos comportamentos estabelecidos entre sujeitos, com o intuito de discipliná-los.

Contudo, neste plano (dos conteúdos significativos ainda não estruturados deonticamente – S2), embora o intérprete deva ter sempre em mente que lida com sentidos prescritivos, as significações são consideradas na forma em que se apresentam os enunciados a partir dos quais são construídas, para que seja possível, posteriormente (num próximo plano – S3), a formação do sentido deôntico, que pressupõe como antecedente estrutural (H – hipótese) uma proposição descritiva. Assim, nesta etapa, é comum que o intérprete trabalhe com a Lógica Alética, compondo suas proposições no modelo "*S é P*". Conforme explica PAULO DE BARROS CARVALHO, "neste intervalo, a tomada de consciência sobre a prescritividade é importante, mas o exegeta não deve preocupar-se, ainda, com os cânones da Lógica Deôntica-Jurídica, porque o momento da pesquisa requer, tão somente, a compreensão isolada de enunciados e estes, quase sempre, se oferecem em arranjos de forma alética"[235].

Nesta etapa, a preocupação do intérprete volta-se à construção das significações isoladas dos enunciados. O sentido prescritivo pressupõe uma estruturação lógica mais complexa, entre duas proposições (H→C). As significações elaboradas neste plano têm por base sentenças soltas, consideradas individualmente e são desprovidas de qualquer forma deôntica de agrupamento. As proposições construídas (em S2), quando estruturadas na forma implicacional passarão a fazer parte de outro plano, o das significações normativas (S3).

As significações dos enunciados prescritivos são elaboradas na mente do intérprete com a atribuição de valores aos símbolos gráficos que os compõem. Com tal afirmação queremos reforçar que as proposições não são extraídas do texto (suporte físico), como se nele estivessem infiltradas. São elas produzidas, pelo intérprete, ao longo do processo de interpretação.

---

235. *Direito tributário: fundamentos jurídicos da incidência*, p. 68.

As proposições são produto de um processo hermenêutico condicionado pelos horizontes culturais do intérprete e sofrem influências permanentes de seu contexto social. Por isto, ainda que não haja alterações no plano da materialidade textual, as significações imprimidas aos símbolos positivados estão em constante modificação, devido às mutações histórico-evolutivas da cultura do intérprete. Este campo de alterações é incerto. Ninguém pode prever seguramente qual será a direção atribuída às significações de certos vocábulos num dado momento histórico, porque os valores, devido às influências culturais, estão em constante modificação. Vê-se, por exemplo, a palavra "cônjuge", antigamente conectada à ideia do casamento, nos últimos tempos vem assumindo uma transformação significativa que nos permite conferi-la a membros de uniões não legalizadas.

As mutações no plano dos conteúdos significativos são muito mais rápidas do que aquelas realizadas no plano literal, manifestam a evolução histórico-cultural dos utentes da linguagem do direito e influenciam fortemente a modificação, por parte dos órgãos credenciados, dos textos jurídicos. Um exemplo disto é a palavra "comerciante", que por não mais se enquadrar no contexto histórico-cultural atual, daqueles que manuseiam a linguagem jurídica, foi substituída, pelo legislador, pelo vocábulo "empresário".

Seja como for, no plano S2, o intérprete lida com o conteúdo dos enunciados de forma isolada, atruindo sentido às palavras que os compõem para a compreensão de cada um deles antes de se preocupar com a construção da mensagem legislada.

6.3 S3 – o sistema das significações normativas – proposições deonticamente estruturadas

Construídos os conteúdos de significação de cada enunciado, no plano das proposições isoladamente consideradas (S2), o intérprete ingressa em outro estágio: da construção da mensagem jurídica, em que, associando as proposições elaboradas no estágio anterior, na forma hipotético-condicional (H→C), constrói uma significação normativa (norma jurídica). As proposições isoladamente consideradas não constituem um sentido normativo, é preciso uma estruturação, por parte do exegeta, dos conteúdos produzidos no curso do processo gerativo de sentido, para que estes se apresentem como unidades completas de sentido deôntico (prescritivo).

Para ilustrar a necessidade de contextualização dos conteúdos obtidos no curso do processo gerativo, mais especificamente no plano S2, para a construção do sentido deôntico completo PAULO DE BARROS CARVALHO, utiliza-se de um exemplo no âmbito do direito tributário[236]. Seguindo o mesmo caminho e utilizando-nos da mesma técnica, com as mesmas palavras do autor, trazemos um exemplo no âmbito do direito penal, que serve também para demonstrar que o procedimento é o mesmo para qualquer que seja o "ramo" do direito.

Tomemos a frase, constante na lei penal especial, que dispõe: *Pena – reclusão de 6 (seis) a 20 (vinte) anos*. Aquele que conhece o significado das palavras "pena" e "reclusão" não encontrará muitos problemas para construir a significação deste enunciado prescritivo. No entanto, tal significação não transmite uma mensagem diretiva de conduta, pois faltam-lhe certas informações. Ao perceber isto, o intérprete sai à procura de outros enunciados com base nos quais possa construir significações que completem a unidade do sentido prescritivo. A primeira pergunta é: "mas o porquê da pena?" Não demora muito e se depara com a frase *"Matar alguém"* com base na qual elabora a significação que ocupará o tópico de hipótese na estrutura normativa, ligando-se à proposição inicialmente produzida por força da imputação deôntica. Em poucos minutos, o intérprete constrói o sentido normativo: *"Se matar alguém deve ser a pena de reclusão de 6 (seis) a 20*

---

236. *Direito tributário, fundamentos jurídicos da incidência*, p. 71.

(vinte) anos". No entanto, permanecem ainda, em sua mente, algumas dúvidas que hão de ser esclarecidas mediante novas incursões nos planos dos enunciados prescritivos e de suas significações isoladas: "em que instante considera-se realizada a ação matar?"; "com a ação proferida ou com a morte do agente?"; "e, em que lugar?" "no local da ação ou da morte?". Para sanar tais questões, por alguns instantes, o intérprete deixa o campo dos enunciados penais específicos, indo buscar suas respostas no campo dos enunciados penais gerais e de suas unidades significativas. Diante do conteúdo construído, outras dúvidas lhe surgem: "quem deve cumprir a pena?"; "para quem se deve cumprir?"; "como deve ser feita a determinação do período a ser cumprido?". E, lá se vai novamente o intérprete à busca de outras unidades de significação até construir um sentido deôntico completo, que lhe permita compreender a mensagem legislada.

Percebe-se, com este exemplo, que o processo de construção do sentido dos textos jurídicos requer várias idas e vindas do exegeta pelos planos de interpretação (S1, S2 e S3), tornando-se imprescindível, para construção da norma jurídica, uma série de incursões aos outros dois subsistemas (S1 e S2).

Muita diferença há entre as normas jurídicas, unidades que compõem o plano das significações normativas (S3), e os enunciados prescritivos. Estes constituem o plano de expressão do direito positivo (S1), um sistema morfológico e gramatical, composto por palavras estruturadas em frases dotadas de sentido, mas que não constituem uma unidade completa de significação deôntica (*se S deve ser P*). São apenas suportes físicos, estímulos para a construção de significações.

A norma jurídica não se encontra no plano de expressão, não faz parte do sistema morfológico e gramatical do direito, por este motivo nunca é explícita[237]. Está em outro

---

237. Fazemos esta ressalva, pois há autores que trabalham com a existência de normas explícitas e implícitas.

plano: dos conteúdos significativos deonticamente elaborados. Ela é um juízo construído pelo intérprete a partir dos enunciados prescritivos, por isso, sempre implícita. Mas, não obstante seja um juízo, não é uma simples proposição, mas sim uma proposição estruturada na fórmula hipotético-condicional (H→C), mínimo necessário para que uma mensagem prescritiva seja conhecida[238].

Neste sentido, também diferenciamos norma jurídica de proposição. A norma é uma proposição, enquanto juízo construído a partir de enunciados prescritivos, mas uma proposição estruturada na fórmula hipotético-condicional (H→C). As proposições (construídas no plano S2) compõem as variáveis, hipótese e consequente da norma jurídica, mas podem ser consideradas separadamente. Neste sentido, toda norma é uma proposição jurídica, mas o inverso não é verdadeiro.

RICCARDO GUASTINI explica que "não há uma correspondência biunívoca entre a forma sintática dos enunciados e a sua função pragmática de prescrever condutas intersubjetivas"[239]. Realmente, esta forma sintática que corresponde à função pragmática do direito, encontramos apenas na norma jurídica (H→C), e não nos enunciados prescritivos que constituem o campo de expressão do direito (S1). Observando a base física da linguagem prescritiva, não percebemos a forma lógica hipotético-condicional que só aparece com a formalização, mediante o processo de abstração dos conteúdos significativos, substituindo-os por constantes e variáveis. Os enunciados são estruturados de acordo com regras gramaticais e, por isso, sua forma não condiz com a organização normativa da significação que lhes é atribuída, muito embora ela os tenha como base material.

Em síntese, a norma jurídica é resultado de um trabalho mental de construção e estruturação de significações.

---

238. Neste sentido, LOURIVAL VILANOVA denomina a norma jurídica como: "o mínimo irredutível de manifestação deôntica" (*Lógica Jurídica*, p. 97).

239. *Distiguindo, estúdios de teoría e metateoría del derecho*, p. 93.

Primeiro, o intérprete entra em contacto com o dado físico do direito (plano S1). Em seguida, mediante um processo hermenêutico, começa a construir proposições isoladas, correspondentes aos sentidos das frases que o compõem, (plano S2). E, depois, as ordena na forma implicacional, juntando algumas significações na posição sintática de hipótese e outras, no lugar do consequente (plano S3). Nesta concepção, a norma jurídica não se confunde com os enunciados prescritivos que lhe servem como base empírica (elementos do plano S1), nem com as proposições que a compõem (pertencentes ao plano S2).

6.4 S4 – o plano das significações normativas sistematicamente organizadas

Com a norma jurídica, o intérprete chega ao ápice da construção do conteúdo normativo, pois ela tem o condão de exprimir a orientação da conduta social regulada pelo legislador. Mas a norma não pode ser compreendida como um ente isolado, pois ela porta traços de pertinência a certo conjunto normativo, passa então, o intérprete, para uma nova etapa do percurso gerador do sentido dos textos jurídicos, a fase da sistematização, plano S4 de seu trajeto hemenêutico, instância em que estabelecerá os vínculos de subordinação e coordenação entre as normas por ele construídas.

Muito rico é o campo especulativo que se abre à investigação deste plano da trajetória hermenêutica, pois é nele que o interessado estabelece as relações horizontais e as graduações hierárquicas das significações normativas construídas no plano S3, cotejando a legitimidade das derivações e fundamentações produzidas.

Tomemos um exemplo: no percurso gerador de sentido da Lei n. 9.393/96, transpondo os planos S1, S2 e S3, o intérprete constrói a norma jurídica tributária do ITR (imposto territorial rural), mas como ele sabe que tal norma não existe isoladamente, passa a relacioná-la com outras normas por ele construídas com base naquele ou outros suportes físicos. Estabelece, assim, vínculos de subordinação entre a norma constitucional de competência tributária e a norma do ITR, posicionando aquela num patamar hierárquico superior e entre a do ITR e a construída a partir do auto de infração lavrado pela autoridade administrativa, posicionando esta num patamar hierárquico inferior. Estabelece também relações de coordenação entre a norma tributária do ITR e outras também construídas a partir da Lei n. 9.393/96, como as de multa pelo não pagamento do tributo, as que instituem deveres instrumentais (i.e. entrega da DIAC – documento de informação e atualização cadastral; e da DIAT – documento de informação e apuração do ITR), as que fixam multas pelo não cumprimento de tais deveres; e outras construídas a partir de enunciados veiculados por outros documentos, como a que autoriza execução fiscal, prescreve prazos decadenciais e prescricionais do crédito tributário, formas de suspensão da exigibilidade, etc. Neste esforço acaba por construir o sistema jurídico da tributação territorial rural.

É também neste plano que o intérprete, ao estabelecer relações de subordinação, verifica a fundamentação jurídica das normas, detectando vícios de constitucionalidade e de legalidade.

Como o estabelecimento dos vínculos (de subordinação ou coordenação) entre normas pressupõe valoração, cada intérprete constitui seu próprio sistema, em razão de suas preferencialidades e decisões interpretativas. Isto explica, por exemplo, a divergência doutrinária entre as correntes dicotômica e tricotômica na interpretação do art. 146 da Constituição. Segundo a corrente dicotômica, o princípio da autonomia dos entes federativos não permite que lei complementar federal, em caráter geral, disponha sobre matéria tributária de competência municipal e estadual, nestes termos o inciso III do art. 146 deve ser interpretado unicamente para os casos dos incisos I (dispor sobre conflito de competência) e II (regular limitação ao poder de tributar). De acordo com a corrente tricotômica, o inciso III do art. 146 não fere o princípio da autonomia, competindo à lei complementar federal estabelecer normas gerais em matéria tributária sobre definição de tributos e suas espécies, fatos geradores, base de cálculo, contribuintes, obrigação, lançamento, crédito, prescrição e decadência. Esta diferença interpretativa ocorre, porque aqueles que trabalham com a corrente dicotômica atribuem maior carga valorativa ao princípio da autonomia, colocando-o num patamar hierarquicamente superior à construção significativa do art. 146 da CF, numa relação de subordinação entre normas. Já os adeptos da corrente tricotômica interpretam conjugadamente tais dispositivos, estabelecendo entre eles uma relação de coordenação.

Neste sentido, cada intérprete constrói seu sistema jurídico. Com esta afirmação não estamos dizendo que antes de interpretado o direito não se constitui como um sistema, conforme pressupõe GREGORIO ROBLES MORCHÓN[240]. Como estudaremos com maior profundidade (no capítulo sobre ordenamento jurídico), para o autor espanhol o direito positivo é um ordenamento de textos brutos que só adquire organização sistêmica quando interpretado. Para nós não, o direito, em sua materialidade existencial, enquanto conjunto de enunciados prescritivos já é um sistema, organizado de acordo com o processo e a competência enunciativa. Existem enunciados constitucionais, legais, infralegais, judiciais, administrativos, etc. Isto demonstra certa organização, que independe da interpretação que lhe é dada. Ademais, as frases encontram-se estruturadas em relação de subordinação e coordenação com outras frases, justamente para que possam ser compreendidas, o que por si só, já atribui a característica de sistema ao conjunto dos textos brutos do direito positivo.

A sistematização das normas jurídicas toma como base critérios de organização dos enunciados prescritivos (ex. veículo introdutor; matéria), mas não deixa de ser um ato de

---

240. *Teoria del derecho (fundamentos de teoria comunicacional del derecho)*, Vol. 1, p. 111-127.

interpretação informado pelos horizontes culturais do intérprete. Isto explica porque, às vezes, elevamos uma regra constitucional em detrimento de outra também constitucional, de uma lei em detrimento de outra, etc.

6.5 Integração entre os subdomínios S1, S2, S3 e S4

Os planos S1, S2, S3 e S4 não devem ser entendidos isoladamente, eles fazem parte do processo gerador de sentido dos textos jurídicos. Neste processo o intérprete transita livremente por estes planos, indo e vindo por várias vezes em cada um deles, mas sem deles sair em qualquer momento. Com tais cruzamentos, ratifica-se a unidade do sistema jurídico, que é visto como um todo trabalhado e construído pelo intérprete.

As integrações entre os planos interpretativos ocorrem todo momento, desde o começo até o final da investida hermenêutica. Ao construirmos normas jurídicas, socorremo-nos várias vezes ao plano dos enunciados (S1) e das proposições (S2) para sanar dúvidas quanto aos critérios que a compõem, iniciando novamente todo um percurso gerador de sentido. Da mesma forma, quando cotejamos a norma construída com enunciados constitucionais (plano S4), por exemplo, voltamos ao plano S1 e retomamos todo o percurso mais uma vez. Dizer que, na construção de sentido dos textos jurídicos, o intérprete passa necessariamente pelos planos S1, S2, S3 e S4, apressadamente pode nos dar a ideia de que ele ingressa em cada um destes planos uma única vez, mas não é isto. A construção de sentido dos textos jurídicos requer várias investidas nestes subdomínios.

Interpretar o direito é uma atividade que não tem fim. A construção e sistematização de uma norma levam-nos à construção e sistematização de outra, que nos leva à construção de mais outra e este processo é infinito, só acaba quando o intérprete, mediante um ato de vontade, decide parar. Mas mesmo quando para, basta um novo contato com os textos para que esta trajetória se instaure novamente.

O ponto de partida é sempre a materialidade textual do direito positivo, plano de expressão (S1). A partir da leitura dos enunciados, o intérprete constrói significações isoladas que ainda não configuram um sentido deôntico (plano S2), para isso faz diversas incursões no plano S1. Ao estruturar as proposições construídas em antecedente e consequente, ligadas por um vínculo implicacional, ingressa no plano das normas jurídicas (plano S3). Tal estruturação requer novas incursões nos planos S2 e S1 à medida que são suscitadas questões envolvendo o conteúdo construído. Para ordenar as significações normativas estabelecendo relações de subordinação e coordenação entre elas (plano S4), o exegeta faz novas incursões nos outros subdomínios e assim vai transitando por eles até sentir ter compreendido a mensagem legislada.

Depois de construída, se o intérprete for órgão credenciado pelo sistema, a norma será aplicada mediante sua formalização em linguagem competente. Isto importa reconhecermos que do plano S4 voltamos ao subdomínio S1, com o surgimento de mais elementos jurídicos objetivados (enunciados prescritivos). Se o intérprete não for pessoa competente, a materialização de sua construção se dará em linguagem não-jurídica. Ingressamos também, no subsistema S1, mas desta vez das Ciências Jurídicas ou de outro texto qualquer.

7. INTERPRETAÇÃO AUTÊNTICA

Independentemente da pessoa que realiza a interpretação, a significação construída a partir do suporte físico produzido pelo legislador é direito positivo. Só passa a ser Ciência do Direito quando emitido um enunciado científico (na forma S é P).

Toda construção de sentido dos textos jurídicos (suporte físico), repousa no campo da significação destes. Considerando-se o signo como uma relação triádica entre um suporte físico, sua significação e seu significado, não é possível dizer que o suporte físico existe independente de sua significação, ou seja, que o suporte físico é direito positivo e sua significação é Ciência Jurídica. Os planos S2, S3, e S4 são componentes da significação do plano S1, são, portanto, partes do mesmo objeto, separado apenas metodologicamente, para fins de análise.

Um estudo mais detalhado do triângulo semiótico, tendo o direito positivo como um grande signo, esclarece melhor tal assertiva.

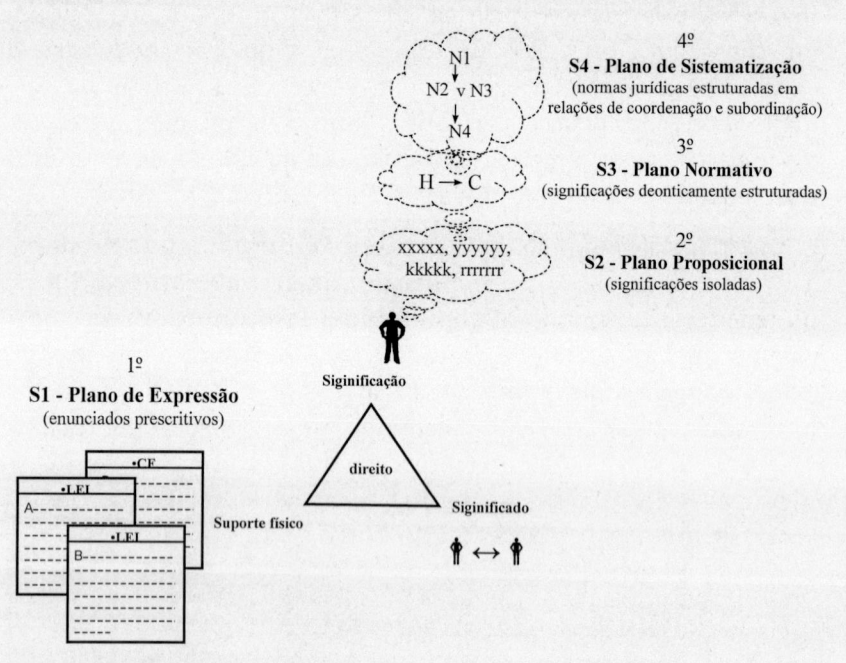

4º
S4 - Plano de Sistematização
(normas jurídicas estruturadas em relações de coordenação e subordinação)

3º
S3 - Plano Normativo
(significações deonticamente estruturadas)

2º
S2 - Plano Proposicional
(significações isoladas)

1º
S1 - Plano de Expressão
(enunciados prescritivos)

Explicando: O direito, enquanto signo, constitui-se numa relação entre suporte físico, significado e significação. Como já vimos (no capítulo sobre a teoria da comunicação), o suporte físico é seu dado material, formado pelo conjunto de enunciados prescritivos (representados pela figura da CF e das Leis, à esquerda na ilustração), seu significado são as condutas entre sujeitos por ele prescritas (representado pela figura 🕴↔🕴, à direita na ilustração) e sua significação são as normas jurídicas, construídas como juízos hipotéticos-condicionais na mente daqueles que o interpreta (representados pela figura de cima na ilustração). Relacionando tais conceitos com os planos do processo gerador de sentido, temos o S1 (plano de expressão – composto pelos enunciados prescritivos) como o suporte físico do direito e todos os demais planos (S2, S3 e S4) como significações próprias de seu suporte físico.

No caso da linguagem jurídica produzida pelo legislador (autoridade competente), o suporte físico é prescritivo, logo, toda significação construída a partir dele também o é, caso contrário, não seriam significações próprias daquele suporte físico. Nestes termos, não há como se construir uma proposição descritiva a partir da leitura dos enunciados do direito positivo sem o comprometimento da mensagem legislada que é de cunho prescritivo e não descritivo. A descrição vem numa etapa posterior, primeiro o intérprete constrói o sentido, que é prescritivo, depois dele o descreve, na forma de enunciado descritivo que, quando interpretado dará ensejo a uma significação descritiva.

Fazemos esta ressalva para explicar em que sentido utilizamos a expressão "interpretação autêntica". HANS KELSEN distingue: (i) interpretação autêntica; e (ii) interpretação doutrinária. A primeira realizada por órgão competente na aplicação do direito e a segunda por entes não credenciados pelo sistema. Segundo autor, "a interpretação feita pelo órgão aplicador é sempre autêntica, porque ela cria direito"[241]. Sob este enfoque, o critério de diferenciação é o sujeito intérprete, se a interpretação for feita por pessoa credenciada juridicamente é autêntica, se produzida por qualquer outra não competente, é doutrinária.

Para nós, independentemente da pessoa, as significações construídas no processo interpretativo, que tomam por base o suporte físico positivado pelo legislador, são direito positivo. O que caracteriza a interpretação como autêntica, não é o sentido, mas a linguagem na qual ele se materializa. Quando um

---

241. *Teoria pura do direito*, p. 394.

órgão aplica uma norma ele se pronuncia sobre o conteúdo do texto legislado, fixando juridicamente o sentido deste, com a produção de uma nova linguagem jurídica. Ao contrário, em qualquer outra circunstância, quando uma pessoa interpreta o direito, não produz um enunciado jurídico e, com isso, o sentido construído não passa a integrar o sistema. Nestes termos, o que caracteriza a interpretação autêntica não é a situação do intérprete, é a produção de uma linguagem competente, no mais, ela é igual a qualquer outra.

O gráfico abaixo ilustra tal concepção:

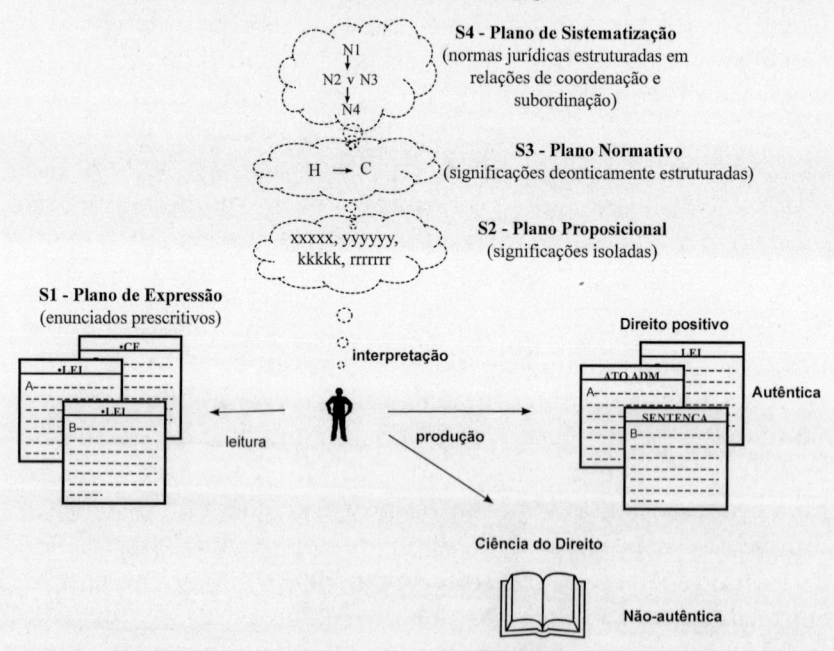

Explicando: Da leitura (←) do plano de expressão do direito positivo (S1), o intérprete constrói em sua mente proposições isoladas (S2), depois as estrutura na forma (H→C) ingressando no plano das normas jurídicas (S3) que organiza, mediante relações de coordenação e subordinação, para formação de seu sistema normativo (S4). Percorrido este trajeto e construído o sentido do texto legislado, o intérprete pode aplicá-lo (→) ou descrevê-lo (↘). Se o aplica, produz outra linguagem jurídica (direito positivo) e sua interpretação constitui-se como autêntica, se apenas o descreve, não produz novo direito positivo e sua interpretação se constitui como não-autêntica.

Temos, assim, por autêntica a interpretação positivada, realizada no curso do processo de aplicação, que se materializa com a produção e uma linguagem competente (i.e. a construção do sentido normativo feita por um juiz, aplicado na sentença). O produto (no caso sentença) jurisdiciza a interpretação (valoração do juiz) tornando-a jurídica e isso faz com que ela seja uma interpretação autêntica.

Qualquer outra atribuição de significações aos textos do direito posto, que não resulte na produção de enunciados jurídicos, é também uma interpretação constitutiva de proposições jurídicas (prescritivas). Diferentemente de KELSEN, no entanto, preferimos dizer que se trata de interpretações não-autênticas ao invés de interpretações doutrinárias, para abranger não só aquelas produzidas de forma rígida e precisa, mas também as elaboradas de forma desprendida, por aqueles que apenas desejam saber qual conduta seguir juridicamente. Nestes termos, caracterizando a interpretação autêntica como aquela juridicizada pelo direito, todas as demais são não-autênticas.

Um juiz, mesmo, pode construir vários juízos normativos durante o curso do processo, cada um deles resultante de atos de interpretação diversos, no entanto, só será autêntica aquela valoração da qual resultar o sentido positivado pela sentença.

Para nós a interpretação feita pelo sujeito competente para produzir normas e aplicá-las é a mesma realizada por aquele que não goza de tal aptidão. A diferença está na linguagem (enunciado) em que ela é materializada. Para alguém dizer "a norma x é inconstitucional" atravessa os quatro planos da construção do sentido dos textos jurídicos (S1, S2, S3 e S4). O percurso realizado é o mesmo tanto para o sujeito competente (STF), quanto para aquele que não goza de tal capacidade. Ambos constroem sentidos prescritivos, um para aplicar outro para descrever. A diferença é que o primeiro criar novo enunciado jurídico, positivando o sentido interpretado e o segundo não.

8. SOBRE OS MÉTODOS DE ANÁLISE DO DIREITO

A Hermenêutica Jurídica tradicional aconselha alguns métodos de interpretação, a serem aplicados para a construção do sentido dos textos jurídicos. São eles: (i) literal, ou gramatical; (ii) histórico, ou histórico-evolutivo; (iii) lógico; (iv) teleológico; e (v) sistemático. Façamos aqui algumas críticas e considerações a respeito de cada um deles.

(i) Método literal, ou gramatical, seria aquele mediante o qual o intérprete preocupa-se com a literalidade do texto, restringindo-se ao significado de base dos signos. Para doutrina hermenêutica tradicional a interpretação literal se limita ao texto (em sentido estrito), como se nele estivesse contido algum conteúdo mínimo de significação, ou como se houvesse sentido na literalidade. Para nós, que trabalhamos o sentido enquanto conteúdo de significação, construído na mente humana num processo hermenêutico, não há sentido literal. Toda interpretação, até mesmo aquela que se diz ser literal, pressupõe um processo gerador de sentido, delimitado pelo contexto, onde influem valorações condicionadas às vivências culturais do intérprete. Isto quer dizer que a interpretação dita "literal" não se restringe unicamente às expressões gramaticais do texto, como se nelas pudéssemos encontrar e extrair significações.

Tal método de interpretação se enquadra perfeitamente na proposta da hermenêutica jurídica tradicional, em que os conteúdos de significação são procurados e encontrados, mas não é consoante ao nosso pensamento fundado nas propostas do giro-linguístico, em que os conteúdos significativos são criados, produzidos e elaborados pelo intérprete com base nos critérios de uso das palavras e seu contexto histórico-cultural.

Neste contexto, cabe-nos avaliar a crítica à expressão *"in claris cessat interpretatio"* (*disposições claras não comportam interpretações*). CARLOS MAXIMILIANO refuta esta ideia, argumentando que "uma lei é clara quando o seu sentido é expresso pela letra do texto, mas para saber isto, é preciso conhecer o sentido, o que só ocorre com a interpretação"[242]. Embora o autor seja um dos seguidores da hermenêutica jurídica tradicional, sua crítica, só vem corroborar com nossa tese, pois pressupõe que este sentido depende da interpretação.

Nenhum sentido é expresso, ele só existe na mente de quem, diante de um suporte físico, o interpreta. Por mais claro que nos pareça, a significação de um enunciado não nos salta aos olhos como se desabrochasse do suporte gramatical que a instiga. Ela é construída na mente do intérprete e nunca expressa na letra do texto.

Por mais clara que pareça uma lei, seu sentido só existe como produto de um processo interpretativo, mediante a atribuição de valores, pelo intérprete, aos símbolos que compõem seus enunciados. Não há como escapar dessa trajetória hermenêutica. A clareza de um enunciado é pressuposta quando o intérprete não encontra muita dificuldade na trajetória interpretativa, não porque o processo de interpretação não existiu. Tanto é que um mesmo enunciado pode ser claro para uma pessoa e não tão claro para outra.

A hermenêutica tradicional trabalha a interpretação literal como aquela na qual o intérprete, ao percorrer a trajetória geradora de sentido, se prende ao significado de base dos signos positivados. Para nós, aquilo que se chama "significado de base" também é uma valoração e depende da intertextualidade (contexto) que o envolve e, por isso, deixa de ser literal. Nenhuma palavra ou enunciado podem ser compreendidos isoladamente, pressupondo sempre uma contextualização. Nos dizeres de PAULO DE BARROS CARVALHO, "o intérprete da formulação literal dificilmente alcançará a plenitude do

---

242. *Hermenêutica e aplicação do direito*, p. 39.

comando legislado, exatamente porque se vê tolhido de buscar a significação contextual e não há texto sem contexto"[243].

Queremos registrar que, segundo a concepção por nós adotada, não existe interpretação literal. Aquele que diz realizar uma "interpretação literal" parte da literalidade (plano de expressão – S1), atribui valores aos símbolos positivados e constrói significações que, por mais simples que lhe pareçam, não se encontram no âmbito da literalidade e sim das proposições (plano das significações – S2, S3, S4).

Podemos falar, entretanto, na existência de uma análise jurídica literal, que nos permite examinar o plano de expressão do direito, mas não mais que isso. É uma análise sintática ou, mais especificamente, gramatical, onde são observadas as relações entre palavras, a estruturação frásica utilizada pelo legislador, se os substantivos, adjetivos, verbos e conectivos encontram-se bem arranjados na composição dos enunciados, cumprindo suas funções específicas, etc. Mas não podemos falar numa interpretação literal, pois quando interpretamos saímos do plano da literalidade, que é físico, e ingressamos no plano dos conteúdos de significações, que é valorativo.

(ii) O método de interpretação histórico-evolutivo valoriza as tendências e circunstâncias que envolvem a produção dos textos jurídicos. Para hermenêutica tradicional, com este método, o sentido é construído, traçando-se a evolução do contexto histórico que o envolve.

De acordo com as premissas fixadas neste trabalho, todo sentido é determinado pelo contexto que o envolve, sendo este, quando delimitado pelo intérprete, uma forma de justificação das proposições construídas. Nestes termos, o modelo histórico-evolutivo é uma forma de encarar analiticamente as construções significativas do direito positivo. Volta-se, assim, ao seu plano semântico e pragmático, mas nada diz sobre seu plano sintático, sua forma organizacional, a estrutura

---

243. *Curso de direito tributário*, p. 106.

normativa e as relações entre normas, proporcionando-nos uma visão restrita da realidade jurídica. Mas não deixa de ser um modelo relevante para aqueles que se dedicam especialmente aos estudos das significações e da aplicação das normas jurídicas.

(iii) O método lógico de interpretação, segundo a doutrina hermenêutica tradicional, é aquele mediante o qual os conteúdos de significação são construídos e amarrados com a aplicação de regras da lógica formal, a partir de deduções (processo pelo qual de duas ou mais proposições conclui-se uma terceira).

Em toda e qualquer trajetória hermenêutica, muitas vezes sem perceber, realizamos operações dedutivas, mas a lógica cuida da estruturação das significações e não dos conteúdos significativos e da aplicação destes, por isso, como método de análise do direito positivo é insuficiente.

Trabalhamos com o método lógico para estudar as relações estruturais do sistema jurídico. Como vimos no capítulo anterior, chegamos às fórmulas lógicas por meio de um processo denominado de formalização, mediante o qual, os conteúdos significativos são abstraídos e substituídos por constantes e variáveis. As constantes são sincategoremas, articuladores da fórmula proposicional, invariáveis e de significação incompleta, não bastantes para perfazerem um esquema formal completo (ex: o conectivo "$\rightarrow$" da fórmula normativa $H \rightarrow C$), e as variáveis são categoremas, termos completantes que se modificam à medida que são preenchidas pelas diversas possibilidades significativas construídas a partir do plano de expressão do direito (ex: os termos "H" e "C" da fórmula normativa $H \rightarrow C$). Com a abstração dos conteúdos significativos, para o estudo das fórmulas estruturais do sistema, o método lógico permite uma análise bem detalhada do plano sintático do direito positivo, no entanto, empobrecida no âmbito semântico e pragmático. Assim, dizemos que ele nos propicia apenas um ponto de vista sobre o direito: o ponto de vista sintático, sendo indispensável para qualquer um que deseja examinar profundamente este plano, mas insuficiente para análise do sistema como um todo.

(iv) O método teleológico, segundo a hermenêutica tradicional, valoriza a finalidade da norma, buscando indicar a direção da prescrição jurídica posta pelo legislador. Sob este método, o intérprete, ao construir o sentido dos textos jurídicos deve buscar o fim para o qual a norma foi criada. Esta finalidade, no entanto, não deixa de ser uma valoração do intérprete. Assim, o método teleológico, como o histórico-evolutivo, é uma forma de justificação e legitimação das significações normativas construídas no processo hermenêutico e também um modo de encará-las analiticamente. É voltado para o estudo dos conteúdos normativos e paralelamente da aplicação da norma jurídica, ou seja, aos planos semântico e pragmático do direito, mas nada informa sobre seu plano sintático, resultando uma visão também restrita da realidade jurídica. Entretanto, não deixa de ser um método importante para a investigação dos conteúdos significativos do direito.

(v) O método sistemático de interpretação proporciona a compreensão do direito, enquanto um conjunto de disposições normativas que se relacionam entre si, conduzindo o intérprete a uma visão plena do direito positivo. Com ele, observa-se não só a norma isoladamente, mas também suas relações com todas as demais prescrições que formam o sistema jurídico. Na análise sistemática os enunciados, as proposições e as normas em sentido estrito (H → C) só são compreendidas quando examinadas tendo em conta o todo que as envolve.

A utilização deste modelo permite a análise de todos os planos da linguagem jurídica, atravessando seus planos sintático, semântico e pragmático, por isso, ele é eleito como o método por excelência no estudo do direito. Conforme enfatiza PAULO DE BARROS CARVALHO "os métodos literal e lógico estão no plano sintático, enquanto o histórico e o teleológico influem, tanto no nível semântico, quanto no pragmático. O critério sistemático da interpretação envolve os três planos e é, por isso mesmo, exaustivo da linguagem do direito.

Isoladamente, só o último (sistemático) tem condições de prevalecer, exatamente porque antessupõe os anteriores. É, assim, considerado o método por excelência"[244].

Dizer, no entanto, que o modelo sistemático é o mais completo, não significa desmerecer os outros métodos apontados acima, pois cada um tem uma finalidade específica, o que propicia a análise direcionada, muito embora não sejam eficazes para o conhecimento do direito como um todo.

9. TEORIA DOS VALORES

Tudo que dissemos acima faz sentido quando estudamos a Teoria dos Valores. Se o plano do conteúdo normativo é formado pelas significações construídas a partir da interpretação do suporte físico do direito positivo e esta interpretação constitui-se num processo de atribuição de valores aos símbolos positivados, concluímos que o plano dos conteúdos normativos é valorativo e, portanto, seu estudo, pressupõe necessariamente o ingresso na Axiologia, ou Teoria dos Valores.

Além disso, o direito é um objeto cultural, produzido para alcançar certas finalidades, ou seja, certos valores que a sociedade deseja implementar e, para isso, o legislador recorta do plano social as condutas que deseja regular valorando-as com o sinal positivo da licitude e negativo da ilicitude ao qualificá-las como obrigatórias, permitidas ou proibidas. Nestes termos, o valor é inerente ao direito. Ele está presente em toda sua extensão (sintática, semântica e pragmática)[245].

9.1 Sobre os valores

Preocupado com a relevância do dado axiológico na

---

244. *Curso de direito tributário*, p. 100.

245. Assim ensina PAULO DE BARROS CARVALHO, "o dado valorativo está presente em toda configuração do jurídico, desde seus aspectos formais (lógicos), como nos planos semântico e pragmático" (*Direito Tributário, linguagem e método*, p. 174).

constituição do jurídico, PAULO DE BARROS CARVALHO explica que os valores tomados isoladamente assumem a feição de objetos metafísicos, cujo modo de ser é o valer, em suas palavras, "os valores não são, mas valem"[246]. De acordo com as lições do autor, o que nos dá acesso aos valores é a intuição emocional, não a sensível (captadora dos dados físicos) ou a intelectual (associativa de significações) e, assim que entramos em contato com eles, nossa ideologia atua como um critério que os avalia e os filtram. Mas a própria ideologia em si, constitui-se pela consolidação de valores, depositados paulatinamente pelas experiências de vida de cada um e que funciona como esquema seletor de outros valores, de modo que o valor só existe (vale) dentro de uma cultura. Seguindo essa linha e citando TERCIO SAMPAIO FERRAZ JR., os "valores são preferências por núcleo de significações"[247], cujo existir limita-se ao ato psicológico de valorar e que se manifestam pela não-indiferença de um sujeito perante um objeto.

MIGUEL REALE, em aprofundado estudo sobre os valores, seguindo a linha de JOHANNES HASSEN, apontou certas características que identificam sua presença. São elas:

(i) *bipolaridade*: todo valor se contrapõe a um desvalor, ao bom se contrapõe o mau; ao belo se contrapõe o feio; ao certo o errado; e o sentido de um exige o outro;

(ii) *implicação recíproca*: nenhum valor se realiza sem influir, direta ou indiretamente, na realização dos demais, o certo implica o justo que implica a liberdade;

(iii) *referibilidade*: o valor importa sempre uma tomada de posição do homem perante algo, atribuímos valor às coisas, aos homens e a nós mesmos, constituindo referências – belo--homem, justa-causa;

(iv) *preferibilidade*: o valor demonstra uma orientação, uma tomada de posição que aponta para uma direção dentre

---

246. *Idem*, p. 176.

247. *Introdução ao estudo do direito*, p. 111.

várias direções, o valor que atribuímos a um objeto é aquele que preferimos dentre todos os outros;

(v) *incomensurabilidade*: os valores não podem ser mesurados, não é possível se estabelecer uma medida de valores;

(vi) *graduação hierárquica*: sempre que valores são considerados, nossa ideologia constrói uma escala hierárquica na qual tais entidades se alojam, dado o elemento intrínseco da preferibilidade;

(vii) *objetividade*: os valores configuram-se como qualidades aderentes, que os seres humanos predicam a objetos (reais ou ideais), pressupõem, invariavelmente a presença desses objetos;

(viii) *historicidade*: os valores são frutos da trajetória existencial dos homens, não caem do céu, nem aparecem do nada, é na evolução do processo histórico-social que os valores vão sendo constituídos;

(ix) *inexauribilidade*: o valor não se esgota. Atribui-se o valor "justiça a certa decisão, e nem por isso faltará justiça para predicarmos a outras condutas dos seres humanos"[248].

A estas características ainda podemos adicionar mais duas identificadas por PAULO DE BARROS CARVALHO[249]: (x) a *atributividade*, pois o valor pressupõe necessariamente a presença humana e um ato de atribuição, que lhe vincule a um objeto; e a (xi) indefinibilidade, porque o valor, enquanto dado metafísico é impossível de definição.

Quanto à atributividade, os valores não nascem atrelados às coisas, é o homem que, mediante um ato de consciência (designado "valorar"), os atribui a objetos de sua experiência. Vejamos o exemplo do "botoque" utilizado nas tribos indígenas para alargamento dos lábios inferiores. Os integrantes da tribo atribuem ao índio com botoque o valor de beleza e

---

248. PAULO DE BARROS CARVALHO, *Curso de Direito Tributário*, p. 142-143.

249. *Direito tributário, linguagem e método*, p. 179.

quanto maior o botoque, mais belo o consideram. Já o homem integrante de uma sociedade urbana diante do mesmo índio lhe atribui o valor de feiúra. Nota-se que o valor não está atrelado ao objeto, se assim o fosse, o índio com botoque seria belo em qualquer lugar do mundo. O valor é atribuído ao objeto pelo homem e este ato é condicionado pela cultura em que ele se encontra inserido. Retirem-se os homens do mundo e os valores desaparecem com eles. Esta característica é fundamental para compreendermos o direito.

Fazendo uma relação entre o direito (tomado aqui em seu plano de conteúdo – conjunto de normas jurídicas) e os traços que assinalam a presença de valores, encontramos todas estas características. Vejamos cada uma delas: (i) *bipolaridade*: para cada sentido, construído a partir dos enunciados prescritivos, há um sentido contraposto, que permite o contraditório entre as partes; (ii) *implicação recíproca*: a tomada de posição sobre um conteúdo de significação implica reciprocamente a eleição de outros sentidos que dele derivam (ex: o direito a vida implica a sanção pelo homicídio); (iii) *referibilidade*: o sentido é algo atribuído a um símbolo, de modo que os conteúdos normativos fazem sempre referência a enunciados prescritivos; (iv) *preferibilidade*: as significações construídas no processo interpretativo são aquelas preferidas dentre todas as outras possíveis; (v) *incomensurabilidade*: os conteúdos normativos não são mensuráveis, não se pode, por exemplo estabelecer uma média para o direito de liberdade; (vi) *graduação hierárquica*: construímos o plano de conteúdo do direito estabelecendo uma escala hierárquica entre suas significações (ex: a norma legal tem fundamento na norma constitucional); (vii) *objetividade*: os conteúdos normativos se objetivam no dado físico do direito positivo: os enunciados prescritivos. As significações construídas pressupõem invariavelmente a presença destes; (viii) *historicidade*: os conteúdos normativos são construídos nos moldes dos horizontes culturais do intérprete, fruto de um processo histórico-cultural, que neles se manifesta presente; (ix) *inexauribilidade*: os conteúdos normativos não se esgotam, pois a trajetória hermenêutica é infinita, há sempre a possibilidade de uma nova atribuição de sentido; (x) *atributividade*: o conteúdo normativo não se encontra atrelado aos enunciados prescritivos que lhe servem de objeto, é atribuído pelo homem, pressupõe um processo de interpretação; (xi) *indefinibilidade*: não há um conteúdo normativo próprio a cada texto, pois são várias as interpretações possíveis.

9.2 Os valores e o direito

Embora possa parecer, não há valores nos enunciados prescritivos. Os valores estão no homem e são condicionados por suas experiências. Assim também é o direito (considerado em seus planos S2, S3 e S4). O sentido atribuído aos textos jurídicos são valores que assumem certa designação dentro de uma cultura específica, é por isso que não há neutralidade jurídica. Nestes termos, vale a máxima de MIGUEL REALE de que o "direito é valor"[250], não integralmente valor, mas é inafastável sua dimensão axiológica. E mais, além de ser valor, o direito, como objeto cultural, existe para concretizar valores, de modo que não há como o jurista fugir do dado axiológico.

O legislador produz os enunciados prescritivos atribuindo valores a certos símbolos e faz isto, visando a implementação de outros valores. O intérprete se depara com todo aquele conjunto de enunciados prescritivos, desprovidos de qualquer valor, mas indicativos da existência de uma valoração por parte do legislador, passa a interpretá-los, adjudicando valores aos símbolos positivados e, com isso, vai construindo seu sentido para concretizar certos valores, que segundo sua construção, o legislador quis implementar. Há valoração de todos os lados, para produzir o direito, para compreendê-lo e para aplicá-lo.

Tudo isso acontece num mesmo contexto histórico-social. A cultura, que informa os horizontes do legislador na

---

250. *Lições preliminares de direito, passim.*

produção dos enunciados prescritivos, tem a mesma fonte histórico-social daquela que informa os horizontes culturais dos intérpretes quando da construção de seus conteúdos normativos, com algumas pequenas, mas notáveis, diferenças individuais, decorrentes do processo histórico-evolutivo e do acúmulo de vivências de cada indivíduo, e é isto que torna possível a compreensão da mensagem legislada, pois só conseguimos compreender aquilo que está dentro de nossa cultura.

Neste sentido, é a nossa posição culturalista perante o direito. Trabalhando com os pressupostos da filosofia da linguagem, partimos, num primeiro momento, de uma concepção analítica (sob influência do neopositivismo lógico), mas esta se torna uma visão muito restrita quando passamos a explorar o plano dos conteúdos normativos, condicionados aos horizontes culturais do intérprete. Devido ao dado axiológico inerente ao "existir" do homem no mundo, não há neutralidade na experiência, sendo impossível desagregá-la da ideologia e dos valores consolidados pelas vivências do intérprete.

Questões:

1. Que é hermenêutica? Qual a importância da hermenêutica para o direito?
2. Com a mudança de paradigma da filosofia da linguagem, que muda no significado do ato de interpretar o direito?
3. Que significa dizer que o intérprete constrói (e não extrai) o sentido do texto?
4. Que é interpretar? Como se dá a construção de sentido de um texto?
5. Há diferença entre interpretação e compreensão?
6. Relacione texto, conteúdo e contexto. Que se entende por contexto? Qual sua relevância para o ato de interpretar?
7. Que determina o sentido de um texto?

8. Quais os limites construtivos da mensagem jurídica?
9. Pode-se falar em interpretações jurídicas certas ou erradas? Por quê?
10. Explique a sentença: *"É difícil adotar um critério que, objetivamente, aponte uma única possibilidade valorativa a ser atribuída aos textos produzidos pelo legislador".*
11. Existe um conteúdo mínimo no texto ao qual o intérprete está limitado? Se positiva sua resposta, que o determina?
12. Descreva o percurso gerador de sentido dos textos jurídicos, explicando os planos S1, S2, S3 e S4.
13. Diferencie: (i) enunciado, (ii) proposição; (iii) norma jurídica.
14. Que se entende por interpretação autêntica? E não autêntica?
15. Diferencie os chamados "métodos de interpretação" e posicione-se sobre a valia desses critérios na interpretação do direito positivo.
16. Que é lei clara? É possível dizer que há sentido expresso na lei?
17. Por que o método sistemático é o eleito como "método por excelência" para o estudo do direito?
18. Que são valores? Quais as características que os identificam?
19. Qual a relação entre direito e valor? Por que uma teoria dos valores é importante para o estudo do direito?

LIVRO II

Teoria da Norma Jurídica

Capítulo VIII
A ESTRUTURA NORMATIVA

SUMÁRIO: 1. Por que uma teoria da norma jurídica?; 2. Que é norma jurídica? 3. Norma jurídica em sentido estrito; 4. Homogeneidade sintática e heterogeneidade semântica e pragmática das normas jurídicas; 5. Estrutura da norma jurídica; 5.1. Antecedente normativo; 5.2. Operador deôntico; 5.3. Consequente normativo; 5.4. A implicação como forma sintática normativa; 6. Norma jurídica completa; 6.1. Norma primária e secundária na doutrina jurídica; 6.2. Fundamentos da norma secundária; 6.3. Estrutura completa da norma jurídica; 6.4. Normas secundárias; 6.5. Sobre o conectivo das normas primária e secundária; 7. Conceito de sanção no direito.

1. POR QUE UMA TEORIA DA NORMA JURÍDICA?

A primeira pergunta daquele que se dirige à realidade jurídica com expectativas cognoscitivas é: "que é o direito?". Logo que superada tal indagação com a resposta: "direito é o conjunto de normas jurídicas válidas num dado país", surge outra: "e que são normas jurídicas?". Justifica-se aqui, toda necessidade e importância de uma teoria da norma jurídica para o estudo do direito – se tomamos o direito como conjunto de normas jurídicas válidas, a única forma de compreendê-lo é conhecendo suas normas e para conhecê-las, antes de mais nada, precisamos saber que é uma norma jurídica.

Nestes termos, uma teoria da norma jurídica é indispensável à Ciência do Direito, pois ela nos possibilita conhecer os elementos que, relacionados entre si, formam o sistema do direito positivo. E, dizendo sobre seus elementos ela muito diz sobre o próprio sistema. É por isso que qualquer ciência, que tome como objeto o direito positivo, não foge a uma teoria da norma jurídica, que explique suas unidades e nem a uma teoria do ordenamento jurídico que ilustre as relações entre tais unidades. Aliás, esta é a grande crítica de LOURIVAL VILANOVA à PONTES DE MIRANDA[251]: falta-lhe uma teoria da norma jurídica.

Os fatos sociais isoladamente não geram efeitos jurídicos, se assim o fazem é porque uma norma jurídica os toma como proposição antecedente implicando-lhes consequências. Sem a norma jurídica não há direitos e deveres, não há "jurídico". Por isso, o estudo do direito volta-se às normas e não aos fatos ou às relações sociais deles decorrentes, que se estabelecem por influência (incidência) da linguagem jurídica. A linguagem jurídica é o objeto do jurista e onde há linguagem jurídica, necessariamente, há normas jurídicas. Isto justifica todo cuidado de PAULO DE BARROS CARVALHO em construir uma teoria da norma jurídica para explicar a incidência tributária e toda preocupação com o estudo normativo dentro de sua escola.

Sem um estudo dos seus elementos fica difícil delimitarmos o direito enquanto objeto científico, pois sem sabermos ao certo a composição de suas unidades não conseguimos isolá-lo metodologicamente. Também resta prejudicada a identidade do objeto. Explicar o direito como um conjunto de normas jurídicas válidas sem precisar o que é norma jurídica, nada explica sobre o direito.

---

251. *A teoria do direito em Pontes de Miranda* in Escritos jurídicos e filosóficos, vol. 1, p. 399-412.

Já tivemos algumas breves noções sobre o tema nos tópicos anteriores, mas diante de sua importância dedicamos este e os três capítulos subsequentes a um estudo mais detalhado.

Utilizando-nos das categorias da Semiótica (já que, tomando o direito como sistema comunicacional, no qual as normas jurídicas aparecem como unidades linguísticas), a análise será dividida em três planos: (i) neste capítulo trataremos da estrutura da norma jurídica, voltando nossa atenção ao plano sintático da linguagem do direito positivo; (ii) no próximo capítulo nossa preocupação se volta ao conteúdo normativo, tendo como objeto o plano semântico da norma jurídica; (iii) depois discorreremos sobre a regra-matriz de incidência, no capítulo subsequente, aproximando os planos lógico e semântico do direito positivo, com a construção de um esquema de significação; e (iv) por fim, trataremos da aplicação e incidência, enfatizando o ângulo pragmático das normas jurídicas.

2. QUE É NORMA JURÍDICA?

Ponto crucial de qualquer teoria sobre a norma jurídica é saber: "que é uma norma jurídica?". E, o que podemos dizer é que, antes de qualquer coisa "norma jurídica", é uma expressão linguística, que como tantas outras não escapa do vício da ambiguidade, podendo ser utilizada nas mais diversas acepções.

A falta de definição precisa no discurso científico é um dos grandes problemas enfrentados pela dogmática jurídica. Até mesmo entre os autores que tratam o direito como algo que se manifesta necessariamente em linguagem prescritiva, encontramos o uso da expressão "normas jurídicas" em diferentes sentidos. Esta é, aliás, uma das principais causas de distanciamento entre tais teorias.

GREGORIO ROBLES, por exemplo, utiliza-se da expressão fazendo referência, primordialmente, às significações construídas pelo intérprete a partir dos textos do direito positivo, mas em algumas passagens também designa, com a mesma expressão, enunciados jurídicos e a mensagem deonticamente estruturada. O mesmo ocorre com RICCARDO GUASTINI, que trabalha "norma jurídica" como proposição não necessariamente estruturada na forma hipotético-condicional, muito embora, também a empregue casualmente nas outras duas acepções.

Toda confusão se instaura porque utilizamo-nos da expressão "norma jurídica" para designar as unidades do sistema do direito positivo, quando este, por manifestar-se em linguagem, apresenta-se em quatro planos: (i) S1 – plano físico (enunciados prescritivos); (ii) S2 – plano das significações isoladamente consideradas (proposições jurídicas); (iii) S3 – plano das significações estruturadas (normas jurídicas); e (iv) S4 – plano da contextualização das significações estruturadas (sistema jurídico). Temos, assim, pelo menos, três tipos de unidades ontologicamente distintas, dependendo sob qual plano analisamos o sistema jurídico.

Se pensarmos no direito positivo, levando-se em conta seu plano de expressão (S1), as unidades do sistema são enunciados prescritivos; se avaliarmos o plano das significações construídas a partir dos enunciados (S2), as unidades do sistema são proposições jurídicas; e se tomarmos o direito como o conjunto de significações deonticamente estruturadas (S3), que mantêm relações de coordenação e subordinação entre si (S4), as unidades do sistema jurídico são aquilo que denominamos de norma jurídica em sentido estrito. Neste sentido, considerando a expressão "norma jurídica", quando utilizada para apontar indiscriminadamente as unidades do sistema jurídico, pode denotar: (i) enunciados do direito positivo; (ii) a significação deles construída; ou (iii) a significação deonticamente estruturada, dependendo do plano em que o intérprete trabalha.

Para evitar tais confusões PAULO DE BARROS CARVALHO utiliza-se das expressões: (i) "normas jurídicas em sentido amplo" para designar tanto as frases, enquanto suporte físico do direito posto, ou os textos de lei, quanto os conteúdos significativos isolados destas; e (ii) "normas jurídicas em sentido estrito" para aludir à composição articulada das significações, construídas a partir dos enunciados do direito positivo, na forma hipotético-condicional (H → C), de tal sorte que produza mensagens com sentido deôntico-jurídico completo[252]. Nestes termos, considerando o percurso gerador de sentido dos textos jurídicos, nos planos S1 e S2 lidamos com normas jurídicas em sentido amplo e somente nos planos S3 e S4 deparamo-nos com normas jurídicas em sentido estrito.

Nota-se que tal confusão não resiste a um estudo mais elaborado. Quando aprofundamos a análise, a ponto de separar metodologicamente os planos em que o sistema jurídico se apresenta como objeto de nossa compreensão, as dúvidas semânticas com relação à expressão "norma jurídica" vão desaparecendo, na medida em que nos utilizamos dos termos "enunciado", "texto de lei" e "proposição", para denotar as unidades dos planos S1 e S2 e "norma jurídica" apenas quando aludimos às significações deonticamente estruturadas (presentes nos planos S3 e S4).

Quando dizemos que o direito positivo é o conjunto de normas jurídicas válidas num dado país, deixamos no ar a amplitude da expressão. Isto porque, isolar o plano das normas jurídicas em sentido estrito (S3) é separar (para fins analíticos) o inseparável experimentalmente. O direito é compreendido não só como significações deonticamente estruturadas (normas jurídicas em sentido estrito), mesmo porque a existência destas depende de um suporte físico, da integração de enunciados (textos de lei), da construção de significações isoladas (proposições) e da estruturação dos sentidos normativos. O sistema compreende tudo isso, suporte físico, significação e estruturação, numa trialidade existencial indecomponível. Por isso, a menos que se utilize distinções como esta entre norma em *sentido amplo* e em *sentido*

---

252. PAULO DE BARROS CARVALHO, *Apostila do curso de teoria geral do direito*, p. 80.

estrito, impera a ambiguidade da expressão quando para denotar as unidades do sistema jurídico.

Nestes termos, vale a pena manter a separação entre *normas jurídicas em sentido amplo* e *normas jurídicas em sentido estrito*, para aliviar as incongruências semânticas do uso da expressão "norma jurídica". As primeiras denotam unidades do sistema do direito positivo, ainda que não expressem uma mensagem deôntica completa. As segundas denotam a mensagem deôntica completa, isto é, são significações construídas a partir dos enunciados postos pelo legislador, estruturadas na forma hipotético-condicional.

3. NORMA JURÍDICA EM SENTIDO ESTRITO

Em termos gerais, quando nos referimos à "norma jurídica" utilizamo-nos da expressão em sentido estrito. Tendo-se em conta o percurso gerador de sentido dos textos jurídicos, a norma jurídica em sentido estrito aparece no terceiro plano (S3), como significação construída a partir dos enunciados do direito positivo estruturada na forma hipotético-condicional "$D(H \to C)$".

A norma é assim, algo imaterial, construído intelectualmente pelo intérprete. Nos dizeres de PAULO DE BARROS CARVALHO, ela "é exatamente o juízo que a leitura do texto provoca em nosso espírito, é a significação que obtemos a partir da leitura dos textos do direito positivo. Trata-se de algo que se produz em nossa mente, como resultado da percepção do mundo exterior"[253], mais especificamente, como resultado da compreensão dos textos legislados.

Ressalvamos, porém, que a norma jurídica não é um simples juízo, como a significação que construímos de um enunciado isolado. Ela é um juízo estruturado na forma hipotético-condicional, estrutura mínima necessária para se construir

---

253. *Curso de direito tributário*, p. 8.

um sentido deôntico. Um exemplo esclarece tal ressalva: do enunciado "a alíquota é 3%", construímos um juízo articulado na fórmula "S é P" ou "S(P)" – onde "S" representa a alíquota e "P" 3%. Tal proposição, entretanto, não manifesta um sentido prescritivo completo, pois diante dela não sabemos qual o comando emitido pelo legislador. Qual é a conduta prescrita? Qual a circunstância fática que a enseja? A resposta a tais perguntas só aparecerá quando saturarmos os campos significativos da estrutura "H → C" – se ocorrer o fato H, então deve ser a relação intersubjetiva C.

Uma significação, para expressar a completude da mensagem legislada, além de ser construída a partir dos textos do direito positivo, deve estar estruturada na forma hipotético-condicional, pois esta é a fórmula lógica das ordens, é assim que as linguagens prescritivas se manifestam formalmente. Nestes termos, pontua PAULO DE BARROS CARVALHO: "somente a norma jurídica, tomada em sua integridade constitutiva terá o condão de expressar o sentido cabal dos mandamentos da autoridade que legisla"[254].

Esta é a razão de LOURIVAL VILANOVA considerar a norma jurídica como a "expressão mínima e irredutível de manifestação do deôntico". Como explica PAULO DE BARROS CARVALHO, "os comandos jurídicos, para serem compreendidos no contexto de uma comunicação bem-sucedida, devem apresentar um *quantum* de estrutura formal. Certamente que ninguém entenderia uma ordem, em todo seu alcance, apenas com a indicação, por exemplo, da conduta desejada (ex: "pague a quantia de x reais"). Adviriam desde logo algumas perguntas e, no segmento das respectivas respostas, chegaríamos à fórmula que tem o condão de oferecer o sentido completo da mensagem, isto é, a identificação da pessoa titular do direito, do sujeito obrigado e, ainda, como quando, onde e porque deve fazê-lo. Somente então estaríamos diante daquela unidade de sentido que as prescrições jurídicas necessitam

---

254. *Direito tributário, fundamentos jurídicos da incidência*, p. 19.

para serem adequadamente cumpridas"[255]. Dizer, assim, que a norma jurídica é o "mínimo irredutível de manifestação do deôntico" (ainda que o mínimo seja sempre irredutível) significa afirmar que ela manifesta a unidade significativa da mensagem legislada, o mínimo necessário para que a comunicação jurídica seja bem sucedida.

A norma jurídica revela-se nesta estrutura condicional que é absolutamente constante "$D(H \to C)$" – "se ocorrer o fato x, então deve ser a relação intersubjetiva y". Todo discurso produzido pelo legislador, objetivado nos enunciados prescritivos que compõem o plano físico do direito, é redutível à proposição normativa e esta à fórmula dual "$D(H \to C)$". Temos: (i) hipótese (H) ou pressuposto, como parte da norma que tem por função descrever situação de possível ocorrência; e (ii) consequente (C) ou tese, cuja função é prescrever relações entre sujeitos modalizadas em obrigatório, permitido e proibido, ambos ligados por um vínculo implicacional () deôntico (D), representativo do ato de autoridade que a constitui. É, por isso que se diz ser a norma jurídica uma significação deonticamente estruturada.

Chamamos atenção, no entanto, para o fato de que a estrutura em si "$D(H \to C)$", considerada abstratamente, é uma fórmula lógica. A norma jurídica só se configura como tal, quando as variáveis desta fórmula "H" e "C" estiverem saturadas por conteúdos significativos construídos a partir dos enunciados do direito positivo. Antes de ser uma estrutura hipotético-condicional, a norma é uma significação, construída com base no suporte físico produzido pelo legislador (veiculada por documentos jurídicos, como: a Constituição Federal, leis, decretos, portarias, resoluções, atos administrativos, sentenças, etc.). Esta condição é que lhe atribui o qualificativo de jurídica. Se o intérprete toma como base outro suporte físico (ex: a doutrina jurídica, matérias de jornais, a bíblia, etc.) pode até construir normas, no entanto, não-jurídicas.

---

[255]. PAULO DE BARROS CARVALHO, *Apostila do curso de teoria geral de direito*, p. 125.

A norma é resultado de um trabalho mental, interpretativo, de construção e estruturação de significações. Nossa mente atribui tratamento formal às proposições elaboradas a partir do plano de expressão do direito, agrupando-as na conformidade lógica da fórmula implicacional para que possamos compreender o mandamento legislado. É neste instante que aparece a norma jurídica, como significação deonticamente estruturada.

Ao tratarmos a norma como significação, pressupomos que o intérprete a constrói, porque ela não se encontra no plano físico do direito, escondida dentre as palavras que o compõem. Ela é produzida na mente do intérprete e condicionada por seus referenciais culturais. Isto explica a possibilidade de um único texto originar diferentes normas jurídicas, consoantes aos diversos valores empregados aos seus vocábulos. Seguindo esta linha de raciocínio, há, então, duas formas de se produzir normas: (i) uma direta e imediata, realizada pelo legislador, ao inserir novos enunciados prescritivos na plataforma física do sistema; e (ii) outra indireta e mediata, alcançada pelo intérprete, quando da construção do sentido dos textos jurídicos, sempre tomando como ponto de referência a plataforma física posta pelo legislador.

Como significação, as normas jurídicas estão sempre na implicitude dos textos, não existe norma expressa (a não ser quando utilizada em acepção ampla). O que se apresenta de forma expressa são os enunciados prescritivos componentes do plano material do direito positivo. Nestes termos, seguindo a lição de PAULO DE BARROS CARVALHO, não cabe distinguir normas implícitas e expressas, já que, pertencendo ao campo das significações, todas elas são implícitas[256].

Em contrapartida, todos os enunciados, enquanto dado material do direito, produto da atividade psicofísica de enunciação, são expressos. Se não expressos, não são mais enunciados e sim de proposições. A partir do momento que saímos do plano de expressão e entramos no campo dos conteúdos

---

256. *Curso de direito tributário*, p. 10.

significativos, passamos a trabalhar na implicitude dos textos jurídicos.

Ao trabalhar a norma jurídica na implicitude dos textos positivados, como significação estruturada na forma hipotético-condicional "D(H → C)", logo percebemos que o número de normas não guarda identidade com o número de enunciados existentes no plano de expressão do direito positivo. Por vezes o intérprete precisa interpretar vários enunciados para compor o sentido da mensagem legislada, outras vezes, a partir de um só enunciado constrói mais de uma significação normativa. Isto se justifica porque, como significação, a norma jurídica é valorativa, por isso, a impossibilidade de apontar segura e determinadamente qual norma construímos deste ou daqueles enunciados. A única certeza que temos é que para compreensão dos textos do direito positivo agrupamos suas significações na forma hipotético-condicional e, com isso, construímos normas jurídicas.

4. HOMOGENEIDADE SINTÁTICA E HETEROGENEIDADE SEMÂNTICA E PRAGMÁTICA DAS NORMAS JURÍDICAS

Seguindo o curso do processo gerador de sentido dos textos jurídicos, o intérprete só alcança a compreensão do comando prescritivo quando estrutura suas significações na forma hipotético-condicional. Invariavelmente ele sempre se depara com a mesma forma: "D(H→C)"; embora os conteúdos significativos construídos sejam dos mais diversos.

Nestes termos, considerando o plano das normas jurídicas *stricto sensu*, o direito é homogêneo sintaticamente. Isto quer dizer que sua estrutura é sempre a mesma, nunca varia.

Todas as regras do sistema têm idêntica esquematização formal: uma proposição-hipótese "H", descritora de um fato (f) que, se verificado no campo da realidade social, implicará como proposição-consequente "C", uma relação jurídica entre dois sujeitos (S' R S"), modalizada com um dos operadores deônticos (O, P, V). Nenhuma norma foge a esta estrutura, seja civil, comercial, penal, tributária, administrativa, constitucional, processual, porque sem ela a mensagem prescritiva é incompreensível.

Todo comando jurídico apresenta-se sob a mesma forma. A variação encontra-se no conteúdo que satura a fórmula. As significações que compõem a posição sintática de hipótese e consequente das normas jurídicas se modificam, de acordo com a matéria eleita pelo legislador e com os valores que informam a interpretação dos textos jurídicos. Com o decurso do tempo, novos enunciados surgem, outros são retirados do sistema, as interpretações se modificam, os valores implementados pela sociedade se transformam, mas a forma normativa não se altera. A estrutura do direito, necessária para se transmitir um comando capaz de disciplinar relações intersubjetivas, é invariável, ao passo que seu conteúdo, pela diversidade de condutas a serem reguladas, nunca é constante.

Diante de tal constatação, PAULO DE BARROS CARVALHO, influenciado pelas lições de LOURIVAL VILANOVA, opera com a premissa da homogeneidade lógica das unidades do ordenamento jurídico, ao lado da heterogeneidade semântica de suas significações. O conteúdo das normas jurídicas é variável, sua fórmula não, permanece constante por mais que se façam modificações no sistema. Neste sentido, estamos aptos a dizer que o direito positivo é um sistema sintaticamente homogêneo e semanticamente heterogêneo.

Com relação ao plano pragmático, também opera a premissa da heterogeneidade, devido às infinitas possibilidades de aplicação de uma norma para diferentes casos práticos. O uso das normas jurídicas tanto pelos aplicadores, como pelos juristas é muito diversificado. Determinada norma, por exemplo, pode ser aplicada para resolver certo conflito por um juiz e não ser aplicada por outro, pode acontecer também de ser aplicada e logo depois afastada pelo tribunal. Um jurista pode dar seu parecer sobre a aplicação da norma x ao caso y e posteriormente modificar seu posicionamento. O fato é que os planos semântico e pragmático das normas jurídicas andam muito próximos, exercendo grande influência um no outro. A heterogeneidade semântica das normas jurídicas e as diversas possibilidades de interpretação dos acontecimentos sociais (eventos) acabam por acarretar a heterogeneidade pragmática do direito.

O princípio da homogeneidade sintática das unidades do sistema, contudo, só tem aplicabilidade, se considerarmos o direito positivo enquanto conjunto de normas jurídicas em sentido estrito (S3). A dicotomia *homogeneidade/heterogeneidade* não se aplica à organização frásica dos enunciados prescritivos. A formulação sintática do plano de expressão do direito (S1), submete-se a regras gramaticais que determinam o local dos sujeitos, verbos, complementos e preposições na frase. Não há uma única forma de arranjo, vez que as possibilidades estruturais são inúmeras. Do mesmo modo, as proposições deles construídas, antes de amarradas na composição do sentido deôntico (S2), apresentam-se estruturadas em diferentes fórmulas como "S(P)", no caso de proposições factuais e "(S' R S")", no caso de proposições relacionais.

Nestes termos, sob o ponto de vista dos enunciados prescritivos e das significações jurídicas isoladamente consideradas, o direito positivo não é sintaticamente homogêneo, ainda que semântica e pragmaticamente heterogêneo. A dualidade da homogeneidade sintática e heterogeneidade semântica e pragmática não se aplica aos planos S1 e S2 do sistema jurídico, que são heterogêneos sob os três ângulos semióticos. Assim, enfatiza PAULO DE BARROS CARVALHO: "quando proclamamos o cânone da 'homogeneidade sintática' das regras de direito, o campo de referência estará circunscrito às normas em sentido estrito, vale dizer, aquelas que oferecem a mensagem jurídica com sentido completo (se ocorrer o fato F, instalar-se-á a relação deôntica R entre os sujeitos S' e S"), mesmo que essa completude seja momentânea e relativa, querendo significar, apenas, que a unidade dispõe do mínimo indispensável para transmitir uma comunicação de dever--ser"[257]. A dicotomia *homogeneidade / heterogeneidade* só se aproveita para explicar o sistema jurídico se o considerarmos sob o plano S3.

Vale à pena ressalvar que empregamos tal dualidade para caracterizar campos distintos de análise da linguagem jurídica (sintático, semântico e pragmático), considerando a norma em sentido estrito, pois a dicotomia também não se sustenta quando desconsiderada as quatro formas de manifestação do direito. Alguns autores, inclusive dentre aqueles que partem de uma concepção comunicacional, sustentam a heterogeneidade das formas do sistema, avaliando que suas unidades ora aparecem na forma de enunciados, ora como proposições não deonticamente estruturadas e ora como juízos hipotético-condicionais. Tendo por objeto a diversidade existencial em que o direito se manifesta (enunciados, proposições isoladas, normas jurídicas e sistema), focando a diferença entre as unidades percebidas pelo intérprete na sua trajetória hermenêutica realmente fica difícil aceitar a homogeneidade de suas formas. No entanto, quando falamos em "forma" referimo-nos àquelas alcançadas com o processo de formalização da linguagem jurídica (fórmulas lógicas).

Reportando-nos às lições de LOURIVAL VILANOVA, mediante o processo de abstração formalizadora, ao passarmos da variedade em que se exprime o direito positivo (multiplicidade de idiomas, de estilos, de técnicas de formulação linguística), da gramaticalidade expressional ou frásica, para a sua fórmula lógica, encontramos a estrutura sintática reduzida da norma jurídica que enuncia: "se verificado um fato F, seguir-se-á uma relação jurídica de direito"[258]. A linguagem técnica dos enunciados prescritivos encobre a estrutura em que o sistema se exprime.

O direito é sintaticamente homogêneo porque sua estrutura lógica é invariável. Este é um limite ontológico-sintático

---

257. *Apostila do curso de teoria geral do direito*, p. 80.

258. *Causalidade e relação no direito*, p. 101.

(formal) do ordenamento jurídico, que se soma a outro semântico (material), sob o qual os conteúdos normativos devem estar factualmente no campo do possível e do não-necessário.

Na construção do campo semântico da linguagem jurídica, o legislador é livre para selecionar fatos e relações que deseja implementar socialmente. Como já vimos, é questão fora da lógica optar pelo fato F', F" ou F'" e pela relação R', R", ou R'", tudo depende de atos historicamente situados e axiologicamente orientados. No entanto, posta a prescrição, instaura-se o vínculo implicacional entre as proposições, entra-se no campo das relações lógico-formais, que se apresentam invariavelmente na forma "D (H→C)" – se verificada a hipótese segue-se a consequência e se não se der a consequência, necessariamente não se deu a hipótese"[259].

Por ser a estrutura do direito sempre constante, apresentando-se invariavelmente na mesma forma e os conteúdos significativos que a compõem variáveis, trabalhamos com as categorias do fechamento estrutural e da abertura cognoscitiva no estudo do sistema jurídico (quando tratamos da teoria dos sistemas – capítulo IV). E, neste sentido, LOURIVAL VILANOVA pontua que "a idealidade do ser do direito reside na sua estrutura normativa"[260]. Se o conteúdo é variante, com referências a outros sistemas sociais e sua aplicação depende do caso concreto, é na estrutura que reside a identidade do ordenamento, é nela que identificamos o direito positivo como sistema prescritivo de condutas intersubjetivas.

5. ESTRUTURA DA NORMA JURÍDICA

Abstraindo os conteúdos significativos, através do processo de formalização, chegamos às fórmulas lógicas do direito

---

259. LOURIVAL VILANOVA, *As estruturas lógicas e o sistema do direito positivo*, p. 97-98.

260. *Sobre o Conceito de Direito*, p. 96.

positivo. Mediante um incisivo corte metodológico, deixamos de lado a macroanálise estrutural do sistema, por meio da qual se verifica as relações do ordenamento como uma totalidade unitária, para dedicarmo-nos à microanálise sintática das normas jurídicas, voltando-nos à estrutura mínima necessária para se transmitir a uma mensagem prescritiva. A abstração isoladora das ciências e método analítico empregados neste campo, permite-nos isolar as unidades do sistema e decompor seus elementos estruturais para especularmos sobre cada um deles separadamente. Lembrando-nos sempre que tais abstrações são apenas para fins cognoscitivos e que em momento algum a norma jurídica deixa de ser considerada na sua unidade provida de conteúdo significativo e o sistema jurídico na sua totalidade unitária.

Como bem ensina LOURIVAL VILANOVA, "normar conduta humana importa em articular suas partes na relação meio-fim. Essa é a ontologia teleológica da ação. A atuação humana é mediante a relação meio-fim: o meio é a causa idônea que leva ao efeito, que é o fim da ação"[261]. A autoridade legislativa, para disciplinar condutas intersubjetivas, não foge a tal articulação e nós, como intérpretes do direito, para compreendermos o alcance dos comandos legislados, também não.

É por isso que, como já vimos, a estrutura normativa é composta por: (i) duas proposições – (i.a) hipótese, pressuposto, ou antecedente (H), cuja função é descrever uma situação de possível ocorrência (f), que funciona como causa para o efeito jurídico almejado pelo legislador; e (i.b) consequente ou tese (C), cuja função é delimitar um vínculo relacional entre dois sujeitos (S' R S"), que se consubstancia no efeito almejado; e (ii) um conectivo condicional (→), também denominado de vínculo implicacional, cuja função é estabelecer o liame entre a causa e o efeito ao imputar a relação prescrita no consequente normativo, caso verificada a situação descrita

---

261. *Causalidade e relação no direito*, p. 12.

na hipótese.

Em síntese e mais detalhadamente, toda e qualquer regra jurídica apresenta a seguinte estrutura:

$$NJ \begin{cases} H \longrightarrow (f) \\ \downarrow Dsn \\ C \longrightarrow (S'\ R\ S") \\ \qquad \overset{\leftrightarrow}{Dsm} \begin{cases} O \\ V \\ P \end{cases} \end{cases}$$

- **Nj**: norma jurídica;
- **H**: hipótese;
- **(f)**: referência a um acontecimento factual;
- **Dsn**: 'dever-ser' neutro, que instala o nexo interproposicional;
- **→**: conectivo implicacional;
- **C**: consequente;
- **S' e S"**: termos de sujeitos;
- **R**: variável relacional;
- **Dsm**: 'dever-ser' modalizado, que instala o nexo intraproposicional;
- **↔**: nexo relacional;
- **O,V,P**: modais do nexo relacional: obrigatório(O), proibido (V) e permitido (P).

<u>Explicando</u>: as normas jurídicas (Nj) têm estrutura implicacional (p → q), própria da causalidade (relação de causa – efeito). Assim, sua construção formal a reduz a duas posições sintáticas (implicante e implicada), ligadas por um conectivo condicional (→), que estabelece o vínculo interproposicional, imposto por um ato de vontade do legislador, expresso por um "dever-ser" neutro (Dsn), não-modalizado. A posição sintática implicante é denominada de hipótese (H) ou antecedente e descreve um acontecimento de possível ocorrência (f). A posição implicada é denominada de consequente (C), ou tese e estabelece uma relação (R) entre dois sujeitos (S' e S"), modalizada como obrigatória (O), proibida (V), ou permitida (P), que deve ser cumprida por um e pode ser exigida por outro. O nexo relacional (↔), estabelecido intraproposicionalmente no consequente normativo, que institui o dever de cumprir e o direito de exigir, expressa-se por um "dever-ser" modalizado (Dsm), pois, diferentemente do primeiro, triparte-se em três modais (obrigatório, proibido e permitido).

Esta é a fórmula mínima de manifestação da mensagem legislada. É nesta estrutura que se conectam os dados significativos para compreensão do comando emitido pelo legislador, sem ela as informações ficam desconexas, sendo impossível dizer o que e sob quais circunstâncias o texto do direito prescreve. Simplificadamente, no entanto, utilizamos a fórmula: "D [H → R (S', S")]"; ou mais reduzida ainda: "D (H→C)".

Na linguagem lógica, os símbolos "H" e "C", que representam na estrutura normativa as proposições de posições sintáticas implicante e implicada (antecedente e consequente), são categoremas, termos completantes que se referem a entidades do mundo e se modificam de acordo com as escolhas efetuadas pelo legislador, pelo intérprete e pelas diversas possibilidades significativas do plano de expressão do direito. Já o functor "dever-ser", que estabelece os vínculos interproposicional (de caráter neutro) e intraproposicional (de caráter modalizado) tem categoria sintática de sincategorema, termo constante, articulador da estrutura normativa[262]. No lugar sintático da hipótese (H) encontram-se as situações eleitas pelo legislador como propulsoras de obrigações, proibições e permissões no mundo jurídico e na posição sintática de consequente (C) a efetiva prescrição da conduta. O vínculo que as une permanece constante em todas as tantas possíveis variações de hipóteses e consequências.

Em suma, a reconstrução estrutural da norma jurídica a reduz a dois termos proposicionais, ligados por um vínculo implicacional, posto por um ato de autoridade "D(H → C)". Os termos proposicionais "H" e "C" (categoremas na linguagem da Lógica), têm como correspondentes semânticos, respectivamente, os fatos eleitos pelo legislador como propulsores de efeitos na ordem jurídica e os efeitos dele decorrentes. E, o vínculo implicacional (sincategorema na linguagem da Lógica) corresponde semanticamente à imposição do "dever-ser" instituído por ato de vontade do legislador.

---

262. *As estruturas lógicas e o sistema do direito positivo*, 46.

Mas para detalhar nossas investigações sobre a estrutura normativa, vejamos separadamente cada um de seus elementos.

5.1 Antecedente normativo

O lugar sintático de antecedente da norma jurídica é ocupado por uma proposição, denominada de hipótese, pressuposto, ou antecedente, descritora de um evento de possível ocorrência no campo da experiência social[263]. Sua função é delimitar um fato que, se verificado, ensejará efeitos jurídicos (ex: "se matar alguém", "se for proprietário de bem imóvel", "se nascer com vida", etc.) e, no desempenho desta função ela estabelece as notas que certos acontecimentos têm que ter para serem considerados fatos jurídicos.

Sua ontologia assenta-se no modo das possibilidades, característica lógica das proposições descritivas, que nada prescrevem. Como explica LOURIVAL VILANOVA, "para a hipótese o que ocorreu, ocorre ou ocorrerá é tomado a título de possibilidade, como possível ponto de referência (axiologicamente relevante) para condicionar a vinculação de consequências para a conduta humana. Mas a hipótese, em relação ao fato que a verifica (ex: morrer, atingir 21 anos de idade...), não o regra, não o preceitua, dizendo que existe ou não existe porque deve existir ou deve não existir. 'Se existe, se se dá o fato F': assim diz a hipótese"[264].

A relação de cunho semântico que se estabelece entre o suposto normativo e a linguagem da realidade social é descritiva, mas não cognoscitiva. A hipótese, frisa LOURIVAL VILANOVA, é uma "proposição descritiva de situações objetivas possíveis, com dados de fato incidente sobre a realidade social e

---

263. PAULO DE BARROS CARVALHO, *Direito tributário, fundamentos jurídicos da incidência*, p. 24.

264. *As estruturas lógicas e o sistema do direito positivo*, p. 86.

não coincidente com a realidade"[265]. Ela nada informa cognoscitivamente sobre o fato, sua dimensão é denotativa. Ela seleciona ocorrências como ponto de referência para propagação de efeitos jurídicos, é tipificadora de um conjunto de eventos. Assim, ainda que os fatos por ela selecionados nunca venham a se verificar no campo da experiência social, a hipótese continua qualificando-os, pois mesmo que descritivas, não se submetem aos valores de verdade e falsidade. As hipóteses (pressupostos ou antecedentes), como proposições jurídicas que são, valem ou não valem.

Qualificar normativamente acontecimentos do mundo social, a serem tomados como causas de efeitos jurídicos, importa um recorte conceptual na linguagem da realidade social. Como já vimos, todo conceito é seletor de propriedades e redutor de complexidades. O legislador, ao delimitar as notas que um acontecimento deve ter para ser considerado fato jurídico, promove um recorte na multiplicidade contínua do real, elegendo, dentre toda sua heterogeneidade, apenas algumas propriedades para identificação de situações capazes de ensejar efeitos jurídicos. Como leciona PAULO DE BARROS CARVALHO, "a valoração do legislador promove recortes no fato bruto tomado como ponto de referência para consequências normativas"[266], abreviando as minúcias de sua existencialidade. Esta seleção é axiológica, depende unicamente da valoração da autoridade legislativa e é redutora de complexidades à medida que os acontecimentos do mundo empírico são infinitamente mais ricos em detalhes do que a previsão hipotética que os conotam normativamente.

A título de ilustração, para instauração do efeito da personalidade jurídica, por exemplo, o direito elege como hipótese normativa o fato do nascimento com vida. Tal escolha decorre de um ato de valoração do legislador, que diante de

---

265. *Idem*, p. 89.
266. PAULO DE BARROS CARVALHO, *Direito tributário, fundamentos jurídicos da incidência*, p. 24.

inúmeras possibilidades (ex: concepção, formação cerebral do feto, etc.) escolheu o nascimento com vida, como suporte fático de tal efeito. A ocorrência do nascimento com vida é um evento extremamente complexo, envolve todo trabalho de retirada do feto do útero, ruptura do cordão umbilical, limpeza, exames, etc. O legislador desconsidera toda essa complexidade, reduzindo como fator relevante para o efeito jurídico da personalidade apenas o fato do nascimento com vida. Não interessa ao direito (para fins do efeito personalidade jurídica) como foi o nascimento, quem foi o médico, se o recém-nascido goza de boa saúde, se vai sobreviver, se o parto foi normal ou cesariana. Aquilo que importa juridicamente é o nascimento com vida. Por isso, dizemos que a hipótese normativa promove recortes e reduz as complexidades do fato social, tomado-o como ponto referente para propagação de efeitos jurídicos.

Neste sentido, é a afamada frase de LOURIVAL VILANOVA: "o fato se torna jurídico porque ingressa no universo do direito através da porta aberta da hipótese"[267]. Os acontecimentos relevantes juridicamente são unicamente aqueles descritos no antecedente normativo. Não somos livres para sair do ordenamento, coletando qualquer fato e a ele atribuindo efeitos jurídicos, a menos que estejam previstos em hipóteses normativas. Aqueles acontecimentos não descritos como hipótese de normas jurídicas não são relevantes para o direito, podem ensejar outras consequências (sociais, econômicas, políticas, morais), mas não estão capacitados para propagar efeitos na ordem jurídica.

As prescrições do direito se realizam porque valem-se das possibilidades factuais do mundo social. Não fossem as hipóteses normativas não haveria causa para as consequências jurídicas. Isto justifica o fato das descrições eleitas pelo legislador estarem necessariamente dentro do campo das possibilidades fáticas.

---

267. *As estruturas lógicas e o sistema do direito positivo*, p. 89.

Como já ressaltado, o antecedente da norma jurídica assenta-se no modo ontológico das possibilidades, pois se a hipótese descrever uma situação impossível, a consequência nunca se instaura, não havendo que se falar em efeitos no mundo jurídico. Se, por exemplo, o fato de transportar-se telepaticamente fosse tomado como hipótese normativa para pagamento de certa quantia aos cofres públicos a título de tributo, nenhuma obrigação tributária seria constituída, pois não há possibilidade fática de alguém se transportar telepaticamente. Ainda que pudéssemos organizar sintaticamente as significações de tal comando, o legislador teria criado um sem-sentido deôntico, porque a aplicação e cumprimento da norma restariam comprometidos. Nestes termos, só são susceptíveis de desencadear efeitos jurídicos os fatos de possível ocorrência, pois o direito, embora seja um sistema sintaticamente fechado (autônomo), mantém relação de ordem semântica e pragmática com o sistema da realidade social.

5.2 O operador deôntico

O "dever-ser" exprime sempre conceitos funcionais, estabelecendo vínculos entre proposições e termos de sujeitos, o que já destacamos quando tratamos do seu caráter relacional. Mas apesar de já termos passado por uma investigação mais aprofundada (no capítulo sobre o direito e a lógica), cabe-nos aqui reforçar algumas de suas características e funções na composição da fórmula normativa.

Na estrutura da norma jurídica temos: (i) o "dever-ser" como operador deôntico interproposicional, conectando hipótese e consequente "D (H→C)" – *deve ser que H implique C*; e (ii) como operador deôntico intraproposicional, inserto no consequente da norma, impositivo da relação entre dois sujeitos em torno de uma previsão de conduta obrigatória (O), proibida (V) ou permitida (P), que deve ser obedecida "D [H→C (S'↔S")]" – *S" tem o dever de cumprir certa conduta em relação a S', que tem o direito de exigi-la*. No primeiro a relação é entre proposições (Hipótese e Consequente), no segundo, a relação é entre termos de sujeitos (S'e S").

As proposições hipótese (H) e consequente (C) e os termos de sujeitos (S' e S") encontram-se vinculados, única e exclusivamente, devido à vontade da autoridade legisladora. O operador deôntico interproposicional, ponente da relação entre hipótese e consequente, nunca aparece qualificado, por isso, tido como neutro. Já o operador deôntico intraproposicional, presente no consequente normativo, que estabelece a relação entre sujeitos, aparece modalizado como obrigatório (O), proibido (V) ou permitido (V).

Os conectivos operatórios (partículas não referentes a objetos constantes na fórmula) são denominados pela Lógica de "functores". O "dever-ser" intraproposicional, presente no consequente normativo, é um functor deôntico, trata-se de uma partícula relacional que conecta dois termos de sujeitos na fórmula normativa. O "dever-ser" interproposicional também é um functor deôntico, na medida em que une duas proposições (hipótese e consequência). No entanto, além de instaurar tal relação ele também é ponente do functor intraproposicional, por isso, na terminologia de GEORGES KALINOWSKI[268] ele é chamado "functor-de-functor".

Como partícula relacional, o operador deôntico carece de significação própria, não é suficiente para sozinho expressar um sentido completo. O "dever-ser" é sempre de algo. Tanto antecedente quanto consequente são condições incontestáveis de sua existência. Por isso, PAULO DE BARROS CARVALHO atenta-se para o fato de que, "o que está ao nosso alcance é a regra de uso dessa expressão sintática, movendo-se na articulação interna dos enunciados deônticos e também no interior do enunciado que cumpre a função de apódose ou consequente". Nossas investigações sobre o "dever-ser", enquanto operador deôntico, restringem-se à estrutura

---

268. *Lógica del discurso normativo* (citado por PAULO DE BARROS CARVALHO, *Direito tributário, fundamentos jurídicos da incidência*, p. 26).

normativa, pois, como partícula operatória, ela só tem razão de ser dentro da fórmula da norma.

Cabe-nos atentar ainda, para o fato de que a expressão verbal "dever-ser" nem sempre denota uma relação de ordem deôntica (posta por um ato de vontade), podendo também ser empregada em linguagens não-normativas, para indicar a possibilidade (M) ou a necessidade (N) de que algo aconteça (ex: *deve ser* que amanhã chova; no topo da montanha *deve ser* frio). Nestes casos, o operador se assenta no modo alético, revelado em proposições descritivas, irredutíveis aos modos deônticos. O uso do "dever-ser" na estrutura normativa, no entanto, não se confunde com esta variação, ele, invariavelmente, denota uma relação de ordem deôntica.

5.3 O consequente normativo

O lugar sintático do consequente normativo é ocupado por uma proposição delimitadora da relação jurídica que se instaura entre dois ou mais sujeitos assim que verificado o fato descrito na hipótese. Sua função é instituir um comando que deve ser cumprido por um sujeito em relação a outro (ex: "o contribuinte deve pagar ao fisco a quantia x ao fisco"; "o réu deve cumprir a pena de reclusão de x a y anos ao Estado"). Nele encontramos a disciplina fundante do direito: a efetiva prescrição da conduta que se pretende regular. Por isso, é considerado, por muitos autores, como a parte mais importante integrante da norma jurídica.

Assim como a hipótese seleciona as notas que os acontecimentos têm que ter para serem considerados fatos jurídicos, o consequente elege os critérios que a relação entre sujeitos tem que ter para ser imputada como efeito daquele fato. Nestes termos, é o consequente que delimita os efeitos a serem atribuídos ao fato jurídico.

Diferente da hipótese, no entanto, a relação de cunho semântico que se estabelece entre o consequente normativo e

317

a linguagem da realidade social é prescritiva. O consequente nada descreve, nem informa, nem prevê, ele prescreve uma conduta, estabelecendo um vínculo ente dois ou mais sujeitos, onde um tem o dever de cumprir certa prestação e outro tem a faculdade de exigi-la.

Um mesmo fato social pode ensejar consequências jurídicas e não-jurídicas. Inúmeros efeitos podem relacionar-se a um mesmo acontecimento (de ordem psicológica, física, natural, política, econômica, religiosa), no entanto, apenas os identificados no consequente de normas jurídicas terão o qualificativo de jurídicos. Vejamos, por exemplo, um acontecimento qualquer, como um acidente de carro: no campo da causalidade física ou social ele pode gerar inúmeras consequências (ex: distúrbios psicológicos, deficiência física, perda do carro, danos a terceiros, etc.), mas no campo jurídico apenas aqueles prescritos em consequentes normativos (ex: obrigação do pagamento de indenização, obrigação de cumprimento de pena por lesão corporal). O consequente normativo, assim, tem esta função: fornecer critérios necessários para identificação do vinculo relacional que se estabelece intersubjetivamente, assim que verificado o fato jurídico. Ele preceitua: "deve ser a consequência (o efeito jurídico) y".

O legislador, assim como faz na hipótese, seleciona os efeitos jurídicos presentes no consequente normativo, com base em critérios valorativos. Na mesma medida, esta seleção também é axiológica, porque depende exclusivamente de um ato de vontade do agente legislativo e é redutora de complexidades, dado que diante de infinitos efeitos o legislador escolhe apenas alguns como juridicamente relevantes. No entanto, a liberdade de escolha do legislador não é assim tão ampla, ela está adstrita ao fato descrito no antecedente normativo.

Os critérios informativos do consequente devem guardar estreita relação com o acontecimento factual descrito na hipótese, justamente porque este é causa daquele. Este é um limite lógico às escolhas do legislador: a proposição consequente deve guardar relação semântica com a proposição antecedente, de modo que o sujeito, sob o qual incide o mandamento, se vincule, de alguma forma, ao fato que motivou a obrigação, proibição ou permissão e o objeto da prestação (ao qual está obrigado, proibido ou permitido) faça, de algum modo, referência ao acontecimento que deu causa ao vínculo relacional juridicamente estabelecido entre os sujeitos.

Voltemos ao exemplo do acidente de carro: digamos que o sujeito A, seja considerado juridicamente culpado e, por isso, obrigado a indenizar o sujeito B (vítima) no valor do prejuízo causado. O sujeito A, sob o qual incide a obrigação jurídica de indenizar, guarda estrita relação com o fato que motivou a indenização: ele deu causa ao acidente. Do mesmo modo, o objeto da obrigação, qual seja: o valor a ser indenizado, corresponde ao prejuízo causado pelo acidente e não a um valor aleatório que não guarda qualquer relação com o fato. Neste sentido, dizemos que o legislador é livre para selecionar, como bem entender, os fatos e os efeitos jurídicos que estes podem ensejar, no entanto, escolhido o fato, as notas que denotam suas consequências jurídicas devem guardar referência com a ocorrência descrita na hipótese normativa.

A finalidade do legislador ao criar normas jurídicas é de regular comportamentos entre sujeitos. Tal finalidade pressupõe que o consequente normativo, assim como a hipótese, guarde estreita relação de cunho semântico com a linguagem da realidade social, pois os comandos jurídicos nela se realizam. Nestes termos, a proposição-tese também se assenta no modo ontológico das possibilidades, devendo as escolhas do legislador recaírem sobre condutas de possível realização.

Caracteriza-se como um sem-sentido deôntico prescrever um comportamento como obrigatório, proibido ou permitido quando, por força das circunstâncias, o destinatário estiver impedido de realizar conduta diversa. Cabe aqui o exemplo sempre citado por PAULO DE BARROS CARVALHO, "careceria de sentido deôntico obrigar alguém a ficar na sala de aula, proibido de sair, se a sala estivesse trancada, de modo que a saída fosse impossível. Também cairia em solo estéril permitir, nessas condições, que a pessoa lá permanecesse"[269]. Só há sentido em obrigar, proibir ou permitir comportamentos quando houver duas ou mais condutas possíveis.

Já vimos, a forma utilizada pelo legislador, para regular condutas é estabelecendo relações entre sujeitos, qualificadas como obrigatórias (O), proibidas (V) ou permitidas (P). Neste sentido, o prescritor da norma é, invariavelmente, uma proposição relacional. Diferente da hipótese, que é descritiva, a significação que ocupa o tópico de consequente na estrutura normativa estabelece um vínculo entre dois ou mais sujeitos de direito em torno de uma conduta, que deve ser cumprida por um e pode ser exigida por outro. Os termos da relação são necessariamente pessoas diversas, já que o direito não regula condutas intrassubjetivas, de um sujeito para com ele mesmo. Assim, na fórmula (S' R S" – que representa a proposição-consequente na estrutura normativa) S' denota uma pessoa qualquer e S" outra pessoa qualquer, desde que não S'; e R expressa o relacional deôntico, responsável pelo vínculo entre tais sujeitos, instaurado.

Pela hipótese, os fatos do mundo social ingressam no direito e pelo consequente eles se realizam na forma disciplinada pelo legislador, pois com a concretização dos comandos, a consequência normativa em fato social se transforma. A relação entre sujeitos, instituída como efeito do fato jurídico, nada mais é do que um fato relacional, um acontecimento delimitado no espaço e no tempo, constituído em linguagem jurídica, envolvendo dois ou mais sujeitos, que se esgota na fixação do direito e do dever correlato de cada um. Neste sentido, podemos dizer que, assim como a hipótese, o consequente normativo delimita um fato, um fato relacional. Mais para frente, no decorrer de nossas investigações, examinaremos este fato relacional, por hora, basta fixarmos que a função do consequente na estrutura normativa é a de efetivamente prescrever condutas intersubjetivas a serem imputadas como efeito dos fatos juridicizados pelo direito.

---

269. *Direito tributário, fundamentos jurídicos da incidência*, p. 30.

5.4 A implicação como forma sintática normativa

Recapitulando, a mensagem deôntica de sentido completo pressupõe uma proposição-antecedente, descritiva de possível ocorrência social, na condição de hipótese normativa implicando uma proposição-tese, de caráter relacional, no tópico de consequente, por força de um ato de vontade da autoridade que legisla. Daí construímos a estrutura da norma jurídica: "D (H→C)". A fórmula implicacional da regra representa a causalidade do direito, que estabelece ser o fato descrito na hipótese causa do efeito prescrito no consequente, o que muito nos diz.

Quando tratamos das fórmulas lógicas (no capítulo sobre o direito e a Lógica), ressaltamos que, na fórmula condicional, própria das relações implicacionais, é importante distinguir a ordem em que aparecem seus componentes, pois dela depende o valor de verdade da fórmula. Admitindo-se a existência do condicional, sempre que se der o fato descrito na hipótese (proposição-antecedente) dar-se-á o efeito prescrito no consequente e se não se der o efeito é porque não se deu o fato[270]. Isto devido à regra de inferência lógica do *modus ponens* e à lei lógica do *modus tollens*, que preceituam ser a proposição-antecedente condição suficiente da proposição-consequente e esta condição necessária daquela, na medida em que "se o antecedente for verdadeiro o consequente também o será" e "se o consequente for falso, o antecedente também o será". Um exemplo esclarece tais afirmações: a norma jurídica do direito à personalidade dispõe: (H) "se nascer com vida", (→) "deve ser", (C) "capaz de direitos e obrigações". De acordo com tais regras lógicas: (i) "se verificado juridicamente o fato do nascimento com vida, instaura-se, em razão da causalidade jurídica, o efeito da capacidade de ser sujeito de direitos e obrigações",

---

270. Dentro do sistema de referência que adotamos, devemos entender que o fato se dá quando constituído em linguagem competente, "sempre que constituído o fato juridicamente dar-se-á o efeito prescrito no consequente", isto porque, partimos do pressuposto que sem linguagem competente o fato, como tal, não existe para o direito.

porque a hipótese é condição suficiente do consequente; e (ii) "se não verificado o efeito jurídico de tal capacidade é porque não houve juridicamente o nascimento com vida", dado que o consequente é condição necessária da hipótese.

Contudo, por várias vezes observamos no direito posto, que mesmo com a verificação do fato, o efeito, atribuído a este por determinada regra jurídica, não se verifica em decorrência da incidência de outra norma. É o caso, por exemplo, da regra de incapacidade relativa: (H) "se maior de 16 anos e menor de 18", ($\rightarrow$) "deve ser", (C) "a capacidade relativa para realizar atos da vida civil" (art. 4º do CC). Pode ser que determinada pessoa, de 17 anos, seja absolutamente incapaz, porque portadora de deficiência mental (art. 3º do CC). Nesta situação, constata-se a ausência do efeito jurídico, mesmo com a ocorrência do fato (ser maior de 16 anos e menor de 18), pois na sua complexidade (ter 17 anos e ser deficiente mental) ele é tomado como antecedente de outra norma. O mesmo se dá com a regra de homicídio, que dispõe: (H) "se matar alguém", ($\rightarrow$) "deve ser", (C) "o cumprimento da pena de reclusão de 6 a 20 anos" (art. 121 do CP). Pode ser que uma pessoa mate alguém, mas não seja obrigada a cumprir pena, porque o fez em legítima defesa (art. 23 II do CP). Nesta outra situação, constata-se novamente a ausência do efeito jurídico (pena de reclusão de 6 a 20 anos), mesmo com a verificação do fato (matar alguém), devido à existência de prescrição diversa em outra norma que toma como antecedente o fato de "matar alguém em legítima defesa".

À primeira vista, tal constatação pode parecer uma afronta à lei lógica do *modus tollens*, segundo a qual, "considerando a existência de uma relação condicional entre duas proposições, se o consequente não se verificar é porque a hipótese não se verificou", o que não persiste num olhar mais apurado, quando hipóteses e consequências são associadas na formação de estruturas mais complexas.

É comum encontrarmos, na linguagem do direito, pluralidade conjuntiva ou disjuntiva de fatos para um só efeito, que, respectivamente, podem ser simbolizadas com as fórmulas: [H' e H" e H'") → C] e [(H' ou H" ou H'") → C]. Como explica LOU-RIVAL VILANOVA, no primeiro caso, cada causa é necessária, mas não-suficiente para provocar o consequente C, no segundo, cada causa é suficiente, mas não-necessária[271]. Em outras palavras, na primeira situação, não basta que apenas um dos fatos (descritos em H', H", ou H'") se realize, é necessário a verificação de todos para a propagação da consequência jurídica e na segunda situação, com a verificação de apenas um dos fatos instaura-se o efeito prescrito no consequente.

Nas circunstâncias dadas como exemplo, da capacidade e do homicídio há pluralidade conjuntiva de hipóteses que se encontram unidas pela partícula operatória "e", isto quer dizer que, cada uma delas é necessária, mas não suficiente para sozinha propagar os efeitos jurídicos do consequente. Para que alguém seja capaz de exercer atos da vida civil (C), além de ser maior de dezoito anos (H'), esta pessoa, deve ter necessário discernimento da prática de seus atos (H") e poder exprimir sua vontade (H'") – art. 3º, I, II, III do CC. Basta uma das hipóteses não se verificar para o sujeito, mesmo maior de dezoito anos, não adquirir juridicamente a capacidade civil de seus atos. Do mesmo modo, para ser condenado à pena de reclusão por homicídio o sujeito, além de matar alguém (H'), não pode ter agido em legítima defesa, estado de necessidade ou cumprimento do dever legal (H"), deve ser maior de 18 anos (H'"), estar em posse das suas faculdades mentais (H""). Basta uma destas hipóteses não se verificar para que o sujeito, mesmo tendo matado outro, não seja condenado à pena de reclusão.

Há pluralidade disjuntiva de hipótese quando estas se encontram unidas pela partícula operatória "ou", o que significa dizer que apenas uma delas é suficiente para sozinha propagar os efeitos jurídicos do consequente, mas não necessária. Um exemplo é a norma prescritora da faculdade de votar, que assim dispõe: (H') "ser analfabeto", ou (H") "ser maior de

---

271. *Causalidade e relação no direito*, p. 90.

sessenta anos", ou (H''') "ser maior de dezesseis e menor de dezoito", (→) "dever-ser" (C) "a faculdade de votar" (art. 14 § 1º, II da CF). Basta a verificação de apenas uma das hipóteses para que o sujeito não seja obrigado a votar, mas facultado.

Também é possível uma só hipótese trazer vários efeitos (C', C'', C'''...), vinculados entre si, conjuntiva (H → C' e C'' e C''') ou disjuntivamente (H → C' ou C'' ou C'''). Por exemplo, o fato de ser pai de alguém (H) gera consequências familiais (C'), alimentícias (C'') e patrimoniais (C'''); o fato de pagar previdência privada durante x anos (H) gera como consequência o direito de receber vencimentos mensais (C') ou de sacar o saldo acumulado (C'').

O fato é que o legislador, na produção dos textos jurídicos e o intérprete, na construção do sentido destes, podem combinar: (i) uma só hipótese para uma só consequência (H'→C'); (ii) várias hipóteses para uma só consequência (H', H'', H'''...→C'); (iii) uma só hipótese para várias consequências (H'→C', C'', C'''...); ou (iv) várias hipóteses para várias consequências (H', H'', H'''...→C', C'', C'''...); associando-as conjuntiva ou disjuntivamente. Mas como sublinha LOURIVAL VILANOVA, "não pode arbitrariamente construir uma outra estrutura além destas"[272].

6. NORMA JURÍDICA COMPLETA

Até agora, vimos a estrutura da norma jurídica como uma entidade singular, onde uma proposição-antecedente é associada a uma proposição-consequente, por um ato de vontade do legislador, mediante a cópula do conectivo condicional "D(H→C)". Este é um recorte efetuado sob a permissão metodológica do discurso científico. A norma jurídica, entretanto, na sua completude, tem feição dúplice: (i) norma primária; e (ii) norma secundária.

---

272. *As estruturas lógicas e o sistema do direito positivo*, p. 91.

Embora seus conteúdos significativos e suas amarrações intraproposicionais sejam diversos, a estrutura interproposicional de cada qual é a mesma "D (H→C)", o que nos permite produzir um único estudo lógico para a análise de ambas. A primeira, norma primária, vincula deonticamente a ocorrência de um fato à prescrição de uma conduta. A segunda, norma secundária, logicamente conectada à primeira, prescreve uma providência sancionatória (de cunho coercitivo), aplicada pelo Estado-juiz, caso seja verificado o fato descrito na primeira e não realizada a conduta por ela prescrita. Ou, como melhor explica LOURIVAL VILANOVA, "na primeira (norma primária), realizada a hipótese fática, sobrevém, a relação jurídica com sujeitos em posição ativa e passiva, com pretensões e deveres; na segunda (norma secundária) o pressuposto é o não-cumprimento, que funciona como fato fundante de outra pretensão, a de exigir coativamente perante órgão estatal a efetivação do dever constituído na norma primária"[273].

6.1 Norma primária e secundária na doutrina jurídica

A diferenciação entre norma primária e secundária repousa na *Teoria Pura do Direito* de HANS KELSEN, sob o fundamento de que a sanção está contida na ideia de norma jurídica e é desta inseparável, tendo em vista ser o direito uma ordem coativa, distinguindo-se das demais pela possibilidade de aplicação pela força estatal.

Na primeira concepção de KELSEN a ordem é inversa da explicada acima. As normas primárias são aquelas que estipulam sanções diante de uma possível ilicitude e as secundárias as que prescrevem a conduta a ser tomada como hipótese das normas primárias quando descumprida. Isto se justifica porque o autor atribui uma carga valorativa muito elevada às normas sancionadas, ao utilizar-se da coercitividade como fato de distinção entre normas jurídicas e não jurídicas. Retomando

---

273. *Causalidade e relação no direito*, p. 188.

o assunto, no entanto, na sua obra póstuma Teoria Geral das Normas, KELSEN retifica a qualificação proposta denominando "norma primária" a que estabelece a conduta e "norma secundária" a que prescreve a sanção[274].

CARLOS COSSIO também trabalha com esta diferenciação, mas utilizando-se de outra terminologia. Para ele, o modelo da norma jurídica completa é o mesmo de uma célula, no núcleo figura a "endonorma", que prescreve uma conduta entre sujeitos (denominada por KELSEN de "primária") e, em sua volta, como uma membrana que a envolve, a "perinorma", que estabelece uma sanção para o descumprimento da conduta prescrita na "endonorma" (denominada por KELSEN de "norma secundária)[275].

NORBERTO BOBBIO é outro autor que trabalha com a bimembridade da norma jurídica completa, embora admita a existência de normas sem sanção. O autor, no entanto, prefere indicá-las como sendo "de primeiro" e "de segundo grau", por entender que os termos "primária" e "secundária" denotam tanto uma ordem cronológica (precedência no tempo) quanto uma ordem axiológica (preferência valorativa).

A distinção entre normas primárias e secundárias também é marcante na teoria de HART, que atribui um sentido diferente de KELSEN à norma secundária. Segundo o autor, as normas primárias caracterizam-se por prescreverem uma ação, ou constituírem uma obrigação (o que corresponde à ideia de KELSEN), as normas secundárias, no entanto, não se limitam a estabelecer sanções, são mais complexas, importando também a atribuição de poderes e legitimação de outras normas. Dividem-se em: (i) normas de reconhecimento, que se equipara à norma fundamental de KELSEN, fundamento de validade de todas as demais normas; (ii) normas de modificação, que regulam o processo de revogação das normas primárias; (iii) normas de julgamento, que disciplinam a aplicação das normas primárias.

Particularmente, preferimos trabalhar com a terminologia empregada por KELSEN em sua obra póstuma, adotada por

---

274. *Teoria Geral das Normas*, p. 67.

275. CARLOS COSSIO, *La teoria egológica del derecho*.

LOURIVAL VILANOVA e PAULO DE BARROS CARVALHO para diferençar, na estrutura normativa completa, a norma que prescreve uma relação entre dois sujeitos e a que estabelece a respectiva sanção de ordem estatal.

6.2 Fundamentos da norma secundária

A bimembridade constitutiva da norma jurídica decorre do pressuposto de que, no direito, inexiste regra sem a correspondente sanção. Uma norma é jurídica porque sujeita-se à coerção estatal, presente na prescrição de outra norma, a qual chamamos de secundária, que a ela se agrega na composição daquilo que entendemos por "norma jurídica completa".

O direito positivo não é o único sistema prescritivo de condutas. Há outros, cujas unidades também são normas e que, não raramente, têm mais eficácia social do que as próprias regras jurídicas, como por exemplo, os religiosos, morais, consuetudinários, etc. Todos eles caracterizam-se como prescritivos, pois manifestam-se na mesma função linguística do direito positivo. A diferença é que as normas do direito são jurídicas, e assim o são porque têm sanção, ou seja, as condutas por elas prescritas são asseguradas pela intervenção estatal.

O ser jurídica da norma significa ter coercitividade[276], que é a previsão, pelo sistema, de mecanismos para exigir o cumprimento das condutas por ele prescritas. A sanção, implementada coercitivamente pelo Estado-juiz, é uma característica própria do direito, que está presente em todas as normas do ordenamento[277], diferenciando-o dos demais sistemas

---

276. Já ensinava HANS KELSEN que o direito, além de se caracterizar como ordem de conduta humana, tem outra característica que é a de ser ordem coativa (*Teoria Pura do Direito*, p. 33). Para NORBERTO BOBBIO, também, a "norma jurídica é aquela cuja execução está garantida por uma sanção externa e institucionalizada", apesar deste último autor entender que existem normas sem sanção (*Teoria general del derecho*, p. 111).

277. TERCIO SAMPAIO FERRAZ JR., assim como NORBERTO BOBBIO, tem posicionamento diverso. Segundo ele, "a coercibilidade tem a ver com a relação de autoridade institucionalizada. É sucetibilidade de aplicação de coação. Entretanto, não haverá uma sanção para cada norma. A sanção jurídica é elemento importante, mas

prescritivos. Não fosse tal imposição coercitiva as normas jurídicas se confundiriam com morais, éticas, religiosas.

Assim, a norma secundária atribui juridicidade à primária, caracterizando-a como jurídica. Nos dizeres de LOURIVAL VILANOVA, "norma primária e norma secundária compõem a bimembridade da norma jurídica: a primária sem a secundária desjuridiciza-se; a secundária sem a primária reduz-se a instrumento-meio, sem fim material"[278].

Fixada a premissa de que toda norma jurídica tem coercitividade, levando-se em conta que o direito é um conjunto de normas e que a coercitividade está dentro do direito, esta não poderia ser outra coisa senão também uma norma, que se agrega à outra para tornar exigível o cumprimento da conduta por aquela prescrita. É por isso que as duas normas juntas formam a norma jurídica completa. Nas palavras de PAULO DE BARROS CARVALHO, "expressam a mensagem deôntica-jurídica na sua integridade constitutiva, significando a orientação da conduta, juntamente com a providência coercitiva que o ordenamento prevê para seu cumprimento"[279].

6.3 Estrutura completa da norma jurídica

Numa síntese, apresentada em notação simbólica, a norma jurídica completa aparece da seguinte forma:

$$D \{ \underbrace{[\,H \rightarrow C\,]}_{\text{norma primária}} \quad v \quad \underbrace{[\,H'(\text{-}c) \rightarrow S\,]}_{\text{norma secundária}} \}$$

A norma primária estatui direitos e deveres correlatos a dois ou mais sujeitos como consequência jurídica "C", em

---

nem sempre vem prescrita nas normas." (*Introdução ao estudo do direito*, p. 112).

278. *Causalidade e Relação no Direito*, p. 190.

279. *Direito tributário, fundamentos jurídicos da incidência*, p. 32.

decorrência da verificação do acontecimento descrito em sua hipótese "H". A norma secundária estabelece a sanção "S", mediante o exercício da coação estatal, no caso de não observância dos direitos e deveres instituídos pela norma primária "H' (-c)".

Ou, como prefere representar PAULO DE BARROS CARVALHO:

$$Np \begin{cases} H \longrightarrow f \\ \downarrow Dsn \\ C \longrightarrow R\,(S',S'') \\ \;\leftarrow c \end{cases} \quad v \quad Ns \begin{cases} H' \longrightarrow f'(-c) \\ \downarrow Dsn \\ C' \longrightarrow R'\,(S',S''') \\ \;\leftarrow s \end{cases}$$

Explicando: a norma primária (Np) descreve, em sua hipótese (H), um fato de possível ocorrência (f) e em seu consequente (C) estatui uma relação (R), entre dois sujeitos (S' e S"), em torno do cumprimento da conduta ($\neg$c). A norma secundária (Ns) toma como hipótese (H') o fato do não-cumprimento da conduta prescrita pela norma primária (-c), estabelecendo como consequência (C') uma relação (R') entre um dos sujeitos da relação da norma primária (S') e o Estado-juiz (S'"), para exercício da coação estatal.

A relação de coordenação que se estabelece entre norma primária e norma secundária é de ordem não-simétrica. Como ensina LOURIVAL VILANOVA, a norma sancionadora pressupõe, previamente, a norma definidora da conduta exigida. Há, assim, sucessividade temporal entre ambas[280]. A primária prescreve uma conduta, a secundária toma como pressuposto a não observância desta conduta (prescrita no consequente da primária) para instaurar uma relação jurídica em que o Estado-juiz assegure o seu cumprimento, mediante o exercício da coatividade estatal.

---

280. *As estruturas lógicas e o sistema do direito positivo*, p. 111.

6.4 Normas secundárias

Como dissemos linhas acima, a norma secundária atribui juridicidade às normas primárias. Ela prescreve que no caso de descumprimento, inobservância, inadimplência, por parte do sujeito passivo, do dever jurídico prescrito na regra primária, o outro sujeito da relação, titular do direito subjetivo, pode exigir coativamente a prestação não-adimplida. Com isso, estabelece-se nova relação jurídica, na qual intervém outro sujeito, o órgão judicial, aplicador da sanção coacionada[281].

A coação jurídica não é autoaplicável. O poder coercitivo é direito subjetivo público, exercido pelo Estado-juiz, pois nenhum indivíduo tem legitimidade jurídica para usar da própria força com a finalidade de assegurar deveres prescritos em normas jurídicas. Tal função compete exclusivamente ao Estado e só se concretiza por meio de uma atuação jurisdicional. A norma secundária institui esta possibilidade coativa, própria de todas as normas jurídicas, que o direito só permite ser exercida pelo Estado-juiz. Por isso, invariavelmente, num dos polos da relação prescrita em seu consequente há de estar presente a figura do Estado-juiz.

Em razão de ser o Estado-juiz num dos sujeitos da prescrição, LOURIVAL VILANOVA refere-se à relação jurídica estatuída na norma secundária como de índole formal (processual) e a prescrita na norma primária como de cunho material[282].

O vínculo de ordem processual é triádico, porque se estabelece entre três pessoas: (i) autor, (ii) réu e (iii) juiz. Consta de duas relações, cujo termo comum de intersecção é o Estado-juiz: (i) uma entre os sujeitos A e B (A – sujeito processual ativo ou autor; e B – órgão jurisdicional); e (ii) outra entre os sujeitos B e C (B – o mesmo órgão jurisdicional; e C – sujeito processual passivo ou réu).

---

281. LOURIVAL VILANOVA, *Causalidade e relação no direito*, p. 102.

282. *As estruturas lógicas e o sistema do direito positivo*, p. 112.

O consequente da norma secundária prescreve uma relação desta categoria, atribuindo ao sujeito, cujo direito instituído pela norma primária foi desrespeitado, a pretensão de instaurar tal relação, dirigindo-se, por meios próprios, ao órgão jurisdicional, para que este possa, perante o sujeito inobservador, assegurar os direitos lesados. Para valer-se da coação, a prescrição da norma secundária atribui ao sujeito cujo direito foi lesado a capacidade processual ativa, do mesmo modo, investe o sujeito inobservador de capacidade processual passiva para se opor à coação.

É importante frisar, no entanto, que nem toda norma processual é norma secundária. O que caracteriza a norma secundária é a prescrição da coercitividade estatal em seu consequente e nem toda norma processual prescreve esta possibilidade. Algumas estabelecem prazos, instituem a perda do direito de ação, atribuem procedimentos às partes e, assim sendo, não se enquadram no conceito de secundárias, ainda que guardem relação de sucessividade com outras normas de direito material.

A existência da norma secundária na estrutura da norma jurídica completa se fundamenta no postulado de que: "a todo direito corresponde uma ação e a toda lesão de direito subjetivo ficará aberta a via judiciária"[283]. No mundo jurídico os direitos/deveres prescritos por normas jurídicas estão garantidos pela possibilidade de acesso ao judiciário para emprego da coação, que é própria do órgão jurisdicional. Não há direitos, pertencente ao sistema jurídico, que não seja assegurado coercitivamente pela via judiciária, caso contrário não é jurídico. Nestes termos, a estrutura normativa será sempre dual: norma primária que estatui direitos e deveres correlatos e norma secundária, que estabelece a relação processual de cunho sancionatório, mediante a qual é exercida a coação estatal. Não há, juridicamente, norma primária sem a correspondente secundária.

---

283. LOURIVAL VILANOVA, *Causalidade e relação no direito*, p. 200.

6.5 Sobre o conectivo das normas primária e secundária

As normas primárias e secundárias não estão simplesmente justapostas, unidas por conectivos gramaticais sem relevância lógica operativa. Se há sucessividade temporal o relacionamento entre as normas primária e secundária é de ordem lógica-formal.

Assim observando, LOURIVAL VILANOVA fez um detalhado estudo sobre o conectivo que une tais proposições jurídicas, demonstrando sua preferência pelo "disjuntor includente" (v), que suscita o trilema: uma; ou outra; ou ambas; sob a justificativa de que as duas regras são simultaneamente válidas, mas que a aplicação de uma exclui a outra[284].

O professor pernambucano inicia seu estudo experimentando os conectivos conjuntor (.), disjuntores includente (v), excludente ($\neq$) e condicional ($\rightarrow$) em suas funções lógicas.

De acordo com suas considerações, na proposição normativa completa temos duas normas válidas no sistema jurídico, ambas se pressupõem, de modo que a validade de uma não pode existir sem a validade da outra. Se ambas são válidas, têm valência positiva e, por isso, nenhum impedimento há em serem unidas pelo conectivo "e" (.), cuja conexão exige sejam ambas válidas.

Nesta mesma linha de raciocínio, não há obste para o emprego do disjuntor includente "ou" (v), já que sua regra de uso é a de que uma, ou outra, ou ambas sejam válidas, prevalecendo o valor positivo do todo proposicional em sua bimembridade constitutiva. Também não há obste para o emprego do conectivo "se...então" ($\rightarrow$), já que a implicação é válida se válidas forem as proposições que a compõem, só não seria válida a norma completa, como estrutura implicacional, se o antecedente fosse válido e o consequente inválido, o que não se verifica.

---

284. *As estruturas lógicas do direito positivo*, p. 117-140.

Só é inviável uni-las com o disjuntor excludente (≠), que se lê: uma ou outra, porém não ambas, porque as proposições primária e secundária são simultaneamente válidas.

Em resumo, considerando-se a função lógica do conectivo, dado o fato de que em uma proposição normativa completa, tanto a norma primária como a secundária serem válidas, é possível relacioná-las com os conectivos "e", "ou" (includente) e "se...então", sendo indiferente a escolha por qualquer um deles. Exclui-se, porém, o uso do "ou" excludente.

Por ser logicamente indiferente o emprego de qualquer um dos três operadores, LOURIVAL VILANOVA foi buscar no campo extralógico, elementos para a sua decisão. Verificou o autor que, no plano fático, só se ingressa na órbita da norma secundária se descumprida a primária. Se há observância da norma primária carece de sentido subsumir a conduta prescrita na norma secundária. São possibilidades mutuamente excludentes e assim sendo, conexão entre uma e outra proposição se dá mediante o "ou" (excludente): "ou se cumpre uma ou se cumpre outra, mas não ambas".

Com base nestes dois critérios, um de ordem lógica e outro extralógico, o autor conclui ser o "ou includente" (v) o conectivo que melhor representa a relação entre as normas primária e secundária. Para representar a validade simultânea das normas primária e secundária o conectivo "ou" é usado na sua função includente (ambas têm valência positiva). Para representar que o cumprimento de uma exclui o cumprimento da outra o operador "ou" é usado na sua função excludente (se uma tem valência positiva, a outra tem valência negativa). Há validade simultânea no plano normativo e no plano da aplicação há excludência.

Assim, temos as seguintes arrumações lógicas:

$$D [H \rightarrow R (Sa, SP)] \quad v \quad [H' (-c) \rightarrow R' (Sa, Sj)]$$

$$\underbrace{}_{\text{norma primária}} \overset{\leftarrow c}{} \quad \underbrace{}_{\text{norma secundária}} \overset{\leftarrow s}{}$$

7. O CONCEITO DE SANÇÃO NO DIREITO

Analisando a norma jurídica em sua estrutura completa, já estamos aptos a responder a pergunta: "existe norma sem sanção?"

Dentro do modelo teórico adotado, não. Nas palavras de PAULO DE BARROS CARVALHO, "aquilo que há, são enunciados prescritivos sem normas sancionadoras que lhe correspondam, porque estas somente se associam a outras normas jurídicas prescritoras de deveres. Imaginássemos uma prestação estabelecida em regra sem a respectiva sanção jurídica e teríamos resvalado para o campo de outros sistemas de normas, como o dos preceitos morais, religiosos, etc."[285].

Mas a melhor resposta, como sempre, é: "depende". Depende do que se entende por "norma jurídica" e "sanção".

Se considerarmos a expressão "norma jurídica" em sentido amplo (enunciados prescritivos e suas significações ainda não deonticamente estruturadas) a resposta é sim, existe norma jurídica sem sanção, pois nem todos enunciados do direito prescrevem condutas a serem sancionadas caso descumpridas. Alguns deles apenas estabelecem informações para a composição dos critérios normativos, como por exemplo: em que momento e local se dará a ocorrência do fato (ex: considera-se ocorrido o crime no momento da ação, ainda que outro seja o do resultado), quais sujeitos ocuparão os polos da relação (ex: o contribuinte é o proprietário do imóvel), qual a ação núcleo do fato (ex: furtar coisa alheia móvel), etc.

E, se considerarmos a expressão "norma jurídica" em sentido estrito, ainda temos outro problema, que é o conceito de "sanção".

Antes de mais nada, "sanção" é uma palavra que, como muitas já vistas, tem o problema semântico da ambiguidade. Não há um consenso doutrinário que aponte para uma única acepção do termo no discurso jurídico-científico, mas a ideia conceitual é que seja ela um castigo imposto em detrimento ao não-cumprimento

---

285. PAULO DE BARROS CARVALHO, *Direito tributário, fundamentos jurídicos da incidência*, p. 21.

de um dever jurídico, isto é, uma relação jurídica, imposta em decorrência de fato ilícito, dentro do modelo teórico que seguimos.

Diante do caráter não-unívoco do vocábulo, EURICO MARCOS DINIZ DE SANTI, tomando-a como relação jurídica, sublinha, ainda, três significados possíveis para o termo "sanção": (i) relação jurídica consistente na conduta substitutiva reparadora, decorrente do descumprimento de um pressuposto obrigacional; (ii) relação jurídica que habilita o sujeito ativo a exercitar seu direito subjetivo de ação (processual) para exigir perante o Estado-juiz a efetivação do dever constituído na norma primária; (iii) relação jurídica, consequência processual deste "direito de ação" preceituada na sentença condenatória, decorrente de processo judicial[286].

A primeira acepção denota a relação prescrita em norma primária e a segunda a relação estatuída em norma secundária. Analiticamente, afastamos, desde logo, a última acepção, de "sanção" como resultado do processo judicial preceituado na sentença condenatória. A relação jurídica que se constitui na sentença condenatória é a positivação do consequente de uma norma de direito material, que pode ter como pressuposto tanto um fato lícito, quanto um fato ilícito. Se seu pressuposto for um fato ilícito, caímos na primeira acepção, se for lícito, de sanção não se trata. Em ambos os casos, a relação positivada pode ainda ser inadimplida, não demonstrando qualquer imposição coativa do Estado além da aplicação de uma regra de direito material. Ficamos, então, com as duas primeiras acepções.

Se considerarmos "sanção" na primeira acepção, como relação jurídica cujo objeto é uma conduta reparadora a ser exercida por aquele que descumpriu algum preceito normativo em favor daquele que sofreu o ônus do seu descumprimento, todas as normas que fixam multas, indenizações, perda e restrições de direitos em decorrência de atos ilícitos, seriam sancionadoras, mesmo não tendo como sujeito integrante o Estado-juiz. Ao mesmo passo, nem toda norma estaria associada à sanção e a resposta para nossa pergunta seria: "sim, existe norma jurídica sem sanção",

---

286. *Lançamento tributário*, p. 38-39.

como exemplo, poderíamos citar as regras que atribuem faculdade para legislar, as normas processuais e todas as demais que não se associam a outras normas de caráter reparador.

Considerando, no entanto, "sanção" na segunda acepção – como relação jurídica que habilita o sujeito ativo a exercitar seu direito subjetivo de ação (processual) para exigir perante o Estado-juiz a efetivação do dever constituído na norma primária, mediante o emprego da coação estatal – a resposta para nossa pergunta é: "não", porque, como já dissemos acima, não há um direito pertencente ao sistema jurídico que não seja assegurado coercitivamente pela via judiciária.

A "sanção", nesse sentido, tem uma conotação mais estrita, não apenas de relação jurídica punitiva, instaurada em decorrência de fato ilícito, de cunho reparatório, mas de um vínculo de ordem processual, mediante a qual se postula o exercício da coatividade jurídica (também punitiva e decorrente de fato ilícito), para assegurar a garantia de um direito.

Sob este enfoque todas as normas jurídicas têm sanção, sob pena dos direitos e deveres por elas prescritos não se concretizarem juridicamente.

Questões:

1. Por que a necessidade de uma teoria da norma jurídica para o estudo do direito?
2. Que é norma jurídica?
3. Diferencie norma jurídica em sentido estrito e norma jurídica em sentido amplo.
4. Explique a homogeneidade sintática e heterogeneidade semântica e pragmática das normas jurídicas.
5. Construa a estrutura da norma jurídica identificando todos os seus elementos.
6. Qual a função do antecedente na estrutura normativa?
7. Qual a função do consequente normativo?

8. Que significa dizer que a proposição antecedente da norma jurídica é condição suficiente da proposição consequente e que esta é condição necessária daquela? Explique.

9. Dê exemplos de pluralidade conjuntiva e disjuntiva de fatos e efeitos na estrutura da norma jurídica.

10. Que se entende por norma jurídica completa?

11. Que diferencia norma primária e norma secundária?

12. Qual o conectivo que liga a norma primária à norma secundária?

13. Que é sanção? Existe norma sem sanção?

14. Quantas normas há nesta lei (*modificada da original*)? Identifique-as.

LEI N. 9.503, DE 23 DE SETEMBRO DE 1997

O PRESIDENTE DA REPÚBLICA Faço saber que o Congresso Nacional decreta e eu sanciono a seguinte Lei:

Art. 1º O trânsito de qualquer natureza nas vias terrestres do território nacional, abertas à circulação, rege-se por este Código.

(...)

Art. 26. Os usuários das vias terrestres devem:

I – abster-se de todo ato que possa constituir perigo ou obstáculo para o trânsito de veículos, de pessoas ou de animais, ou ainda causar danos a propriedades públicas ou privadas;

II – abster-se de obstruir o trânsito ou torná-lo perigoso, atirando, depositando ou abandonando na via objetos ou substâncias, ou nela criando qualquer outro obstáculo.

Art. 27. O condutor deverá, a todo momento, ter domínio de seu veículo, dirigindo-o com atenção e cuidados indispensáveis à segurança do trânsito.

(...)

Art. 140. A habilitação para conduzir veículo automotor e elétrico será apurada por meio de exames que deverão ser realizados junto ao órgão ou entidade executivos do Estado ou do Distrito Federal, do domicílio ou residência do candidato, ou na sede estadual ou distrital do próprio órgão.

(...)

Art. 159. A Carteira Nacional de Habilitação, expedida em modelo único e de acordo com as especificações do CONTRAN, atendidos os pré-requisitos estabelecidos neste Código, conterá fotografia, identificação e CPF do condutor, terá fé pública e equivalerá a documento de identidade em todo o território nacional.

§ 1º É obrigatório o porte da Permissão para Dirigir ou da Carteira Nacional de Habilitação quando o condutor estiver à direção do veículo.

(...)

Art. 162. Dirigir veículo:

I – sem possuir Carteira Nacional de Habilitação ou Permissão para Dirigir:

Infração – gravíssima;

Penalidade – multa (três vezes) e apreensão do veículo;

II – com Carteira Nacional de Habilitação ou Permissão para Dirigir cassada ou com suspensão do direito de dirigir:

Infração – gravíssima;

Penalidade – multa (cinco vezes) e apreensão do veículo;

(...)

Art. 340. Este Código entra em vigor cento e vinte dias após a data de sua publicação.

Brasília, 23 de setembro de 1997; 176º da Independência e 109º da República.

Capítulo IX
CONTEÚDO NORMATIVO E CLASSIFICAÇÃO DAS NORMAS

SUMÁRIO: 1. Conteúdo normativo e teoria das classes; 1.1. Sobre a teoria das classes; 1.2. Aplicação das noções de classe para explicação do conteúdo normativo; 2. Tipos de normas jurídicas, 2.1. Sobre o ato de classificar, 2.2. Classificação das normas jurídicas, 2.2.1. Tipos dos enunciados prescritivos – S1; 2.2.2. Tipos de proposições isoladas – S2; 2.2.3. Tipos de normas jurídicas (*stricto sensu*) – S3; 2.2.3.1. Normas de conduta e normas de estrutura; 2.2.3.1.1. Normas de estrutura e suas respectivas normas secundárias; 2.2.3.2. Normas abstratas e concretas, gerais e individuais; 2.2.3.3. Tipos de normas jurídicas segundo as relações estabelecidas em S4; 2.2.3.3.1. Normas dispositivas e derivadas, punitivas e não-punitivas; 2.2.3.1.1.1. Conectivos lógicos das normas dispositivas derivadas e punitivas e não-punitivas; 2.2.4. Tipos de normas jurídicas em sentido amplo; 2.2.4.1. Diferenciação quanto ao núcleo semântico (matéria); 2.2.4.2. Diferenciação quanto ao veículo introdutor.

1. CONTEÚDO NORMATIVO E TEORIA DAS CLASSES

Vimos, no início do livro (quando tratamos do conceito de direito), que todo nome geral ou individual cria uma classe. Quando atribuímos nome a algo, formamos um conjunto, de modo que todos os objetos pertencentes àquele conjunto terão aquele nome. Para identificarmos os objetos pertencentes ao conjunto criamos o conceito, delimitado por aquilo que denominamos características definitórias, requisitos, atributos, ou critérios exigidos para incluirmos um objeto numa classe.

Transpondo tais considerações para o estudo da norma jurídica, temos que, o legislador, ao selecionar os atributos que os fatos e as relações precisam ter para pertencerem ao mundo jurídico, delimita dois conceitos, dividindo a realidade dos fatos e das relações relevantes juridicamente, da realidade dos fatos e das relações não relevantes juridicamente. Ao assim fazer, cria duas classes: (i) a da hipótese, conotativa dos suportes fáticos a serem juridicizados; e (ii) a do consequente, conotativa das relações jurídicas a serem instauradas com a verificação daqueles fatos.

Os fatos que se enquadram ao conceito da hipótese são relevantes juridicamente, os que não se enquadram não interessam para o direito. Da mesma forma, as relações intersubjetivas a serem constituídas juridicamente são aquelas que apresentam as propriedades definidas no consequente normativo, as que não tiverem tais atributos, nunca pertencerão ao âmbito jurídico.

Tais considerações autorizam-nos a realizar um breve estudo sobre a teoria das classes antes de ingressarmos propriamente na análise do conteúdo normativo e na classificação das normas jurídicas em razão deste.

1.1 Sobre a teoria das classes

Qualquer formação linguística passa pela teoria dos conjuntos e pela teoria das relações. Como diz LEÔNIDAS HEGENBERG, "desde o momento em que reúne as coisas e as classifica, o ser humano forma conjuntos e adquire as noções de pertencialidade e de subconjunto"[287]. A classe, ou conjunto, é

---

287. *Saber de e saber que*, p. 110.

a extensão de um conceito, é o seu campo de aplicabilidade ou, nos dizeres de SUZANNE K. LANGER, é a "coleção de todos aqueles e somente aqueles termos aos quais certo conceito seja aplicável"[288]. Nós não vemos nem percebemos fisicamente as classes, elas são construções da nossa mente. Selecionamos alguns critérios e assim vamos agrupando e identificando objetos.

O ser humano tem esta tendência, de atribuir identidade às coisas que o cercam e, assim o faz, criando termos e delimitando o campo de extensão dos elementos que lhe cabem. Posto que todos os nomes são classes, a Lógica das Classes é um segmento da Lógica dos Termos, a qual compreende o estudo da composição interna das proposições simples, resultantes da cópula alética entre sujeito e predicado 'S é P', ou em termos formais S(P).

Toda classe, ou conjunto (como a chamamos na vida cotidiana), é delimitada por uma função proposicional. Uma classe x tem por elementos todos os objetos que satisfaçam sua função e somente eles "f(x)". Nestes termos, dá-se o nome de função proposicional aos parâmetros que definem a classe, ela é determinada por: (i) uma variável de sujeito (f), que permite a inclusão de indefinidos elementos; e (ii) uma predicação (x), que dá nome e delimita o conceito da classe, fazendo com que alguns elementos a ela pertençam, outros não.

Em linguagem formal, para representarmos simbolicamente as classes, utilizamo-nos de consoantes maiúsculas como K, L, M, S, etc. Como já ressaltamos (no capítulo II, quando tratamos das definições), ao conjunto de requisitos que fazem com que alguns objetos pertençam a certa classe (K, L, M, S) atribuímos o nome de conotação e a totalidade dos elementos que a ela pertencem, denominamos de denotação[289]. Quanto maior a conotação, menor a denotação da classe.

---

288. *An introduction to symbolic logic*, p. 116.

289. Tal nomenclatura, no entanto, pode variar entre alguns autores. LEÔNIDAS HEGENBERG, por exemplo, utiliza-se dos termos "intenção" e "extensão" para se referir ao que chamamos de "conotação" e "denotação" respectivamente (*Saber de e saber que*, p.77).

Uma classe não se confunde com a totalidade dos elementos que ela denota, pois sua extensão continua existindo, ainda que seus elementos desapareçam. Uma coisa, por exemplo, é a classe dos mamíferos, cuja conotação designa-se por "ser animal com glândulas mamárias", outra coisa são os animais membros desta classe "homem, macaco, cachorro, baleia, etc.", que constituem sua denotação. A extinção de um destes animais não afeta a classe nem sua conotação[290]. Assim, apesar de tênue, difere-se: (i) a classe; (ii) de sua conotação; e (iii) de sua denotação.

A classe é o âmbito de aplicação de um conceito, sua conotação é a totalidade dos requisitos que delimitam este conceito e sua denotação são todos os objetos que cabem no âmbito do conceito. A classe dos números pares (L), por exemplo, cuja função proposicional é: "x é número divisível por dois" é delimitada por dois requisitos: (i) "ser número"; e (ii) "ser divisível por 2", que constituem a sua conotação. Os números "2, 4, 6, 8, 10, 12, 14 ...", formam sua denotação. A classe não se confunde com os números que a ela pertencem, nem com os requisitos que a delimitam. O problema, como adverte TÁREK MOYSÉS MOUSSALEM[291], é que muitas vezes utiliza-se a mesma palavra tanto para denominar a classe (números pares) como para referir-se aos seus elementos (números pares).

Podem existir: (i) *classes comuns*, cuja extensão comporta inúmeros objetos (ex: classe dos celenterados, dos números ímpares, das mulheres obesas); (ii) *classes de um elemento só*, cuja extensão comporta apenas um objeto (ex: nomes próprios, que denotam um único indivíduo; fatos históricos, que apontam determinado marco no tempo e no espaço); (iii) *classes vazias* ou *nulas*, que gozam de extensão, mas não têm

---

290. SUSAN L. STEMBBING deixa isso claro ao pontuar que a morte de um homem, elemento da classe dos homens, em nada modifica a classe "homem". Em suas palavras: "..quando un hombre muere, la extensión de 'hombre' no se vea afectada de modo alguno" (*Introducción moderna a la lógica*, p. 143).

291. *Revogação em matéria tributária*, p. 41.

denotação, ou seja, não contém qualquer objeto (ex: o conjunto dos fatos impossíveis) – convencionalmente representadas pelo símbolo "Λ"; (iv) *classes universais,* que contém todos os objetos de um discurso como elementos, ou seja, a totalidade de todas as coisas de certo tipo (ex: a classe dos números na aritmética, dos tributos no direito tributário) – convencionalmente representada pelo símbolo "V". A universalidade da classe depende sempre do corte metodológico pressuposto.

Entre duas classes podem existir diversas relações. A de primordial função é a *relação de pertinência,* representada pela expressão simbólica "x ∈ K" (onde se lê: x pertence à classe K). Todo objeto "x" que satisfaça os requisitos conotativos da classe K a ela pertence. A função proposicional define os parâmetros da classe: "x é planeta", todos os elementos que se enquadram na extensão do conceito de planeta pertencem à classe K (ex: Mercúrio, Marte, Terra, Vênus, Júpiter, etc.) e ganham sua predicação "são planetas". Já os que não se enquadram (ex. Lua, Plutão, Andrômeda, etc.), não recebem a predicação de "planeta". Como bem explica TÁREK MOYSÉS MOUSSALEM, preenchida a variável ("x") da função proposicional ("x é planeta"), pelos elementos que se enquadram na sua extensão, ela se torna uma proposição (i.e. "Mercúrio é um planeta"), à qual é possível atribuir valoração positiva ou negativa (verdadeira/falsa)[292].

Os objetos que não satisfazem os requisitos conotativos da classe K, isto é, aqueles que a ela não pertencem, formam a *classe complementar,* simbolizada por K'. A classe complementar de K (K') é constituída por todos os elementos não pertencentes à classe K (ex: Lua, Plutão, Andrômeda, etc.). Assim, a toda classe, enquanto extensão de um conceito, corresponde uma classe complementar, formada pelos elementos excluídos de tal conceito.

Quando todos os elementos de uma classe (K) são, ao mesmo tempo, elementos de outra classe (L), dizemos que a

---

292. *Revogação em matéria tributária,* p. 41.

classe K é uma *subclasse* da classe L, ou que está incluída na classe L. A relação de inclusão se dá entre classes (conceitos conotativos) e difere da relação de pertinência que se dá entre os elementos (ou classes de um elemento só – conceitos denotativos) e a classe.

Os lógicos diferenciam *subclasse* e *subclasse própria*. Na relação de *subclasse* (representada pela fórmula "K ⊆ L"), não se exclui a possibilidade de todos os elementos de L também pertencerem à classe K, ou seja, de existir identidade entre as classes (em termos formais "K = L"). Na relação da *subclasse própria* (simbolicamente representada por "K ⊂ L") todo elemento da classe K é um elemento da classe L, mas nem todo elemento da classe L é um elemento da classe K. Este é o tipo de relação que se estabelece entre as espécies e o gênero. A classe das relações jurídicas, por exemplo, é uma *subclasse própria* da classe das relações intersubjetivas toda relação jurídica é intersubjetiva, mas nem toda relação intersubjetiva é jurídica.

Duas ou mais propriedades definidoras (conotações) diferentes podem determinar uma mesma extensão, se os membros da classe (denotação) são os mesmos. Neste caso, embora intencionalmente distintas, as classes são equivalentes, porque todos os elementos pertencentes a uma pertencem também à outra (ex: classe dos números múltiplos de 3 e classe dos números divisíveis por 3). Há, assim, *relação de identidade* entre as classes.

As classes ainda podem se interseccionarem ou se excluírem. Segundo ALFRED TARSKI[293], há *relação de intersecção* quando duas classes K e L têm pelo menos um elemento em comum e, ao mesmo tempo, elementos não comuns. A intersecção forma uma nova classe (J), a dos elementos comuns entre K e L, simbolicamente representada por "K ∩ L". A classe dos fatos jurídicos, por exemplo, nasce da intersecção entre a classe dos fatos sociais relevantes juridicamente (porque

---

293. *Introducción a la lógica y la metodologia de las ciências deductivas*, p. 102.

descritos como hipótese de normas jurídicas) e a classe daqueles fatos que podem ser juridicamente provados. Quando duas classes, desde que não sejam vazias, não têm elementos em comum, dizemos que são *mutuamente excludentes* ou *disjuntas*. A relação de disjunção também forma uma nova classe, mas vazia, formalmente representada por: "$K \cap L = \Lambda$". Os fatos ilícitos e as condutas permitidas, por exemplo, formam classes disjuntivas, na medida em que, se permitida uma conduta, ela não é contrária ao direito.

À soma de dois conjuntos denominamos de *união entre classes*, que formalmente é representada por: "$K \cup L$". De tal operação resulta um terceiro conjunto "F", formado por todas as coisas que pertencem pelo menos a uma das classes "K" ou "L". A classe dos fatos ilícitos, por exemplo, unida à classe dos fatos lícitos, forma a classe dos fatos jurídicos, que é universal, dado a binariedade do código do sistema jurídico (lícito/ilícito).

A teoria dos conjuntos dispõe ainda de postulados que permitem demonstrar vários teoremas de interesse. No entanto, não desejando prolongar nossas considerações, mesmo porque, estas poucas noções sobre já são mais do que suficientes para compreendermos a função das proposições normativas, fica aqui o registro para aqueles que se interessam pelo tema.

1.2 Aplicação das noções de classe para explicação do conteúdo normativo

O legislador, na conformação da hipótese normativa, ao definir os atributos que os acontecimentos precisam ter para serem capazes de propagar efeitos na ordem jurídica, delimita uma classe: a dos acontecimentos relevantes juridicamente. Ao indicar os fatos que dão ensejo ao nascimento da relação jurídica, o agente legislativo seleciona, com base em critérios puramente axiológicos, as propriedades que julga importantes para caracterizá-lo. Tais propriedades funcionam como critérios de identificação que permitem reconhecer tal fato toda vez que ele ocorra. Eles delimitam o campo de extensão da hipótese que é projetado pelo aplicador na linguagem da realidade social para demarcar os fatos, capacitados pelo direito, a dar ensejo ao nascimento de relações jurídicas.

O mesmo acontece na conformação do consequente normativo, o legislador, ao definir os atributos que as relações precisam ter para se instaurarem juridicamente, delimita uma classe: a das possíveis e futuras relações a serem estabelecidas juridicamente. Tais propriedades funcionam como critérios de identificação que permitem apontar, dentre a totalidade das possíveis relações entre sujeitos, aquelas a serem constituídas juridicamente. Eles formam o campo de extensão do consequente, que também é projetado pelo aplicador, na linguagem da realidade social, para delimitar as possíveis relações a serem estabelecidas juridicamente.

Graficamente podemos representar a extensão da hipótese e do consequente da seguinte forma:

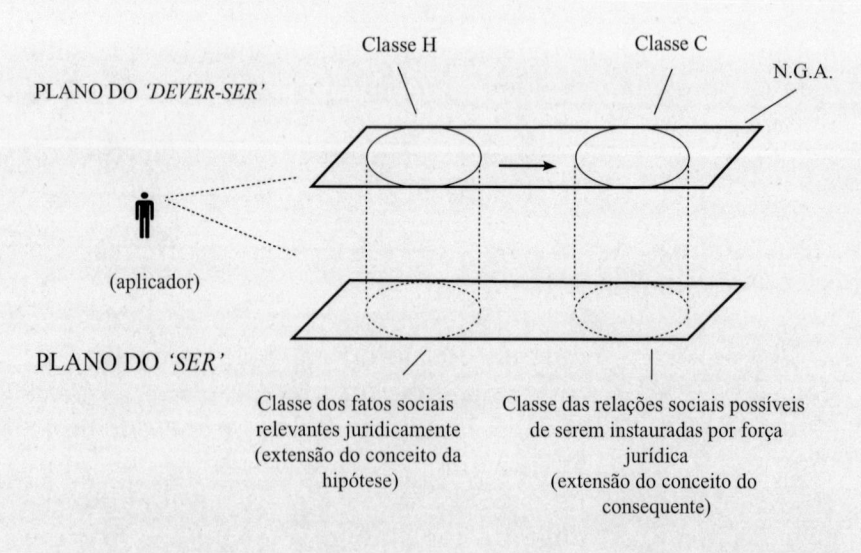

PLANO DO *'DEVER-SER'*

Classe H   Classe C   N.G.A.

(aplicador)

PLANO DO *'SER'*

Classe dos fatos sociais relevantes juridicamente (extensão do conceito da hipótese)

Classe das relações sociais possíveis de serem instauradas por força jurídica (extensão do conceito do consequente)

Explicando: o retângulo de cima representa, no plano do direito ("dever-ser"), a norma geral e abstrata (N.G.A), o de baixo simboliza o plano da realidade social ("ser"). Os dois círculos inclusos na figura retangular de cima representam, respectivamente, a delimitação do conceito da hipótese e do consequente (classe H e classe C). As linhas verticais pontilhadas, que saem daqueles círculos em direção aos círculos pontilhados, simbolizam a extensão destes conceitos no plano da realidade social, para a demarcação de infinitos fatos e relações sociais relevantes juridicamente, representados pelos círculos pontilhados inclusos no retângulo inferior. E as linhas pontilhadas que saem dos retângulos em direção ao aplicador indicam que tudo isso acontece na sua mente, num processo interpretativo das linguagens jurídica e social.

Nota-se que, nestes termos, a hipótese (H) e o consequente (C) da norma geral e abstrata (N.G.A) são duas classes, cuja extensão é projetada pelo aplicador ao plano da realidade social para identificação dos possíveis fatos a serem juridicizados e as possíveis relações sociais a serem elevadas à categoria jurídica.

Em conformidade com as premissas com as quais trabalhamos, o mundo do "ser" e do "dever-ser" se apresentam como dois planos distintos, constituídos de linguagens que não se misturam. A linguagem do legislador, ao regrar condutas, selecionando fatos como pressupostos para desencadear efeitos jurídicos, define dois conceitos ao apontar propriedades de acontecimentos capazes de gerarem consequências jurídicas e de relações entre sujeitos possíveis de serem estabelecidas em decorrência de tais acontecimentos. Constitui, assim, duas classes, as quais denominamos de "hipótese" e "consequente". A extensão dos conceitos da hipótese e do consequente normativo (no gráfico – as linhas circulares contínuas do plano do 'dever-ser') projetam-se sobre a linguagem da realidade social, delimitando a classe dos eventos relevantes juridicamente e a das possíveis relações entre sujeitos a serem estabelecidas demarcando, assim, o âmbito de incidência da norma jurídica (os círculos pontilhados do gráfico).

Com base nos critérios estabelecidos pelo legislador podemos identificar com precisão os fatos aptos a desencadear efeitos jurídicos e as possíveis relações a serem estabelecidas juridicamente em decorrência da verificação de tais fatos. Os acontecimentos sociais que apresentam as propriedades selecionadas pelo legislador na conformação da hipótese, isto é, que satisfazem sua função proposicional, são relevantes para o direito (no gráfico – aqueles pertencentes ao conjunto delimitado pela hipótese no plano do 'ser', representado pelo círculo pontilhado à esquerda), os que não se enquadram à descrição hipotética formam uma classe complementar à hipótese (H') e não interessam juridicamente. Da mesma forma, as relações a serem constituídas em virtude da verificação de tais acontecimentos, como efeito jurídico destes, têm exatamente aqueles atributos delineados no consequente normativo (no gráfico – somente aquelas pertencentes ao conjunto delimitado pelo consequente no plano do 'ser', representado pelo círculo pontilhado à direita).

A presença do homem é indispensável, é ele que, com a interpretação dos enunciados prescritivos, delimita e projeta a extensão do conceito trazido pelo legislador. Como já dito, as classes só existem em nossa mente. A hipótese e o consequente normativos não realizam qualquer demarcação no mundo físico-social, tal projeção de conceitos é feita mentalmente por aquele que interpreta o direito positivo.

Nada impede, porém, que tanto o antecedente como o consequente normativo sejam classes de um elemento só, o que se verifica nas normas jurídicas individuais e concretas, cujo suposto aponta para um evento consumado, demarcado no tempo e espaço, único e irrepetível (ex. José matou João às 15:00h. de 27 de dezembro de 2002, na cidade de São Paulo) e a consequência para uma relação jurídica inteiramente determinada (i.e. José está obrigado a cumprir pena de reclusão de 12 anos).

O juiz, por exemplo, ao proferir uma sentença, produz uma norma individual e concreta. Ao descrever a ocorrência de um acontecimento que se enquadra no âmbito de extensão de uma hipótese normativa e ao imputar, devido esta ocorrência, um dever jurídico a determinado sujeito em relação a outro, delimita duas classes: a do fato jurídico e a do efeito jurídico a ele correspondente.

No suposto normativo, diferente do legislador, o juiz indica as características de um evento concreto, com as quais construímos, em nossa mente, um conceito (uma classe). A extensão do conceito delineado pelo antecedente, no entanto, não comporta infinitos acontecimento, mas sim um único evento, verificado em exatas coordenadas de tempo e espaço no plano social. Da mesma forma no consequente normativo, diferente do legislador, o juiz aponta os elementos de uma relação individualizada e objetivada, com os quais construímos, em nossa mente um conceito. A extensão do conceito delineado pelo consequente não comporta infinitas relações, mas sim uma específica.

A diferença entre as classes das normas gerais e abstratas e das individuais e concretas, pode ser melhor verificada no gráfico abaixo, que representa a extensão dos conceitos deste último tipo de norma (produzido com a aplicação da outra N.G.A.):

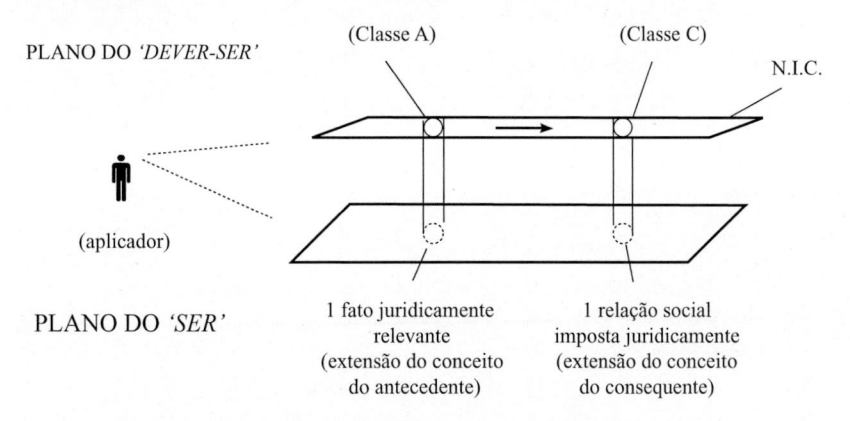

PLANO DO *'DEVER-SER'*   (Classe A)   (Classe C)   N.I.C.

(aplicador)

PLANO DO *'SER'*   1 fato juridicamente relevante (extensão do conceito do antecedente)   1 relação social imposta juridicamente (extensão do conceito do consequente)

Explicando: o retângulo de cima representa, no plano do direito ("dever-ser"), a norma individual e concreta (N.I.C) produzida pelo aplicador, o de baixo simboliza o plano da realidade social ("ser"). Os dois círculos contínuos, inclusos na figura retangular de cima, representam, respectivamente, a delimitação do conceito do antecedente e do consequente

349

(classe A e classe C). As linhas verticais pontilhadas, que saem daqueles círculos em direção aos círculos pontilhados, simbolizam a extensão destes conceitos no plano da realidade social, para a demarcação de um único fato e uma única relação social relevantes juridicamente, representados pelos círculos pontilhados inclusos no retângulo inferior. E a linha pontilhada que sai do retângulo de baixo em direção ao aplicador e a flecha também pontilhada que sai do aplicador em direção ao retângulo de cima, representam, respectivamente, o processo de interpretação e produção da linguagem jurídica concreta

A linguagem do direito produzida pelo aplicador (N.I.C), ao atuar sobre casos concretos indicando a verificação de um fato juridicamente relevante e a ele imputando uma consequência jurídica, define dois conceitos, os quais denominamos de "fato jurídico" e "relação jurídica". A extensão dos conceitos definidos no antecedente e no consequente normativo (no gráfico – os círculos do plano do 'dever-ser') se projetam sobre a linguagem da realidade social, delimitando duas classes unitárias: a do fato social consumado nos moldes da descrição hipotética e a da relação social estabelecida nos moldes jurídicos.

Fazemos tais considerações para reforçar que toda norma traz sempre a delimitação de duas classes cuja extensão é projetada no mundo do ser para identificação dos fatos e das relações relevantes juridicamente. O que encontramos tanto na proposição hipótese (antecedente) quanto na proposição consequente (tese) são conceitos, identificativos de acontecimentos e relações entre sujeitos, mas não propriamente os acontecimentos e as relações.

Os conceitos delineados pelo antecedente e consequente, no entanto, só não podem ser classes vazias, pois a própria ontologia do direito exige que a descrição hipotética normativa recaia sobre fatos possíveis e que a prescrição alcance condutas possíveis e não-necessárias. Assim, sempre haverá pelo menos, um evento (futuro ou passado) que se enquadre nos contornos do antecedente e uma relação intersubjetiva, como efeito jurídico, que se subsuma ao conceito do consequente.

2. TIPOS DE NORMAS JURÍDICAS

Determinar os tipos de regras existentes no direito positivo é um dos pontos mais controversos da doutrina jurídica. Isto porque, a separação das normas é um ato classificatório e, como tal, unicamente dependente da valoração do jurista. Os tipos normativos não vêm determinados no direito positivo, não é o legislador quem atribui às normas o nome de "primárias" e "secundárias", "de estrutura" e "de comportamento", "punitivas" e "não-punitivas", muito menos delimita quais delas pertencerão a este tipo.

As classificações são próprias da Ciência do Direito, é o doutrinador que, ao observar o direito positivado, separa e agrupa regras, atribuindo nome a estes grupos. Cada jurista se utiliza do critério que mais entende apropriado para descrever aquilo que vê. Por isso, a enorme variedade de tipos de normas trazidas pela doutrina. Algumas destas classificações não resistem a uma análise mais crítica, outras até fogem do âmbito jurídico. Por isso, para não incorrermos em erro, é recomendável que, antes de sairmos por aí classificando normas, voltemos nossa atenção para o ato de classificar, enquanto operação lógica, e suas regras.

2.1 Sobre o ato de classificar

Classificar consiste num ato humano, de distribuir objetos em classes (grupos ou conjuntos) de acordo com semelhanças (e diferenças) que existam entre eles. É reunir elementos sobre um mesmo conceito. Nas palavras de GUIBOURG, GHIGLIANI e GUARINONI, "agrupamos os objetos individuais em conjunto e estabelecemos que um objeto pertencerá à classe determinada quando reunir tais e quais condições"[294], daí surgem as classificações, de modo totalmente arbitrário.

---

294. *Introducción al conocimiento científico*, p. 38-39.

Como já observamos (quando tratamos da classificação dos sistemas, no capítulo IV), as classificações não existem prontas na natureza, elas são feitas pelo homem, com a finalidade de organizar e compreender o mundo que o cerca. São, portanto, manifestações culturais.

Separando elementos, consoante seus interesses e necessidades, o homem vai criando classes, subclasses, sub-subclasses e, com elas, fazendo cortes na realidade que o cerca, com o intuito de ordená-la. Mas a classificação não toca a realidade e jamais alcança seu domínio total. Assim, como atenta AGUSTÍN GORDILLO, não existem classificações certas ou erradas (verdadeiras ou falsas), e sim classificações mais úteis ou menos úteis[295], isto é, aquelas que possuem maior propriedade explicativa.

Ao ser cognoscitivo é reservado o direito de criar as classes e os subdomínios que bem entender, utilizando-se de critérios diferenciadores de acordo com seus propósitos de conveniência, numa atividade que não tem fim, denominada de liberdade de estipulação. Por isso, aceitamos uma classificação, quando ela atende nossos propósitos cognoscitivos, quando não, temos a liberdade de rejeitá-la e inclusive de criar outra.

Recapitulando, as classificações são formadas por classes denominadas de "gêneros" e outras denominadas de "espécies" que se relacionam entre si. As espécies são grupos contidos em outros mais extensos, enquanto o gênero é o conjunto mais extenso que contém as espécies. Todo elemento da classe espécie é um elemento da classe gênero, mas nem todo elemento da classe gênero é um elemento da classe espécie. O gênero compreende a espécie, o que significa dizer que sua extensão abrange um número maior de objetos que a da espécie (tem maior denotação), embora sua conotação, isto é, o conjunto de critérios que delimitam o âmbito de sua extensão, seja mais restrita. Olhando para a espécie, sua extensão

---

295. *Tratado de derecho administrativo*, tomo I, p. 11.

abrange um número menor de objetos que o gênero, pois sua conotação, além de contar com todos os atributos do gênero, apresenta um *plus* a mais, que STUART MILL denomina de "diferença específica". Em suas palavras, "a diferença específica é aquilo que deve ser adicionado à conotação do gênero para completar a conotação da espécie"[296] ou como ensina PAULO DE BARROS CARVALHO, é o nome que se dá ao conjunto de qualidades que se acrescentam ao gênero para a determinação da espécie, de tal modo que, podemos conceituar a espécie como sendo o gênero mais a diferença específica (E' = G + De)[297], o que vale também para as subespécies (E" = E' + De).

Tomemos como exemplo o conjunto das "cobras", as espécies "naja", "coral", "cascavel" e "jibóia" apresentam todos os atributos definitórios do gênero, mais as diferenças peculiares a cada qual das espécies. Todas as najas, corais, cascavéis e jibóias são cobras, no entanto, nem todas as cobras são destas espécies, justamente porque não apresentam as diferenças específicas que lhe são próprias. No direito, por exemplo, todas as relações estabelecidas entre sujeitos são espécies de relação jurídica.

O ser gênero, no entanto, é relativo. A classe que aparece como gênero em relação a uma espécie, pode ser espécie em relação a outra classe, mais extensa (gênero superior). A classe das cobras, por exemplo, é uma espécie da classe dos répteis.

Tudo depende do ponto de partida adotado na classificação. Como não há limites à atividade de classificar, toda classe é susceptível de ser dividida em outras classes enquanto existir uma diferença, mesmo que pequena, para ensejar a separação. Assim, classes gêneros, passam à qualidade de espécies e classes espécies à qualidade de gêneros, conforme

---

296. STUART MILL, *O sistema da lógica*, p. 34.

297. *IPI – Comentários sobre as regras de interpretação da tabela NBM/SH (TIP/TAB)*, p. 54.

os critérios selecionados e o interesse cognoscitivo do agente classificador.

Embora não existam limites semânticos à atividade de classificar, esta, enquanto operação lógica que é, deve submeter-se às regras que presidem o processo de divisão, o que garante serem as espécies efetivamente *subclasses próprias* dos gêneros. Como ensina PAULO DE BARROS CARVALHO, "o processo que nos permite distinguir as espécies de um gênero dado é a divisão, assim entendido como o expediente lógico em virtude do qual a extensão do termo se distribui em classes, com base em critério tomado por fundamento da divisão"[298]. Caso a classificação não observe as regras do processo de divisão, corre-se o risco do gênero não abranger as espécies, o que desconfigura a operação. Assim, para que uma classificação seja bem sucedida, deve observar os seguintes requisitos: (i) a extensão do gênero deve ser igual à soma das extensões das espécies, isto quer dizer que, a união das classes espécies deve resultar na classe gênero ($E \cup E' = G$), que se constitui como classe universal; (ii) deve fundar-se num único critério; (iii) o gênero e as espécies devem excluir-se mutuamente; e (iv) do gênero, deve-se fluir ininterruptamente às espécies, evitando saltos na divisão.

O ato de classificar, fundado no processo de divisão, não se confunde com o ato de desintegrar, também utilizado com fins cognoscitivos, para organização e aproximação da realidade circundante. Na desintegração, a classe segregada não abrange as classes partes, embora seus elementos componham sua unidade. PAULO DE BARROS CARVALHO nos dá os exemplos do "ano que tem 12 meses" e do "livro que consta de dez capítulos", explicando que "os elementos desintegrados do todo não conservam seus traços básicos, não sendo possível, neles, perceber o conteúdo do conceito desintegrado. Um capítulo do livro não é o livro, assim como o mês não é

---

298. *Apostila do curso de teoria geral do direito*, p. 88.

um ano"[299]. No processo classificatório, as espécies conservam todos os atributos do gênero, agregando ao conceito divisível apenas a diferença específica que lhes individualizam.

O sucesso das classificações, entretanto, não depende apenas do ajuste ao processo de divisão, mas sobretudo, de uma definição adequada da extensão das classes que a compõem. A definição demarca o campo de abrangência da classe, nos dizeres de PAULO DE BARROS CARVALHO, "isola o campo de irradiação semântica de seu conceito". Uma definição mal formulada compromete a extensão da classe e todo seu âmbito de abrangência, consequentemente, nenhuma classificação, elaborada sem este cuidado, resiste a uma análise mais profunda. Aliás, este é um dos principais motivos dos juristas não se entenderem sobre a divisão lógica das normas jurídicas, eles, antes de tudo, não se entendem sobre uma definição de norma jurídica.

Feitas tais considerações sobre o ato de classificar, já estamos habilitados a ingressar no campo das classificações das normas jurídicas.

2.2 Classificação das normas jurídicas

Primeiro cuidado a ser observado na classificação das normas jurídicas é a definição do sentido em que o termo "norma jurídica" é empregado. Deparamo-nos, na doutrina do direito, com os mais variados tipos de classificações de normas: normas diretas, indiretas, primárias, secundárias, procedimentais, potestativas, punitivas, gerais, individuais, abstratas, concretas, dispositivas, derivadas, de ação, de conduta, de estrutura, de direito material, de direito processual, etc.; e ninguém chega a um consenso, o que só reforça nossos dizeres sobre a liberdade de classificar. Mas o bom de tudo isso é que, dentre todas as classificações existentes, podemos selecionar, conforme nossos interesses e necessidades, aquelas

---

299. *Apostila do curso de teoria geral do direito*, p. 87.

que mais nos agradam e seguirmos trabalhando com elas até que outras nos pareçam mais úteis.

Os problemas classificatórios causados pela falta de uma precisa delimitação do conceito de "norma jurídica" pela doutrina, são rapidamente superados quando temos em mente os planos de manifestação do direito.

Como já observamos em diversas passagens deste trabalho, o sistema jurídico positivo é constituído de quatro subsistemas: S1 – plano dos enunciados prescritivos; S2 – planos das proposições isoladas; S3 – plano das normas jurídicas em sentido estrito; S4 – plano da sistematização das normas. O termo "norma jurídica" pode ser utilizado (em acepção ampla) para designar unidades de qualquer um destes planos, mas em cada um deles diferem-se os elementos e, consequentemente, numa operação classificatória, a extensão da classe gênero. Se o jurista se assenta nos planos S1 e S2, não classifica normas jurídicas em sentido estrito, mas sim enunciados e proposições isoladas. A confusão se instaura quando, por falta de uma definição precisa, não sabemos ao certo identificar em qual dos planos se opera a classificação. Por isso, é sempre importante que fique claro o plano hermenêutico em que estamos trabalhando.

Para classificarmos normas jurídicas em sentido estrito, nossa atenção deve necessariamente estar voltada ao plano S3, das significações deonticamente estruturadas e somente a ele, sob pena de criamos espécies que não se enquadram na extensão do gênero "norma jurídica". Isto, no entanto, não nos impede de, paralelamente, estudarmos a divisão dos enunciados prescritivos e das proposições não deonticamente estruturadas. Ao contrário, a análise classificatória dos elementos pertencentes aos planos S1 e S2 ressalta a não redução do direito apenas ao plano S3 além de enriquecer, em muito, a compreensão das normas jurídicas em sentido estrito. Assim, sob o manto da expressão "norma jurídica" (considerado na sua acepção ampla) podemos classificar: (i) enunciados, (ii) proposições isoladas; e (iii) normas jurídicas em sentido estrito.

2.2.1 Tipos de enunciados prescritivos – S1

S1 é o plano material do direito, é dado físico, do qual parte o intérprete para construção do conteúdo jurídico. Assim sendo, qualquer classificação, que se proponha neste campo, deve ter o cuidado de não recair sobre o sentido do texto, pois, quando se ingressa no universo das significações não mais se classifica enunciados e sim proposições. Tendo em conta esta preocupação, TÁREK MOYSÉS MOUSSALLEM propõe a divisão dos enunciados prescritivos, de acordo com sua estrutura sintática em: (i) meramente prescritivos; (ii) qualificatórios; (iii) definitórios; (iv) regras técnicas[300].

Segundo o autor, enunciados meramente prescritivos são aqueles que se dirigem à conduta humana, normalmente de forma imperativa, tais como: pagar imposto, proibido fumar, permitido estacionar, etc. Já os enunciados qualificatórios atribuem qualificações a certas coisas, pessoas ou ações, apresentam estrutura morfológica "...é...", onde o "é" funciona como verbo predicativo. Como exemplo, podemos citar os enunciados: "são Poderes da União, independentes e harmônicos entre si, o Legislativo, o Executivo e o Judiciário" (art. 2º da Constituição Federal); "a língua portuguesa é o idioma oficial da República Federativa" (art. 13 *caput* da Constituição Federal); "são bens imóveis..." (art. 79 do Código Civil), etc. Os enunciados definitórios apontam o sentido que o legislador pretende outorgar a uma palavra e possuem, normalmente, a forma canônica das definições "(x) significa (y)", "considera-se (x) o (y)", onde "x" representa a expressão que se pretende definir (*definiendum*) e "y" as palavras que se usam para indicar o sentido a ser empregado na expressão (*definiens*). Como exemplo, temos: o art. 966 do CC, que dispõe: "considera-se empresário quem exerce profissionalmente atividade econômica organizada para a produção ou a circulação de bens ou de serviços", o art. 3º do CTN "tributo é toda prestação pecuniária, compulsória, instituída em lei, que não constitua

---

300. *Revogação em matéria tributária*, p. 110.

sanção de ato ilícito e cobrado mediante atividade administrativa plenamente vinculada". E, regras técnicas são enunciados prescritivos que estipulam os meios para alcançar determinado fim. Apresentam a estrutura sintático-gramatical do condicional "se... tem que..." e, como exemplo, podemos citar o enunciado do art. 64 da Constituição Federal: "A discussão e votação dos projetos de lei de iniciativa do Presidente da República, do Senado Federal, dos Tribunais Superiores *terão* início na Câmara dos Deputados".

Embora os enunciados possam ser caracterizados como meramente prescritivos, qualificatórios, definitórios ou regras técnicas, em razão da sua estrutura gramatical é importante sempre ter em mente sua natureza deôntica e a função prescritiva por eles exercida.

Uma coisa é a forma, tomada como critério para tal classificação, outra diferente é a função. O verbo "ser", utilizado na identificação dos enunciados apontados como qualificatórios, nada descreve, como pode parecer à primeira vista, sua função é prescritiva. Da mesma forma, os enunciados caracterizados como definitórios, que a princípio podem parecer descritivos, têm função prescritiva, estabelecendo conceitos jurídicos[301]. Neste sentido, ressalva TÁREK MOYSÉS MOUSSALLEM, "cumpre esclarecer que tais enunciados, embora apareçam na estrutura gramatical do indicativo, na forma canônica de definição, ou ainda na forma de enunciados anakástico, são todos atos de fala deônticos implícitos, ou em termos de teoria das classes, são todos subclasse da classe *dever-ser*"[302].

---

301. São constitutivos de uma realidade para o direito, ao definirem o conceito que deve ser empregado a um termo ou expressão quando considerada juridicamente. DANIEL MENDONCA classifica-os como 'regras conceituais' (*Interpretación y aplicación del derecho*, p. 46).

302. *Revogação em matéria tributária*, p. 115.

2.2.2 Tipos de proposições isoladas – S2

Em S2, o plano das significações isoladas do direito, as classificações levam em conta o conteúdo dos enunciados e não mais sua estrutura sintático-gramatical. Neste campo, merece destaque o estudo realizado por GREGORIO ROBLES em sua obra *Teoria del derecho – fundamentos para una teoria comunicacional del derecho*. Muito embora o jurista espanhol apresente uma classificação de normas jurídicas, o conceito em que emprega a expressão é diferente daquele utilizado neste trabalho[303]. Levando-se em conta a existência dos quatro planos do direito, o autor trabalha no campo das significações não deonticamente estruturadas e, sob este referencial, não classifica, normas jurídicas em sentido estrito, mas sim proposições jurídicas.

O autor divide as proposições jurídicas em: (i) diretas; e (ii) indiretas, de acordo com sua conexão a uma ação. Segundo ele, a ação constitui um elemento essencial de todas as prescrições jurídicas, pois o sentido destas é orientar ou dirigir a ação humana. Assim, a vinculação com a ação justifica-se como critério relevante para a separação das normas jurídicas. De acordo com sua divisão: (i) diretas são as proposições que contemplam em si mesmas uma ação determinada; e (ii) indiretas as que contemplam algum elemento prévio ou condicionante da ação, ou seja, que estabelecem condições, requisitos ou pressupostos da ação[304].

---

303. Segundo o autor, "norma jurídica" é "una proposición linguística pertenciente a un sistema proposicional expressivo de un ordenamiento jurídico, dirigida (por su sentido) directa o indirectamente a orientar o dirigir la acción humana", *Teoria del derecho – fundamentos para una teoria comunicacional del derecho*, p. 180.

304. *Teoria del derecho – fundamentos para una teoria comunicacional del derecho*, p. 181-182. Para o autor, o conceito de 'ação' é mais amplo do que o de 'conduta'. Em seus dizeres: "Toda conducta implica alguna acción, pero no toda acción es una conducta. La conducta supone una acción o conjunto de acciones en cuanto que son contempladas desde el prisma de la existencia de un deber: Solo cuando hay un deber por medio se estará en presencia de una conducta". Assim, nos moldes adotados neste trabalho, a conduta só aparecerá nas prescrições contidas em normas ju-

Como exemplos de proposições diretas, ROBLES cita: as que prescrevem um comportamento determinado, como o dever do devedor de pagar uma dívida ao credor em prazo convencionado; as que estabelecem procedimentos para realização de um ato jurídico, ou seja, fixam as ações a serem realizadas para que o ato seja válido; as dirigidas ao juiz para aplicação de sanções como as multas pelo não pagamento de dívida; e as que estabelecem direitos subjetivos, como a faculdade que tem o titular de uma marca. Como exemplo de proposições indiretas, o autor cita a que estabelece a maioridade aos 18 anos, pois esta se limita apenas a estabelecer um requisito exigido, pelo ordenamento, para realização de certas ações, como participar de eleições, vender bens, etc.

ROBLES divide as proposições diretas em: (i.a) procedimentais – cuja função consiste em estabelecer procedimentos para a realização da ação; (i.b) potestativas – aquelas que declaram ser a ação lícita ou ilícita; e (i.c) deônticas (*propriamente ditas*)[305] – as que exigem uma ação como devida.

As proposições procedimentais prescrevem o que fazer para que certo feito tenha existência jurídica. Para a realização de um contrato de compra e venda, por exemplo, um dos contratantes tem que se obrigar a entregar uma coisa determinada e outro, a pagar por ela um preço certo. Os enunciados que estabelecem a consistência deste contrato determinam qual procedimento deve ser celebrado para a existência de uma ação qualificada juridicamente como compra e venda (art. 481 do Código Civil – "*Pelo contrato de compra e venda,*

---

rídicas *stricto sensu*, que estabelecem direitos e deveres correlatos.

305. Utilizamos a expressão "normas ou proposições *deônticas*", apenas para não fugir dos termos da classificação proposta por ROBLES, mas ressalvamos que esta não nos parece a melhor expressão para designar as proposições que estabelecem deveres propriamente ditos, ou seja, o núcleo da conduta prescrita, pois todas as proposições, ainda que isoladamente apresentem estrutura apofântica, por pertencerem ao sistema jurídico, são deônticas.

um dos contratantes se obriga a transferir o domínio de certa coisa, e o outro, a pagar-lhe certo preço em dinheiro"). O conteúdo destes enunciados é, portanto, procedimental. Da mesma forma, as proposições construídas a partir dos enunciados capituladores de crimes no direito penal. Sabemos, por exemplo, que para realização de um furto alguém tem que subtrair para si ou para outrem coisa alheia móvel (art. 155 do Código Penal), tal proposição, construída a partir da leitura deste artigo é, também, procedimental. Ela determina os requisitos que uma ação tem que ter para ser considerada "furto" no direito brasileiro, sem um destes requisitos não se produz a ação de furtar.

As proposições potestativas, segundo o autor, são aquelas que estabelecem as ações lícitas dos diversos sujeitos jurídicos, como por exemplo, a construída do art. 499 do Código Civil: *"É lícita a compra e venda entre cônjuges, com relação a bens excluídos da comunhão".*

E, as proposições deônticas são aquelas que estabelecem deveres, ou seja, as que fixam o núcleo da conduta prescrita, objeto da relação jurídica, as quais ROBLES, levando em conta o destinatário, divide em: (i.c.1) normas de conduta propriamente ditas, proposições que estabelecem deveres a pessoas, destinatários habituais como, por exemplo, as que obrigam o pagamento de uma dívida, que proíbem certo tipo de conduta, etc.; (i.c.2) normas de decisão, proposições dirigidas aos órgãos de decisão, que impõem o dever de decidir, como por exemplo, a que construímos do enunciado do art. 60 do Código Penal: *"Na fixação da pena de multa o juiz deve atender, principalmente, à situação econômica do réu"*; (i.c.3) normas de execução, proposições dirigidas aos órgãos de execução, que impõem deveres para a execução de normas já aplicadas.

Com relação às proposições indiretas ROBLES as divide em: (ii.a) espaciais, aquelas que estabelecem os elementos espaciais da ação; (ii.b) temporais, as que determinam os elementos temporais da ação; (ii.c) as que identificam os sujeitos destinatários; (ii.d) as que fixam as capacidades e competências destes sujeitos. As proposições espaciais podem determinar o âmbito de abrangência territorial das normas do ordenamento (vigência espacial) como, por exemplo, a construída do art. 5º do Código Penal *"Aplica-se a lei brasileira, sem prejuízo de convenções, tratados e regras de direito internacional, ao crime cometido no território nacional"*, que indica o local de atuação da lei penal brasileira; ou destacar o marco espacial dentro do qual devem ser produzidas as ações, como aquelas que fixam o local do cumprimento de uma obrigação, por exemplo: *"o formulário x deve ser entregue junto à Secretaria da Fazenda do Estado"*.

Às proposições temporais ROBLES deu uma atenção mais detalhada, separando-as em: (ii.b.1) as disposições constitucionais que inauguram ou dão início ao ordenamento jurídico; (ii.b.2) as que determinam o dia de entrada em vigor de uma lei; (ii.b.3) as que estabelecem o lapso temporal que deverá durar um ordenamento, uma lei ou uma disposição; (ii.b.4) as derrogatórias, cuja função é suprimir outra norma do sistema, fixando o dia da sua extinção; e (ii.b.5) as que estabelecem prazos, de decadência, prescrição, para pagamento de uma dívida ou realização de uma ação.

Quanto às proposições que identificam os sujeitos da ação, o autor espanhol as divide em: (ii.c.1) as que estabelecem quem são as pessoas jurídicas; (ii.c.2) as que determinam quem são os cidadãos de um Estado e quem são os estrangeiros; (ii.c.3) as que instituem a organização das pessoas jurídicas como aquelas que estabelecem quais os órgãos da Administração do Estado, do Judiciário, etc.

Em síntese, temos:

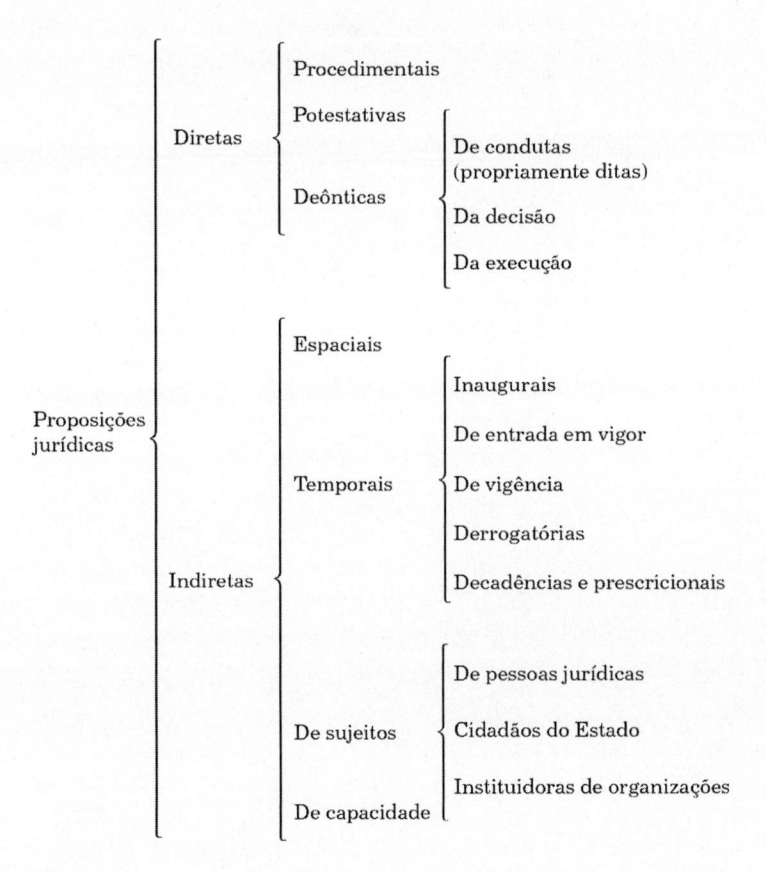

```
                        ┌ Procedimentais
                        │ Potestativas
              ┌ Diretas ┤          ┌ De condutas
              │         │          │ (propriamente ditas)
              │         └ Deônticas┤ Da decisão
              │                    └ Da execução
              │
              │         ┌ Espaciais
              │         │           ┌ Inaugurais
Proposições   │         │           │ De entrada em vigor
jurídicas    ┤         │ Temporais ┤ De vigência
              │         │           │ Derrogatórias
              │Indiretas┤           └ Decadências e prescricionais
              │         │
              │         │            ┌ De pessoas jurídicas
              │         │ De sujeitos┤ Cidadãos do Estado
              │         │            └ Instituidoras de organizações
              └         └ De capacidade
```

Vê-se que o professor espanhol realizou um detalhado estudo sobre as proposições do direito positivo. A adoção desse esquema classificatório atende ao padrão de operacionalidade, na descrição do ordenamento compreendido pelo autor, mas vai perdendo sua força na medida em que são percebidas as diferenças entre os planos hermenêuticos do direito positivo.

O problema, no entanto, de classificar proposições ainda não deonticamente estruturadas (conteúdos significativos isolados), considerando apenas o plano S2, é que as possibilidades significativas são infinitas e, por isso, é muito difícil uma classificação, mesmo tão detalhada quanto a de ROBLES, dar-nos segurança para apontar todos os tipos de proposições existentes.

Sabendo disso, com base na investigação do prestigiado autor, para identificar as unidades de S2, adotamos uma classificação das proposições tomando como critério a posição que cada uma ocupará na estrutura normativa, que nos parece proporcionar maior operacionalidade na experiência com o sistema, dentro do modelo teórico com o qual trabalhamos.

Considerando que o intérprete só alcança o sentido da mensagem legislada ao agrupar as significações que construiu a partir dos enunciados prescritivos, na estrutura hipotético-condicional D (H $\to$ C), grande parte do seu esforço hermenêutico volta-se para a identificação do lugar que cada uma destas proposições deve tomar na conformação da norma jurídica. Sabemos que a hipótese normativa descreve um acontecimento determinado no espaço e no tempo e que o consequente estabelece uma relação entre dois sujeitos distintos em torno de uma prestação. Assim, para dar sentido à mensagem legislada, o intérprete, ainda que imperceptivelmente, ao interpretar os enunciados, vai agrupando as significações construídas até alcançar o sentido deôntico dos textos.

Para montar a hipótese, aproxima as proposições que: (i) dizem respeito à materialidade do fato, para conformar o núcleo do acontecimento responsável pelo desencadeamento de efeitos jurídicos; as que (ii) informam sobre o local de realização deste acontecimento; e que (iii) dispõem sobre o tempo de realização deste acontecimento. E, para construir o consequente, associa as proposições: (iv) referentes ao sujeito: (iv.a) ativo, que o informam e caracterizam o sujeito portador do direito subjetivo à prestação; e (iv.b) passivo, que identificam o sujeito devedor da prestação; e as que (v) informam sobre o objeto da prestação, núcleo da conduta prescrita.

Sobre esta perspectiva, considerando a posição que cada proposição ocupará na composição da estrutura normativa, as classificamos em: (i) nucleares do fato; (ii) espaciais; (iii) temporais; (iv) de sujeitos (iv.a) ativo e (iv.b) passivo; e (v) nucleares da conduta prescrita.

Vejamos alguns exemplos do Código Penal. A proposição *"tirar a vida de alguém"* (construída a partir do caput do art. 121), é do tipo nuclear do fato, pois ela descreve uma ação que, na conformação do sentido da mensagem legislada, o intérprete toma como pressuposto para o ensejo de alguma consequência jurídica. De acordo com GREGORIO ROBLES esta é uma proposição direta da ação, mas da ação tomada como pressuposto para o desencadeamento de efeitos jurídicos (fato) e não da ação prescrita como consequência jurídica, por isso, a qualificamos como "nuclear do fato". São também nucleares do fato todas as proposições que ajudam a delinear os contornos materiais do acontecimento relevante juridicamente, como as construídas do art. 23, que dispõem sobre as causas de exclusão da ilicitude (legítima defesa, estado de necessidade, estrito cumprimento do dever legal), na medida em que delimita pela negativa a ação tipificada.

Como exemplo de proposição espacial, temos a construída a partir do art. 6º *"considera-se praticado o crime no lugar em que ocorreu a ação ou omissão, no todo ou em parte, bem como onde se produziu ou deveria se produzir o resultado"*, que dispõe sobre o local onde é considerado, para o ordenamento jurídico brasileiro, realizada a ação criminosa. Também são espaciais as proposições que fixam a vigência territorial da lei penal, como as construídas do art. 5º *"Aplica-se a lei brasileira, ao crime cometido no território nacional... Para os efeitos penais, consideram-se como extensão do território nacional as embarcações e aeronaves brasileiras..."*, porque delimitam o âmbito espacial dos efeitos normativos.

Como exemplo de proposição temporal, temos a construída a partir do art. 4º *"considera-se praticado o crime no momento da ação ainda que outro seja o momento do resultado"*, que indica o tempo do fato relevante penalmente. São também temporais as proposições que fixam o tempo de vigência das leis penais, como aquelas que dispõem sobre sua retroatividade em benefício do réu, construídas a partir dos art. 2º e 3º.

Como exemplo de proposições de sujeitos, temos: a construída a partir do art. 29 *"Quem, de qualquer modo, concorre para o crime e incide nas penas a este cominadas, na medida de sua culpabilidade"*, que indica o sujeito passivo da relação penal (portador do dever jurídico de cumprir a pena) como aquele que, de qualquer modo, concorreu para o crime; a construída a partir dos art. 26 e 27, que excluem do polo passivo os doentes mentais e os menores de 18 anos; e todas as outras que ajudam a identificar o sujeito da relação penal.

Como exemplo de proposição nuclear da conduta prescrita, temos aquelas que fixam as penas (i.e. *"Pena – Reclusão de seis a vinte anos"* – art. 121), bem como aquelas que estabelecem as características da ação a ser cumprida pelo sujeito passivo (i.e. *"a pena de reclusão deve ser cumprida em regime fechado, semiaberto ou aberto"* – art. 33). É agrupando todas estas proposições que o intérprete constrói o sentido completo da mensagem penal.

Tal classificação parte da norma em sentido estrito, mas restringe-se ao plano S2, ao separar as proposições isoladas consideradas em relação à construção da mensagem legislada. Para compreender o sentido deôntico dos textos jurídicos, o intérprete vai associando as significações pertencentes ao plano S2 e, mesmo depois de construída a norma, já no plano S3, por várias vezes, ele retorna ao plano S2, com a finalidade de especificar ainda mais o conteúdo construído, o que demonstra a indissociabilidade dos planos hermenêuticos. Sua busca, no entanto, não é aleatória, pois, em sua mente, já existe uma separação dos tipos de proposição. Se necessita de maior determinação do sujeito passivo, sua atenção se volta às proposições de sujeitos, se a definição do momento do fato não está clara, ou há dúvidas quanto ao período de vigência da lei, procura-se por mais proposições temporais e, assim é, até sentir-se que compreendeu inteiramente a mensagem legislada.

2.2.3 Tipos de normas jurídicas (*stricto sensu*) – S3

Trabalhando no plano S3, classificamos as normas jurídicas em sentido estrito, ou seja, as significações jurídicas estruturadas na forma hipotético-condicional.

Como já vimos (no capítulo anterior, quando tratamos da estrutura normativa), as normas jurídicas (em sentido estrito) podem ser do tipo: (i) primárias e secundárias. São primárias as normas que associam a dado fato certa consequência jurídica e secundárias as que prescrevem o direito de exigir coercitivamente, perante órgão jurisdicional, a efetivação do dever constituído na primária, dado o seu não cumprimento. O critério de diferenciação utilizado é a presença do Estado-juiz, na relação prescrita no consequente normativo, como órgão garantidor do dever jurídico prescrito por outra norma, o que identifica a norma denominada de "secundária".

Outras classificações relevantes, consagradas pela doutrina jurídica, são as que dividem: (ii) normas de comportamento e de estrutura; e (iii) regras abstratas e concretas e regras gerais e individuais. Vejamo-as detalhadamente:

2.2.3.1 Normas de conduta e normas de estrutura

Clássica é, na doutrina do direito, a divisão das regras jurídicas em dois grandes grupos: (i) normas de comportamento (ou de conduta); e (ii) normas de estrutura (ou de organização)[306]. As primeiras diretamente voltadas para as condutas interpessoais; e as segundas voltadas igualmente para as condutas das pessoas, porém, como objetivo final os comportamentos relacionados à produção de novas unidades jurídicas.

A princípio tal classificação, como proposta por NORBERTO BOBBIO, separava "regras de comportamento" como

---

306. Autores de grande prestígio trabalham com esta distinção, dentre eles podemos citar: H. HART, NORBERTO BOBBIO, LOURIVAL VILANOVA e PAULO DE BARROS CARVALHO.

aquelas disciplinadoras de condutas entre sujeitos e "regras de estrutura" como aquelas dirigidas à criação, modificação e extinção de outras normas, dando a impressão de que estas últimas incidiam sobre outras normas e não sobre condutas intersubjetivas.

PAULO DE BARROS CARVALHO adota tal classificação, ressalvando, porém que as regras de estrutura dirigem-se também à condutas intersubjetivas, regulando o comportamento de produção, modificação e extinção de outras normas.

Toda e qualquer norma jurídica tem como objeto a disciplinação de condutas entre sujeitos, o que torna redundante a expressão "regras de conduta". Numa análise mais detalhada, no entanto, encontramos regras que aparecem como condição sintática para a criação de outras normas. Embora tais regras também tenham como objeto a disciplinação de relações intersubjetivas, a conduta por elas prescrita é específica, trata-se do comportamento de produzir novas unidades jurídicas. Este é o critério diferenciador que deve informar a classificação das normas de comportamento e de estrutura.

Nestes termos, são de estrutura as regras que instituem condições, fixam limites e prescrevem a conduta que servirá de meio para a construção de outras regras. São de comportamento as normas que prescrevem todas as outras relações intersubjetivas, reguladas juridicamente, desde que não referentes à formação e transformação de unidades jurídicas.

Em sentido amplo, todas as normas jurídicas são de conduta, é uma classe universal. Algumas destas normas, no entanto, estatuem como criar outras normas, elas formam uma subclasse própria, à qual denominamos "normas de estrutura" todas as demais normas, formam sua classe complementar, a das "normas de comportamento" ou "de conduta" (em sentido estrito).

Já repetimos, em diversas passagens, que o direito positivo regula sua própria criação. Pois bem, este papel é exercido pelas normas de estrutura. Como bem compara PAULO

DE BARROS CARVALHO, tais regras "representam para o sistema do direito positivo, o mesmo papel que as regras da gramática cumprem num idioma historicamente dado. Prescrevem estas últimas a forma de combinação dos vocábulos e das expressões para produzirmos oração, isto é, construções com sentido. À sua semelhança, as regras de estrutura determinam os órgãos do sistema e os expedientes formais necessários para que se editem normas jurídicas válidas no ordenamento"[307].

São as normas de estrutura que possibilitam a dinâmica modificação do sistema jurídico, elas regulam a criação do direito, disciplinando o órgão competente, a matéria e o procedimento próprio para produção de novos enunciados jurídicos. São normas que dispõem sobre outras normas, ou seja, sobre a conduta de criar outras normas.

Dizer, no entanto, que as regras de estrutura regulam o processo de produção do direito e que as normas de conduta são as resultantes deste processo, não é de todo correto. Certamente que as regras de estrutura disciplinam como criar normas de conduta, mas temos de ter cuidado, pois, nem toda regra jurídica, criada com a realização do procedimento prescrito pelas denominadas normas de estrutura, caracteriza-se como "de conduta". Pode, ao contrário, ser também regra de estrutura.

Quanto às normas de conduta, tudo parece mais tranquilo, pois já estamos familiarizados a elas, pelo uso contínuo no curso deste trabalho. São deste tipo as normas que instituem, por exemplo, a obrigação de pagar, dar, cumprir pena, alimentar, votar, prestar serviço militar, a proibição de fumar em lugares públicos fechados, de estacionar em local proibido, a permissão para dirigir, etc.

Para fixar a diferenciação, apresentamos dois exemplos: (i) de normas da conduta; e (ii) de norma de estrutura.

---

307. *Curso de direito tributário*, p. 137-138.

(i) Norma de conduta: *Antecedente* – ser proprietário de imóvel, no perímetro urbano do município de Londrina, no primeiro dia de cada ano. *Consequente* – o proprietário do imóvel deverá pagar à Fazenda Municipal a importância correspondente a 1% do valor do imóvel.

(ii) Norma de estrutura: (a) *Antecedente* – ser pessoa jurídica de direito público municipal. *Consequente* – deve ser a faculdade (direito subjetivo) do legislativo legislar sobre IPTU e o dever jurídico da União, Estados e Distrito Federal de absterem-se de qualquer investida legislativa acerca de tal matéria; (b) *Antecedente* – se o Município exercer seu direito de legislar sobre IPTU. *Consequente* – deve ser a obrigação (dever jurídico) de observar o procedimento estabelecido para a criação de lei municipal e o direito subjetivo da comunidade de ver observada tal disposição.

2.2.3.1.1 *Normas de estrutura e suas respectivas normas secundárias*

Alguns doutrinadores questionam a vinculação das regras de estrutura a normas secundárias, pois acreditam que o direito não prevê meios de coerção ao órgão competente a realizar o procedimento de produção próprio, caso este não tenha sido observado, prescrevendo apenas formas de invalidação do ato praticado em desconformidade às regras de estrutura.

Entendemos, no entanto, que esta é uma forma de coerção. Se o agente legislador não é competente, ou o procedimento realizado não é o próprio, os membros da comunidade (que têm o direito subjetivo, atribuído pelas normas de estrutura, de só serem obrigados por normas criadas por agente competente e procedimento próprio) têm o direito subjetivo de se socorrerem ao Estado-juiz para que este suspenda a aplicação ou invalide as normas criadas com vício de forma.

A norma secundária, que se agrega às normas de estrutura prescreve exatamente isto. Tem como antecedente o não cumprimento da conduta prescrita no consequente de normas de estrutura, relativa à criação de outras regras e como consequente, a prescrição de uma relação, mediante a qual o sujeito "lesado" tem o direito de se socorrer ao Estado-juiz, para que este a invalide ou não a aplique.

É neste sentido, que TÁCIO LACERDA GAMA, em profunda reflexão sobre o assunto, enuncia: "O ato de criar normas é uma conduta como outra qualquer. Podemos diferençá-la das demais apenas pelo resultado, que é a produção de enunciados prescritivos a partir dos quais se podem elaborar normas jurídicas. Ao confrontar esse resultado com o que prescrevem as normas jurídicas de competência, a conduta de criar normas jurídicas pode ser considerada lícita ou ilícita, conforme seja compatível ou não com a norma de competência primária. É fácil, então, relacionar a ideia de nulidade das normas jurídicas, ou invalidade, à ideia de sanção pelo exercício irregular da competência. Sendo sanção, não temos, propriamente, uma cláusula alternativa, mas sim uma norma que prescreve a reação do sistema jurídico à prática de uma conduta ilícita"[308].

Certamente que o procedimento coercitivo imposto em razão do não-cumprimento de regras de condutas é diferente daquela exercida no descumprimento de regras de estrutura, mas a invalidação ou não-aplicação da norma instituída com vício de produção também é uma forma de coerção à observância das regras de estrutura, já que, impede o agente legislativo de, por aquele ato, estabelecer a prescrição desejada, forçando-o a produzir outra norma, desta vez em observância às regras de estrutura, se quiser realmente estabelecer tal prescrição[309].

---

308. *Competência tributária, fundamentos para uma teoria da nulidade,* p. 103.

309. Com relação à primeira norma do exemplo do item anterior (*Antecedente* – ser pessoa jurídica de direito público municipal. *Consequente* – deve ser a faculdade – direito subjetivo – do legislativo legislar sobre IPTU e o dever jurídico da União, Estados e Distrito Federal absterem-se de qualquer investida legislativa acerca de

2.2.3.2 Normas abstratas e concretas, gerais e individuais

Com grande frequência encontramos na doutrina do direito a classificação das normas jurídicas em: (i) gerais; (ii) individuais; (iii) abstratas; e (iv) concretas. Gerais aquelas cujos sujeitos se mantêm indeterminados quanto ao número. Individuais as que se voltam a certo indivíduo ou a um grupo determinado de pessoas. Abstratas aquelas que descrevem um fato futuro e incerto. E concretas as que relatam um fato passado, propulsor de efeitos no mundo jurídico.

Conforme relembra MARIA RITA FERRAGUT[310], a distinção, ainda singela, foi primeiramente observada por KELSEN que, embora sem definir o que seria geral, individual, abstrato, concreto, percebeu que "a norma geral que liga a um fato abstratamente determinado, uma consequência igualmente abstrata, precisa, para poder ser aplicada, de individualização. É preciso estabelecer se *in concreto* existe um ato que a norma geral determina *in abstrato*"[311]. NORBERTO BOBBIO, aprofundando-se nesta análise, propôs o rompimento do entendimento de que é sempre necessário o binômio "geral e abstrata", "individual e concreta", verificando que estes conceitos são independentes.

Numa análise ainda mais aprofundada, levando-se em conta a estrutura normativa, PAULO DE BARROS CARVALHO, ao atentar-se para o fato de que os qualificativos "geral" e "individual" são definidos de acordo com estar ou não

---

tal matéria), a norma secundária assegura que "se o órgão competente for impedido de legislar, terá direito de utilizar-se da coercitividade estatal para poder legislar". Com relação à segunda norma do exemplo do item anterior (*Antecedente* – se o Município exercer seu direito de legislar sobre IPTU. *Consequente* – deve ser a obrigação – dever jurídico – de observar o procedimento estabelecido para a criação de lei municipal e o direito subjetivo da comunidade de ver observada tal disposição) a norma secundária assegura: se não for observado o procedimento adequado ou a autoridade não for competente, aqueles que se submetem às prescrições têm o direito subjetivo de requererem perante o Estado-juiz sua invalidação).

310. *Presunções no direito tributário*, p. 23-25.

311. *Teoria pura do direito*, p. 248.

individualizado o sujeito cuja ação é regulada, enquanto que, os predicativos "abstrato" e "concreto" são definidos de acordo com o critério da realização, no tempo e no espaço do fato propulsor de efeitos jurídicos, logo concluiu que: o ser *individual* ou *geral* são qualificativos do *consequente normativo*, pois é nele que se encontram os sujeitos da relação, a quem se dirige a prescrição jurídica; já o ser *abstrata* ou *concreta* são qualificativos do *antecedente normativo*, pois é nele que se encontra a descrição do fato propulsor de efeitos no mundo jurídico.

Assim, levando-se em conta a estrutura normativa (conforme se verifica no gráfico), temos que a regra é:

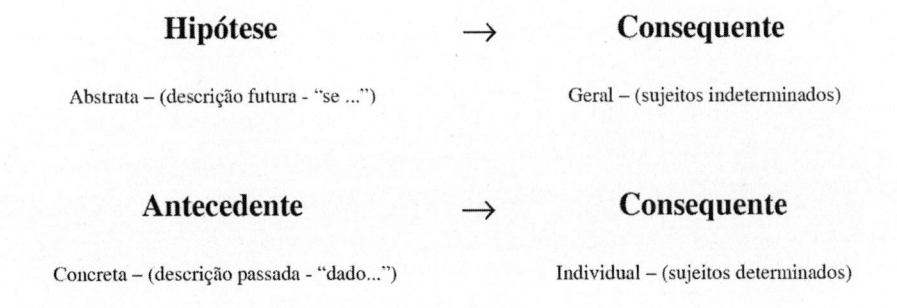

Hipótese → **Consequente**

Abstrata – (descrição futura - "se ...")   Geral – (sujeitos indeterminados)

Antecedente → **Consequente**

Concreta – (descrição passada - "dado...")   Individual – (sujeitos determinados)

(i) *geral* – quando seu consequente não individualiza os sujeitos da relação, regulando o comportamento de uma classe indeterminada de pessoas (ex: a norma de indenização por dano, disposta no Código Civil, que prescreve ter "o sujeito que provocou o dano, dever de indenizar o sujeito lesado, na proporção do dano causado" – as classes "sujeito que provocou o dano" e "sujeito lesado" só serão determináveis quando verificado o dano).

(ii) *individual* – quando o consequente contém elementos que individualizam os sujeitos ativo e passivo, estabelecendo uma relação entre pessoas determinadas (ex: a norma de indenização por dano veiculada na sentença de um juiz, que prescreve "o dever de Marcos pagar R$ 30.000,00 a Francisco, pelos danos que lhe causou").

(iii) *abstrata* – quando seu antecedente descreve uma classe de acontecimentos de possível ocorrência, ou seja, contém critérios de identificação de um evento futuro e incerto, não determinado no espaço e no tempo (ex: "se causar dano a outrem").

(iv) *concreta* – quando o fato descrito em seu antecedente já se realizou em tempo e espaço determinados, a descrição aponta para um acontecimento passado, de existência concreta (ex: "as 10h 20min do dia 09/10/05, Luzia causou danos materiais a Maria, ao atear fogo em sua plantação de trigo").

Devido à norma concreta descrever um acontecimento passado, consumado no tempo e no espaço e a norma abstrata, um possível acontecimento, futuro e incerto, PAULO DE BARROS CARVALHO prefere o termo "antecedente" para referir-se ao suposto da norma concreta, ao invés de "hipótese", ainda que a utilização deste termo não seja de todo desapropriada. Em suas palavras: "Ainda que possa parecer estranho, o juízo de relação continua hipotético. Poderíamos, portanto, continuar utilizando o termo 'hipótese' para fazer referência quer ao suposto da norma geral e abstrata, quer ao da regra individual e concreta. No entanto, para facilitar a transmissão expositiva, vamos empregar, daqui para frente, preponderantemente, o signo 'hipótese' para aludir ao suposto da norma geral e abstrata e 'antecedente', para mencionar o anteposto da regra individual e concreta"[312].

Sendo as qualificações geral e individual atribuídas ao consequente e abstrata e concreta ao antecedente, na junção estrutural das normas jurídicas encontramos as possíveis

---

312. *Direito tributário, fundamentos jurídicos da incidência*, p. 35. Sobre a possibilidade da utilização do termo "hipótese" o autor justifica: "No caso das normas individuais e concretas, o juízo mantém-se condicional e também hipotético, a despeito de o antecedente estar apontado para um acontecimento que já se consumara no tempo. 'Hipotético', aqui não quer significar que o sucesso relatado no enunciado-descritor ainda não aconteceu, mantendo-se no campo do possível, mas comparece como modalidade de relação, correspondendo às categorias de causalidade e dependência, para usar o léxico kantiano. Por isso, guardam a estrutura de juízo hipotético tanto a norma geral e abstrata como a individual e concreta" (*idem*, p. 10).

combinações classificatórias: (i) normas gerais e abstratas – de antecedente abstrato e consequente generalizado; (ii) normas gerais e concretas – de antecedente concreto e consequente generalizado; (iii) normas individuais e abstratas – de antecedente abstrato e consequente individualizado; e (iv) normas individuais e concretas – de antecedente concreto e consequente generalizado.

A representação abaixo ilustra tais combinações:

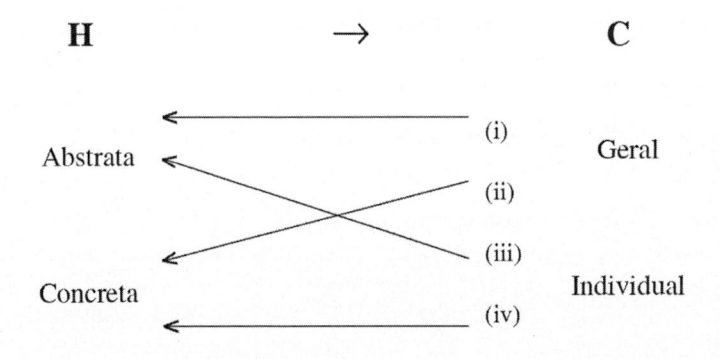

H → C

Abstrata — (i) — Geral
— (ii)
— (iii) — Individual
Concreta — (iv)

(i) <u>Normas gerais e abstratas</u>: têm como hipótese a descrição de um evento futuro e incerto e seu consequente estabelece uma relação entre sujeitos não determinados, como exemplo podemos citar as regras que instituem tributos, tipificam crimes, geralmente aquelas instituídas, por leis (i.e. H – "se auferir renda" C – "aquele que a auferir deve recolher aos cofres públicos federais certa quantia em dinheiro"; H – "se subtrair para si ou para outrem coisa alheia móvel" C – "aquele que subtrair deve cumprir pena de reclusão de x a y anos").

(ii) <u>Normas gerais e concretas</u>: têm como antecedente a descrição de um acontecimento passado e seu consequente estabelece relações de caráter geral, entre sujeitos não especificamente determinados, como exemplo podemos citar as normas introdutoras (ex. A – "dado o fato da realização de processo legislativo, por autoridade competente" C – "todos os membros da comunidade devem considerar válidas as normas produzidas").

(iii) <u>Normas individuais e abstratas</u>: descrevem, em suas hipóteses, também eventos futuros e incertos, mas prescrevem relações entre pessoas determinadas. São exemplos deste tipo de normas as regras que estabelecem condições (ex: H – "se ocorrer algum sinistro" C – "a seguradora x deve pagar a João o valor correspondente").

(iv) <u>Normas individuais e concretas</u>: descrevem, no antecedente, um fato consumado no tempo e espaço e, no consequente, estabelecem relações jurídicas entre sujeitos determinados; como exemplo, temos as produzidas pelas sentenças, que alcançam os casos concretos (ex. A – "dado o fato de João ter matado José" C- "João deve cumprir pena de reclusão de 8 anos"; A – "dado o fato de Maria ter auferido renda" C- "Maria deve recolher aos cofres públicos federais a importância de R$ 5.000,00").

Nas relações de subordinação, que se estabelecem entre normas jurídicas, as regras individuais e concretas são sempre subordinadas às gerais e abstratas, que servem como fundamento para a criação destas. Por isso, como observa PAULO DE BARROS CARVALHO, "há uma forte tendência de que as normas gerais e abstratas se concentrem nos escalões mais altos, surgindo as gerais e concretas, individuais e abstratas e individuais e concretas à medida que o direito vai se positivando"[313].

2.2.3.3 *Tipos de normas jurídicas segundo as relações estabelecidas em S4*

Ainda trabalhando com a classificação dos conteúdos normativos no plano das normas jurídicas *stricto sensu*, mas levando em consideração as relações entre normas estabelecidas no plano da sistematização do direito (S4), podemos classificá-las em: (i) dispositivas e derivadas; punitivas e não--punitivas, tendo em conta os vínculos de coordenação que se instauram entre elas; e (ii) sobrenível e subnível, tendo em conta os vínculos de subordinação existentes entre elas.

---

313. *Direito tributário, fundamentos jurídicos da incidência*, p. 33.

Vejamos mais detalhadamente as normas dispositivas e derivadas, punitivas e não-punitivas, pois as diferenças estabelecidas em razão dos vínculos de subordinação entre normas, estudaremos melhor quando tratarmos do processo de positivação do direito.

2.2.3.3.1 Normas dispositivas e derivadas, punitivas e não-punitivas

Como já vimos, a norma jurídica é posta no sistema por ato de decisão do legislador que elege, dentro do campo do possível e do não-necessário, os fatos configuradores das hipóteses e as condutas que deseja regular, como consequências impostas na forma de relações intersubjetivas de tais fatos.

Ocorre que, por inúmeras vezes, a autoridade legislativa seleciona como hipótese o cumprimento, ou não, de condutas prescritas por outras regras, estabelecendo, assim, uma relação de coordenação entre normas, ao tomar uma como pressuposto da outra.

Com base neste critério, chamamos de "derivadas", as normas cuja hipótese pressupõem uma prescrição contida em outra norma e de "dispositivas" aquelas que prescrevem condutas tomadas como pressuposto das normas derivadas[314].

O vínculo que se estabelece entre normas primárias e secundárias é exatamente este. Podemos dizer que a norma primária é dispositiva em relação à secundária e esta derivada em relação àquela, pois a pressupõe previamente. A distinção, no entanto, entre normas primárias e secundárias repousa na relação constituída em seus consequentes, uma de índole

---

314. As normas derivadas não deixam de ser dispositivas, na medida em que dispõem sobre condutas intersubjetivas, mas com relação a outras normas, podem ser derivadas, quando tomam como pressuposto o cumprimento ou não de condutas já normatizadas.

material e outra de índole processual viabilizadora do exercício da coercitividade jurídica.

Importa identificar, todavia, que tal vínculo de coordenação pode também existir entre normas primárias. Uma regra, por exemplo, que prescreva a obrigação de pagar certa quantia aos cofres públicos a título de tributo (N1) é dispositiva, em relação àquela que institui um desconto de 10% aos contribuintes que efetuarem o pagamento até certo dia (N2) e em relação àquela que estabelece uma multa em decorrência do não-pagamento (N3). Ambas N2 e N3 constituem-se como suas derivadas. Nota-se que o cumprimento da prescrição da norma N1 (obrigação de pagar) foi valorado positivamente quando tomado, pelo legislador, como pressuposto de N2 (ao atribuir o direito do desconto) e negativamente quando eleito como hipótese de N3 (para aplicação da multa). Ambas as normas N2 e N3 tomam como fato relevante a obrigação de pagar prescrita em N1, por isso, configuram-se como derivadas em relação a esta (N1), que se constitui como dispositiva em relação àquelas.

O vínculo entre tais normas mostra-se evidente na medida em que observamos serem os sujeitos das relações por elas estabelecidas os mesmos (é o contribuinte obrigado a pagar o tributo que terá direito ao desconto ou pagará a multa; e é o fisco, que tem o direito de receber o tributo, que disponibilizará o desconto ou receberá a multa) e o objeto das prescrições são interdependentes (tanto o valor do desconto quanto o da multa são percentuais da quantia a ser paga).

As normas são "dispositivas" e "derivadas" em relação umas às outras. Nada impede, assim, que uma norma N' seja dispositiva em relação à norma N", mas derivada em relação à norma N'''. Tais conexões são instituídas pelo legislador, mas construídas pelo intérprete no curso do processo gerador de sentido dos textos jurídicos, mais especificamente no plano S4.

Por vezes, a autoridade legislativa, na composição das normas jurídicas, entende como relevante, para o direito, o adimplemento da conduta prescrita na norma dispositiva, configurando como hipótese da norma derivada o fato do seu cumprimento, outras vezes, considera proeminente o seu inadimplemento, caracterizando como hipótese da norma derivada o fato do seu descumprimento, o que juridicamente se constitui como um fato ilícito.

As normas decorrentes de fatos ilícitos serão sempre derivadas, porque têm pressuposto antijurídico, isto é, caracterizam-se pela realização de uma conduta prescrita como não-permitida ou obrigatória por outra norma jurídica[315]. Sendo estabelecedoras de relações de direito material serão primárias derivadas, sendo impositivas de relação de ordem processual, mediante a qual se exige coercitivamente perante órgão estatal a efetivação de uma conduta, serão normas secundárias.

Levando-se em consideração a valoração do legislador, quanto à ilicitude do fato eleito como hipótese normativa, as normas derivadas podem ser classificadas em: (i) punitivas e (ii) não-punitivas[316]. Normas derivadas não-punitivas são aquelas que têm como hipótese a realização de uma conduta prescrita em outra norma (que lhe é precedente) e como consequência a instauração de um benefício (direito subjetivo) ao sujeito passivo. Já as normas derivadas punitivas têm como hipótese o descumprimento de conduta prescrita por outra norma (que lhe é precedente) e como consequência, a prescrição de um castigo (dever jurídico) para o sujeito passivo.

---

315. Como preceitua HECTOR VILLEGAS: *"Todo ilícito é uma ação, que se caracteriza no descumprimento de uma conduta prescrita pelo direito."* (*Direito penal tributário*, p. 147).

316. EURICO MARCOS DINIZ DE SANTI diferencia "norma primária dispositiva" de "norma primária sancionadora", especificando que esta segunda tem como pressuposto o não-cumprimento de deveres ou obrigações prescritas por aquela e, como consequente, uma relação de direito material, o que a diferencia das normas secundárias (*Lançamento Tributário*, p. 43). Partimos da mesma diferenciação do autor para elaborar nossa classificação. Só utilizamos outros termos, para evitar confusões, pois 'norma sancionadora' nos remete à 'norma que fixa uma sanção' e trabalhamos o vocábulo 'sanção' na acepção de relação de índole coercitiva (A sanção do direito estaria representada pela norma secundária).

Podemos citar aqui os exemplos acima utilizados, da norma do desconto N2, como norma derivada não-punitiva e da norma de multa N3, como norma derivada punitiva.

Tendo por base tais critérios, estabelecemos a seguinte classificação:

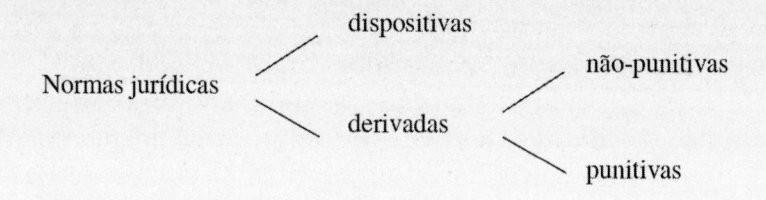

```
                         dispositivas
                      /                    não-punitivas
Normas jurídicas  <                    /
                      \   derivadas  <
                                       \
                                         punitivas
```

A norma secundária, segundo esta classificação, é uma regra derivada punitiva, em relação à norma primária que lhe é dispositiva. A diferença é que o castigo por ela prescrito é uma providência coercitiva a ser aplicada pelo Estado-juiz e não um dever jurídico imposto ao mesmo sujeito passivo da norma dispositiva, como verificamos nas normas primárias derivadas punitivas (ex. aquelas que fixam penas e multas).

Devemos levar em conta, quando tratamos da separação entre normas primárias e secundárias, que o critério diferenciador é outro: numa temos uma prescrição de direito material, noutra uma relação de cunho adjetivo, cujo o objeto é a coercitividade jurídica.

Como o vínculo de coordenação entre disposições jurídicas não é exclusivo entre normas primárias e secundárias, podemos aplicar tal classificação também quanto às relações que se estabelecem entre as normas primárias[317]. Assim temos: (i) normas primárias dispositivas; (ii) normas primárias

---

317. Fazemos aqui um parêntese para esclarecer que somente as primárias quando relacionadas entre si se submetem a tal classificação (primárias dispositivas, primárias derivadas não-punitivas e primárias derivadas punitivas). As normas secundárias são sempre somente "normas secundárias", por mais que se relacionem com outras normas de cunho material, estará sempre na condição de derivada punitiva, com a peculiaridade de ter como objeto a coerção estatal, atribuidora de juridicidade à norma a qual está vinculada.

derivadas não-punitivas; e (iii) normas primárias derivadas punitivas, conforme demonstra o gráfico abaixo:

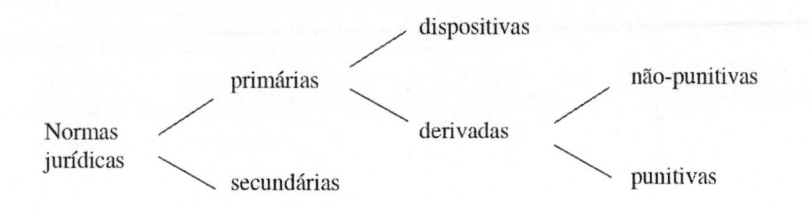

```
                          dispositivas
              primárias
                                          não-punitivas
Normas                    derivadas
jurídicas
              secundárias                 punitivas
```

Não podemos confundir, aqui, as normas primárias derivadas punitivas com as normas secundárias (que também se enquadram na espécie de normas derivadas punitivas – em relação à primária – porém não são primárias).

Apesar de ambas terem como hipótese o não-cumprimento de uma conduta exigida em outra norma e a imposição um "castigo", em razão deste não-cumprimento, denominados por muitos de "sanção", na primária este "castigo" se consubstancia num dever jurídico, imposto ao sujeito que não realizou a conduta esperada, na secundária ele se concretiza numa atuação estatal coercitiva, asseguradora dos direitos e deveres desrespeitados pelo não-cumprimento da conduta prescrita.

São "sanções" diferentes, uma tem finalidade primordialmente punitiva, atribuindo um ônus ao sujeito que não observou a prescrição jurídica, outra tem a finalidade de conferir juridicidade às condutas prescritas pelo direito, atribuindo a faculdade de se postular perante o Estado-juiz o exercício da força estatal.

Um exemplo esclarece melhor esta diferença. Pensemos na norma penal do homicídio (Nh) que dispõe: *"se matar alguém deve cumprir pena de x a y anos"* (art. 121 CP). Ela se relaciona coordenadamente com outras duas normas do sistema, a do bem jurídico tutelado (Nv) que dispõe: *"se alguém nascer com vida, deve ser o dever de todos respeitar a vida desta pessoa"* (art. 5º, CF) e outra que lhe assegura cumprimento (Ns) preceituando: *"se o sujeito condenado não cumprir de livre vontade a pena deve ser o direito do Estado exigir coativamente seu cumprimento"* (Lei de Execução Penal).

Com relação à primeira norma (Nv), a regra do homicídio (Nh) é primária derivada punitiva, porque pressupõe a primeira e prescreve um castigo para aquele que não respeitar o direito à vida de outrem. A segunda regra (Ns) é a norma secundária, ela se conecta à norma primária do homicídio (Nh), assegurando coercitivamente o cumprimento da pena por esta imposta. Com relação a ela, a regra do homicídio é dispositiva.

Nota-se que a pena imposta pela norma penal (Nh) configura-se como um ônus ao sujeito que não obedeceu a conduta prescrita por Nv. Já a "sanção" contida na norma secundária (Ns) garante o cumprimento da prescrição estabelecida na norma de homicídio. Não fosse ela (Ns), a regra do homicídio (Nh) não teria cunho jurídico, já que não haveria meios do Estado exigir o cumprimento da pena, ficando a livre arbítrio do condenado cumpri-la ou não. A norma penal do homicídio (Nh), no entanto, não garante o direito à vida prescrito por Nv (que como norma primária, também se encontra conectada a uma secundária que lhe assegure), apenas atribui uma pena ao sujeito que não o respeita. Este é o ponto limite que separa as normas primárias derivadas punitivas das secundárias.

Em linguagem formalizada, quando explicados os termos antecedentes e consequentes, identificamos a diferença entre ambas:

$$D\ [\underbrace{H \rightarrow R\ (Sa, Sp)]}_{\substack{\text{norma primária}\\ \text{dispositiva}}}\ \overset{\leftarrow c}{v}\ \underbrace{[H'\ (-c) \rightarrow R'\ (Sa, Sp)}_{\substack{\text{norma primária derivada}\\ \text{punitiva}}}\overset{\leftarrow c}{}$$

A norma primária derivada punitiva, denominada por muitos autores de "sancionadora", estabelece uma relação entre os mesmos sujeitos da norma que lhe é dispositiva. A "sanção" se realiza sem a coerção do órgão estatal, por isso de índole material, mas sua coercitividade está assegurada por uma norma secundária, que somente se concretiza caso a relação punitiva seja inadimplida. Assim, a norma primária derivada punitiva com a secundária não se confunde, pois ela mesma reclama sua existência para ter foros de juridicidade.

Como bem ensina MIGUEL REALE, "todos os sistemas normativos têm normas punitivas, o que as diferencia das sanções jurídicas é que a aplicação destas se verifica segundo uma proporção objetiva e transpessoal, que é exercida pelo Estado no exercício de seu monopólio coativo"[318].

É adotando este conceito de sanção (em sentido estrito) que denominamos a norma secundária de "sancionadora". Para referirmo-nos às demais normas primárias, que estatuem deveres em razão do não-cumprimento de condutas prescritas por outras regras, preferimos utilizar o termo "punitivas", fazendo, assim, a distinção entre: (i) "sanção" – relação jurídica que assegura o cumprimento da conduta prescrita, mediante exercício da coerção jurisdicional; e (ii) as relações jurídicas punitivas, de cunho material, instituidoras de condutas reparatórias, decorrentes do descumprimento de pressupostos obrigacionais (sanção em sentido amplo).

2.2.3.1.1.1 *Conectivos lógicos das normas dispositivas derivadas e punitivas e não-punitivas*

Com relação aos vínculos que se estabelecem entre normas primárias, a conclusão do estudo realizado no capítulo anterior quanto às normas primárias e secundárias se aplica na união das normas "primárias dispositivas" e "primárias

---

318. *Lições preliminares de direito*, p. 70.

derivadas punitivas", pois como já salientamos, seguindo a classificação das normas em dispositiva e derivada, a norma secundária é uma norma "derivada punitiva" em relação à norma primária, que lhe é dispositiva.

No entanto, com relação ao vínculo entre normas "dispositivas" e "derivadas não-punitivas" não podemos dizer o mesmo. No campo normativo, ambas são necessariamente válidas para que a união se estabeleça, porém, no campo factual não são excludentes. O cumprimento da norma "dispositiva" é que implica a aplicação da norma "derivada não-punitiva", factualmente são também includentes. Por isso, acreditamos que o melhor conetivo para representar tal relação é o conjuntor "e", logicamente representado por (.): ambas são simultaneamente válidas e ambas se aplicam conjuntamente apesar de sucessivamente.

Assim, temos as seguintes arrumações lógicas:

1) $\underbrace{D\,[H \to R\,(Sa, Sp)]}_{\substack{\text{norma primária} \\ \text{dispositiva}}} \underset{\leftarrow c}{} \;.\; \underbrace{[H'\,(c) \to R'\,(Sa, Sp)]}_{\substack{\text{norma primária derivada} \\ \text{não-punitiva}}} \underset{\leftarrow}{}$

2) $\underbrace{D\,[H \to R\,(Sa, Sp)]}_{\substack{\text{norma primária} \\ \text{dispositiva}}} \underset{\leftarrow c}{} \;v\; \underbrace{[H''\,(-c) \to R''\,(Sa, Sp)]}_{\substack{\text{norma primária sancionadora} \\ \text{(derivada punitiva)}}} \underset{\leftarrow c''}{}$

3) $\underbrace{D\,[H \to R\,(Sa, Sp)]}_{\substack{\text{norma primária} \\ \text{(dispositiva)}}} \underset{\leftarrow c}{} \;v\; \underbrace{[H'''\,(-c) \to R'''\,(Sa, Sj)]}_{\substack{\text{norma secundária} \\ \text{(derivada punitiva)}}}$

2.2.4 Tipos de normas jurídicas em sentido amplo

Outras separações existem levando-se em conta a acepção de norma jurídica em sentido amplo, abrangendo os planos dos enunciados, das proposições não deonticamente estruturadas e das normas jurídicas, ou pelo menos mais de um deles. Dividimo-las em dois grupos diferenciando-as quanto: (i) ao conteúdo semântico (matéria); (ii) ao veículo introdutor.

2.2.4.1 Diferenciação quanto ao núcleo semântico (matéria)

Quanto ao núcleo semântico das normas jurídicas (*lato sensu*), divisão clássica da doutrina (edificada ainda no Direito Romano, pelo jurisconsulto ULPIANO) é a que as separa em *públicas* e *privadas*.

Já explanamos que a ordem jurídica é unitária, mas para estudá-la são demarcados os ramos, formados por conjuntos metodologicamente delineados de normas, agrupadas em razão da matéria que regulam. Os ramos são normalmente reunidos em dois grandes grupos, de acordo com o interesse por elas tutelado: (i) direito público; e (ii) direito privado. São regras de direito público aquelas que dispõem sobre interesses do Estado (ex: administrativo, constitucional, tributário, penal, etc.); e são regras de direito privado as que dispõem sobre interesses dos particulares (ex: civil, trabalhista, comercial, etc).

Mais especificamente, as normas ainda podem ser separadas em razão da matéria que regulam em: (i) normas ambientais; (ii) normas urbanísticas; (iii) normas culturais; (iv) normas administrativas; (v) normas econômicas; (vi) normas bancárias; (vii) normas de seguros; (viii) normas de valores imobiliários; (ix) normas eleitorais; (x) normas empresariais; (xi) normas penais; (xii) normas previdenciárias; (xiii) normas tributárias; (xiv) normas financeiras; (xv) normas trabalhistas; (xvi) normas internacionais; (xvii) normas de propriedade intelectual; (xviii) normas civis; (xix) normas de sucessão; (xx) normas do consumidor; (xxi) imobiliárias; (xxii) normas comerciais; etc.

A separação quanto à matéria é muito peculiar, depende dos recortes estabelecidos pelo observador. Alguns autores, por exemplo, afirmam serem as normas tributárias espécie das normas financeiras; outros, espécie de normas administrativas, outros ainda as classificam como espécie autônoma. A verdade é que o direito é uno e a distinção das normas pela matéria é própria da Ciência do Direito.

É impossível afirmar quantas espécies de normas o direito comporta em relação à matéria, pois cada uma veicula um conteúdo diferente (heterogeneidade semântica). A resposta dependerá sempre dos cortes estabelecidos pelo cientista, que respondem a interesses imediatos de sua aproximação cognoscitiva.

Outra clássica classificação, quanto à materialidade normativa é a que divide: (i) normas de direito material; e (ii) normas de direito processual; sob o critério de serem instrumentais ou não, que se aproxima muito da separação feita entre normas de estrutura e de comportamento. As normas de direito processual servem de instrumento para realização dos direitos e deveres prescritos em normas de direito material. Como exemplo de normas processuais, citamos as construídas do Código de Processo Civil, em correlação com as construídas do Código Civil, de direito material. Assim, associando esta divisão com a separação específica de matérias, temos: normas de direito processual civil, e normas de direito material civil; normas de direito processual penal e normas de direito material penal; normas de direito tributário e normas de direito material tributário; normas de direito processual trabalhista e normas de direito material trabalhista, etc.

2.2.4.2 Diferenciação quanto ao veículo introdutor

Tendo em vista as relações de subordinação e o veículo mediante o qual são inseridas no sistema, podemos dividir as normas jurídicas (*lato sensu*) em: (i) constitucionais; e (ii) infra-constitucionais. E esta última em: (ii.a) legais; e (ii.b) infralegais.

Normas constitucionais são aquelas presentes na Constituição Federal. Levando-se em conta que na escala de gradação hierárquica do sistema jurídico, nenhuma outra norma se sobrepõe à Constituição, as demais, veiculadas por leis, decretos, medidas provisórias são "infraconstitucionais", isto é, encontram-se abaixo da Constituição, porque nela fundamentam-se juridicamente.

Sob o mesmo critério, as normas infraconstitucionais podem ser divididas em: (ii.a) legais; e (ii.b) infralegais. São legais aquelas construídas a partir do veículo "lei", ou que a ele se equiparam (ex. medidas provisórias). E, são infralegais as que se fundamentam juridicamente nas primeiras (ex. as veiculadas por atos administrativos; resoluções; instruções normativas; sentenças, etc.).

Inúmeras outras classificações podem ser adotadas no estudo das normas jurídicas, visto serem estas construções do intérprete. Ficamos, no entanto, com as expostas até aqui, por atenderem nossas expectativas cognitivas.

Questões:

1. Por que a teoria das classes é importante para o estudo do direito?
2. Diferencie: (i) classe; (ii) sua conotação; (iii) e sua denotação.
3. Que são: (i) classes comuns; (ii) classe de um elemento só; (iii) classes vazias; (iv) classes universais? Dê exemplos.
4. Que se entende por relação de pertinência?
5. Que é classe complementar?
6. Diferencie: (i) subclasse; e (ii) subclasse própria.

7. Explique as relações de: (i) identidade; (ii) intersecção; (iii) disjunção e (iv) união entre classes.

8. Como as noções de classes podem ser aplicadas para o estudo do direito?

9. Em que consiste o ato de classificar? Para que serve uma classificação?

10. Diferencie gênero e espécie.

11. Quais os requisitos de uma classificação bem sucedida?

12. Qual o principal problema encontrado por aqueles que se propõem a classificar normas jurídicas?

13. Proponha uma classificação dos enunciados prescritivos (S1)?

14. Proponha uma classificação das proposições isoladas (S2)?

15. Diferencie: (i) normas de conduta; e (ii) normas de estrutura. Dê exemplos.

16. Diferencie: (i) normas abstratas e concretas; (ii) gerais e individuais. Quais as combinações resultantes desta classificação. Dê exemplos.

17. Qual a diferença entre normas primárias derivadas punitivas e normas secundárias?

18. Quais classificações podem ser estabelecidas quanto às normas jurídicas em sentido amplo?

Capítulo X
A REGRA-MATRIZ

SUMÁRIO: 1. Que é regra-matriz?; 1.1. Normas de incidência e normas produzidas como resultado da incidência; 1.2. A regra-matriz de incidência; 1.3. Ambiguidade da expressão "regra-matriz de incidência"; 2. Critérios da hipótese; 2.1. Critério material; 2.2. Critério espacial; 2.3. Critério temporal; 3. Critérios do consequente; 3.1. Critério pessoal – sujeitos ativo e passivo; 3.2. Critério prestacional; 4. Função operativa do esquema lógico da regra-matriz; 4.1. Teoria na prática.

1. QUE É REGRA-MATRIZ?

PAULO DE BARROS CARVALHO, inspirado nas lições de ALFREDO AUGUSTO BECKER e GERALDO ATALIBA, ao observar as propriedades eleitas pelo legislador para delimitação de hipóteses e consequentes das regras instituidoras de tributos, percebeu a repetição de alguns componentes e assim apresentou a *regra-matriz de incidência tributária*[319],

---

319. PAULO DE BARROS CARVALHO, apresentou inicialmente componentes da norma jurídica tributária, na sua tese de doutoramento, editada no livro intitulado *Teoria da norma tributária*, (p. 122-178), numa singela demonstração daquilo que mais tarde denominaria de regra-matriz de incidência tributária. Com a edição do livro *Curso de direito tributário*, as ideias apareceram mais segmentadas, o nome regra-matriz de incidência tributária foi consolidado como sinônimo de norma

estabelecendo um esquema lógico-semântico, revelador do conteúdo normativo, que pode ser utilizado na construção de qualquer norma jurídica (em sentido estrito).

O legislador, ao escolher os acontecimentos que lhe interessam como causa para o desencadeamento de efeitos jurídicos e as relações que se estabelecerão juridicamente como tais efeitos, seleciona propriedades do fato e da relação, constituindo conceitos, por nós denominado de "hipótese" e "consequente". Todo conceito é seletor de propriedades, isto quer dizer que, nenhum enunciado capta o objeto referente na infinita riqueza de seus predicados, captura apenas algumas de suas propriedades, aquelas eleitas pelo observador como relevantes para identificá-lo.

Examinando várias normas, em busca da construção de proposições descritivas generalizadoras, verifica-se uma constante: que o legislador, na sua atividade de selecionar propriedades dos fatos e das relações jurídicas, acaba utilizando-se sempre dos mesmos critérios, percebidos quando, por meio da abstração lógica, separamos as expressões genéricas designativas do fato e da relação presentes em todas e quaisquer normas jurídicas[320].

---

tributária em sentido estrito e um esquema formal foi desenhado (p. 236-238). Tal construção passou a ser utilizada em mais de centenas de obras especializadas, representando um verdadeiro marco na Teoria Geral do Direito Tributário.

320. Muitos autores utilizam-se deste recurso para estudar detalhadamente o conteúdo normativo. Os penalistas, por exemplo, ao realizarem investigações sobre os elementos do tipo, nada mais fazem do que decompor a hipótese penal, a fim de analisar de modo particular cada um de seus componentes. Os elementos do tipo são, para nós, os componentes da hipótese penal que, em termos gerais, apresenta a mesma composição sintática. Depois do avanço dos penalistas no estudo do tipo penal, com emprego do método analítico, os tributaristas aderiram à forma e impeliram um grande avanço no estudo dos componentes da hipótese tributária. Estes estudos, no entanto, dirigiram-se apenas a uma das proposições normativas: o antecedente (vide: ALFREDO AUGUSTO BECKER, *"Teoria geral do direito tributário"* e GERALDO ATALIBA, *"Hipótese de incidência tributária"*). Foi PAULO DE BARROS CARVALHO que, atendendo à estrutura dual da norma jurídica, aplicou o método decompositivo para o estudo, também, dos componentes do consequente. E, assim criou o esquema lógico-semântico da regra-matriz, com o qual identificamos todos os componentes significativos de qualquer norma jurídica.

Se considerarmos que toda classe delineada pela hipótese normativa aponta para um acontecimento, que se caracteriza por ser um ponto no espaço e no tempo. Logo, como conceito identificativo, ela deve, necessariamente, fazer referência a: (i) propriedades da ação nuclear deste acontecimento; (ii) do local; e (iii) do momento em que ele ocorre; caso contrário, é impossível identificá-lo precisamente.

Da mesma forma, como toda classe delineada pelo consequente normativo indica uma relação onde um sujeito fica obrigado, proibido ou permitido a fazer ou deixar de fazer algo em virtude de outro sujeito, necessariamente nele vamos encontrar propriedades identificativas de: (i) dois sujeitos, ativo e passivo; e (ii) do objeto da relação, isto é, daquilo que um dos sujeitos está obrigado, proibido ou permitido de fazer ou deixar de fazer ao outro.

A conjunção desses dados indicativos oferece-nos a possibilidade de exibir um esquema padrão, já que toda construção normativa, para ter sentido, pressupõe, como conteúdo mínimo, estes elementos significativos.

1.1 Normas de incidência e normas produzidas como resultado da incidência

Algumas normas são produzidas para incidir, outras nascem como resultado da incidência. Nas normas produzidas para incidir (do tipo gerais e abstratas), a classe dos fatos (delimitada pela hipótese) e das relações (delimitada pelo consequente), compreendem inúmeros elementos, tanto quanto forem os acontecimentos concretos que nela se enquadrem, quanto às relações a se instaurarem juridicamente. Nas normas produzidas como resultado da incidência de outras normas (do tipo individuais e concretas), as classes do antecedente e do consequente abarcam um único elemento, o fato jurídico e a relação jurídica objetivados. Estas últimas normas geralmente são produzidas com a incidência das primeiras no caso concreto e, por isso, nelas se fundamentam materialmente. O que uma prescreve abstratamente, a outra dispõe de forma concreta e, assim sendo, encontram-se mais próximas ao campo material das condutas objetivas, tendo mais condições de atuar modificativamente.

Em todas as regras encontramos, tanto no suposto, quanto no consequente, referências a critérios, aspectos, elementos ou dados identificativos de um evento e de uma relação entre sujeitos. A diferença é que, nas normas produzidas para incidir (do tipo gerais e abstratas) estas referências delimitam um conceito conotativo, enquanto nas normas concretas elas demarcam um conceito denotativo[321].

Como já analisamos no capítulo anterior, o descritor das normas do tipo geral e abstratas não traz a descrição de um acontecimento especificamente determinado, alude a uma classe de eventos, na qual se encaixam infinitas ocorrências concretas. Da mesma forma, o consequente não traz a prescrição de uma relação intersubjetiva especificadamente determinada e individualizada, alude a uma classe de vínculos intersubjetivos, na qual se encaixam infinitas relações entre sujeitos.

Haverá, assim, para construção dos conceitos conotativos destas normas, no antecedente: (i) um critério material (delineador do comportamento/ação pessoal); (ii) um critério temporal (condicionador da ação no tempo); e (iii) um critério espacial (identificador do espaço da ação). E, no consequente: (iv) um critério pessoal (delineador dos sujeitos ativo e passivo da relação); e (v) um critério prestacional (qualificador do objeto da prestação).

Certamente que outras informações podem ser agregadas na construção do sentido deôntico que isola a incidência

---

[321]. Relembrando: os conceitos conotativos são constituídos de critérios relevantes que expressam certa abstração (ex. homem: *animal, mamífero, racional, do sexo masculino*), já os conceitos denotativos identificam os elementos que atendem aos critérios delineadores do conceito conotativo (ex. homem: *João, Artur, Fernando, Marcelo*).

dos textos jurídicos, mas estes são os componentes significativos mínimos necessários para compreensão da mensagem legislada. Nos dizeres de PAULO DE BARROS CARVALHO, "a conjunção desses dados indicativos nos oferece a possibilidade de exibir, na plenitude, o núcleo lógico-estrutural da norma padrão, preenchido com os requisitos significativos necessários e suficientes para o impacto jurídico da exação"[322].

Satisfazendo-se o requisito de pertencialidade aos critérios da hipótese e do consequente das normas gerais e abstratas, são produzidas as normas do tipo individuais e concretas. Nelas não encontramos diretrizes para identificação de uma classe de infinitos fatos e relações, mas a descrição de um acontecimento específico e uma relação jurídica objetivada. Há, no antecedente, ao invés de critérios: (i) um elemento material (referente ao comportamento de uma pessoa); (ii) um elemento temporal (referente ao tempo da ação); e (iii) um elemento espacial (referente ao local da ação). E, no consequente: (iv) um elemento pessoal (individualizador dos sujeitos ativo e passivo da relação jurídica); e (v) um elemento prestacional (referente ao objeto da prestação).

1.2 A regra-matriz de incidência

Chamamos de "regra-matriz de incidência" as normas padrões de incidência[323], aquelas produzidas para serem aplicadas em casos concretos, que se inscrevem entre as regras gerais e abstratas, podendo ser de ordem tributária, previdenciária, penal, administrativa, constitucional, civil, trabalhista, comercial, etc., dependendo das situações objetivas para as quais seu vetor semântico aponta.

---

322. *Direito tributário fundamentos jurídicos da incidência*, p. 81.

323. Com a expressão "regra padrão de incidência" reportamo-nos às normas construídas para incidir em infinitos casos concretos, como aquelas que tipificam crimes, instituem tributos, estabelecem sanções administrativas, dispõem sobre direito dos empregados, etc., isto é, normas gerais e abstratas.

Na expressão "regra-matriz de incidência" emprega-se o termo "regra" como sinônimo de norma jurídica, porque trata-se de uma construção do intérprete, alcançada a partir do contato com os textos legislados. O termo "matriz" é utilizado para significar que tal construção serve como modelo padrão sintático-semântico na produção da linguagem jurídica concreta[324]. E "de incidência", porque se refere a normas produzidas para serem aplicadas.

Voltando-nos para o campo material do direito tributário, PAULO DE BARROS CARVALHO oferece-nos o exemplo da regra-matriz de incidência do IPTU: "Hipótese: (i) *critério material* – ser proprietário de bem imóvel; (ii) *critério espacial* – no perímetro urbano do Município de São Paulo; (iii) *critério temporal* – no 1º dia do ano civil. Consequência: (iv) *critério pessoal* – (iv.a) sujeito ativo: a Fazenda Municipal, (iv.b) sujeito passivo: o proprietário do imóvel; (v) *critério quantitativo* – a base de cálculo é o valor venal do bem imóvel, sobre o qual se aplica a alíquota de 1%.

O autor refere-se a um critério quantitativo no consequente porque, na esfera tributária, o núcleo da conduta prescrita pelas normas instituidoras de tributos é o dever de entregar aos cofres públicos certa quantia em dinheiro. No entanto, não são todas normas jurídicas que apresentam o núcleo da conduta prescrita mensurável (como por exemplo: votar, alistar-se no serviço militar, fumar, dirigir, parar no sinal vermelho, entregar declaração,

---

324. Para PAULO DE BARROS CARVALHO a regra-matriz de incidência tributária é aquela que marca o núcleo da incidência fiscal, ou seja, aquela que institui tributo (IR, IPTU, ISS, ICMS, CIDE combustível, taxa de lixo, etc.) identificada como "norma tributária em sentido estrito". O termo "matriz", neste caso, tem sentido duplo: além de servir como modelo para construção de normas concretas, a regra que institui um tributo marca o núcleo da atividade tributária, define o cerne da matéria tributária, por isso, é tida como "matriz". Este último sentido está relacionado à materialidade da norma (ex: a norma que institui o crime de homicídio é uma regra-matriz de incidência penal, porque marca o núcleo da incidência penal). Levando-se em conta esta acepção não podemos falar em regra-matriz de multa pelo não-pagamento de tributo, regra-matriz de dever instrumental, porque regra-matriz de incidência (em matéria tributária) são somente as normas que instituem tributo (normas tributárias em sentido estrito). Por este motivo, adotamos a primeira acepção, que abrange todas as normas gerais e abstratas e trata a regra-matriz como uma norma padrão de incidência, sem a especificidade de uma matéria, mesmo porque nossa proposta, neste trabalho, é a generalização da teoria.

escriturar livros, etc.). Por isso, generalizando, nem sempre encontramos um critério quantitativo no consequente normativo, mas necessariamente em todas as normas teremos um critério prestacional, contendo as diretrizes para identificação do objeto da prescrição.

Assim, estendendo os estudos sobre a regra-matriz de incidência tributária, de PAULO DE BARROS CARVALHO, para todas as normas padrões de incidência dos diversos "ramos" do direito, nota-se que elas apresentam a mesma composição sintática, sendo os conteúdos mínimos de significação da hipótese e dos consequentes compostos, invariavelmente, pelos mesmos critérios, o que, num esforço mental de suspensão de seus vetores semânticos objetivos, permite-nos construir um esquema padrão, a regra-matriz de incidência:

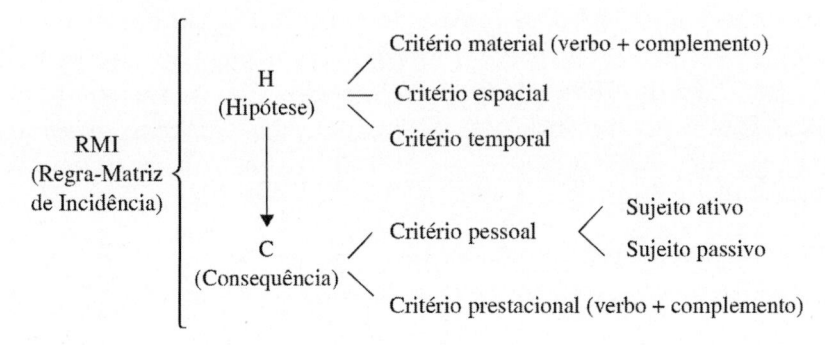

RMI (Regra-Matriz de Incidência)
- H (Hipótese)
  - Critério material (verbo + complemento)
  - Critério espacial
  - Critério temporal
- C (Consequência)
  - Critério pessoal
    - Sujeito ativo
    - Sujeito passivo
  - Critério prestacional (verbo + complemento)

O preenchimento deste esquema possibilita-nos construir com segurança qualquer norma jurídica padrão de incidência.

A falta de um destes critérios demonstra imprecisão da mensagem legislada e, consequentemente, certo comprometimento na regulação almejada pelo legislador.

Por outro lado, a fórmula regra-matriz permite-nos aprofundar a análise das proposições normativas, vez que revela os componentes da hipótese e do consequente das normas jurídicas. Frisamos, no entanto, mais uma vez, que as normas, por desfrutarem de integridade conceptual, são unidades desprovidas de sentido quando desmembradas. Assim, tal desagregação só é permitida para efeito de análise.

1.3 Ambiguidade da expressão "regra-matriz de incidência"

Não imune ao problema da ambiguidade, a expressão "regra-matriz" pode ser utilizada em duas acepções, significando realidades distintas: (i) estrutura lógica; e (ii) norma jurídica em sentido estrito.

No processo gerador de sentido dos textos jurídicos, o intérprete, conhecendo a regra-matriz (estrutura lógica), sai em busca dos conteúdos significativos do texto posto para completá-la e assim constrói a regra-matriz de incidência (norma jurídica). A regra-matriz, considerada como estrutura lógica, é desprovida do conteúdo jurídico, trata-se de um esquema sintático que auxilia o intérprete no arranjo de suas significações, na construção da norma jurídica. A regra-matriz, enquanto norma jurídica, aparece quando todos os campos sintáticos desta estrutura forem semanticamente completados.

Vejamos a representação:

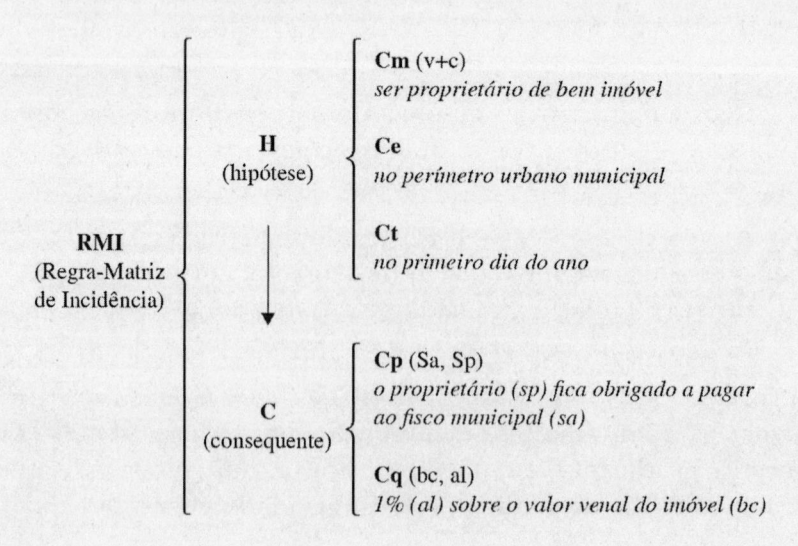

$$\text{RMI (Regra-Matriz de Incidência)} \begin{cases} H \text{ (hipótese)} \begin{cases} \mathbf{Cm} \ (v+c) \\ \textit{ser proprietário de bem imóvel} \\ \mathbf{Ce} \\ \textit{no perímetro urbano municipal} \\ \mathbf{Ct} \\ \textit{no primeiro dia do ano} \end{cases} \\ \\ C \text{ (consequente)} \begin{cases} \mathbf{Cp} \ (Sa, Sp) \\ \textit{o proprietário (sp) fica obrigado a pagar ao fisco municipal (sa)} \\ \mathbf{Cq} \ (bc, al) \\ \textit{1\% (al) sobre o valor venal do imóvel (bc)} \end{cases} \end{cases}$$

Se considerarmos só a estrutura (parte em negrito), temos a regra-matriz de incidência como um esquema lógico-semântico que auxilia o intérprete na construção do sentido dos textos do direito positivo:

$$RMI \begin{cases} H \begin{cases} C_m \\ C_e \\ C_t \end{cases} \\ \downarrow \\ C \begin{cases} C_p \\ C_q \end{cases} \end{cases}$$

A expressão é utilizada nesta acepção, por exemplo, quando um professor chega à sala de aula e diz: "hoje vamos estudar a regra-matriz de incidência". O que vai ser estudado é o esquema lógico-semântico, que servirá de instrumento ao aluno para analisar o texto positivado e construir inúmeras normas jurídicas de acordo com as materialidades com as quais lida no seu dia a dia.

Se, no entanto, considerarmos o conteúdo (parte em itálico), temos a regra-matriz de incidência tributária do IPTU. A expressão "regra-matriz de incidência" é utilizada no sentido de norma jurídica (*stricto sensu*) – significação construída a partir dos textos do direito positivo, estruturada na forma hipotético-condicional:

> "*ser proprietário de bem imóvel no perímetro urbano do município de São Paulo, deve ser, a obrigação do proprietário pagar ao fisco municipal a importância de 1% sobre o valor venal do imóvel*".

Quando, por exemplo, o mesmo professor chega na sala de aula e diz: "hoje vamos estudar a regra-matriz de incidência tributária do IPTU", significa dizer que os alunos entrarão em contato com a norma jurídica que institui tal tributo.

Nota-se a diferença entre as duas acepções: (i) a primeira leva em conta a estrutura abstrata; (ii) a segunda, seu conteúdo, ou seja, sua estrutura preenchida.

Neste capítulo nossa atenção volta-se ao estudo da regra-matriz enquanto estrutura lógico-semântica, que poderá ser preenchida por tantos quantos conteúdos significativos comportar a materialidade dos textos jurídicos.

Vejamos, então, agora separadamente, cada um dos critérios que a compõem.

2. CRITÉRIOS DA HIPÓTESE

Como já tivemos oportunidade de estudar, no enunciado da hipótese normativa, o legislador seleciona as notas que os acontecimentos sociais têm que ter para serem considerados fatos jurídicos[325]. Sua função é definir os critérios (conotação) de uma situação objetiva, que, se verificada, exatamente por se encontrar descrita como hipótese normativa, terá relevância para o mundo jurídico.

Neste sentido, o enunciado da hipótese da RMI é elaborado com status de indeterminação, ou seja, ele delimita um conceito abstrato, que comporta um número finito, mas não determinado de denotações. Isto reforça a afirmação de que a hipótese não contém o evento, nem o fato jurídico, ela descreve uma situação futura, estabelece critérios que identificam sua ocorrência no tempo e no espaço.

Não é demais ressalvar que, tal descrição, por estar imersa na linguagem prescritiva do direito, não está sujeita aos valores de verdade e falsidade, próprios dos enunciados

---

325. LOURIVAL VILANOVA, *As estruturas lógicas e o sistema do direito positivo*, p. 86.

descritivos produzidos pela Ciência, ela vale ou não vale, assim como, a consequência a ela atrelada[326].

Considerando que todo fato é um acontecimento determinado por coordenadas de tempo e espaço e que a função da hipótese é oferecer os contornos que permitam reconhecer um acontecimento toda vez que ele ocorra, a descrição produzida pelo legislador deve, necessariamente, conter diretrizes de ação, de tempo e de lugar.

Observando isso, PAULO DE BARROS CARVALHO elegeu três critérios identificadores do fato, constantes na hipótese de incidência: (i) critério material; (ii) critério espacial; e (iii) critério temporal.

Tais critérios configuram a informação mínima necessária para a identificação de um fato jurídico. Nada impede, porém, que o intérprete, analisando os textos positivados, selecione mais propriedades do evento, como por exemplo, no caso das normas penais da parte especial (tipificadoras dos crimes), em que um critério identificativo da vontade do agente (dolo/culpa) é necessário para a identificação da conduta típica.

Quanto maior o número de critérios percebidos pelo intérprete, maior a precisão identificativa do conceito da hipótese. O esquema da regra-matriz de incidência, aqui apresentado, oferece-nos o conteúdo mínimo necessário para a identificação de um fato e de uma relação intersubjetiva (em termos gerais), o que não restringe, de forma alguma, a construção significativa do intérprete apenas a tais critérios.

Mas vejamos cada um deles critérios de forma mais detalhada.

---

326. Neste sentido, LOURIVAL VILANOVA é pontual: "Conquanto a hipótese seja formulada por um conceito descritivo, está imersa na linguagem prescritiva do direito positivo. A não verificação de um fato que se subsome aos critérios de identificação da hipótese, não tem o condão de anulá-la, pois a hipótese não se submete aos valores de verdade ou falsidade. O legislador prescreve aquele conceito para denotação do fato jurídico, mesmo que utilizando-se da descrição e por isso, elas valem ou não valem." (*Analítica do dever-ser*, p. 20).

2.1 Critério material

Critério material é a expressão, ou enunciado, da hipótese que delimita o núcleo do acontecimento a ser promovido à categoria de fato jurídico.

A hipótese descreve um proceder humano (dar, não-dar, fazer, não-fazer, ser ou não-ser) condicionado no tempo e espaço. Por abstração, separamos a ação ou o estado nuclear desse comportamento dos seus condicionantes de tempo e espaço e chegamos ao critério material, como um dos componentes da hipótese. Grande parte dos autores se perde neste processo de decomposição e, por isso, é muito comum a indevida referência ao critério material como a descrição objetiva do fato contida na hipótese[327].

Para delimitar tal proceder humano, encontramos expressões genéricas designativas de ações ou estados que envolvem pessoas (ex: causar dano; subtrair coisa alheia móvel; demitir empregado; ser proprietário de bem imóvel, etc). O instrumento gramatical utilizado para distinguir uma ação ou estado é o verbo. Assim, esse núcleo, por nós denominado de critério material, será, invariavelmente, composto por: (i) um verbo, que representa a ação a ser realizada; (ii) seguido de seu complemento, indicativo de peculiaridades desta ação.

---

327. Nas palavras de PAULO DE BARROS CARVALHO: "Tanto os nacionais como os estrangeiros tropeçam, não se livrando de apresentá-lo engastado os demais aspectos ou elementos integradores do conceito, e acabam por desenhar, como critério material, todo o perfil da hipótese. Nesse vício de raciocínio incorrem quantos se dispuseram, em trabalho de fôlego, a mergulhar no exame aprofundado do suposto, impressionados com a impossibilidade física de separar o inseparável, confundiram o núcleo da hipótese normativa com a própria hipótese, definindo a parte pelo todo, esquecidos de que lidavam com entidades lógicas, dentro das quais é admissível abstrair em repetidas e elevadas gradações. É muito comum, por isso, a indevida alusão ao critério material, como a descrição objetiva do fato. Ora, a descrição objetiva do fato é o que se obtém da compositura integral da hipótese tributária, enquanto o critério material é um dos seus componentes lógicos" (*Curso de direto tributário*, p. 251).

O verbo, considerado por alguns autores o elemento gramatical mais significativo da hipótese[328], é sempre pessoal, pois pressupõe que alguém o realize; se apresenta no infinitivo, aludindo à realização de uma atividade futura; e de predicação incompleta, o que importa a obrigatória presença de um complemento.

Vejamos alguns exemplos: (i) o caput do art. 121 do Código Penal enuncia o critério material da norma de homicídio simples (*Matar alguém*). Nota-se que o verbo (*matar*) é pessoal, indicando que um sujeito terá que realizar a ação (*alguém terá que matar*); apresenta-se no infinitivo, apontando a realização futura da ação; e contém um complemento, que indica uma peculiaridade da ação (*alguém – uma pessoa, não um animal ou uma planta*); (ii) o inciso I do § 1º do art. 14 da Constituição Federal traz o critério material da norma do sufrágio popular obrigatório (*Ser maior de 18 anos*)[329]. O verbo é pessoal, indicando que um sujeito terá de se encontrar naquele estado (*alguém terá que ser*); apresenta-se no infinitivo, apontando o estado futuro; e contém um complemento, que indica uma peculiaridade do estado (*maior de 18 anos – não de 16 ou de 14*); (iii) o artigo 1.233 do Código Civil enuncia como critério material da norma de descoberta (*achar coisa alheia perdida*)[330]. O verbo novamente é pessoal, apontando que a ação deve ser realizada por alguém (*uma pessoa deve achar*); apresenta-se no infinitivo, indicando uma ação futura; e

---

328. O penalista EUGÊNIO RAÚL ZAFFARONI, por exemplo, ao tratar dos elementos do tipo, assim enuncia: "o tipo é predominantemente descritivo porque composto de elementos objetivos que são os mais importantes para distinguir uma conduta qualquer. Entre esses elementos, o mais significativo é o verbo, que é precisamente a palavra que serve gramaticalmente para distinguir uma ação" (*Manual de derecho penal*: parte geral, p. 306). Para nós, todos os componentes são importantes, pois sem a presença de todos não se identifica o evento relevante juridicamente, mas sem dúvida é o critério material responsável pela delimitação do núcleo do fato.

329. Norma do sufrágio popular obrigatório: "H – Ser maior de 18 anos na data das eleições → C – obrigatório ao brasileiro votar".

330. Norma da descoberta: "H – Achar coisa alheia perdida, a qualquer tempo, no território nacional → C – obrigatório a restituição ao dono ou legítimo possuidor"

contém um complemento duplo, indicando duas características da ação (*a coisa achada terá que ser alheia e perdida*).

É importante ressalvar, contudo, que o legislador, para demarcar a materialidade do fato, não se utiliza apenas de verbos que exprimem ação (ex: fumar, dirigir, achar, vender, industrializar, incorporar, etc.), mas também de verbos que exprimem o estado de uma pessoa (ex: ser, estar, permanecer, etc.). Em decorrência disso, não é correto afirmar que todo fato jurídico reporta-se a uma ação humana, pois o legislador também toma como relevante, para o desencadeamento de efeitos jurídicos, certos estados da pessoa.

A ação é considerada uma atividade refletida. Para realizá-la o sujeito, ainda que inconscientemente, pensa e emite estímulos do cérebro no intuito de modificar a condição em que se encontra. Já o estado é considerado uma atividade espontânea, porque o sujeito se encontra em certa condição e não emite qualquer estímulo cerebral para modificá-la. No entanto, todo estado pressupõe uma ação, é a lei da causalidade física (causa → efeito). Por exemplo, para "ser proprietário de bem imóvel" (que é um estado), o sujeito tem que comprar, receber em doação, ou herança o imóvel, isto é, alguém tem que realizar uma ação. Da mesma forma, para "ser maior de 18 anos" (que é um estado), o sujeito tem que viver até os dezoito anos (que é uma ação). Por isso, como bem enfatiza PAULO DE BARROS CARVALHO, quando dizemos que o critério material é o enunciado da hipótese que delimita o núcleo do comportamento humano, tomamos a expressão "comportamento" na plenitude de sua força significativa, ou seja, abrangendo as duas atividades: refletidas (expressas por verbos que exprimem ação) e espontâneas (verbos de estado)[331].

---

331. PAULO DE BARROS CARVALHO, *Teoria da norma tributária*, p. 125 – O autor cita a lição de EDUARDO CARLOS PEREIRA "Segundo Ayer e outros distintos gramáticos, exprimir ação é caráter fundamental do verbo. Outros, porém, acham que este caráter pertence a certos verbos chamados, por isso, ativos, como andar, amar, etc., ao passo que outros verbos exprimem estados, como estar, ficar, ser, viver. Daí definem o verbo como a palavra que exprime a ação ou o estado, ou ainda, a qualidade, atribuída ao respectivo sujeito. Porém, nos próprios verbos de estado

O verbo, núcleo do critério material, é invariavelmente pessoal, isto porque os fatos que interessam para o direito são necessariamente aqueles que envolvem pessoas. Acontecimentos naturais isolados (ex: um fruto que cai na floresta tropical, um maremoto, um animal selvagem que ataca outro para se defender, a morte de um pássaro) não têm importância jurídica, porque o direito, tendo a função de disciplinar condutas intersubjetivas, só toma como relevante ocorrências que envolvem pessoas.

Para o ordenamento jurídico é irrelevante os acontecimentos impessoais, dado sua referibilidade semântica com o sistema social. O fruto que cai na floresta, não é capaz de ensejar qualquer relação jurídica, mas se este mesmo fruto cair no quintal do vizinho, vislumbra-se o desencadeamento de uma série de efeitos jurídicos. Da mesma forma, o fato isolado de um maremoto, não é relevante juridicamente, mas passa a ser se ele afundar um navio cargueiro. O direito também não se preocupa com o fato de um animal atacar outro, mas considera relevante se um cachorro de estimação atacar alguém na rua, atribuindo a este fato efeitos jurídicos. Nenhum comportamento não-pessoal é capaz de propagar efeitos jurídicos, pela própria ontologia finalística do direito, por isso, o verbo, núcleo do critério material, é sempre pessoal.

Os conceitos delineados na hipótese e no consequente normativo guardam referência com a linguagem social e não com a linguagem individual. Portando, só interessam para o direito os fatos verificáveis neste contexto. É por esta razão que também não encontramos como núcleo material da descrição hipotética de normas jurídicas verbos que exprimem ações intrassubjetivas (ex: pensar, imaginar, crer, julgar, supor, etc.) nem complementos autorreferentes (ex: a si mesmo, dele próprio, consigo mesmo, etc.).

---

concebe-se algum grau de atividade do sujeito. A diferença entre as duas atividades está em ser esta espontânea do sujeito, e aquela refletida" (*Gramática expositiva, curso superior*, p. 117).

O fato de o verbo ser pessoal dispensa a necessidade de um critério pessoal no enunciado da hipótese de incidência, como sugerem alguns autores[332]. Como dissemos acima, dado a referibilidade semântica do direito com a linguagem social, o sistema não admite, como propulsores de efeitos jurídicos, atividades que não envolvam sujeitos. Por estar o verbo no infinitivo (ex: ameaçar, ser, fazer, causar, etc.), certamente sempre alguém terá de realizar a ação ou encontrar-se no estado descrito pela hipótese.

O direito, afastando algumas exceções, não se preocupa em dizer quem deve realizar a ação ou se encontrar em certa condição. Seu interesse volta-se para quem vai sofrer os efeitos jurídicos desta ação ou condição. Por isso, o critério pessoal é um atributo próprio do consequente normativo.

Como já observamos, no entanto, nada impede que, para incrementar a compreensão do sentido legislado, o intérprete agregue às notas da hipótese um critério pessoal. Isto, porém, não justifica a presença de um critério pessoal na hipótese de incidência, porque tais notas podem ser tomadas como outra descrição hipotética.

Um exemplo esclarece melhor o que queremos dizer: nos crimes próprios (como é o caso do peculato – art. 312 do Código Penal[333]), cujo fato delituoso deve ser realizado por agente administrativo, vislumbramos na hipótese normativa a descrição de dois fatos ligados conjuntivamente: [(H1 – "cm: aproveitar-se de dinheiro público, em proveito próprio ou alheio, que tenha posse em razão do cargo". H2 – "cm: ser funcionário público; ct: no momento do aproveitamento") → C – "o cumprimento da pena de reclusão de x a y anos em

---

332. GERALDO ATALIBA, *Hipótese de incidência tributária*, p. 80. LUIZ CESAR SOUZA DE QUEIROZ, Regra-matriz de incidência tributária in *Curso de especialização em direito tributário: estudos analíticos em homenagem a Paulo de Barros Carvalho*, p. 242-245.

333. Art. 312. Aproveitar-se o funcionário público de dinheiro, valor, ou qualquer bem móvel, público ou particular, de que tenha a posse em razão do cargo, ou desviá-lo, em proveito próprio ou alheio: Pena – reclusão de 2 (dois) a 12 (doze) anos.

favor do Estado"]. Outra solução é simplesmente ignorar a nota pessoal na construção da hipótese e utilizá-la apenas para delimitação do critério pessoal do consequente, pois o tipo-penal já tem como complemento a expressão "em razão do cargo" visto que a norma deve sempre ser considerada na sua integridade conceitual: (qualquer pessoa pode realizar o fato descrito em H1, mas só o funcionário público poderá figurar no polo passivo da relação penal – como as demais pessoas não estarão sujeitas à consequência jurídica, não realizarão fato jurídico penal). Por esta razão, afastamos a necessidade de um critério pessoal compor a hipótese normativa, dado sua dispensabilidade, quando trabalhamos a RMI com o conteúdo mínimo necessário da mensagem prescritiva.

2.2 Critério espacial

Critério espacial é a expressão, ou enunciado, da hipótese que delimita o local em que o evento, a ser promovido à categoria de fato jurídico, deve ocorrer.

Chegamos a ele isolando as proposições delineadoras do núcleo do acontecimento e suas coordenadas de tempo, por meio do mesmo processo de abstração pelo qual delineamos o critério material.

Em alguns casos identificamos as diretrizes de espaço com grande facilidade, de modo que elas nos parecem expressas nos textos. Noutros casos, não as encontramos de pronto, mas por sabermos que todo acontecimento pressupõe uma coordenada espacial, construímos tal informação a partir de indícios deixados pelo legislador, de modo que ela nos aparece como implícita nos textos jurídicos.

O fato é que, expressa ou implicitamente haverá sempre, na linguagem jurídica, um grupo de indicações para assinalar o local preciso em que o direito considera acabada a ação (ou estado) tomada como núcleo da hipótese normativa. Em alguns casos, o legislador a oferece de forma aprimorada;

noutros, já não demonstra tanto cuidado, dando maior liberdade ao intérprete na construção do critério espacial[334].

PAULO DE BARROS CARVALHO, reportando-se à definição do local do fato tributário, verificou níveis diferentes de elaboração das coordenadas de espaço, que podem ser consideradas também em termos gerais. Seguindo os ensinamentos do autor, podemos dividir o critério espacial em: (i) pontual – quando faz menção a determinado local para a ocorrência do fato; (ii) regional – quando alude a áreas específicas, de tal sorte que o acontecimento apenas ocorrerá se dentro delas estiver geograficamente contido; (iii) territorial – bem genérico, onde todo e qualquer fato, que suceda sob o mato da vigência territorial da lei, estará apto a desencadear seus efeitos peculiares[335].

No primeiro caso, as informações de espaço contidas na hipótese normativa apontam para locais específicos, de modo que o acontecimento apenas se produz em pontos predeterminados e de número reduzido. Em matéria tributária, o autor oferece-nos o exemplo do imposto de importação, em que o acontecimento tributável (importar mercadoria) se consuma nas repartições alfandegárias, localidades habilitadas a receber os bens importados. Fora do âmbito tributário, podemos citar como exemplo, as hipóteses de: estacionar veículo em *local proibido*; de apresentar-se *no aeroporto* trinta minutos antes do embarque; efetuar o depósito *no banco X*, etc. Todos estes fatos se dão em pontos determinados e de

---

334. Nos dizeres de PAULO DE BARROS CARVALHO: "Há regras jurídicas que trazem expressos os locais em que o fato deve ocorrer, a fim de que irradie os efeitos que lhe são característicos. Outras, porém, nada mencionam, carregando implícitos os indícios que nos permitem saber onde nasceu o laço obrigacional. É uma opção do legislador. Aquilo que de real encontramos, no plano do direito positivo brasileiro, é uma dose maior ou menor de esmero na composição dos critérios espaciais, de tal modo que alguns são elaborados com mais cuidado que outros. Todavia, ainda que aparentemente, pensamos ter o político se esquecido de mencioná-lo, haverá sempre um plexo de indicações, mesmo que tácitas e latentes, para assinalar o lugar preciso em que aconteceu aquela ação, tomada como núcleo do suposto normativo" (*Curso de direito tributário*, p. 255).

335. *Curso de direito tributário*, p. 255-256.

número reduzido, (levando-se em conta o espaço e âmbito territorial da lei), o que nos reporta a critérios espaciais bem elaborados, que selecionam lugares exclusivos e não demarcações geográficas.

Pode ser, no entanto, que o ente político, ao estabelecer as diretrizes do local de ocorrência do fato jurídico não indique um ponto específico, mas aponte para certa região ou intervalo territorial, dentro do qual, em qualquer de seus pontos, pode efetivar-se o evento. Estamos, aqui, diante do segundo caso em que o critério espacial alude a áreas específicas, de tal sorte que o acontecimento apenas ocorrerá se dentro delas estiver geograficamente contido. Os dados definidores deste tipo de critério espacial são menos minuciosos em relação àqueles que apontam para um local exclusivo, mas ainda se nota certo grau de determinação no esforço elaborativo do legislador, no que tange ao fator condicionante de espaço.

Como exemplo, na seara do direito tributário, PAULO DE BARROS CARVALHO cita o IPTU (imposto sobre a propriedade territorial urbana), em que são alcançados pela incidência da norma apenas os bens imóveis situados nos limites do perímetro urbano municipal. Neste caso, não há necessidade do imóvel estar situado num determinado ponto (ex: na rua x ou na avenida y), pois o critério espacial não contempla tal singularidade. O que importa juridicamente não são pontos isolados, mas se tais pontos encontram-se dentro da área delimitada (se a rua x ou a avenida y pertencem ao perímetro urbano municipal). Saindo do campo do direito tributário podemos citar como exemplo, as normas ambientais que tomam como hipótese a realização de certas ações em áreas de preservação, para o ensejo de sanções.

Há circunstâncias, porém, que a definição das coordenadas de tempo do fato é bem ampla, abrangendo todo o âmbito territorial de vigência da norma. Temos, então, o terceiro caso: um critério espacial bem genérico, onde todo e qualquer acontecimento, que suceda sob o manto da vigência territorial da lei estará apto a desencadear seus efeitos peculiares. As diretrizes deste tipo de critério espacial são mais abrangentes se comparado com as que apontam para uma região específica (segundo tipo) ou com as que assinalam um local determinado (primeiro tipo), o que demonstra menor participação elaborativa do legislador.

Considera-se campo territorial de vigência, o perímetro espacial dentro do qual as regras estão aptas a propagarem efeitos jurídicos. As leis municipais, por exemplo, só produzem efeitos dentro dos limites do Município que as criou, assim como as leis estaduais só têm vigência dentro do território de cada estado, as leis federais só produzem efeitos dentro do território nacional e as normas internas de uma empresa só valem para aquela empresa, ou seja, só estão aptas a produzirem efeitos dentro do seu espaço geográfico, que constitui o campo territorial de sua vigência.

Neste caso (iii), o legislador faz com que o critério espacial aponte para a mesma demarcação territorial do campo de vigência da norma. Importante ressaltar, no entanto, que uma coisa é a delimitação feita pelo critério espacial, enquanto enunciado indicativo do local em que fato a ser promovido à categoria de fato jurídico deve ocorrer, outra coisa é o âmbito espacial de vigência da norma, como a delimitação territorial onde a regra está apta a produzir efeitos jurídicos.

Como exemplo, no âmbito tributário, PAULO DE BARROS CARVALHO cita o IPI (imposto sobre produtos industrializados) e o ICMS (imposto sobre operações de circulação de mercadorias), cujas regras incidem, respectivamente, sobre os fatos de industrializar produtos em qualquer lugar do território nacional e de realizar operação de circulação de mercadoria em qualquer lugar do território estadual. Em ambos os casos a delimitação traçada pelas diretrizes do critério espacial se confunde com o campo territorial de vigência das normas. Fora do núcleo tributário, podemos citar como exemplo as regras que prescrevem as formalidades necessárias para abertura de empresa no território nacional, as que dispõem sobre direitos e garantias fundamentais, etc.

Quanto à determinação do critério espacial, além dos três tipos enumerados acima, há circunstâncias em que o legislador é tão abrangente que ultrapassa os limites territoriais de vigência da norma. Teríamos, então, uma quarta hipótese: (iv) o critério espacial universal, que alude a qualquer lugar, mesmo que fora do âmbito territorial em que a regra está apta a produzir efeitos jurídicos.

Na esfera tributária, é o caso, por exemplo, do IR, que alcança, não só os acontecimentos verificados no território nacional, mas também eventos ocorridos além de nossas fronteiras. Se algum residente brasileiro auferir renda em qualquer lugar do mundo, mesmo que seja na China, estará sujeito ao pagamento do tributo no Brasil, a territorialidade, nestes casos, não será definida pelo critério espacial (da hipótese normativa), mas pelo critério pessoal (do consequente normativo), mais especificamente pelo sujeito passivo (o fato de auferir renda pode ocorrer em qualquer lugar, mas só figurará no polo passivo da relação tributária o residente). É o critério espacial universal que possibilita a aplicação da lei brasileira a fatos ocorridos no exterior, ou a lei de um determinado estado ou município alcançar eventos verificados em outro.

A despeito disso, pode-se perceber, ainda mais claramente, que a delimitação do local do fato contida na hipótese e o campo de vigência da norma são entidades ontologicamente distintas, apesar de frequentemente, por opção legislativa, encontrarmos o critério espacial identificado como o próprio plano de vigência territorial da norma. Aliás, este é justamente o motivo, de muitos autores terem dificuldade de vislumbrar um critério espacial universal, eles acabam associando-o ao âmbito de vigência das leis.

Mas voltando a nossa classificação quanto aos diferentes graus de determinação das diretrizes de espaço contidas na hipótese normativa, o gráfico a seguir nos dá uma ideia melhor:

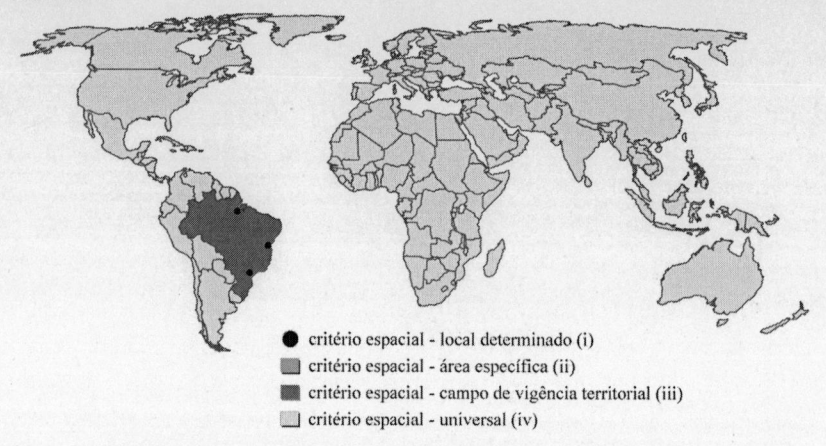

- critério espacial - local determinado (i)
- critério espacial - área específica (ii)
- critério espacial - campo de vigência territorial (iii)
- critério espacial - universal (iv)

Identificamos aqui, claramente, os quatro tipos de critérios espaciais: (i) pontual, que indica um local determinado, exclusivo e de número limitado; (ii) regional, que assinala uma área específica, ou uma região; (iii) territorial, que identifica o próprio campo de vigência da norma; (iv) universal, que demarca uma área mais abrangente do que o campo de vigência da norma.

Se considerarmos as normas federais, temos um critério espacial determinado (i), quando ele nos remete a pontos exclusivos do território nacional (no gráfico representado pelos pontos pretos). Não tão determinado o será quando assinalar uma área específica (ii), localizada dentro do âmbito de vigência da lei (no gráfico representado pela demarcação rosada). Menos determinado ainda é o critério espacial identificado como o próprio plano de vigência territorial da lei (iii), ou seja, qualquer lugar do território nacional (no gráfico representado pela demarcação azul). E nem um pouco determinado, o que significa bem amplo, é o critério espacial universal (iv), que ultrapassa os limites do território brasileiro, âmbito espacial de vigência de lei e alcança fatos ocorridos em qualquer localidade do mundo (no gráfico representado pela demarcação acinzentada).

Considerando normas estaduais: o critério espacial determinado (i) nos remete a pontos específicos dentro do Estado; o critério espacial que assinala uma área (ii), aponta para uma região determinada dentro do território estadual; o critério espacial genérico (iii) coincide com o âmbito de vigência territorial da norma, ou seja, os limites geográficos do Estado; e o critério espacial universal (iv) nos remete a qualquer lugar, dentro ou fora da demarcação do território estadual. O mesmo se observa com normas municipais: o critério espacial determinado (i) nos remete a pontos específicos dentro do Município; o critério espacial que assinala uma área (ii) aponta para uma região determinada dentro do território municipal; o critério espacial genérico (iii) coincide com o âmbito de vigência territorial da norma, ou seja, os limites geográficos do Município; e o critério espacial universal (iv) nos remete a qualquer lugar, dentro ou fora da demarcação do território municipal[336].

Tal classificação permite-nos estabelecer uma relação entre o campo de vigência territorial da norma e o local de ocorrência do fato previsto em sua hipótese, o que demonstra, com transparência, serem o critério espacial e o campo de vigência da norma entidades diferentes.

2.3 Critério temporal

Critério temporal é o feixe de informações contidas na hipótese normativa que nos permite identificar, com exatidão,

---

336. Em matéria tributária, há uma grande discussão sobre o critério espacial do ISS, muitos autores sustentam a inconstitucionalidade da cobrança do tributo pelo Município do local do estabelecimento comercial (LC 116/03), quando a efetiva prestação do serviço (fato jurídico tributário) se dá em outro município, sob o fundamento da extraterritorialidade da lei municipal, que alcança e atribui efeitos a fatos ocorridos fora dos limites geográficos do território municipal. Cremos ser este um caso típico de critério espacial universal (assim como temos no IR) e de confusão doutrinária entre o critério espacial e o âmbito de vigência territorial da norma. Não se configura, a nosso ver, extraterritorialidade da lei, mesmo que o fato tributário se dê em outro município (devido o critério espacial ser universal), o critério pessoal garante a produção de efeitos jurídicos apenas dentro do âmbito municipal.

o momento de ocorrência do evento a ser promovido à categoria de fato jurídico.

Assim como acontece com o critério espacial, às vezes as diretrizes que informam o critério temporal parecem explícitas no texto normativo, quando de imediato as identificamos nos enunciados prescritivos que compõem o plano de expressão do direito, outras vezes parecem implícitas, quando o trabalho interpretativo é mais árduo. Mas, explícita ou implicitamente (guardando aqui as ressalvas ao modelo teórico adotado), haverá sempre na linguagem jurídica, um grupo de informações que precise o momento em que se considera ocorrida a ação (ou estado), tomada como núcleo da hipótese normativa, caso contrário, é impossível a identificação do fato.

Para comprovar tal afirmação pensemos numa ação: *andar*, e logo vem a pergunta: Em que preciso momento o homem realiza a ação de andar? No instante em que levanta um dos pés? No átimo em que seu pé avança, no ar, em relação ao outro? No momento em que ele o encosta no chão? Ou quando levanta o outro pé em rumo a mais um passo? Para identificarmos o fato de um homem ter andado precisamos saber em que instante considera-se realizada a ação de andar, sem esta especificação temporal, não se pode dizer se ele a realizou ou não.

Toda ação, por mais simples que possa parecer, pressupõe uma série de atos, e por isso, pode ser desmembrada cronologicamente em várias outras ações ou, se preferirmos, em fatores de uma ação mais complexa.

Em razão disso, o legislador, para demarcar na linha do tempo a realização da ação (ou estado), muitas vezes seleciona um marco temporal (ex. o último dia de cada ano, trinta dias após a notificação, no vigésimo dia de cada mês); outras vezes, escolhe um dos fatores da ação, para demarcar sua realização no tempo.

Quando o legislador elege como critério temporal um fator da ação, temos que tomar cuidado para não confundi-lo com o critério material, ou seja, equiparar a indicação do fator da ação utilizado para demarcar sua realização jurídica no tempo com a sinalização da ação em si, que se apresenta mais complexa e sucessiva no tempo.

Voltemo-nos, por exemplo, à norma de homicídio: o critério material, como já vimos, sinaliza para a situação de *matar alguém*, mas em que momento o direito considera praticado o fato de matar? A resposta a esta pergunta e o conteúdo do critério temporal da norma encontramos no art. 4º do Código Penal *"considera-se praticado o crime no momento da ação ou omissão, ainda que outro seja o momento do resultado"*. Nota-se que a legislação penal escolheu o instante do fator (ação) contra a pessoa, como o marco temporal em que se considera realizado o fato criminoso, para fins de aplicação da norma penal[337]. Este marco é imposto pelo legislador e é indispensável para determinar temporalmente quais normas incidem sobre o acontecimento. Porém, ele é apenas um dos elementos do fato, isto quer dizer que, mesmo quando verificado cronologicamente o fator tomado como critério temporal (ação contra a pessoa), o acontecimento só se aperfeiçoa quando todos os fatores da ação (mais complexa) forem apurados, ou seja, quando também verificado o resultado (morte), pois só assim todos os critérios da hipótese se encontrarão devidamente denotados[338].

A separação entre os critérios material e temporal, quando este fixa um fator da ação, é tão sutil que até mesmo o legislador às vezes se confunde, definindo como hipótese normativa o que, na verdade, estabelece como critério temporal.

---

337. Segundo os criminalistas, existem três teorias para determinação do momento do crime: a) da atividade: o momento em que é realizada a ação ou omissão; b) do resultado: o momento em que se deu o resultado; c) mista, tanto o momento da ação, ou omissão, como o do resultado. A legislação brasileira escolhe a da atividade.

338. Com base nesta diferença, os criminalistas separam o momento da prática do crime (para nós apontado pelo critério temporal da norma) com o momento de sua consumação (instante em que todos os critérios da hipótese são denotados empiricamente).

PAULO DE BARROS CARVALHO coleciona, na esfera tributária, uma série de exemplos deste equívoco[339], demonstrando uma tendência do legislador neste sentido. Reportemo-nos a alguns deles:

Para definir a hipótese de incidência dos impostos de importação (II), exportação (IE), sobre produtos industrializados (IPI) o Código Tributário Nacional dispõe: art. 19. "*O imposto, de competência da União, sobre importação de produtos estrangeiros tem como fato gerador <u>a entrada destes no território nacional</u>*"; art. 23. "*O imposto, de competência da União, sobre a exportação, para o estrangeiro, de produtos nacionais ou nacionalizados tem como fato gerador <u>a saída deste do território nacional</u>*"; art. 46. *O imposto, de competência da União, sobre produtos industrializados tem como fato gerador: I – seu <u>desembaraço aduaneiro</u>, quando de procedência estrangeira; II – a sua <u>saída dos estabelecimentos</u> a que se refere o parágrafo único do art. 51; III – a sua <u>arrematação</u>, quando apreendido ou abandonado e levado a leilão*" (grifamos).

O que o legislador faz é definir o critério temporal como se estivesse delineando a hipótese de incidência de cada um destes tributos. Observando os enunciados, nota-se que os dados sublinhados apontam para o momento em que o direito considera realizado o fato jurídico tributário e não para a ação núcleo do acontecimento (II – "*importação de produtos estrangeiros*"; IE – "*exportação, para o estrangeiro, de produtos nacionais ou nacionalizados*"; IPI – "*industrialização de produtos*"). Nas palavras do autor: "A pretexto de mencionarem o fato, separam um instante, ainda que o momento escolhido se contenha na própria exteriorização da ocorrência. Não passa, contudo, de uma unidade de tempo, que se manifesta, ora pela entrada de produto estrangeiro no território nacional (Imposto de Importação), ora pela saída (Imposto de Exportação); já pelo desembaraço aduaneiro, já por deixar o produto industrializado o estabelecimento industrial ou equiparado,

---

339. *Curso de direito tributário*, p. 260.

ou pelo ato de arrematação, tratando-se daqueles apreendidos ou abandonados e levados a leilão (IPI)"[340].

Importante é ter em mente que o critério temporal fixa o instante em que o direito considera realizado o fato a ser promovido à categoria de jurídico. Este momento, não precisa necessariamente coincidir com aquele fixado por outros sistemas, podendo inclusive ser diferente dentro do próprio sistema jurídico (de norma para norma), pois, como já vimos, o direito cria suas próprias realidades.

Para elucidar tal afirmação, vejamos alguns exemplos: o fato de matar alguém para o sistema social ocorre com a morte da pessoa, para o sistema jurídico penal com a prática da ação contra a pessoa; o fato da importação de mercadoria que, para o direito tributário ocorre com o desembaraço aduaneiro, para o direito comercial com a assinatura do contrato de importação e para o direito marítimo quando o navio transpõe a fronteira brasileira. Nota-se que legislador seleciona a ação (ou estado) à qual deseja imputar efeitos jurídicos e escolhe o momento em que o sistema (ou seus subsistemas) a reconhecerá como ocorrida, para poder, efetivamente, constituir tais efeitos.

Até pouco tempo, acreditava-se que o critério temporal demarcava o instante de nascimento do vínculo jurídico[341]. Tal entendimento, no entanto, não se enquadra ao sistema de referência com o qual trabalhamos. O critério temporal, assim como toda delimitação da hipótese, aponta para a realidade social, com a função de identificar o exato momento em que o sistema jurídico considera ocorrido o fato a ser promovido à categoria de jurídico, mas enquanto este fato não for vertido na linguagem própria do sistema, nenhum efeito de ordem jurídica é gerado, apenas social. Neste sentido, o critério temporal não aponta para o momento em que

---

340. PAULO DE BARROS CARVALHO, *Curso de direito tributário*, p. 261.

341. Como propõe EURICO MARCOS DINIZ DE SANTI em *Lançamento tributário*, p. 178, com base nas lições de PONTES DE MIRANDA e LOURIVAL VILANOVA.

se instaura o liame jurídico, mas para o instante em que se considera consumado o acontecimento a ser promovido à categoria de fato jurídico, a fim de que se possa identificar a norma a ser aplicada.

Aproveitamos, aqui, a oportunidade para identificar as duas funções do critério temporal: (i) uma direta, que é identificar, com exatidão o preciso momento em que acontece o evento relevante para o direito; (ii) outra indireta, que é, a partir da identificação do momento de ocorrência do evento, determinar as regras vigentes a serem aplicadas.

Diferente do critério espacial, que apresenta vários níveis de determinação, o critério temporal indica sempre um ponto na linha cronológica do tempo e não um período determinado, ou o tempo de vigência da norma. É com base nesta constatação que PAULO DE BARROS CARVALHO critica a classificação dos fatos geradores tributários em: (i) instantâneos; (ii) continuados; e (iii) complexivos[342], que se diz fundada nas variações imprimidas pelo legislador na construção do critério temporal das hipóteses, mas que, na verdade, não passa de uma confusão de planos, onde se abandona a fórmula linguística da hipótese para se analisar a contextura real do evento[343].

Aplicada à teoria geral do direito, esta classificação também logo seduz: (i) instantâneos seriam os fatos que se esgotam em determinada unidade de tempo (ex: nascer, morrer, furtar, contratar, etc.); (ii) continuados configurariam situações duradouras (ex: ser proprietário de imóvel, ser brasileiro nato, estar casado, ser pai, ser maior de 60 anos, etc.); e (iii) complexivos seriam aqueles cujo processo de formação tivesse implemento com o transcurso do tempo (ex: auferir renda; fraudar credores, abrir empresa, etc.).

---

342. Proposta por AMILCAR DE ARAÚJO FALCÃO, baseado nas lições de A. D. GIANNINI, E. VANONI E WILHEM MERK.

343. *Curso de direito tributário*, p. 262-267.

No entanto, como todo fato, enquanto enunciado linguístico, acontece em certa condição de espaço e em determinado instante, mais do que inadequado é incoerente aceitar qualquer outro fato que não seja instantâneo.

Reportando-nos aos ensinamentos de PAULO DE BARROS CARVALHO: "O acontecimento só ganha proporção para gerar o efeito da prestação fiscal, mesmo que composto por mil outros fatores que se devam conjugar, no instante em que todos estiverem concretizados e relatados, na forma legalmente estipulada. Ora, isso acontece num determinado momento, num especial marco de tempo"[344]. Mesmo que a ação pressuponha uma série de fatores, ou se configure num estado permanente, o critério temporal, enquanto componente da hipótese, demarca o instante em que esta série se completa, ou em que se configura o estado permanente, por isso, independentemente das características do evento, o fato necessariamente assinala um ponto preciso na linha cronológica do tempo.

3. CRITÉRIOS DO CONSEQUENTE

Se, enquanto na hipótese, o legislador se esforça para enunciar os critérios que identifiquem um fato, no consequente ele seleciona as notas que devem ter as relações intersubjetivas a serem instauradas com a verificação do fato jurídico, indicando os elementos deste vínculo. Assim, a função do consequente é definir os critérios (conotação) do vínculo jurídico a ser interposto entre duas ou mais pessoas, em razão da ocorrência do fato jurídico.

Do mesmo modo que a hipótese, o enunciado do consequente da regra-matriz de incidência é elaborado com status de indeterminação, ou seja, ele delimita um conceito abstrato, que comporta um número finito, mas não determinado, de denotações. Nestes termos, ele não contém a relação jurídica,

---

344. *Curso de direito tributário*, p. 265.

prescreve um comportamento relacional a ser instaurado quando da ocorrência do fato.

Por prescrever um comportamento relacional que vincula dois ou mais sujeitos em torno de uma prestação (S' R S"), o conceito do consequente da regra-matriz de incidência deve identificar os elementos desta relação, quais sejam: sujeitos (ativo e passivo) e o objeto da prestação, pois é sob esta forma, instituindo vínculos relacionais entre sujeitos no qual emergem direitos e deveres correlatos, que a linguagem do direito realiza sua função disciplinadora de condutas intersubjetivas.

Assim, falamos: (i) num critério pessoal; e (ii) num critério prestacional, como componentes lógicos do consequente da regra-matriz de incidência.

Tais critérios configuram a informação mínima necessária para a identificação do vínculo jurídico a ser instaurado com a verificação do fato descrito na hipótese. Nada impede, porém, que o legislador indique mais propriedades da relação, como por exemplo, o tempo e o local de sua constituição ou cumprimento, e que o intérprete os utilize na conformação da proposição consequente de sua regra. No entanto, já não estaremos mais falando do conteúdo mínimo necessário para a compreensão da mensagem deôntica.

Alguns autores sustentem a necessidade de critérios temporal e espacial no consequente normativo, identificativos do momento e local em que a prescrição deve ser adimplida[345], o que para nós parece, além de impróprio, desnecessário.

O cumprir ou não-cumprir a prestação é um acontecimento delimitado no tempo e espaço que o legislador toma como relevante ao atribuir-lhe certos efeitos jurídicos e que pressupõe a existência de uma relação jurídica constituída. As coordenadas de tempo e espaço que identificam este fato, não se encontram no consequente normativo que institui a

---

345. LUÍS CESAR SOUZA DE QUEIROZ, *A regra-matriz de incidência tributária*, in *Curso de especialização em direito tributário*, p. 223.

relação, elas se posicionam sintaticamente no antecedente de outra regra-matriz de incidência (por nós classificada de norma derivada – no capítulo anterior), que prescreve uma relação jurídica em razão da observância ou não de uma conduta instituída em outra regra que a pressupõe. Seria uma repetição, sem sentido, a necessidade de tais coordenadas na proposição consequente, quando já presentes em outra regra (se o direito tomar como relevante o fato do cumprimento ou descumprimento da conduta prescrita). Sob este argumento afastamos a presença de critérios espacial e temporal no consequente normativo.

Feitas tais considerações, voltamos nossa atenção aos dois critérios do consequente de forma mais detalhada.

3.1 Critério pessoal – sujeitos ativo e passivo

Critério pessoal é o feixe de informações contidas no consequente normativo que nos permite identificar, com exatidão, os sujeitos da relação jurídica a ser instaurada quando da constituição do fato jurídico.

Como o único meio de que dispõe o sistema para prescrever condutas é estabelecendo relações entre sujeitos em torno de um objeto, as informações pessoais contidas no consequente são imprescindíveis. Pensemos em qualquer comportamento que o direito regula e imediatamente nos vem a pergunta: Quem deve realizá-lo? Em favor de quem? A função do critério pessoal na regra-matriz de incidência é, justamente, de apontar quem são os sujeitos do vínculo.

As informações, presentes no texto legislado, que identificam o indivíduo a quem é conferido o direito de exigir o cumprimento da conduta prescrita (titular do direito subjetivo), aquele em favor de quem se deve realizar a conduta, são utilizadas na composição da posição sintática de sujeito ativo do consequente normativo. Já as notas, que nos remetem ao indivíduo a quem é conferido o dever de realizá-la (portador do dever jurídico), são utilizadas na composição do sujeito passivo.

Em algumas ocasiões verificamos um maior detalhamento por parte do legislador, ao definir os sujeitos da relação, não só apontando para indivíduos que realizam ou participam do evento, como também exigindo que tais indivíduos apresentem certas características.

Isto pode ser observado, por exemplo, na delimitação do critério pessoal das normas penais especiais (em termos gerais), onde o legislador elege, para configurar no polo passivo da relação jurídica penal, "quem de qualquer modo concorrer para a realização do fato descrito na hipótese" – art. 29 do Código Penal, mas exige também que esta pessoa "seja mentalmente capaz e maior de 18 anos" – arts. 26 e 27 do mesmo diploma. Tais informações, conotativas de características do sujeito compõem o critério pessoal da norma, mais especificamente a posição sintática de sujeito passivo.

Aqui, percebemos a utilidade da classificação das proposições (exposta no capítulo anterior), pois o intérprete deve estar atento em identificar todas as significações referentes aos sujeitos, para construir a delimitação do critério pessoal com segurança.

Um dos requisitos na escolha das diretrizes pessoais das normas jurídicas gerais e abstratas é que as notas identificativas dos sujeitos ativo e passivo devem apontar para pessoas diferentes, pois, como já frisamos em capítulos anteriores, a linguagem jurídica não regula a conduta de um indivíduo para com ele mesmo.

Outro requisito é que o legislador deve escolher, dentre uma infinidade de sujeitos, pelo menos um, que participa ou guarda alguma relação com o acontecimento descrito na hipótese, para implementar a causalidade entre o fato e a consequência jurídica a ele imposta.

Para colecionar alguns exemplos citamos: (i) a norma de indenização, em que as notas do critério pessoal indicam como sujeito ativo (titular do direito subjetivo à indenização) aquele que sofreu o dano e como sujeito passivo (detentor do dever jurídico de pagar a indenização) aquele que o causou; (ii) a norma do direito à vida, em que as notas do critério pessoal apontam como sujeito ativo (titular do direito subjetivo à vida) aquele que nasceu com vida e como sujeito passivo (detentor do dever jurídico de respeitar a vida de outrem) todos os membros da comunidade; (iii) as normas penais especiais, em que as notas do critério pessoal apontam como sujeito passivo (possuidor do dever de cumprir a pena) aquele que realizou ou concorreu para a realização do fato-crime e como sujeito ativo (portador do direito subjetivo ao cumprimento da pena) o Estado (representando todos os membros da sociedade); etc.

Em todas as normas verificamos a implementação desta necessidade: pelo menos um dos sujeitos da relação deve guardar algum vínculo com o fato que juridicamente lhe dá causa. Isto não significa, contudo, que a pessoa escolhida para figurar num dos polos da relação seja necessariamente aquela que realiza o fato descrito na hipótese normativa.

Neste sentido, PAULO DE BARROS CARVALHO distingue, na esfera tributária, a capacidade para realizar o fato jurídico da capacidade para ser sujeito passivo, que pressupõe personalidade jurídica. Nas palavras do autor, "uma coisa é a aptidão para concretizar o êxito abstratamente descrito no texto normativo, outra é integrar o liame que se instaura no preciso instante em que se adquire proporções concretas o fato previsto no suposto da regra"[346].

Tal distinção é perfeitamente aplicável em termos genéricos. Podemos observá-la inclusive no exemplo dado acima, da norma penal, onde qualquer pessoa tem aptidão para realizar

---

346. *Curso de direito tributário*, p. 305 – Segundo o autor: "o sujeito capaz de realizar o fato jurídico tributário, ou dele participar, pode, perfeitamente, não ter personalidade jurídica de direito privado, contudo, o sujeito passivo da obrigação tributária, haverá de tê-lo, impreterivelmente" (p. 309).

os fatos-crimes (roubar, matar, ameaçar, lesionar, fraudar, etc.), mas nem todas têm aptidão para ser sujeito passivo da relação penal, apenas as mentalmente capazes e maiores de 18 anos. Isto mostra um recorte específico, efetuado pelo legislador na delimitação do critério pessoal, que não engloba, necessariamente, todas as pessoas que realizam o evento tipificado juridicamente.

Ainda com relação às diretrizes pessoais eleitas pelo legislador para identificação dos sujeitos do vínculo jurídico, estas podem ser mais genéricas ou mais específicas, de modo que podemos classificá-las, levando em conta seu grau de individualização, em: (i) individuais, que apontam para um único sujeito no polo ativo ou no polo passivo (ex: Francisco e Marcos); (ii) genéricas, que delimitam um conjunto de pessoas a ocuparem a posição de sujeito ativo ou passivo da relação (ex: o proprietário de veículo automotor; o comprador de mercadoria; o réu revel; o trabalhador rural; etc.); (iii) coletivas, que assinalam para todos os membros de uma comunidade (ex: todos) – conforme podemos identificar no gráfico abaixo.

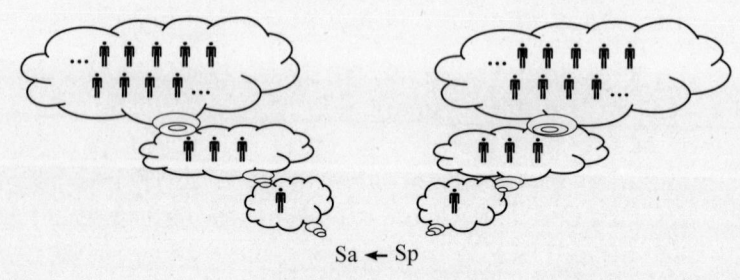

Sa ← Sp

A tendência das notas genéricas ou coletivas é irem se individualizando, na medida em que a linguagem do direito se aproxima da linguagem da realidade social, o que se verifica com a aplicação.

Um exemplo esclarece tal afirmação: imaginemos a norma do direito à integridade física – "se alguém nascer com vida, todos os membros da coletividade devem respeitar o direito à integridade física desta pessoa" (aqui o polo passivo aponta para todos os membros da coletividade e o ativo para uma pessoa específica), com a aplicação da regra temos – "dado o fato de Maria ter nascido com vida, todos devem respeitar seu direito à integridade física" (enunciado é denotativo, o polo ativo está individualizado, mas o passivo ainda aponta para todos os membros da coletividade – trata-se de norma geral e concreta). Se, no entanto, "alguém desrespeitar o direito à integridade física de Maria, esta pessoa deve cumprir uma pena". Temos, então, uma total individualização: "dado o fato de Alvira, que tinha o dever jurídico de respeitar a integridade física de Maria, tê-la desrespeitado, ela (Alvira) deve cumprir pena de x anos de prisão em favor do Estado (aqui, tanto polo passivo como o ativo aparecem individualizados – dizemos que a norma é individual e concreta). Isto se justifica pela coercitividade do sistema, que só se concretiza individualmente.

Como a regra-matriz é uma norma padrão de incidência, ou seja, um modelo aplicável a casos concretos, dificilmente encontraremos em seus enunciados notas pessoais de caráter tão genérico, que apontem para todos os membros da coletividade. Encontramos sim, uma demarcação geral, delimitadora de uma classe, mas que concretamente assinala sujeitos específicos (ex: todos aqueles que auferirem renda, todos aqueles que causarem danos, todos aqueles que foram lesados; todos os sócios da empresa x, etc.), de modo que, se um sujeito se enquadrar no conceito da classe, fará parte da relação jurídica a ser instituída. (ex: Fernando, que auferiu renda; Artur que causou o dano, André, que foi lesado; Fábio, que é sócio da empresa x; etc.).

Importante é lembrar que o conceito pessoal do consequente da regra-matriz é conotativo, ou seja, nele encontramos um feixe de informações que delimita uma classe na qual se enquadra inúmeros indivíduos, a serem identificados somente com a ocorrência do fato descrito na hipótese (ex: o proprietário do imóvel, o causador do dano, os sócios da empresa, aquele que realizou ou concorreu para a realização do fato-crime, etc.). Isto porque, a regra-matriz, enquanto norma geral e abstrata, é construída como modelo para a produção de normas individuais e concretas, nestas sim os sujeitos aparecem especificamente identificados (ex: José, João, Antônio e Joaquim, Felipe, etc.).

Em algumas ocasiões, no entanto, podemos encontrar uma parte do critério pessoal (sujeito ativo ou passivo) já denotado na própria regra-matriz, como é o caso, por exemplo, do sujeito ativo tributário, que a própria lei (em caráter abstrato) prevê como sendo a União, o Estado x, o Distrito Federal, ou o Município y. Tal procedimento, quando adotado pelo legislador, não compromete a generalidade da norma. O critério pessoal continua apresentando-se como um conceito conotativo, uma vez que o outro polo da relação não se encontra individualizado.

Quanto ao número de sujeitos, o legislador pode eleger mais de um indivíduo para compor um dos polos da relação, configurando o que chamamos de responsabilidade solidária[347].

A solidariedade pode ser: (i) ativa; ou (ii) passiva. Na solidariedade ativa, cada um dos credores solidários tem o direito de exigir do devedor o cumprimento da prestação por inteiro e o cumprimento desta a um dos credores solidários extingue a relação para com os demais. Na solidariedade passiva cada um dos sujeitos (devedores) fica obrigado ao cumprimento integral da prestação, podendo, o sujeito ativo (credor), exigi-la de qualquer um, de alguns ou de todos, mas o cumprimento da prestação por um dos devedores solidários é aproveitado por todos os demais.

Para garantir o adimplemento das relações jurídicas, ainda que o legislador estabeleça diretrizes para identificar os sujeitos ativos e passivos do vínculo jurídico a ser constituído com a verificação do fato, o direito pode prescrever outras

---

347. Há solidariedade, sempre que na mesma relação jurídica concorrer mais de um sujeito ativo (credor), ou mais de um sujeito passivo (devedor), cada um com direito ou obrigado à totalidade da prestação (art. 264 do Código Civil).

regras, responsabilizando subsidiariamente outras pessoas, no caso do sujeito passivo não cumprir a prestação a ele imposta, ou no caso do sujeito ativo não poder recebê-la, instituindo aquilo que chamamos de responsabilidade subsidiária.

Citamos aqui o caso do fiador, que é responsável pelo adimplemento da prestação se o devedor (sujeito passivo) não a cumprir (art. 818 do Código Civil); do pai, que responde pelas obrigações em que figura como sujeito passivo o filho menor; o herdeiro, que é posto no polo ativo das relações em que seu pai era credor e passivo nas que era devedor quando este vem a falecer; etc.

Nestes casos, o responsável assume o polo passivo ou ativo da relação em detrimento de outra pessoa em razão de uma previsão legal. Há uma norma jurídica prescrevendo a sujeição que só ocorre se verificado o fato que a supõe. O fiador, por exemplo, se torna responsável pelo pagamento da dívida, se o devedor não a adimplir; o pai responde pelos atos do filho se este for menor de 18 anos; o herdeiro assume os créditos ou débitos do pai se este vier a falecer; etc.

Neste sentido, não se justifica a necessidade do sujeito, posto na posição ativa ou passiva de determinada relação jurídica como responsável, integrar (direta ou indiretamente) a ocorrência típica que deu causa ao vínculo jurídico no qual figura como responsável. Há necessidade sim, que guarde alguma relação com o fato que o colocou como responsável. No caso, por exemplo, em que o filho menor de 18 anos bate o carro e causa danos ao veículo de outrem, o sujeito passivo da relação de indenização seria o filho, mas como ele é menor e não se subsome aos critérios eleitos pelo legislador na configuração do sujeito passivo da relação jurídica de indenização, o pai será o responsável pelo pagamento em razão da incidência da norma de responsabilidade. Nota-se que o pai não participa do fato que gerou a relação de indenização, mas participa do fato que o colocou como responsável[348].

---

348. PAULO DE BARROS CARVALHO, ao tratar da responsabilidade tributária,

Seja como for, na conformação das informações sobre sujeitos, para delinear os contornos da incidência, o intérprete deve estar atento a todas estas nuanças do legislador, para poder apontar, com precisão, quem são as pessoas que ocuparão os polos ativo e passivo da relação jurídica.

3.2 Critério prestacional

Assim como o critério material define o núcleo da hipótese de incidência, o critério prestacional demarca o núcleo do consequente, apontando qual conduta deve ser cumprida pelo sujeito passivo em favor do sujeito ativo. Considerando-se a forma relacional mediante a qual o direito prescreve as condutas que deseja regular, o critério prestacional é um feixe de informações que nos diz qual o dever jurídico do sujeito passivo em relação ao sujeito ativo e qual é o direito subjetivo que este tem em relação àquele.

Referimo-nos à existência de um critério prestacional no consequente, indicando a presença de um grupo de informações obtidas pelo intérprete com a leitura dos textos do direito posto, que indicam o objeto da relação a ser estabelecida juridicamente com a verificação do fato descrito na hipótese normativa.

Tal objeto pode ser quantificado ou não. No caso das normas tributárias, que instituem tributos, por exemplo, o objeto da prestação é pecuniário, o contribuinte, posto na posição sintática de sujeito passivo, tem o dever jurídico de entregar aos cofres públicos certa quantia em dinheiro, determinável em razão da base de cálculo e alíquota eleitas pelo legislador. Por isso, é que PAULO DE BARROS CARVALHO refere-se a um critério quantitativo no consequente da regra-matriz de incidência tributária[349] e não a um critério prestacional.

---

adota o posicionamento de que as relações jurídicas integradas por sujeitos passivos alheios ao fato tributado apresentam a natureza de sanções administrativas. *Curso de direito tributário*, p. 317-318.

349. *Curso de direito tributário*, p. 320-337.

Em termos gerais, no entanto, não podemos adotar como regra, a presença de um critério quantitativo no consequente das regras-matrizes de incidência, pois nem sempre o objeto da prestação é quantificado pelo legislador. Assim, na generalização (peculiar à teoria geral do direito) adotamos a presença de um critério prestacional, responsável pela indicação do objeto da relação jurídica a ser instituída com a ocorrência do acontecimento descrito na hipótese.

Chamamos as informações que identificam o objeto dos vínculos entre sujeitos a serem estabelecidos juridicamente de "prestacional", no sentido de que tal objeto configura-se numa conduta (prestação) a ser cumprida por alguém (sujeito passivo) em favor de outrem (sujeito ativo).

Toda conduta prescrita pelo direito é demarcada linguisticamente por um verbo (ex: pagar, privar, emitir, apresentar, tirar, construir) e um complemento (ex: x reais, da liberdade de ir e vir, nota fiscal, livros contábeis, férias, o imóvel x). Assim, igualando-se ao critério material, o critério prestacional contém dois elementos: (i) um verbo, identificativo da conduta a ser realizada por um sujeito em favor do outro (o fazer, ou não-fazer); e (ii) um complemento, identificativo do objeto desta conduta (o algo). O verbo aponta para uma ação e o complemento para o objeto desta ação: pagar (v) indenização (c); pagar (v) tributo (C); entregar (v) imóvel (c); prestar (v) declaração (c); respeitar (v) semáforo (c); conceder (v) licença à maternidade (c).

Em alguns casos, este complemento é quantificado pelo legislador, noutros, apenas qualificado.

Quando quantificado, além das notas sobre a ação a ser realizada pelo sujeito passivo em favor do sujeito ativo (verbo + complemento), encontramos, no texto legislado, diretrizes para determinar quantitativamente o complemento (ex: 1% do valor do imóvel; 10% do valor contratado; a soma do custo + 40% de lucro; de 10 a 15 anos; etc.), às quais atribuímos o nome de "critério quantitativo".

Quando não quantificado podemos encontrar outras informações materiais relevantes para a precisa identificação do objeto da prestação (ex: os dados que caracterizam a declaração, na norma que obriga sua entrega), às quais atribuímos o nome de "critério qualitativo".

A presença de elementos quantitativos no critério prestacional não indica, necessariamente, a existência de uma relação de índole pecuniária, pois a quantificação pode ser tanto econômica quanto temporal. Nas normas penais, por exemplo, que fixam penas de detenção ou reclusão, a quantificação é temporal, no critério prestacional destas regras-matrizes, vamos encontrar notas que identificam o tipo da pena – "qualitativas" (restritiva de liberdade) – e notas informam o período de tempo a ser cumprido – "quantitativas" (de x a y anos). Já nas normas tributárias, encontramos apenas critérios quantitativos (base de cálculo e alíquota).

Devido ao fato do direito não regular condutas impossíveis e necessárias, as diretrizes prestacionais, que indicam o núcleo da relação a ser estabelecida juridicamente, devem apontar para comportamentos possíveis e não-necessários.

Outra imposição de ordem lógico-semântica é a preocupação do legislador em estabelecer uma relação entre o objeto da prestação e o acontecimento descrito na hipótese normativa, para implementar a causalidade entre o fato e a consequência jurídica a ele imposta.

Neste sentido, PAULO DE BARROS CARVALHO, em matéria tributária, chama atenção para uma das funções da base de cálculo (elemento do critério quantitativo da regra-matriz de incidência tributária, que combinado com a alíquota é responsável pela determinação do valor da prestação): a de medir as proporções reais do fato[350]. Segundo o autor, "os fatos não são, enquanto tais, mensuráveis na sua integridade, no seu todo. Quando se fala em anunciar a grandeza efetiva

---

350. *Curso de direito tributário*, p. 325.

do acontecimento, significa a captação de aspectos inerentes à conduta ou ao objeto da conduta que se aloja no miolo da conjuntura do mundo físico. E o legislador o faz apanhando as manifestações exteriores que pode observar e que, a seu juízo, servem de índices avaliativos: o valor da operação, o valor venal, o valor de pauta, o valor de mercado, o peso, a altura, a área, o volume, enfim, todo e qualquer padrão dimensível ínsito ao núcleo da incidência".

Nos outros ramos do direito também percebemos esta preocupação do legislador em mensurar, no critério prestacional, aspectos do fato: no direito penal, por exemplo, o juiz ao fixar a pena, dentre outras situações, deve ter em conta a culpabilidade do agente e as circunstâncias do crime (art. 59 do Código Penal); no direito civil, a apuração da multa de mora tem como base a obrigação não adimplida; no direito do trabalho, o cálculo do salário mensura o trabalho prestado. Assim o é em todos subsistemas jurídicos, de modo que podemos afirmar, em termos gerais, estar a delimitação do critério prestacional intimamente relacionado a aspectos do fato descrito na hipótese.

4. A FUNÇÃO OPERATIVA DO ESQUEMA LÓGICO DA REGRA-MATRIZ

Basicamente, duas são as funções operacionais do esquema lógico da regra-matriz: (i) delimitar o âmbito de incidência normativa; e (ii) controlar a constitucionalidade e legalidade normativa.

Preenchido o esquema lógico-semântico da regra-matriz de incidência com o conteúdo dos textos positivados, o intérprete delimita o campo de extensão dos conceitos conotativos da hipótese e do consequente. Ao projetar tais delimitações na linguagem da realidade social, demarca a classe dos acontecimentos capacitados a dar ensejo ao nascimento de relações jurídicas, bem como, o conteúdo de tais relações. O esquema, assim, possibilita ao intérprete determinar o âmbito de incidência da norma jurídica e identificar com precisão a ocorrência do fato hipoteticamente previsto e a relação a ser instaurada juridicamente.

Voltando-nos ao gráfico exposto no capítulo anterior, podemos observar como o preenchimento do esquema da regra-matriz (Cm, Ct, Ce, Cp e Cpr), auxilia o intérprete na delimitação do âmbito de incidência normativa.

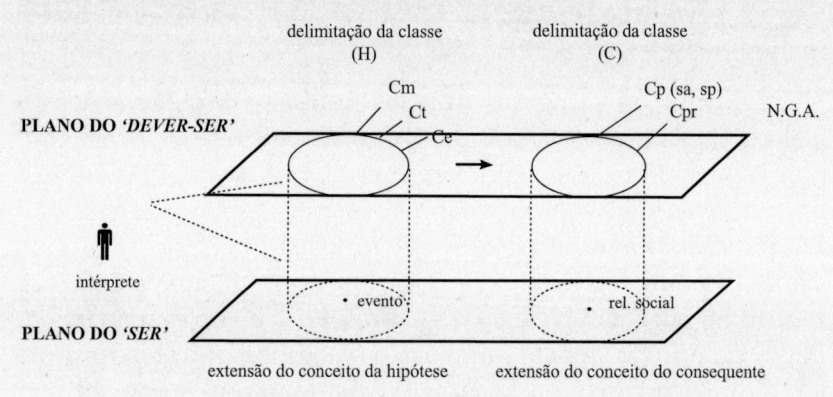

```
                    delimitação da classe        delimitação da classe
                           (H)                          (C)
                         Cm                         Cp (sa, sp)
                         Ct                            Cpr         N.G.A.
PLANO DO 'DEVER-SER'     Ce
                                      →

    ♦
 intérprete
                          • evento              • rel. social
PLANO DO 'SER'

              extensão do conceito da hipótese   extensão do conceito do consequente
```

Explicando: saturados de conteúdo, os critérios material (Cm), temporal (Ct), espacial (Ce), pessoal (Cp) e prestacional (Cpr) delimitam a classe da hipótese e do consequente normativo (no gráfico representados pelos círculos contínuos inclusos na figura retangular posicionada no plano superior – "dever-ser" – que simboliza uma norma geral e abstrata qualquer – N.G.A). Esta delimitação é projetada mentalmente pelo intérprete sobre a linguagem da realidade social (processo representado no gráfico pelas linhas verticais pontilhadas), para demarcação da classe dos acontecimentos e das relações sociais juridicamente relevantes (representadas no gráfico pelos círculos pontilhados inclusos na figura retangular posicionada no plano inferior – "ser"). Tal demarcação permite que o intérprete identifique a ocorrência de um evento nos moldes da hipótese normativa e o vínculo social a ser instaurado por força da imposição normativa.

Resumindo, o preenchimento da esquematização da regra-matriz fornece-nos todas as informações para definir os conceitos da hipótese e do consequente e identificar, com precisão, a ocorrência do fato e da relação a ser constituída juridicamente.

Outra função operacional da regra-matriz, decorrente da primeira, é o controle de constitucionalidade e legalidade normativa. Delimitando o campo de incidência, a construção da regra-matriz serve de controle do ato de aplicação que a toma como fundamento jurídico ou do próprio ato legislativo que a criou.

A norma individual e concreta, produzida pelo aplicador, deve guardar consonância com a regra-matriz de incidência que lhe serve como fundamento. Caso isso não ocorra, o ato pode ser impugnado. O esquema da regra-matriz funciona como instrumento para detalhamento da fundamentação jurídica do ato de aplicação, possibilitando ao intérprete verificar o devido enquadramento da norma individual e concreta produzida.

Na mesma medida o esquema é útil para se apurar a constitucionalidade da própria regra-matriz (enquanto norma jurídica). De elevado poder analítico, o preenchimento de sua estrutura lógica permite esmiuçar a linguagem do legislador para averiguar se ela se encontra em consonância com as regras jurídicas que a fundamentam.

A figura a seguir ajuda-nos a visualizar tal função:

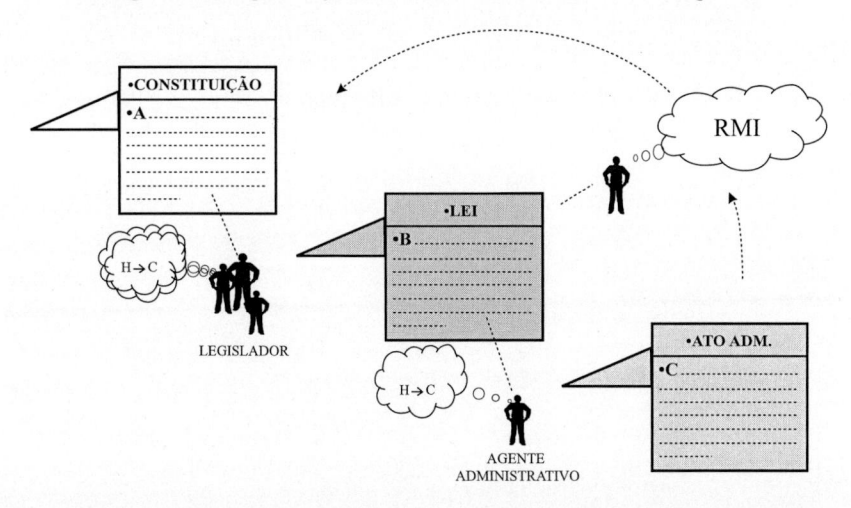

Explicando: no ciclo de positivação do direito, a Constituição serve como fundamentação jurídica para produção das leis e estas como fundamentação jurídica para produção dos atos administrativos, sentenças, portarias. O legislador interpreta a Constituição (representada pelo primeiro texto à esquerda) e com base nela, produz as leis (representada pelo texto do centro); os agentes administrativos e os juízes interpretam a lei e com base nela, produzem os atos administrativos, as sentenças, as portarias, instruções normativas, etc. (representados pelo texto da direita), de modo que, estes últimos devem ser produzidos em consonância com as leis e estas em consonância com a Constituição Federal. O esquema da regra-matriz, devidamente preenchido (construído na mente do intérprete), com seu forte aparato analítico, serve de instrumento de controle deste ciclo de positivação, para impugnação tanto da lei que não encontra fundamentação jurídica na Constituição, quanto dos atos infralegais que não encontram fundamentação jurídica em lei.

4.1 Teoria na prática

Nada melhor, porém, para demonstrar a operacionalidade da regra-matriz do que trabalharmos com exemplos de ordem prática.

Tomemos a lei que institui um tributo qualquer:

Prefeitura Municipal de Caxias, Lei Municipal n. 2.809, de 10/10/2002

Art. 1º Esta taxa de controle de obras tem como fato gerador a prestação de serviço de conservação de imóveis, por empresa ou profissional autônomo, no território municipal.

Art. 2º A base de cálculo dessa taxa é o preço do serviço prestado.

§ 1º A alíquota é de 5%.

Art. 3º Contribuinte é o prestador de serviço.

Art. 4º Dá-se a incidência dessa taxa no momento da conclusão efetiva do serviço, devendo, desde logo, ser devidamente destacado o valor na respectiva "NOTA FISCAL DE SERVIÇOS" pelo prestador de serviço.

Art. 5º A importância devida a título de taxa deve ser recolhida até o décimo dia útil do mês subsequente, sob pena de multa de 10% sobre o valor do tributo devido.

Art. 6º Diante do fato de serviço prestado sem a emissão da respectiva "NOTA FISCAL DE SERVIÇOS", a autoridade fiscal competente fica obrigada a lavrar "Auto de Infração e Imposição de Multa", em decorrência da não-observância dessa obrigação, no valor de 50% do valor da operação efetuada.

O contato imediato do intérprete é com o texto bruto, um conjunto de enunciados que ele passa a ler atentamente para construção de seu sentido. Ao exercer a função da leitura, o sujeito cognoscente já tem uma noção de que se trata de um texto prescritivo e ao interpretar, logo começa organizar suas significações na forma hipotética-condicional (H → C). Assim, não demora muito para identificar 5 prescrições e construir as respectivas normas: (i) uma que institui o tributo – *"se prestar serviço de conservação de imóveis, deve ser o pagamento do tributo"*; (ii) outra que institui o dever de emitir nota fiscal – *"se prestar serviço de conservação de imóveis, deve ser a emissão de nota fiscal"*; (iii) outra que estabelece uma multa pelo não pagamento do tributo – *"se não pagar o tributo, deve ser o pagamento da multa"*; (iv) outra que prescreve uma multa pela não emissão da nota – *"se não emitir a nota, deve ser o pagamento da multa"*; e por fim (v) uma dirigida à autoridade administrativa que determina a lavratura do auto de infração – *"se o contribuinte não destacar a nota, deve ser a lavratura do auto pelo fiscal"*.

Tendo em mente o esquema da regra-matriz, o intérprete vai buscando mais informações no texto legislado para detalhar os conceitos da hipótese e do consequente de cada uma destas normas para, assim, delimitar mais precisamente o âmbito de incidência de cada uma delas.

Temos, então:

1ª Regra-matriz de incidência tributária:

H – cm: (v) prestar; (c) serviço de conservação de imóveis

　　　ce: território municipal de Caxias

　　　ct: momento da conclusão efetiva do serviço

C – cp: (sa) município de Caxias; (sp) prestador do serviço

　　　cpr: (v) pagar; (c) tributo de (al – 5%; bc – do preço do serviço prestado)

2ª Regra-matriz de dever instrumental:

H – cm: (v) prestar (c) serviço de conservação de imóveis

    ce: território municipal de Caxias

    ct: momento da conclusão efetiva do serviço

C – cp: (sa) município de Caxias; (sp) prestador do serviço

    cpr: (v) destacar; (c) nota fiscal de serviço

3ª Regra-matriz sancionadora do não pagamento do tributo:

H – cm: (v) não pagar (c) a importância devida a título de taxa

    ce: no município de Caxias (não especificado pelo legislador no texto de lei)

    ct: até o décimo dia útil do mês subsequente

C – cp: (sa) município de Caxias; (sp) prestador do serviço

    cpr: (v) pagar; (c) multa de (al – 10%, bc – do tributo devido)

4ª Regra-matriz sancionadora do dever instrumental:

H – cm: (v) não destacar (c) a nota fiscal de serviço

    ce: território Municipal de Caxias (não especificado pelo legislador no texto de lei)

    ct: no momento da conclusão efetiva do serviço

C – cp: (sa) município de Caxias; (sp) prestador do serviço

    cpr: (v) pagar; (c) multa de (al – 50%; bc – do valor da operação efetuada)

5ª Regra-matriz da lavratura do auto:

H – cm: (v) não destacar (c) a nota fiscal de serviço

    ce: no território Municipal de Caxias

    ct: no momento da conclusão efetiva do serviço

C – cp: (sa) município de Caxias; (sp) autoridade administrativa competente

cpr: (v) lavrar; (c) o auto de infração e imposição de multa

Esta é uma demonstração simplificada. O esquema permite que o intérprete construa significações mais elaboradas, indo atrás de outros documentos normativos para precisar ainda mais as informações contidas em cada um dos critérios, como por exemplo, instruções normativas da Receita Federal para saber qual a nota a ser entregue (cpr da 2ª regra); leis municipais para saber quais os limites territoriais do município de Caxias (ce de todas as normas); Código Civil para saber o que é serviço e o que é imóvel (cm da 1ª e 2ª regra); lei complementar para saber quando se concretiza efetivamente o serviço (ct); etc.

Mesmo simplificado, o exemplo já demonstra que o preenchimento do esquema lógico da regra-matriz, além de ser um utilíssimo instrumento para demarcação do campo de incidência normativa e para controle do ciclo de positivação do direito, é extremamente eficaz para apontar as falhas do legislador, na elaboração dos textos de lei, que acabam por comprometer a aplicação das normas jurídicas. Imaginemos, por exemplo, que o artigo 3º não constasse do texto legislado. Com a construção da regra-matriz, o intérprete logo perceberia o problema criado pelo legislador (a falta de identificação do sujeito passivo) e, com isso, a impossibilidade de se delimitar, com precisão, o campo de incidência normativo.

Questões:

1. Que é regra-matriz?
2. Diferencie: (i) normas de incidência; e (ii) normas produzidas como resultado da incidência.
3. Construa o esquema padrão da regra-matriz de incidência, indicando todos os seus critérios.

4. Por que a expressão regra-matriz de incidência é ambígua? Justifique.

5. Que é hipótese de incidência? Há necessidade de um critério pessoal compor a hipótese da regra-matriz de incidência?

6. Qual a função do critério material na composição da regra-matriz de incidência?

7. Por que o núcleo do critério material é invariavelmente pessoal?

8. Qual a função do critério espacial na composição da regra-matriz de incidência? Quais seus níveis de detalhamento?

9. Qual a função do critério temporal na composição da regra-matriz de incidência?

10. Qual a função do critério pessoal na composição da regra-matriz de incidência?

11. É condição que o polo passivo do consequente da norma jurídica seja necessariamente ocupado pela pessoa que praticou o fato descrito na hipótese? Justifique.

12. Qual a função do critério prestacional na composição da regra-matriz de incidência?

13. Explique: (i) critério quantitativo; (ii) critério qualitativo.

14. Qual (is) a (s) função operativa do esquema lógico da regra-matriz?

15. Costura as regras-matrizes vinculadas no documento legislativo a seguir (*modificado do original*).

LEI N. 13.541, DE 7 DE MAIO DE 2009

Proíbe o consumo de cigarros, cigarrilhas, charutos, cachimbos ou de qualquer outro produto fumígeno, derivado ou não do tabaco, na forma que especifica

O GOVERNADOR DO ESTADO DE SÃO PAULO:

Faço saber que a Assembleia Legislativa decreta e eu promulgo a seguinte lei:

Artigo 1º – Esta lei estabelece normas de proteção à saúde e de responsabilidade por dano ao consumidor, nos termos do artigo 24, incisos V, VIII e XII, da Constituição Federal, para criação de ambientes de uso coletivo livres de produtos fumígenos.

Artigo 2º – Fica proibido no território do Estado de São Paulo, em ambientes de uso coletivo, públicos ou privados, o consumo de cigarros, cigarrilhas, charutos ou de qualquer outro produto fumígeno, derivado ou não do tabaco.

Parágrafo único – Nos locais previstos deverá ser afixado aviso da proibição, em pontos de ampla visibilidade, com indicação de telefone e endereço dos órgãos estaduais responsáveis pela vigilância sanitária e pela defesa do consumidor.

Artigo 3º – O responsável pelos recintos de que trata esta lei deverá advertir os eventuais infratores sobre a proibição nela contida, bem como sobre a obrigatoriedade, caso persista na conduta coibida, de imediata retirada do local, se necessário mediante o auxílio de força policial.

Parágrafo único – O empresário omisso ficará sujeito à multa de R$ 500,00 (quinhentos reais) a R$ 500.000,00 (quinhentos mil reais), sem prejuízo das sanções previstas na legislação sanitária.

Artigo 4º – Qualquer pessoa poderá relatar ao órgão de vigilância sanitária ou de defesa do consumidor da respectiva área de atuação, fato que tenha presenciado em desacordo com o disposto nesta lei.

Artigo 5º – Os estabelecimentos que optarem por construir áreas abertas ao livre para fumantes deverão adotar condições de isolamento, ventilação ou exaustão do ar que impeçam a contaminação de ambientes protegidos por esta lei.

Artigo 7º – As penalidades decorrentes de infrações às disposições desta lei serão impostas, nos respectivos âmbitos de atribuições, pelos órgãos estaduais de vigilância sanitária ou de defesa do consumidor.

Artigo 8º – Caberá ao Poder Executivo disponibilizar em toda a rede de saúde pública do Estado, assistência terapêutica e medicamentos antitabagismo para os fumantes que queiram parar de fumar.

Artigo 9º – Esta lei entra em vigor no prazo de 90 (noventa) dias após a data de sua publicação.

Palácio dos Bandeirantes, 7 de maio de 2009.

JOSÉ SERRA

LIVRO III

Teoria da Incidência Normativa

Capítulo XI
INCIDÊNCIA E APLICAÇÃO DA NORMA JURÍDICA

SUMÁRIO: 1. Teorias sobre a incidência da norma jurídica; 1.1. Teoria tradicional; 1.2. Teoria de Paulo de Barros Carvalho; 1.3. Considerações sobre as teorias; 2. Incidência e aplicação do direito; 3. A fenomenologia da incidência; 4. Efeitos da aplicação: teorias declaratória e constitutiva; 5. Sobre o ciclo de positivação do direito; 6. Aplicação e regras de estrutura; 7. Aplicação: norma, procedimento e produto; 7.1. Teoria da ação: ato norma e procedimento; 7.2. Aplicação como ato, norma e procedimento; 8. Análise semiótica da incidência; 8.1. Plano lógico: subsunção e imputação; 8.2. Plano semântico: denotação dos conteúdos normativos; 8.3. Plano pragmático: interpretação e produção da norma individual e concreta; 9. Do "dever-ser" ao "ser" da conduta.

1. TEORIAS SOBRE A INCIDÊNCIA DA NORMA JURÍDICA

A palavra incidir como definida no dicionário tem o significado de "cair sobre". Levando-se em conta tal acepção, ao tratar da incidência normativa, a ideia que vem a nossa mente é a da norma jurídica caindo sobre o âmbito das condutas intersubjetivas e modificando-as conforme sua prescrição, com a produção dos efeitos que lhes são próprios. A descrição de tal processo, no entanto, não é tão simples quanto parece e sua análise está diretamente relacionada com o sistema referencial dentro do qual é processada.

Uma teoria sobre a incidência estuda como se dá a produção de efeitos da norma jurídica. E aqui já nos deparamos com um problema, pois podemos falar em efeitos sociais e efeitos jurídicos. Nosso enfoque volta-se aos efeitos jurídicos, em respeito aos limites da Dogmática Jurídica e aí surge outro problema, os limites em que o jurídico é pensado.

Dentro deste contexto, temos duas grandes correntes explicando a incidência.

1.1 Teoria tradicional

A teoria jurídica tradicional, seguindo os ensinamentos de PONTES DE MIRANDA e MIGUEL REALE, trabalha com a tese da incidência automática e infalível no plano factual. Essa ideia se amolda muito bem aos sistemas teóricos que não fazem distinção entre os planos do direito positivo (linguagem jurídica) e da realidade social (linguagem social), considerando-os como uma unidade na existencialidade do fenômeno jurídico[351].

Sob esta ótica, a incidência é um fenômeno do mundo social. A norma projeta-se sobre os acontecimentos sociais juridicizando-os. Ela incide sozinha e por conta própria sobre

---

351. Para PONTES DE MIRANDA o direito é um processo de adaptação social que busca interferir na zona material das condutas humanas, através da sua coercitividade. O sistema jurídico é visto como um fenômeno social, produto da atividade do homem de tornar controlável as relações em sociedade. É tido como um fato social e como tal é analisado e estudado. Na doutrina de MIGUEL REALE, o direito é compreendido em numa trialidade existencial de fato, valor e norma. Tal concepção também leva em conta o fato social na explicação do fenômeno jurídico, na medida em que o toma como um de seus elementos existenciais. Partindo destes referenciais teóricos, o direito é analisado como um dado social, não havendo unidade formal dos sistemas da realidade social e jurídica, que se encontram e se misturam na incidência normativa.

os fatos, assim que estes se concretizam, fazendo-os propagar consequências jurídicas. É como se a norma fosse uma nuvem que emitisse uma descarga elétrica fulminante, atingindo os acontecimentos nela descritos e propagando efeitos jurídicos[352]. Há, nesta linha de raciocínio, uma transitividade entre os sistemas jurídico e social, de modo que direitos e deveres são constituídos no impreterível momento da ocorrência tomada como suposto por normas jurídicas.

O gráfico abaixo ilustra tal ponto de vista sobre a incidência:

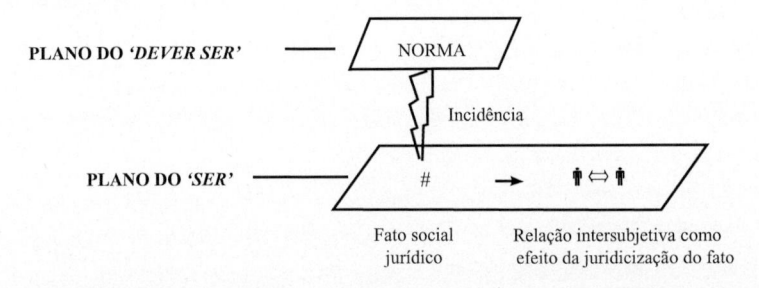

PLANO DO *'DEVER SER'* ——— NORMA

Incidência

PLANO DO *'SER'* ——— # → 👤⇔👤

Fato social jurídico   Relação intersubjetiva como efeito da juridicização do fato

<u>Explicando</u>: segundo tal corrente doutrinária, a norma recai como um raio sobre todo e qualquer acontecimento verificado nos moldes da hipótese normativa, qualificando-o como jurídico e instaurando, de forma imediata, os efeitos prescritos em seu consequente. Sob esta perspectiva, os direitos e deveres jurídicos correlatos, tidos como Efeitos normativos, nascem automaticamente, assim que ocorridos os eventos descritos na hipótese.

Seguindo este posicionamento, incidência e aplicação são coisas distintas e ocorrem em momentos diversos. Primeiro a norma incide, juridicizando o fato e fazendo nascer direitos e deveres correlatos; depois, ela pode ou não, ser aplicada pelo homem. A aplicação caracteriza-se como um ato mediante o

---

352. Neste sentido é a analogia feita por ALFREDO AUGUSTO BECKER: "A juridicidade tem grande analogia com a energia eletromagnética e a incidência da regra jurídica projeta-se e atua com automatismo, instantaneidade e efeitos muito semelhantes a uma descarga eletromagnética" (*Teoria geral do direito tributário*, p. 308).

qual a autoridade competente formaliza os direitos e deveres já constituídos com a incidência, possibilitando, assim, o uso coercitivo para executá-los. Desta forma, nada impede que o fato ocorra, torne-se jurídico com a incidência, mas que a norma não seja aplicada, porque esta depende de um ato de vontade humano.

Um exemplo esclarece melhor tal posicionamento: a regra que impõe multa ao desrespeito à sinalização de trânsito ("se desrespeitar a sinalização de trânsito deve pagar multa") – no momento em que o sujeito atravessa o sinal vermelho a norma incide tornando o fato jurídico e instaurando um liame obrigacional (o sujeito que desrespeitou o sinal passa a ter o dever jurídico de pagar uma multa à administração pública, que passa a ter o direito subjetivo de recebê-la). Tal obrigação, contudo, só poderá ser exigida quando a norma for aplicada, isto é, se a autoridade de trânsito lavrar o auto de imposição de multa. Caso isto não ocorra, não haverá aplicação, embora a norma tenha incidido.

1.2 Teoria de PAULO DE BARROS CARVALHO

PAULO DE BARROS CARVALHO trabalha com diferente referencial teórico (cujo modelo é o adotado neste livro). Para o autor, há normas jurídicas onde houver uma linguagem própria que as materialize. Sua teoria reconhece o sistema jurídico como integrante (subsistema) da heterogeneidade social, porém abstrai, para fins científicos, o direito como fato social, político ou psicológico, para estudá-lo enquanto conjunto de normas jurídicas válidas num dado país. Diferencia, assim, dois planos: (i) o do direito positivo, formado exclusivamente por normas jurídicas e materializado em linguagem prescritiva; e (ii) o da realidade social, onde as relações intersubjetivas se concretizam no espaço e no tempo.

O plano do direito positivo é sintaticamente fechado, constitui-se numa linguagem própria (que não se confunde com a linguagem da realidade social), só permitindo o ingresso de elementos a ele exteriores (fatos sociais) quando relatados no seu código. Neste sentido, um fato do mundo social, para ser jurídico, não basta ser verificado de acordo com o descrito na hipótese normativa, tem que integrar no sistema do direito positivo, pois é nele, e somente nele, que se instalam consequências jurídicas.

Não se confundem consequências jurídicas com consequências sociais. Antes da ocorrência verificada nos termos da hipótese ser relatada em linguagem competente e transformar-se em fato jurídico, nada existe para o mundo do direito, nenhum efeito de ordem jurídica é constatado. Somente com a produção de uma linguagem própria, que pressupõe um ato de vontade humano, instauram-se direitos e deveres correlatos desta natureza.

Tal posicionamento transparece na explicação de PAULO DE BARROS CARVALHO: "Ali onde houver direito, haverá sempre normas jurídicas e onde houver normas jurídicas haverá certamente uma linguagem que lhe sirva de veículo de expressão. Para que haja o fato jurídico e a relação entre sujeitos de direito, necessária se faz também a existência de uma linguagem: linguagem que relate o evento acontecido no mundo da experiência e linguagem que relate o vínculo jurídico que se instaura entre duas pessoas. E o corolário de admitirmos esses pressupostos é de suma gravidade, porquanto, se ocorrerem alterações na circunstância social, descritas no antecedente de regra jurídica como ensejadoras de efeitos de direito, mas que por qualquer razão não vierem a encontrar a forma própria de linguagem, não serão consideradas fatos jurídicos e, por conseguinte, não propagarão direitos e deveres correlatos"[353].

Seguindo essa premissa, a incidência não é automática, nem infalível à ocorrência do evento, ela depende da produção de uma linguagem competente, que atribua juridicidade ao fato, imputando-lhe efeitos na ordem jurídica.

---

353. *Direito tributário, fundamentos jurídicos da incidência*, p. 10.

O gráfico abaixo ilustra tal ponto de vista sobre a incidência:

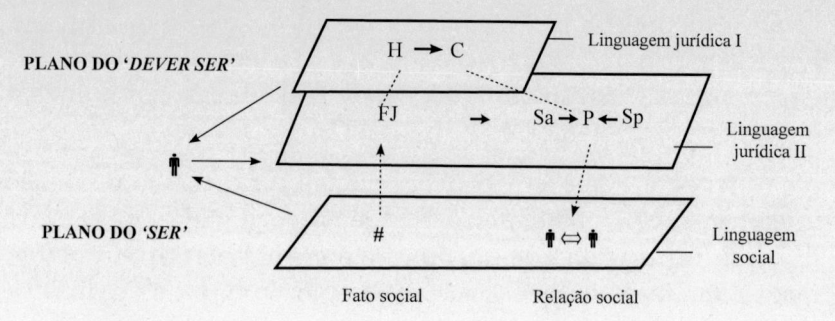

Na figura:

- "**H → C**" – norma geral e abstrata a ser incidida/aplicada
- "**FJ**" – fato jurídico
- "**Sa → P ← Sp**" – relação jurídica
- "**#**" – fato social
- " 👤 ⇔ 👤 " – relação social
- " 👤 " – aplicador

Explicando: Tendo em conta uma norma jurídica (linguagem jurídica I – representada no gráfico pela figura retangular de cima "H → C" – plano do "dever-ser"), para que um evento (figura "#"), verificado no campo da realidade social (plano do "ser" – representado pelo retângulo inferior), que guarda identidade com a sua descrição hipotética (H), produza efeitos na ordem jurídica, é preciso que alguém (agente competente – figura do aplicador " 👤 ") o conheça (ação representada pela seta que sai do plano social em direção ao aplicador " 👤 ↖") e, observando os contornos da norma (ação representada pela seta que sai do plano jurídico geral e abstrato em direção ao aplicador " 👤 ↙"), produza (ação representada pela seta que sai do aplicador em direção à linguagem jurídica II " 👤 →") outra linguagem jurídica (representada no gráfico pela figura retangular do meio). Tal linguagem constitui o evento como fato jurídico (FJ) imputando-lhe o vínculo de direito e deveres correlatos, que lhe é próprio (relação jurídica – "Sa→P¬Sp"). E, com base neste vínculo, as condutas intersubjetivas regradas juridicamente se concretizam no âmbito social (👤 ⇔ 👤). Assim é que se dá a produção de efeitos jurídicos, aquilo que denominamos de incidência normativa.

Vale a pena transcrever aqui as palavras de TÁCIO LACERDA GAMA ao explicar tal teoria: "criar, transformar ou extinguir direitos, que surgem na medida em que estão constituídos em linguagem, requer produção de mais linguagem. Nada no direito acontece de forma automática. É insólita a ideia de normas sendo criadas ou se modificando por conta própria, como entes de vida própria. Uma vez aceita a premissa de que o direito é um conjunto de normas, que se manifestam em linguagem, não se pode conceber que acontecimentos sociais, destituídos de uma linguagem competente, promovam qualquer tipo de alteração a esse conjunto"[354].

Sob este enfoque, não prevalece a diferença entre incidência e aplicação. Para incidir, a norma tem que ser aplicada, de modo que incidência e aplicação se confundem. A incidência da norma jurídica se dá no momento em que o evento é relatado em linguagem competente, o que ocorre com o ato de aplicação. Antes disso, podemos falar em outros efeitos do fato (ex: sociais, morais, políticos, econômicos, religiosos), mas não jurídicos.

Nestes termos, não há hipótese da norma incidir por conta própria e não ser aplicada. Sempre que ela incidir é porque foi aplicada por alguém.

1.3 Considerações sobre as teorias

A famosa afirmação sobre ser a incidência *automática* e *infalível* é aceita em ambas as teorias, só divergindo quanto

---

354. *Obrigação e crédito tributário – anotações à margem da teoria de Paulo de Barros Carvalho*, p. 9.

aos momentos. Na teoria tradicional, a incidência, enquanto produção de efeitos jurídicos, é automática e infalível com relação ao evento. Verificada a ocorrência descrita na hipótese normativa, instauram-se os efeitos jurídicos a ela correspondentes de forma automática e infalível. Na teoria de PAULO DE BARROS CARVALHO, a incidência é automática e infalível com relação ao fato jurídico. Relatado acontecimento em linguagem competente, instauram-se os efeitos jurídicos a ele correspondentes de forma automática e infalível.

A linha teórica da incidência automática e infalível à ocorrência física do acontecimento previsto na hipótese normativa é aceita com muita facilidade, pois descreve a reação que o fato, tomado pelo direito como propulsor de efeitos jurídicos, provoca em nossa mente.

Quando furamos um sinal vermelho, por exemplo, nossa consciência ética, religiosa ou moral, ciente das diretrizes inerentes ao sistema do direito positivo, imediatamente constitui (em nossa mente) o dever de pagarmos uma multa e o direito da administração de cobrar-nos. Ficamos, então, esperando que, em alguns dias, chegue um auto de imposição de multa em nossa casa, mediante o qual a administração cobre seu direito, para nós, constituído no momento em que atravessamos o sinal vermelho. Mesmo que o auto nunca chegue, nossa consciência sabe que, por termos atravessado o sinal vermelho, devemos pagar uma multa, ou seja, em nosso espírito, a obrigação está constituída, apenas a administração não exerceu seu direito de cobrá-la, quantificando o montante devido.

Devemos, no entanto, ter muito cuidado para não confundir efeitos de ordem moral, ética ou religiosa, com os efeitos jurídicos, que se dão em sistemas linguísticos distintos.

Partindo da premissa de que o direito positivo é um sistema formado por normas jurídicas que se manifestam numa linguagem própria, não se nega os efeitos que os acontecimentos possam desencadear na ordem social. Pressupõe-se, no entanto, para que tais acontecimentos propaguem efeitos na ordem jurídica, que eles sejam relatados na forma prevista pelo sistema do direito (linguagem competente).

Voltando-nos ao exemplo dado acima: o "furar o sinal vermelho" é um evento de ordem social, tomado como suposto para o desencadeamento de consequências jurídicas. Sua ocorrência, no entanto, verificada no plano social ("ser"), não produz qualquer efeito no mundo jurídico ("dever-ser"). Isto não impede, porém, que sua percepção propague efeitos em outros sistemas, como o moral, ético ou religioso. Juridicamente, no entanto, o dever de pagar a multa e o direito subjetivo da administração em recebê-la só são constituídos quando o sistema do direito positivo toma conhecimento do fato de alguém ter "furado o sinal vermelho", o que se dá no momento em este é relatado no código próprio do ordenamento.

O "dever de pagar multa", instituído em nossa mente, quando da ocorrência do evento, em decorrência da ciência de uma norma jurídica que contém tal prescrição, não é jurídico. É de ordem ética, moral, religiosa. O dever jurídico, só aparece com a produção de uma linguagem competente. A prova disso é que se o auto de multa não for lavrado, nada pode ser exigido juridicamente.

A pretensa funcionalidade do direito independentemente de linguagem competente, como sustenta EURICO MARCOS DINIZ DE SANTI, "parece sedimentar-se (para nós) numa visão jusnaturalista, segundo a qual o direito funcionaria como a natureza, como as nuvens carregadas de hipóteses e mandamentos que, consolidados no mundo fático, incidiriam qual raios, fulminando seus suportes. Ora, sem nuvens e numa perspectiva realista, necessário se faz admitir: até que a autoridade aplique o direito, quer dizer, juridicamente, nada há; nem fato nem obrigação"[355]. O fato jurídico e os direitos e deveres correlatos nascem concomitantemente, com o ato de aplicação da norma.

---

355. *Decadência e prescrição no direito tributário*, p. 57.

Apresentamos estes dois pontos de vista sobre a incidência, no entanto, para destacar a importância dos referenciais teóricos. A teoria da eficácia de PONTES DE MIRANDA, parte de um referencial para explicar o fenômeno da incidência e da aplicação do direito, enquanto a teoria do constructivismo lógico-semântico de PAULO DE BARROS CARVALHO parte de outro. São sistemas de referência diversos, que não se confundem, embora muitos autores se utilizem das proposições de um para criticar e tecer considerações a respeito do outro[356].

Trabalhando com a filosofia da linguagem e os referenciais filosóficos até aqui fixados, considerando o direito como um sistema comunicacional sintaticamente fechado, é incoerente aceitar que uma norma jurídica é capaz de produzir efeitos jurídicos por si só, imediatamente à ocorrência do evento (verificado em outro sistema comunicacional). Por isso, trabalhamos com a teoria de PAULO DE BARROS CARVALHO, que dentro das premissas que adotamos, melhor explica a incidência normativa.

2. INCIDÊNCIA E APLICAÇÃO DO DIREITO

O direito não dispõe de normas individuais e concretas para regular cada caso em específico. Dispõe de um aparato de normas gerais e abstratas, que não atuam diretamente sobre as condutas intersubjetivas, exatamente em decorrência da sua generalidade e abstração. O sistema pressupõe, por isso, que, a partir destas normas gerais e abstratas, sejam criadas outras regras (individuais e concretas) diretamente voltadas aos comportamentos dos indivíduos, para atuarem especificamente em cada caso, o que só ocorre com a aplicação do direito.

---

356. Este é o equívoco cometido por ADRIANO DA COSTA SOARES, crítico veemente da obra de PAULO DE BARROS CARVALHO, que não se cansa de tecer oposições à sua teoria, utilizando-se, no entanto, do referencial teórico de PONTES DE MIRANDA, sem perceber, que se tratam de sistemas teóricos distintos.

Falar em aplicação é o mesmo que falar em incidência, porque a norma jurídica não incide sozinha. Para produzir efeitos ela precisa ser aplicada[357]. Isso requer a presença de um homem, mais especificamente de um ente competente, ou seja, uma pessoa que o próprio sistema elege como apta para, de normas gerais e abstratas, produzir normas individuais e concretas, constituindo, assim, efeitos na ordem jurídica.

Neste sentido, PAULO DE BARROS CARVALHO frisa a importante condição da presença humana na incidência/aplicação do direito. Em suas palavras: "não se dá a incidência se não houver um ser humano fazendo a subsunção e promovendo a implicação que o preceito normativo determina. As normas não incidem por força própria. Numa visão antropocêntrica, requerem o homem, como elemento intercalar, movimentando as estruturas do direito, extraindo de normas gerais e abstratas outras gerais e abstratas ou individuais e concretas"[358].

Dizer que, ocorrendo o fato, a norma automaticamente incide sobre ele sem qualquer contato humano é, como adverte EURICO MARCOS DINIZ DE SANTI "subsumir-se a uma concepção teórica que coloca o homem à margem do fenômeno normativo, tal qual mero espectador, que somente quando instado, declara o funcionamento autônomo do direito. Ora, o direito não funciona sozinho, mas mediante a ação de homens, juízes, autoridades administrativas e legislativas: é para isso que alerta essa inovadora proposta"[359].

A norma não tem força para sozinha atingir condutas intersubjetivas e modificá-las. Depende dos homens, dos aplicadores do direito. Isto porque, tomando o sistema como um corpo de linguagem, qualquer modificação que lhe pretenda (como a criação de direitos e deveres correlatos) pressupõe a produção de uma nova linguagem, e esta, por sua vez, pressupõe alguém

---

357. No direito, sujeito do verbo incidir, como observa GABRIEL IVO, não é a norma, mas o homem, aquele que a aplica. *Norma jurídica, produção e controle, passim.*

358. *Direito tributário: fundamentos jurídicos da incidência,* p. 9.

359. *Decadência e prescrição no direito tributário,* p. 58.

que a produza, por isso, a inevitável presença do homem na constituição de efeitos jurídicos.

Voltando-nos para as palavras de PAULO DE BARROS CARVALHO, "não é o texto normativo que incide sobre o fato social, tornando-o jurídico. É o ser humano que, buscando fundamento de validade em norma jurídica geral e abstrata, constrói a norma individual e concreta. Instaura o fato e relata os seus efeitos prescritivos, consubstanciados no laço obrigacional que vai atrelar os sujeitos da relação"[360].

O texto normativo sozinho, não é capaz de juridicizar qualquer fato ou de produzir qualquer efeito de ordem jurídica, pois não passa de um amontoado de símbolos dispostos no papel. É o homem que atribui sentido a estes símbolos ao interpretá-los e é o homem que constitui direitos e deveres ao aplicá-los, fazendo-os incidir em situações concretas.

Neste contexto, norma alguma do direito positivo, tem o condão de irradiar efeitos jurídicos sem que seja aplicada, porque elas não têm força para incidirem por conta própria. Se não houver um homem, credenciado pelo próprio sistema, para relatar o evento (ocorrido nos moldes de uma hipótese normativa) em linguagem competente e imputar-lhe os efeitos jurídicos que lhe são próprios (prescritos no consequente daquela norma), nada é produzido juridicamente.

Tal posicionamento "significa equiparar, em tudo e por tudo, a aplicação à incidência, de tal modo que aplicar uma norma é fazê-la incidir na situação por ela juridicizada"[361].

3. A FENOMENOLOGIA DA INCIDÊNCIA

Podemos descrever a incidência, enquanto acontecimento delimitado no tempo e no espaço, dizendo que ela se

---

360. PAULO DE BARROS CARVALHO, *Isenções tributárias do IPI, em face do princípio da não-cumulatividade*, p. 145.

361. *Curso de Direito Tributário*, p. 88.

opera da seguinte forma: o homem (aplicador), a partir dos critérios de identificação da hipótese de uma norma geral e abstrata, construída com a interpretação dos textos jurídicos, demarca imaginariamente (no plano do ser), a classe de fatos a serem juridicizados. Quando, interpretando a linguagem da "realidade social" (a qual tem acesso por meio da linguagem das provas), identifica um fato denotativo da classe da hipótese, realiza a subsunção e produz uma nova linguagem jurídica, relatando tal fato no antecedente de uma norma individual e concreta e a ele imputando a relação jurídica correspondente (como proposição consequente desta norma) e, assim o faz, com a denotação dos critérios de identificação do consequente da norma geral e abstrata (incidida), a qual será representativa de um liame a ser estabelecido no campo social.

O gráfico abaixo dá-nos uma melhor ideia desta descrição:

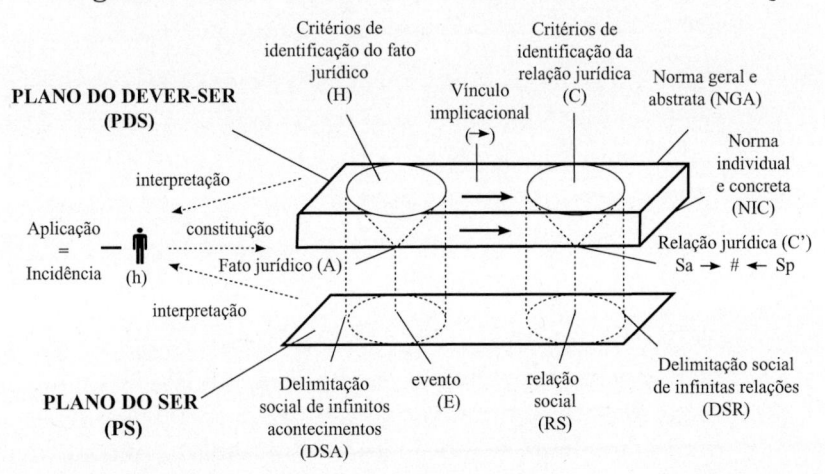

Na figura[362]:

- O retângulo de cima representa a norma geral e abstrata (NGA – "H → C'") a ser incidida (plano do "dever-ser" – linguagem jurídica I do gráfico anterior).

---

362. Que é uma complementação dos gráficos apresentados no cap. IX, item 1.2, quando tratamos do conteúdo normativo e do item 4 do cap. X, quando tratamos das funções da RMI.

- Os círculos de linha contínua inerentes ao retângulo de cima representam, respectivamente, as classes da hipótese (H) e do consequente (C) da norma geral e abstrata a ser incidida.

- O retângulo de baixo representa a realidade social (PS – plano do "ser" – linguagem social do gráfico anterior).

- As linhas verticais pontilhadas que saem dos círculos (representativos da classe da hipótese e do consequente) em direção ao plano da realidade social, simbolizam a extensão do conceito destas classes em tal plano.

- Os círculos pontilhados inerentes ao retângulo de baixo (linguagem social), representam a demarcação de infinitos acontecimentos sociais (DSA) e infinitas relações jurídicas (DSR), feita com a extensão do conceito da hipótese (H) e do consequente (C) normativo.

- Os pontos inclusos em tais círculos representam, respectivamente, um evento (E) e uma relação social (RS – simbolizada no gráfico anterior pela figura " ♦ ⇔ ♦ ").

- A projeção cubular da figura retangular de cima (formando outro retângulo), representa a linguagem da norma individual e concreta (NIC).

- As linhas pontilhadas que saem dos círculos (representativos da hipótese e do consequente), e que convergem para um ponto na linguagem da norma individual e concreta, simbolizam a denotação dos critérios da norma geral e abstrata pelo aplicador.

- O ponto para o qual convergem tais linhas representa o fato jurídico (FJ – constituído como antecedente da norma individual e concreta – A) e a relação jurídica ("Sa → P ← Sp" – constituída como consequente da norma individual e concreta – C').

- A linha pontilhada que une os pontos da norma individual e concreta (FJ e RJ) com os pontos da realidade social (E e RS) simbolizam a representatividade daqueles em relação a estes.

- A figura do homem (⁂) representa o aplicador do direito.

- As duas setas que saem, respectivamente, da norma geral e abstrata e da linguagem da realidade social em direção ao aplicador (↙ e ↖) simbolizam sua atividade de interpretação.

- A seta que sai do aplicador em direção à da norma individual e concreta (→), simboliza sua atividade de constituição desta linguagem.

Explicando: o aplicador (⁂), interpretando (↙) a linguagem jurídica (PDS), constrói uma norma geral e abstrata (NGA), cuja hipótese (H) contém critérios de identificação de um fato jurídico e cujo consequente (C) contém critérios de identificação de uma relação jurídica (representados pelo círculo de linha contínua, incluso no retângulo de cima), ambos ligados por um vínculo implicacional de dever-ser (→) próprio da causalidade normativa. Observa também o plano social (PS) e projeta sobre ele a construção normativa elaborada, delimitando, imaginariamente, uma classe de infinitos acontecimentos (DSA) e uma classe de infinitas relações (DSR – representados pelos círculos de linha pontilhada, imersos na figura retangular de baixo), que espelham a extensão do conceito da hipótese (H) e do consequente normativo (C), respectivamente. Ao verificar (↖), por meio da linguagem das provas, a ocorrência de um evento (E), no plano do ser (PS), que se enquadra na delimitação imaginária projetada pela hipótese normativa (DSA), o relata para o direito (mediante a criação de uma nova linguagem jurídica – "→"), como antecedente (A) de uma norma individual e concreta (NIC). Assim, denotando o conceito da hipótese, constitui o fato jurídico (FJ) e a ele imputa (→) a relação jurídica (Sa →

\# ← Sp) correspondente, instituída, com base nos critérios do consequente da norma geral e abstrata (C) (como demonstram as linhas pontilhadas que saem do consequente e convergem para a relação jurídica), como proposição tese (C') da norma individual e concreta (NIC). Esta relação jurídica se projeta no plano da realidade social (PS), para que nele uma relação intersubjetiva (RS) se estabeleça concretamente[363].

Se o aplicador identifica a ocorrência do evento (E), verificado no plano da realidade social (PS) em conformidade com a extensão do conceito da hipótese (H) da norma geral e abstrata (NGA), porém, não produz a linguagem competente (NIC), nenhum efeito se opera na realidade jurídica (PDS.), pois, como podemos observar no gráfico, temos dois planos distintos (PS e PDS), duas linguagens diferentes que não se confundem. O mesmo se diz da transitividade do mundo jurídico para o social. A relação constituída juridicamente (C') só se efetiva no campo do real-social (PS) mediante um ato de vontade humano de cumpri-la ou não. A norma individual e concreta (NIC) funciona como um estímulo direcionado, influenciando este ato de vontade, mas não atua, diretamente, modificando o campo social, por se tratar de uma realidade distinta (PDS) que não se mistura com a linguagem material das condutas humana (PS).

Pensemos num exemplo: a norma construída a partir do artigo 14 da Constituição Federal, que prescreve o direito/dever de votar, é geral e abstrata – "se for brasileiro, maior de 18 anos deve ser o direito/dever de votar". Por não ser dirigida a um indivíduo em especial, mas a todos os membros da coletividade, para propagar efeitos ao caso concreto, ela tem que ser aplicada. O fato de um brasileiro ter 18 anos não lhe dá o direito/dever de dirigir-se a uma seção eleitoral qualquer e votar. Se não houver uma linguagem competente, constituindo seu direito/dever de votar (título de eleitor), a ele não é

---

363. A ordem pode não ser exatamente esta. O aplicador pode primeiro conhecer o fato e depois ir ao direito encontrar uma norma à qual ele subsuma, mas a ordem destes fatores não interfere na fenomenologia da incidência aqui descrita.

permitido depositar seu voto na urna. Isso demonstra que a simples ocorrência do fato (nos moldes da hipótese normativa), por si só, não é capaz de produzir qualquer efeito jurídico. Para ter o direito/dever de votar é preciso que se produza uma linguagem competente, elaborada nos moldes prescritos pelo sistema do direito (arts. 42 a 50 do Código Eleitoral – Lei n. 4.737/65). Não adianta se dirigir à seção eleitoral e apresentar outro documento, mesmo que este comprove a nacionalidade e a maioridade, se o alistamento eleitoral não houver sido promovido, pois é com ele que se produz a linguagem individualizadora do direito de votar (título de eleitor). Sem esta linguagem, não há direito subjetivo ao voto, mesmo existindo uma norma constitucional prescrevendo tal direito, ele não se encontra individualizado, porque a prescrição constitucional é geral e, sem a individualização é juridicamente impossível exercê-lo. Isto comprova que a incidência, ou seja, a constituição de direito e deveres correlatos como efeito jurídico de uma norma geral e abstrata, só se opera com a produção de uma linguagem competente, o que ocorre com a aplicação do direito[364].

Reportando-nos aos ensinamentos de PAULO DE BARROS CARVALHO, "a incidência não se dá automática e infalivelmente com o mero evento sem que se adquira expressão em linguagem competente. A percussão da norma pressupõe relato em linguagem própria: é a linguagem do direito constituindo a realidade jurídica"

Para produzir a norma individual e concreta (que constitui o direito/dever de votar), o aplicador interpreta o texto normativo, constrói a delimitação da regra geral e abstrata, identifica a ocorrência do evento descrito na hipótese pelas provas de direito apresentadas (o sujeito é brasileiro, maior de 18 anos) e produz a linguagem competente do título de eleitor, instituindo juridicamente uma relação entre o sujeito e o Estado, mediante a qual aquele tem o direito/dever de votar e

---

364. *Direito tributário: fundamentos jurídicos da incidência*, p. 9.

este tem o dever/direito de permitir e exigir que aquele vote. A norma individual e concreta, no entanto, não atua diretamente sobre a conduta do sujeito ou do Estado para alterá-las, atua indiretamente, como estímulo do ato de decisão, que motiva a conduta de votar[365].

Quando falamos em incidência, estamos pressupondo a linguagem do direito se projetando sobre o campo material das condutas intersubjetivas para organizá-las deonticamente. As normas gerais e abstratas demarcam uma classe de infinitos fatos, a serem juridicizados e uma classe de infinitas relações a serem impostas a cada juridicização fática. A norma individual e concreta identifica um fato que se subsome à hipótese da norma geral e abstrata e o constitui como fato jurídico, estabelecendo uma relação entre sujeitos, nos moldes do consequente daquela norma, que se projeta sobre o plano social, para que nele seja concretizado o vínculo entre tais pessoas. É assim que a linguagem do direito incide sobre a linguagem da realidade social com o intuito de modificá-la.

Para que este fenômeno ocorra, entretanto, é necessário que alguém realize aquilo que denominamos de aplicação[366], isto é, que interprete o texto normativo, identifique a ocorrência do acontecimento descrito na hipótese de uma norma abstrata, relate-o juridicamente, imputando-lhe o vínculo relacional prescrito no consequente normativo, o que se dá com a constituição de uma linguagem da norma individual e concreta.

Imaginemos qualquer exemplo e logo se verifica a indispensabilidade da constituição de uma linguagem normativa para a propagação de efeitos jurídicos. Mas, não qualquer

---

365. Nota-se que o vínculo relacional deôntico (→) entre antecedente e consequente só aparece no plano do direito positivo (PDS) não no plano da realidade social (PS), justamente porque a causalidade entre fato e relação é jurídica e não social.

366. Segundo os ensinamentos de PAULO DE BARROS CARVALHO, "aplicar o direito é dar curso ao processo de positivação, extraindo de regras superiores o fundamento de validade para a edição de outras regras. É o ato mediante o qual alguém interpreta a amplitude do preceito geral, fazendo-o incidir no caso particular e sacando, assim, a norma individual" (*Curso de direito tributário*, p. 88).

linguagem e sim uma linguagem própria, produzida em conformidade com as regras do sistema e expressa invariavelmente na forma escrita.

O direito de propriedade, por exemplo, é constituído juridicamente com a lavratura da escritura do imóvel; o direito de dirigir nasce para o mundo jurídico com a expedição da carteira nacional de habilitação; o dever de pagar tributo é instituído com o lançamento; os direitos e deveres inerentes à paternidade são constituídos para o direito com o registro da criança, e assim sucessivamente, onde houver direitos e deveres haverá sempre uma linguagem jurídica que lhes sirvam de veículo de expressão, produzida com a aplicação de outra linguagem jurídica.

O processo aqui descrito é o mesmo para todas as normas, independente de serem elas constitucionais, civis, penais, administrativas, comerciais, processuais, tributárias, trabalhistas, eleitorais, ambientais, etc. As regras, para propagarem efeitos jurídicos, pressupõem alguém que as aplique, que promova a subsunção do fato a sua hipótese e constitua a relação jurídica prescrita em seu consequente. O "fenômeno"[367] da incidência é sempre o mesmo para todas as normas, o que muda são as formas mediante as quais ele se materializa, pois, para cada tipo de regra, o direito prescreve a realização de um procedimento específico de aplicação.

4. EFEITOS DA APLICAÇÃO – TEORIAS DECLARATÓRIA E CONSTITUTIVA

Dependendo da teoria que adotamos modificam-se os efeitos da aplicação no campo do direito positivo. Considerando a incidência automática e infalível em relação ao

---

367. Não é de todo correto empregarmos a expressão "fenomenologia da incidência" ao tratarmos das unidades do direito positivo, pois a produção de efeitos jurídicos não se trata de um fenômeno natural, mas de um processo humano. É neste sentido que a expressão deve ser pensada e trabalhada quando associada à incidência das normas jurídicas.

evento, o ato de aplicação é meramente declaratório, ele relata a existência de uma relação jurídica já constituída e do fato (já juridicizado) que a instaurou, apresentando-se apenas como um pressuposto para exigência coercitiva de uma obrigação, proibição, ou permissão, já constituída com a incidência da norma. Por outro lado, considerando que o fato só se torna jurídico quando relatado em linguagem competente, o ato de aplicação tem natureza constitutiva do fato jurídico e da relação jurídica, apresentando-se como meramente declaratório apenas quanto ao evento. São dois pontos de vista sobre a aplicação, mais conhecidos como: (i) teoria declaratória; e (ii) teoria constitutiva.

Para teoria declaratória, a norma jurídica incide, como um fenômeno físico, sobre o acontecimento descrito em sua hipótese tão logo este se concretiza, tornando-o jurídico. Neste instante, instaura-se o vínculo de direitos e deveres entre sujeitos, nasce a relação jurídica. Posteriormente, o aplicador, diante da norma, verificando a existência de um fato jurídico e de uma relação jurídica, os declara formalmente, para que os direitos e deveres instituídos possam ser exigidos coercitivamente. Neste sentido, o ato de aplicação (enquanto linguagem produzida pelo aplicador) é declaratório do fato jurídico e da relação jurídica, pois ele apenas relata aquilo que já existe, desde a incidência normativa.

O gráfico abaixo representa tal posicionamento:

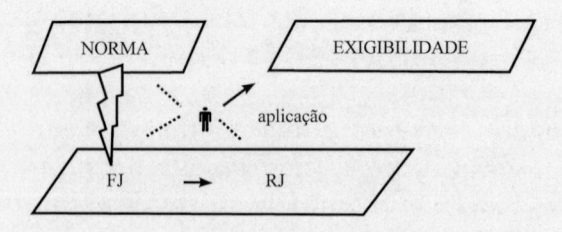

Explicando: A norma incide naturalmente como um raio fulminante sobre o acontecimento verificado nos moldes de sua hipótese, constituindo-a como jurídica. Nasce, assim, o fato jurídico (FJ) e a relação jurídica (RJ) como seu efeito. O aplicador (👤), observando a norma, o fato jurídico e os direitos e deveres a ele imputados, produz (↗) um ato de formalização que declara a existência do fato jurídico e do efeito que lhe é próprio (relação jurídica) constituído pela incidência, tornando-o exigível.

Para a teoria constitutiva, que melhor se enquadra nos pressupostos deste livro, um fato só existe juridicamente quando relatado em linguagem competente e é só a partir deste instante que se instaura qualquer vínculo jurídico entre dois ou mais sujeitos. A mera ocorrência do evento verificado em conformidade com a hipótese normativa não gera qualquer consequência de ordem jurídica. Para que isso ocorra é necessário que uma pessoa competente relate a ocorrência deste acontecimento, imputando-lhes os efeitos que lhe são próprios. Neste sentido, o ato de aplicação (enquanto linguagem produzida pelo aplicador) é constitutivo, ele não declara o fato jurídico e a relação jurídica, mas sim os constitui, pois antes dele, nada existe juridicamente. Podemos falar em fato social, evento, relação social, mas nada ainda no plano jurídico.

O gráfico abaixo representa tal posicionamento:

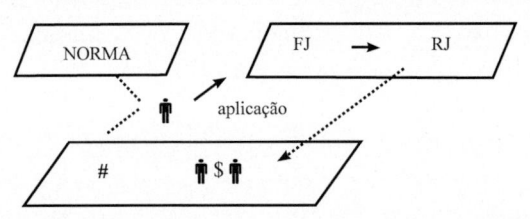

Explicando: A norma não incide naturalmente, o aplicador (👤) a interpreta, observa (no plano da realidade social – "ser") a ocorrência de um evento (#) nos termos de sua hipótese e produz (↗) uma nova linguagem jurídica (representada pela figura retangular superior da direita) que constitui o fato e o vínculo intersubjetivo para o direito, tornando-os uma realidade jurídica. Tal relação projeta-se para o campo da realidade social (representado pela figura retangular inferior)

influenciando a individualidade dos sujeitos para que eles se relacionem efetivamente nos moldes estipulados pelo direito (👤 $ 👤).

Diferentemente da figura anterior, à luz desta teoria, a norma não incide naturalmente como um fenômeno físico. Ela só produz efeitos na ordem jurídica quando é aplicada pelo homem. Só quando o evento é relatado em linguagem competente que o fato passa a existir como jurídico e que direitos e deveres são estabelecidos para o direito. É por isso que a aplicação (ou incidência), nesta concepção, é constitutiva do fato jurídico e da relação jurídica.

Trabalhando com esta teoria, não existe no direito, atos meramente declaratórios. Todo ato, enquanto linguagem competente, é constitutivo de uma realidade jurídica, de um fato jurídico e dos direitos e deveres imputados em sua decorrência (relação jurídica)[368].

No entanto, embora constitutivo do fato jurídico e da relação jurídica, o ato de aplicação caracteriza-se como declaratório em relação ao evento (acontecimento verificado nos moldes da hipótese no plano da realidade social – "#"), pois ele o descreve. Neste sentido, dizemos que, sob a ótica desta teoria, os efeitos do ato de aplicação são: (i) constitutivo em relação ao fato jurídico e à relação jurídica; e (ii) declaratório em relação ao evento.

---

368. Seguindo esta linha de raciocínio, não há sentenças de natureza declaratória (como classifica a doutrina processual civil). Todas as sentenças têm natureza constitutiva de uma situação jurídica (de direitos e deveres). Segundo a doutrina processual civil as sentenças podem ser de natureza: (i) declaratória; (ii) condenatória; e (iii) constitutiva. As declaratórias certificariam a existência ou inexistência de uma relação jurídica, as condenatórias além de declarar o direito existente, prepariam a execução, atribuindo ao vencedor um 'título executivo' e as constitutivas gerariam uma modificação do estado jurídico anterior. Mas, adotando a premissa de que o direito é um corpo de linguagem, toda nova linguagem traz uma modificação ao estado jurídico anterior, assim, todas as sentenças, como todos os outros atos veiculadores de normas concretas, têm natureza constitutiva tanto em relação ao fato jurídico, quanto à relação jurídica.

5. SOBRE O CICLO DE POSITIVAÇÃO DO DIREITO

Nos capítulos anteriores, ao estudarmos a norma jurídica em seus âmbitos sintático e semântico, analisamos o direito positivo de forma estática, como se tivéssemos tirado uma fotografia do ordenamento. Estudar a aplicação do direito, no entanto, implica observarmos sua forma dinâmica, ou seja, como o sistema é movimentado, criado e transformado pelo homem, para alcançar suas finalidades.

Como já vimos, o direito, enquanto objeto cultural, é produzido pelo homem e por ele manipulado no intuito de direcionar condutas intersubjetivas. Mas é o próprio direito que regula e disciplina tal manipulação. É o ordenamento jurídico que prescreve a criação, transformação e extinção de suas normas, determinando como suas estruturas devem ser movimentadas e os requisitos a serem observados para a transformação de sua linguagem.

Neste sentido, temos um ciclo ininterrupto: uma linguagem jurídica é produzida mediante uma série de procedimentos pré-estabelecidos e realizados pelo homem com base em outra linguagem jurídica que, por sua vez, também foi produzida da mesma forma.

O gráfico abaixo nos dá uma ideia deste ciclo:

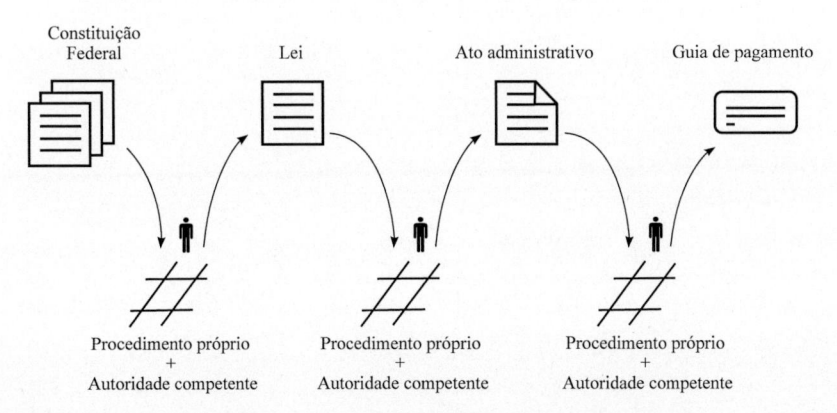

Explicando: no âmbito tributário, por exemplo, a Constituição Federal (representada no gráfico pela figura "▤"), prescreve as pessoas competentes para instituírem tributos (agente competente), dispõe sobre a materialidade das regras a serem produzidas, vinculando sua criação a alguma situação concreta (materialidade da norma), determina o procedimento a ser realizado (lei – princípio da legalidade) e dispõe como deve ser realizado tal procedimento (processo legislativo). Os órgãos competentes (representado pela figura "♰"), interpretando estes preceitos (ação representada pela figura "↷"), realizam tal procedimento no plano social (evento representado pela figura "#"): é proposto um projeto de lei, as duas casas (Câmara dos Deputados e Senado Federal) votam e o aprovam, o Presidente da República promulga e a lei é publicada (ação representada pela figura "↓"), passando a existir como documento normativo (lei – representada pela figura "▤"). Começa, então, tudo de novo... Interpretando (↷) a lei (▤) que institui o tributo, a autoridade administrativa (♰) realiza um procedimento (#) também prescrito por lei e produz (↓) o ato administrativo do lançamento (▤), constituindo uma obrigação tributária entre o fisco e contribuinte. Tendo em vista este documento normativo (↷), o contribuinte (♰) realiza um procedimento próprio (#) – também previsto em lei, para inserir (↓) no ordenamento jurídico, outro documento normativo: a guia de recolhimento (▭) atestando a efetuação do pagamento. Se ao invés de pagar o contribuinte impugna o ato, produz uma nova linguagem, realizando um procedimento nos moldes previstos pelo sistema, que vai servir de fundamento para outra linguagem: a da decisão. Se o contribuinte não realiza o pagamento e não impugna o ato, a administração realiza outro procedimento, prescrito pelo direito para criar um título executivo extrajudicial (dívida ativa) e, com base nele, promover o processo de execução fiscal até que seja produzida a linguagem do pagamento...

E, assim, cronologicamente, o direito vai se movimentando, por meio de atos humanos de aplicação que positivam normas, seguindo sempre o mesmo ciclo: linguagem jurídica, procedimento humano realizado nos moldes prescritos pelo sistema, nova linguagem jurídica.

Sempre que se produz uma linguagem jurídica, alguém esta aplicando uma norma, mediante um processo que denominamos de positivação. Positivar, assim, é passar da abstração para a concretude das normas jurídicas, o que se efetiva, necessariamente, por meio de um ato humano. Este ato, bem como a pessoa credenciada para realizá-lo, são determinados pelo direito e é por meio dele que normas são inseridas no sistema, numa posição hierarquicamente inferior àquelas que regulam sua produção.

Nestes termos, diz-se que entre um texto normativo e outro há sempre a realização de um fato social juridicamente prescrito (procedimento efetuado pela autoridade competente) e, neste fato social há sempre um ato de vontade humano. Ainda que o recorte metodológico do direito positivo o afaste, quando estudamos a dinâmica do sistema, invariavelmente encontramos o homem sacando de normas gerais o fundamento para a criação de normas concretas, pois, é seguindo este ciclo – (i) linguagem jurídica; (ii) ato de vontade + homem + procedimento de produção; e (iii) nova linguagem jurídica – por nós denominado de "ciclo de positivação"[369], que o sistema se movimenta, que normas jurídicas são aplicadas, situações sociais são juridicizadas e efeitos são produzidos na ordem jurídica.

---

369. RODRIGO DALLA PRIA, seguindo as lições de PAULO CESAR CONRADO, utiliza a expressão "ciclo de positivação da norma tributária" para designar a série de produção de linguagens jurídicas tributárias que se segue desde a norma constitucional de competência tributária e se exaure com o pagamento do tributo. Segundo o autor, "Em caso de não-pagamento espontâneo do crédito pelo sujeito passivo, da obrigação tributária, uma série de outros atos se sucederão, prolongando a cadeia do processo de positivação, como v.j., a inscrição em dívida ativa, com a expedição de outro ato administrativo, i.é., a certidão de dívida ativa – CDA, espécie do gênero título executivo extrajudicial que, como o lançamento, configura norma jurídica, caracterizada pelos atributos de liquidez, certeza e exigibilidade. Este ato-norma, por sua vez, nada mais é que um estágio mais avançado do processo de positivação da norma jurídica tributária" (O processo de positivação da norma jurídica tributária e a fixação da tutela jurisdicional apta a dirimir os conflitos havidos entre contribuinte e fisco, in Processo tributário analítico, p. 53-54).

A positivação de cada norma se encerra com a produção de outra norma que a denota semanticamente. É neste sentido que GABRIEL IVO enuncia: "o processo de positivação do direito ocorre por meio de sua aplicação, toda aplicação do direito constitui, ao mesmo tempo, também um produção. Aplicar uma norma significa criar uma outra norma"[370].

Voltando ao gráfico acima: as normas constitucionais, que estabelecem as competências tributárias, são positivadas com a produção da lei, a norma instituidora do tributo (veiculada pela lei) é positivada com a produção do ato administrativo de lançamento e a norma do pagamento (inserida no sistema pela guia de recolhimento) é resultado da positivação da norma geral e abstrata do pagamento prevista na lei. Esta última (norma do pagamento veiculada pela guia de recolhimento) não é resultado da positivação do ato administrativo de lançamento, embora no ciclo de positivação do direito tributário, ela seja sucessivamente posterior ao lançamento, sendo este atuante motivador de sua produção.

6. APLICAÇÃO E REGRAS DE ESTRUTURA

Os procedimentos adequados para criação de novas normas jurídicas e as pessoas credenciadas para realizá-los são aqueles, e somente aqueles, estabelecidos pelo direito. Somente um ato de vontade humano não cria direito, nem aplica norma, para tanto é necessário que a pessoa, capacitada juridicamente, realize o procedimento prescrito pelo ordenamento. Por mais que um traficante, por exemplo, queira editar uma lei para tornar lícito seus negócios e se transformar em um empresário do tráfico, ele não consegue inovar o sistema jurídico-positivo neste sentido, porque não está apto juridicamente a produzir tal linguagem. Por mais que a população almeje a diminuição da maioridade penal para 16 anos, somente a realização de um processo legislativo tem o condão de promover tal mudança. Tudo isso porque o direito só é movimentado,

---

370. *Norma jurídica: produção e controle*, p. 3.

transformado e aplicado mediante a forma por ele prescrita.

Para cada tipo de norma que se pretenda produzir, o sistema estabelece um procedimento próprio e determina quem são as pessoas capacitadas para realizá-lo. Tal capacidade é atribuída de acordo com a materialidade da regra que se pretende criar e pode ser efetivada tanto pelo Estado-Poder (União, Estados, Distrito Federal e Municípios – Executivo, Legislativo e Judiciário) como por particulares.

Como já vimos (ao tratarmos da classificação das normas jurídicas), as regras que dispõem sobre a criação de outras regras são denominadas de "normas de estrutura". Elas disciplinam os órgãos competentes, a matéria e o procedimento próprio para produção de novos enunciados jurídicos, possibilitando a dinâmica do sistema.

Para se produzir uma linguagem jurídica, necessariamente se aplica uma regra de estrutura, que estabelece o procedimento adequado para produzir tal linguagem e a pessoa apta a realizá-lo. Uma prova disso é que todo e qualquer documento normativo contém marcas, indicando a série de atos realizados para sua criação (procedimento) e quem os realizou (pessoa competente), ou seja, a jurisdicização do fato de sua produção pré-estabelecido por uma norma de estrutura. Pode ser que, para a criação de uma linguagem jurídica, sejam aplicadas apenas normas de estrutura, o que ocorre, por exemplo, na produção preceitos gerais e abstratos ou, então, podem ser aplicadas normas de estrutura e de comportamento, o que se verifica, por exemplo, quando são produzidas normas individuais e concretas. Mas, em qualquer caso de produção de linguagem jurídica, necessariamente, deparamo-nos com a aplicação das denominadas regras de estrutura.

Nem sempre as regras de estrutura (que regulam a aplicação) encontram-se no mesmo suporte físico normativo das regras de condutas a serem aplicadas. Da mesma forma, as proposições que fixam o procedimento, a autoridade competente e estabelecem os requisitos para criação de novos enunciados podem estar dispersas em diferentes documentos normativos. É função do aplicador (intérprete) reuni-las, compreendê-las e, em cumprimento destas, realizar o devido procedimento para que os enunciados produzidos sejam considerados como parte integrante do sistema jurídico, assim como é sua função também construir as regras de conduta a serem aplicada a cada caso concreto.

Na ilustração acima, por exemplo, o ato administrativo de lançamento é produzido (materialmente) com base na lei que institui o tributo, o processo de sua produção, no entanto, é disciplinado por outra lei (que fixa os requisitos dos atos administrativos), mas nada impede que siga, também, disposições positivadas por resoluções, instruções administrativas, ou portarias. Neste sentido, temos várias regras (de estrutura e conduta), constantes em diferentes dispositivos, fundamentando a produção da linguagem do ato administrativo de lançamento.

O gráfico abaixo demonstra tal diversidade:

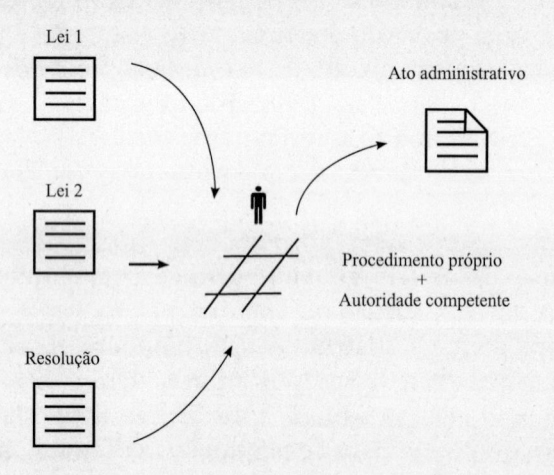

Explicando: Tanto a lei 1, a lei 2, quanto a resolução, prescrevem como deve ser o processo de produção do ato administrativo.

Um dos critérios para se estabelecer a hierarquia dos textos normativos, em nosso ordenamento, é a fundamentação jurídica. Considera-se hierarquicamente superior o diploma normativo no qual se encontram as regras que regulam a produção (formal e material) de outras regras, tidas como hierarquicamente inferiores àquelas. Nestes termos, as normas incididas (ou aplicadas), são sempre hierarquicamente superiores em relação às normas produzidas.

No caso ilustrado com a figura do item anterior, por exemplo, apesar da linguagem da guia de recolhimento decorrer, sucessivamente, da linguagem do ato administrativo de lançamento, sendo este o instrumento motivador de sua produção, as normas que prescrevem a obrigação de pagar e o procedimento para realização do pagamento do tributo são dispostas em lei e não no ato administrativo, que apenas individualiza tal obrigação. A lei, assim, é tomada como fundamento jurídico tanto do ato administrativo de lançamento, como da guia de recolhimento produzida pelo contribuinte, o que os coloca em patamar de igualdade hierárquica. Isto justifica o fato da norma do pagamento, inserida no sistema com a guia de recolhimento, ser capaz de extinguir a obrigação tributária imposta pelo ato administrativo do lançamento[371].

A figura abaixo demonstra melhor tal colocação:

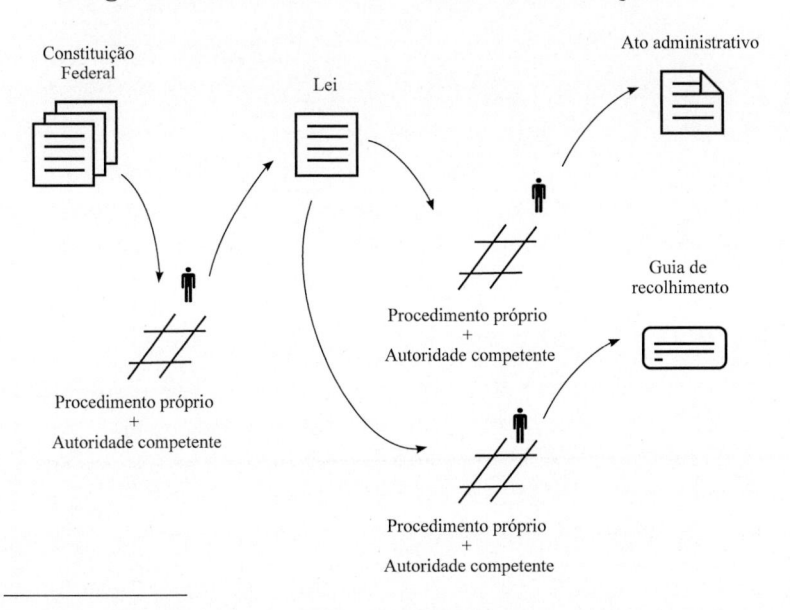

---

371. Falamos aqui em "ato administrativo de lançamento" sem esquecer que a produção da norma individual e concreta, que constitui a obrigação tributária, não é de exclusividade do fisco, podendo ser também instituída pelo particular, mediante um ato de formalização, produzido em cumprimento aos deveres instrumentais impostos pela administração, nos casos dos tributos sujeitos ao denominado "lançamento por homologação".

Por ora, no entanto, não nos aprofundaremos nas questões de hierarquia e fundamentação do sistema jurídico (matéria que será especificamente analisada no capítulo sobre ordenamento e sistema). Interessa-nos agora, apenas fixar que toda norma jurídica é produzida mediante um procedimento de aplicação e que tal procedimento, bem como a autoridade própria para realizá-lo é determinado pelo próprio sistema. Como ensina TÁREK MOYSÉS MOUSSALLEM, aplicar é realizar uma jogada dentro do jogo do direito para criação de uma norma de hierarquia inferior àquela que regula sua produção[372], ou seja, é realizar uma sucessão de atos de acordo com as regras estabelecidas, é positivar normas jurídicas.

7. APLICAÇÃO: NORMA, PROCEDIMENTO E PRODUTO

Embora a aplicação, enquanto série de ações humanas, praticadas no plano da facticidade social, de acordo com preceitos jurídicos não seja alcançada pelo recorte metodológico do direito positivo, nós juristas, a tomamos como objeto de estudo. Isto porque, apesar de ser uma ação humana, a aplicação, tem um aspecto normativo, uma vez que há um conjunto de regras de estruturas disciplinando sua ocorrência. Ademais, ela é traduzida em fato jurídico com a produção do documento normativo. Neste sentido, chamamos atenção para a ambiguidade da palavra "aplicação", como norma, fato social, e fato jurídico, o que se explica quando refletimos sobre a dualidade "processo/produto" e sobre a convergência dos termos "norma", "procedimento" e "ato", tomados como aspectos do mesmo objeto, problemas semânticos perspicazmente identificados por PAULO DE BARROS CARVALHO.

Nos dizeres do autor, "se nos detivermos na concepção de que o ato é sempre resultado de um procedimento e que tanto ato quanto procedimento hão de estar, invariavelmente, previstos em normas do direito posto, torna-se intuitivo concluir

---
372. *Revogação em matéria tributária*, p. 105.

que norma, procedimento e ato são momentos significativos de uma e somente uma realidade"[373]. Os termos se confundem devido à ambiguidade decorrente da trialidade significativa que atinge todas as ações.

Se perguntarmo-nos, em última análise: "que é a aplicação?" Nossa resposta será: "é uma *ação humana* (realizada nos moldes do direito para a produção de nova linguagem jurídica, hierarquicamente inferior àquela que regula sua produção)". E, logo vem-nos à mente outra pergunta: "e que é ação?".

7.1 Teoria da ação: ato, norma e procedimento

Partindo de uma concepção comunicacional do direito, GREGORIO ROBLES MORCHÓN explica que a *ação concreta* é o significado de um conjunto de movimentos e não mais o conjunto de movimentos que acompanham a ação, os quais se apresentam como suporte físico das mesmas, ou seja, a ação concreta é o resultado de um processo interpretativo. Como exemplifica o autor, sabemos que a testemunha, ao levantar a mão, está prestando juramento, e não saudando uma pessoa do público, porque identificamos que esse movimento concreto nessa situação concreta significa prestar juramento e não saudar um amigo. "Temos em nossa mente a ideia do que consiste prestar juramento ante um tribunal, e também em que consiste saudar um amigo e sabemos diferenciar ambas as *ações genéricas* em virtude da situação concreta que vivemos"[374].

O autor denomina *ação genérica* o conhecimento dos movimentos necessários para atingir certa finalidade e *ação concreta* o significado transmitido com a efetiva realização daqueles movimentos. Em suas palavras, "a qualificação de um

---

373. *Curso de direito tributário*, p. 399.

374. *Teoria del derecho (fundamentos de teoria comunicacional del derecho)*, vol. 1., p. 231 (tradução nossa).

movimento como uma ação concreta é possível em virtude de dispormos de um *modelo genérico de ação* em que se encaixa o significado daquele movimento". Esse modelo genérico de ação se expressa na forma de um *procedimento* também genérico, que estabelece os requisitos da ação (previsão abstrata). A ação concreta, que é a atuação na realidade da ação genérica, se materializa com a realização deste procedimento (procedimento concreto).

Segundo o autor espanhol, toda ação concreta pode ser observada sob duas perspectivas: (i) uma estática (em seu estar), que contempla a ação como algo já acabado, ou seja, como produto (ato); (ii) outra dinâmica (em seu fazer), que considera a ação como algo que está acontecendo, ou seja, o curso do seu processamento (processo). Referimo-nos à ação como produto acabado, geralmente, por meio dos substantivos: a saudação, o juramento, o testamento, o contrato, a declaração, a lei, o decreto, etc. Por outro lado, empregamos verbos para expressar a ação como processo: saudar, jurar ou prestar juramento, testar, contratar, declarar, legislar, decretar, etc. A acepção estática da ação pressupõe sua acepção dinâmica, porque o produto acabado (ex: contrato) decorre da realização do processo concreto (ex: contratar), da mesma forma, o conceito dinâmico pressupõe o conceito estático, porque o processamento (ex: saudar) não existe como tal sem um resultado concreto (ex: a saudação) – o que pode existir sem o produto é o procedimento geral (previsão abstrata). Assim, ambas as visões coexistem, sendo uma dependente da outra.

Todo procedimento é expresso por meio de uma norma, que estabelece os requisitos necessários a serem observados pelo sujeito para realizar uma ação[375]. As receitas culinárias, são um exemplo típico de normas procedimentais, sempre lembrado por PAULO DE BARROS CARVALHO. Segundo o autor a receita de um bolo, "formulada por escrito ou passada de pessoa para pessoa pelos múltiplos canais por onde flui a cultura,

---

375. *Idem*, p. 234.

são normas não positivadas pelo direito, que fixam um conjunto de providências, como a previsão de quantidades de substância, misturas segundo certas proposições e maneiras específicas, e obedecendo uma ordem sequencial, tudo realizado em determinadas condições de temperatura e pressão, procedimento que há de ser percorrido para que, encerrado o processo, apareça, como resultado, o produto final, no nosso exemplo, o bolo"[376].

Quando realizamos uma ação concreta agimos de acordo com um procedimento genérico que vem disposto numa regra, que não é outra coisa senão a expressão linguística do procedimento. Neste sentido, GREGORIO ROBLES MORCHÓN enfatiza: "Toda ação é expressa em termos linguísticos, mediante uma regra que diz qual é o procedimento em que consiste a ação"[377]. A norma de procedimento expressa verbalmente a ação genérica, não obriga concretizá-la, determinando apenas em que consiste a ação. Assim, todos os homens são livres para eleger as ações que desejam ou não realizar, mas, ao decidirem executar alguma, não têm liberdade quanto ao procedimento, pois este é determinante da ação.

As regras de procedimento estabelecem os requisitos a serem realizados para se concretizar a ação. Sem o procedimento não há ação e sem regra não há procedimento. Nestes termos, conclui o autor espanhol: "Realizar uma ação é seguir a norma de procedimento correspondente. Onde há ação, há procedimento e também há norma. São três conceitos que se coimplicam, que se seguem acompanhados sempre. Não é possível pensar em um sem relacioná-lo, de imediato, com outro"[378].

É seguindo esta linha de raciocínio que PAULO DE BARROS CARVALHO trabalha norma, procedimento e ato como momentos significativos de uma e somente uma realidade.

---

376. *Curso de direito tributário*, p. 399.
377. *Teoria del derecho (fundamentos de teoria comunicacional del derecho)*, vol. 1, p. 236.
378. *Idem*, p. 238.

7.2 Aplicação como ato, norma e procedimento

A palavra "aplicação", bem como todas as demais terminologias utilizadas para denotar ações de ordem jurídica (ex: compra e venda, transação, doação, adoção, compensação, lançamento, revogação, publicação, votação, etc.), costumam ser empregada nestas três acepções: (i) indicando um conjunto de disposições jurídicas que regulam o desdobramento procedimental para a criação de nova linguagem jurídica (normas); (ii) apontando o procedimento, entendido como a sucessão de atos praticados pela autoridade competente, na forma da lei, com vistas à produção de novos enunciados jurídicos (procedimento); (iii) significando o resultado da atividade desenvolvida no curso daquele procedimento (ato).

A prevalência de qualquer destas três acepções dependerá do interesse de quem examina o assunto. Uma coisa, no entanto, é certa: não pode haver o ato de aplicação, sem que o procedimento de aplicação tenha sido implementado e não haverá procedimento (nem ato), sem que uma regra de aplicação, pertencente ao direito positivo, prescreva os termos de sua realização.

As normas de aplicação são proposições jurídicas que qualificam os sujeitos capazes de produzir o ato e determinam toda atividade necessária para a produção deste ato. São denominadas de regras de estrutura, as quais dividimos em: (i) normas de competência, as que capacitam sujeitos; e (ii) normas de procedimento (em sentido estrito), as que prescrevem a série de movimentos necessários para se produzir o ato.

O procedimento de aplicação é a concretização real desta movimentação, ou seja, uma atividade, que supõe a pluralidade organizada de atos, praticados sequencialmente, com a finalidade de atingir um resultado. Analiticamente, podemos decompor o procedimento para o estudo específico de cada ato que, por acaso, venha a interessar-nos. Quando, por exemplo, analisamos o processo legislativo específico de uma dada lei, podemos observar cada ato em separado: projeto, iniciativa, votação na

Câmara dos Deputados, votação no Senado, veto presidencial, publicação, etc., sem esquecer que cada um destes atos é resultado de procedimento próprio. Assim, no curso de um procedimento, podemos ter vários outros procedimentos incidentais, basta só querermos desmembrá-los, para fins de análise.

PAULO DE BARROS CARVALHO chama atenção para a importância do elemento tempo na compreensão da atividade procedimental. Segundo o autor, "a cronologia faz parte integrante da noção de procedimento, a tal ponto que, se não detectarmos a presença do fator temporal intrometido entre os atos, estaremos diante de ações simultâneas destituídas de sentido enquanto categoria definida de atuosidade"[379]. Cada ato é realizado em condições precisas de espaço e de tempo, entretanto, o fluxo temporal se interpõe na sucessão das ações praticadas. Sendo o procedimento uma sequência organizada de atos, há um tempo *interno*, inerente a cada ato isolado e um tempo *externo*, referente à duração da sequência, que marca o início e o término do procedimento, o qual se esgota com o aparecimento do resultado previsto.

O ato de aplicação, enquanto produto acabado, resultado do processo de aplicação, nada mais é do que um corpo de linguagem prescritiva, suporte físico para construção de normas jurídicas em sentido estrito. Partindo de uma teoria comunicacional do direito, não podemos aceitar a existência de atos jurídicos que não se apresentem em linguagem, e mais ainda, em linguagem escrita, pois esta é a forma pela qual o direito posto se manifesta. Pensemos em qualquer ato jurídico e tão logo nos depararemos com um texto (ex. contratos, atos administrativos, recibos de pagamento, sentenças, certidões, etc.).

No ato de aplicação invariavelmente encontramos a positivação de pelo menos duas normas: (i) a regra de estrutura, que dispõe sobre o procedimento e a autoridade competente para realizá-lo; e (ii) a regra objeto da aplicação.

---

379. *Curso de direito tributário*, p. 401.

A primeira norma (i), do tipo geral e concreta, a qual denominamos de regra introdutora, descreve em seu antecedente a ocorrência do procedimento próprio, realizado pela autoridade competente e prescreve em seu consequente a obrigatoriedade de todos observarem os preceitos produzidos por aquele procedimento. É a norma resultado da positivação da regra de aplicação, ou seja, das proposições gerais que disciplinam o procedimento e a autoridade competente para realização do ato. Ela nos permite dizer qual é o ato, pois aponta o procedimento realizado para sua criação, o que nos possibilita confrontá-lo com as regras gerais de aplicação, para controle de sua legitimidade. Em suma, é pelo ato, mais especificamente pela positivação da regra introdutora nele contida, que identificamos o procedimento realizado e as normas que o fundamentam juridicamente. O ato concretiza o procedimento e o procedimento resulta no ato, de modo que sem aquele, este não existe e sem este aquele não é produzido, por isso, a coexistência entre ambos.

A segunda norma (ii) é o objeto da aplicação, aquela que se pretende criar com a produção do ato. Pode ser mais de uma, de todos os tipos, quantas forem possíveis de serem construídas a partir dos enunciados prescritivos produzidos, excluindo-se a regra introdutora.

Com relação a ambos os tipos de normas, estudá-las-emos mais profundamente no capítulo reservado às fontes do direito. Por ora, fica a constatação de nelas concretamente residir os aspectos dinâmico e estático do ato de aplicação.

Tratar a "aplicação" como norma, como procedimento ou como ato, passa a ser apenas uma decisão de quem deseja examiná-la. Examinar as normas disciplinadoras do modo de produção da linguagem jurídica significa estudar a sintaxe da aplicação. Examinar o procedimento realizado, significa estudar a pragmática da aplicação e examinar o ato produzido significa estudar a semântica da aplicação[380].

---

380. Isto serve para qualquer 'ação' jurídica. A adoção, por exemplo, sempre lembrada por PAULO DE BARROS CARVALHO, podemos falar da adoção enquanto:

8. ANÁLISE SEMIÓTICA DA INCIDÊNCIA

De tudo que foi dito, afastando a trialidade existencial de procedimento, ato e norma para considerar o "fenômeno" (acontecimento), pode-se dizer que incidência e aplicação resumem se a uma ocorrência identificada no tempo e no espaço, concernente à dinâmica do direito, ou seja, sua positivação, que depende do homem, da sua capacidade de interpretação e produção de uma nova mensagem. Partindo-se da premissa de que a linguagem constitui a realidade, todo e qualquer acontecimento consistente no esforço humano canalizado para produção de uma mensagem jurídica pressupõe uma linguagem que o constitui como tal, tornando-o inteligível ao nosso intelecto.

Neste sentido, a incidência é tomada como um fato, enunciado linguístico ou linguagem responsável pela intersecção entre os mundos do direito (linguagem jurídica) e da realidade social (linguagem social), assim como a linguagem da experiência, na qual teoria (linguagem científica) e prática (linguagem dos casos concretos) se encontram.

Sob esta perspectiva, podemos utilizar os recursos da semiótica e estudar a incidência sob os enfoques: (i) sintático, (ii) semântico e (iii) pragmático. São três pontos de vista sobre o mesmo objeto, o que torna a análise do fato-incidência muito mais rica.

(i) sob o aspecto sintático, a incidência se perfaz em duas operações lógicas: (i.a) subsunção (inclusão de classes) do fato e da relação; e (i.b) imputação ao fato dos efeitos jurídicos (implicação).

---

i) conjunto de normas (a adoção está disposta nos artigos x a y do Estatuto da Criança e do Adolescente); ii) procedimento (a adoção está sendo realizada na 1ª vara); iii) ato (o juiz concedeu a adoção), isto porque invariavelmente temos: as normas de adoção, o processo de adoção e o ato da adoção, como resultado daquele processo. Outro exemplo: a decisão judicial, temos: i) as normas que regulam a decisão; ii) o procedimento da decisão, ou seja, o fato do juiz reunir todos os elementos do processo, realizar juízos valorativos; e iii) a decisão, enquanto ato, produto acabado de tal proceder.

(ii) sob a faceta semântica, a incidência é a determinação do conteúdo dos enunciados normativos gerais e abstratos, caracteriza-se, portanto, como uma operação de denotação.

(iii) sob o ponto de vista pragmático a incidência também se completa em duas operações: (iii.a) interpretação (do fato e do direito); e (iii.b) constituição da nova linguagem jurídica. O homem atribui sentido aos enunciados prescritivos gerais e abstratos, juntamente com aqueles que o remetem ao evento (enunciados fáticos – linguagem das provas), e constitui o fato e a relação jurídica, com a inserção no sistema, da norma individual e concreta.

O isolamento da incidência como atividade linguística, não só possibilita sua decomposição analítica, como deixa assentado que só o ser humano com seu aparato mental, produzindo um ato de fala, que expressa seus valores e manifesta sua vontade, poderá fazer com que a norma incida.

Mas vejamos separadamente a incidência sob cada um destes aspectos.

8.1 Plano lógico: subsunção e imputação

Como já vimos (no capítulo IX, sobre o conteúdo normativo), a hipótese e o consequente da norma geral e abstrata (a ser incidida), contém critérios de identificação de um fato a ser promovido à categoria de jurídico e de um vínculo intersubjetivo a ser instaurado juridicamente, assim que verificado o fato. Tais proposições consubstanciam-se em conceitos conotativos, classes delimitadoras de infinitas ocorrências e de infinitas relações no plano social.

O aplicador do direito, ao reconhecer que um acontecimento concreto, verificado num determinado ponto do espaço e numa específica unidade de tempo, inclui-se na classe delimitada pelos critérios da hipótese da norma geral e abstrata, realiza a subsunção do fato à norma. Em razão da causalidade normativa (implicação deôntica), imputa a relação jurídica definida de acordo com os critérios prescritos no consequente da mesma norma geral e abstrata, realizando outro ato de subsunção, agora com relação ao vínculo jurídico, que é um fato relacional. E, com isso, produz a norma individual e concreta, cujas proposições (antecedente e consequente) são também classes, mas de um elemento só.

A incidência, sob este aspecto, se resume a duas operações lógicas, uma de subsunção entre os conceitos conotativos (norma geral e abstrata) e denotativos (norma individual e concreta) e outra de implicação da relação jurídica ao fato jurídico.

A subsunção nada mais é do que uma operação de inclusão de classes. Dizemos que há subsunção do fato à norma quando este guarda absoluta identidade com o desenho da hipótese (quando se enquadra dentro do campo de extensão de seu conceito). Da mesma forma, há subsunção da relação jurídica à norma por esta se encaixar exatamente ao modelo do consequente. Trata-se de uma operação lógica de encaixe entre dois conceitos: um conotativo (hipótese e consequente da norma geral e abstrata) e outro denotativo (fato jurídico e relação jurídica). O fato para ser jurídico deve encaixar-se à classe da hipótese e a relação jurídica a ser instaurada deve enquadrar-se à classe do consequente.

Tecnicamente, a subsunção é uma relação de inclusão, que se dá entre classes de extensões diferentes: a classe denotativa (de um elemento só) do fato (ex: João matou José, Lima auferiu renda, Artur causou dano à Maria, etc.) encaixa-se na classe conotativa da hipótese (ex: matar alguém, auferir renda, causar dano, etc.); a classe denotativa (de um elemento só) da relação jurídica (João deve cumprir pena de prisão de 8 anos, Lima deve pagar ao fisco federal a importância de R$ 1.500,00, Artur deve pagar à Maria o valor de R$ 50.000,00, etc.) encaixa-se na classe conotativa do consequente normativo (ex: aquele que matou deverá cumprir pena de x a y anos, aquele que auferiu a renda deverá pagar 15% da renda auferida ao fisco federal, aquele que causou o dano deve indenizar o valor do dano ao lesado, etc.).

A expressão "inclusão de classe" faz referência a esse processo de enquadramento do fato à hipótese normativa abstrata e da relação jurídica ao consequente normativo geral. A subsunção é sempre do fato e da relação e não somente do fato.

Para que se dê a subsunção, o encaixe deve ser completo, implementando aquilo que denominamos de "tipicidade". O fato social, a ser juridicizado com a produção da norma individual e concreta, tem de satisfazer todos os critérios identificadores da hipótese da norma a ser incidida, assim como, a relação jurídica a ser instaurada tem de satisfazer todos os critérios identificadores do consequente desta norma. Basta que apenas um não seja verificado para que a operação lógica fique inteiramente comprometida. Se o fato não preencher todos os requisitos conotativos da hipótese, não se enquadrará como elemento da classe, consequentemente, a ele não será imputado os efeitos jurídicos prescritos no consequente, restando prejudicada a subsunção.

Como operação lógica, a subsunção se verifica entre linguagens de níveis diferentes. Para explicar tal separação PAULO DE BARROS CARVALHO utiliza-se do esquema das proporções aritméticas[381]. Conforme ensina o autor:

$$(i) \quad \frac{H}{Fj} = \frac{C}{Rj}$$

A hipótese está para o fato jurídico assim como a consequência está para a relação jurídica. Os antecedentes da proporção (H e C) figuram no mesmo plano – o plano normativo

---
381. *Curso de direito tributário*, p. 245-246.

geral e abstrato; por outro lado, os consequentes da proporção aritmética (Fj e Rj) também se acham no mesmo plano – o plano da norma individual e concreta, que fala do mundo real social. Invertendo-se os meios ou os extremos as proporções não se alteram[382], estando sempre presente a distinção entre a plataforma das prescrições normativas gerais e abstratas (H e C) e daquela formada pelos enunciados factuais (Fj e Rj).

Em seus escritos, PAULO DE BARROS CARVALHO atribui ênfase à análise lógica ao estudar o fenômeno da "incidência". Nos dizeres do autor, "a chamada incidência jurídica se reduz, pelo prisma lógico, a duas operações formais: a primeira, de subsunção ou de inclusão de classes, em que se reconhece que uma ocorrência concreta, localizada num determinado ponto do espaço social e numa específica unidade de tempo inclui-se na classe dos fatos previstos no suposto da norma geral e abstrata; outra, a segunda, de implicação, porquanto a fórmula normativa prescreve que o antecedente implica a tese, vale dizer, o fato concreto, ocorrido *hic et nunc*, faz surgir uma relação jurídica também determinada, entre dois sujeitos de direito"[383].

Embora possa parecer, inexiste cronologia entre o fato jurídico e a relação jurídica. Um fato é jurídico porque atrelado a efeitos jurídicos, sem a relação imposta normativamente o fato perde a juridicidade, na ordem inversa, sem o fato jurídico não há relação jurídica. Neste sentido, são esclarecedoras as palavras de PAULO DE BARROS CARVALHO: "Inexiste cronologia entre a verificação empírica do fato e o surgimento da relação jurídica, como se poderia imaginar num exame mais apressado. Instaura-se o vínculo abstrato, que une pessoas, exatamente no instante em que aparece a linguagem

---

382. $\dfrac{H}{C} = \dfrac{Fj}{Rj}$ (invertendo-se os meios) $\dfrac{Rj}{Fj} = \dfrac{C}{H}$ (invertendo-se os extremos)

383. *Direito tributário, fundamentos jurídicos da incidência*, p. 9.

competente que relata o evento descrito pelo legislador. Para o direito são entidades simultâneas, concomitantes"[384].

O fato jurídico inexiste sem os efeitos normativos a ele imputados e os efeitos jurídicos inexistem sem os fatos. Nestes termos, dizemos que a imputação é automática e infalível ao fato jurídico, porque, constituído este, devido à causalidade deôntica, instantaneamente, instaura-se o vínculo jurídico relacional entre sujeitos.

8.2 Plano semântico: denotação dos conteúdos normativos

No processo de positivação, os enunciados conotativos da norma geral e abstrata a ser incidida funcionam como modelo para orientar o aplicador na construção dos enunciados protocolares juridicizadores dos fatos e instauradores dos vínculos relacionais entre sujeitos. Os fatos e as relações jurídicas são constituídos por normas individuais e concretas produzidas de acordo com a demarcação dos critérios da norma geral e abstrata, mediante o processo que denominamos de aplicação, no qual a incidência, enquanto atividade humana, opera-se.

Se restringirmos nossa análise ao campo dos conteúdos normativos, tal atividade se apresentará como uma operação de denotação das significações gerais e abstratas da norma incidida, mediante a qual o aplicador aponta os elementos que se subsomem à amplitude do conceito legislado, concretizando-os. Neste sentido, dizemos que a incidência pode ser vista, sob o aspecto semântico, como uma operação de denotação (ou concretização) dos conteúdos normativos.

Tal enfoque leva em conta o trabalho do aplicador de transformar conteúdos normativos gerais e abstratos em individuais e concretos. Certamente que este esforço se encontra intrinsecamente ligado à operação lógica de subsunção. Para

---

384. *Curso de direito tributário*, p. 245.

subsumir é necessário denotar e para denotar e necessário subsumir.

A denotação a que nos referimos aqui, no entanto, difere-se da operação de encaixe entre conceitos conotativos e denotativos (estudada no item acima, como subsunção). Trata-se da atividade de criação de um conceito concreto a partir de um conceito genérico. A subsunção se materializa com a denotação, é nela (denotação) que identificamos a ocorrência da operação entre classes realizada mentalmente pelo aplicador. Assim sendo, analisar a incidência como uma atividade denotativa é apenas outro ângulo de observação do mesmo objeto.

Voltando-nos para os conteúdos normativos (campo semântico), com a incidência temos a redução das significações gerais e abstratas da hipótese do consequente às unidades significativas da norma individual e concreta (fato jurídico e relação jurídica). Nestes termos, a incidência é, no fundo, uma operação de identificação dos elementos de conceitos normativos gerais e abstratos.

Um magistrado, por exemplo, ao prolatar uma sentença, sabendo que o direito positivo brasileiro estabelece, em caráter geral e abstrato, a obrigação de cumprir uma pena àquele que matar alguém, reconhece que Aristeu matou Bernardo no dia 25 de abril de 2006, às 9 horas, na rua x n. y, no Município de São Paulo-SP e, em razão disso, lhe impõe o dever de cumprir a pena de 8 anos de reclusão. Da norma geral e abstrata do homicídio, o juiz constrói a norma individual e concreta, fazendo-a, assim, incidir naquele caso em concreto.

Como já vimos, os enunciados da norma geral e abstrata delimitam duas classes (hipótese e consequente), que comportam inúmeros elementos representativos (ex: fato 1, fato 2, fato 3...; relação intersubjetiva 1, relação intersubjetiva 2, relação intersubjetiva 3... etc.). Denotar significa apontar, identificar os elementos da classe. O aplicador, ao criar a norma individual e concreta, determina os conceitos da norma geral e abstrata, identificando apenas um elemento para cada classe (i.e. o fato jurídico x – relatado em seu antecedente; e a relação jurídica y – prescrita em seu consequente). Deste modo, dizemos que a incidência, sob o prisma semântico, resume-se a uma operação de denotação das significações da norma geral e abstrata, porque o aplicador, ao produzir a regra individual e concreta, identifica todos os critérios presentes naquela norma, determinando e individualizando seus conceitos de acordo com a situação concreta.

A regra-matriz de incidência desempenha importante papel nesta operação. A passagem da norma geral e abstrata para a individual e concreta, como ensina PAULO DE BARROS CARVALHO, consiste na redução à unidade: de classes com notas que se aplicariam a infinitas situações abstratas, nos critérios da hipótese (e também da consequência), chegamos a classes com notas que correspondem a um e somente um elemento de cada vez (o fato jurídico e a relação jurídica)[385]. Os enunciados da norma individual e concreta são apurados com precisa determinação dos critérios da hipótese e do consequente da regra-matriz, de forma que a classe de infinitos acontecimentos prevista na hipótese (de previsão futura), transforma-se num conjunto de um único acontecimento concreto (de previsão passada), devidamente identificado no tempo e no espaço e a classe de infinitas relações prescrita no consequente, converte-se num conjunto de uma única relação, instituída entre sujeitos individualizados e com objeto determinado.

Com a incidência, todos os critérios da regra-matriz são transformados pelo aplicador, em elementos na norma individual e concreta. Há, no antecedente: (i) um elemento material, que se refere a uma ação ou estado concreto; (ii) um elemento espacial que alude a um local específico; e (iii) um elemento temporal, que se reporta a um momento no passado. E, há no consequente: (iv) um elemento pessoal, referente aos sujeitos

---

385. *Direito tributário, fundamentos jurídicos da incidência*, p. 121.

da relação (ativo e passivo); e (v) um elemento prestacional que se refere a um objeto determinado.

Para que haja incidência, sob o ponto de vista semântico, todos os critérios da regra-matriz devem estar reduzidos à unidade de elementos na norma individual e concreta. Basta um dos critérios não estar denotado, que a incidência não se verifica.

O aplicador obtém o enunciado que constitui o fato como jurídico (antecedente da norma individual e concreta) pela redução à unidade da classe de notas (conotação) da hipótese da regra geral e abstrata incidida (RMI). Da mesma forma, obtém o enunciado que instaura o vínculo jurídico entre sujeitos, pela redução à unidade da classe de notas (conotação) do consequente da regra geral e abstrata incidida (RMI). Trata-se, tal operação, da denotação dos conteúdos normativos, atividade mediante a qual se passa da abstração da regra-matriz de incidência para a concretude da norma aplicada.

8.3 Plano pragmático: interpretação e produção da norma individual e concreta

Sob o ponto de vista pragmático a incidência pode ser vista como duas operações: (i) uma de interpretação que se subdivide em: (i.a) interpretação dos enunciados probatórios que reportam o aplicador à ocorrência do evento; e (i.b) interpretação do direito (construção da norma a ser aplicada); e (ii) outra de produção da linguagem competente, que relata o fato (constituindo-o como fato jurídico) e instaura o vínculo relacional (obrigatório, proibido ou permitido) entre sujeitos.

Por envolver atos de interpretação e escolhas do aplicador, aprofundarmo-nos na análise pragmática da incidência requer o ingresso nas teorias da interpretação, decisão e argumentação, estudo um tanto quanto extenso e complexo, daí porque reservarmos o próximo capítulo para ele. Por ora, fica o registro de que a incidência, observada pelo ângulo pragmático, resume-se também a duas operações: interpretação e constituição de uma nova linguagem jurídica.

9. DO "DEVER-SER" AO "SER" DA CONDUTA

Para o direito, alcançar sua finalidade de regular condutas não é uma tarefa de todo tão fácil, pois além de passar por todas as dificuldades da incidência, a passagem da linguagem do "dever-ser" para a do "ser" pressupõe um ato de vontade das pessoas integrantes da relação jurídica.

Com a produção da norma individual e concreta, veiculada pelo ato de aplicação, a regulação jurídica se aproxima do campo material das condutas intersubjetivas, mas não tem o condão de, por si só, alterá-lo. Para isso, faz-se necessário um ato de vontade humano direcionado ao cumprimento daquilo que a regra prescreve. Tudo isso porque, como já repetimos em inúmeras passagens deste trabalho, "não se transita livremente do mundo do dever-ser para o do ser"[386], trata-se de linguagens diferentes, instituídas em códigos distintos de forma que uma não interfere fisicamente na outra.

O gráfico abaixo demonstra melhor aquilo que queremos explicar.

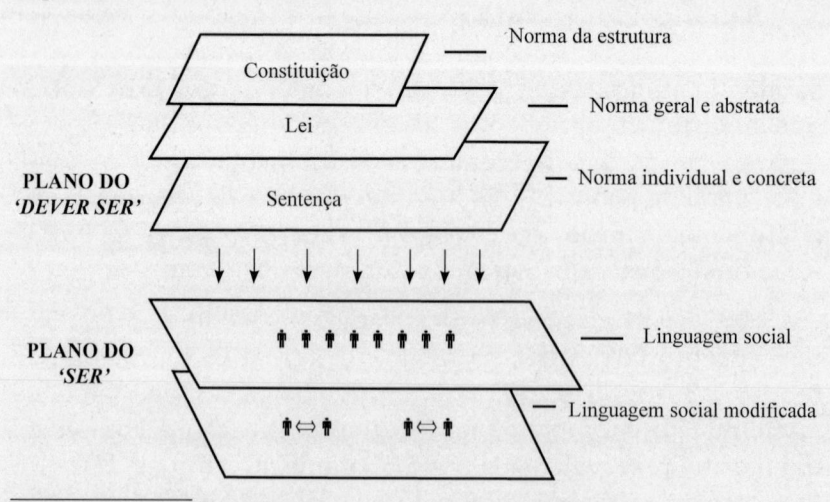

---

386. *Direito tributário, fundamentos jurídicos da incidência*, p. 8.

Explicando: a linguagem jurídica vem seguindo seu ciclo de positivação passando da previsão constitucional, abstração legal, à concretização com a produção da norma individual e concreta (planos representados, respectivamente, no gráfico pelos três retângulos de cima). Todos estes dispositivos pertencem ao direito positivo (dever-ser) e disciplinam condutas intersubjetivas (↓↓↓), porém, não têm o condão de alterá-las (como mostra a penúltima figura retangular – que representa a linguagem social). Para que tais condutas sejam modificadas é preciso a produção de outra linguagem social (representada pela figura retangular inferior, onde se nota o estabelecimento efetivo das relações entre sujeitos – ⚭ ⇔ ⚭), o que pressupõe um ato de vontade neste sentido.

Entre cada plataforma de linguagem há sempre um ato de vontade humano. No mundo do "dever-ser" este ato é dirigido à prescrição de condutas intersubjetivas, no mundo do "ser", ao estabelecimento de relações entre pessoas. A norma individual e concreta é o mais perto que a linguagem jurídica pode chegar para disciplinar condutas intersubjetivas. Mas, entre ela e a efetiva modificação da conduta regrada existe um abismo, que é a vontade humana de cumprir ou não a prescrição jurídica. Uma sentença (norma individual e concreta), por exemplo, enquanto proposição prescritiva, serve apenas como instrumento motivador desta vontade, porque fisicamente em nada pode alterar a linguagem do ser.

Como bem assinala PAULO DE BARROS CARVALHO, "legislar é uma arte. Ao produzir a regra o legislador deverá mobilizar ao máximo as estimativas, crenças e sentimentos do destinatário, de tal modo que o faça inclinar-se ao cumprimento da conduta prescrita, pois nesse empenho se resolverá a eficácia social (cumprimento) da norma jurídica. É aqui que ingressa a sensibilidade de quem legisla, conhecendo a ideologia e os dados culturais daquele de quem se espera os procedimentos desejados"[387]. A sanção (entendida em acepção ampla de penalidade e coercitividade) exerce importante

---

387. *Direito tributário: fundamentos jurídicos da incidência*, p. 12-13.

papel na decisão humana de respeitar os preceitos jurídico-normativos. É um instrumento fundamental utilizado pelo legislador para garantir a eficácia social das regras por ele instituídas. Mas, enquanto norma jurídica que é, também não tem o condão de atuar diretamente na instauração de qualquer relação intersubjetiva, nada mais pode fazer senão agir, indiretamente, no sentido de determinar a vontade humana para o cumprimento da conduta prescrita.

A incidência normativa é um processo de aproximação, da linguagem jurídica, ao plano social, que o direito pretende modificar. A linguagem prescritiva do sistema jurídico, com seu amparo coercitivo, representa apenas uma motivação para o direcionamento do comportamento social, que só é efetivamente alterado, mediante um ato de decisão, de cumprir, ou não, a norma, ato que compete ao sujeito, isto é, aquele a quem a norma se dirige. Até mesmo a efetivação da coerção, instrumento objetivador da juridicidade, depende de um ato de vontade do agente de cumpri-la.

Assim, se para a produção de efeitos jurídicos é necessário a criação de uma norma individual e concreta (nova linguagem jurídica), para alterar comportamentos humanos é necessário a realização de uma nova conduta (nova linguagem social). Cada sistema tem um código próprio que o individualiza e, justamente por isso, não há possibilidade de fusão entre eles. A teoria tradicional da incidência não trabalha com tal separação, mas, ao se compreender o direito dentro de um contexto comunicacional, é impossível conceber que qualquer norma jurídica atue diretamente no campo material das condutas intersubjetivas, modificando-as, pois trata-se de sistemas diferentes, cada qual com seu código próprio.

Questões:

1. Explique (enunciando as diferenças) a teoria tradicional da incidência e a teoria do Prof. Paulo de Barros Carvalho.

2. Pode-se dizer que a incidência é automática e infalível? Justifique.
3. Há diferença entre incidência e aplicação? Explique.
4. Descreva a fenomenologia da incidência.
5. Quais os efeitos da incidência/aplicação nas teorias declaratória e constitutiva? Que as diferencia?
6. Explique o ciclo de positivação do direito.
7. Qual a relação entre aplicação e regras de estrutura?
8. Relacione: aplicação, norma, procedimento e produto.
9. Explique a seguinte sentença: "norma, procedimento e ato são momentos significativos de uma e somente uma realidade".
10. Explique as acepções da palavra "aplicação" como ato, norma e procedimento.
11. Sob o ângulo sintático, em que consiste a incidência/aplicação? Explique.
12. Sob o ângulo semântico, em que consiste a incidência/aplicação? Explique.
13. Sob o ângulo pragmático, em que consiste a incidência/aplicação? Explique.
14. Como se dá a transição do "dever-ser" ao "ser" da conduta prescrita?
15. Por que entre a norma individual e concreta e a efetiva modificação da conduta regrada existe um abismo? Justifique.

Capítulo XII
APLICAÇÃO – INTERPRETAÇÃO E TEORIA DA DECISÃO

SUMÁRIO: 1. Interpretação e produção da norma individual e concreta; 1.1. Interpretação da linguagem do fato; 1.2. Interpretação do direito; 1.2.1. O problema das lacunas; 1.2.1.1. As lacunas na doutrina; 1.2.1.2. Completude sistêmica; 1.2.1.3. Integração de "lacunas"; 1.2.1.3.1. Analogia; 1.2.1.3.2. Costumes; 1.2.1.3.3. Princípios gerais do direito; 1.2.1.3.3.1. Princípio como enunciado, proposição ou norma jurídica; 1.2.1.3.3.2. Princípio como valor e como limite objetivo; 1.2.1.3.3.3. Aplicação: entre regras e princípios; 1.2.2. O problema das antinomias; 1.2.2.1. Critério hierárquico; 1.2.2.2. Critério cronológico; 1.2.2.3. Critério da especialidade; 1.3. Constituição da linguagem competente e teoria da decisão jurídica.

1. INTERPRETAÇÃO E PRODUÇÃO DA NORMA INDIVIDUAL E CONCRETA

Como vimos no capítulo anterior, sob o ponto de vista pragmático, a análise da incidência pode ser dividida em duas operações: (i) uma de interpretação; (i.a) dos enunciados probatórios que reportam o aplicador à ocorrência de um evento; e (i.b) do direito (construção da norma a ser aplicada); e

(ii) outra de produção da linguagem competente, que relata o fato (constituindo-o como fato jurídico) e instaura o vínculo relacional (obrigatório, proibido ou permitido) entre sujeitos.

Vejamos detalhadamente cada uma destas etapas:

1.1 Interpretação da linguagem do fato

Aplicar o direito consiste em enquadrar um caso concreto à norma jurídica adequada e imputar-lhe os efeitos nela prescritos. Para fazer incidir uma norma, o aplicador, primeiro verifica a ocorrência de um acontecimento, interpretando os suportes factuais a que tem acesso, para depois indagar-se a que tipo jurídico este se enquadra, realizando, assim, a subsunção do conceito do fato ao conceito da hipótese normativa.

Como já dissemos em inúmeras passagens deste trabalho, a realidade nada mais é do que um sistema articulado de símbolos num contexto existencial. O conceito do fato jurídico é construído por meio da interpretação de uma linguagem, pois o aplicador não tem acesso ao acontecimento que, enquanto ocorrência material percebida no mundo da experiência, dissemina-se no tempo e no espaço. Nestes termos, o único instrumento de que dispõe para constatar a ocorrência do evento é a linguagem que o relata e a única forma que tem de conhecê-lo é interpretando-a.

As situações, escolhidas pelo legislador como hipóteses de normas abstratas perceptíveis por nossos sentidos, assim que se concretizam já passam a fazer parte do passado e a elas só é possível fazer referências, por meio de uma linguagem. Neste sentido, pondera MARIA RITA FERRAGUT que aquilo que realmente sabemos sobre os eventos são suas versões, concretizadas por meio da linguagem que os descrevem e os transformam em fatos[388]. As versões nada mais são do que diferentes descrições que fazem referência ao mesmo

---

[388]. *Presunções no direito tributário*, p. 32.

acontecimento e o fato, enquanto enunciado linguístico, é apenas uma versão do evento, constituída com base em outras linguagens (as quais designamos de probatórias).

Vejamos o exemplo de dois veículos que se chocam numa autoestrada (evento). O acontecimento do mundo fenomênico, ou seja, a ocorrência do choque, perceptível aos sentidos humanos, esvai-se no tempo e no espaço. Restam, no local do acidente, destroços dos carros, marcas de pneu no asfalto, que se consubstanciam numa linguagem indiciária mediante a qual é possível constituir factualmente a ocorrência do evento. Testemunhas que presenciaram o acidente também são capazes de relatar o ocorrido, mas nunca de reconstituí-lo, com toda a riqueza de seus detalhes, o que apresentam é apenas uma versão do acontecimento. Policiais chegam ao local da batida, medem as distâncias entre os destroços, registram e fotografam todas as evidências, construindo nada mais do que outra linguagem sobre o acidente. O perito, diante de todo o material coletado pelos policiais, emite um laudo técnico, produzindo a sua versão sobre o acidente, e assim se segue. Podemos ter infinitas versões sobre a colisão, versões que ora se completam, ora se contradizem e ora se afirmam, mas o evento em si, a sua essência, nunca teremos acesso. Nem mesmo se uma foto tivesse sido tirada no exato momento do choque entre os veículos, ou se um vídeo tivesse sido gravado, as imagens seriam só mais uma linguagem sobre o evento, uma versão, que goza apenas de maior precisão descritiva.

Há um grande distanciamento entre a sensação empírica da ocorrência e sua constituição linguística, o que leva-nos a admitir a possibilidade de depararmo-nos com versões que não traduzem o acontecimento. Digamos que neste mesmo exemplo dado acima, antes dos policiais chegarem ao local do acidente os vestígios tenham sido manipulados, as versões tanto do boletim de ocorrência, quanto do laudo pericial poderiam restar prejudicadas, mesmo assim, não deixariam de ser versões sobre aquele acidente. Nestes termos, incompatibilidade entre o acontecimento real e suas versões fáticas é inevitável.

O aplicador do direito tem acesso apenas às versões, nunca ao acontecimento. Isto porque, como pontua FABIANA DEL PADRE TOMÉ, "os eventos não ingressam nos autos processuais, o que integra o processo são sempre fatos: enunciados que declaram ter ocorrido uma alteração no plano físico-social, constituindo a facticidade jurídica"[389]. Se, por exemplo, a parte lesada do acidente acima citado, pleitear juridicamente a aplicação da norma de indenização, o juiz (investido na figura de aplicador do direito) só terá conhecimento do ocorrido por meio das versões constantes do processo. Tudo que ele terá sobre o evento será um conjunto de textos (i.e. o relato do autor – fato alegado, o relato do réu – fato contraditório, testemunhos, documentos, laudos periciais, fotos, etc.) e sua função, como aplicador, é de interpretá-los, para construir a sua versão do evento: a versão desencadeadora de efeitos jurídicos, aquela que se consubstancia no fato jurídico (enunciado antecedente da regra individual e concreta, produzida com o ato de aplicação).

É um longo e muitas vezes complicado caminho a seguir. Primeiro, porque não é qualquer versão que ingressa no mundo jurídico como apta a relatar acontecimentos sociais e servir como base para a constituição de fatos jurídicos. Segundo, porque todo este trabalho envolve atos de valoração e decisão do aplicador.

Como já vimos (no capítulo anterior), para que um enunciado pertença a determinado sistema é necessário que ele seja relatado no código próprio deste sistema, de acordo com as regras por ele prescritas e pelos instrumentos por ele credenciados para tanto. Reforçando tal afirmação, CHRISTINE MENDONÇA exemplifica: "a escritura é indicada como instrumento para 'dizer que ocorreu' o evento de uma venda de um imóvel; a certidão de nascimento é indicada como instrumento para 'dizer que ocorreu' o nascimento de uma pessoa, a nota fiscal é indicada como instrumento para 'dizer

---

389. *A prova no direito tributário*, p. 35.

que ocorreu' o evento de uma venda de um produto". A escritura pública, a certidão de nascimento e a nota fiscal juridicizam, respectivamente, a venda de um imóvel, o nascimento de uma pessoa e a venda de um produto, constituindo tais fatos como jurídicos. Isto porque são elas as linguagens que o sistema prescreve como competentes para tanto. Tais linguagens, além de constitutivas de direitos e deveres, ainda servem como provas, quando apresentadas para a constituição de outro fato jurídico, desde que oferecidas em momento oportuno.

Ainda que os eventos possam ser expressos por diversas formas de linguagem, só podem ser utilizadas, para a conformação do fato jurídico, as versões produzidas na forma imposta pelo direito, ou seja, aquela linguagem que se sustenta nas "provas" admitidas juridicamente.

Uma prova, por exemplo, constituída por meio ilícito, por maior poder de convencimento que tenha, não é apta para relatar juridicamente o evento, não podendo ser utilizada pelo aplicador na interpretação e conformação do fato jurídico, pois o sistema não lhe confere efeitos probatórios. Falamos, então: (i) numa linguagem das provas em sentido amplo, fazendo referência a qualquer conjunto de signos que nos reporte ao evento; e (ii) numa linguagem das provas em sentido estrito, aludindo aos conjuntos de signos aos quais o direito confere efeitos probatórios[390].

A linguagem das provas (em sentido estrito) é o modo pelo qual os fatos (alegados) do mundo social sustentam-se juridicamente, sendo passíveis de serem juridicizados, para constituírem-se numa realidade do sistema. Como explica com propriedade PAULO DE BARROS CARVALHO, "os fatos jurídicos serão aqueles enunciados que puderem se sustentar em face das provas em direito admitidas. O discurso do direito

---

390. A estes signos de efeitos jurídicos probatórios FABIANA DEL PADRE TOMÉ atribui a qualificação de "fatos jurídicos em sentido amplo", como veremos quando tratarmos do fato jurídico, no próximo capítulo.

posto indica fato por fato, os instrumentos credenciados para constituí-los, de tal sorte que os acontecimentos do mundo social que não puderem ser relatados com tais ferramentas de linguagem não ingressam nos domínios do jurídico, por mais evidentes que sejam"[391]. Daí a máxima: "para o juiz, aquilo que não está nos autos não está no mundo".

Mesmo que o aplicador tenha presenciado o ocorrido, a constituição do fato a subsumir-se à hipótese normativa está restrita à interpretação das linguagens admitidas juridicamente para esta finalidade. Podemos dizer, assim, que a aplicação da norma está sempre condicionada às versões trazidas, ao aplicador, por meio de uma linguagem competente, juridicamente admitida[392].

Como bem explica FABIANA DEL PADRE TOMÉ, o sistema positivo brasileiro não adota o critério do livre convencimento para tomada de decisão do julgador, que confere liberdade total a quem decide, permitindo, inclusive que julgue contra as provas apresentadas. O critério eleito "é o da persuasão racional, que não impõe valores tarifados na apreciação das provas, conferindo certa margem de liberdade para decidir, mas exige que esta se dê em consonância com o conjunto probatório constante no processo"[393].

É mediante a interpretação da linguagem dos fatos (trazidos no processo de aplicação e admitidos juridicamente como próprios para esta finalidade – ex: fatos alegados na petição

---

391. *Direito tributário: fundamentos jurídicos da incidência*, p. 98.

392. É válido aqui transcrever a hipótese suscitada por PAULO DE BARROS CARVALHO: "Admitamos uma hipótese radical: o magistrado a quem cabe julgar um feito, por coincidência, viu ocorrer o evento, formando seu juízo a respeito da autoria de certo delito. Ao consultar os autos, porém, não encontra entre os argumentos e as provas juntadas pelas partes, elementos hábeis para tipificar a ocorrência segundo o juízo que formulara tempos atrás. Será que caberia a esse juiz decidir sem fundamentos que o sistema requer? E, ainda que o faça, não haveria uma forte tendência de que a sentença viria a ser reformada pelo órgão jurisdicional em instâncias superiores? Pensamos que sim" (*Direito tributário: fundamentos jurídicos da incidência*, p. 98).

393. *Teoria da prova no direito tributário*, p. 239.

inicial; provas, fatos alegados na contestação) que se forma a convicção do aplicador sobre o caso concreto. Diante do conjunto de documentos que lhe é apresentado sobre determinado acontecimento e das versões trazidas pelo autor e pelo réu, o aplicador vai interpretando os textos, atribuindo valores aos signos neles constantes e sobrepesando os relatos, até que, em algum momento decide e constrói a sua versão sobre o evento, aquela que servirá de base para a incidência normativa. Esta é uma tarefa árdua, que requer muita atenção. Em vários casos é mais difícil o trabalho do aplicador, de montar o fato jurídico a partir das provas e dos fatos alegados, do que a construção e escolha da norma a ser aplicada.

Os problemas encontrados pelo aplicador na interpretação do fato são denominados por ALCHOURRÓN e BULYGIN como "lacunas de ordem fática" que, segundo tais autores, podem subdividir-se em: (i) lacuna de conhecimento, que seria falta de informações sobre o fato; e (ii) lacuna de reconhecimento, consistente na indeterminação semântica dos enunciados factuais[394].

As lacunas de ordem fática são justamente problemas que surgem na linguagem do fato, responsável por trazer o evento para o mundo do direito. Não se trata da falta de fato jurídico, pois sempre que provocado o aplicador produz uma norma, constituindo um fato como jurídico, mesmo que seja relatar a não existência do evento alegado.

A interpretação da linguagem dos fatos a que nos referimos, não requer apenas a atribuição de sentido aos documentos constantes nos autos por parte do aplicador, mas um estudo crítico de todo o conjunto probatório e de atos de decisão isolados, mediante os quais o julgador elege as provas essenciais e decisivas para constituição do fato jurídico. Os enunciados probatórios colecionados nos autos não se encontram todos ligados. Há provas que autenticam as alegações de uma das partes e há provas que confirmam a versão da parte

---

394. *Introducción a la metodología de las ciencias jurídicas y sociales*, p. 203.

adversa. Estabelecer as relações de coordenação entre elas é tarefa do aplicador do direito, assim como escolher quais delas servirão como elementos de sua convicção.

Cronologicamente, o intérprete entra em contato com a linguagem dos fatos pela percepção dos documentos apresentados, seu suporte físico, plano de expressão (enunciados). Em seguida passa a atribuir valores aos signos neles constantes, construindo o sentido de cada documento isolado (significação). De posse de tais significações, seu próximo passo é examiná-las em conjunto, estabelecendo as relações de coordenação entre os fatos-alegados e as provas apresentadas (sistematização). Concluída esta etapa, o intérprete passa a produzir inferências, mediante raciocínio acerca da veracidade ou falsidade dos fatos alegados pelas partes, para construção do fato jurídico. Tais inferências são impregnadas pelas máximas da experiência (conhecimento adquirido pelo julgador ao longo de sua vivência social e profissional) e dos valores condicionados a seus horizontes culturais. Concluído este processo, compete ao aplicador exarar seu último ato de decisão e prolatar sua versão sobre o evento, aquela que sofrerá a incidência normativa.

Fazendo uma analogia com os planos de interpretação do direito, com os quais trabalha PAULO DE BARROS CARVALHO (S1, S2, S3 e S4), podemos dizer que também são quatro os subsistemas da construção de sentido da linguagem dos fatos: (i) S1 – plano dos enunciados, em que o intérprete se depara com o suporte físico, textos em sentido estrito (petição inicial, documentos, contestação, fotos, laudos periciais, etc.); (ii) S2 – plano das significações, em que o intérprete constrói a ideia de cada documento isoladamente; (iii) S3 – plano da sistematização, em que o intérprete estabelece as relações entre os fatos alegados e as provas [(f1a . f1b . f1c) → Fal1] e [(f2a . f2b . f2c) → Fal2], determinando quais provas levam à veracidade do fato probando 1 e quais levam à veracidade do fato probando 2; e (iv) S4 – plano da decisão (apreciação probatória), em que o intérprete compara o conjunto probatório elegendo, dentre todos os fatos, aqueles que lhe parecem convincentes e os que deve abandonar para a construção do fato jurídico [Fal2 . (f1a . f2a. f2c) → Fj].

A rigor, a interpretação da linguagem do fato compreende não só a atribuição de sentido aos textos probatórios (interpretação em sentido estrito), mas também a apreciação de tais textos, o que FABIANA DEL PADRE TOMÉ define como sendo a "atividade intelectual que o julgador realiza para determinar o poder de convencimento relativo de cada um dos enunciados probatórios, em sua comparação com os demais, para chegar à conclusão acerca da força do conjunto probatório como um todo"[395]. Importante ressalvar a valoração realizada nesta atividade, que consiste em atos de decisão, mediante os quais o aplicador estabelece uma hierarquia entre os enunciados probatórios, elegendo aqueles que lhe parecem suficientes para formação de sua convicção.

É pela presença desta valoração que se justifica um conjunto probatório ser convincente para um julgador, mas insuficiente para outro e que, diante das mesmas alegações e dos mesmos documentos probatórios, dois aplicadores (ex: juiz e tribunal) possam construir fatos jurídicos diferentes.

Em suma, a interpretação da linguagem do fato e consequente construção do fato jurídico, é um ato valorativo, mas não desregrado, porque de acordo com critério da presunção racional, adotado pelo ordenamento, é vedado ao aplicador decidir com base em elementos diversos dos constantes na linguagem das provas em direito admitidas. Nesta esteira, exige-se que sejam expostos os motivos do ato decisório, baseados nos elementos constantes do processo, o que se objetiva na fundamentação do ato de aplicação.

---

395. *A prova no direito tributário*, p. 266.

1.2 Interpretação do direito

Constituída sua versão sobre o evento, compete ao aplicador, construir o sentido do texto jurídico a ser aplicado. Seu objeto de interpretação agora é outro, passa da linguagem dos fatos (descritiva) para a linguagem do direito (prescritiva).

A aplicação do direito pressupõe a construção de sentido dos textos jurídicos pelo aplicador, pois, como já vimos (no capítulo anterior, quando tratamos da operação de subsunção), não é o suporte físico que se enquadra ao caso concreto e sim o conceito normativo que incide sobre os conceitos do fato e da relação. A subsunção é uma operação entre classes e as classes são extensões de um conceito. Nestes termos, o que se aplica é o sentido: é a norma jurídica (*stricto sensu*), que nada mais é do que uma construção do intérprete.

Na operacionalidade do direito, o legislador insere no sistema o texto (plano de expressão do direito – S1), mas quem diz qual é a norma jurídica (conteúdo legislado) a ser aplicada ou seguida é o aplicador do direito ou qualquer pessoa que se dispõe a interpretá-lo. Assim, aplicar uma norma significa positivar uma das infinitas interpretações possíveis de serem atribuídas aos textos jurídicos.

Na leitura dos textos (suporte físico), assim como podemos atribuir diversas significações aos símbolos neles constantes, podemos também conferir carga valorativa diferente a seus termos. Temos, então: (i) uma valoração inerente aos signos; e (ii) uma valoração inerente ao sentido construído, o que resulta numa infinidade de possibilidades interpretativas, todas construídas com base nos textos jurídico-normativos e condicionadas a critérios ideológicos e culturais do intérprete. Por isso, não há que se falar em interpretações certas ou erradas, mesmo porque quando se aplica uma norma, produz-se um enunciado prescritivo (individual e concreto) que positiva o sentido conferido ao texto jurídico pelo aplicador e os enunciados prescritivos, como já vimos, não estão sujeitos aos valores de verdade e falsidade. As interpretações são válidas (autênticas) ou inválidas (não-autênticas).

Fazendo novamente uma analogia entre interpretação e teoria das traduções, reportamo-nos às lições de VILÉM FLUSSER sobre a existência de um vazio (nada) entre uma tradução e outra[396], se considerarmos que é a linguagem do aplicador que diz qual a norma jurídica a ser aplicada, antes desta linguagem não há um sentido jurídico positivado, há o suporte físico e a infinidade de significações possíveis de lhe serem atribuídas, não existe nada determinado. Assim, entre a linguagem do direito e a linguagem do aplicador, o que se vê é um vazio. Ambas não se equiparam, mas uma diz sobre a outra, recriando seu sentido. O aplicador traduz a linguagem do direito, dizendo-a do seu modo. O sistema lhe atribui competência para positivar o sentido construído, de modo que sua interpretação configura-se como autêntica, até que outro sentido, produzido por pessoa cujo sistema atribua grau de competência maior, o substitua. É por isso que, por mais absurda que uma interpretação nos pareça, se ela for positivada, só uma nova linguagem competente é suficiente para retirá-la do ordenamento.

Realiza interpretação autêntica todo e qualquer aplicador, desde que inove o sistema, com a produção de uma linguagem jurídica competente. O cartorário faz interpretação autêntica ao emitir uma certidão de nascimento (positiva o sentido da regra da personalidade jurídica). A administração realiza interpretação autêntica ao produzir um ato administrativo de lançamento (positiva o sentido da norma tributária). E o juiz faz interpretação autêntica ao prolatar uma sentença. No direito brasileiro, a comunicação jurídica se encerra com positivação da interpretação do Supremo Tribunal Federal. Em última instância, ele é a autoridade competente para fixar o sentido de um texto jurídico.

---

396. *Língua e realidade*, p. 59.

Para manter-se no ordenamento, no entanto, a interpretação autêntica deve ter como base enunciados jurídico-positivos. Isto significa que o aplicador, ao objetivar suas escolhas, deve relacionar os conteúdos significativos construídos a enunciados prescritivos do sistema, ou seja, deve fundamentar sua decisão na ordem vigente. Este é um limite objetivo da interpretação, aparente na positivação. A decisão não fundamentada juridicamente carece de forma (vício formal), embora seja válida enquanto não retirada do sistema.

Outro limite objetivo é a justificação jurídica da decisão. Justificar uma decisão é mostrar as razões utilizadas para fundamentá-la, ou seja, é indicar o contexto da fundamentação, os motivos pelos quais se utilizou de uma fundamentação em detrimento de outras. A justificação serve de base para reconstituição do caminho seguido pelo aplicador e também deve ser jurídica, isto é, deve apresentar-se com consonância com outras significações do sistema. A decisão não justificada juridicamente apresenta vício material, mas também é válida até que desconstituída por outra interpretação autêntica.

Tais limites, no entanto, não são demarcáveis, pois as escolhas interpretativas são condicionadas aos horizontes culturais do intérprete, às suas ideologias[397], mas também não interferem na validade (autenticidade) da decisão. A alegação de falta de fundamentação ou justificação jurídica é uma valoração quanto à decisão, que se positivada (autêntica) tem o condão de retirá-la do sistema. É nestes termos que, para nós, uma teoria da argumentação jurídica repousa em critérios de retórica e persuasão.

Quando da aplicação, como saber qual a norma adequada? Quem pode dizer qual é a norma adequada? E mais, existe uma "norma adequada"? Juridicamente, a norma que se

---

397. PAULO DE BARROS CARVALHO costuma citar como exemplo uma sentença em que o juiz absolve o genro que espancou a sogra, com respaldo na preservação da intimidade do casal.

enquadra ao caso concreto é aquela produzida por uma interpretação autêntica (aplicada), até que outra interpretação também autêntica diga o contrário. Cientificamente, socialmente, moralmente ou politicamente ela pode não ser a significação mais adequada, mais justa, ou certa para resolver o caso concreto, mas para o direito, ela é a norma posta e, portanto, é a que resolve o caso para o sistema.

1.2.1 O problema das lacunas

No processo de aplicação, em diversas circunstâncias, o intérprete, por se perder na abstração de seus conceitos, ou na valoração destes, ou por não encontrar enunciados (suporte físico) que fundamentem suas escolhas, não consegue construir a norma aplicável, isto é, aquela que, na sua visão, seria adequada ao caso. Surge, assim, o conceito tradicional de "lacuna" como a ausência de norma na ordem jurídica que regulamente determinado caso concreto.

1.2.1.1 As lacunas na doutrina

A problemática da existência ou inexistência de lacunas está relacionada à ideia de completude do sistema. A doutrina jurídica divide-se em duas principais correntes: (i) a que afirma a inexistência de lacunas e sustenta haver no ordenamento jurídico regulação para todos os comportamentos humanos; e (ii) a que sustenta a existência de lacunas no sistema, sob o argumento de este não poder prever todas as situações de fato que se concretizam no âmbito social[398].

Para primeira corrente, que tem KELSEN como um de seus adeptos, o sistema normativo é fechado e completo em relação a um conjunto de casos e condutas. Os comportamentos

---

398. MARIA HELENA DINIZ explica detalhadamente cada um destes dois pontos de vista, apontando seus principais seguidores (*As lacunas do direito*, p. 20-109).

que não estão juridicamente proibidos estão permitidos, de modo que o sistema sempre apresenta uma resposta, possibilitando ao juiz aplicá-la ao caso concreto[399].

Para segunda corrente o juiz também não deixa de aplicar o direito ao caso concreto, mas se vê na dificuldade de decidir sobre certas hipóteses por não encontrar, no sistema, os instrumentos indispensáveis para solucioná-las. Há ausência de normas, porém o ordenamento estabelece meios para integrar tal ausência[400].

Ao analisar estes dois pontos de vista, TERCIO SAMPAIO FERRAZ JR. conclui ser a plenitude do sistema uma ficção. No primeiro caso, uma ficção prática, que permite ao juiz criar direito quando o ordenamento que, a princípio, é completo, parece-lhe insatisfatório e, no segundo caso, uma ficção doutrinária de ordem prática, que permite ao jurista enfrentar os problemas de decidibilidade com o máximo de segurança[401].

Os autores que trabalham com a existência de lacunas as classificam de várias formas.

Para MARIA HELENA DINIZ, por exemplo, três são os principais tipos de lacunas: (i) normativa, quando existe ausência de norma no sistema para determinado caso (ex: normas que dispõem sobre violações virtuais); (ii) ontológica, quando há norma, mas ela não se aplica aos casos concretos devido a mutações sociais que a levaram ao desuso (ex: crime de adultério); e (iii) axiológica, na ausência de norma justa – a regra

---

399. Em seus dizeres: "uma ordem jurídica pode sempre ser aplicada por um tribunal a um caso concreto, mesmo na hipótese de essa ordem jurídica, no entender do tribunal, não conter qualquer norma geral através da qual a conduta do demandado ou acusado seja regulada de modo positivo" (*Teoria pura do direito*, p. 273).

400. ALCHOURRÓN e BULYGIN reportam-se às lições de CARNELUTTI (*Teoría general del derecho*, p. 107), de que não se deve entender a plenitude do ordenamento como uma propriedade sua, no sentido de inexistir nele lacunas, mas no sentido da exigência de serem elas eliminadas (*Introducción a la metodología de las ciencias jurídicas y sociales*, p. 227).

401. *Introdução ao estudo do direito*, p. 214.

existe, mas o aplicador a considera injusta (ex: proibição de aborto para os casos de encefalia)[402].

ALCHOURRÓN e BULYGIN trabalham também com três espécies: (i) lacunas normativas, como ausência de prescrição jurídica para solução de determinado caso concreto; (ii) lacuna de conhecimento, como falta de informações sobre o fato; (iii) lacuna de reconhecimento, como indeterminações de ordem semântica, devido à vaguidade dos conceitos normativos[403].

TERCIO SAMPAIO FERRAZ JR. fala em: (i) lacunas autênticas e não-autênticas, reportando-se à ZITELMANN, para referir-se à ausência de resposta na lei, no primeiro caso e à falta de solução considerada desejável (justa), no segundo caso; (ii) lacunas patentes e latentes, citando CANARIS, as primeiras, resultantes da falta de norma e as segundas, do caráter muito amplo da norma; e (iii) lacunas originárias e posteriores, com base nas lições de ENGISCH, as primeiras existentes desde o nascimento da lei e as segundas decorrentes de modificações nas situações de fato ou valores pertinentes à ordem jurídica[404].

Para a hermenêutica jurídica tradicional, que trabalha com a existência de lacunas, a interpretação do direito divide-se em dois estágios: (i) um declaratório, onde se diz qual o sentido do texto; e (ii) outro integrativo, no qual o intérprete soluciona as lacunas.

Em conformidade com a concepção que adotamos, o intérprete não declara o sentido existente, mas o constrói de acordo com suas vivências linguísticas. E, aquilo que a teoria tradicional denomina de "integração", para nós, está contida na complexidade do processo interpretativo. As lacunas, neste contexto, são problemas hermenêuticos enfrentados pelo intérprete quando da aplicação do direito.

---

402. *Lei de introdução ao código civil brasileiro interpretada*, p. 97.
403. *Introducción a la metodología de las ciencias jurídicas y sociales*, p. 203.
404. *Introdução ao estudo do direito*, p. 216.

Um caso que tem solução juridicamente positiva para uma pessoa, pode não ter para outra. Não existem buracos no direito no sentido de não haver uma interpretação aplicável, ou seja, de não haver uma norma para determinado caso concreto, pois o sistema obriga o aplicador a construir uma norma. Existem buracos no sistema de cada intérprete (S4), isto é, existem interpretações que satisfazem ou não aquele que tem o dever de aplicar o direito. No caso, as lacunas são construções de sentido que não satisfazem os ideais do aplicador.

1.2.1.2 Completude sistêmica

Tradicionalmente o conceito de lacuna está relacionado à ideia de completude do ordenamento jurídico. Mas que se entende por "completude sistêmica"? Novamente, de acordo com o referencial, temos duas acepções possíveis: (i) completude no sentido de que o sistema sempre oferece uma solução; e (ii) completude no sentido em que o sistema do direito positivo disciplina todas as condutas intersubjetivas possíveis.

Se considerarmos que o aplicador não se exime da obrigação de produzir uma norma individual e concreta, disciplinando cada caso específico, por maiores problemas que enfrente na interpretação, o sistema sempre oferece uma solução e por isso, é completo. Se considerarmos, no entanto, a ordem das normas gerais e abstratas, buscando a completude como a regulação de todas as condutas possíveis, o sistema nunca é completo, pois só as normas individuais e concretas regulam pontualmente cada caso específico.

O conceito normativo a ser aplicado é sempre abstrato, o aplicador é que o enquadra ao conceito do fato, concretizando-o. Neste contexto, nenhuma regra é específica, porque impossível de abranger todas as nuances da realidade regulada, o que existe são graus de abstração maiores ou menores com relação ao caso concreto.

Nestes termos, se nenhuma regra a ser aplicada é específica com relação aos casos concretos, não há que se falar em lacuna como ausência de norma específica para determinado caso. A completude, assim, a nosso ver, está relacionada à possibilidade de interpretação. O sistema é completo porque sempre vai existir uma interpretação aplicável[405].

Analisemos alguns dos casos, considerados pela doutrina como de lacunas do direito, para reforçarmos nosso posicionamento:

(i) falta de disposição específica sobre ilícitos virtuais (qualificada como lacuna normativa – "autêntica", ou seja, ausência de norma): neste caso, não podemos dizer que não há norma no sistema que discipline a matéria, pois é possível construir uma significação, com base em enunciados jurídicos, que se aplique ao caso concreto. Certamente, podemos dizer que não existe uma norma específica que regule determinada violação virtual, mas existe uma a ser aplicada[406]. Como já ressalvamos acima, qual norma jurídica é pontualmente específica com relação ao caso concreto? Seria o mesmo que dizer não haver regra, no sistema, que regule o furto de galinha e, por isso, se aplica a norma do art. 155 do Código Penal por analogia. Pensando desta forma, todas as normas seriam aplicadas analogamente.

(ii) falta de norma permissiva para a companheira participar da sucessão, ser herdeira ou reclamar alimentos, nos anos 90 – antes da modificação legal introduzida pela Lei 8.971/94 (qualificada como lacuna ontológica – posterior): neste caso, para o juiz que decidia em favor da companheira naquela

---

405. Esta concepção nos parece evidente quando analisamos o art. 126 do Código de Processo Civil, que assim dispõe: "o juiz não se exime de sentenciar ou despachar alegando lacuna ou obscuridade da lei. No julgamento da lide, caber-lhe-á aplicar as normas legais; não as havendo, recorrerá à analogia, aos costumes e aos princípios gerais de direito".

406. AgRg na APn 442-DF, Rel. Ministro Fernando Gonçalves (DJ 26/06/06). O acórdão tipifica a veiculação de entrevista em sala de bate-papo como publicação ofensiva (art. 12 da Lei n. 5250/67).

época, o termo "cônjuge" (prescrito no art. 1.603 III do antigo Código Civil), assim como o vocábulo "mulher" (do art. 224 do mesmo diploma), eram interpretados amplamente de modo a abarcar não só a esposa, mas também a companheira; e o termo "concubina" (do art. 1.719, III do antigo Código) era interpretado de forma restrita. Não podemos falar em ausência de norma. Segundo a valoração do juiz, existia uma norma a ser aplicada, pois a situação da companheira se subsumia às regras prescritas pelos art. 1.603, III e 224 e não se subsumia à regra do 1.719, III[407].

(iii) ausência de regra que afasta a aplicação da pena do aborto em caso de encefalia (qualificada como lacuna axiológica – "não-autêntica"): neste caso, não se trata de ausência de norma jurídica. O juiz, diante de critérios axiológicos afasta a regra penal em detrimento de significações constitucionais que valorizam a integridade materna e o sofrimento humano. A norma que permite o aborto para os casos de encefalia existe para o juiz que a aplica, ela é construída a partir de preceitos constitucionais e se sobrepõe, na sua valoração, à norma penal[408].

---

407. REsp 196-RS, Rel. Ministro Sálvio de Figueiredo Teixeira (18/09/89). O acórdão diferencia o termo 'companheira' do vocábulo 'concubina', levando-se em conta aspectos culturais. REsp 10.2819-RJ, Rel. Ministro Barros Monteiro (DJ 12/04/99). O acórdão entende que o dever de prestar alimentos não decorre do casamento, mas da realidade do laço familiar.

408. Em recente decisão (12/11/2007) o Min. Raphael de Barros Monteiro Filho deferiu pedido de interrupção de gravidez por encefalocele occital do feto. Ele destacou o fato de haver comprovação da doença do feto e também da ameaça à saúde da mãe. Em seus dizeres: "O legislador ordinário, ao tratar das causas de exclusão de ilicitude, apenas tratou do aborto necessário – único meio de salvar a vida da gestante –, e do aborto sentimental, em que a gravidez é resultante de estupro. Nota-se que nesses dois casos o legislador procurou proteger a saúde física e psicológica da mãe, em detrimento da vida plenamente viável e saudável do feto fora do útero. Certamente, não houve, àquela época, a preocupação de proteger juridicamente a interrupção de gravidez de feto que não terá sobrevivência extrauterina, por incapacidade científica de identificação de patologias desta natureza, durante a gestação". O Min. ressaltou, ainda, que não se trata de eliminação de feto indesejado pelos pais. "Deixando de lado toda a discussão religiosa ou filosófica, e também opiniões pessoais, a questão toda gira em torno da inviabilidade de vida do feto fora do útero materno e de proteção à saúde física e psicológica da mãe, bem jurídico

As escolhas significativas fazem parte do processo hermenêutico e estão condicionadas pelos horizontes culturais do aplicador. Em suma, as normas jurídicas existem para objetivar valores, uma vez percebido (pelo intérprete) que a significação construída não atende aos critérios axiológicos com os quais compreende o sistema jurídico, ou seja, que o sentido normativo construído não acata os valores que (segundo sua interpretação) o justificam, ele afasta aquela significação, em nome daqueles valores, construindo novas regras, com base em diferentes enunciados jurídicos, para objetivá-los. O próprio sistema admite esta possibilidade permitindo o aplicador justificar suas escolhas com a analogia, ou fundamentá-las nos costumes e nos princípios gerais de direito (art. 4º da Lei de Introdução ao Código Civil e 126 do Código de Processo Civil).

Nota-se, assim, que a questão das lacunas não está relacionada à ausência de normas do direito positivo, mas a problemas de valoração, inerentes à interpretação dos textos jurídico-positivos. Há lacunas quando o intérprete não encontra uma significação que satisfaça seus anseios axiológicos com relação ao caso concreto. A solução, para isso, é buscar nova interpretação e outras fundamentações jurídicas. Neste sentido, o ordenamento é completo, tão completo que prescreve como solucionar os problemas de insatisfação interpretativa.

1.2.1.3 Integração de "lacunas"

Dispõe o artigo 4º da LICC que: "quando a lei for omissa o juiz decidirá o caso de acordo com a analogia, os costumes e os princípios gerais de direito". Em primeiro lugar, para compreendermos o alcance de tal dispositivo que, segundo a doutrina tradicional, regulamenta a integração sistêmica, cabe-nos ratificar o que significa uma lei omissa.

---

este, também tutelado pelo legislador constitucional e ordinário, no próprio artigo 128, inciso I, do Código Penal, que não pode ser menosprezado pelo Poder Judiciário".

"Lei omissa" é sinônimo de "lacuna", ou seja, segundo nosso posicionamento, quando a interpretação feita pelo aplicador e tida por ele como própria para aquele caso concreto não satisfaz seus anseios axiológicos relação ao caso. Omissa é a construção de sentido feita pelo intérprete. Isto explica o fato da mesma lei, relacionada a certa situação fática, ser insatisfatória (omissa) para um aplicador e satisfatória (não-omissa) para outro. Tudo vai depender dos critérios que condicionam a interpretação de cada um, o que importa dizer que as lacunas são relativas, dependem da valoração de cada intérprete e, por isso, a dificuldade de estudá-las.

O artigo 4º da LICC, longe de integrar a ausência de normas do sistema, apenas permite ao aplicador fundamentar suas escolhas interpretativas em: (i) dispositivos que regulam matéria de forma análoga; (ii) costumes; e (iii) princípios gerais de direito; quando as construídas da lei específica não o satisfazem. Em suma, tal dispositivo apresenta as fundamentações jurídicas aptas a justificar uma escolha do aplicador que não encontra fundamentação jurídica em outros preceitos.

Mas vejamos separadamente cada uma destas possibilidades:

1.2.1.3.1 Analogia

Segundo a doutrina jurídica, analogia é um procedimento lógico argumentativo, que consiste em aplicar a um determinado caso, não contemplado de modo direto ou específico por uma norma jurídica, outra regra prevista para uma hipótese distinta, porém, semelhante ao caso não contemplado.

Utilizando-se do recurso da analogia, o intérprete, em tese, amplia o conceito normativo, incorporando-lhe uma situação nova, tendo como base um juízo de semelhança. O aplicador subsome o conceito do fato, que de acordo com seu juízo de convencimento não é contemplado pela norma, à significação normativa interpretada de "forma extensiva", de modo que ela, devido a tal valoração, passa a regulá-lo[409].

Uma análise um pouco mais crítica, no entanto, demonstra que não há situação fáctica não-contemplada pelo direito, pois o fato se enquadra ao conceito da norma jurídica construída mediante a interpretação "extensiva". Aplica-se uma norma jurídica (aquela que se subsome, segundo a construção do intérprete, ao caso concreto).

Um exemplo esclarece melhor o que queremos dizer: um juiz que julga procedente o pedido de um oriental requerendo a concessão de vaga em universidade pública em razão da diferenciação racial, aplicando, por analogia, a norma que concede vagas para afrodescendentes, interpreta extensivamente o conceito desta norma fazendo-a incidir no caso do oriental. Para este juiz, a significação construída aplica-se ao caso concreto, ou seja, o direito regula a situação fática do oriental, porque de acordo com sua valoração do sistema esta regra existe. A analogia é só uma forma de justificação para fundamentar sua decisão nos enunciados jurídicos que prescrevem a concessão de vagas para afrodescendentes.

1.2.1.3.2 Costumes

O termo "costume" vem do latim clássico, *consuetudine, inis*, que significa hábito, uso. São práticas reiteradas da sociedade, consideradas como obrigatórias que informam a cultura dos seus membros. Como a construção do sentido dos textos jurídicos está condicionada aos horizontes culturais do intérprete e estes são inteirados pelos hábitos e vivências sociais, indiscutivelmente, a interpretação normativa

---

[409]. REsp 212951-RS, Rel. Ministra Maria Tereza de Assis Moura (DJ 25/06/07) – Aplicação por analogia das Súmulas 282 e 356 do STF, referentes ao recurso extraordinário, ao recurso especial. RE 205575-DF, Rel. Ministro Ilmar Galvão (DJ 11/05/99) – Aplicação por analogia do § 3º art. 78 da Lei 8.112/90, referente ao servidor exonerado, ao servidor aposentado.

encontra-se motivada pelos costumes que informam o universo cultural do intérprete.

De acordo com CARLOS MAXIMILIANO, o costume exerce duas funções no direito brasileiro: (i) a de elemento de hermenêutica, auxiliar da exegese; e (ii) a de direito subsidiário, utilizado para completar o direito escrito e preencher-lhe as lacunas[410]. Sob tal perspectiva, podemos diferenciar duas formas de utilização dos costumes na aplicação do direito: (i) como regra; (ii) como valor.

Como valor, o costume é um elemento condicionante da cultura e como norma é uma significação construída pelo intérprete da realidade social ao verificar uma série de práticas reiteradas as quais, devido à repetição, considera como obrigatórias. Toda construção de sentido dos textos jurídicos está condicionada pela cultura do intérprete e, indiretamente, pelos costumes que a informam. Desta forma, o costume, como valor, é parte integrante do sistema, pois as normas jurídicas, unidades do direito positivo, enquanto significações, contêm cargas consuetudinárias. Diferente, no entanto, é o costume como regra, aplicado nos casos das denominadas "lacunas do direito".

A doutrina classifica a aplicação dos costumes no direito (como regra) em três espécies: (i) *secundum legem*, quando previsto por lei; (ii) *praeter legem*, quando supletivo da lei; e (iii) *contra legem*, quando contrário à lei.

No primeiro caso, do costume *secundum legem*, a legislação especificamente reporta-se aos hábitos e práticas sociais, autorizando a aplicação dos costumes. Há a juridicização do costume pelo legislador e o que se aplica ao caso concreto é uma norma jurídica, construída a partir dos textos do direito posto e valorada de acordo com hábitos e práticas sociais, devido à existência de uma prescrição legislativa sobre tal valoração. Como exemplo, citamos o art. 596 do Código Civil,

---

410. *Hermenêutica e aplicação do direito*, p.189.

que obriga o locatário pagar o aluguel segundo o costume do lugar, caso o prazo das prestações não tenha sido ajustado[411]. O legislador, neste artigo, autoriza aplicar, para determinar o prazo das prestações, as regras produzidas de acordo com os hábitos locais, ele jurisdiciza o costume, atribuindo ao aplicador apenas a competência para dizer qual é este costume. O aplicador interpreta a norma posta (do art. 596), com valoração na regra social (criada pelos hábitos e usos locais), mas aplica uma norma jurídica, prescrita pelo sistema.

No segundo caso, do costume *praeter legem*, não há previsão específica para aplicação de regras provenientes dos hábitos e usos da sociedade (costume), mas o aplicador, diante de sua insatisfatoriedade interpretativa, utiliza-se destas regras, sob fundamento do art. 4º da LICC ou do art. 126 do CPC. A situação é a mesma do costume *secundum legem*, a diferença é que no caso do costume *praeter lege* a fundamentação para juridicização da regra social não se encontra na legislação específica.

O aplicador, diante de sua insatisfatoriedade interpretativa ('lacuna'), ao optar pela aplicação de uma regra identificada em razão da prática reiterada de certos atos pela sociedade, jurisdiciza tal regra, sob fundamento do art. 4º da LICC. O costume, com o ato de aplicação, deixa de ser uma regra social para, naquele caso concreto, atuar como uma norma jurídica, porque o sistema assim prescreve. Não é o caso de aplicação de uma norma não-jurídica (social), pois o direito trata o costume, neste contexto, como uma norma jurídica, apenas atribui a competência ao aplicador para dizer qual é esta norma. Um exemplo é do documento eletrônico. Não há legislação específica regulando os negócios *on line*, no entanto, devido a práticas reiteradas da sociedade vem se aceitando a assinatura digital para validação do mesmo. O aplicador do direito, diante desta constatação social, constrói uma norma

---

411. Art. 569. *O locatário é obrigado: II – a pagar pontualmente o aluguel nos prazos ajustados, e, em falta de ajuste, segundo o costume do lugar.*

(costume) e a aplica, para solucionar um caso concreto que envolva documentação eletrônica, com fundamento no art. 4º da LICC. Esta regra tem caráter supletivo em relação à lei, mas não deixa de ser uma norma jurídica, porque o direito prescreve a competência do aplicador positivar o "costume"[412].

No terceiro caso, do costume *contra legem* a significação construída pelo aplicador, observando práticas sociais reiteradas e com fundamento no art. 4º da LICC, contradiz com a significação por ele construída a partir dos enunciados jurídicos específicos. Neste caso, temos duas opções: (i) ou o aplicador afasta a incidência da norma jurídica em detrimento da norma consuetudinária por ele construída com fundamento no sistema e jurisdicizada no ato de aplicação – caso em que o "costume" aparece como regra; (ii) ou então, ele deixa de aplicar a norma por entender que há ausência de subsunção, devido sua valoração "consuetudinária" dos termos que a compõem – caso em que o costume aparece como valor. Como exemplo do primeiro caso, temos o crime de adultério; e como exemplo do segundo, o de sedução (art. 217 e 240 do Código Penal[413]), ambos caíram no desuso antes de suas revogações (pela Lei n. 11.106/05). No primeiro caso, ao longo dos anos, devido a práticas reiteradas, criou-se uma cultura de que o adultério não condizia com a punição imposta juridicamente e esta deixou de ser aplicada em razão do costume (norma). No segundo caso, o que afastou a aplicação da norma foi a ponderação de valores consuetudinários na construção do conteúdo semântico de "mulher honesta".

A grande maioria dos autores rejeita a aplicação dos costumes *contra legem* por entendê-los como forma de

---

412. REsp 638.698-RN, Rel. Ministro Francisco Peçanha Martins – O acórdão autoriza utilização do costume local para aferir o preço da propriedade e da cobertura florística não-explorada.

413. Art. 217. Seduzir mulher virgem, menor de 18 (dezoito) anos e maior de 14 (catorze) e ter com ela conjunção carnal, aproveitando-se de sua inexperiência ou justificável confiança. Pena – Reclusão, de 2 (dois) a 4 (quatro) anos. Art. 240. Cometer adultério. Pena – Detenção, de quinze dias a seis meses.

revogação. Para nós tudo é uma questão de valoração e não de revogação. O aplicador é o agente competente para dizer o direito do caso concreto. Aplicando o costume *contra legem* ele apenas deixa de incidir uma regra em detrimento de outra (no caso, do extinto crime de adultério, por exemplo, não se aplicava a norma jurídica penal em detrimento de uma norma consuetudinária desqualificadora da conduta) ou deixa de incidi-la por considerar que há ausência de subsunção em decorrência da valoração (semântica) atribuída aos signos do enunciado normativo (no caso do extinto art. 217 CP, por exemplo, considerava-se não haver subsunção devido ao sentido atribuído à palavra "sedução" em razão da mudança de seus critérios de uso pela sociedade). Em nenhum dos casos há revogação, porque, dependendo da valoração atribuída por outro aplicador, a regra deixada de lado pode ser aplicada (prova disso, nos exemplos dados, foi a necessidade de produção da Lei n. 11.106/05 para revogação dos crimes de adultério e sedução).

1.2.1.3.3 Princípios gerais do direito

Antes de tecermos nossas considerações acerca dos princípios gerais do direito e de como eles são utilizados na solução das "lacunas" do sistema, faz-se necessário abordar uma questão propedêutica: Que são princípios? Como identificá-los no direito positivo?

1.2.1.3.3.1 Princípio como enunciado, proposição ou norma jurídica

Segundo os ensinamentos de PAULO DE BARROS CARVALHO os princípios do ordenamento jurídico apresentam-se ora como valores, ora como limites objetivos. Reportando-nos as suas palavras: "existem preceitos fortemente carregados de valor e que, em função do seu papel sintático no conjunto, acabam exercendo significativa influência sobre grandes porções do ordenamento, informando o vetor de compreensão de múltiplos segmentos. Em direito, utiliza-se o termo 'princípio' para denotar as regras de que falamos, mas também se emprega a palavra para apontar normas que fixam importantes critérios objetivos, além de ser usada, igualmente, para significar o próprio valor, independentemente da estrutura a que está agregado e, do mesmo modo, o limite objetivo sem a consideração da norma"[414].

Tendo os princípios ora como valores, ora como limites objetivos, o autor encontra quatro definições para o termo: (i) norma jurídica de posição privilegiada e portadora de valor expressivo; (ii) norma jurídica de posição privilegiada que estipula limites objetivos; (iii) valores incertos em regras jurídicas de posição privilegiada, mas considerados independentemente das estruturas normativas; (iv) limite objetivo estipulado em regra de forte hierarquia, tomado, porém, sem levar em conta a estrutura da norma.

Nas duas primeiras temos "princípio" como norma jurídica (forma), que expressa um valor ou um limite objetivo e nas outras duas, temos o princípio como valor e como limite objetivo presente nestas respectivas regras (conteúdo). Mas, nota-se que, sempre temos uma norma jurídica. Isto porque, se partimos da premissa de que o direito positivo é o conjunto de normas jurídicas de um dado país e se temos os princípios como elementos do direito, estes não podem ser outra coisa senão normas jurídicas[415]. O problema, no entanto, mais uma vez, gira em torno do sentido atribuído à expressão "norma

---

414. *Curso de direito tributário*, p. 143.

415. Vale aqui registrar a lição de PAULO DE BARROS CARVALHO: "O corolário natural de tudo quanto se expôs é que o direito positivo, formado unicamente por normas jurídicas, não comportaria a presença de outras entidades, como, por exemplo, princípios. Estes não existem ao lado de normas, coparticipando da integridade do ordenamento. Não estão ao lado das unidades normativas justapondo-se ou contrapondo-se a elas. Acaso estivessem, seriam formações linguísticas portadoras de uma estrutura sintática. E qual é esta configuração lógica? Ninguém certamente, saberá responder a tal pergunta, porque 'princípios' são 'normas jurídicas' carregadas de forte conotação axiológica (*Direito tributário linguagem e método*, p. 252).

jurídica", que com relação à manifestação dos princípios deve ser utilizada em acepção ampla. Nestes termos, os princípios podem aparecer na forma de: (i) enunciados; (ii) proposições; e/ou (iv) normas jurídicas em sentido estrito.

Alguns princípios manifestam-se expressamente, são prescritos pelo legislador constitucional com tal clareza e determinação de modo que é possível identificá-los num único enunciado, por exemplo: o princípio da igualdade expresso no art. 5º caput, da CF – *Todos são iguais perante a lei, sem distinção de qualquer natureza, garantindo-se aos brasileiros e aos estrangeiros residentes no País a inviolabilidade do direito à vida, à liberdade, à igualdade, à segurança e à propriedade*; o princípio da legalidade, enunciado no art. 5º, II da CF – *Ninguém será obrigado a fazer ou deixar de fazer alguma coisa senão em virtude de lei*; o princípio da irretroatividade, prescrito no art. 5º XXXVI da CF – *As leis não podem retroagir, alcançando o direito adquirido o ato jurídico perfeito e a coisa julgada*; o de propriedade, assegurado no art. 5º XXII e XXIV da CF – *É garantido o direito à propriedade*; o princípio da liberdade de trabalho, disposto no art. 5º XIII da CF – *É livre o exercício de qualquer trabalho, ofício ou profissão, atendidas as qualificações profissionais que a lei estabelecer*, etc. Identificamos, assim, tais princípios na forma de enunciados jurídicos.

Em contrapartida, outros princípios, não encontram suporte em prescrições jurídicas pontuais, sendo construídos em nossa mente como proposições, mediante esforço indutivo de alguns ou vários dispositivos, de modo que não podemos identificá-los como enunciados jurídicos. Por exemplo: o princípio da justiça; da segurança jurídica; da certeza do direito; da razoabilidade; da supremacia e indisponibilidade do interesse público; da isonomia das pessoas políticas; etc. Trata-se dos denominados princípios implícitos, que se apresentam na forma de proposições.

Tal distinção entre princípios expressos e implícitos, no entanto, embora muito utilizada pela doutrina jurídica, deve ser adotada com devida advertência, já que todo enunciado assim o é porque comporta uma significação e toda significação é implícita, por outro lado, toda significação (implícita) se materializa na forma de enunciado (expressa). Nestes termos, chamamos de "princípios expressos" aquelas significações (proposições), construídas a partir dos textos do direito positivo que, quando enunciadas, correspondem identicamente a algum enunciado jurídico e "princípios implícitos" aquelas significações que, quando enunciadas, não demonstram tal correspondência, justamente por serem construídas a partir de um conjunto de enunciados jurídicos.

Invariavelmente, todos os princípios apresentam-se na forma de proposições, significações construídas em nossa mente a partir da leitura dos textos do direito positivo, e se materializam na forma de enunciados (leis, postulados). Tais proposições ou enunciados são valoradas, pelo intérprete, com um grau de superioridade com relação a outras proposições jurídicas, apresentando-se como linhas diretivas que exercem grande influência na construção e aplicação das demais normas jurídicas. E por serem dotadas desta valoração elevada com relação às demais proposições é que são denominadas de princípios.

Algumas destas significações podem apresentar estrutura hipotético-condicional, caso em que o princípio aparece na forma de norma jurídica em sentido estrito. Por exemplo: o princípio da legalidade (H – *se for a instituição de obrigações ou proibições*, → *deve ser*, C – *obrigatório a veiculação por meio de lei*); o princípio da anterioridade tributária (H – *se instituir ou majorar tributos*, → *deve ser*, C – *proibida a cobrança no mesmo exercício financeiro*); o princípio da liberdade de associação (H – *se for para fins lícitos e de caráter não paramilitar* → *deve ser*, C – *permitida a associação*); etc.

Nem todo princípio chega a apresentar tal estrutura, da mesma forma também, nem todos têm referibilidade a enunciados jurídicos pontuais, mas todos se configuram como proposições jurídicas, ou seja, como significações construídas a partir do texto do direito positivo, que ora podem aparecer como antecedente, ora como consequente de normas jurídicas, ou ainda, como linhas diretivas que influem na construção, aplicação, fundamentação e justificação de regras jurídicas. O que diferencia a proposição tida como princípio das demais proposições é a graduação hierárquica que lhe é atribuída. É neste sentido que PAULO DE BARROS CARVALHO enuncia: "princípio é o nome que se dá a regras do direito positivo que introduzem valores relevantes para o sistema, influindo vigorosamente sobre a orientação de setores da ordem jurídica"[416].

Não há no texto legislado uma indicação do legislador de quais proposições devem ser consideradas como princípios. Não há pontuações, nem nada escrito de que este ou aquele enunciado configura-se como princípio. É o intérprete que, valorando o sistema, diz quais são os princípios, ou seja, quais proposições considera tão relevante a ponto de informar a construção e estruturação de todas as outras[417].

1.2.1.3.3.2 *Princípio como valor e como limite objetivo*

Como vimos linhas acima, o princípio pode expressar um valor ou um limite objetivo. Estamos falando agora do fundo da forma, ou seja, do "princípio-conteúdo" (substância) que se encontra dentro do "princípio-proposição" (forma). Mas, o que se entende por princípio como valor ou como limite objetivo?

Os valores, como já vimos (quando tratamos da teoria dos valores – no capítulo VII), são centros significativos que expressam uma preferibilidade por certos conteúdos de expectativas, são preferências por núcleos de significações. Eles estão presentes em todo o ordenamento jurídico.

---

416. *Direito tributário linguagem e método*, p. 252.

417. Isto justifica o fato dos princípios serem construídos com base em enunciados constitucionais.

Toda norma jurídica, enquanto significação prescritiva (voltada à finalidade de disciplinar condutas), traz um valor, devido à força com que o dado axiológico está presente na linguagem do direito. A diferença é que chamamos de "princípios" aqueles valores que hierarquicamente colocamos num patamar de superioridade, ao organizarmos o sistema, de tal modo que eles acabam exercendo significativa influência na construção, estruturação e aplicação das demais significações.

Na lição de MIGUEL REALE, o fim é um valor tomado como a realização de ser da conduta[418]. Sempre que cumprimos determinada conduta, visando a certo fim, este fim é o valor. E, sempre que este fim, por ser comum (direta ou indiretamente) a inúmeras regras, torna-se um fim do ordenamento como um todo, estamos diante do "princípio" como valor.

No sistema jurídico brasileiro, temos como exemplo de "princípios" os valores: justiça, segurança jurídica, certeza do direito, igualdade, etc., todos eles como fins a serem perseguidos pelas demais normas jurídicas e, por isso, categoricamente denominados de "princípios".

A graduação hierárquica dos valores é condicionada aos horizontes culturais do intérprete. Não é raro, no entanto, encontrar autores afirmando ser este ou aquele princípio mais importante do que outros, o que não passa de uma valoração, isto é, de uma preferibilidade estabelecida em razão de critérios que podem ser diferentes para outros intérpretes.

Levando-se em conta a graduação hierárquica, podemos dizer que existem princípios e sobreprincípios, sob o critério de que há valores (princípios), no contexto do direito positivo brasileiro, que se implementam pela realização de outros valores ou de limites objetivos. Como exemplo, temos a segurança jurídica, que é um valor, mas não só um valor, é um valor de sobrenível, pois realiza-se pela implementação de outros princípios, como o da igualdade, da coisa julgada,

---

418. *Cinco temas do culturalismo*, p. 36.

da irretroatividade, da anterioridade, da capacidade contributiva, o que é suficiente para atribuir-lhe a condição de sobreprincípio.

Quanto aos limites objetivos, estes são instrumentos jurídicos utilizados pelo legislador para atingir certos fins. Não são valores se considerados em si mesmos, mas voltam-se para implementação de valores. O valor parece não estar presente, mas está no fim a ser alcançado pela técnica prescrita, a qual denominamos de "princípio" (limite objetivo).

Como exemplo, podemos citar a não-cumulatividade que, conforme explica PAULO DE BARROS CARVALHO, à primeira vista parece um jogo de contas: "o que o industrial adquire a título de matéria-prima, produtos intermediários, material de embalagem, ele registra e se credita do valor correspondente e depois se debita pelo valor incidente na venda do produto final, no cômputo destes valores temos a configuração do imposto não-cumulativo"; no entanto, não existe técnica simplesmente pela técnica, este jogo de contas vem ajustado para a obtenção de determinados fins como a justiça tributária e a boa distribuição da carga tributária[419]. Quando pensamos no princípio da não-cumulatividade o que nos vem a mente é um instrumento jurídico utilizado para implementar certos valores. Neste sentido, tal princípio configura-se como um limite objetivo. O mesmo se verifica com os da anterioridade, legalidade, irretroatividade, ampla defesa, devido processo legal, etc., que se apresentam como técnicas para implementação de valores como a segurança jurídica, certeza do direito, justiça, isonomia, etc.

Observa PAULO DE BARROS CARVALHO que na pragmática da comunicação jurídica é mais fácil perceber e comprovar os princípios como limites objetivos do que como valores[420]. Na aplicação prática do direito os limites objetivos aparecem com mais clareza, sendo de verificação imediata e

---

419. *III Congresso Nacional de Estudos Tributários*, 13/12/06.

420. *Curso de Direito Tributário*, p. 144.

simples comprovação. Os princípios da anterioridade e da legalidade, por exemplo, basta observarmos o diploma oficial que introduziu normas jurídicas no sistema para, de imediato, saber se eles foram respeitados ou violados. Já com o valor tal constatação é bem mais difícil, pois envolve critérios ideológicos. Como verificar, por exemplo, se o princípio da justiça foi acatado ou transgredido se o que é justo para uns pode ser injusto para outros?

1.2.1.3.3.3 Aplicação: entre regras e princípios

Com relação à aplicação dos princípios como forma de implementação de lacunas do direito. Parece-nos que, quando se aplica um princípio, não há que se falar em existência de lacuna (considerada aqui como ausência de norma jurídica), pois há, no sistema, uma regra a ser aplicada. O princípio é uma proposição jurídica que pertence ao direito posto, pois construída a partir dos enunciados que compõem seu plano de expressão. Aplicar um princípio, assim, é aplicar uma norma pertencente ao sistema.

Por "princípios gerais de direito" entende-se todos aqueles que encontram suporte na Constituição Federal e regulam todos os campos do direito. Não importa serem eles valores ou limites objetivos.

A aplicação de limites objetivos, como já mencionamos, é de mais fácil constatação e aceitação. Um juiz, por exemplo, quando socorre-se ao princípio da legalidade geral (art. 5º CF), como fundamentação para afastar a incidência de multa por descumprimento de um dever instrumental tributário instituído por instrução normativa, sob a justificativa de que tal fato não se subsome ao princípio da legalidade tributária específico (art. 150 CF), aplica uma regra jurídica que diz: "ninguém será obrigado a fazer ou deixar de fazer algo senão em virtude de lei".

A dificuldade surge com o princípio como valor, que geralmente é utilizado como justificação jurídica para a aplicação ou interpretação de outras regras. O mesmo juiz, por exemplo, quando entende não ser necessária realização de concurso público para contratação de um gari que já prestava serviços para determinada prefeitura, em razão do princípio da razoabilidade, aplica uma regra jurídica, construída da sua valoração dos enunciados prescritivos do direito posto, tendo como influência o valor da razoabilidade (i.e. a norma que permite tal contratação sem a realização de concurso público)[421]. Não afasta a aplicação de uma regra para se aplicar o "princípio", apenas aplica uma norma em detrimento de outra, que, segundo sua valoração, se sobrepõe em razão do princípio (valor).

Sob este enfoque o problema de se aplicar regras ou princípios torna-se utópico. Sempre se aplica uma regra. E, querer discutir a sobreposição de regras é ingressar no campo da ideologia do intérprete. Cada sujeito constrói o seu sistema jurídico (S4), estruturando e sobrepondo normas de acordo com seus referenciais. E, é assim, segundo a valoração de cada um, que as normas jurídicas são aplicadas.

Encaixa-se aqui, a lição de HUMBERTO ÁVILA de que: "uma regra não é aplicável somente porque as condições previstas em sua hipótese são satisfeitas. Uma regra é aplicável a um caso concreto se e somente se suas condições são satisfeitas e sua aplicação não é excluída pela razão motivadora da própria regra ou pela existência de um princípio que institua uma razão contrária"[422]. Mais contundente com a linha que seguimos, podemos dizer que uma regra não é aplicável apenas porque se subsome ao caso concreto, mas porque preterida na valoração do aplicador a todas as demais que poderiam ser aplicadas.

---

[421]. HC 77.003, rel. Ministro Marco Aurélio (DJU 11/09/98). O acórdão afasta a aplicação da norma penal, em razão de entender desnecessária a realização de concurso público para contratação de um gari, devido o emprego do princípio da razoabilidade.

[422]. *Teoria dos princípios: da definição à aplicação dos princípios jurídicos*, p. 97-98.

1.2.2 O problema das antinomias

Diferente do sistema da Ciência do Direito, o direito positivo, por manifestar-se numa linguagem técnica, admite contradições entre seus termos. Assim, não é raro depararmo-nos, no percurso gerador do sentindo dos textos jurídicos, com conflitos entre duas ou mais normas jurídicas. Dizemos, então, estar diante de uma antinomia entre normas, ou de normas antinômicas.

As antinomias configuram-se pela existência de incompatibilidades (contradições ou contrariedades) entre as condutas prescritas pelo legislador. Segundo as lições de HANS KELSEN, "existe um conflito entre duas normas, se o que uma fixa como devido é incompatível com aquilo que a outra estabelece como devido e, portanto, o cumprimento ou aplicação de uma envolve, necessariamente ou provavelmente, a violação de outra"[423]. Mais precisamente, em termos lógicos, TÁREK MOYSÉS MOUSSALLEM esclarece que isso ocorre quando duas normas válidas (existentes num mesmo sistema) tenham operadores deônticos opostos, modalizando a mesma conduta. "Em termos simbólicos, há incompatibilidade sempre que a fórmula (Op . – Op) for verdadeira, desde que sejam válidas, no sistema normativo, as respectivas normas "Op" e "– Op"; ou ainda, sempre que a fórmula (Pp . –Pp) for verdadeira, que significa a validade simultânea, no sistema normativo, das normas "Pp" e "– Pp"[424].

A antinomia, assim como a lacuna, também é um problema de interpretação. Depende das valorações atribuídas pelo intérprete quando da construção do sentido dos textos jurídicos. Normas que são incompatíveis na interpretação de uns, podem não ser na interpretação de outros. Um exemplo disso é a Emenda Constitucional que veicula nova competência tributária aos municípios. Para alguns, tal prescrição

---

423. *Teoria Geral das normas*, p. 157.

424. *Revogação em matéria tributária*, p. 191.

é incompatível com os dispositivos constitucionais das cláusulas pétreas, pois seria uma garantia fundamental dos contribuintes só serem tributados nos moldes da competência delineada pelo poder constituinte originário. Para outros, no entanto, não há incompatibilidade entre a prescrição veiculada pela Emenda e os dispositivos constitucionais, dado que tal garantia não se constitui numa cláusula pétrea.

A doutrina jurídica classifica as antinomias entre normas em: (i) aparente e (ii) real. A primeira surge quando o conflito pode ser solucionado por critérios estabelecidos pelo próprio sistema: (i.a) hierarquia – *lex superior derogat legi inferiori*; (i.b) cronologia – *lex posterior derogat legi priori*; e (i.c) especialidade – *lex specialis derogat legi generali*. A segunda aparece quando tais critérios não são suficientes para solucionar o conflito, devendo este ser resolvido por parâmetros ideológicos do aplicador[425].

Tal classificação é estabelecida de acordo com a forma de solução do conflito, porque apesar de as antinomias se destacarem no plano pragmático da comunicação jurídica, nenhuma delas persiste, concretamente, ao ato de aplicação. Para que uma norma incida sobre determinado suporte fático, o agente competente tem que dizer qual o direito aplicável e assim o faz, tomando uma posição, ou seja, preterindo uma significação em razão de todas as demais. Se, na construção de sentido dos textos jurídicos, o intérprete se depara com duas ou mais normas válidas, que fixam condutas incompatíveis, ele tem que optar por qual delas aplicar, utilizando-se, para tanto, dos critérios de hierarquia, cronologia, especialidade ou ideológicos, para estruturar suas significações. E, assim, os conflitos são resolvidos concretamente.

É muito comum encontrar na doutrina afirmações do tipo "a solução de 'antinomias' dá-se mediante a 'revogação' de uma das normas conflitantes". Isto se justifica nos postulados

---

425. MARIA HELENA DINIZ denomina este tipo de antinomia como uma lacuna de conflito (*Conflito de normas*, p. 26-27).

da Lei de Introdução ao Código Civil que prescreve a utilização dos princípios: *lex superior derogat legi inferiori, lex posterior derogat legi priori, lex specialis derogat legi generali*, como diretrizes para solução de conflitos normativos. Tem-se estes casos como de "revogação tácita" da norma jurídica.

De acordo com os referenciais adotados neste trabalho, a solução de antinomias não se dá com a revogação de uma das normas conflitantes (revogação aqui entendida no sentido de expulsão da norma do sistema). Ambas as disposições, mesmo que incompatíveis, são válidas (existem) para o direito, até que o legislador produza uma terceira regra, com função revogatória, capaz de excluir uma delas do ordenamento. Neste sentido, ressalva **TÁREK MOYSÉS MOUSSALLEM**: "a revogação não é função de uma das normas conflitantes. Antes, pelo contrário, é função específica da norma revogadora, ou melhor, do ato de fala deôntico que tenha, por efeito primeiro, a perda da aplicabilidade e, em momento posterior, a retirada da vigência e da validade"[426].

Os princípios utilizados na solução de conflito entre normas (i.e. *lex superior derogat legi inferiori, lex posterior derogat legi priori, lex specialis derogat legi generali*), nada mais são do que regras que regulam a aplicação de outras regras (normas de estruturas). Não têm eles o condão de retirar a eficácia, vigência e validade de uma das normas conflitantes, apenas estabelecem critérios para que o agente competente estruture suas significações em relações de coordenação e subordinação (no plano S4) e, assim, aplique uma norma em detrimento da outra.

Explica **GABRIEL IVO**, com a clareza que lhe é peculiar, "que a chamada revogação tácita, por ocorrer no plano articulado das significações normativas, não opera uma exclusão de enunciados prescritivos (plano de expressão). Diante dela o aplicador do direito, em face de um caso concreto, está autorizado por meio das regras contidas no sistema jurídico a

---

426. *Revogação em matéria tributária*, p. 192.

aplicar o princípio da hierarquia, cronologia, ou especificidade, escolhendo para a solução do caso a norma construída com base no documento normativo superior, posterior ou específico. Mas isso não é revogação, porquanto o conflito permanece e pode ter solução diversa quando uma situação similar for apreciada por outro aplicador do direito"[427].

Não podemos esquecer que toda ordem jurídica constitui-se de um conjunto escalonado de normas, que se associam mediante vínculos horizontais (de coordenação) e verticais (subordinação), construídos mentalmente pelo intérprete a partir da leitura dos textos jurídico-positivos. Tal estruturação é um axioma do sistema, de modo que sem ela, ele não existe. A maneira como cada direito positivo a realiza, todavia, é que pode variar, pois ela é estabelecida conforme critérios adotados pelo legislador.

Explica PAULO DE BARROS CARVALHO que os critérios mais comuns são: (i) lei superior prevalece sobre a inferior (hierarquia); (ii) lei posterior sobre a anterior (cronologia); (iii) lei especial sobre a geral (especialidade). Tais orientações são implantadas historicamente pelo ordenamento, como instrumentos de consagração do postulado da estruturação, pressuposto para aplicação de qualquer norma jurídica[428]. É assim que, a nosso ver, devem ser entendidos os princípios da *"lex superior derogat legi inferiori"*, *"lex posterior derogat legi priori"*, *"lex specialis derogat legi generali"*.

Mas, vejamos cada um destes critérios separadamente:

1.2.2.1 Critério hierárquico

É baseado na superioridade de uma fonte de produção jurídica sobre a outra. Num conflito entre normas de diferentes níveis, a de nível superior deve prevalecer em relação à

---

427. *Norma jurídica: produção e controle*, p. 180.
428. *Apostila do Curso de Teoria Geral do Direito*, p. 146.

de nível inferior. As disposições constitucionais, por exemplo, prevalecem sobre as infraconstitucionais (leis, decretos, medidas provisórias, etc.) e as legais sobre as infralegais (atos administrativos, sentenças, instruções normativas, etc.), quando prescrevem condutas incompatíveis.

A hierarquia, enquanto relação de subordinação, é um postulado do ordenamento. Sistematicamente, as normas jurídicas se conjugam de modo que as de menor hierarquia buscam seu fundamento jurídico em outras de superior hierarquia, até chegarmos no patamar constitucional, ponto de partida do processo derivativo e ponto de chegada do processo de fundamentação jurídica. Uma norma sem fundamento jurídico em norma de superior hierarquia é incompatível com a estrutura do ordenamento, encontra-se em desacordo com a organização em que este deve apresentar-se.

Entretanto (como já mencionado em termos gerais), a simples incompatibilidade entre uma prescrição de nível inferior e outra de nível superior, não tem o condão de retirar a norma inferior do sistema. Ela permanece válida, apenas deixa de incidir no caso concreto, em razão da utilização, pelo agente competente, do critério da sobreposição hierárquica.

As disposições de nível inferior contrárias às de nível superior, enquanto não tiverem sua inconstitucionalidade ou ilegalidade constituída por linguagem própria, continuam no sistema, podendo, inclusive, serem aplicadas em razão da sobreposição de outros critérios pelo aplicador. Isto vale para todas as normas jurídicas. A incompatibilidade, em si, não ocasiona revogação da norma jurídica de inferior hierarquia, ela apenas é tomada como motivo para produção do ato revogador.

Como exemplo, podemos citar a Lei do Município de Barueri-SP, que previa alíquotas de 0,25% a 0,5% para o ISS (imposto sobre serviços de qualquer natureza) e a Emenda Constitucional 37/03, que prescreve seja a alíquota mínima do ISS de 2%. A Emenda não teve o condão de revogar a Lei do Município de Barueri, ambas permaneceram válidas até o legislador municipal editar novas alíquotas em conformidade com a Emenda.

O critério hierárquico serve como parâmetro para ordenação do sistema e solução de conflitos entre as significações construídas pelo intérprete, prevalecendo sobre qualquer outro em razão da hierarquia ser um axioma do ordenamento. Mas, não podemos esquecer que a constituição das relações de subordinação entre normas está condicionada aos valores inerentes à interpretação, principalmente, quando tratamos da estruturação hierárquica vista sob enfoque semântico[429]. Uma norma jurídica subordinante que, para uns, serve como fundamento jurídico da norma "x", para outros pode não servir. A própria existência de antinomias a serem resolvidas pelo postulado da superioridade, depende da interpretação atribuída, pelo aplicador, aos signos do direito positivo.

1.2.2.2 *Critério cronológico*

Refere-se ao tempo de existência da norma. Se houver contradição entre regras produzidas pelo mesmo órgão, a editada por último deve prevalecer sobre a editada anteriormente. O postulado da lei posterior, considerado por ALF ROSS como um princípio fundamental[430], leva em consideração a cronologia da produção normativa. Fundamenta-se no fato de que, devido às mudanças sociais verificadas no decurso histórico do tempo, a norma mais velha (anterior) é sempre ultrapassada em relação a mais nova (posterior).

Dispõe o art. 2º § 1º da LICC que: "A lei posterior revoga a anterior quando expressamente o declare, quando seja ela

---

429. Sob o enfoque semântico a estruturação hierárquica pode dar-se: (i) no aspecto formal; ou (ii) no aspecto material. A primeira, quando a norma superior prescreve os pressupostos procedimentais que a norma subordinada deve respeitar quando de sua produção; a segunda, quando a regra subordinante prescreve os conteúdos de significação da norma inferior.

430. *Sobre el derecho y la justicia*, p. 126-127.

incompatível ou quando regule inteiramente a matéria que tratava a lei anterior". Como já vimos, a presença de antinomias não é suficiente para retirar uma norma jurídica do sistema, para isso, é preciso que seja emitido um ato de fala deôntico com função específica. O critério cronológico atua na solução de conflitos entre normas existentes. Se a lei posterior revogasse a anterior naquilo que fosse incompatível, não haveria conflito, pois uma das regras deixaria de pertencer ao sistema jurídico.

Considera-se a lei posterior aquela publicada por último. Partindo-se de uma premissa comunicacional do direito, as normas ingressam no sistema quando publicadas, pois é neste momento que se instaura a comunicação jurídica. Nestes termos, o marco temporal indicativo da anterioridade ou posterioridade de uma regra jurídica é a data de sua publicação, instante em que ela ingressa no mundo jurídico. Digamos que existam duas normas (A e B) regulando a mesma conduta de forma incompatível, a norma A promulgada primeiro, mas publicada depois da norma B, promulgada depois, mas publicada antes da norma A. Pelo princípio da lei posterior aplica-se a lei A.

1.2.2.3 Critério da especialidade

Diz respeito à matéria regulada. De acordo com tal critério, a norma especial sobrepõe-se, no ato de aplicação, àquela que disciplina a mesma matéria em termos gerais. O problema, relativo a este critério aparece na definição de "especialidade".

O conceito de especialidade, assim como o de superioridade e de posterioridade, é relacional. Uma norma só é especial em razão da existência de uma geral. O termo "especial" pode ser utilizado para apontar duas características: (i) especificidade – preceitos normativos que tratam de forma particular determinado tipo de conduta; e (ii) especialidade – regras que possuem todos os elementos típicos de outras (consideradas gerais) e mais alguns de natureza objetiva.

No primeiro caso, o termo "especial" é empregado no sentido de especificidade, ou seja, de norma específica. A regra é especial quando direcionada a certas situações, de modo que a norma geral, por não regular tais situações, é afastada devido à falta de subsunção. Não há conflito entre normas, pois a materialidade de uma é diferente da outra. As disposições dirigem-se a determinados casos específicos e as gerais a outros não-específicos. Como exemplo, podemos citar a Lei de Execução Fiscal, que regula a cobrança da dívida ativa da Fazenda Pública (Lei n. 6.830/80), com relação aos enunciados do Código de Processo Civil que dispõem sobre o processo de execução (arts. 566 a 888). Nos casos de execução fiscal aplica-se a lei específica e, subsidiariamente, a lei geral naquilo em que a primeira for omissa. Não existem divergências, porque as prescrições gerais não tratam das situações disciplinadas pelas disposições especiais. Aplica-se, assim, as regras especiais para os casos especiais e as regras gerais para os casos gerais (não especiais)[431], de modo que o postulado da especialidade pode ser reformulado nos seguintes termos: "a norma especial se sobrepõe à geral nos casos especiais".

No segundo caso, o vocábulo "especial" é empregado no sentido de especialidade em relação ao gênero, ou seja, de espécie (gênero + diferença específica). A norma especial contém todas as disposições da norma geral e mais algumas prescrições objetivas. O conteúdo especial está contido no conteúdo geral, com algumas peculiaridades que lhe atribuem o caráter de especialidade. A norma geral é gênero da qual a norma especial é espécie, de modo que, as prescrições especiais devem estar de acordo com o disposto nas regras que lhes são gerais. E aqui temos a possibilidade de antinomias. Como exemplo, temos a Lei Complementar 116/03 que dispõe, em caráter geral, sobre o ISS (imposto sobre serviços de qualquer natureza) e as leis que instituem o imposto de cada

---

431. Isto explica a determinação do art. 2º § 2º da LICC: *"A lei nova, que estabeleça disposições gerais ou especiais a par das já existentes, não revoga nem modifica a lei anterior"*.

Município. Havendo incompatibilidade entre as disposições especiais (de cada Município) e as prescrições gerais da Lei Complementar, estamos diante de uma antinomia entre normas jurídicas. Cremos, porém, que o postulado da especialidade não se aplica nestes casos, devendo ser utilizados outros critérios pelo aplicador para solução de antinomias deste tipo.

Os critérios para solução de antinomias funcionam como justificativas para o intérprete estruturar suas significações, mas a utilização deles está condicionada a sua ideologia e aos seus dados culturais. Devemos ter sempre em mente que o direito positivo, enquanto conjunto de textos (considerados no seu plano de expressão), é uma porta fechada, que se abre, com a interpretação, para uma infinidade de caminhos. E, uma das maiores dificuldades em compreendê-lo está em querer determinar formas para que todos optem pelo mesmo caminho.

1.3 Constituição da linguagem competente e teoria da decisão jurídica

Ao relatar o evento, por meio de uma linguagem competente, imputando-lhe efeitos jurídicos em decorrência da aplicação de uma regra, o aplicador insere, no ordenamento, uma regra individual e concreta, inovando o sistema. A linguagem inovadora reflete suas decisões, objetivando os valores empregados no processo de interpretação do fato e do direito.

Considerando que as normas jurídicas são unidades de linguagem, a atividade que as produz é um ato de fala, realizado por autoridade competente, conforme procedimentos estabelecidos por outras regras. A criação de atos de fala pressupõe sempre uma tomada de decisão por parte de seu emissor, sobre a produção do ato e sobre seu conteúdo. Neste sentido, dizemos que a criação do direito e sua aplicação operam-se mediante decisões jurídicas.

GREGORIO ROBLES, adepto desta teoria, a explica com clareza: "Sempre que nos deparamos com uma norma, haverá uma decisão que a tenha gerado. A norma que chamamos de lei (como, por exemplo, o Código Civil) existe como tal porque o legislador decidiu promulgá-la e decidiu sobre seu conteúdo em detrimento de outros. A norma que chamamos de sentença forma parte do ordenamento em razão de o juiz tê-la gerado mediante sua decisão, se o juiz não tivesse decidido, a sentença não existiria como tal sentença ou teria conteúdo diferente"[432]. Neste sentido, podemos dizer que toda norma jurídica é resultado de um ato de decisão. Não há regra sem ato decisório que a anteceda.

Nestes termos, a teoria da decisão jurídica se aplica quer no âmbito das normas abstratas ou concretas, quer no âmbito das gerais ou individuais, porque diz respeito à produção normativa. Neste tópico, no entanto, interessa-nos sua aplicação no âmbito das normas individuais e concretas.

A decisão jurídica apresenta-se como algo extremamente complexo, pois exige atos de valoração. Toda criação de uma nova linguagem jurídica, implica a eleição de uma entre várias possibilidades e, por isso, como explica FABIANA DEL PADRE TOMÉ é contingente. "Quem decide colocar no sistema do direito um novo enunciado escolhe uma opção possível entre as existentes, excluindo as demais alternativas. Pressupõe, portanto valoração"[433].

A aplicação se completa com a produção de uma linguagem que constitui a versão do evento elaborada pelo aplicador como fato jurídico e imputa-lhe os efeitos prescritos na norma por ele eleita para regular aquele caso em concreto. Diante da infinidade de versões sobre o evento o aplicador constitui apenas um fato como jurídico e, perante as várias soluções normativas que o sistema apresenta, fixa apenas uma para incidir no caso concreto[434].

---

432. *Teoria del derecho (fundamentos de teoria comunicacional del derecho)*, vol. 1., p. 82.

433. *A prova no direito tributário*, p. 263.

434. Por isso, nosso posicionamento acima, no sentido de que se existem os problemas na interpretação (lacunas e antinomias) eles se resolvem com a aplicação.

Vislumbra-se, na linguagem da norma individual e concreta resultante da incidência, a existência de atos decisórios, em virtude dos valores positivados pelo aplicador. Tais valores indicam que a certo ponto houve uma tomada de decisão, mas o foco motivador de tal decisão, a valoração em sua subjetividade, não aparece. Temos acesso à linguagem produzida enquanto resultado de um ato de vontade e nela aspectos que nos remetem a tal ato de vontade, mas não temos acesso ao ato em si. E são estes aspectos da decisão, que se objetiva na linguagem produzida, que interessam (valem) para o direito.

Diante de tal peculiaridade, FABIANA DEL PADRE TOMÉ, observa dois aspectos indissociáveis da decisão jurídica: (i) o elemento decisório, puramente volitivo – *noesis*; e (ii) o conteúdo do que foi decidido – *noema*[435]. A primeira perspectiva toma como foco o valor em sua subjetividade, a segunda, centra-se no valor positivado.

Quando o aplicador produz a norma individual e concreta, resultante da aplicação, ele diz qual é o fato e diz qual é o direito. A linguagem produzida positiva suas escolhas, por meio dela temos acesso à decisão, o que possibilita o controle de sua valoração. Como já vimos, a tomada de posição sobre o fato e sobre a norma a ser aplicada é um ato valorativo, mas não desregrado. De acordo com critérios estabelecidos pelo próprio sistema é vedado ao aplicador constituir o fato jurídico com base em elementos diversos dos constantes na linguagem das provas (em sentido estrito), assim como também lhe é vedado construir a norma a ser aplicada sem fundamentação jurídico-positiva. O controle da decisão é feito pela objetivação dos valores constantes no ato de aplicação, por isso, a necessidade de sua fundamentação e justificação.

Como conteúdo dos atos de aplicação, encontramos as fundamentações e justificações: (i) do fato; e (ii) do direito. A primeira indica os enunciados (probatórios) tomados como relevante para constituição do fato jurídico e as razões da

---

435. *A prova no direito tributário*, p. 263.

escolha daqueles fatos. A segunda, os enunciados jurídico-positivos utilizados na composição da norma aplicada e as razões da escolha daquela norma. Tomemos qualquer ato de aplicação, como por exemplo uma sentença, ou um ato administrativo e, além do dispositivo (que contém a norma individual e concreta), indispensavelmente neles constarão: (i) a fundamentação do fato, consistente na indicação dos enunciados factuais, constantes do processo que influenciaram a convicção do aplicador para conformação do fato jurídico; (ii) a justificação do fato jurídico, consistente nas razões que levaram o aplicador a utilizar aqueles enunciados factuais e não outros, na conformação do fato jurídico; (iii) a fundamentação jurídica, onde é apontada a legislação tomada como base para construção da norma aplicada e a (iv) justificação jurídica, consistente nas razões que levaram o aplicador a utilizar-se daquela legislação e não de outra. Tanto a fundamentação e justificação do fato, como a fundamentação e justificação do direito possibilita-nos reconstruir a valoração da decisão e, com isso, atacar o ato produzido.

A produção da linguagem competente marca o fim da atividade de aplicação e a objetiva juridicamente. O produto juridiciza as interpretações construídas pelo aplicador (do fato e da norma), tornando-as autênticas. O sentido produzido passa a ser vinculante para aquele caso em concreto, devido à competência do aplicador para construir uma linguagem que inove o sistema. Isto, porém, não significa que outros sentidos não possam ser construídos, apenas garante que sua redefinição jurídica exija um novo ato de vontade e a produção de novos enunciados individuais e concretos. É o que verificamos com os acórdãos que revogam sentenças, atribuindo à mesma situação fática interpretação jurídica diversa.

Não se pode dizer que um sujeito competente aplicou uma norma geral e abstrata sem a produção de um ato (documento normativo), que insira no sistema norma individual e concreta. Com ela a regulação aproxima-se do campo das condutas intersubjetivas. Em seu antecedente encontramos o enunciado protocolar denotativo, que relata o evento e constitui o fato como jurídico. E em seu consequente, o enunciado protocolar denotativo relacional, que instaura o vínculo jurídico (obrigatório, permitido ou proibido) entre dois sujeitos determinados. É a norma individual e concreta, enquanto linguagem competente, que constitui o fato jurídico e instaura a relação jurídica.

Questões:

1. Qual a relevância da interpretação da linguagem dos fatos na aplicação do direito?

2. Quais os problemas encontrados pelo aplicador na interpretação do fato?

3. Descreva o processo de interpretação da linguagem dos fatos fazendo uma analogia aos planos de interpretação do direito de Paulo de Barros Carvalho.

4. Qual a relevância da interpretação da linguagem jurídica na aplicação do direito?

5. Explique a fundamentação e a justificação como limites objetivos da interpretação do direito aparentes na positivação.

6. Que são lacunas do direito (segundo a doutrina tradicional)?

7. Explique a seguinte frase: *"A questão das lacunas não está relacionada à ausência de normas do direito positivo, mas a problemas de valoração, inerentes à interpretação dos textos jurídico-positivos"*.

8. Que se entende por "lei omissa", nos termos do art. 4º da LICC? Quais os critérios utilizados para solução de tal problema pelo aplicador?

9. Que se entende por analogia? Dê um exemplo de sua aplicação.

10. Que se entende por costume? Diferencie costume como regra e como valor.

11. Explique as três espécies de aplicação do costume (como regra). Dê exemplos.

12. Que são princípios? Como eles se manifestam juridicamente?

13. Diferencie princípio como valor e como limite objetivo.

14. Por que o problema de se aplicar regras e princípios é utópico?

15. Que são antinomias? Quais critérios utilizados para solucioná-las? Explique-os.

16. Critique a seguinte afirmação: *"a solução de antinomias dá--se mediante a revogação de uma das normas conflitantes"*.

17. Em que consiste as fundamentações e justificações do fato e do direito encontradas em qualquer ato de aplicação?

Capítulo XIII
TEORIA DO FATO JURÍDICO

SUMÁRIO: 1. Evento, fato e fato jurídico; 2. Ambiguidade da expressão "fato jurídico"; 3. Intersubjetividade do fato jurídico; 4. Categorias da semiótica – objeto dinâmico e objeto imediato; 5. Fato jurídico e categorias da semiótica; 6. Teoria das provas e constituição do fato jurídico; 7. Teoria da legitimação pelo procedimento e a relação entre verdade e fato jurídico; 8. Tempo e local do fato x tempo e local no fato; 9. Erro de fato e erro de direito; 10. A falsa interdisciplinaridade do fato jurídico; 11. Fatos jurídicos lícitos e ilícitos.

1. EVENTO, FATO E FATO JURÍDICO

O direito se dinamiza por meio de fatos. Toda produção de efeitos no âmbito jurídico pressupõe a verificação (em linguagem competente) de um acontecimento, descrito como hipótese de uma norma geral e abstrata. Para relatar tal acontecimento, no entanto, é preciso conhecê-lo, o que, para nós, só é possível mediante linguagem. Percebemos os acontecimentos pela modificação de um estado físico que se esvai no tempo e no espaço. À tal modificação só temos acesso cognoscitivo pela linguagem que dela fala. Tem-se aqui a importância da diferenciação entre *evento*, *fato* e *fato jurídico* estabelecida por PAULO DE BARROS CARVALHO.

Chamamos de *evento* o acontecimento do mundo fenomênico despido de qualquer formação linguística. O *fato*, por sua vez, é o relato do evento. Constitui-se num enunciado denotativo de uma situação delimitada no tempo e no espaço. E por *fato jurídico* entende-se o relato do evento em linguagem jurídica. Enunciado, também denotativo de uma situação delimitada no tempo e no espaço, constituído em linguagem competente, que ocupa posição de antecedente de uma norma jurídica individual e concreta. A diferença entre *evento* e *fato* repousa no dado linguístico e, entre *fato* e *fato jurídico*, na competência da linguagem. *Evento* é uma situação de ordem natural, pertencente ao mundo da experiência, *fato* é a articulação linguística desta situação de ordem natural e *fato jurídico* é a sua articulação em linguagem jurídica.

Os acontecimentos do mundo fenomênico se perdem. Mal percebemos as modificações que se operam no plano da experiência e elas já fazem parte do passado. Não temos como aprisioná-las no tempo e no espaço e nem como repeti-las, pois cada ocorrência é única. O que podemos é falar sobre elas. Assim, distingue-se: o fato, enunciado linguístico sobre as coisas, os acontecimentos, as pessoas e suas manifestações; do evento, objeto da experiência sobre o qual se fala[436]. Observemos, por exemplo, o andar de uma pessoa: cada passo pode ser percebido separadamente, por meio dos sentidos humanos, quando tomados como objeto de experiência. Todos eles, no entanto, perdem-se no instante e lugar de execução da própria ação (andar). Mas, se, em algum momento, alguém diz: "Fulano deu um passo maior que o outro", temos um enunciado linguístico que se refere aos passos dados por alguém. Nota-se que, aos passos efetivamente dados, objeto da experiência (evento), não temos mais acesso, somente à linguagem que deles fala (fato).

Os fatos referem-se sempre a ocorrências passadas e é somente por meio desta referência que temos conhecimento

---

436. JURGEN HABERMANS, *Teoría de la acción comunicativa: complementos y estúdios prévios*, p. 117.

dos objetos da experiência a que eles se referem. Vejamos os exemplos: "Brasil foi descoberto por Pedro Álvares Cabral em 1500", "A seleção brasileira de futebol ganhou o campeonato mundial em 1970", "A economia estabilizou-se com o advento do plano real", "Maria casou-se com José", são todos fatos, enunciados linguísticos que se referem à situações de ordem fenomênica. O acontecimento "descoberta do Brasil", a ocorrência "final do campeonato mundial de futebol de 1970", a situação de "estabilização da economia no plano real" e "o casamento de Maria com José", são eventos que se perderam no passado. Conhecemos tais eventos, contudo, por meio dos enunciados que a eles se reportam. Nesse sentido, qualquer afirmação ou negação que se pretenda fazer será sempre dos enunciados linguísticos (fatos), não dos objetos a que eles se referem (eventos), sobre estes apenas se têm, ou não, experiência.

É somente por meio da linguagem que o homem é capaz de organizar uma situação existencial como realidade para constituí-la como objeto de seu conhecimento. Só conhecemos as modificações do plano experimental quando as organizamos linguisticamente. Assim, a compreensão de qualquer acontecimento requer articulação linguística, um recorte no contínuo heterogêneo do mundo circundante perceptível, capaz de identificar certa situação como objeto.

Seguindo a proposta de classificação dos objetos de HURSEL sintetizada por CARLOS COSSIO, os fatos se qualificam entre os objetos culturais, já os eventos, entre os objetos reais. Os eventos são experimentados por meio de nossos sentidos e os fatos são compreendidos mediante a interpretação.

Ensina TERCIO SAMPAIO FERRAZ JR. que: "o fato não é algo concreto, sensível, mas um elemento linguístico capaz de organizar uma situação existencial como realidade"[437]. Segundo a concepção do giro-linguístico, à qual nos filiamos, a realidade, tal qual se apresenta aos seres humanos, nada mais é do que um sistema de signos articulados num

---

437. *Introdução ao estudo do direito*, p. 253.

contexto existencial. É a linguagem que confere realidade aos objetos da experiência, de modo que as coisas, os acontecimentos, as pessoas e suas manifestações só existem para o homem quando constituídas linguisticamente. Nestes termos, podemos dizer que, o evento se constitui como realidade somente por meio dos fatos.

Compreendemos a realidade dividindo-a em sistemas, ou seja, agrupando unidades proposicionais em torno de vetores comuns. Os sistemas nada mais são do que cortes realizados no campo da experiência por meio de um código próprio, que atribui identidade a um conjunto de elementos, por isso, a afirmação segundo a qual todos os sistemas são proposicionais. Cada sistema é formado por uma linguagem que é só sua e que lhe confere fechamento sintático com relação aos demais. É por meio desta linguagem própria que são constituídas as realidades do sistema. Ela funciona como um filtro seletor, determinando aquilo que nele existe ou não. Portanto, para que um fato ingresse num sistema, este deve estar vertido na linguagem deste sistema, isto porque, somente o relato na forma linguística própria constitui o fato como realidade de determinado sistema.

Um fato é social quando relatado na linguagem própria do sistema social, é político, se constituído em linguagem política, é econômico quando traduzido na forma linguística do sistema econômico e é jurídico somente se enunciado na linguagem jurídica. Vale transcrever aqui a pontual explicação de **FABIANA DEL PADRE TOMÉ**: "qualquer que seja o sistema que se examine, nele ingressam apenas os enunciados compostos pela forma linguística própria daquele sistema. Relatado o acontecimento em linguagem social, teremos o fato social; este, vertido em linguagem jurídica, dará nascimento ao fato jurídico. Os fatos da realidade social, enquanto não constituídos mediante linguagem jurídica própria, qualificam-se como eventos em relação ao mundo do direito. O mesmo se dá com o fato político, econômico, biológico, histórico, etc.: quaisquer desses, enquanto não constituídos em linguagem jurídica permanecem fora do campo de abrangência do direito positivo"[438].

Diz-se que um fato é jurídico quando produz efeitos na ordem jurídica. "Produzir efeitos na ordem jurídica" significa realizar alguma alteração no sistema do direito positivo. Se partirmos da premissa de que todos os sistemas são proposicionais e o que os diferencia é a linguagem própria de cada um, qualquer fato, enquanto enunciado linguístico, só será capaz de alterar um sistema se dele fizer parte, ou seja, se nele for inserido por meio de sua tradução no código próprio daquele sistema. Para produzir efeitos de ordem jurídica um fato tem que se configurar como uma realidade do sistema jurídico, o que só ocorre com o relato na forma linguística própria daquele sistema.

Cada sistema delimita sua própria realidade, elegendo o modo pelo qual seus enunciados linguísticos serão constituídos. Não é qualquer linguagem habilitada a produzir efeitos jurídicos, somente o código próprio daquele sistema é capaz de modificá-lo, constituindo-lhe novas realidades. Assim, enquanto não traduzido em linguagem jurídica, o fato pode existir socialmente, politicamente, historicamente, economicamente, religiosamente, mas não se configura como uma realidade jurídica, porque não integrante do sistema do direito positivo e, portanto, não é capaz de nele produzir qualquer efeito.

Não se pode esquecer que é a linguagem do direito, e somente ela, que constitui a realidade jurídica. A incidência normativa (como já vimos) não se dá com a mera ocorrência do evento, sem que este adquira expressão em linguagem competente. Qualquer situação social, ainda que se subsuma ao conceito da uma hipótese normativa, se não vier a encontrar a forma linguística própria do direito, não será considerada como fato jurídico, pois incapaz de propagar direitos e deveres correlatos. Neste sentido, a linguagem do direito não apenas noticia a ocorrência de um evento em conformidade

---

438. *A prova no direito tributário*, p. 33.

com uma hipótese normativa, mas constitui o fato para o mundo jurídico, o introduz no sistema fazendo-o desencadear os efeitos que lhe são próprios. Antes dela, o fato não existe na ordem jurídica.

A diferença entre um fato qualquer e o fato jurídico está pautada na linguagem que o constitui. O fato jurídico é aquele traduzido no código do direito positivo, selecionado pelos parâmetros de filtragem do sistema e, por isso, capaz de desencadear efeitos de ordem jurídica. Todo fato jurídico é, antes de ser jurídico, um fato, pois constitui-se como um enunciado linguístico sobre uma situação existencial, mas nem todo fato é jurídico, somente aquele vertido na linguagem competente do direito positivo, capaz de promover os efeitos prescritos pelo sistema.

Resumidamente: o evento é um acontecimento de ordem experimental; o fato é um enunciado linguístico sobre uma situação passada, verificada em certas coordenadas de tempo e espaço, é a descrição do evento; e o fato jurídico é o relato do evento em linguagem jurídica, um enunciado linguístico pertencente ao sistema do direito posto, capaz de nele produzir efeitos.

2. AMBIGUIDADE DA EXPRESSÃO "FATO JURÍDICO"

A expressão "fato jurídico", como tantas outras, padece do problema da ambiguidade inerente aos signos. Se observarmos seu uso, tanto na doutrina, como na legislação e na jurisprudência, verificamos seu emprego, de forma reiterada, para designar, pelo menos, três realidades distintas: (i) a descrição hipotética presente nos textos jurídicos; (ii) a verificação concreta do acontecimento a que se refere tal hipótese; e (iii) o relato em linguagem jurídica de tal ocorrência.

A fim de evitar confusões que o uso de expressões ambíguas desencadeia, mesmo porque o discurso científico não as admite, a menos que devidamente elucidadas, utilizamos a expressão "fato jurídico" na terceira acepção, como o "relato em linguagem competente, de um acontecimento passado, capaz de produzir efeitos na ordem do direito". Para designar a descrição hipotética presente nos textos do direito positivo, enunciados conotativos que ocupam a posição sintática de antecedente de normas abstratas, preferimos a terminologia "hipótese de incidência". E, para indicar a ocorrência do acontecimento descrito na hipótese, utilizamos o termo "evento".

Trabalhando com a terceira acepção, ressalvamos ainda, o uso da expressão "fato jurídico" em *sentido amplo* e *em sentido estrito*, diferenciada por FABIANA DEL PADRE TOMÉ[439]. Caracteriza-se o fato jurídico *em sentido estrito*, como um enunciado denotativo que ocupa posição sintática de antecedente de normas concretas, que se refere a uma ocorrência passada, verificada nos moldes de uma hipótese normativa (ex: a paternidade constituída numa "sentença declaratória", o homicídio relatado numa "sentença penal condenatória"; o "ser proprietário de bem imóvel" informado na guia de constituição do IPTU, etc.). Já o fato em *sentido amplo* é qualquer enunciado jurídico que relate a ocorrência de um evento e que produza efeitos na ordem jurídica, mas não necessariamente instituindo direito e deveres correlatos individualizados (ex: as provas, os fatos alegados em petição inicial ou contestação). A diferença resulta na circunstância de que o fato jurídico em *sentido estrito* é mais que o relato em linguagem competente de um acontecimento passado capaz de produzir efeitos na ordem jurídica, ele é tomado como antecedente de uma norma jurídica concreta, cujo consequente institui uma relação jurídica (individualizada) entre dois ou mais sujeitos.

Interessa-nos, aqui, o fato jurídico em sentido estrito.

Dedicamos o item anterior à distinção entre evento, fato e fato jurídico, resta-nos, agora, analisar as diferenças que separam e as propriedades que aproximam o fato jurídico (em sentido estrito) da hipótese de incidência.

---

439. *A prova no direito tributário*, p. 71.

Os enunciados da hipótese de incidência, como explica **PAULO DE BARROS CARVALHO**, projetam-se para o futuro selecionando marcas, aspectos, pontos de vista, linhas, traços, caracteres, que não se referem a um acontecimento isolado, mas que se prestam a um número indeterminado de situações[440]. Têm caráter conotativo, na medida em que apontam para um número finito, mas não determinado de eventos e se encontram sintaticamente posicionados como proposição-antecedente de normas abstratas.

No enunciado da hipótese (antecedente de normas abstratas), ainda não temos o fato jurídico, apenas critérios para identificá-lo. Somente com o enunciado antecedente da norma individual e concreta, produzido na finalização do processo de aplicação, é que o fato jurídico aparece na sua integridade constitutiva. Por isso, não é correto dizer que o fato jurídico está contido na hipótese de incidência. Esta contém apenas a indicação de uma classe, com as notas que um acontecimento precisa ter para ser considerado fato jurídico. É somente com a norma individual e concreta, veiculada pelo ato de aplicação, que o fato jurídico é constituído, antes dela, ele não existe.

Tanto a hipótese de incidência quanto o fato jurídico são enunciados linguísticos, pertencentes ao direito positivo, que se referem a acontecimentos do mundo social e que ocupam posição sintática de antecedente normativo, aquele de norma abstrata e este de norma concreta. A diferença entre os enunciados está precisamente no grau de determinação. Na hipótese encontramos notas identificadoras de uma ação e seus condicionantes de tempo e espaço. No fato jurídico deparamo-nos com uma ação concreta verificada num ponto do tempo e num lugar do espaço.

No enunciado do fato jurídico, o conceito da hipótese é apurado com extrema determinação, de tal modo que a classe prevista transforma-se num conjunto de um único objeto,

---

440. *Direito tributário: fundamentos jurídicos da incidência*, p. 88.

devidamente caracterizado. Não temos mais critérios e sim elementos: (i) um elemento material, que se refere a uma ação concreta realizada no passado (ex. João bateu no veículo de José); (ii) um elemento espacial, que aponta para uma localidade determinada (ex. na rua z, número y, no Município q); e (iii) um elemento temporal que assinala um ponto preciso na linha cronológica do tempo (ex. às 16 horas e 25 minutos e 30 segundos, do dia 23 de maio de 1998).

Quem se depara com o fato jurídico, logo percebe que suas referências voltam-se para o passado, o que implica destacar seu caráter declaratório com relação ao evento. Diferente da hipótese que se projeta para o futuro desenhando a conotação do evento. Cronologicamente, temos primeiro o enunciado da hipótese, depois a concretude do evento e, por fim, a constituição do fato jurídico, como bem demonstra a ilustração abaixo:

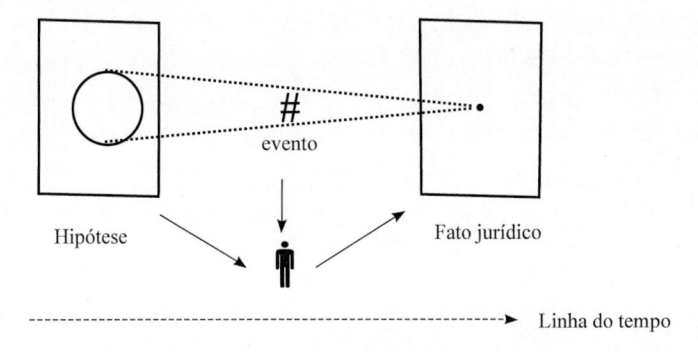

A passagem da norma abstrata para a norma concreta, processo mediante o qual se dá a incidência daquela norma, consiste, nos dizeres de PAULO DE BARROS CARVALHO, "exatamente, nessa redução à unidade: de classes com notas que se aplicariam a infinitos indivíduos, nos critérios da hipótese, chegamos a classes com notas que correspondem a um e somente um elemento"[441].

---

441. *Direito tributário: fundamentos jurídicos da incidência*, p. 121.

Enquanto a prescrição do procedimento e da autoridade competente para realizar o processo de positivação, atuam como limites sintáticos na constituição dos fatos jurídicos, a hipótese opera como limite semântico, demarcando a extensão conceitual do fato jurídico. O enunciado factual há de ser produzido mediante a denotação dos critérios da hipótese, nos limites conotativos por ela estabelecidos.

Neste sentido, podemos definir o conceito de fato jurídico como o enunciado, produzido com base nos critérios da hipótese de incidência normativa, capaz de produzir efeitos na ordem jurídica. Segundo a concepção que adotamos neste trabalho, só existe fato jurídico (em sentido estrito) onde houver norma jurídica concreta, antes disso, o que há são eventos e antes destes, somente hipóteses normativas e nenhum deste é capaz de sozinhos, implicar direitos e deveres individuais e correlatos.

Seguindo esta linha de raciocínio, PAULO DE BARROS CARVALHO fixa o conceito de fato jurídico como sendo um enunciado factual protocolar, denotativo, posto na posição sintática de antecedente de uma norma individual e concreta. "Enunciado", porque se trata de uma formulação linguística; "factual", por se referir a um acontecimento concreto (passado); "protocolar", porque marca a existência jurídica de uma situação; "denotativo", por representar um elemento da classe da hipótese; e "posto na posição sintática de antecedente de uma norma individual e concreta", para enfatizar a necessidade de sua constituição em linguagem jurídica e porque, só assim é capaz de propagar os efeitos jurídicos prescritos em seu consequente.

3. INTERSUBJETIVIDADE DO FATO JURÍDICO

Todo fato jurídico é antes um fato social, pois o sistema jurídico se caracteriza como um subsistema do sistema social. A linguagem jurídica incide sobre a linguagem da realidade social, de tal sorte que a projeção semântica do direito abrange somente relações intersubjetivas, excluídas as manifestações meramente subjetivas. Projetando-se as normas jurídicas sobre o espaço social, qualquer situação que escape a este domínio não pode ser levada em conta como dado jurídico. Por isso, a inevitável intersubjetividade do fato jurídico.

A linguagem da facticidade jurídica constitui-se como uma metalinguagem com relação à linguagem da facticidade social e, por isso, não se confundem. Os fatos sociais são enunciados produzidos na forma linguística utilizada em nosso cotidiano, já os fatos jurídicos são enunciados sobre os fatos sociais, que se enquadram na delimitação de hipóteses normativas, relatados na linguagem competente do direito positivo. Segundo as lições de PAULO DE BARROS CARVALHO, "há uma linguagem, que denominamos de social, constituidora da realidade que nos cerca. Sobre essa camada, a 'linguagem do direito positivo', como discurso prescritivo de condutas, vai suscitar aquele plano que tratamos como sendo da 'facticidade jurídica': fatos jurídicos não são simplesmente os fatos do mundo social, constituídos pela linguagem da qual nos servimos no dia a dia. Antes, são enunciados proferidos na linguagem competente do direito positivo, articulados com a teoria das provas"[442].

O gráfico ilustra tal ideia:

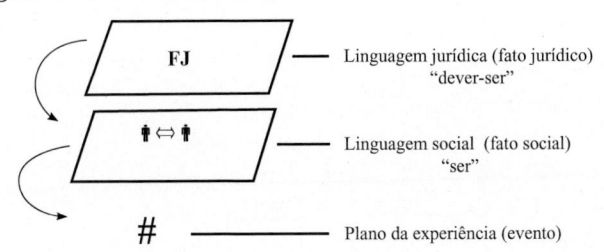

```
        ┌─────────────┐
        │     FJ      │────── Linguagem jurídica (fato jurídico)
        └─────────────┘              "dever-ser"
        ┌─────────────┐
        │   ♦ ⇔ ♦    │────── Linguagem social (fato social)
        └─────────────┘                 "ser"

             #        ────── Plano da experiência (evento)
```

Explicando: temos os eventos (#), como mutações que se dão no plano da experiência. Sobre os eventos se reporta a linguagem social (representada pelo retângulo do meio). E

---

442. *Direito tributário: fundamentos jurídicos da incidência*, p. 89.

sobre esta, a linguagem jurídica incidente sobre o campo material das condutas intersubjetivas (representada pelo retângulo de cima – FJ).

A linguagem jurídica é um recorte da linguagem social e, sendo assim, o fato jurídico não é outra coisa senão um recorte jurídico sobre o fato social feito nos moldes da hipótese normativa. Relatados os eventos na linguagem natural que utilizamos nas nossas comunicações corriqueiras, temos os fatos sociais; estes, traduzidos em linguagem jurídica, dão nascimento aos fatos jurídicos. Para o direito (plano do "dever-ser"), no entanto, os fatos sociais (pertencentes ao plano do "ser"), enquanto não vertidos em linguagem competente, são qualificados como meros eventos, pois não têm o condão de desencadear qualquer efeito de ordem jurídica.

Para ilustrar tais afirmações PAULO DE BARROS CARVALHO fornece-nos o esclarecedor exemplo do nascimento de uma criança, que transcrevemos a seguir: "Nasce uma criança. Isto é um evento. Os pais contam aos vizinhos, relatam os pormenores aos amigos e escrevem aos parentes de fora para dar-lhes notícia. Aquele evento, por força dessas manifestações de linguagem, adquire também proporções de um fato, num de seus aspectos, fato social. Mas não houve o fato jurídico correspondente. A ordem jurídica, ao menos até agora, não registrou o aparecimento de uma nova pessoa, centro de imputação de direitos e deveres. A constituição jurídica desse fato vai ocorrer quando os pais ou responsáveis comparecerem ao cartório de registro civil e prestarem declarações. O oficial do cartório expedirá uma norma jurídica em que o antecedente é o fato jurídico do nascimento e o consequente é a prescrição de relações jurídicas em que o recém-nascido aparece como titular dos direitos subjetivos fundamentais (ao nome, à integridade física, à liberdade, etc.), oponíveis a todos os demais da sociedade"[443]. Nota-se que o fato social do nascimento da criança só se torna relevante juridicamente quando

---
443. *Direito tributário: fundamentos jurídicos da incidência*, p. 89-90.

traduzido em linguagem competente. E é assim com qualquer fato. Para desencadear direitos subjetivos e deveres jurídicos correlatos os fatos da realidade social devem revestir-se da linguagem jurídica, pois o direito não se satisfaz com a linguagem ordinária, que utilizamos no nosso dia a dia, requer uma forma especial, por ele próprio prescrita.

Repetimos aqui o desafio lançado pelo ilustre professor de que: se presente um único fato, capaz de propagar efeitos na ordem jurídica, que não se encontre traduzido na linguagem do direito, para abandonarmos de vez esta teoria. Há mais de dez anos o desafio foi proposto e até hoje não há notícias de qualquer acontecimento que, desprovido de linguagem jurídica, tenha estabelecido direitos e deveres correlatos. Qualquer ocorrência que pretenda ingressar no mundo dos fatos jurídicos precisa revestir-se da linguagem própria que o direito impõe.

O direito utiliza-se semântica e pragmaticamente da linguagem social, para delimitar as classes da hipótese e do consequente e definir o conteúdo do fato jurídico, mas sintaticamente o sistema é fechado. Ele se comunica com seu ambiente, que se constitui pelos demais sistemas sociais (político, econômico, histórico, etc.), mas de forma exclusivamente cognoscitiva, assimilando, de acordo com seus próprios critérios, os dados que lhe são externos. Estes critérios se materializam naquilo que chamamos de linguagem competente. Assim, os fatos do ambiente só são capazes de influenciar operativamente o sistema jurídico se revestidos na metalinguagem da facticidade jurídica, quando então, passam a pertencer-lhe, caso contrário, continuam atuando apenas de forma cognoscitiva.

A linguagem da realidade social não se repete na linguagem da facticidade jurídica. Esta reflete um recorte daquela, delimitada pela extensão da hipótese normativa. Neste sentido, reforçamos ser a linguagem jurídica uma metalinguagem em relação à linguagem da realidade social. A hipótese reflete um recorte conotativo sobre esta realidade, enquanto o fato jurídico, um recorte denotativo.

Como já frizamos em diversas passagens deste trabalho, toda linguagem é redutora do mundo sobre o qual incide. A metalinguagem da facticidade jurídica é redutora da linguagem dos fatos sociais que, por sua vez, é redutora da linguagem da experiência. Um fato jurídico é um fato social, juridicizado pela linguagem do direito. Por isso, a afirmação segundo a qual a sobrelinguagem do direito positivo vem separar, no mundo do real-social, o setor juridicizado do não-juridicizado, destacando os fatos capazes de desencadear efeitos jurídicos dos meros acontecimentos sociais.

Por ser um recorte da realidade social o fato jurídico será sempre intersubjetivo. Não há um fato, no direito, que não seja relacional. Um fruto que cai no meio da floresta Amazônica, por exemplo, não tem qualquer relevância jurídica, agora, se o mesmo fruto cai no terreno do vizinho, o direito já se interessa, pois o acontecimento envolve pessoas. Isto se justifica porque o sistema jurídico tem como objeto o sistema social, e por isso, o que não é social está fora do seu âmbito de incidência.

O direito não se interessa por fatos físicos ou meramente naturais (entendidos aqui como aqueles que não enredados por pessoas) como o desmoronamento de um barranco, o nascimento de um animal, a morte de um pássaro, o apodrecimento de uma árvore, a enchente de um rio, a descarga elétrica de um raio, etc. Os acontecimentos relevantes juridicamente são os que envolvem sujeitos, ou seja, aqueles que encontram reflexo na ordem social. Isto porque, o sistema, para ter operatividade, pressupõe referibilidade objetiva.

Uma tormenta em alto-mar, como bem explica LOURIVAL VILANOVA, que não atinja coisa (um navio) ou pessoa, é um fato natural juridicamente irrelevante, porque nenhuma relação mediata ou imediata tem com condutas humanas e, por isso, nenhuma consequência jurídica traz. Mas se atinge um navio, com carga e pessoas, e o fato foi tido, em contrato de seguro, como sinistro, como evento futuro e incerto, a mesma tormenta reveste-se da qualidade de fato jurídico, trazendo consequências, como a indenização de vidas e cargas pelo segurador em favor do segurado[444]. Ainda que não existisse o contrato de seguro, o fato seria relevante juridicamente para a incidência de outras normas, porque envolve pessoas e o direito regula a relação entre pessoas.

Em suma, o que queremos ressaltar, neste tópico é a necessidade da intersubjetividade do fato jurídico. O mero evento natural não tem importância para o mundo do direito, pois um fato, para desencadear efeitos jurídicos tem que envolver sujeitos e, portanto, ter um mínimo relacional. É observando isso, que PAULO DE BARROS CARVALHO, ao definir os componentes do critério material da regra-matriz de incidência (esquema lógico-semântico que facilita a compreensão do sentido dos textos legislados), sublinha a necessidade da existência de um verbo pessoal conjugado sempre no infinitivo, ressaltando a indispensabilidade de alguém que realize ou sofra a ação por ele representada.

4. CATEGORIAS DA SEMIÓTICA – OBJETO DINÂMICO E OBJETO IMEDIATO

Fixamos, linhas acima, o posicionamento de que o fato é um enunciado linguístico e o evento, um acontecimento físico. Esta distinção implica a afirmação segundo a qual os eventos são percebidos por nós, mediante a experiência com a alteração do mundo circundante, já os fatos são conhecidos mediante a interpretação dos signos que o compõem. O conhecimento do fato se dá por meio da interpretação, com a construção das significações dos signos que compõem seu suporte físico, já que um enunciado nada mais é do que o conjunto estruturado de signos numa sequência frásica.

Analisando o fenômeno da construção das significações dos signos, a Semiótica peirceniana trabalha com a distinção entre dois tipos de objetos: (i) imediato; e (ii) dinâmico (real

---

444. *Causalidade e relação no direito*, p. 135.

ou mediato). Imediato é o objeto representado *no* signo (que pode assumir a forma de símbolo, ícone ou índice) e dinâmico é o objeto representado *pelo* signo. O primeiro está dentro do signo e faz referência ao segundo que se encontra do lado de fora e o determina. Imaginemos, por exemplo, a foto de uma pessoa (ícone), o objeto imediato é a imagem nela contida e o objeto dinâmico é a pessoa a que ela se refere. No caso de uma palavra ou frase (símbolo), o objeto imediato é aquele compreendido na forma de significação, por meio da interpretação dos signos, enquanto o objeto dinâmico é aquilo a que a palavra ou o enunciado se refere.

No gráfico abaixo podemos perceber melhor tal distinção.

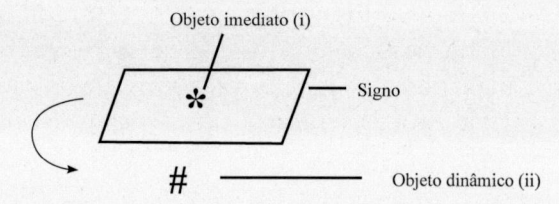

[Diagrama: um paralelogramo contendo "*" (Objeto imediato (i)) e rotulado como Signo; uma seta aponta para "#" (Objeto dinâmico (ii)) fora do paralelogramo]

Explicando: temos: (i) o objeto imediato, dentro do signo (constituído como significação mediante a interpretação do suporte físico – *); e (ii) o objeto dinâmico, fora do signo, mas condicionante deste na medida em que o objeto imediato a ele faz referência (#).

Por ser o objeto imediato inerente ao signo, aquele só existe dentro deste, isto significa que pertence ao universo linguístico e só tem existência dentro deste universo. Já o objeto dinâmico é autônomo, existe independentemente do signo e pode ser real ou imaginário. Considerando que o conhecimento só existe por meio da linguagem, não conhecemos o objeto dinâmico, a não ser por intermédio do signo. Neste sentido, explica LÚCIA SANTAELLA: "a noção de objeto imediato é introduzida por PEIRCE para demonstrar a impossibilidade de acesso ao objeto dinâmico do signo. O objeto dinâmico é inevitavelmente mediado pelo objeto imediato, que já é sempre de natureza sígnica"⁴⁴⁵. Conhecemos o objeto imediato, aquele que se encontra dentro do signo e, por meio dele, temos acesso a aspectos do objeto dinâmico, mas este, na sua inteireza, nunca conseguimos captar.

O objeto dinâmico difere-se do objeto imediato por transcendê-lo. Nenhum signo é capaz de expressar inteiramente o objeto que representa, podendo só indicá-lo, pois como ensina CLARICE VON OERTZEN DE ARAUJO, "toda codificação é uma representação parcial do universo codificado"[446].

Tomemos o exemplo da fotografia utilizado acima (objeto imediato), por mais que a imagem seja perfeita, ela não é capaz de repetir a pessoa (objeto dinâmico), apenas nos possibilita conhecer alguns de seus aspectos físicos, talvez emocionais ou comportamentais. Tudo mais que se queira saber sobre a pessoa, só outros objetos imediatos, presentes em outros signos, poderão comunicar. Isto porque, nenhum objeto dinâmico cabe dentro de um só signo, nem de todos que a ele se referem (conjuntamente considerados). Como a riqueza de seus detalhes é infinita os objetos imediatos, por mais precisos que sejam, apenas conseguem captar alguns dos aspectos do objeto dinâmico. Haverá sempre alguma peculiaridade que ficará para outros signos apresentarem.

Nestes termos, afirma PAULO DE BARROS CARVALHO que "o objeto dinâmico é intangível: sempre haverá aspectos sobre os quais um signo poderá ocupar-se, de tal modo que, por mais que se fale e se escreva a respeito de um simples objeto que está a nossa frente, nunca esgotaremos essa possibilidade"[447].

Sobre o mesmo objeto (dinâmico) podem existir infinitos signos (objetos imediatos) e sempre haverá a possibilidade de

---

445. *A teoria geral dos signos – semiose e autogeração*, p. 40 (São Paulo, Pioneira, 2000).

446. Fato e evento tributário – uma análise semiótica, in *Curso de especialização em direito tributário: estudos analíticos em homenagem a Paulo de Barros Carvalho*, p. 339.

447. *Direito tributário, fundamentos jurídicos da incidência*, p. 92.

existir mais um. Neste sentido, a relação que se estabelece entre objeto imediato e objeto dinâmico é denominada de assintótica, pois eles nunca se encontram e nunca coincidem. Isto se justifica porque a linguagem não toca a realidade e o objeto imediato, por ser inerente ao signo, pertence ao universo linguístico e não se confunde com o mundo que representa (real ou imaginário). A experiência não tem fim. Por mais que se aprofunde sobre determinada matéria (objeto dinâmico), mais e mais fica-se por conhecer, o que é muito bem representado na curva assintótica de CHARLES SANDERS PEIRCE, onde a linha dos signos se prolonga até o infinito sem encontrar com os eixos das abscissas (horizontal) e das ordenadas (vertical), onde se localizam as coordenadas dos objetos.

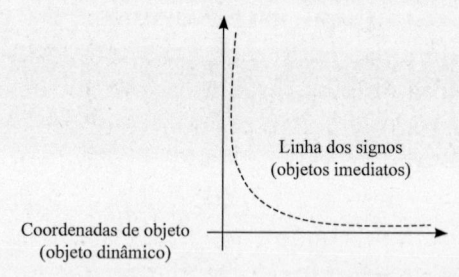

Toda representação é limitada. O signo (objeto imediato) não copia o objeto (dinâmico), apenas o representa, ou seja, diz algo sobre ele. A busca por outras informações sobre o objeto (dinâmico), além das apresentadas no signo (objeto indireto), é denominada de "experiência colateral". A experiência colateral diz respeito ao que está fora do signo, mas que pretende ser alcançado pelo intérprete no intuito de obter uma representação mais satisfatória do objeto. Toda ela se baseia em outros objetos imediatos, formando aquilo que a Semiótica designa de semiose, uma continuidade infinita de signos desenrolando-se em outros signos[448]. No caso da foto-

---

[448]. Um signo sempre remete a outro signo, numa interminável sucessão devido à incompletude sígnica, que o impossibilita de atingir seu objeto dinâmico. Tal incompletude decorre do fato de que a significação também se apresenta como signo, que exteriorizada dá origem a outro signo e assim sucessivamente. A tal sucessão se dá o nome de semiose.

grafia (acima citado), por exemplo, mais informações sobre a pessoa (objeto dinâmico), podem ser obtidas através de uma carta por ela escrita, mediante uma conversa, pela análise de suas roupas, de seus gestos, suas atitudes, pela leitura de exames médicos, por meio de imagens de vídeo, etc. Todos estes outros signos compõem a experiência colateral da imagem contida na fotografia, e isoladamente constituem-se como objetos imediatos representativos da pessoa.

Em suma, o objeto dinâmico se resume naquilo que o signo não explica, mas indica, deixando o intérprete conhecê-lo por meio da experiência colateral. Mas em que medida o objeto que está fora participa do processo sígmico? Respondendo tal questão, LÚCIA SANTAELLA esclarece: "De acordo com PEIRCE, o fato do objeto dinâmico ser mediado pelo objeto imediato não o leva a perder o poder de exercer uma influência sobre o signo, uma vez que o signo só funciona como tal porque é determinado pelo objeto dinâmico"[449]. Todo objeto imediato é outro objeto em relação ao objeto dinâmico (isto pode ser identificado no gráfico acima, quando utilizamo-nos de símbolos diferentes para representar o objeto imediato "*" – que se encontra dentro do signo e o objeto dinâmico "#" – que está fora); ambos têm identidade própria. Mas apesar dos signos serem autônomos, devido a sua natureza, eles só existem em razão dos objetos a que aludem, porque precisam de algo para se referir.

5. FATO JURÍDICO E CATEGORIAS DA SEMIÓTICA

A separação entre objeto imediato e dinâmico instituída pela Semiótica peirceniana é muito útil na compreensão do fato jurídico e seu distanciamento do evento. Em primeiro lugar, devemos ter em conta que o direito é um conjunto de signos sintaticamente autônomo do sistema de signos que compõem a realidade social. Como ressalta EURICO MARCOS

---

[449]. *A teoria geral dos signos – semiose e autogeração*, p. 46.

DINIZ DE SANTI, "assim como a representação semiótica na curva de CHARLES SANDERS PEIRCE, o direito não toca a realidade, que lhe é intangível, o direito só produz novo direito, altera a realidade sem com ela se confundir, construindo suas próprias realidades"[450].

O fato jurídico é uma realidade exclusivamente jurídica, não pertence ao plano social, econômico, político, moral, religioso, apenas ao mundo jurídico, mas se refere à realidade social, que se encontra fora da realidade do direito. Não há conjugação, uma coisa são os fatos que estão fora do direito, mas influenciam a construção dos fatos que estão dentro (jurídicos), outra coisa são os fatos que estão dentro, mas se referem aos fatos de fora (sociais). Aplicando aqui as categorias de Semiótica, temos os fatos do direito como objetos imediatos e os fatos sociais como objetos dinâmicos.

O gráfico a seguir, explica melhor o que queremos dizer:

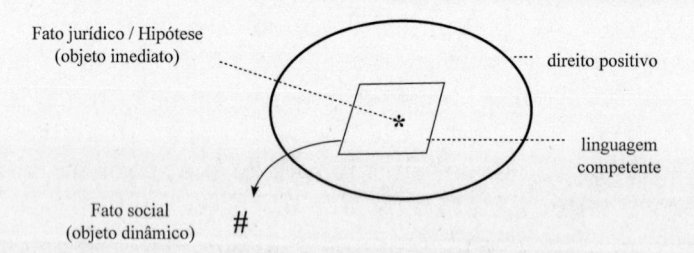

Em termos gerais, toda a linguagem do direito, por ser de sobrenível em relação à linguagem social, constitui-se como objeto imediato daquela, que se configura como objeto dinâmico. Especificamente, toda vez que o legislador seleciona aspectos do fato social, que pretende utilizar na articulação prescritiva como hipótese de incidência de normas jurídicas, constrói uma realidade jurídica (objeto imediato) cujo objeto dinâmico é o fato social. Da mesma forma, quando o aplicador elabora o enunciado protocolar da norma individual e concreta, relatando um acontecimento social verificado nos moldes

---

450. *Decadência e prescrição no direito tributário*, p. 53-54.

da hipótese de incidência, constrói outra realidade, a do fato jurídico (objeto imediato), cujo objeto dinâmico é também o fato social. O modelo da norma geral, ensina PAULO DE BARROS CARVALHO, "ou o próprio fato, na sua estrutura enunciativa, contido na norma individual e concreta, aparecem como objeto imediato e o fato social, de que foi segmentado o fato jurídico, é o objeto dinâmico. Neste sentido, o fato jurídico é apenas um ponto de vista sobre o fato social"[451], ressaltamos: um ponto de vista jurídico.

Como já observamos, o objeto imediato capta apenas alguns aspectos do objeto dinâmico, não tendo o condão de repeti-lo. Transpondo esta colocação para o direito positivo, temos que a linguagem jurídica é redutora da linguagem social que lhe serve como objeto. Como explica PAULO DE BARROS CARVALHO: "uma metalinguagem é sempre redutora da linguagem-objeto de que se ocupa. E isso significa, em outros termos, que a linguagem do direito positivo reduz as complexidades da linguagem social que lhe serve de objeto"[452]. E ao reduzir as complexidades sempre deixa escapar algo.

Aplicando-se tais colocações ao estudo do fato e do evento temos que, tanto o recorte hipotético, como o fato jurídico, jamais representarão o evento em sua integridade. Ao definir a classe da hipótese normativa, de acontecimentos capazes de ensejar efeitos no mundo jurídico, o legislador, por mais que tente, não consegue elaborar uma descrição tão precisa, vendo-se na necessidade de promover forte diminuição na multiplicidade social, descartando uma variedade de aspectos dos fatos que julga irrelevante. Da mesma forma, o aplicador, ao constituir o fato jurídico, descarta uma infinidade de porções do evento, que não interessam ao direito, por não terem sido eleitas na composição da hipótese normativa, ou porque não as consegue reproduzir mediante os meios prescritos pelo sistema. A estes cortes, promovidos pelo legislador (quando da

---

451. *Direito tributário, fundamentos jurídicos da incidência*, p. 93.

452. *Idem*, p. 94.

delimitação da hipótese normativa) ou pelo aplicador (quando da constituição do fato jurídico), atribui-se o nome de isolamento temático.

Nunca o fato jurídico captura a inteireza do evento. Este, enquanto ocorrência do mundo fenomênico percebido pela experiência, sofre, primeiramente, o recorte da linguagem social que lhe toma como objeto e ao isolá-lo, deixa escapar vários aspectos de sua natureza. Sobre o recorte da realidade social incide uma nova incisão feita pela linguagem que constitui o fato jurídico e, ao reduzir as complexidades do fato social, deixa escapar ainda mais aspectos do evento. Nesta cronologia, o fato jurídico é um ponto de vista sobre outros pontos de vista do evento, representando, apenas, uma parcela desta realidade.

Como diante do fato jurídico não dispomos de todas as informações sobre o evento, para colhermos outras notícias a respeito do fato social que ensejou sua produção, socorremo-nos da experiência colateral. Esta pode ser: (i) jurídica ou (ii) extrajurídica. Dá-se a primeira quando o aplicador ou o intérprete deixa de lado, por alguns instantes, o enunciado protocolar do fato jurídico e sai em busca de outras proposições também jurídicas para melhor compreendê-lo ou até mesmo para impugná-lo. É o que acontece, por exemplo, com o juiz que solicita uma prova pericial não satisfeito apenas com a documental, presente nos autos, ou então, com a parte insatisfeita numa sentença, que tenta (em sede de recurso) constituir novo fato jurídico, por meio da inquisição de provas constantes nos autos, mas não levadas em conta pelo juiz, quando da expedição da sentença. Já a segunda (experiência colateral extrajurídica) verifica-se quando o aplicador, ou o intérprete, buscando uma melhor compreensão do fato jurídico, sai à procura de enunciados não pertencentes ao sistema que o complementem. É o que ocorre, por exemplo, com o delegado que, tocado com a brutalidade de um crime, vai até o local e conversa informalmente com as pessoas da redondeza, ou então com o comprador que, para se assegurar das condições oferecidas pelo vendedor, procura informações sobre sua índole comercial.

Tal separação vale também em termos genéricos, para todo campo do direito. A experiência colateral, para o intérprete, será a procura de qualquer outro signo que lhe traga mais informações sobre o objeto dinâmico. Sempre que o jurista, diante de alguns enunciados prescritivos (objeto imediato), busca outras proposições dentro do próprio direito, para colher mais aspectos de seus objetos dinâmicos, e assim, melhor compreendê-los, estamos diante de uma experiência colateral jurídica. Quando, porém, abandona os textos do direito positivo, indo ao encontro de outros enunciados (econômicos, políticos, históricos, etc.), sai da esfera do jurídico, realizando uma experiência colateral de caráter extrajurídico.

Importante destacar também, a autonomia do fato jurídico em relação ao evento. O objeto imediato, apesar de referente ao objeto dinâmico, é autônomo em relação a ele. Isto se aplica à linguagem jurídica como um todo. O direito cria suas próprias realidades, independentemente da realidade social, embora seja, a ela, sempre referente. Nestes termos, o fato jurídico constitui-se como uma realidade do sistema jurídico, independente do fato social, apesar de, a ele, ser sempre referente. Tal afirmação leva à conclusão de que o fato jurídico não necessariamente haverá de espelhar o evento por ele descrito. Como bem ressalta FABIANA DEL PADRE TOMÉ, "conquanto a linguagem fale em nome de um evento, dado a sua autossuficiência, é possível que mesmo não tendo ocorrido certo acontecimento, este venha a ser reconhecido pela linguagem"[453]. O fato jurídico é aquele constituído por uma linguagem competente, produzida de acordo com os critérios estabelecidos pelo sistema do direito positivo. Se tais critérios oferecem, ao aplicador, informações não condizentes com o evento, o fato jurídico, com base nelas constituído, não o representará, embora a ele se refira.

---

453. *A prova no direito tributário*, p. 20.

Seguindo as lições de VILÉM FLUSSER, pode-se dizer que o fato jurídico é a tradução do fato social em linguagem jurídica. Lembramos que, segundo o autor, entre uma tradução e outra há o abismo do nada. Durante o processo de tradução o intelecto se aniquila provisoriamente ao deixar o território da língua original para condensar-se de novo ao alcançar a língua da tradução. Neste sentido, a tradução perfeita é impossível. Ela somente pode ser feita mediante aproximação, que é possível porque cada sistema dispõe de regras que governam a criação de suas unidades. Assim, um enunciado é verdadeiro em relação a outro enunciado, quando obedece essas regras e falso quando não obedece.

Tais assertivas se aplicam perfeitamente ao estudo do fato jurídico. A linguagem que o constitui cria uma realidade específica para o direito. Entre esta realidade e a realidade do fato social existe o abismo do nada. O fato social evapora-se no intelecto do aplicador para que este possa constituir o fato jurídico mediante as regras prescritas pelo sistema. E devido à autossuficiência da linguagem jurídica, quando obedecidas tais regras o fato constituído se mantém, ainda que não consoante com o fato social. Nestes termos, a realidade do evento é algo que não existe para o direito, pois aniquilada no intelecto do aplicador quando da construção da realidade do fato jurídico.

Por fim, cabe ressaltar que, transportando para o estudo do fato jurídico a afirmação segundo a qual, sobre o mesmo objeto (dinâmico) podem existir infinitos signos (objetos imediatos), temos que, sobre o mesmo fato social podem existir vários fatos jurídicos, cada um deles autônomos entre si. Igualmente, como uma norma pode incidir sobre acontecimentos distintos, produzindo fatos e efeitos jurídicos distintos, normas diferentes podem incidir sobre o mesmo suporte fático, ensejando variadas consequências jurídicas. É o caso, por exemplo, da venda de um imóvel. Sobre este mesmo acontecimento (objeto dinâmico), incidem várias normas (tributárias, civis, comerciais, procedimentais, etc.), efetuando o recorte de diferentes fatos jurídicos (objetos imediatos).

Cada fato jurídico é distinto em relação ao outro, embora referentes ao mesmo suporte fático, porque decorrentes da aplicação de normas diversas e instauradores de diferentes relações na ordem jurídica. Os fatos constituídos como antecedentes de normas individuais e concretas que se referem ao mesmo acontecimento empírico, não conversam entre si, para, conjuntamente, fornecerem uma melhor compreensão do objeto dinâmico. São autônomos, constituídos com o propósito de desencadearem direitos e deveres correlatos, próprios de cada um.

6. TEORIA DAS PROVAS NA CONSTITUIÇÃO DO FATO JURÍDICO

Os fatos jurídicos são responsáveis pela dinâmica do direito. Nenhum efeito jurídico é produzido sem um fato que lhe sirva de causa. Como destaca EURICO MARCOS DINIZ DE SANTI, "sem a construção dos fatos jurídicos o direito rompe sua dinâmica funcional, torna-se estático, não se reproduz e não é aplicável"[454]. Sabemos, contudo, que nenhum fato é capaz de produzir efeitos jurídicos senão vertido em linguagem jurídica. Mas a questão é: como os fatos ingressam na ordem jurídica? Como eles são constituídos em linguagem jurídica?

Como frisamos em inúmeras passagens deste obra, o direito é um sistema sintaticamente fechado. Assim, para que um enunciado factual nele ingresse é necessário que seja relatado no código que lhe é próprio, de acordo com as regras por ele prescritas. O sistema determina o modo como seus fatos são produzidos, estabelecendo um procedimento específico a ser realizado por agente competente, e prescrevendo os instrumentos capazes de vincular juridicamente informações sobre os fatos sociais, que servem de base material para sua construção. Nestes termos, os fatos jurídicos serão aqueles enunciados produzidos mediante procedimento próprio,

---

454. *Decadência e prescrição no direito tributário*, p. 41.

realizado por agente competente e que podem sustentar-se em face das provas em direito admitidas.

O que entra para o direito é o ato, produto do processo de aplicação. E, para realização deste processo, o sistema indica os instrumentos credenciados a constituir os fatos jurídicos, de modo que, como sublinha PAULO DE BARROS CARVALHO, "os acontecimentos do mundo social que não puderem ser relatados com tais ferramentas de linguagem não ingressam nos domínios do jurídico, por mais evidentes que sejam"[455]. Vê-se aqui a importância das teorias da prova, do procedimento e do ato na construção do fato jurídico.

A notícia do evento materializa-se juridicamente por meio do fato alegado. Tal fato é tomado como motivo do ato de aplicação, que obriga o agente competente a realizar o procedimento prescrito pelo sistema, que culminará no ato de aplicação, veiculador do fato jurídico (considerado em sua acepção estrita) e da correspondente relação instituidora de direitos e deveres correlatos, na ordem jurídica. Pressuposto lógico deste procedimento é saber se ocorreu ou não o fato alegado, o que se torna possível tão só mediante o recurso técnico das provas.

O fato alegado motiva o funcionamento do sistema. Ele produz um efeito na ordem jurídica, que é justamente o de iniciar o procedimento de aplicação. Neste sentido, ele é um fato jurídico (em sentido amplo), pois reconhecido pelo sistema, mas que tem a característica de servir como motivação para a constituição de outro fato jurídico (em sentido estrito). Prova disso é que nem todo o fato alegado motiva a instauração de um procedimento de aplicação do direito, somente aqueles produzidos nos moldes prescritos pelo sistema.

---

455. *Direito tributário: fundamentos jurídicos da incidência*, p. 98.

Para que um sujeito, por exemplo, tenha direito à indenização em razão de um acidente de trânsito, primeiramente ele deve alegar a ocorrência deste acidente. Não basta, para tanto, porém, que se dirija ao fórum da cidade e relate o acontecido ao juiz. Tal fato, ainda que alegado, não se reveste de linguagem competente capaz de ensejar o efeito motivador do processo da aplicação da norma de indenização. É preciso que ele seja produzido nos termos do direito, ou seja, por petição inicial, redigida por advogado e protocolada junto ao cartório distribuidor. A produção da petição inicial, ato motivador, que insere no sistema o fato alegado, também deve obedecer a certos requisitos fixados pelo direito (art. 282, CPC), sob pena da alegação por ela vinculada não prosperar juridicamente.

Juridicizado, o fato alegado deve ser provado. Aquele que não tem como provar seu direito, registra MARIA RITA FERRAGUT, é, para o mundo jurídico, como se não o tivesse[456]. Ao direito só é possível conhecer a verdade do fato alegado por meio das provas. Se a ocorrência nele descrita não puder ser suficientemente provada, ela não existirá juridicamente. Neste sentido, são as provas jurídicas, e tão somente elas, que proporcionam, para o direito, o conhecimento dos fatos tidos, por ele, como relevantes. É por meio delas que o evento é atestado e que os fatos jurídicos são constituídos e mantidos no sistema.

FABIANA DEL PADRE TOMÉ, em elaborado estudo sobre a prova, realizado dentro dos moldes da corrente com a qual trabalhamos, discorre acerca da ambiguidade do termo e seus mais diversos significados. Para fins deste trabalho, adotamos o conceito de prova como fato, ou seja, "um fato jurídico (em sentido amplo), cuja função consiste em convencer o destinatário acerca da veracidade da argumentação de determinado sujeito, levando à composição do fato jurídico em sentido estrito"[457]. Neste sentido, a prova é sempre um fato que

---

456. *Presunções no direito tributário*, p. 45.
457. *Prova do direito tributário*, p. 71.

afirma ou infirma outro fato, é um meta-fato (na terminologia empregada pela autora), isto é, um enunciado factual que tem como objeto outro enunciado factual.

O objeto da prova são os fatos alegados, nunca os eventos. Estes, enquanto acontecimentos do mundo fenomênico, só são conhecidos por meio de uma linguagem. Assim, um enunciado linguístico só pode se referir a outro enunciado linguístico, porque não há relação entre os signos e as coisas às quais eles se referem, mas apenas entre signos.

A prova é sempre do fato que afirma ou nega o evento, atestando-o quando compatível ou negando-o quando incompatível. Se não houver o fato alegado, não há o que se provar. Como enfatiza FRANCESCO CARNELUTTI: "as afirmações sobre os acontecimentos não são conhecidas, mas comprovadas, enquanto os acontecimentos não se comprovam, mas se conhecem"[458]. Nestes termos, a verdade do fato alegado não corresponde à identidade entre o enunciado que o materializa e o acontecimento percebido no mundo da experiência, mas à compatibilidade entre tal enunciado e aqueles denominados de prova.

Enquanto fato, a prova é um enunciado linguístico e, portanto, a ela podem ser aplicadas as categorias da semiótica de objeto dinâmico e objeto imediato. O fato que se deseja provar (fato alegado) é o objeto dinâmico da prova, que se constitui como objeto imediato ao representá-lo parcialmente. O fato alegado, por sua vez, é o objeto imediato, em relação ao evento, que aparece na condição de objeto dinâmico. Resumindo, a prova é signo do fato alegado e este é signo do evento. Nota-se que tudo a que o direito tem acesso para constituir o fato jurídico são signos do evento. É neste sentido, que a linguagem das provas é o único modo pelo qual os fatos do mundo social são passíveis de serem juridicizados

---

458. *A prova civil*, p. 68.

Nenhum acontecimento ingressa nos autos para afirmar ou infirmar o fato alegado. Tudo o que o aplicador tem a sua frente é um conjunto de signos. E a constituição do fato jurídico (em sentido estrito) é feita mediante a interpretação, valoração e articulação destes signos. O que entra para os autos, não é o acontecimento concreto na sua interminável multiplicidade, como bem diz PAULO DE BARROS CARVALHO[459], são os fatos formulados pelas partes e estes são os objetos das provas.

No processo de aplicação do direito, uma das partes produz uma alegação – fato jurídico em sentido amplo (enunciado linguístico), cujo reconhecimento produz o efeito de motivar o procedimento de positivação. A parte contrária, ao se defender produz outra alegação – fato jurídico em sentido amplo (enunciado linguístico), que instaura o contraditório no processo, requerendo que esta prevaleça em relação àquela produzida primeiramente. As provas referem-se aos fatos alegados pelas partes. Em nenhum momento o acontecimento concreto aparece nos autos. Apesar dos meios de prova admitidos juridicamente serem dos mais variados, todos não passam de signos, que representam aspectos do evento, mas que jamais têm o condão de trazê-lo ou reconstituí-lo integralmente no processo.

A eficácia probatória exige que, primeiramente, se alegue o fato, para depois comprová-lo com o emprego das provas. As alegações das partes (constantes da petição inicial e da contestação) e às provas que as afirmam ou infirmam, constituem a única realidade que o aplicador tem como base para produzir a norma individual e concreta resolutiva do conflito, que constitui o fato jurídico (em sentido estrito) e a relação jurídica dele decorrente.

---

459. *Teoria da prova e o fato jurídico tributário*. Apostila do programa de pós-graduação em direito (mestrado e doutorado) da USP e da PUC/SP.

Com base no que foi dito até aqui, especificando nossas ilustrações sobre a incidência, temos a seguinte perspectiva da aplicação do direito:

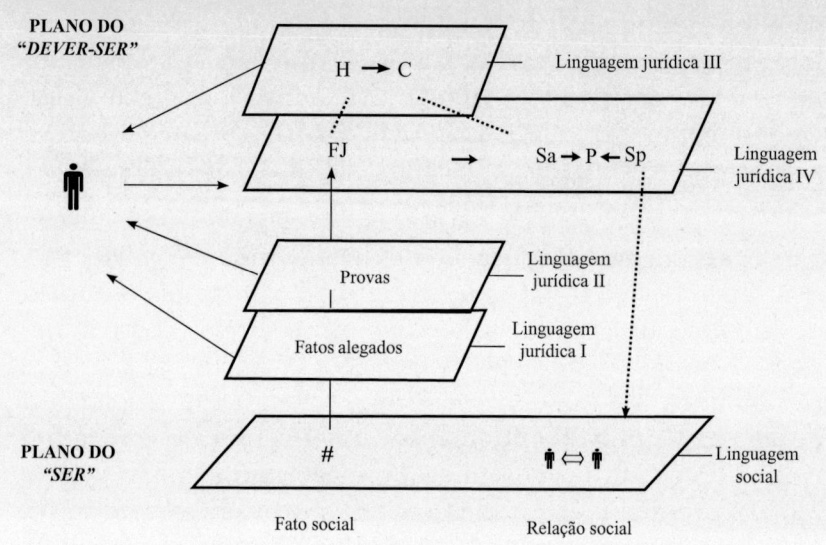

```
PLANO DO
"DEVER-SER"
                    H → C            Linguagem jurídica III

             FJ          →    Sa → P ← Sp     Linguagem
                                               jurídica IV

                Provas          Linguagem
                                jurídica II

             Fatos alegados     Linguagem
                                jurídica I

PLANO DO
"SER"           #              👤 ⇔ 👤         Linguagem
                                               social

             Fato social       Relação social
```

Explicando: temos um fato (**#**) constituído pela linguagem social (plano do "ser") que se enquadra a extensão do conceito da hipótese de incidência de uma norma jurídica. O aplicador do direito tem acesso a este fato mediante outra linguagem, produzida nos moldes prescritos pelo direito (plano do "dever-ser"): a linguagem dos fatos alegados (linguagem jurídica I). Tal linguagem se legitima e se sustenta noutra linguagem, também produzida nos moldes prescritos pelo sistema jurídico: as provas (linguagem jurídica II). Com base nestas duas linguagens o aplicador, verificando que o fato relatado se enquadra no conceito da hipótese (H) de uma norma jurídica (linguagem III), realiza a subsunção e produz outra linguagem, denotativa daquela (linguagem jurídica IV) e constitutiva do fato jurídico (Fj) e da relação jurídica (Sa → P ← Sp). Tal linguagem projeta-se sobre o campo da realidade social (plano do "ser"), instaurando relações entre sujeitos (👤 ⇔ 👤).

Nota-se que o aplicador não tem contato com a realidade do evento (linguagem social), só com a linguagem jurídica. É unicamente com base nela que o processo de positivação se realiza. Neste sentido, não há que se falar na existência de uma relação de veridicidade entre o fato jurídico e o evento, mas unicamente entre o fato jurídico e as provas admitidas.

Como explica FABIANA DEL PADRE TOMÉ, na dinâmica da aplicação do direito, tem-se que: se um fato alegado é afirmado pelas provas, então deve ser a constituição do fato jurídico. Em termos formais:

$[Fa . (F1 . F2 . F3 . ... Fn)] \rightarrow Fj$[460]

O conjunto de diversos fatos (F1 . F2 . F3 . ... Fn), produzidos nos moldes e no tempo prescrito pelo direito, conjuntamente considerados, leva a conclusão de que o fato alegado (Fa) é verdadeiro, o que autoriza juridicamente a constituição do fato jurídico em sentido estrito (Fj). Nestes termos, a prova é o instrumento de que dispõe o direito para constituir a verdade no processo de positivação. "Não obstante sua função seja persuasiva com relação ao fato alegado, a tarefa de convencer o julgador visa a atingir determinada finalidade, orientada à constituição ou desconstituição do fato jurídico em sentido estrito"[461].

Como já mencionado, quando tratamos da interpretação do fato (no capítulo anterior – sobre interpretação e aplicação do direito), ainda que os eventos possam ser expressos por diversas formas de linguagem, só podem ser utilizadas, para a afirmação ou negação do fato alegado, as versões produzidas na forma imposta pelo ordenamento, isto é, pela denominada linguagem das provas admitidas pelo direito. O sistema prescreve o procedimento probatório, determinando os prazos, os

---

460. Fa indica o fato alegado; (F1 . F2 . F3 . ... Fn) representam um número finito de fatos (provas); e Fj é o fato que se pretende constituir por meio das provas; (.) é o conectivo conjuntor e ($\rightarrow$) o implicacional (*A prova no direito tributário*, p. 183).

461. *A prova no direito tributário*, p. 264.

meios de apresentação dos fatos-prova e como estes devem ser produzidos. As provas apresentadas em desacordo com tal procedimento, ou produzidas por meio ilícito, não se configuraram como aptas para afirmarem ou negarem os fatos alegados e, consequentemente, não servem como elementos para a constituição do fato jurídico, por mais que atestem os fatos alegados. Neste sentido, é que EURICO MARCOS DINIZ DE SANTI enuncia ser o "fato jurídico o fato juridicamente provado"[462].

A verdade do fato alegado é aferida juridicamente de acordo com a compatibilidade entre o enunciado que o constitui e os enunciados probatórios, que afirmam ou negam tal fato. Nota-se que tudo é um jogo de linguagens articuladas de acordo com as regras impostas pelo sistema. Da mesma forma que o direito determina o procedimento probatório, prescreve como deve ser a constituição do fato alegado e de sua contestação (fato contra-alegado) e os momentos em que tais elementos devem ser produzidos. A constituição do fato jurídico depende tão somente da manipulação destas linguagens. É neste sentido que pondera PAULO DE BARROS CARVALHO serem, as provas, "técnicas que o direito elegeu para articular os enunciados fáticos com os quais opera"[463]. O sucesso na constituição do fato jurídico e na instauração de direitos e deveres correlatos pretendidos pelas partes de um litígio, depende do conhecimento da linguagem da articulação das provas e dos fatos alegados. Aqueles que dominam esta técnica imperam na aplicação do direito. Por esta razão, enfatiza JEREMÍAS BENTHAM ser a arte do processo não outra coisa, senão a arte de administrar as provas[464].

---

462. *Decadência e prescrição no direito tributário*, p. 43.

463. *Direito tributário: fundamentos jurídicos da incidência*, p. 97.

464. *Tratados de las pruebas judiciales*, p. 4.

7. TEORIA DA LEGITIMAÇÃO PELO PROCEDIMENTO E A RELAÇÃO ENTRE VERDADE E FATO JURÍDICO

Todo fato jurídico é constituído com base em enunciados descritivos, que se referem a um acontecimento, verificado nos moldes da hipótese de incidência de uma norma jurídica. A linguagem que o constitui é prescritiva, de modo que, a ela não se aplicam os valores válido e não-válido. Neste sentido, poder-se-ia indagar sobre a existência de uma relação entre verdade e fato jurídico, já que a linguagem que o constitui não se submete aos critérios de verdade e falsidade?

Primeiramente, deve-se reforçar que nenhuma manifestação de linguagem exerce uma única função. Há sempre uma função dominante, que no caso do direito positivo é a prescritiva, mas esta, não afasta a existência de outras, como destaca IRVING M. COPI[465]. Muito embora as normas individuais e concretas configurem enunciados prescritivos e, portanto, sujeitos aos valores válido e não-válido, sua proposição antecedente (fato jurídico) é produzida em conformidade com enunciados descritivos, os quais se submetem aos valores de verdade e falsidade. Apesar da prova ser um fato jurídico (em sentido amplo), porque constituída nos termos prescritos pelo direito, para ter o condão de atestar o fato alegado e, portanto, produzir os efeitos que lhe são próprios, ela deve passar pela valoração do juiz, que lhe atribui um sinal positivo se, em seu contexto analítico, ela afirmar o fato alegado, ou um sinal negativo se o infirmar. O juiz não só delibera sobre a legitimidade do processo probatório, mas também decide sobre a veracidade do fato alegado. O fato constituído como jurídico no antecedente da norma individual e concreta expedida pelo juiz na resolução do conflito, é aquele por ele considerado como verdadeiro, mediante as provas apreciadas. Neste sentido, a relação entre a verdade e fato jurídico é estabelecida

---

465. *Introdução à lógica*, p. 21.

mediante as provas do processo, pois, como afirma MARIA RITA FERRAGUT, ao direito somente é possível conhecer a verdade por meio das provas[466].

O fato jurídico, esclarece FABIANA DEL PADRE TOMÉ, "por integrar o sistema do direito positivo, é válido ou não- -válido, mas tendo em vista a necessidade de essa espécie de enunciado ser proferida em consonância com eventos supostamente verificados, é imprescindível sua articulação com a teoria das provas, mediante as quais é apreciada sua veracidade"[467]. Assim, a "verdade" do fato jurídico não é descoberta, mas criada dentro do sistema. As provas constituem os fatos jurídicos e com eles a verdade jurídica sobre os eventos. O exemplo do homicídio trazido por PAULO DE BARROS CARVALHO espelha bem essa ideia. Nas palavras do autor: "Não é suficiente que ocorra um homicídio. Mister se faz que possamos contá-lo em linguagem jurídica, isto é, que venhamos a descrevê-lo consoante as provas em direito admitidas. Se não pudermos fazê-lo, por mais evidente que tenha sido o acontecimento, não desencadeará os efeitos jurídicos a ele atribuídos. E, nessa linha de pensamento, sendo suficiente para o reconhecimento jurídico a linguagem que certifica o evento, pode dar-se, também, que não tenha ocorrido o crime (evento). Todavia, se as provas requeridas o indicarem, para o direito estará constituído"[468]. Tal exemplo alude à constituição do fato jurídico penal, mas pode ser aplicado em termos gerais, para a construção de qualquer fato jurídico, solidificando a afirmação de que a linguagem das provas constitui a verdade do fato para o direito.

Para falar da relação entre a verdade e o fato jurídico, é necessário, primeiro, fixar um conceito de verdade. Como já abordamos no início do trabalho, a verdade é metafísica, ou seja, abrange questões que não podem ser solucionadas pela

---

466. *Presunções no direito tributário*, p. 44.

467. *A prova no direito tributário*, p. 28.

468. *Direito tributário: fundamentos jurídicos da incidência*, p. 11.

experiência. Todos falam em nome da verdade e não há meios experimentais de saber quem realmente diz a verdade.

Dentre as teorias existentes, que se voltam ao conhecimento da verdade, trabalhamos com a da verdade lógica, aquela em nome da qual se fala, pressuposto lógico do discurso comunicativo. Sempre que alguém transmite uma mensagem descritiva, o faz em nome de uma verdade que se pretende seja aceita dentro de uma comunidade de discurso. Sem tal pretensão, a informação perde o sentido dentro do contexto comunicacional. Neste sentido, a verdade é criada pelo ser humano no interior de um dado sistema, para dar sustentabilidade ao discurso deste sistema. Um fato é verdadeiro quando de acordo com uma interpretação aceita pelo sistema. Nestes termos, os enunciados verdadeiros apenas dizem o que uma coisa é para determinado conjunto de enunciados, com os quais se relaciona sistematicamente, não dizem como ela é para todos os sistemas. Isto faz com que a verdade seja sempre relativa, dependendo do discurso em que se insere.

Transpondo tais colocações para o estudo dos enunciados factuais do direito positivo, podemos dizer que a verdade do fato jurídico não corresponde à verdade do fato social. Primeiro, porque ambos se encontram em sistemas diferentes. Segundo porque, como já mencionamos, a verdade não se dá pela relação entre as palavras e as coisas (verdade por correspondência), mas pela relação entre linguagens. Partindo do pressuposto de que o conhecimento se dá unicamente por meio de um conjunto articulado de signos, não existe verdade por correspondência, verificada entre o signo e o objeto que ele representa, porque este nada mais é do que outro signo. A verdade, assim, corresponde à compatibilidade entre enunciados do mesmo sistema e não à identidade entre um dado enunciado e o mundo da experiência. Neste sentido, a verdade juridicamente estabelecida não depende da correspondência entre o fato jurídico e o evento, embora em nome desta correspondência sejam constituídos os enunciados do sistema, dado ser esta uma necessidade do discurso jurídico.

O direito tão só toma como verídicas, para constituição dos fatos jurídicos, as ocorrências verificadas no tempo e na forma por ele prescritos.

Isto se deve àquilo que denominamos de princípio da autorreferência do discurso, em nome do qual a linguagem é vista como não tendo outro fundamento além de si mesma, não havendo elementos externos aos signos (eventos, objetos coisas, pessoas) que possam garanti-la ou legitimá-la, o que se aplica com perfeição ao sistema jurídico.

Os acontecimentos nada dizem para o sistema do direito positivo, é a linguagem própria deste sistema que os constitui e os desconstitui como fatos jurídicos. Os enunciados factuais do direito não reconstituem os eventos, mesmo porque estes se perdem no espaço e no tempo passado. Eles, por serem autossuficientes, constituem o fato, ou seja, criam-no para o sistema. "Criar", aqui, entende-se no sentido de inovar. A linguagem jurídica institui um fato único e autônomo, que passa a existir dentro do direito, independente de qualquer outro e que nunca será repetido. Nestes termos, pontua FABIANA DEL PADRE TOMÉ: "Conquanto a linguagem fale em nome de um evento, dada a sua autorreferência é possível que, mesmo não tendo ocorrido certo acontecimento, este venha a ser reconhecido pela linguagem. Neste caso, teremos um fato sem efetiva correlação com o evento (embora o fato tenha existência exatamente por certificar um evento)"[469].

Atentos à distância que separa o fato jurídico do evento, alguns autores trabalham com as expressões: (i) "verdade material", para referirem-se à verdade por correspondência, aferida de enunciados que guardam correlação com acontecimentos da experiência; e (ii) "verdade formal" para denotarem a verdade constituída mediante coerência lógica dentro de um sistema linguístico.

---

469. *A prova no direito tributário*, p. 19-20.

TÁREK MOYSÉS MOUSSALLEM faz uma crítica a tal classificação, pois, segundo o autor, considerando o caráter autorreferente da linguagem, toda verdade passaria a ser formal, devido ao fato de apenas ser verificada dentro de um sistema linguístico[470]. Deste modo, preferimos utilizar as expressões "verdade jurídica" para referirmo-nos à verdade constituída dentro do sistema jurídico e "verdade material", para denotarmos a verdade produzida fora do sistema jurídico, referente aos fatos sociais (aos quais os fatos jurídicos fazem referência), e aferida pela articulação de signos não pertencentes ao direito positivo.

No direito, toda verdade é jurídica. A verdade material, como bem explica EURICO MARCOS DINIZ DE SANTI, "é tão apenas um princípio, um diretivo à conduta da autoridade, que orienta o ato de aplicação do direito"[471]. Os fatos jurídicos são constituídos no interior do sistema e se submetem à verdade jurídica, embora sejam produzidos em nome de uma verdade material.

Concebendo o direito positivo como o conjunto de normas construídas a partir de documentos jurídicos, não se pode entender que um fato pertença ao direito se ainda não objetivado por um ato de aplicação que o traduza no antecedente de uma norma individual e concreta. Assim, havendo qualquer distorção entre a versão constituída por este ato de aplicação e a materialidade desse fato, o que prevalece juridicamente é o conteúdo objetivado na regra.

De acordo com a teoria da legitimação pelo procedimento, o que legitima uma linguagem é sua forma de produção. Nestes termos, um fato jurídico é verdadeiro ou falso, conforme tenha, ou não, sido observadas as regras prescritas juridicamente para sua constituição (que determinam os sujeitos competentes e o procedimento próprio). A veracidade do fato jurídico depende unicamente do procedimento realizado para

---

470. *Fontes do direito*, p. 39-40.

471. *Decadência e prescrição no direito tributário*, p. 43.

sua produção e é criada, pelo aplicador, dentro do sistema. O que se obtém em qualquer processo de positivação do direito é a verdade lógica, alcançada em conformidade com as regras de produção do fato jurídico. "Havendo construção de linguagem própria, na forma como o direito preceitua, o fato dar-se-á por juridicamente verificado e, portanto, verdadeiro"[472]. Em suma, a verdade do fato jurídico é posta pelo ordenamento e só existe dentro dele, não fora e nem antes.

8. TEMPO E LOCAL DO FATO X TEMPO E LOCAL NO FATO

O tempo e o espaço permeiam o jurídico, estão nos seus suportes físicos (Constituição Federal, leis, sentenças, resoluções, atos administrativos, etc.), nos enunciados normativos das hipóteses de incidência e dos fatos jurídicos, no exercício da competência, na validade, na vigência e eficácia das normas, ou seja, no direito dinâmico e no direito estático. Mas, com relação aos fatos jurídicos, devemos separar, com bastante nitidez os marcos temporal e espacial em que o fato se concretiza e as coordenadas de tempo e espaço em que o fato é produzido. PAULO DE BARROS CARVALHO fala, assim, em: (i) tempo e lugar do fato; e (ii) tempo e lugar no fato[473].

O tempo *do* fato é o instante em que o enunciado denotativo da hipótese normativa ingressa no ordenamento jurídico. É o momento em que o fato é constituído juridicamente. Geralmente, no processo de positivação, isso se dá com a notificação das partes. O tempo *no* fato, por sua vez, é o instante a que alude o enunciado factual juridicamente constituído. É o momento descrito como aquele em que o evento se realizou. Nesta mesma linha de raciocínio, o lugar *do* fato é aquele onde o enunciado protocolar do fato jurídico é produzido. E,

---

472. FABIANA DEL PADRE TOMÉ, *A prova no direito tributário*, p. 25.

473. *Direito tributário: fundamentos jurídicos da incidência*, p. 122-125.

o lugar *no* fato é o ponto no espaço a que alude o enunciado factual, ou seja, o local descrito como aquele onde o evento se realizou.

Vejamos a ilustração abaixo:

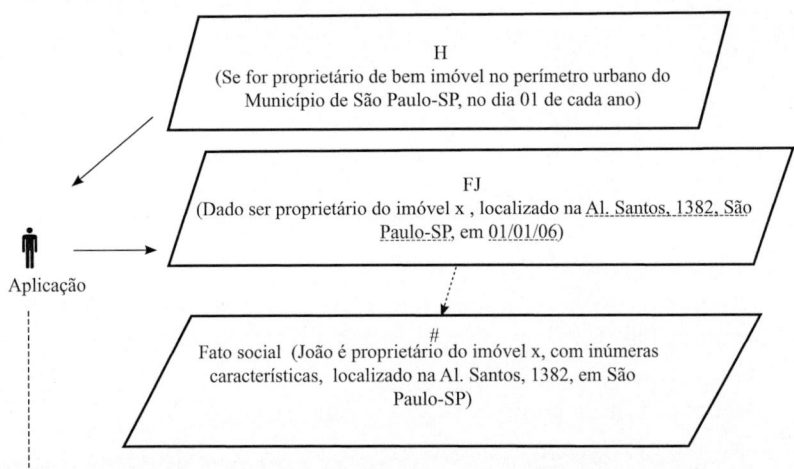

```
                    H
    (Se for proprietário de bem imóvel no perímetro urbano do
     Município de São Paulo-SP, no dia 01 de cada ano)

                    FJ
    (Dado ser proprietário do imóvel x, localizado na Al. Santos, 1382, São
     Paulo-SP, em 01/01/06)

 Aplicação
                    #
    Fato social (João é proprietário do imóvel x, com inúmeras
    características, localizado na Al. Santos, 1382, em São
    Paulo-SP)
```

Realizada na Secretaria da Fazenda Municipal de São Paulo em 04/02/2006

Explicando: Temos que, no processo de aplicação, o agente competente (🕴), com base no enunciado conotativo da hipótese de incidência (representada pelo retângulo de cima – H) e na interpretação alcançada com a linguagem das provas, produz uma norma individual e concreta, dando conta da ocorrência de um evento, ao constituir, em seu antecedente o enunciado protocolar, denotativo do fato jurídico (representado pelo retângulo do meio – FJ). Todo este processo acontece dentro de certas coordenadas de espaço e de tempo, que são denominadas de tempo e lugar *do* fato (no exemplo acima: Secretaria Municipal de São Paulo e 04/02/06). Em contrapartida, o enunciado factual produzido contém elementos de espaço e de tempo, pois referente a um acontecimento, identificado num determinado ponto da linha espaço-temporal, que são denominados de tempo e lugar *no* fato (no exemplo acima: Al. Santos, 1382, São Paulo-SP e 01/01/2006). Em suma: o tempo e o lugar *do* fato estão relacionados ao processo de aplicação

577

do direito e constituição do fato jurídico, enquanto o tempo e o lugar *no* fato referem-se ao evento.

O tempo e o lugar *do* fato dizem respeito à enunciação, ou seja, ao processo de produção do enunciado factual, realizado por agente competente e podem ser identificados, enquanto dêiticos da enunciação, na enunciação-enunciada, isto é, nas marcas do processo presentes no veículo que introduz o fato jurídico no sistema (ato administrativo, sentença, acórdão, etc.). Já o tempo e o lugar *no* fato referem-se às coordenadas do acontecimento descrito na hipótese normativa, estampada na descrição do enunciado protocolar produzido e são encontradas no próprio enunciado. Esta é a distinção estabelecida por TÁREK MOYSÉS MOUSSALLEM. Em suas palavras: "estabelece-se dois tempos: o do momento da enunciação e o momento do acontecimento. Este estampado no enunciado-enunciado, aquele na enunciação-enunciada"[474].

A importância desta distinção, em termos práticos, revela-se para determinar a legislação aplicável. O tempo *do* fato, como ensina PAULO DE BARROS CARVALHO, "vai ser o ponto de referência para a aplicação do direito posto e os atos relativos à estruturação formal dos enunciados jurídicos serão governados pela legislação que estiver em vigor no momento da sua realização"[475]. Por outro lado, a legislação aplicável ao tempo *no* fato, presente no enunciado protocolar denotativo de hipótese e declaratório do evento, será a vigente na data a que o fato se refere, ou seja, na data do evento. Isto se justifica porque o tempo *do* fato identifica o momento do procedimento de constituição do fato jurídico, que é presente. Já o tempo *no* fato denota o momento da ocorrência do evento, que é passado. Ao tempo *do* fato aplicam-se normas de caráter processual, enquanto que ao tempo *no* fato norma de natureza material.

---

474. *Revogação em matéria tributária*, p. 49.

475. *Direito tributário: fundamentos jurídicos da incidência*, p. 123.

Embora sempre anterior, o tempo *no* fato só aparece depois do tempo *do* fato. Isto porque, para que exista juridicamente o enunciado factual denotativo da hipótese e declaratório do evento, faz-se necessário que este seja constituído mediante um processo de aplicação, realizado sobre certas coordenadas de tempo e espaço. Reforça-se aqui a afirmação segundo a qual o tempo e espaço *no* fato não dizem respeito ao evento, mas a elementos presentes no fato jurídico, pois tanto o marco temporal quanto o espacial só são determinados para o sistema mediante a produção de uma linguagem competente. Antes desta linguagem, como já fixado, nenhum fato existe para o direito. O tempo e o espaço *no* fato referem-se ao conteúdo do enunciado do fato jurídico, ou seja, aquele devidamente constituído pela linguagem do direito. É por isso que só temos acesso a estes elementos depois de produzido o fato jurídico.

O mesmo se aplica para o tempo e local *do* fato se o considerarmos como enunciado factual sintaticamente posicionado no antecedente da norma veículo introdutor. É só com a constituição da linguagem jurídica que temos acesso a tais coordenadas, presentes na enunciação-enunciada do texto produzido, de modo que, elas também se constituem como elementos do enunciado factual (tempo e lugar *no* fato jurídico da enunciação).

À compreensão da dualidade tempo e lugar *do* fato e tempo e lugar *no* fato, aplica-se a diferenciação entre processo e produto. Tempo e lugar *do* fato dizem respeito ao processo, enquanto tempo e lugar *no* fato dizem respeito ao conteúdo produzido. O tempo *no* fato refere-se ao momento consumativo de um acontecimento passado que motiva o processo de produção do enunciado que o descreve. Embora, cronologicamente o processo venha antes do produto, este sempre vai se referir a uma ocorrência passada, anterior ao processo. Assim, ainda que bem próximos, os dois tempos (*do* fato / processo e *no* fato / conteúdo do produto) jamais são os mesmos. Isto não se aplica, no entanto, às coordenadas de espaço *do* fato e *no* fato. O local da constituição do fato jurídico, onde se realiza o processo de positivação do direito, pode muito bem ser o mesmo da verificação do evento a qual tal fato se refere.

9. ERRO DE FATO E ERRO DE DIREITO

Analisando o direito como corpo de linguagem, PAULO DE BARROS CARVALHO apresenta uma solução simples, mas muito bem elaborada, para a delicada questão do *erro de fato* e do *erro de direito*. Segundo o autor, visto o fato na sua contextura de linguagem, o "erro de fato" seria um problema de utilização inadequada das técnicas linguísticas de certificação do evento, verificado quando o enunciado factual não correspondesse às provas produzidas, enquanto o "erro de direito" seria um problema de subsunção, causado quando o enunciado protocolar constituído como fato jurídico buscasse fundamento numa norma, quando na verdade deveria buscar em outra[476]. O "erro de fato" é um engano com relação aos recursos de linguagem utilizados para a produção do fato jurídico, é relativo às provas; aparece quando da releitura dos enunciados probatórios, nova situação jurídica, diferente daquela descrita pelo fato jurídico, é percebida. Já o "erro de direito" é uma confusão com relação à norma aplicada. É verificado quando, após a produção da norma individual e concreta constata-se que a norma aplicada não deveria ser aquela, mas outra.

Considerando o processo de aplicação do direito, mas especificamente seu aspecto pragmático, tanto o erro de fato, quanto o de direito são equívocos de interpretação. No erro de fato, o aplicador confunde-se na construção do sentido dos suportes físicos probatórios constantes do processo. No erro de direito ele se engana na construção da norma jurídica geral e abstrata, ou seja, o equívoco ocorre na interpretação dos textos jurídico-positivos. Por tratarem de problemas na interpretação, os erros de fato e de direito só são possíveis de se-

---

476. *Direito tributário: fundamentos jurídicos da incidência*, p. 96.

rem constatados depois da produção da norma individual e concreta, quando as interpretações do fato e do direito são positivadas, ou seja, tornam-se autênticas. Tais colocações são melhores explicadas no gráfico abaixo, que demonstra o processo de aplicação do direito, visto pelo ângulo pragmático:

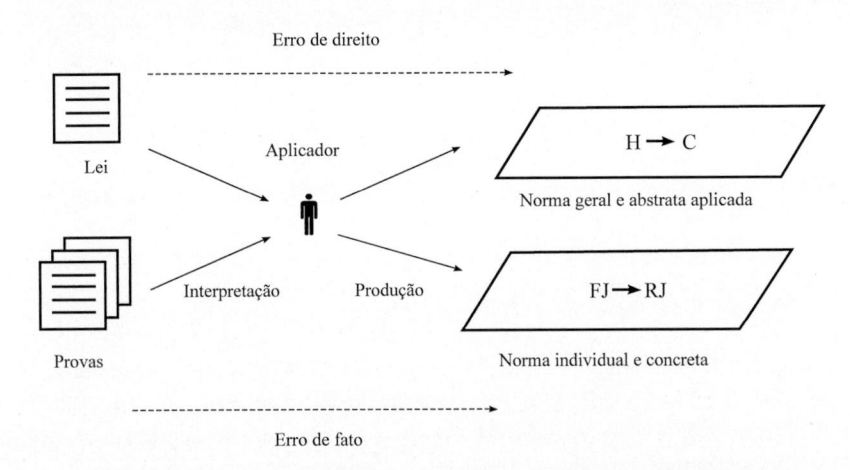

Explicando: o aplicador, com base nos enunciados jurídicos positivos (Lei – 📄), constrói em sua mente, mediante o processo denominado de interpretação a norma jurídica a ser aplicada (norma geral e abstrata – representada pelo retângulo de cima), e com base na linguagem das provas e nos fatos alegados constantes dos autos (Provas – 📄), o enunciado factual que se subsume ao conceito da hipótese da norma jurídica produzida (norma individual e concreta – representada pelo retângulo de baixo). O erro de direito é um desajuste entre os enunciados prescritivos da lei e a norma construída pelo aplicador, enquanto o erro de fato é uma inadequação entre os enunciados probatórios e a linguagem da norma individual e concreta.

Um exemplo melhor esclarece essa distinção: Imaginemos que o aplicador, diante das provas constantes nos autos de que A matou C, constitui o fato jurídico descrevendo que B matou C, há um erro de fato. Agora imaginemos que ao fixar a pena ele extrapole o limite legal prescrito na legislação, há um erro de direito.

Ressaltamos que o erro de fato, apesar do nome assim especificar, não se condiciona tão somente ao enunciado do fato jurídico, antecedente da norma individual e concreta produzida pelo aplicador, mas à norma como um todo. Se, por exemplo, houver um erro na constituição dos sujeitos da relação, instituída no consequente da norma individual e concreta, em razão de um descuido na interpretação das provas do processo, este erro é de fato e não de direito.

Devemos ter em mente que ambos os erros constituem-se como desajustes entre enunciados. O erro de direito consiste na distorção entre os enunciados da norma individual e concreta (fato jurídico e relação jurídica) e os enunciados conotativos da norma geral e abstrata que deveria ser aplicada. O erro de fato caracteriza-se por desajuste interno na formação dos enunciados factuais do fato jurídico, ou da relação jurídica decorrente de um problema relativo à interpretação das provas. Há, assim, uma distorção entre o enunciado do fato jurídico e os enunciados probatórios. Vale ressaltar que o erro de fato não se trata da incompatibilidade entre o fato jurídico (ou a relação jurídica) e o evento, mas da não correspondência entre linguagens do sistema: a linguagem das provas e aquela que constitui a norma individual e concreta.

No erro de fato, temos um desajuste que é interno ao fato (enunciado). Já no erro de direito o desajuste é externo. Tomando como base a norma individual e concreta produzida, o erro de fato é intranormativo e o erro de direito extranormativo.

10. A FALSA INTERDISCIPLINARIDADE DO FATO JURÍDICO

Muitos juristas investem em análises econômicas, políticas, éticas, históricas, da realidade tida como fato jurídico, alegando sua intradisciplinaridade. Principalmente na seara do

Direito Tributário é muito comum encontrarmos autores que atribuem aos fatos ensejadores de obrigações e deveres tributários, caráter econômico, como se o direito tomasse emprestado fatos da economia para implementar os efeitos prescritivos que lhes são próprios. AMILCAR DE ARAÚJO FALCÃO, por exemplo, é um destes autores, que qualifica o fato jurídico tributário de "fato jurídico de conteúdo econômico" ou mesmo de "fato econômico de relevância jurídica", revelando a confusão metodológica que ALFREDO AUGUSTO BECKER criticamente denominou de "mancebia irregular"[477].

Considerando o direito como um corpo de linguagem que se estrutura na forma de sistema autônomo, cujos elementos são normas jurídicas expressas mediante proposições hipotéticas-condicionais, não há possibilidade lógica de um fato que não pertença a este corpo de linguagem, nele propagar efeitos. O fato capaz de implicar a consequência prescrita numa norma jurídica será tão somente o fato jurídico, enunciado antecedente de uma norma individual e concreta, nenhum outro mais. Mesmo porque, é a partir deste dado que se separa o jurídico do não jurídico.

Uma das características do direito positivo é sua homogeneidade sintática. O sistema determina o que é jurídico ou não, elegendo uma forma linguística específica para constituir seus fatos, expressa num código que é só dele, à qual denominamos de linguagem competente. Tal linguagem cria uma realidade única que não se confunde com qualquer outra: a realidade jurídica. Um acontecimento relatado em linguagem competente é um fato jurídico e produz efeitos no sistema do direito positivo, porque se constitui como antecedente de uma norma individual e concreta. Qualquer outro fato, não constituído no código próprio deste sistema, não tem o condão de nele produzir efeitos e, portanto, não pode ser qualificado de jurídico. Isto não acontece só com o direito positivo, mas com qualquer outro sistema, cada um tem a sua linguagem própria e os

---

477. *Teoria geral do direito tributário*, passim.

critérios para constituição de seus elementos. Nestes termos, não existe um fato econômico capaz de desencadear consequências jurídicas, apenas econômicas, da mesma forma um fato jurídico não é capaz de propagar efeitos políticos, econômicos, contábeis, antropológicos, somente jurídicos.

Anota PAULO DE BARROS CARVALHO, em artigo escrito à memória de ALFREDO AUGUSTO BECKER, que "o direito não pede emprestado conceitos de fatos de outras disciplinas. Ele mesmo constrói sua realidade, seu objeto, suas categorias e unidades de significação"[478]. E, assim o faz, relatando os eventos do mundo social na linguagem que lhe é própria. O que é jurídico, é jurídico, não é econômico, político, histórico, contábil, porque o critério utilizado para separação destes outros domínios do social em relação ao direito é justamente a homogeneidade sintática do universo jurídico. Neste sentido, esclarece FABIANA DEL PADRE TOMÉ: mesmo que o sistema econômico (v.g.) influencie (semântica e pragmaticamente) o sistema jurídico, este não produzirá atos comunicativos econômicos, mas sim jurídicos. A economia, passa informações para o direito, que as submete ao seu filtro, e vai produzindo suas unidades[479]. Assim, só os fatos jurídicos são capazes de desencadear efeitos na ordem jurídica.

Tendo em vista ser o fato um recorte linguístico sobre certa base empírica. De um mesmo fato social pode-se construir um fato jurídico, contábil, político, econômico, ou histórico, tudo sob a pendência do corte que se quer promover daquele evento. Um e outro, no entanto, são completamente diferentes. Todos são construções de linguagem sobre um mesmo evento, o que os diferencia é a linguagem que os constitui. O fato jurídico, capaz de desencadear efeitos na ordem do direito posto é aquele inscrito como antecedente da norma individual e concreta dentro das regras sintáticas ditadas pelo ordenamento e

---

478. *O absurdo da interpretação econômica do 'fato gerador' – Direito e sua autonomia – O paradoxo da interdisciplinaridade*, p. 25.

479. *A prova no direito tributário*, p. 45.

de acordo com os limites semânticos delineados pela hipótese de incidência normativa, os demais representam unidades carentes de significação jurídica, que não pertencem ao sistema e que, portanto, nele não são capazes de produzirem efeitos.

O gráfico abaixo demonstra a constituição de vários fatos a partir da mesma realidade social, cada um deles autônomo em relação ao outro.

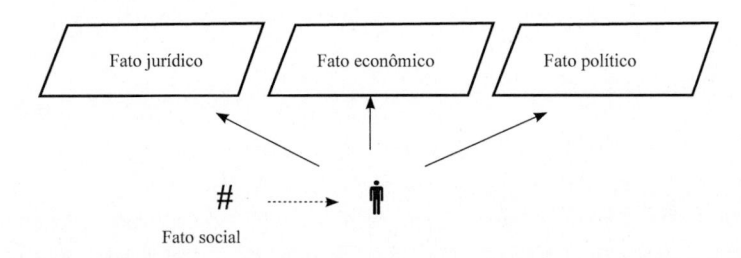

```
   / Fato jurídico /  / Fato econômico /  / Fato político /

              ↖            ↑           ↗

                   #  ······▶   👤
                Fato social
```

Explicando: o fato jurídico constitui-se em linguagem jurídica, o econômico em linguagem econômica e o político em linguagem política, e assim por diante. O fato jurídico, não tem possibilidade ontológica de interferir na política, na economia, na religião, ou na história de um país, embora da mesma base empírica a que faz referência (fato social) possam ser construídos fatos capazes de atuar nos mais diversos sistemas: econômico (fato econômico), político (fato político), antropológico (fato antropológico), ético (fato ético), histórico (fato histórico), religioso (fato religioso) etc. Não há um fato que possa ser constituído com todos os aspectos, capaz de produzir efeitos em todos os sistemas, pois a separação dos caracteres econômicos, políticos, jurídicos, religiosos, é suficiente para delimitar cada um deles como objetos distintos.

Os fatos, como bem salienta LOURIVAL VILANOVA, nada mais são do que elaborações conceptuais, subproduto de técnicas de depuração de ideias seletivamente ordenadas[480]. No caso dos fatos jurídicos, o direito determina tais técnicas de depuração traçando limites de ordem semântica, quando da

---

480. *As estruturas lógicas e o sistema do direito positivo*, p. 104.

definição conotativa constante nas hipóteses de normas jurídicas gerais e abstratas e de ordem sintática, quando prescreve um procedimento de produção próprio (processo/competência). No entanto, acompanhando a dualidade direito positivo e ciência do direito, existem duas possibilidades de cortes: (i) aquele realizado pelo aplicador no processo de positivação, que efetivamente constitui o fato jurídico; e (ii) aquele realizado pelo jurista ao separar o fato relevante juridicamente como objeto cognoscitivo.

O critério adotado no corte é que qualifica o fato cognoscitivamente por ele constituído. Se o critério é jurídico (como a conotação de uma hipótese de incidência normativa), o fato será jurídico. Assim, os fatos podem ser observados como jurídicos, econômicos, políticos, contábeis, históricos, etc., tudo dependendo do critério metodológico empregado na realização do corte. O economista atribui uma interpretação econômica ao fato, o contador o traduz contabilmente, o historiador o recorta historicamente e o jurista, uma vez assumido o critério jurídico, fixa uma interpretação jurídica do fato. No entanto, se o critério utilizado for outro, caímos na "mancebia irregular" de ALFREDO AUGUSTO BECKER.

O conhecimento só é possível mediante abstração do objeto, que se dá pela realização de cortes metodológicos na realidade que nos é perceptível. Tais cortes constituem os objetos do conhecimento, delimitando aquilo que chamamos de disciplinas. O saber disciplinar, no entanto, leva o sujeito cognoscente à busca da interdisciplinaridade, com o objetivo de completar seu conhecimento. Como bem explica PAULO DE BARROS CARVALHO, sem disciplinas não teremos as interdisciplinas, pois o próprio saber disciplinar, em função do princípio da intertextualidade, avança na direção de outros setores do conhecimento, buscando a indispensável complementariedade[481]. A realidade (evento), na sua multiplicidade cognoscitiva é intan-

---

481. *O absurdo da interpretação econômica do 'fato gerador' – Direito e sua autonomia – O paradoxo da interdisciplinaridade (À memória de Alfredo Augusto Becker)*, p. 8.

gível enquanto recortes linguísticos não o constituem como fatos. Feitos os recortes nascem as disciplinas, que se referem ao mesmo domínio real (Direito, Economia, Política, História, Antropologia, Contabilidade, etc.). Por terem um referencial comum tais disciplinas em alguns aspectos se entrecruzam, mas isto não descaracteriza a autonomia de cada uma delas. Neste sentido, não há que se falar em análise econômica do fato jurídico, pois este é um recorte jurídico, mesmo porque uma análise econômica constitui o objeto analisado como econômico. Fala-se, assim, na análise de um fato econômico.

Apesar de sintaticamente fechado, o direito positivo, possui abertura semântica, o que lhe permite qualquer tipo de análise, desde que realizada dentro dos critérios estabelecidos pelo recorte metodológico proposto. A tipificação de um crime numa sentença, por exemplo, pode ser analisada sob vários enfoques (ex: cultural, político, econômico, antropológico, histórico, psicológico, etc), da mesma forma que um texto de lei, um contrato, um ato administrativo e todos os demais veículos jurídico-normativos. Mas para o jurista o que interessa é unicamente o recorte jurídico.

Por retratar uma parcela de um fato social (a parcela jurídica) e sobre esta realidade incidirem outras incisões, nunca haverá um fato puramente jurídico, ou econômico, ou político (considerando seu aspecto semântico). O que existe são recortes de linguagem. O jurista promove um recorte jurídico, isto não impede, contudo, que o economista, tomando a mesma base objetiva (fato social), ou sob o próprio fato jurídico, realize uma incisão econômica e que o contador faça uma delimitação contábil. A pureza do fato, assim, é delimitada pelos critérios do recorte e cada incisão produz um novo objeto.

11. FATOS JURÍDICOS LÍCITOS E ILÍCITOS

Alguns capítulos acima, quando tratamos da classificação das normas jurídicas, distinguimos duas espécies de normas:

(i) dispositivas e (ii) derivadas, com base na relação de coordenação estabelecida entre elas pelo legislador. Chamamos de "derivadas", as normas cuja hipótese pressupõe uma prescrição contida em outra norma e de "dispositivas" aquelas que prescrevem condutas tomadas como relevantes pelas normas derivadas. Dentre as normas derivadas, separamos, levando em conta a valoração positiva ou negativa do legislador, as: (a) normas derivadas não-punitivas, que valoram positivamente a conduta prescrita na norma que lhe é dispositiva; e (b) normas derivadas punitivas, que valoram negativamente a conduta prescrita na norma que lhe é dispositiva, descrevendo um fato ilícito em seu antecedente.

Reside em tal classificação a distinção entre o fato jurídico lícito e o fato jurídico ilícito. O primeiro é construído com a positivação de normas dispositivas e derivadas não-punitivas, o segundo com a positivação de normas derivadas punitivas. Dizemos que um fato é ilícito quando contrário ao direito, isto pressupõe que outra norma (que lhe seja dispositiva) prescreva a conduta a ser contrariada. O fato ilícito se resume, assim, num enunciado protocolar denotativo da hipótese de uma norma derivada punitiva, que se refere a um acontecimento contrário ao prescrito por outra norma jurídica (dispositiva).

Ao adotarmos a concepção de que a incidência normativa se equipara à aplicação do direito, abandonamos a ideia de que a propagação de efeitos jurídicos possa se dar com a verificação empírica do evento. Qualquer modificação de ordem jurídica pressupõe necessariamente a existência de uma linguagem competente. Não basta a verificação do evento, é preciso que este seja relatado em linguagem jurídica para que enseje uma obrigação jurídica. Os direitos e deveres correlatos, enquanto efeitos jurídicos, só passam a existir depois do ingresso de uma norma individual e concreta no sistema. Entender, no entanto, que a realização do ilícito (descrito como hipótese de norma derivada-punitiva) depende da constituição da obrigação prescrita no consequente da norma dispositiva, é um grande equívoco, porém muito frequente entre os críticos da teoria de PAULO DE BARROS CARVALHO.

Por vezes, nos deparamos com as seguintes colocações: (i) se juridicamente o sujeito só tem direito à vida depois que o seu nascimento é constituído em linguagem competente (registro), então se antes dele ser registrado alguém o matar, tal pessoa não cometerá um homicídio porque a vítima ainda não tinha direito à vida; (ii) se a obrigação de pagar tributo só é constituída com o lançamento e este não foi realizado, o contribuinte que pagar com atraso não realiza o fato ilícito, pois o dever dele pagar ainda não estava juridicamente constituído; (iii) Se o dever de parar num sinal vermelho não está constituído juridicamente, aquele que avançar o sinal vermelho não deveria pagar multa, vez que para o direito não tinha o dever de parar, etc. A maioria das críticas vai de encontro ao equívoco de que a realização do ilícito, tido como fato contrário ao "direito", pressupõe a constituição dos direitos ou deveres prescritos no consequente da norma dispositiva a serem descumpridos.

Como já ressalvamos, quando se adota um referencial teórico devemos segui-lo até o fim, tanto para criticá-lo, quanto para referenciá-lo. O que não se admite cientificamente é a confusão de referências, que leva a um total desconhecimento do objeto.

Partimos da premissa de que as normas são unidades autônomas do sistema do direito positivo. Cada uma incide independentemente de outra, basta que o fato descrito em seu antecedente seja verificado. As relações de coordenação e subordinação são estabelecidas pelo intérprete na compreensão do sistema (plano S4). As normas derivadas punitivas descrevem, em suas hipóteses, um acontecimento que se constitui na não-realização de uma conduta, que por sua vez encontra-se prescrita no consequente de outra norma. A ocorrência relevante para a incidência das normas punitivas é a verificação da não-realização desta conduta, não interessa se o direito a constituiu, ou não, como obrigatória, mediante um ato de aplicação. Assim, o direito ou o dever, a ser descumprido não precisa estar individualizado, para que o evento ilícito se caracterize, mas é necessário que esteja previsto em termos gerais, para ser assinalado como contrário ao direito. O que interessa, é unicamente a descrição hipotética da norma punitiva, preenchidos todos seus critérios ela pode ser incidida.

No caso, por exemplo, do homicídio, em que o tipo penal descreve: "matar alguém", para que a norma penal incida é necessário a verificação de tal acontecimento. O 'ser alguém', no entanto, não pressupõe o registro, este apenas é responsável pela constituição da personalidade jurídica, enquanto a hipótese penal diz respeito à personalidade física, de modo que, a concretização do evento, independe da pessoa ser registrada juridicamente, ou não. No caso da multa tributária, a hipótese de incidência da norma derivada punitiva conota o fato de não pagar o tributo, ou seja, de não entregar dinheiro aos cofres públicos no dia prescrito pela legislação. Não é preciso que o crédito tributário, enquanto elemento da relação jurídica, esteja constituído, nem que o montante pecuniário seja determinado, para que o evento descrito se concretize. A hipótese da norma sancionadora apenas requer que o sujeito que realizou o fato imponível não entregue dinheiro aos cofres públicos no dia determinado. Verificada tal ocorrência há suporte fáctico para sua incidência. Para a constituição jurídica da multa, no entanto, pressupõe-se a constituição do crédito tributário.

Certamente que, para constituir o fato ilícito do não pagamento do tributo, o aplicador, no mesmo veículo introdutor (auto de infração) também constitui o fato jurídico tributário e instaura juridicamente a obrigação de pagar tributo. Como os fatos jurídicos referem-se a eventos passados, declarando tais ocorrências, apesar de seus efeitos se projetarem para o futuro, retroagem as datas dos eventos a que eles se referem. Neste sentido, o direito constitui como devido o tributo desde a data do evento tributário e a multa desde o dia final do prazo para pagamento do tributo.

No caso da multa de trânsito, a situação é um pouco diferente, consideramos que, com a emissão da carteira nacional de habilitação constitui-se o fato jurídico lícito ensejador dos direitos e deveres inerentes ao trânsito. O dever de respeitar o sinal vermelho já está constituído a partir do momento em que o condutor adquire a carteira de motorista. Apesar disso não ser relevante para a incidência da norma do ilícito de trânsito, cuja hipótese descreve a passagem em sinal vermelho. Verificado o desrespeito ao semáforo, já se tem suporte fáctico suficiente para a incidência da norma.

Analisando sintaticamente, a distinção entre fato jurídico lícito e o fato jurídico ilícito reside na valoração atribuída pelo sistema à proposição-antecedente das normas jurídicas. Os fatos valorados positivamente caracterizam-se como lícitos, ao passo que os valorados negativamente apresentam-se como ilícitos. Não há uma terceira possibilidade. Não existe um fato jurídico meio ilícito ou meio ilícito. Se é jurídico, ou está valorado positivamente pelo sistema e, portanto, é licito, ou está valorado negativamente, constituindo-se como ilícito.

O lícito e o ilícito são valorações (positiva/negativa) do fato jurídico atribuídas pelo sistema e só existem dentro dele. Não há ilícito fora do direito, esta é uma atribuição do sistema, determinada por seu código, mediante o qual ele recolhe as informações de seu ambiente. Cada subsistema do social, processa suas informações internas por meio de um código próprio que, no caso do direito positivo, é o do lícito/ilícito. Ao adotar este código o sistema jurídico distingue-se das demais comunicações sociais, garantindo seu fechamento sintático e sua autonomia.

Questões:

1. Diferencie: (i) evento; (ii) fato; e (iii) fato jurídico. Dê exemplos.
2. Por que a expressão fato gerador é ambígua?
3. É correto dizer que a hipótese contém o fato jurídico?
4. Como se constitui o fato jurídico? É possível falar na existência de fato jurídico sem uma linguagem jurídica? Justifique.

5. Por que o fato jurídico é sempre intersubjetivo?

6. Diferencie: (i) objeto imediato; e (ii) objeto dinâmico. Como tais categorias podem ser aplicadas no estudo do fato jurídico?

7. Em que se constitui a experiência colateral jurídica e a não jurídica? Qual sua importância para a constituição do fato jurídico?

8. Por que o fato jurídico é autônomo em relação ao evento?

9. Qual a importância de uma teoria das provas para a constituição do fato jurídico?

10. Como é aferida a "verdade" do fato jurídico?

11. Que é verdade material e formal para o direito? Tal separação se justifica?

12. Explique: (i) tempo e local do fato; e (ii) tempo e local no fato.

13. Em 2008, Maria Cecília matou seu marido João Ricardo, na presença de seu amante Emanuel. No entanto, Emanuel confessou o crime e, em 2010, ao final do processo judicial, foi condenado à pena de 10 anos de reclusão. (i) Identifique "evento" e "fato jurídico". (ii) Qual destes "acontecimentos" é juridicamente relevante? (iii) Trata-se de erro de fato ou de direito? Estabeleça a diferença entre esses dois conceitos.

14. Pode-se dizer que o fato jurídico tem um aspecto econômico ou político? Justifique.

15. Em que se constitui a ilicitude do fato jurídico?

16. Comente a seguinte assertiva: *"se juridicamente o sujeito só tem direito à vida depois que seu nascimento é constituído em linguagem competente (registro), então se antes de ele ser registrado alguém o matar, tal pessoa não cometerá um homicídio porque a vítima ainda não tinha direito à vida"*.

Capítulo XIV
TEORIA DA RELAÇÃO JURÍDICA

SUMÁRIO: 1. Relação jurídica no contexto do direito; 2. Falácia da relação jurídica "efectual"; 3. Teoria das Relações; 4. Relação jurídica como enunciado factual; 4.1. Determinação do enunciado relacional; 4.2. Aplicação das categorias da semiótica; 5. Elementos do fato relacional; 5.1. Sujeitos; 5.2. Objeto – prestação; 5.3. Direito subjetivo e dever jurídico; 6. Características lógico-semânticas da relação jurídica; 7. Classificação das relações jurídicas; 8. Eficácia das relações jurídicas; 9. Efeitos das relações jurídicas no tempo; 10. Modificação e extinção das relações jurídicas.

1. RELAÇÃO JURÍDICA NO CONTEXTO DO DIREITO

Relação é o modo de ser ou de comportarem-se dois termos entre si[482]. O homem, na sua incessante busca pelo conhecimento, experimenta as sensações do mundo bruto que o cerca e vai associando suas percepções a fim de torná-lo inteligível. Assim o faz, estabelecendo relações entre elementos linguísticos. Imersos numa realidade constituída pela linguagem, vivemos num mundo de relações, dado a natureza relacional dos signos que a compõem. Toda linguagem é, antes de um conjunto estruturado de signos, um

---
482. NICOLA ABBAGNANO, *Dicionário de filosofia*, p. 809.

sistema de associações, ou melhor, de relações. A isto não foge a realidade jurídica.

Tomando o direito como objeto de análise, EURICO MARCOS DINIZ DE SANTI observa que vamos encontrar tantas relações quanto as formas possíveis de combinar a multiplicidade de sujeitos, normas, fatos, efeitos que compõem o fenômeno jurídico[483]. Há relação entre: (i) norma e o sistema; (ii) normas e normas; (iii) hipótese e o consequente; (iv) norma e fato jurídico; (v) norma e efeito jurídico; (vi) fato social, as provas e fato jurídico; (vii) sujeitos de direito; (viii) conduta social e conduta prescrita; etc. Todas relações jurídicas em sentido amplo. Mas interessa-nos, neste capítulo, as relações jurídicas em sentido estrito, ou seja, aquelas tidas como efeito jurídico, instauradas entre dois sujeitos de direito, com a incidência de normas jurídicas.

Define-se "relação jurídica" (*stricto sensu*) como o vínculo abstrato segundo o qual, por força da imputação normativa, uma pessoa, chamada de sujeito ativo, tem o direito subjetivo de exigir de outra, denominada sujeito passivo, o cumprimento de certa prestação, sendo que esta última tem o dever jurídico de adimpli-la. Tal vínculo é constituído no consequente de normas individuais, produzidas no processo de aplicação do direito. Dizemos que é abstrato para reforçar o fato do vínculo não existir empiricamente (enquanto dado bruto). Trata-se de uma construção proposicional, identificada com a formalização (abstração lógica) da linguagem veiculada pelo ato de aplicação. E é decorrente de imputação normativa, porque produzido mediante a incidência de uma norma jurídica de caráter geral, como efeito de um fato jurídico, propagado em razão da existência da causalidade do direito (vínculo que liga a proposição-hipótese à proposição-consequente).

Tomado por base o caráter instrumental do direito positivo, cujo objetivo primordial é ordenar a convivência social mediante a regulação de comportamentos intersubjetivos,

---

483. *Lançamento tributário*, p. 74.

observa-se que o único meio de que dispõe o sistema para alcançar tal objetivo é a relação jurídica, no contexto da qual emergem direitos e deveres correlatos. Vê-se assim, a importância do vínculo relacional na operacionalidade do sistema, o que leva PAULO DE BARROS CARVALHO eleger o prescritor normativo como dado por excelência da realização do direito. Nos dizeres do autor, "é incontestável a importância que os fatos jurídicos assumem, no quadro sistemático do direito positivo, pois sem eles jamais apareceriam direitos e deveres, inexistindo possibilidade de regular a convivência dos homens no seio da comunidade, mas sem desprezar este papel fundamental, é pela virtude de seus efeitos que as ocorrências factuais adquirem tanta relevância, e tais efeitos estão prescritos no consequente da norma, irradiando-se por via de relações jurídicas"[484].

O direito prescreve condutas, estabelecendo relações entre sujeitos, em virtude da verificação de certos acontecimentos. Pensemos em qualquer instituição jurídica e deparamo-nos com uma relação entre sujeitos. Pagar tributo, por exemplo, é uma relação entre o fisco e o contribuinte; comprar e vender é uma relação entre o vendedor e o comprador; casar é constituir uma relação entre o marido e esposa; a sucessão é uma relação entre o *de cujos* e os herdeiros; o ser agente público é uma relação entre o agente e o ente público; e assim por diante. Toda atuação jurídica, invariavelmente, se estabelece mediante a constituição de relações entre, pelo menos, dois sujeitos distintos, pois esta é a forma de que dispõe a linguagem prescritiva para alcançar seu objetivo de disciplinar condutas.

Os efeitos jurídicos, instaurados com a incidência normativa, constituem-se em relações jurídicas. Como acentua LOURIVAL VILANOVA, "proibir, ou obrigar, ou permitir ações e omissões importa necessariamente estabelecer relações normativas entre os portadores – sujeitos-de-direito – da

---

484. *Curso de direito tributário*, p. 279.

conduta"[485]. Assim, as condutas juridicamente vedadas, exigidas ou facultadas, são vínculos relacionais que se estabelecem entre sujeitos, mediante imputação normativa. Uma pessoa só pode estar proibida, obrigada ou permitida em relação a outra pessoa. Inexistindo um dos sujeitos (o que proíbe ou o que é proibido; o que obriga ou o que é obrigado; o que permite ou o que está permitido) a prescrição perde o sentido.

Irrefragável é, pois, a relevância do vínculo relacional no ordenamento jurídico. É importante ressalvar, no entanto, mais uma vez, que o caráter relacional do direito não se encontra apenas no consequente normativo, mas também na própria estrutura da norma jurídica. A norma jurídica é uma relação de implicação entre proposições (antecedente e consequente). O fator deôntico atua como operador nas duas relações normativas: (i) interligando as proposições antecedente e consequente das normas jurídicas; e (ii) conectando dois ou mais sujeitos de direito em torno de um objeto. No primeiro caso, o operador deôntico é neutro e a relação é interproposicional. No segundo caso, o operador é intraproposicional e encontra-se modalizado nas formas: obrigatório (O), proibido (V), permitido (P)[486].

A relação jurídica se estabelece apenas com a linguagem competente do ato de aplicação, portanto, é sempre concreta e individualizada. Neste sentido, enuncia EURICO MARCOS DINIZ DE SANTI, reportando-se às lições de LOURIVAL VILANOVA: "relação jurídica (*stricto sensu*) não é uma relação qualquer, mas aquela que se dá entre sujeitos de direito em razão da ocorrência de determinado fato jurídico. É concreta, pois prescreve uma conduta específica e não uma conduta-tipo (abstrata); é individual, os termos da relação (Sa e Sp), categoremas, referente e relato, são identificáveis, individualizáveis, não meras categorias de sujeitos quaisquer"[487].

---

485. *Causalidade e relação no direito*, p. 115.

486. *Direito tributário: fundamentos jurídicos da incidência*, p. 137.

487. *Lançamento tributário*, p. 76.

No enunciado tese da regra-matriz de incidência (norma geral e abstrata) ainda não temos a relação jurídica, apenas critérios para identificá-la. Somente com o enunciado consequente da norma individual e concreta, produzido na finalização do processo de aplicação, onde são determinados os termos gerais do enunciado-consequente da norma incidida, é que a relação jurídica é instituída. Por isso, não é correto dizer que o consequente contém a relação jurídica. Este delimita apenas uma classe, identificando as notas do vínculo a ser instituído, futuramente, entre sujeitos de direito.

Assim como a hipótese serve como base para construção do fato jurídico, o enunciado do consequente da norma geral e abstrata opera como limite semântico, demarcando a extensão conceitual da relação jurídica. Esta há de ser produzida mediante a denotação dos critérios do consequente e nos limites conotativos por ele estabelecidos. Mas é somente com a norma individual e concreta, veiculada pelo ato de aplicação, que a relação jurídica se constitui, antes, ela não existe.

As relações jurídicas dirigem-se à região das condutas intersubjetivas, entretanto, com tais condutas não se confundem. Isto porque, a linguagem do direito, como já vimos, não se mistura com a linguagem da realidade social, não tendo o condão de alterá-la. O vínculo que se estabelece juridicamente independe da efetiva formação dos laços sociológicos aos quais faz referência semântica. Ainda que a relação jurídica não guarde identidade com qualquer relação de ordem social subjacente, o vínculo abstrato, que enseja direitos e deveres, permanece. Isto porque ele existe para o direito e as modificações verificadas no plano social são irrelevantes para a existência da linguagem jurídica. Se os sujeitos postos na condição de ativo e passivo do vínculo jurídico, não a observam, isto é, não se relacionam socialmente de acordo com o prescrito, apenas não haverá uma relação social correspondente àquela instituída pelo direito, mas, a relação jurídica continua existindo, independente de qualquer outra, até que seja desconstituída, podendo inclusive ser executada coercitivamente.

Condição de existência da relação jurídica é, no entanto, a linguagem competente. Ressalvamos que os vínculos instituidores de direitos e deveres jurídicos correlatos só são constituídos intranormativamente, ou seja, com a produção de uma norma individual e concreta, quando produzidos no código próprio do sistema do direito positivo.

2. FALÁCIA DA RELAÇÃO JURÍDICA "EFECTUAL"

De acordo com a concepção que adotamos, não há que se falar em "relações jurídicas eficaciais", expressão utilizada por PONTES DE MIRANDA[488] para designar, dentro de sua teoria, o efeito de ordem jurídica, que se instaura com a ocorrência do evento, antes porém, da aplicação da norma jurídica por autoridade competente.

EURICO MARCOS DINIZ DE SANTI, influenciado por esta tendência, também imersa na obra de LOURIVAL VILANOVA[489] e nas antigas publicações de PAULO DE BARROS CARVALHO[490], trabalha com a diferenciação de duas relações jurídicas: (i) *efectuais*, que surgem com a ocorrência do evento e não apresentam, necessariamente, revestimento linguístico; e (ii) *intranormativas*, constituídas em linguagem jurídica[491]. Nas lições do autor, com a ocorrência, no mundo fenomênico de um acontecimento previsto pelo direito como hipótese normativa, nasceria a "relação jurídica efectual" e depois, com a constituição do fato em linguagem competente se instauraria a "relação jurídica intranormativa".

Trabalhando com os pressupostos por nós fixados, a mera ocorrência do evento não é suficiente para propagar qualquer efeito na ordem jurídica. Para tanto, é preciso que seja

---

488. *Tratado de direito privado*, p. 118-20.

489. *Causalidade e relação no direito*, p. 86-122.

490. Anteriores à reformulação de sua teoria com o livro *Fundamentos jurídicos da incidência tributária*.

491. *Lançamento tributário*, p. 76-77.

produzida uma linguagem competente. Neste sentido, apenas são jurídicas as relações "intranormativas", as denominadas "efectuais" não pertencem ao sistema do direito positivo e, por isso, não recebem o qualificativo de jurídicas.

Se partirmos do pressuposto de que o direito positivo é o conjunto de normas jurídicas válidas num dado país, que se manifesta, necessariamente, na forma linguística, uma relação para ser jurídica tem que ser intranormativa, pois se não for parte integrante de uma norma, não é jurídica. E para ser intranormativa, tem que ser constituída em linguagem própria. Voltemo-nos ao tema da incidência/aplicação do direito, analisando o gráfico abaixo:

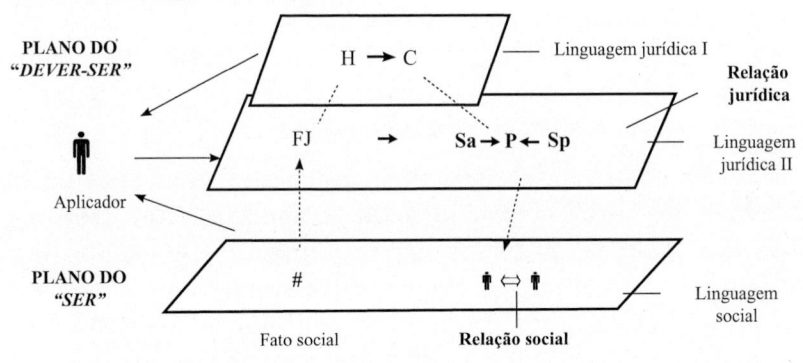

Explicando: no primeiro retângulo acima (no plano do 'dever-ser') temos a representação da norma jurídica geral e abstrata (linguagem jurídica I) que descreve em sua hipótese (H) um acontecimento a ser verificado no plano da realidade social – 'ser' (representado pelo último retângulo de baixo). O aplicador do direito verifica a ocorrência do evento (#), mediante a interpretação do fato social (ato representado pela seta "↖" que aponta do retângulo da linguagem social para o aplicador), que se subsome à hipótese de incidência da norma, construída com a interpretação da linguagem jurídica I (ato representado pela seta "↙" que aponta do retângulo da linguagem jurídica I para o aplicador), e produz uma nova linguagem (ato representado pela seta "→" que aponta do aplicador para a linguagem jurídica II), cujo antecedente contém um fato jurídico "Fj" (denotativo do conceito da hipótese "H" – linguagem jurídica I) e referente ao fato social ("#" – linguagem jurídica II) e a instituição da relação jurídica (Sa $\to$ P $\leftarrow$ Sp) no consequente (denotativa do consequente geral "C" – linguagem jurídica I) e que se refere à linguagem social, com o intuito de modificar condutas, isto é, fazer com que dois ou mais sujeitos se relacionem efetivamente (👤 ⇔ 👤).

Nota-se que relação jurídica só aparece com a linguagem produzida no processo de aplicação (Linguagem jurídica II), mais especificamente na posição sintática de consequente da norma individual e concreta (Sa $\to$ P $\leftarrow$ Sp) posta pelo aplicador, com a incidência de uma norma geral e abstrata (H $\to$ C), por isso é intranormativa. As relações sociais, ou tidas por "relações jurídicas efectuais" (👤 ⇔ 👤) encontram-se em outro plano ("ser"), não mais jurídico, podendo ser anteriores ou posteriores à constituição da relação jurídica.

Para construção da relação jurídica o aplicador não busca informações sobre a relação social, como faz com o fato jurídico, por meio das provas e dos fatos alegados. Os dados para constituição do vínculo jurídico entre sujeitos-de-direito são retiradas do fato jurídico e manipuladas nos moldes do consequente da norma geral e abstrata a ser incidida. Por isso, não necessariamente existe cronologia entre a relação constituída juridicamente e a relação social correspondente, esta pode já existir quando da produção da linguagem competente ou não.

Um exemplo esclarece o que queremos dizer. Digamos que depois de cinco anos do nascimento de uma criança, em cujo registro o nome do pai figure como desconhecido, a mãe ingresse com uma ação declaratória de paternidade que culmine na constituição jurídica do vínculo de paternidade. Perante o sistema biológico, a relação de paternidade sempre existiu, desde a concepção da criança, no entanto, perante o sistema jurídico ela só é constituída com a linguagem competente da sentença na ação declaratória, uma prova disso é que se o pai morre antes da constituição jurídica do vínculo, a criança não tem direito a participar da sucessão. Socialmente, mesmo antes da decisão, o pai pode já ter uma relação paternal com o filho, prestando-lhe assistência e visitando-o frequentemente, ou então, pode ser que a relação social de paternidade se instaure somente depois da sentença, por imputação da coercitividade jurídica.

Tudo isso é indiferente. Inúmeras relações podem existir (sociais, biológicas, históricas, psicológicas), mas para que surjam direitos e deveres correlatos (entendidos aqui como aqueles que podem ser coercitivamente exigidos pelo aparato judicial) é preciso que um vínculo se instaure juridicamente, o que se dá por meio de uma linguagem competente. Tal vínculo projeta-se sempre para o futuro, estabelecendo que a partir da data de sua constituição uma conduta será devida por um sujeito perante o outro. Se a relação social correspondente já existia, desta data em diante ela passa a ter um aspecto jurídico, se não existia, se instaurará já, desde logo, com um aspecto jurídico.

Como já tivemos a oportunidade de ressalvar, a relação jurídica não depende da relação social e nem a social pressupõe a jurídica, pois o direito é uma realidade sintaticamente autônoma da social, muito embora esta seja seu objeto (referente). Como ensina PAULO DE BARROS CARVALHO, "a alteração social (mundo social) é estranha ao fato da relação jurídica, este, na sua concretude existencial, esgota-se na fixação do direito e do dever correlato, sem qualquer atinência aos futuros comportamentos de seus destinatários"[492].

A relação jurídica existe para a realidade jurídica e, sem dúvida, isto produz inúmeros reflexos no mundo social, já que o direito é um subsistema desta realidade. No entanto, trabalhando com a teoria dos sistemas, para que a relação jurídica produza modificações no campo social, é preciso que ela seja traduzida no código próprio daquele sistema, quando de jurídica, passa a ser relação social. O inverso também é verdadeiro, para que uma relação social pertença à ordem jurídica é

---

492. *Direito tributário: fundamentos jurídicos da incidência*, p. 130.

preciso que seja convertida no código próprio do direito positivo, o que se dá com a aplicação normativa.

Também fica fácil visualizar no gráfico que a relação jurídica não se encontra no consequente da norma incidida (regra-matriz de incidência – linguagem jurídica I), que contém apenas a classe de notas para sua identificação. Ela aparece com a produção da norma individual e concreta (linguagem jurídica II), quando os critérios da regra-matriz são concretizados e individualizados, surgindo o vínculo que atrela dois sujeitos (ativo, passivo) em torno de uma prestação, submetida ao operador deôntico modalizado (O, V, P). Isto reforça o que dissemos linhas acima, sobre a relação jurídica não estar contida no consequente da regra-matriz. Ela se instaura no consequente sim, mas da norma individual e concreta produzida mediante ato de aplicação do direito.

3. TEORIA DAS RELAÇÕES

Falamos da relação jurídica e da sua importância para a objetivação da finalidade do direito. Tal importância justifica um estudo mais detalhado sobre as relações, que é alcançado por meio da Teoria das Relações, um subcapítulo da Lógica dos Predicados, mais precisamente conhecida pelo título: "Lógica dos Predicados Poliádicos".

Em primeiro lugar, devemos ter em mente que as relações são sempre proposicionais. Como já observamos, todo conhecimento se opera mediante linguagem, neste contexto, as relações não existem como dados do mundo físico experimentável aos nossos sentidos, mas como elemento linguístico, construído pelo homem ao organizar intelectualmente os dados que lhe são brutos. No curso do processo de conhecimento, primeiro o homem atribui nome àquilo que experimenta e, assim, cria cognoscitivamente o objeto, depois, para compreendê-lo, passa a estabelecer associações entre ele e outros objetos, criando aquilo que denominamos de relações. Deste modo, um objeto se relaciona com outro sempre em termos proposicionais. As relações não se encontram no plano empírico, são estabelecidas linguisticamente, mediante a associação de termos ou proposições, por isso, tomadas como objeto da Lógica.

Na composição interior de um enunciado proposicional (S é P) vamos encontrar duas espécies de termos, um delimitador da classe de indivíduos, sujeitos ou objetos (S), outro da classe de predicados (P), isto é, das propriedades atribuídas ao nome. Em alguns casos, no entanto, ao invés de qualidades (ex: vermelho, mamífero, mortal, etc.), a classe de predicados denota vínculos que se estabelecem com a classe de indivíduos (ex: maior que..., tão alto quanto...., igual a..., abaixo de..., etc.). Temos assim: (i) predicados monádicos, que se referem isoladamente a um indivíduo, ou objeto; e (ii) predicados poliádicos, que vinculam dois ou mais indivíduos, ou objetos. Isso explica ser o estudo das relações objeto da Lógica dos Predicados Poliádicos.

PAULO DE BARROS CARVALHO dedicou-se ao estudo da Teoria das Relações em enriquecedor trabalho que compõe a apostila do curso de Lógica Jurídica da PUC-SP[493] e que agora se encontra editorialmente publicado no seu livro: "Direito Tributário Linguagem e Método"[494]. Neste estudo, o autor tece importantes reflexões sobre o tema, as quais reproduzimos abaixo de forma sucinta.

Em linguagem formalizada os enunciados poliádicos são representados pela fórmula (x R y), onde se lê: "o objeto x tem relação com o objeto y". Utiliza-se as letras maiúsculas (R, S, T) para simbolizar o vínculo relacional e as minúsculas (x, y, z) para designar os termos da relação. A variável de objeto x ocupa a posição sintática de predecessor (anterior, região anterior, ou esquerda) da relação, enquanto o objeto y figura no tópico de sucessor (posterior, região posterior, ou direita da relação). A classe de todos os predecessores de uma relação é

---

493. *Apostila do Curso Lógica Jurídica da PUC-SP*, cap. 5, p. 69-83.

494. *Direito tributário linguagem e método*, p. 98-115.

nominada de "domínio" e a classe de todos os sucessores de "contradomínio".

De acordo com as possibilidades de associações entre seus termos (domínio e contradomínio), as relações podem ser classificadas em: (i) unívocas (ou biunívocas), quando os sujeitos da relação (x R y) são únicos (ex: x é casado com y – na concepção jurídica de casamento adotada por nosso sistema); (ii) uniplurívocas, quando há um só nome na posição anterior e a possibilidade de vários na posição posterior, de modo que, a todo termo posterior corresponda um único objeto anterior (i.e: x é mãe de y); (iii) pluriunívocas, quando há possibilidade de um só nome assumir a posição posterior enquanto vários podem se encontrar na anterior, de modo que, a todo termo anterior corresponda apenas um posterior (i.e: x é filho de y); e (iv) pluriplurívocas, quando vários nomes podem assumir a posição anterior e posterior (i.e. x é amigo de y)[495].

Tomando qualquer destas possibilidades, são três as características fundamentais de uma relação: (i) reflexibilidade; (ii) simetria; e (iii) transitividade.

Reflexibilidade é atributo dos vínculos relacionais em que o mesmo elemento ou sujeito figura na posição anterior e posterior. Com base neste atributo, as relações podem ser: (i.a) reflexivas, quando o vínculo relacional se estabelece entre uma coisa e ela mesma, ou entre um indivíduo e ele mesmo (ex: x matou x, o que equivale dizer x suicidou-se – $x\ R\ x$); (i.b) irreflexivas, quando os vínculos exigem que sujeitos diferentes ocupem as posições de predecessor e sucessor (ex: x é mais velho que y; x é pai de y; x é maior que y – $x\ R\ y$)[496]; (i.c) semirreflexivas, as quais podem assumir ora caráter de

---

495. Todas essas combinações podem ser observadas tanto no vínculo relacional da causalidade jurídica que liga antecedente e consequente normativo (i – H→C; ii – H→C.C; iii – H.H→C; iv – H.H→C.C), como no vínculo relacional que se instaura entre sujeitos presentes no consequente normativo (i – s'R s"; ii – s' R s". s"; iii – s'.s' R s"; iv – s'. s' R s". s").

496. A relação jurídica é um exemplo típico de vínculo irreflexivo, pois ninguém é sujeito de direitos e deveres consigo mesmo.

reflexivas, ou ora de irreflexivas (ex: x está satisfeito com y – x R y; ou consigo próprio – x R x).

A característica da simetria verifica-se quando o vínculo instaurado entre x e y é o mesmo do estabelecido entre y e x (ex: x é vizinho de y e y também é vizinho de x; x é casado com y e y também é casado com x). Levando-se em conta tal atributo as relações podem ser: (ii.a) simétricas; (ii.b) assimétricas; (ii. c) semissimétricas.

Invertendo a ordem da relação (x R y) temos sua relação conversa (y R' x). Uma relação é simétrica quando igual a sua conversa (x R y = y R' x). Por outro lado, quando invertendo a ordem dos termos a relação se modifica, o vínculo é assimétrico (ex: x é maior que y e y é menor que x, não maior; x é pai de y e y é filho de x, não pai). Assim, uma relação é assimétrica quando diferente da sua conversa (x R y ≠ y R' x)[497]. A categoria intermediária das relações semissimétricas, aparece nos vínculos que podem, ora se apresentar como simétricos, ora como assimétricos (ex: x ama y, mas não se sabe se é correspondido; x admira y, mas não se sabe é admirado).

A característica da transitividade verifica-se quando a combinação de duas relações de mesma ordem, estabelecidas uma entre um termo predecessor e um sucessor e outra, entre o termo sucessor da primeira e um terceiro, implicam outro vínculo, de mesma ordem, instaurado entre o predecessor da primeira relação e o terceiro termo sucessor da segunda (ex: x é menor que y e y é menor que z, então x é menor que z). Para os três objetos x, y, e z as condições de 'x R y' sempre implicam 'x R z'. Com base nesta característica, as relações podem ser: (iii.a) transitivas; (iii.b) intransitivas; e (iii.c) semitransitivas.

Nas relações transitivas para os três objetos x, y, e z, as condições de 'x R y' sempre implicam 'x R z'. Nas relações intransitivas isto não se verifica, a combinação de duas relações

---

497. As relações jurídicas enquadram-se na categoria das assimétricas, pois os direitos e deveres atribuídos a um sujeito de direito x são sempre diferentes dos conferidos ao sujeito de direito y.

de mesma ordem, estabelecidas uma entre um termo predecessor e um sucessor e outra, entre o termo sucessor da primeira e um terceiro, implicam um vínculo de outra ordem, instaurado entre o predecessor da primeira relação e o terceiro termo sucessor da segunda (ex. se x é mãe de y e y é mãe de z, então x é avó de z e não mãe). E, nas relações semitransitivas os vínculos aparecem ora como transitivos, ora como intransitivos, dependendo das circunstâncias (ex: x é amigo de y e y é amigo de z, no entanto, não se sabe se x é amigo de z; x conhece y e y conhece z, no entanto, não é certo que x conhece z)[498].

Dentro de um sistema as relações são constituídas a partir da junção de elementos ou pela modificação de outras relações, mediante aquilo que denominamos de cálculo de relações.

Dois importantes conceitos para realização dessas operações de constituição e modificação são os de: (i) relação universal; e (ii) relação nula.

Relação universal é a que vincula todo indivíduo a todo indivíduo dentro de determinado contexto (ex: no conjunto dos cristãos todos os integrantes guardam relação com Deus e, por isso, todos são irmãos de fé). Relação nula ou vazia é aquela que nunca se estabelece entre indivíduos de um sistema (ex: no conjunto dos homossexuais, ser heterossexual é uma relação nula). Trazendo exemplos no âmbito jurídico, espécie de relação universal, para o direito, é a que estabelece obrigação de reparar o dano por todos aqueles que o motivaram. Já como espécie de relação nula, temos a que atribui um prêmio em dinheiro para aqueles que cometem crimes.

Outro conceito relevante é o de "complemento de relação", que se define como a classe de indivíduos entre os quais não se dá uma relação. O complemento da relação, ser agente

---

498. No direito as relações podem ser de ordem transitiva ou intransitiva, depende do caso concreto.

competente, por exemplo, é a classe dos indivíduos que não são agentes competentes.

No cálculo de relações, mediante o qual vínculos relacionais são instituídos e modificados, destacam-se algumas operações, como: (i) soma ou união absoluta de relações; (ii) inclusão de relações; (iii) intersecção de relações; (iv) produto relativo de relações.

Há soma ou união absoluta de relações quando dois ou mais vínculos juntos formam um terceiro (ex: a soma das relações x é filho de y e z é neto de y formam a relação ser descendente de y), em termos formalizados temos: "R U S = T". Juridicamente, a relação ser motorista habilitado, por exemplo, é formada da soma de várias relações que estabelecem os direitos e deveres a serem observados no trânsito.

Há inclusão de relações quando um vínculo insere-se no contexto de outro vínculo (ex: as relações x é pai de y, y é filho de x, y é tio de z, estão incluídas na relação ser parente de x), em termos formais temos: "R ⊂ S = T". No direito, por exemplo, verifica-se a inclusão na relação de suspensão da exigibilidade do crédito tributário, onde se incluem a relação de parcelamento, depósito, concessão de liminar, etc.

Dá-se intersecção (ou produto absoluto de relações) quando dois vínculos são conjugados em um (ex: a intersecção das relações ser irmão de y e ser mais velho que y, resulta na relação ser irmão mais velho de y), em termos formais temos: "R ∩ S = T" (x R y ∩ x S y = x T y). Juridicamente temos como exemplo a relação de reincidência penal, formada pela intersecção de duas ou mais penas.

E por fim, há produto relativo quando uma relação se estabelece entre x e z, em decorrência da relação que x mantém com y e que y mantém com z (ex: x é irmã de y e y é mãe de z, logo x é tia materna de z – a relação ser tia de z é o produto relativo das relações ser irmã de y e ser mãe de z). Como exemplos jurídicos de produto relativo de relações, podemos citar o vínculo que se estabelece entre fiador e vendedor (z T x), resultado do cálculo das relações entre o vendedor e o comprador (x R y) e entre o comprador e o fiador (y S z); a relação de substituição tributária pela compra de imóvel estabelecida entre comprador e fisco (z T x); e a relação processual, que se institui entre juiz autor e réu, resultado (produto relativo) das relações autor/juiz e juiz/réu.

A digressão foi longa, mas útil, pois tudo que vimos acima aplica-se à operacionalidade do direito positivo, ou seja, os meios dos quais dispõe o sistema para alcance de seus fins. De agora em diante, no entanto, restringimos nosso campo de análise às relações jurídicas, aquelas sobre as quais atua o functor deôntico (dever-ser) numa das suas formas modalizadas (obrigatório, permitido ou proibido) e mediante as quais o direito materializa sua finalidade regulativa.

4. RELAÇÃO JURÍDICA COMO ENUNCIADO FACTUAL

Ao tratarmos as relações como um ente lógico, condicionamos sua existência à produção de uma linguagem, pois o acesso ao universo das fórmulas lógicas se dá única e exclusivamente a partir da linguagem (mediante a formalização de uma linguagem objeto).

A afirmação, segundo a qual as relações são constituídas linguisticamente, ganha ainda mais força quando tratamos especificamente das relações jurídicas, dado ser o direito um objeto cultural, cuja materialização se dá por meio de uma linguagem prescritiva, empregada na forma escrita.

Partindo da premissa de que o sistema do direito é um corpo de linguagem, a relação jurídica surge apenas com a formação de um enunciado linguístico produzido no código próprio deste sistema. Nestes termos, não temos dúvidas de que a relação jurídica caracteriza-se como um fato jurídico (em sentido amplo). Trata-se de um enunciado protocolar e denotativo, posicionado no tempo e no espaço da produção normativa, que se refere a um acontecimento social (conduta humana) e ocupa posição sintática de consequente de uma norma individual e concreta. É, nos dizeres de LOURIVAL VILANOVA, um fato-conduta, com as mesmas características do estudado no capítulo anterior (fato-causa)[499].

Com o ato de aplicação do direito, dois fatos são inseridos no ordenamento jurídico: (i) fato-causa (fato jurídico em sentido estrito); e (ii) fato-conduta (fato jurídico relacional). O primeiro constituído com base nos critérios conotativos da hipótese de incidência e o segundo, com base nas notas indicativas do consequente, ambos da norma incidida (geral e abstrata). Na linguagem da norma individual e concreta, introduzida pelo ato de aplicação, temos, como ensina PAULO DE BARROS CARVALHO, "um enunciado protocolar denotativo que se obtêve pela redução à unidade das classes de notas (conotação) do antecedente da regra geral e abstrata, implicando outro enunciado, também protocolar e denotativo, construído pela redução à unidade das classes de notas (conotação) do consequente da norma geral e abstrata"[500]. São dois enunciados, fato-causa no antecedente e fato-conduta no consequente.

Diferente do fato-causa, a relação jurídica é um fato relacional, que vincula dois ou mais sujeitos em torno de uma prestação. Ambos são enunciados linguísticos, constituídos nos moldes prescritos pelo sistema. A distinção entre ambos, no entanto, verifica-se com a análise de seus planos sintático, semântico e pragmático.

Sintaticamente, o fato jurídico (em sentido estrito) assume a forma de predicado monádico (S é P), ao passo que, o fato jurídico relacional reveste-se da forma dos predicados poliádicos (S' R S"). Ademais, é nos enunciados relacionais do direito que se verifica a presença do operador 'dever-ser', numa das suas três modalidades: obrigatório (O), permitido (P) e proibido (V).

---

499. *As estruturas lógicas do sistema do direito positivo*, p. 154.

500. *Direito tributário: fundamentos jurídicos da incidência*, p. 129.

Semanticamente, o fato jurídico *stricto sensu* apresenta-se como enunciado descritivo, declarando a ocorrência de um evento pretérito. Sua referência significativa se volta para o passado, por isso, apesar de constitutivo em relação ao fato para o mundo do direito, é declaratório com relação ao evento. Ao contrário, o fato relacional apresenta-se como enunciado prescritivo, projetando-se para o futuro, ao determinar que, a partir da unidade nele prevista, uma conduta será deonticamente devida. Sua referência significativa volta-se para o presente, constituindo deveres e direitos correlatos.

E, pragmaticamente, a diferenciação que se deve pontuar é que o enunciado do fato jurídico (em sentido estrito) atua como causa enquanto o da relação jurídica, como efeito.

Para demonstrar que a relação jurídica é um fato e de que tal fato se configura num enunciado linguístico competente, PAULO DE BARROS CARVALHO traz o exemplo de uma relação objetiva qualquer, inserida no mundo jurídico por meio de sentença judicial. Nos dizeres do autor, "a ponência de um ato jurisdicional como esse é, verdadeiramente, um fato, que acontece em determinadas condições espaço-temporais, da mesma forma que os acórdãos, os contratos, os atos administrativos, etc"[501]. Para dizer qual o direito e o dever correlato do caso concreto, o juiz produz um enunciado, delimitado no tempo e no espaço, referente a uma conduta determinada, que certo sujeito deverá ter para com outro. Se para nós, o fato é tomado como enunciado linguístico referente à certa ocorrência e uma conduta caracteriza-se como certa ocorrência envolvendo duas pessoas, a relação instituída pelo juiz como efeito jurídico na sentença, nada mais é do que um fato jurídico relacional. Trata-se de um enunciado linguístico poliádico (que estabelece relação entre dois ou mais sujeitos), protocolar (que inova o sistema – ao instituir direitos e

---

501. *Direito tributário: fundamentos jurídicos da incidência tributária*, p. 131.

deveres correlatos) e denotativo (constituído mediante a determinação dos critérios do consequente da regra incidida na sentença).

Outra prova de que a relação jurídica apresenta-se na forma de um enunciado factual aparece quando pensamos na sua modificação ou extinção. Qualquer alteração que se pretenda no teor do vínculo instituído com a sentença, deverá ser feita mediante outra manifestação do Poder Judiciário, ou seja, pela produção de outra linguagem, outro fato relacional. Isto ratifica a tese de que a propagação de efeitos jurídicos só se dá com a produção de uma linguagem competente e que estes nada mais são do que fatos, enunciados concretos, individualizados, produzidos segundo a previsão dos consequentes de normas gerais e abstratas.

4.1 Determinação do enunciado relacional

No enunciado relacional, presente no consequente da norma individual e concreta veiculada pelo ato de aplicação, o conceito do consequente da norma geral incidida é apurado com extrema determinação, de tal modo que a classe conotativamente prevista transforma-se num conjunto de um único objeto, devidamente caracterizado. Não temos mais as propriedades que as relações devem ostentar, mas sim os elementos que as constituem, quais sejam: (i) um elemento subjetivo, apontando para um sujeito ativo, titular do direito subjetivo de exigir a prestação (ex. João, Maria, Ana, Paulo, etc.) e um sujeito passivo, titular do dever jurídico de cumprir a prestação (ex. José, Flávio, Carla, toda a coletividade, etc.); e (ii) um elemento prestacional, determinando a prestação (ex. obrigado a entregar R$ 5.000,00; proibido estacionar na rua x; permitido dirigir veículo automotor, etc.).

A existência da relação jurídica pressupõe determinação de seus termos. Sem ela o vínculo não se instaura, porque não há elementos, apenas notas identificadoras de uma classe.

Determinação, contudo, não se confunde com individualização. Há relações que se estabelecem intranormativamente, apresentando em um dos polos, uma classe de sujeitos não-individualizados. É o que se verifica, por exemplo, nas relações de propriedade, de personalidade, de trânsito, etc., em que um dos termos (ativo ou passivo) é preenchido por todos os membros da coletividade. Tais relações são jurídicas porque constituídas por atos de aplicação do direito (ex. registro de propriedade; registro de nascimento; habilitação de motorista), contudo, não dispõem de executoriedade enquanto não totalmente individualizadas.

O proprietário, por exemplo, tem o direito subjetivo de ter a coisa como sua perante qualquer pessoa e todos os membros da coletividade tem o dever jurídico de respeitar tal direito. Nota-se que num dos polos (ativo) o sujeito aparece individualizado (o proprietário) e no outro (passivo) generalizado (todos os membros da coletividade). Tal relação existe juridicamente, pois constituída com o registro da propriedade, no entanto, só disporá de aparato coercitivo quando inteiramente individualizada, o que ocorre com a incidência de uma norma punitiva (quando aquele membro da coletividade que não respeita o direito de ter a coisa como sua, do proprietário, é apontado como sujeito passivo da relação).

Neste sentido, podemos dizer que para a existência de uma relação jurídica há necessidade de que pelo menos um dos sujeitos do vínculo jurídico (ou o ativo ou o passivo) esteja individualizado. A indeterminação quanto ao outro sujeito, no entanto, deve ser momentânea, caso contrário, frustra-se a possibilidade de execução.

O enunciado relacional é localizado no tempo e no espaço da produção normativa. Como seu teor não é declaratório de um evento passado (o que ocorre no fato jurídico *stricto sensu*), mas sim prescritivo de uma conduta, não há que se diferenciar tempo *do fato* e tempo *no fato* do enunciado relacional. O tempo *no fato* da relação jurídica é futuro e indeterminado, por isso, não considerado. Seu enunciado não descreve um evento que ocorreu (como o fato jurídico em sentido estrito), o que impossibilita sua determinação. Ele prescreve a existência de uma ocorrência (instauração de direito e deveres correlatos) que se dá a partir do tempo *do fato* (momento de sua produção) e continua existindo até que seja desconstituída por outro enunciado prescritivo competente.

Nesta linha de raciocínio, não devemos confundir o tempo da relação jurídica com o momento de seu cumprimento ou não-cumprimento, fixado como tempo *no fato* da norma derivada (punitiva ou não) da regra que institui a relação, pois a existência do vínculo jurídico é sempre anterior ao seu adimplemento (quando esta for fixada juridicamente) e nem sempre é neste momento que se extingue a relação jurídica, pois o sujeito passivo pode não cumpri-la, não realizando a conduta prescrita.

O mesmo podemos dizer quanto ao local da relação jurídica. O local da produção do enunciado relacional confunde-se com o da propagação de seus efeitos. Estas alegações só reforçam a tese da desnecessidade de um critério temporal ou espacial no consequente da regra-matriz de incidência.

4.2 Aplicação das categorias da semiótica

A tomada de posição da relação jurídica como um fato relacional permite-nos aplicar ao seu estudo as categorias de objeto imediato e objeto dinâmico, adotadas para análise do fato jurídico, no capítulo anterior. A aplicação de tais recursos reforça a separação e autonomia do vínculo instituído juridicamente (fato-conduta) com relação à conduta (social) ao qual ele faz referência, já destacada no primeiro item deste capítulo.

A relação jurídica é uma realidade própria do direito positivo (exclusivamente jurídica), não pertence ao plano social, econômico, político, moral, religioso, apenas ao mundo do direito, muito embora faça referência à realidade social. Aplicando aqui as categorias de Semiótica, temos o enunciado jurídico relacional do consequente da norma individual e concreta como objeto imediato e a conduta social à qual ele se refere como objeto dinâmico.

A ilustração abaixo demonstra tal associação:

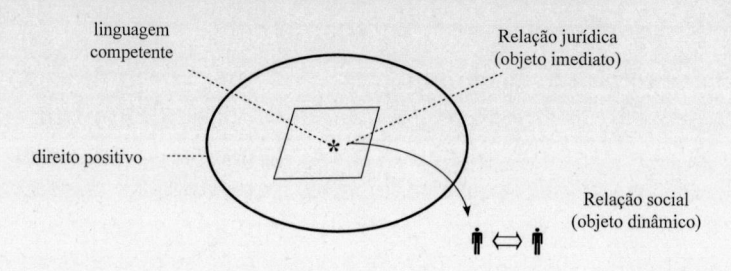

```
          linguagem
          competente                    Relação jurídica
                                        (objeto imediato)


direito positivo  ········                Relação social
                                          (objeto dinâmico)
                           ♦ ⇔ ♦
```

Explicando: a relação jurídica (objeto imediato – representada no gráfico pelo símbolo "*") é constituída com a produção de uma linguagem competente (representada no gráfico pelo quadrado) que lhe atribui pertinência ao sistema do direito positivo (representado pela figura circular). O enunciado que a constitui refere-se a uma relação social já existente ou a ser instaurada (objeto dinâmico – representada pela ilustração " ♦ ⇔ ♦ ") noutro plano, fora da delimitação do direito positivo e, por isso, com ela não se confunde.

Devemos lembrar que o objeto imediato capta apenas alguns aspectos do objeto dinâmico, não tendo o condão de repeti-lo. Nestes termos, a relação jurídica jamais prescreverá a conduta social na sua integridade constitutiva, esta será infinitamente mais complexa. Na verdade, o que podemos dizer sobre a relação jurídica é que ela capta apenas um aspecto da conduta a ser verificada socialmente: o jurídico. Aos demais aspectos só temos acesso por meio da experiência colateral.

Ainda, considerando a relação jurídica como um enunciado factual, podemos aplicar perfeitamente a distinção entre *erro de fato* e *erro de direito* (trazida no capítulo anterior) para explicar eventuais distorções entre o enunciado relacional e o evento ou entre este e a norma que lhe serve de fundamento no processo de aplicação.

Há erro de fato em relação ao enunciado relacional quando o aplicador manipula, de forma inadequada, as provas empregadas na sua composição (ex: fatos do processo revelam que A matou B, mas o juiz ao proferir a sentença interpreta equivocadamente as provas constantes nos autos entendendo que C matou B e institui contra C a pena de privação de liberdade – há erro de fato em ambos os enunciados: do fato jurídico e da relação jurídica). Por outro lado, há erro de direito com relação ao enunciado relacional quando o aplicador, ao constituí-lo, utiliza algum critério indevido como fundamentação jurídica (ex: a alíquota aplicável para apuração do crédito tributário de IPTU é de 0,1% e a prefeitura efetua o lançamento sobre a alíquota de 0,5% – há erro de direito com relação ao enunciado relacional, posto na posição sintática de consequente da norma individual e concreta).

5. ELEMENTOS DO FATO RELACIONAL

O fato relacional é construído com a denotação dos critérios do consequente da norma jurídica aplicada. Logo, para que se instaure o vínculo jurídico faz-se necessário a presença de pelo menos: (i) um sujeito ativo e (ii) outro passivo (ainda que um deles não se encontre individualizado); e (iii) de um objeto (prestação). Mas, isto não é tudo, analisando formalmente a estrutura da relação jurídica, verifica-se que ela é composta de mais dois elementos, responsáveis pela concatenação dos anteriores, são eles: (iv) o direito subjetivo e o (v) dever jurídico.

Temos, assim, que a relação jurídica é composta por cinco elementos (sujeito ativo, sujeito passivo, objeto, direito subjetivo e dever jurídico), que graficamente pode ser representada da forma a seguir:

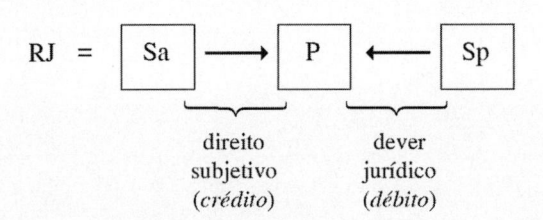

$$RJ = \boxed{Sa} \longrightarrow \boxed{P} \longleftarrow \boxed{Sp}$$

$$\underbrace{}_{\substack{\text{direito} \\ \text{subjetivo} \\ (\textit{crédito})}} \underbrace{}_{\substack{\text{dever} \\ \text{jurídico} \\ (\textit{débito})}}$$

Onde se lê: Relação jurídica (RJ) equivale à (=) um sujeito ativo (Sa) que tem o direito subjetivo (→) de exigir certa prestação (P) de um sujeito passivo (Sp), sendo que este tem o dever jurídico (←) de cumpri-la.

Na representação lógica acima, os termos "Sa", "P" e "Sp", que simbolizam, respectivamente, o sujeito ativo, a prestação e o sujeito passivo, atuam como variáveis, enquanto que os signos "→" e "←", representativos do direito subjetivo e do dever jurídico, operam como constantes. Isto quer dizer que, o conteúdo dos primeiros se modifica de relação para relação, enquanto o dos segundos permanece sempre o mesmo em qualquer relação jurídica. A abertura significativa das variáveis "Sa", "P" e "Sp" é responsável pela heterogeneidade semântica das relações jurídicas, enquanto a não-variação da estrutura garante-lhes homogeneidade sintática.

5.1 Sujeitos

Os polos ativo "Sa" e passivo "Sp" da relação jurídica são sempre ocupados por pessoas.

Durante muito tempo a doutrina discutiu a possibilidade de a relação jurídica se instaurar entre uma pessoa e um objeto. Tal tema abriu margem a intermináveis disputas acadêmicas em grande razão pela existência dos denominados "direitos reais" (sobre as coisas – ex: propriedade, posse, domínio útil).

A ideia era de que, nestes casos, os direitos subjetivos inerentes às coisas se constituíam devido a vínculos estabelecidos juridicamente entre os sujeitos e os bens. O proprietário de um imóvel, por exemplo, teria uma relação com o imóvel denominada de propriedade, o possuidor de posse, o usufrutuário de usufruto e assim por diante. O direito subjetivo seria inerente à coisa e não a terceiros, tendo-se a coisa como objeto. Com o passar do tempo tal discussão caiu em desuso, consolidando-se o posicionamento de que, por a prescrição normativa incidir sobre condutas intersubjetivas, as relações jurídicas são essencialmente bilaterais, estabelecendo-se sempre entre sujeitos. Neste sentido, toda relação jurídica é interpessoal, os polos ativo e passivo são, necessariamente, compostos por sujeitos de direito, não importando serem estes pessoa física ou jurídica, de direito público ou privado, interno ou externo.

Os termos sujeitos (Sa e Sp) podem ser um ou vários, individuais ou coletivos. Requisito indispensável, no entanto, é que sejam pessoas diferentes, isto porque, o direito positivo toma como objeto apenas condutas intersubjetivas, ou seja, aquelas que se estabelecem entre dois ou mais sujeitos. Como explica LOURIVAL VILANOVA, "direitos, faculdades, autorizações, poderes, pretensões, que se conferem a um sujeito-de--direito estão em relação necessária com condutas de outros que se colocam reciprocamente nas posições do primeiro sujeito-de-direito"[502]. Ninguém tem direitos e deveres jurídicos em relação a ele próprio, mas sim em relação a terceiro. E neste sentido, toda relação jurídica é irreflexiva.

5.2 Objeto – Prestação

Além do elemento subjetivo, como termo variável, o enunciado relacional contém o objeto (P), conteúdo do direito subjetivo de que é titular o sujeito ativo e, ao mesmo tempo, do dever jurídico a ser cumprido pelo sujeito passivo. O elemento prestacional indica a conduta prescrita como obrigatória (O), proibida (V), ou permitida (P), pela norma jurídica incidida. Ele é responsável por dizer qual a orientação normativa, ao caracterizar objetivamente a conduta a ser cumprida.

A conduta titulada como "prestação" da relação jurídica é específica e concreta, pois denotativa do critério prestacional da norma incidida no ato de aplicação. Enquanto no consequente da norma geral e abstrata há notas indentificativas da conduta prescrita (ex. pena de reclusão de 10 a 16 anos;

---

502. *Causalidade e relação no direito*, p. 121.

pagar 1% do valor do imóvel; entregar o bem vendido, etc.), no elemento prestacional do enunciado relacional a conduta aparece de forma especificada (ex. pena de reclusão de 12 anos; pagar R$ 5.000,00; entregar o imóvel x, localizado na rua y n. z; etc.).

A prestação configura-se como objeto da relação jurídica e é identificada por um verbo e um complemento (ex. pagar indenização; ultrapassar a velocidade de 100 km/h; dirigir veículo automotor; etc.), sobre os quais incidem os modalizadores deônticos: obrigatório, proibido, permitido (ex. obrigado pagar indenização; proibido ultrapassar a velocidade de 100 km/h; permitido dirigir veículo automotor; etc.).

A doutrina civil[503] trabalha com a diferença entre objeto imediato e objeto mediato da relação jurídica. O primeiro consubstanciado na prática de um ato positivo ou negativo (ex: dar, fazer ou não fazer), o que para nós se configura como o verbo do elemento prestacional e o segundo representado pelo complemento do ato. A ação de pagar o valor da indenização, por exemplo, seria o objeto imediato, enquanto o valor pago ao lesado, o objeto mediato.

Atentos a tal separação, mas para não utilizarmo-nos dos termos "mediato" e "imediato", pois, segundo nossa concepção, o objeto da relação é apenas um (composto pela conjunção do verbo mais o complemento), falamos em "prestação" como objeto da relação jurídica e "objeto prestacional" para denotar seu complemento, representado por um bem qualquer que se consubstancia num dos elementos da prestação.

Toda prestação tem um objeto, representado gramaticalmente no enunciado relacional, pelo complemento verbal da prestação. Em alguns casos, este complemento encontra-se quantificado (ex. pagar R$ 10.0000,00; doar 500 livros; deter 3 anos; etc.), dado a presença de um critério quantificativo

---

503. Citamos como exemplo os autores CAIO MÁRIO DA SILVA PEREIRA, *Instituições de direito civil*, p. 21 e MARIA HELENA DINIZ, *Curso de direito civil brasileiro*, p. 34.

no consequente da norma geral incidida, utilizada como base para produção do enunciado relacional. Noutros casos o complemento é apenas nominal, aponta para um objeto determinado, porém não quantificado (ex: apresentar a declaração x; entregar o animal y; ser pai de z; etc.). Mas nominal ou quantificado, uma coisa é certa, para que a prestação seja passível de ser exigida juridicamente (de forma coercitiva), imprescindível é a determinação de seu objeto.

Além da determinação do objeto, devemos ainda observar dois requisitos quanto à prestação da relação: (i) sua licitude e sua (ii) possibilidade física e jurídica.

A prestação da relação jurídica há de ser uma conduta contida no campo do lícito. Sendo ela um elemento do enunciado relacional, temos que a relação instituída juridicamente há de constituir-se num fato lícito.

O que se pretende quando se afirma a necessidade da relação jurídica figurar no reino da licitude é assegurar que seu objeto seja valorado positivamente pelo direito. Não haverá, por exemplo, uma relação jurídica instituindo o direito subjetivo de roubar bem de outrem, nem de violar a integridade física de outrem, pois tais condutas ferem direitos e garantias valoradas positivamente pelo sistema.

Quanto ao outro requisito, é indispensável a possibilidade de realização material e jurídica da conduta instituída como prestação da relação jurídica.

Por possibilidade material, explica PAULO DE BARROS CARVALHO, "entendemos a possibilidade física, isto é, tudo aquilo que a lei da causalidade natural, nas suas várias combinações propicia ao conhecimento do homem moderno, enquanto, por possibilidade jurídica, aludimos aos procedimentos que a ordenação do direito permite implementar, colocando-os ao alcance dos interessados"[504]. A possibilidade material se verifica quando a conduta prescrita é capaz de ser praticada. Neste

---

504. *Direito tributário: fundamentos jurídicos da incidência*, p. 140.

sentido, não pode ser objeto da relação jurídica, por exemplo, a conduta de entregar um unicórnio ou um gnomo (cujo objeto prestacional consiste num ente metafísico), nem a conduta de construir uma casa na lua (dado a impossibilidade física de tal prestação).

Já a possibilidade jurídica diz respeito à utilização da forma adequada prescrita pelo direito para constituição de seus fatos. Não pode ser objeto de uma relação jurídica contratual, por exemplo, a conduta de modificar o nome de alguém, pois, para isso, o direito prescreve um instrumento próprio, a sentença judicial.

Outra condição inerente não apenas ao objeto, mas aos elementos variáveis da relação é a correlação semântica entre os conteúdos do enunciado relacional e do fato jurídico, devido à circunstância daquele ser produzido como efeito deste.

Dado à correlação entre hipótese e consequente, imposta pela causalidade jurídica, há uma necessidade semântica do conteúdo das variáveis de sujeito e prestação estar relacionado à significação do enunciado fáctico posto na condição de antecedente normativo. Mesmo porque, as informações indispensáveis para constituição da relação jurídica são obtidas do fato jurídico e manipuladas nos moldes dos critérios contidos no consequente da regra aplicada.

Numa sentença criminal, por exemplo, o juiz, para instituir a relação penal, identifica o réu (sujeito passivo da relação) observando no fato constituído juridicamente quem realizou a conduta criminosa, da mesma forma, para individualizar a pena (prestação) volta-se ao fato, analisando a culpabilidade do agente, as circunstâncias que o envolvem, as consequências dele decorrentes, os motivos que o antecedem, o comportamento da vítima, tudo nos termos do art. 59 do CP. Estabelece-se, assim, uma relação semântica entre o enunciado factual e o enunciado relacional.

5.3 Direito subjetivo e dever jurídico

Finda a análise dos elementos variáveis da relação jurídica, voltemo-nos a seus outros dois elementos: (i) o direito subjetivo; e (ii) o dever jurídico, representados pelos vetores "→" e "←", ambos mutuamente relacionados, com a mesma intensidade (por isso correlatos) e direção (apontados para o objeto da relação), porém em sentidos contrários.

O direito subjetivo (simbolizado pela constante "→") constitui-se na possibilidade jurídica de que é titular o sujeito ativo de exigir o cumprimento da prestação, ou seja, na prerrogativa de utilizar-se dos mecanismos que o direito dispõe para assegurar sua realização. Já o dever jurídico (representado pela constante "←") constitui-se na obrigatoriedade de que é investido o sujeito passivo de adimplir a prestação, obrigatoriedade esta garantida pelo aparato coercitivo do sistema jurídico. Ao direito subjetivo atribui-se o nome de "crédito", enquanto ao dever jurídico o de "débito".

Nestes termos, juridicamente, "crédito" é o direito subjetivo, de que é titular certo sujeito, de exigir de outro determinada prestação e, em contrapartida, "débito" é o dever jurídico outorgado a certo sujeito de cumprir determinada conduta em favor de outrem.

Tanto o crédito quanto o débito, enquanto elementos da relação jurídica, são vínculos que unem dois sujeitos de direito (ativo e passivo) em torno de uma prestação. Eles só aparecem na linguagem da norma individual e concreta produzida com a aplicação. Antes, na linguagem da norma geral e abstrata, encontramos apenas critérios identificativos dos termos variáveis (sujeitos e prestação). Nela não há relação jurídica, em razão da inexistência de tais vínculos.

Os termos variáveis ('Sa', 'P' e 'Sp') são apontados com maior facilidade no enunciado relacional (enquanto suporte físico). Numa sentença, por exemplo, de pronto identifica-se os sujeitos, o verbo que representa o núcleo da conduta prescrita e o complemento verbal denotativo do objeto desta conduta. A presença do direito subjetivo e o dever jurídico são geralmente identificados pelas expressões "fica obrigado", "fica proibido", "deve", etc. Mas, ao formalizarmos a linguagem do enunciado relacional, encontramos a estrutura acima observada, com todos seus elementos: (i) sujeito ativo; (ii) direito subjetivo; (iii) prestação; (iv) dever jurídico; e (v) sujeito passivo. Basta a falta de um deles e a relação jurídica não se instaura. Tal afirmação é suficiente para demonstrar serem estes os elementos irredutíveis de toda e qualquer relação jurídica.

6. CARACTERÍSTICAS LÓGICO-SEMÂNTICAS DA RELAÇÃO JURÍDICA

Vimos, alguns tópicos acima deste capítulo, que são três as características fundamentais de uma relação: (i) reflexibilidade; (ii) simetria; e (iii) transitividade. Aplicando tais conceitos à relação jurídica, que antes de ser jurídica é uma espécie de relação e, por isso, inteiramente subordinada às diretrizes lógicas fixadas acima, podemos dizer que elas são necessariamente *irreflexivas* e *assimétricas*, apresentando-se ou não como *transitivas* ou *intransitivas*. Tal aplicação, porém, não depende pura e simplesmente de critérios lógicos, mas muito mais, da análise de aspectos semânticos inerentes ao sistema jurídico, como constataremos a seguir[505].

A irreflexibilidade das relações jurídicas é uma condição reivindicada pelo campo objetal do direito positivo, não uma imposição lógica, pois as relações, tomadas como estruturas sintáticas, podem tanto ser reflexivas, quanto irreflexivas, em razão do conteúdo que apresentam. Como esclarece LOURIVAL VILANOVA, "logicamente é plenamente possível que

---

505. É comum no direito que questões de fundo lógico recebam tratamento semântico, porque, se sob o prisma sintático, todo seu discurso encontra-se estruturado de forma homogênea, pelo ângulo semântico, todo texto jurídico avança em direção a comportamentos interpessoais heterogêneos, visando regulá-los.

um termo tenha relação reflexiva com ele mesmo, mas é a textura do direto positivo que repele essa retroversão de um termo sobre ele mesmo"[506]. A região ontológica sobre a qual o direito incide exige a forma mínima da bilateralidade de suas relações.

Retomando o que foi dito em termos gerais, relações reflexivas são aquelas em que o mesmo sujeito figura na posição anterior e posterior ('x R y' onde 'x = y'), enquanto, as irreflexivas são aquelas em que os polos são ocupados por pessoas diversas ('x R y' onde 'x ≠ y'). Os vínculos jurídicos se voltam sobre a região material das condutas intersubjetivas. As condutas intrassubjetivas estão fora do campo de regulação do direito, interessando apenas a outros sistemas de normas como a moral, a religião, a ética, etc. Daí porque, a relação jurídica caracterizar-se como irreflexiva. Há a necessidade sintático-semântica, reivindicada pelo próprio sistema, de o vínculo jurídico se instaurar entre sujeitos diferentes, o que afasta por completo qualquer possibilidade de encontrarmos uma única relação jurídica reflexiva ou semirreflexiva. Como bem frisa PAULO DE BARROS CARVALHO, "os vínculos jurídicos serão sempre e necessariamente aliorrelativos"[507].

Da mesma forma serão assimétricos. A assimetria das relações jurídicas também é reivindicada devido ao campo de objetos sobre o qual incide a regulação jurídica. Não se trata de uma necessidade lógica das relações, porque estruturalmente, estas podem ser simétricas ou assimétricas. Trata-se de um imperativo lógico-semântico próprio do sistema jurídico.

Relembrando, uma relação é simétrica quando o vínculo instaurado entre x e y é o mesmo do estabelecido entre y e x, ou seja, quando idêntica a sua conversa e é assimétrica quando o laço instaurado entre x e y é diferente do estabelecido entre y e x, ou seja, quando diferente de sua conversa.

---

506. *Causalidade e relação no direito*, p. 166.
507. *Direito tributário: fundamentos jurídicos da incidência*, p. 143.

As relações jurídicas são invariavelmente assimétricas. Se x é credor em relação a y, este é devedor em relação à x; se x é vendedor em relação a y, este será comprador em relação à x; se x é contratado com relação a y, este será contratante em relação a x; e assim por diante. Isto ocorre porque, os vetores que unem os sujeitos ativo e passivo em torno de uma prestação, apesar de terem a mesma intensidade e direção apontam em sentidos contrários. Enquanto um dos sujeitos (o ativo) é titular do direito subjetivo a algo, o outro sujeito (passivo) tem o dever jurídico a este algo, por isso, os vínculos jurídicos serão sempre e necessariamente assimétricos.

Invariavelmente, toda a relação jurídica terá a sua conversa, pois como preceituava LOURIVAL VILANOVA "a todo direito corresponde um dever". Mas, a relação conversa nunca será idêntica àquela que lhe é originária. Na relação originária de crédito, por exemplo, o credor tem o direito subjetivo de exigir do devedor determinado montante pecuniário ao passo que o devedor tem o dever jurídico de pagá-lo. Sua conversa corresponde ao direito subjetivo do devedor pagar o determinado montante pecuniário e ao dever jurídico do credor aceitar o pagamento[508].

Nota-se que ao inverter-se a relação ela se transforma em outro vínculo. Caso a relação conversa fosse idêntica à originária, se o devedor tivesse o direito subjetivo de exigir do credor o determinado montante pecuniário e este o dever jurídico de pagá-lo, pelo cálculo lógico das relações, elas mutuamente se excluiriam, dado seus vetores apontarem para o mesmo objeto, com a mesma intensidade e em sentidos opostos. Nestes termos, a simetria é uma impossibilidade sintático-semântica das relações jurídicas.

Quanto à transitividade, o direito mantém-se indiferente. Os vínculos podem apresentar-se ora como transitivos, ora como intransitivos, de acordo com os interesses políticos inerentes às prescrições normativas.

---

508. Tal relação é que fundamenta a ação de consignação em pagamento.

Recapitulando, há transitividade quando x está em relação com y e está em relação com z, porque y está em relação com z, e intransitividade quando apesar de y estar em relação com z e x estar em relação com y, não existe relação entre x e z.

Em alguns casos o direito prescreve a existência de transitividade entre suas relações em outros, não. PAULO DE BARROS CARVALHO cita os exemplos da falência, da concordata e do concurso de credores, em que o direito institui a transitividade do vínculo de crédito determinando que x se torne credor de z, porque é credor de y e este é credor de z[509]. Em regra, a relação de crédito não é transitiva (não é porque y é credor de z e x é credor de y que x será credor de z), mas o sistema, em certos casos, pode prescrever que seja. Assim, nada se pode dizer da transitividade ou intransitividade das relações jurídicas em termos gerais, a não ser que a análise recaia sobre o caso concreto.

7. CLASSIFICAÇÃO DAS RELAÇÕES JURÍDICAS

Observando o núcleo das condutas prescritas pelo ordenamento, podemos separar as relações jurídicas, na consonância de ser ou não, seu objeto, susceptível de avaliação econômica. Com base neste critério temos: (i) relações jurídicas patrimoniais, isto é, susceptíveis de valoração econômica; e (ii) relações jurídicas não-patrimoniais, ou seja, não susceptíveis de valoração econômica.

Há uma tendência entre os civilistas e os teóricos gerais do Direito[510] em salientar o aspecto da patrimonialidade como característica que estabelece a distinção entre as relações jurídicas de cunho obrigacional e as de cunho não-obrigacional. As obrigações são consideradas como aquelas relações jurídicas cujo objeto da prestação tem natureza patrimonial (ex:

---

509. *Direito tributário: fundamentos jurídicos da incidência*, p. 145.

510. CAIO MÁRIO DA SILVA, em *Instituições de direito civil*, vol. II, p. 12 e MARIA HELENA DINIZ, em *Curso de direito civil*, v. 2, p. 36.

multa, tributo, indenização, prêmio, etc.), ao passo que todas as outras relações, cujo conteúdo não se pode representar em termos econômicos, são de índole não-obrigacional (ex: apresentar-se em juízo, entregar declaração, conceder passagem; cumprir pena, etc.).

Neste contexto, o vocábulo obrigação é tido como sinônimo de relação jurídica de índole economicamente apreciável, um vínculo abstrato, imposto normativamente, mediante o qual uma pessoa, denominada de sujeito ativo (credor ou pretensor), tem o direito subjetivo de exigir de outra, chamada de sujeito passivo (devedor) o cumprimento de uma prestação patrimonial. As demais relações não-patrimoniais, constituídas juridicamente, apesar de imersas na mesma estrutura, por não apresentarem objeto economicamente apreciável, são apenas vinculadoras de meros deveres.

PAULO DE BARROS CARVALHO utiliza-se desta separação para diferençar a obrigação tributária (relação de índole pecuniária), dos deveres instrumentais (relações cujo objeto se perfaz num fazer ou não-fazer, utilizadas pelo Poder Público para controlar o cumprimento da prestação tributária – imprecisamente denominadas de obrigações acessórias)[511].

A despeito do forte potencial explicativo desta separação é importante ressalvar que todas as relações jurídicas, obrigacionais ou não, são obrigatórias, levando-se em conta a interdefinibilidade dos modais deônticos. Numa relação jurídica de índole não-patrimonial, a obrigatoriedade do sujeito passivo de cumpri-la é a mesma de uma relação de índole patrimonial. A cominação de uma pena de restrição de liberdade, por exemplo, constitui-se numa relação jurídica cujo objeto é não-patrimonial, pois não susceptível de valoração econômica, e, neste sentido, caracteriza-se como não-obrigacional. Mas, se analisarmos a obrigatoriedade do sujeito passivo (réu) de cumprir a pena, não podemos dizer que não se trata de uma relação obrigatória. O modal obrigatório que

---

511. *Cursos de direito tributário*, p. 284-287.

incide sobre um vínculo de natureza patrimonial é o mesmo que recai sobre outro de natureza não-patrimonial, o que importa dizer que as relações jurídicas de índole economicamente apreciáveis são tão obrigatórias quanto as não susceptíveis de valoração econômica.

O fato, entretanto, de se separar as relações levando em conta a patrimonialidade do objeto prestacional mostra-se de relevante utilidade para o estudo do direito, de modo que enquanto útil, tal classificação deve ser utilizada. Fica, porém, a ressalva para não confundirmos o critério classificatório da suceptividade econômica do objeto, com a obrigatoriedade tendo-se em conta o modal obrigatório incidente sobre o vínculo relacional.

Outra classificação muito empregada pela doutrina civil é aquela que separa as "obrigações" (relações jurídicas de cunho patrimonial) levando-se em conta constituir-se sua prestação num: (i) dar; ou (ii) fazer. Tal distinção repousa na ação contida no núcleo da relação jurídica, indicada pelo verbo do enunciado relacional e que, a nosso ver, pode ser aplicada em termos gerais, para diferençar todo tipo de relação jurídica (não só as de cunho patrimonial), no âmbito da Teoria Geral do Direito. Vejamos:

Tanto o "dar" quanto o "fazer" constituem-se em condutas humanas que, quando prescritas pelo direito são prestadas em relação a outrem (dado a irreflexibilidade das relações jurídicas). O verbo "dar", nos termos desta classificação, é utilizado no sentido de entregar algo pronto e acabado (transferir o domínio, conceder o uso ou restituir) enquanto o verbo "fazer" é empregado na acepção de realização de um ato próprio do sujeito passivo.

As relações jurídicas de compra e venda, por exemplo, têm como objeto uma prestação de "dar". Na relação de compra, o comprador y tem o dever jurídico de entregar um montante pecuniário (correspondente ao preço da mercadoria) ao vendedor x, sendo que este tem o direito subjetivo de recebê-lo e na relação de venda, o vendedor x tem o dever jurídico de entregar a mercadoria ao comprador y, sendo que este tem o direito subjetivo de recebê-la. Em ambas a conduta instituída juridicamente consiste na entrega de algo pronto e acabado (dinheiro e mercadoria). Já na relação instituída pelo título de eleitor o objeto é uma prestação de fazer. O eleitor tem o dever jurídico perante o Estado de realizar um ato próprio: o ato de votar.

Certamente que algumas prestações classificadas como "de fazer" acarretam também um "dar", principalmente no âmbito das obrigações. A conduta de programação de um site, por exemplo, quando instituída como objeto de uma relação jurídica, só é cumprida com a entrega do site. Apesar de a prestação consubstanciar-se na realização de um ato próprio (programar) do sujeito passivo (programador) ela pressupõe também a entrega de algo pronto e acabado (o site). Neste sentido, cabe a explicação de WASHINGTON DE BARROS de que, o *substractum* da diferenciação entre a prestação de "dar" e de "fazer", "está em verificar se o dar ou entregar é ou não consequência do fazer. Assim, se o devedor tem de dar ou entregar alguma coisa, não tendo, porém de fazê-la previamente, a obrigação é de dar, todavia, se previamente tem ele de confeccionar a coisa, para depois entregá-la, tecnicamente a obrigação é de fazer"[512].

Ainda tendo em vista a prestação, podemos separar as relações jurídicas, tendo em conta o fato de seu objeto constituir-se numa: (i) ação (p); ou (ii) omissão (-p), ou seja, se o dever jurídico de que é investido o sujeito passivo configurar-se como uma ação positiva ou negativa (uma inação) por parte deste. A conduta de x entregar um boi de seu rebanho a y na relação de venda, por exemplo, constitui-se numa ação positiva a ser realizada por parte do sujeito passivo. Já a conduta do fiel depositário de não entregar a coisa objeto do depósito à terceiro, constitui-se numa ação negativa (omissão) por parte do sujeito passivo. Em ambos os exemplos, nos termos da classificação anterior, temos uma prestação de "dar", no primeiro caso de "dar" (em sentido estrito) e no segundo caso de "não-dar".

---

512. *Curso de direito civil*, v. 4, p. 95.

Estabelece-se a mesma divisão para diferençar as prestações de fazer. A conduta de pintar uma casa, por exemplo, ao ser tomada como prestação jurídica, constitui-se numa ação positiva do sujeito passivo perante o sujeito ativo (dever de pintar) e, portanto, caracteriza-se como uma prestação de "fazer" (em sentido estrito). Já a pena de privação da liberdade constitui-se numa omissão do réu perante o Estado (não ir e vir livremente) e, portanto, caracteriza-se como uma prestação de "não-fazer".

Apesar de útil, devemos ter cuidado ao usar tal classificação dado a interdefinibilidade dos modais deônticos. O que se configura como um "não-fazer" ou "não-dar" (-p) obrigatório, pode constituir-se num "fazer" ou "dar" (p) proibido (ex: obrigatório não pisar na grama ≡ proibido pisar na grama). Neste sentido, tal distinção deve ser adotada considerando-se sempre a incidência do mesmo modal, mas enquanto útil, nada impede que seja utilizada.

Outra tradicional classificação é a que separa as relações jurídicas em: (i) principais e (ii) acessórias. Tal classificação leva em conta o vínculo de coordenação que é estabelecido entre normas jurídicas. A relação jurídica acessória é aquela que depende da principal, no sentido de que a constituição do fato jurídico que a propaga vincula-se a uma prescrição anterior. A multa e os juros decorrentes do não pagamento da fatura do cartão de crédito, por exemplo, constituem-se como relações jurídicas acessórias tendo em vista a relação jurídica da fatura, que lhes é principal. As relações acessórias vinculam-se à principal, de modo que, se a principal não é devida elas também não o são[513].

---

513. Fazemos aqui uma ressalva para registrar o uso indevido da terminologia "acessória" para designar relações jurídicas que não guardam vínculo de derivação (coordenação) com outras relações tidas por "principais". É o que ocorre com os deveres instrumentais tributários, tidos pela legislação e pela doutrina como "obrigações acessórias" da obrigação tributária, considerada como principal. PAULO DE BARROS CARVALHO faz contundente crítica sobre a questão (*Curso de direito tributário*, p. 319).

Da mesma forma conhecida, é a classificação que distingue as relações jurídicas em: (i) materiais e (ii) processuais, tendo como critério a estrutura e os sujeitos que a integram. As primeiras são lineares e se estabelecem entre dois sujeitos de direito, já as segundas são angulares e se instauram entre dois sujeitos de direito e um terceiro que exerce poderes de jurisdição.

Não menos clássica é a divisão das relações jurídicas em: (i) sancionadoras e (ii) não-sancionadoras, devido ao fato de constituírem-se, ou não, numa punição decorrente da ilicitude do fato jurídico que as propagou. Como exemplo de relação sancionadora, podemos citar as penas de multas, de restrição de direitos, de liberdade, etc. Tal classificação, no entanto, leva em consideração fato jurídico tido como causa da relação, mas à medida que tenha utilidade explicativa pode perfeitamente ser utilizada.

Ademais as relações podem ser separadas de acordo com a materialidade de suas prescrições em tributárias, civis, comerciais, trabalhistas, penais, ambientais, internacionais e tantas outras quanto forem os recortes metodológicos da Ciência do Direito sobre o objeto direito positivo.

8. EFICÁCIA DAS RELAÇÕES JURÍDICAS

Influenciado pela teoria de PONTES DE MIRANDA sobre a irradiação dos efeitos do fato jurídico[514], PAULO DE BARROS CARVALHO chegou a trabalhar com a existência de graus de eficácia das relações jurídicas.

As relações jurídicas ingressariam no sistema do direito com um mínimo de eficácia, identificadas quando pudéssemos reconhecer a singela previsão de direitos subjetivos e deveres a eles inerentes, ainda na compositura de normas gerais e abstratas. Com a verificação do fato jurídico elas

---

514. *Tratado de direito privado*, vol. I e IV.

ganhariam um grau maior de eficácia, passando a ser exigíveis. E, alcançariam grau de eficácia máximo com o inadimplemento quando então, investidas de executoriedade, podendo ter seu cumprimento coercitivamente forçado mediante atuação estatal[515].

Haveria assim, três graus de eficácia das relações jurídicas: (i) mínimo; (ii) médio e (iii) máximo. Elas ingressariam no sistema com um mínimo de eficácia, atingiriam um grau médio quando da ocorrência do fato jurídico e teriam sua eficácia máxima com o processo de execução. Tal posicionamento, no entanto, foi superado pelo autor.

Diante de tudo que foi visto até agora, não há com trabalhar, dentro dos conceitos por nós adotados, com graus de eficácia da relação jurídica. No consequente de normas gerais e abstratas ainda não temos um vínculo entre sujeitos imputando direitos e deveres correlatos, apenas critérios que a identificam. A relação jurídica só se instaura com a aplicação da norma, quando então, é produzido o enunciado relacional como consequente de uma norma individual e concreta. A possibilidade coercitiva das relações jurídicas faz-se presente nas normas secundárias e são concretizadas mediante a incidência destas com a instauração de outra relação jurídica, de cunho jurisdicional, no qual um dos polos figura o Estado-juiz.

Por "eficácia" entende-se a produção de efeitos de ordem jurídica, ou seja, a instauração de direitos subjetivos e deveres correlatos. A própria relação jurídica se constitui como efeito do fato jurídico. No instante em que ela é produzida, como enunciado-consequente da norma individual e concreta (produto do ato de aplicação), instauram-se efeitos na ordem jurídica, ou seja, nascem os direitos subjetivos e

---

515. No âmbito do direito tributário teríamos a "relação jurídica" prescrita na regra-matriz de incidência tributária como de eficácia mínima, com a verificação do fato jurídico tributário, tal relação ganharia um grau de eficácia média e com a execução fiscal forçada alcançaria seu grau de eficácia máximo.

deveres jurídicos correlatos. Antes da sua constituição (no plano das normas gerais e abstratas), não há um vínculo jurídico estabelecido entre sujeitos de direitos, assim, não há que se falar em relação jurídica e muito menos num mínimo grau de eficácia desta.

A valoração de graus de eficácia da relação jurídica associa-se à ideia de força, como se ao longo do processo de positivação do direito, as relações jurídicas fossem ficando mais fortes, ou mais jurídicas. O fato é que as relações jurídicas já nascem com força total, ou melhor, com grau máximo de eficácia. A partir do momento em que são constituídas, instauram-se direitos subjetivos e deveres jurídicos correlatos, passíveis de serem exigidos coercitivamente, caso não adimplidos.

9. EFEITOS DAS RELAÇÕES JURÍDICAS NO TEMPO

Muito se fala na condição dos efeitos da relação jurídica no tempo serem: (i) retroativos (*ex tunc*); ou (ii) não-retroativos (*ex nunc*), no sentido de valerem da data da sua constituição para trás e para frente, ou só para frente.

Para entender tais condições dentro da concepção que adotamos, devemos primeiramente ter em mente que a relação jurídica se estabelece no presente sempre para o futuro. O efeito do enunciado relacional trazido no consequente da norma individual e concreta, veiculada pelo ato de aplicação é constitutivo, o que significa dizer que a relação jurídica passa a existir e, portanto, a produzir efeitos na linha cronológica do tempo da sua constituição para frente. Como explicar, então, a existência de efeitos retroativos?

O foco do problema centra-se no conceito de "retroatividade", ou seja, no que se entende por "efeitos retroativos". No uso comum empregado pela doutrina jurídica, "retroativos" são os efeitos que voltam no tempo. Mas, como algo pode voltar no tempo se este só anda para frente não resgatando os acontecimentos passados? É uma impossibilidade cronológica algo produzir efeitos para o passado, quando este se encontra concretizado. Como o direito teria este condão?

Quando se diz que os efeitos da relação jurídica são retroativos à data do evento, pois o fato jurídico que lhe deu causa é declaratório deste, não significa que tenham o condão de modificar o passado, mas sim apenas o presente e o futuro. Os efeitos de uma relação jurídica nada mais são do que a instauração de direitos e deveres correlatos, tais direitos e deveres não voltam no tempo, eles valem de sua constituição para frente. Eventualmente, porém, o direito permite que sejam utilizados como fundamentação para desconstituição de certas relações jurídicas instituídas no passado, mas que continuam existentes no presente ou para constituir outras relações que não foram estabelecidas no passado, tendo em vista a inexistência de tais direitos e deveres correlatos. A tal possibilidade atribui-se o nome de "retroatividade".

Um exemplo esclarece melhor o que queremos dizer. Imaginemos uma sentença de declaração de paternidade transitada em julgado. Primeiro, devemos consignar que, de acordo com a concepção que adotamos, o termo correto não seria "declaração de paternidade", mas "constituição de paternidade", tendo em vista que a relação jurídica de paternidade só passa a existir a partir da produção da sentença. Pois bem, tal sentença produz efeitos a partir da data de sua publicação, quando então, uma pessoa será juridicamente constituída pai de outra. O "ser pai juridicamente" é estabelecido da data da sentença para o futuro. No passado do direito a relação de paternidade nunca existiu e nem terá mais condições de existir, pois o tempo não volta. No entanto, com fundamento nesta relação constituída com a sentença, o "então-filho" pode requerer juridicamente a nova partilha dos bens do "então-pai", caso este tenha morrido antes da constituição jurídica da relação de paternidade e dela não tenha participado. A relação jurídica que institui nova partilha (e que, devido ao cálculo de relações, desconstitui a anterior) também só gera efeitos da sua produção para frente (o "então-filho" participa de uma nova partilha não daquela que já se concretizou). Igualmente com fundamento na relação jurídica de paternidade constituída pela sentença, a mãe, em nome do filho, pode requerer juridicamente, ao "então-pai", o pagamento de uma indenização (em razão dos alimentos não prestados, ou seja, de relações que não foram estabelecidas juridicamente no passado, dado a inexistência jurídica da relação de paternidade). A relação jurídica de indenização também só gera efeitos, na linha cronológica do tempo, da sua produção para frente. Nota-se que nos dois casos, é somente depois da sentença constitutiva da relação de paternidade que o "então-filho" passa a ter direito sobre a partilha e aos alimentos do "então-pai".

O gráfico abaixo elucida o exemplo:

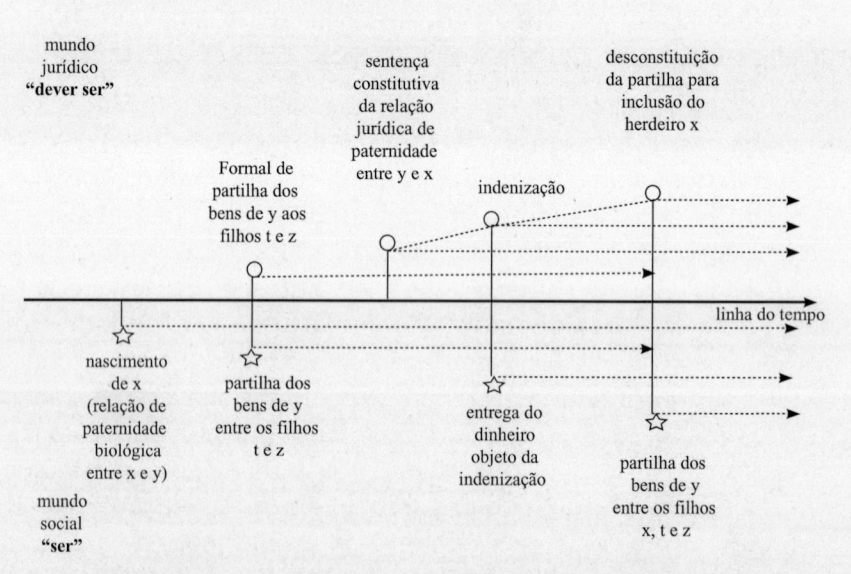

[Gráfico: linha do tempo com marcações no mundo jurídico ("dever ser") acima e mundo social ("ser") abaixo. Pontos indicados: nascimento de x (relação de paternidade biológica entre x e y); Formal de partilha dos bens de y aos filhos t e z; partilha dos bens de y entre os filhos t e z; sentença constitutiva da relação jurídica de paternidade entre y e x; indenização; entrega do dinheiro objeto da indenização; desconstituição da partilha para inclusão do herdeiro x; partilha dos bens de y entre os filhos x, t e z.]

Explicando: as linhas pontilhadas de cima (da linha contínua – do tempo) representam os efeitos relativos aos fatos do exemplo no mundo jurídico ("dever-ser") e as de baixo (da linha contínua – do tempo) os efeitos relativos aos fatos do exemplo no mundo social ("ser"), ambos tendo em vista ação cronológica do tempo (representada pela linha contínua). A primeira estrela (☆) representa o fato do nascimento de x e a instauração da relação (biológica – social) de paternidade entre x e y. Tal fato, contudo, por não ser constituído juridicamente, não produz qualquer efeito para o mundo jurídico. Expedido juridicamente o formal de partilha em decorrência da morte de y (fato jurídico representado no gráfico pela primeira bolinha – O), ocorre no mundo social a divisão dos bens de y entre os seus então herdeiros t e z (fato social representado pela segunda estrela – ☆). Posteriormente é constituída a relação jurídica de paternidade entre y e x (fato jurídico representado pela segunda bolinha – O), quando só a partir de então, para efeitos jurídicos, x é considerado filho de x. Em decorrência da relação de paternidade constituída juridicamente é instituída uma relação de indenização, que se projeta para o campo social onde ocorrerá a efetiva entrega do dinheiro a x (fato representado pela terceira estrela – ☆). Também em decorrência da constituição jurídica do fato de x ser filho de y, há a desconstituição do fato jurídico da partilha (representado pela última bolinha – O) e a instauração da relação de partilha com inclusão de x, que progetada no campo social gera a divisão dos bens entre os herdeiros x, t e z. Tal fato, no entanto, não retroage para desconstituir a primeira partilha desde a época de sua realização, ele opera efeitos da sua constituição para frente.

Nota-se que, apesar do direito alcançar os acontecimentos passados por meio da constituição destes em fatos jurídicos, suas relações são sempre constituídas no presente para o futuro, nunca para o passado. Qualquer que seja o efeito, retroativo ou não, ele sempre opera para o futuro.

10. MODIFICAÇÃO E EXTINÇÃO DAS RELAÇÕES JURÍDICAS

Se partirmos da premissa de que os vínculos jurídicos são estabelecidos com a produção de um enunciado relacional, posto na posição sintática de consequente de normas individuais e concretas, a extinção de qualquer relação jurídica pressupõe, incondicionalmente, a produção de uma nova linguagem competente. Tal afirmação se mostra ainda mais contundente quando temos presente que a relação jurídica é um ente lógico e que o acesso ao mundo das fórmulas lógicas só é possível a partir da linguagem. Neste sentido, os vínculos jurídicos só podem nascer, modificar-se ou extinguir-se mediante a produção de novo enunciado.

Na condição de ente lógico, subordinado às categorias da Lógica dos Predicados Poliádicos, qualquer alteração que se pretenda introduzir no âmbito das relações jurídicas exige a prática de operações denominadas de cálculo de relações (vistas no item 3 deste capítulo), exatamente porque os laços relacionais não se modificam ou se extinguem sozinhos, pressupõe, para tanto, a produção de outro vínculo.

Quando, por exemplo, o tribunal reforma uma decisão aumentando o valor de uma indenização ou reduzindo a quantificação de uma pena, produz nova relação jurídica que, por meio do cálculo de relações (inclusão), modifica a instituída na decisão de primeira instância. Da mesma forma, quando o devedor paga o credor, insere no sistema uma nova relação jurídica (de débito), que por meio do cálculo de relações (união absoluta) anula a de crédito.

Como ensina PAULO DE BARROS CARVALHO, tendo-se em conta o esqueleto formal indicativo dos elementos irredutíveis de todo e qualquer vínculo jurídico (apresentado no item 5 deste capítulo), a extinção de uma relação jurídica dá-se em decorrência do comprometimento de qualquer um de seus constituintes lógicos, quais sejam: (i) sujeito ativo (Sa); (ii) direito subjetivo ($\rightarrow$); (iii) prestação (P); (iv) dever jurídico ($\leftarrow$); e (v) sujeito passivo (Sp)[516].

---

516. PAULO DE BARROS CARVALHO aborda precisamente tal questão ao discorrer sobre as causas de extinção da relação jurídica tributária (*Curso de direito tributário* e *Direito tributário: fundamentos jurídicos da incidência*, p. 190-194).

Nenhuma relação jurídica sobrevive excluindo-se um destes elementos. Retira-se, por exemplo, o credor (Sa) de uma relação de crédito; ou o locador (Sp) de uma relação de locação; ou a pena (P) de uma relação penal; ou o direito subjetivo à indenização do indenizado ($\rightarrow$) numa relação de indenização; ou o dever jurídico de devolver a coisa do fiel depositário ($\leftarrow$) na relação de depósito; e todas estas relações ou se extinguem, ou se transformam em outras relações jurídicas.

Há de se ter em mente, no entanto, que a modificação de um dos elementos de qualquer relação jurídica só se dá com a produção de uma nova linguagem competente, suficiente para inserir no sistema outra relação jurídica que, vinculada à anterior, por meio do cálculo lógico de relações, tenha o condão de extingui-la ou modificá-la.

Para anulação ou alteração de um vínculo jurídico pré-estabelecido é preciso a existência de uma relação jurídica posterior, de caráter específico, que guarde identidade com a relação que se pretenda extinguir ou modificar. Sem tal identidade, o cálculo de relações é impossível, pois não há vínculo lógico entre elas.

Explicamos melhor tal colocação com o exemplo da declaração de inconstitucionalidade em controle concentrado de uma lei (norma geral e abstrata) que não tem o condão de, por si só, extinguir as relações jurídicas constituídas sob seu fundamento. Para isso é preciso que novas relações jurídicas sejam constituídas em cada caso concreto.

Digamos, mais especificamente, que uma lei x, que fundamenta a cobrança de determinado tributo, é declarada inconstitucional (em controle direto – concentrado), tal fato, por si só não tem o condão de extinguir as relações tributárias constituídas sob seu fundamento. É preciso que o contribuinte, com fundamento na declaração de inconstitucionalidade requeira a anulação do auto de infração (que constituiu a relação de crédito) ou a repetição de indébito, caso já haja pago o tributo. E mais, é preciso que uma autoridade competente produza outra relação, que se relacione com a relação anterior, por meio do cálculo de relações, para extingui-la. Caso o contribuinte não tome tais providências a relação de crédito tributário permanece inabalável, pois o vínculo jurídico instituído com a declaração de inconstitucionalidade, não é específico com relação ao vínculo do contribuinte com o fisco, instituído pela relação de crédito. Não há, assim, a identidade necessária para o cálculo de relações.

A doutrina jurídica costuma separar as causas extintivas das relações jurídicas em: (i) causas de fato; e (ii) causas de direito. Decadência e prescrição, por exemplo, seriam causas de direito, enquanto a morte do credor e o cumprimento da prestação seriam causas de fato. Dentro da concepção que adotamos não há critérios para tal classificação. Todas as causas são "de direito" na medida em que reguladas por normas jurídicas.

A nosso ver, as relações jurídicas podem ser extintas por três motivos: (i) pela desconstituição do enunciado relacional devido à falha na materialidade, o que implica na perda de um dos seus entes lógicos (sujeitos ativo e passivo, prestação, direito subjetivo e dever jurídico; (ii) por desconstituição do enunciado relacional devido à falha na sua produção (erro na enunciação); ou (iii) pela desconstituição do fato jurídico que lhe deu causa. Em todos os casos a relação desaparece: no primeiro, porque o vínculo lógico não sobrevive sem um de seus elementos; no segundo, porque o enunciado que a materializa não sobrevive sem seu veículo introdutor, ou seja, com a anulação do ato que o produziu; e no terceiro porque, enquanto efeito jurídico imputado ao fato, ela não sobrevive juridicamente com a desconstituição deste fato. Porém, em todos é imprescindível a produção de uma linguagem competente específica, o que só reafirma serem todas as causas extintivas de relações jurídicas "de direito" e não "de fato".

Questões:

1. Que é relação? E relação jurídica?

2. Como se constitui a relação jurídica? É possível falar na existência de relação jurídica sem linguagem jurídica? Justifique.

3. Explique a falácia das denominadas "relações jurídicas efectuais".

4. É correto dizer que o consequente contém a relação jurídica?

5. Qual a importância da Lógica dos Predicados Poliádicos para o estudo da relação jurídica?

6. Explique relações: (i) unívocas; (ii) uniplurívocas; (iii) pluriunívocas; e (iv) pluriplurívocas. Dê exemplos.

7. Quais as três características fundamentais de uma relação? Explique.

8. Que é relação universal? E relação nula?

9. Explique: (i) soma ou união absoluta de relações; (ii) inclusão de relações; (iii) intersecção de relações; (iv) produto relativo de relações.

10. Por que a relação jurídica se constitui como um enunciado factual?

11. Diferencie fato jurídico (em sentido estrito) e fato jurídico relacional.

12. Por que a existência de relação jurídica pressupõe a determinação de pelo menos um de seus termos?

13. Como as categorias de objeto imediato e objeto dinâmico podem ser empregadas para o estudo da relação jurídica?

14. Quais os elementos da relação jurídica? Explique cada um deles.

15. Quais as características lógicas da relação jurídica? Dê exemplos.

16. Quanto à prestação como podem ser classificadas as relações jurídicas?

17. Estabeleça uma crítica à teoria da tripla eficácia da relação jurídica de Pontes de Miranda.

18. Diferencie a condição dos efeitos jurídicos no tempo serem retroativos (*ex tunc*) ou não-retroativos (*ex nunc*).

19. Em que consiste o efeito retroativo no direito? Tal efeito tem o condão de modificar o passado do direito?

20. Como se opera a extinção das relações jurídicas?

LIVRO IV

Teoria do Ordenamento Jurídico

Capítulo XV
ORDENAMENTO JURÍDICO

SUMÁRIO: 1. Organização do direito positivo; 1.1. Relações de subordinação entre normas; 1.2. Relações de coordenação entre normas; 1.3. Sistemas jurídicos federal, estaduais e municipais; 1.4. Estática e dinâmica do ordenamento; 2. Ordenamento e sistema; 2.1. Teorias sobre ordenamento jurídico; 2.1.1. Ordenamento como texto bruto; 2.1.2. Ordenamento como sequência de sistemas normativos; 2.2. Axiomas do ordenamento jurídico.

1. ORGANIZAÇÃO DO DIREITO POSITIVO

O direito é composto por um número finito, mas indeterminado de normas jurídicas. Não somos capazes de contar quantos enunciados, proposições ou normas existem no sistema, mas temos a certeza de que todas elas se inter-relacionam.

As normas jurídicas não estão jogadas ao léu, encontram-se dispostas numa estrutura, mantendo relações de coordenação (horizontais) e subordinação (verticais) entre si, determinadas por um unificador comum que atribui característica de sistema ao conjunto.

Até aqui preocupamo-nos em analisar as normas jurídicas enquanto unidades isoladas. Nossos estudos, agora, voltam-se às relações que se estabelecem entre tais unidades na conformação de uma estrutura maior: o sistema jurídico.

1.1 Relações de subordinação entre normas

O sistema do direito positivo tem uma particularidade: os elementos que o compõem (normas jurídicas) encontram-se dispostos numa estrutura hierarquizada, implementada pela fundamentação ou derivação quanto à matéria e forma, pois ele próprio disciplina sua criação e transformação[517].

Observando o sistema, nota-se que uma norma jurídica (N1) encontra fundamento para sua existência em outra norma jurídica (N2), que por sua vez, encontra fundamento noutra norma jurídica (N3). E se percorrermos o caminho contrário, notaremos que a norma N3 deriva da norma N2, que por sua vez, deriva da norma N1. Assim, tendo-se em conta as relações de subordinação, observa-se que: (i) de baixo para cima as normas inferiores fundamentam-se formal e materialmente em normas superiores; e (ii) de cima para baixo, das regras superiores derivam as inferiores.

Vejamos graficamente:

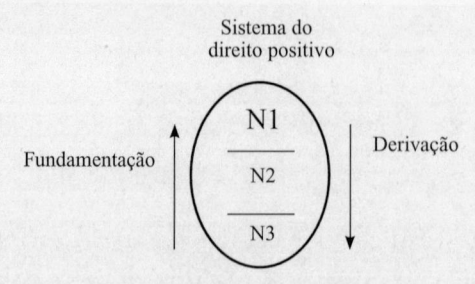

Todas as normas do sistema convergem para um ponto comum: a Constituição. Ela é o fundamento último de validade de todas as normas e todas dela derivam, de modo que, sua

---

517. PAULO DE BARROS CARVALHO, *Direito tributário, linguagem e método*, p. 214.

existência, como pontua PAULO DE BARROS CARVALHO, imprime caráter unitário ao conjunto e à multiplicidade de normas como entidades da mesma índole, conferindo-lhe o timbre de homogeneidade[518].

Observando o sistema como um grande conjunto de enunciados prescritivos, uns derivados de outros e todos fundamentados na Constituição, surge a representação piramidal imaginada na obra de HANS KELSEN, onde as normas de superior hierarquia (que servem de fundamento para outras normas) encontram-se no topo e, conforme é implementado o processo de derivação, as normas de inferior hierarquia vão se posicionando gradativamente até alcançarem a base da pirâmide, ponto que mais se aproxima das condutas juridicamente reguladas.

Tal proposta aparece ilustrada abaixo:

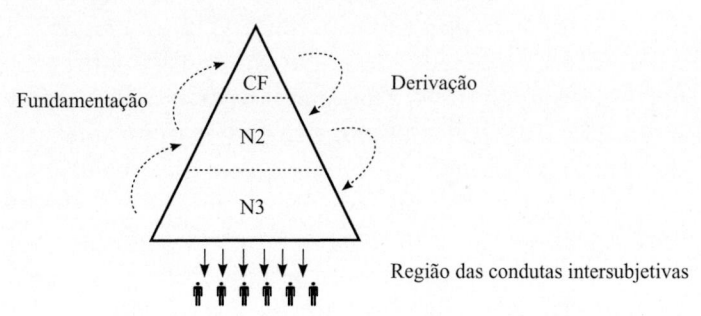

Explicando: A Constituição Federal (CF) posiciona-se no plano superior, acima de todas as demais normas jurídicas, pois ela é o fundamento último de todas as unidades do sistema. Como a Constituição é única e as normas por ela veiculadas aparecem em pequeno número se comparadas com as demais, ela se posiciona no ponto mais estreito da figura geométrica[519]. Logo abaixo, vêm as normas que se fundamentam na

---

518. *Idem*, p. 214.

519. Acima dela só estaria a norma hipotética fundamental, bem no último ponto do ápice da pirâmide, atribuindo fundamentação a todas as normas jurídicas e delimitando o sistema do direito positivo.

Constituição (ex: leis, decretos legislativos, medidas provisórias, etc.) e que, por serem dela derivadas, não têm o condão de modificá-la (N2). A posição que ocupam na representação geométrica piramidal é um pouco mais extensa do que a que se encontra a Constituição Federal, justamente porque elas existem em maior quantidade. Um pouco mais abaixo estão as normas produzidas com fundamento nas anteriores (ex: decretos regulamentares, instruções normativas, portarias, atos administrativos, sentenças, contratos, etc.), que são em maior número e, por isso, ganham o maior espaço da pirâmide (N3). Estas últimas, que figuram na base da pirâmide, são geralmente do tipo individuais e concretas e encontram-se na posição mais próxima que a linguagem jurídica pode alcançar em relação às condutas por elas disciplinadas.

Considerando-se as repartições de poderes, podemos também estabelecer a mesma relação: as normas produzidas pelo Poder Constituinte no ápice (ex: poder originário: Constituição e poder derivado: Emendas), logo abaixo as emanadas pelo Poder Legislativo (ex: leis, decretos legislativos, resoluções), seguidas por aquelas instituídas pelo Executivo (ex: atos administrativos, portarias, regulamentos), mais abaixo, as proferidas pelo Judiciário e na base, as constituídas pelo Poder Privado (ex: contratos, atos declaratórios unilaterais de vontade, etc.). O Poder Privado tem sido um pouco esquecido. Muitos autores não o mencionam, porque não se atentam para o fato das normas produzidas por particulares serem tão jurídicas quanto àquelas produzidas pelos outros poderes.

TÁREK MOYSÉS MOUSSALLEM utiliza-se da teoria dos atos de fala para explicar as relações de subordinação do sistema jurídico. Nas palavras do autor: "vista pelo espectro dos atos performativos, a hierarquia do sistema normativo é dada pela força ilocucionária do ato de fala. Nos próprios atos de fala, cuja força ilocucionária seja ordenar (como é o caso das normas jurídicas) o nível hierárquico das ordens requer regras atribuidoras de maior força ilocucionária para alguns atos em detrimento de outros"[520].

---

520. *Revogação em matéria tributária*, p. 159.

Tais regras, no entanto, não se baseiam apenas em critérios de fundamentação, derivação e poder competente. Existem outros dados que informam a organização vertical do sistema, atribuindo maior força ilocucionária para alguns atos de fala em detrimento de outros, como por exemplo, a autoridade do agente normativo e o processo de sua criação. Assim, para construirmos a estrutura hierárquica do ordenamento jurídico temos que conjugar harmonicamente todos os critérios delineados pelas regras que prescrevem como outras regras devem posicionar-se no sistema.

Este trabalho mostra-se de forma mais evidente com a ilustração de alguns casos. Por exemplo, um acórdão (decisão proferida pelo tribunal), na escala da fundamentação e derivação tanto a sentença como o acórdão encontram-se na base da pirâmide, no patamar das normas individuais e concretas produzidas pelo Poder Judiciário, ambos fundamentam-se na lei, mas considerando o grau da autoridade competente que os proferiu, o acórdão posiciona-se num nível superior ao da sentença.

Outro caso que podemos citar é o da medida provisória, que é produzida pelo Poder Executivo, mas ocupa o patamar hierárquico das normas produzidas pelo Poder Legislativo (lei). Outra situação, também, é a das normas produzidas pelo Poder Judiciário, que ocupam um dos patamares inferiores da figura piramidal (acima apenas das normas produzidas pelo Poder Privado), no entanto, todas as demais normas do sistema estão submetidas ao seu controle, podendo elas interferirem na eficácia, inclusive, daquelas produzidas pelo Poder Constituinte derivado. Neste sentido, o construir uma estrutura hierarquizada para o sistema importa na conformação de vários critérios.

1.2 Relações de coordenação entre normas

A existência de vínculos horizontais no direito é determinada pelas relações de coordenação entre normas jurídicas, estabelecidas por critérios de ordem semântica e pragmática, em razão de uma completar o sentido de outra.

Pensemos na instituição de um tributo, por exemplo, quantas normas jurídicas estão envolvidas neste processo? Temos regras que dispõem sobre a materialidade do tributo, outras sobre o pagamento, constituição do crédito, forma de cobrança, multa pelo não-pagamento, etc. São vários os dispositivos que se relacionam, cada qual completando o outro e todos conjuntamente operando para disciplinar uma realidade jurídica: a instituição de tributos. No caso do inventário, que a princípio configura-se como uma realidade distante da anterior, também se verifica a mesma coisa. Para sua existência conjugam-se várias normas, algumas tratam de sua realização processual, outras da partilha dos bens, dos direito dos herdeiros, das responsabilidades do inventariante, etc. E, em algum momento, as duas realidades se cruzam (i.e. no caso do ITCMD – imposto de transmissão *causa mortis* e doação), mostrando que as normas dos tributos relacionam-se com as do inventário e que, de um modo ou de outro, o sistema do direito está todo interligado.

A organização horizontal do direito rege-se também em função da matéria e da forma, mas não com base em critérios de fundamentação/derivação (subordinação), e sim sob o critério da complementação (semântica e pragmática). Semanticamente as normas se complementam em razão da matéria e pragmaticamente em razão da forma. Por exemplo, a regra que prescreve uma multa para o não pagamento de tributo tem como complemento material a norma que institui tal tributo, pois a primeira toma como hipótese o descumprimento da conduta regulada pela segunda e, por isso, com ela se relaciona horizontalmente. Sob outro aspecto, as normas de execução fiscal operam como complemento formal da norma que institui o tributo, pois se prestam à implementação do direito prescrito naquela e, por isso, com ela se relacionam horizontalmente. Assim, sob o critério da complementação, tendo-se em conta dados formais ou materiais o intérprete vai estabelecendo vínculos entre normas jurídicas e tecendo as relações de coordenação do sistema.

Importante salientar que os vínculos verticais não interferem nas relações de coordenação entre normas, de modo que não se faz necessário normas jurídicas ocuparem a mesma posição hierárquica para se relacionarem horizontalmente. Os vínculos de coordenação se estabelecem tanto entre regras que ocupam o mesmo patamar hierárquico, como entre aquelas que se posicionam em patamares diferentes.

Vejamos o exemplo das normas jurídicas penais cujos bens jurídicos tutelados encontram-se prescritos em regras constitucionais, mais especificamente a regra do homicídio, que dispõe: *"Se matar alguém (desrespeitar o direito à vida de outrem – prescrito em norma Constitucional), deve ser a pena de 6 a 20 anos"*. Ao tipificar a conduta de matar alguém, tal norma mantém relação de coordenação com a regra constitucional que prescreve o direito subjetivo à vida, dado que seu sentido é completado por aquela. Há, neste caso, relação de coordenação entre uma norma infraconstitucional e outra constitucional, mas a questão da hierarquia, neste momento, não é relevante, vez que o foco está voltado para a relação horizontal que se estabelece entre elas.

1.3 Sistemas jurídicos federal, estaduais e municipais

Em razão do princípio federativo e da autonomia dos entes políticos União, Estados e Municípios, o sistema jurídico guarda outra peculiaridade quanto a sua estrutura: há uma ordem Federal, uma ordem Estadual e uma ordem Municipal, todas elas, no entanto, com fundamento na Constituição da República.

Cada Estado tem sua própria Constituição que fundamenta todas as demais normas estaduais e o mesmo se diz dos Municípios, cada um deles tem sua própria Constituição (denominada Lei Orgânica Municipal) que fundamenta todas as demais normas municipais. Contudo, todas as normas estaduais e municipais têm como último fundamento jurídico a Constituição Federal e as municipais, ainda se encontram subalternadas às Constituições dos Estados.

Apesar, no entanto, de terem a Constituição da República como fundamento último de juridicidade, as normas estaduais e municipais são autônomas em relação à legislação federal (a menos que esta disponha sobre matéria de natureza geral), o que nos permite pensar, num sistema dentro do outro (Federal, Estadual e Municipal) e todos eles juntos, compondo o sistema do direito positivo (aquilo que denominamos de ordenamento jurídico).

1.4 Estática e dinâmica do ordenamento

O direito vive em constante movimentação, transformando-se a cada instante. Toda vez que surge uma nova lei, que um juiz produz uma sentença, que um ato administrativo é publicado, que o Presidente da República emite um decreto, que particulares realizam contratos, o sistema se renova. Isto ocorre com numa absurda rapidez e com uma amplitude que é impossível de se acompanhar, basta observarmos quantos enunciados são diariamente veiculados nos Diários Oficiais dos Municípios, Estados e da União, para percebemos o quanto o direito é mutável. A cada minuto, para não dizermos segundos, temos um novo sistema.

Compreensão dessa ordem autoriza-nos analisar a ordem posta sob dois enfoques: (i) um estático e (ii) outro dinâmico, que segundo CARNELLUTI, são modos de ser do observador e da observação da realidade[521].

---

521. *Teoria geral do direito*, p. 35.

Numa análise estática congelamos o direito positivo, as relações entre suas normas são surpreendidas em determinado instante, sem preocuparmo-nos com a movimentação do sistema. Já na análise dinâmica observamos o sistema em movimento, acompanhando suas transformações ao longo de certo intervalo de tempo.

Uma espécie de análise estática, por exemplo, é aquela que se detém a discutir a constitucionalidade de determinada lei a ser aplicada a um caso concreto. O intérprete estabelece a relação de subordinação existente entre a lei e a Constituição e restringe-se a observar se aquela guarda fundamentação na redação constitucional. Já como espécie de análise dinâmica, podemos citar a que se volta à trajetória de uma norma no sistema (ex: quando foi publicada, revogada, se em algum momento sua eficácia esteve suspensa, etc.). O trabalho do intérprete dirige-se à construção das relações que a norma mantém e manteve com outras ao longo de sua permanência no sistema.

Estas perspectivas (estática e dinâmica) servem também para o estudo dos elementos do sistema, as normas jurídicas. Uma análise estática volta-se, por exemplo, à sua constituição interna e seus conteúdos significativos (conforme realizado nos capítulos VII, IX e X), já um estudo dinâmico preocupa-se com sua aplicação (conforme realizado nos capítulo XI e XII).

A visão estática do ordenamento permite ao jurista analisar as estruturas do sistema, já a visão dinâmica demonstra que o direito está em constante movimento, expandindo-se, alterando-se e revisando-se a cada dia. Uma, no entanto, não elimina a outra. Como bem explica TÁREK MOYSÉS MOUSSALLEM, "a dicotomia estática/dinâmica normativa não significa que a escolha de uma implica exclusão da outra. O conectivo 'ou' que faz o liame entre os termos 'estático' e 'dinâmico" no enunciado 'estático ou dinâmico' não é excludente, mas includente. Por outras palavras, antes de se repelirem, as tendências estática e dinâmica completam-se"[522].

---

522. *Revogação em matéria tributária*, p. 129.

2. ORDENAMENTO E SISTEMA

O termo "ordenamento" é utilizado como substantivo do verbo "ordenar", para fazer referência ao seu ato ou efeito. O verbo "ordenar" vem do latim *ordino, as, ávi, átum, áre* que, numa de suas acepções significa "pôr em ordem, arranjar, organizar, dispor de forma regular ou harmônica partes de um todo". Assim, o conceito que temos de "ordenamento" é de um conjunto de elementos organizados harmonicamente.

Relacionada ao direito positivo, a palavra ordenamento reporta-nos à ideia de ordem, de um conjunto estruturado de normas jurídicas dispostas segundo um vetor comum, o que, para nós, equipara-se ao conceito de sistema jurídico. Neste sentido, utilizamos os termos "ordenamento" e "sistema" como sinônimos[523].

As normas jurídicas, como explica PAULO DE BARROS CARVALHO, "formam um sistema, na medida em que se relacionam de várias maneiras, segundo um princípio unificador"[524]. Estas relações se imperam de forma organizada, sob certa ordem e, por isso, o chamamos de "ordenamento".

2.1 Teorias sobre o ordenamento

Ordenamento é a ordem posta, o direito positivado, um conjunto de disposições jurídicas, produzidas por um ato de autoridade, estruturadas por vínculos de subordinação e coordenação. É aquilo que chamamos de sistema jurídico.

Tal afirmação, no entanto, não é algo aceito por todas as doutrinas. Há autores que, sob outros referenciais teóricos, trabalham com a diferenciação entre ordenamento e sistema.

---

523. Esta é a posição de PAULO DE BARROS CARVALHO, evidenciada na frase: "Advirto que emprego, livremente, no curso desta obra, "ordenamento" como sinônimo de "ordem posta", "direito posto" e "direito positivo" (*Direito tributário, linguagem e método*, p. 213).

524. *Idem*, p. 213.

Vejamos dois desses posicionamentos:

2.1.1 Ordenamento como texto bruto

GREGORIO ROBLES tem um pensamento bastante interessante sobre a questão que vale a pena ser exposto, pois sua teoria, assim como a nossa, parte de uma análise comunicacional do direito.

Para o autor o direito positivo, enquanto conjunto de textos prescritivos brutos (conforme se apresentam materialmente), é um ordenamento. O sistema só aparece como resultado da elaboração doutrinária ou científica de tal texto bruto[525]. De acordo com seu entendimento, a tarefa de interpretar os textos positivados e apresentá-los de forma sistematizada compete à Ciência do Direito. O conjunto de enunciados prescritivos, suporte físico no qual o direito se materializa, não é sistematizado, apresenta-se como um aglomerado de dados normativos, pronto para receber tratamento, pela Ciência do Direito, que lhe confere forma de sistema.

De acordo com sua concepção, o ordenamento é o ponto de partida para se chegar ao sistema. O direito como sistema está na Ciência Jurídica, enquanto o ordenamento é o direito matéria, dado empírico, tomado para se construir hermeneuticamente o sistema. Nas palavras do próprio autor: o "ordenamento é um texto desorganizado, bruto, composto por todos os textos tal como saíram das decisões dos produtores de normas, postos um depois do outro, sem conexão entre eles". A Ciência do Direito atribui conteúdo a estes textos e os organiza de forma harmônica, constituindo assim, o sistema jurídico.

O ordenamento jurídico, segundo estes referenciais, é o conjunto ou a totalidade das disposições jurídicas, que integram um domínio heterogêneo, pois produzidas por pessoas diferentes, em tempos diversos e por procedimentos distintos.

---

525. *Teoria del derecho (fundamentos de teoria comunicacional del derecho)*, vol. 1, p. 111-127.

O direito posto, tal qual materializado pelos órgãos competentes, só alcança a forma de sistema com a atividade do jurista que, cuidadosamente, compõe as partes e outorga ao conjunto o sentido de uma unidade organizada. Neste sentido, a noção de ordenamento jurídico aparece ligada à ideia de direito posto e a de sistema do direito positivo à Ciência do Direito.

O gráfico abaixo nos dá uma visão melhor deste posicionamento:

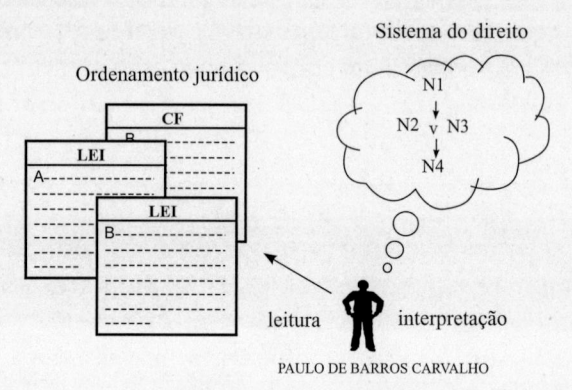

Explicando: Reunindo todos os textos que compõem o plano material do direito positivo, temos o ordenamento jurídico (ex: Constituição Federal, leis, decretos, regulamentos, atos administrativos, sentenças, contratos, etc.) que só alcançaria a forma de sistema quando interpretado e estruturado pelo cientista. Tendo em conta a trajetória geradora de sentido dos textos jurídicos (descrita no capítulo sobre interpretação), teríamos o ordenamento jurídico no plano S1 e o sistema do direito no plano S4 (que para o autor seria parte integrante da Ciência do Direito).

Como GREGORIO ROBLES, partimos de uma concepção comunicacional do direito, mas não temos dificuldades em enxergar o conjunto de enunciados prescritivos (que compõem seu plano de expressão – S1) como um sistema. Abstraindo o conteúdo significativo dos textos jurídicos (designados pelo autor como "brutos") que, segundo sua concepção, seria construção da Ciência do Direito, somos capazes de identificar uma estrutura que os envolve, o que já é suficiente para atribuirmos ao conjunto à característica de sistema.

Neste sentido, vale a pena registrar o ensinamento de PAULO DE BARROS CARVALHO, de que: "qualquer que seja o tecido de linguagem de que tratamos, ele terá necessariamente, aquele mínimo de racionalidade inerente às entidades lógicas, das quais o ser sistema é uma das formas. Sistema, assim, é o discurso da Ciência do Direito, mas sistema também é o domínio finito, mas indeterminável do direito positivo"[526]. Seguindo esta linha de pensamento, para nós, é sistema jurídico, tanto o conjunto de enunciados prescritivos que compõem o plano material do direito (S1 – da trajetória geradora de sentido), quanto o conjunto de significações isoladas que formam seu plano proposicional (S2), quanto o conjunto destas significações organizadas deonticamente, que compõem o plano das normas jurídicas (S3), quanto o conjunto estruturado por relações de coordenação e subordinação dessas normas (S4).

Outra crítica que fazemos a tal posicionamento é com relação à confusão dos planos do direito positivo e da Ciência do Direito. Como vimos (no capítulo III, quando tratamos da diferenciação entre as linguagens jurídicas), direito positivo e Ciência do Direito são dois corpos de linguagem distintos, que não se misturam, o primeiro prescreve, o segundo descreve. Como corpo de linguagem o direito é composto por signos, assim temos seu suporte físico como aquilo que GREGORIO ROBLES denomina de "textos brutos" (ordenamento) e o sentido estruturado atribuído a tais textos (aquilo que o autor denomina de "sistema jurídico") como sua significação. Se os textos (enunciados) são prescritivos, a significação atribuída a tais enunciados há de ser também prescritiva. Não há como dizer que a significação construída em (S4), que se reporta a um suporte físico composto de enunciados prescritivos, pertence à Ciência do Direito, pois esta é descritiva.

---

526. *Direito tributário, linguagem e método*, p. 213.

Nestes termos, o sistema jurídico não está na Ciência do Direito, dizer o contrário é retomar uma confusão já superada, é misturar duas linguagens que não se misturam.

Para melhor esclarecer tal ponto, retomemos o gráfico apresentado no capítulo sobre hermenêutica jurídica (VII), quando tratamos da diferenciação entre interpretação autêntica e não-autêntica:

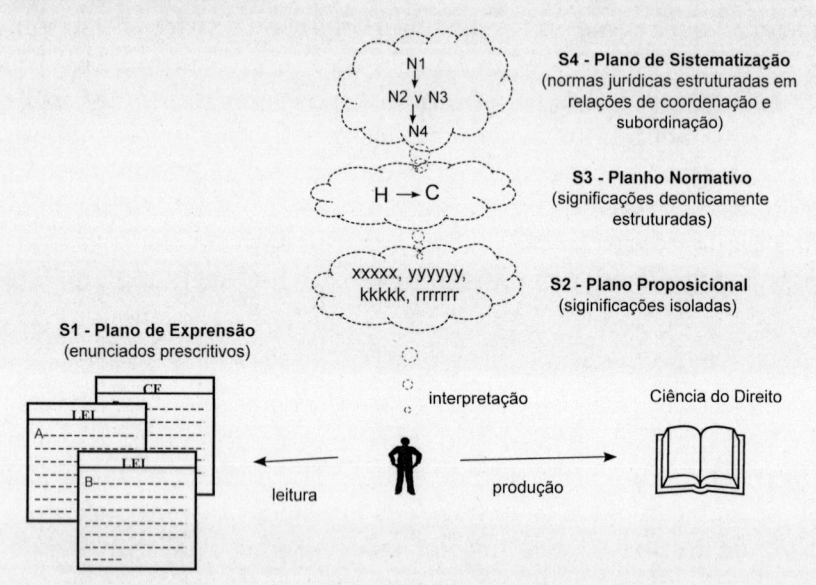

(gráfico)

S4 - Plano de Sistematização (normas jurídicas estruturadas em relações de coordenação e subordinação)

S3 - Planho Normativo (significações deonticamente estruturadas)

S2 - Plano Proposicional (siginificações isoladas)

S1 - Plano de Expressão (enunciados prescritivos)

leitura — interpretação — produção — Ciência do Direito

Explicando: O intérprete ( ) lê (←) os textos brutos do direito positivo (conjunto de enunciados prescritivos – o que ROBLES chama de "ordenamento") e lhe atribui um sentido. O sentido atribuído a tal suporte físico é sempre prescritivo. Depois de passar pelo plano das significações (S2) e da estruturação de tais significações na forma "H→C" (S3), em S4, o intérprete estrutura as normas jurídicas construídas em S3 e constitui o "sistema jurídico". Este aparece como significação do direito enquanto suporte físico (S1). Depois de construída tal significação, o intérprete tem a prerrogativa de enunciá-la (→) de forma descritiva, produzindo, assim, Ciência do Direito (📖).

Nota-se que, de acordo com nossos referenciais, a ideia de "sistema jurídico" não está ligada à de Ciência do Direito, como pressupõe o autor espanhol.

2.1.2 Ordenamento como sequência de sistemas normativos

Considerando o aspecto dinâmico do direito, em que a sucessão de normas jurídicas no tempo (resultado da produção de novas regras e revogação de outras) acarreta a modificação do sistema, ALCHOURRÓN e BULYGIN diferenciam "sistema" e "ordenamento" jurídico[527].

Entendem por "sistema do direito positivo" o conjunto de normas estaticamente consideradas e por "ordenamento jurídico" uma série temporal de sucessivos sistemas, isto é, uma sequência de conjuntos de normas jurídicas.

De acordo com este posicionamento, reportando-nos às palavras dos autores, "um sistema dinâmico de normas não é um conjunto de normas, mas uma sequência de conjuntos: em cada momento temporal o conjunto de normas que pertence ao sistema é distinto (entendendo por 'momento temporal' o marco de tempo em que se produz algum ato, que incorpora uma norma ao sistema, ou elimina uma norma do sistema, ou ambas as coisa de uma vez)"[528]. A ordem posta é uma só, mas dentro dela vários sistemas normativos vão se conformando no curso do tempo, todos interseccionados por possuírem ao menos um elemento comum: as regras constitucionais.

O ordenamento jurídico, nesta linha de raciocínio, é composto por uma sequência temporal de sistemas, modificados cronologicamente com a introdução e eliminação de suas

---

527. *Sobre el concepto de orden jurídico in Análisis lógico y derecho*, p. 393.

528. CARLOS ALCHORRÓN e EUGENIO BULYGIN, *Sobre la existencia de las normas jurídicas*, p. 62.

unidades. Assim, em cada tempo (t1, t2, t3 ...) temos um sistema diferente (S1, S2, S3...), todos pertencentes a um único ordenamento jurídico (Oj). Uma norma jurídica N1, posta no ordenamento como elemento do conjunto S1 (considerado no tempo t1), será sempre integrante deste sistema, mas pode não pertencer aos conjuntos seguintes (S2, S3..., considerados em tempos subsequentes t2, t3...), embora continue parte integrante do ordenamento jurídico, porque pertencente a um de seus sistemas (S1).

A ilustração abaixo bem representa tal posicionamento:

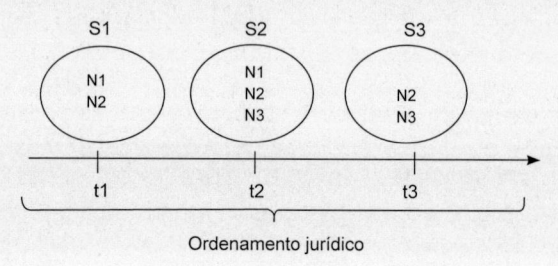

Explicando: Imaginemos a linha cronológica do tempo (representada pela seta). No tempo t1, temos um sistema jurídico (S1) composto pelas normas N1 e N2. No tempo t2 tal sistema se modifica com o ingresso da norma N3, passando a ser outro sistema jurídico (S2). E no tempo t3, com a retirada da norma N3, passa a ser outro sistema (S3). A sequência destes sistemas constitui um todo unitário, pois todos encontram fundamento numa única Constituição e a este todo atribui-se o nome de ordenamento jurídico.

Ao explicar tal teoria TÁREK MOYSÉS MOUSSALLEM apresenta duas fórmulas: (i) (SDP1 ∪ SDP2 ∪ SDP3 ∪ SDPn) ≡ Oj; (ii) (SDP1 ⊂ Oj); (SDP2 ⊂ Oj); (SDP3 ⊂ Oj); (SDPn ⊂ Oj), em que cada SDP é sucessivo nos tempos t1, t2, t3, tn[529]. Em linguagem não-formalizada temos que: (i) a união dos sistemas do direito positivo S1, S2 S3 e Sn

---

529. *Revogação em matéria tributária*, p. 130.

equivale ao ordenamento jurídico; e (ii) cada sistema do direito positivo S1, S2, S3 e Sn está contido no mesmo ordenamento jurídico.

Esta visão permite-nos observar o direito cronologicamente e explicar, por exemplo, a sistemática da aplicação de normas já revogadas. Considerando-se os diversos sistemas pertencentes a um único ordenamento, a norma jurídica aplicada ao acontecimento "x" é aquela pertencente ao sistema do tempo da sua ocorrência, mesmo que não mais integrante dos sistemas subsequentes, pois quando revogada, a regra deixa de pertencer aos sistemas seguintes (S2, S3....), mas ainda permanece como regra posta no ordenamento, porque integrante do sistema anterior a sua revogação (S1), podendo ser aplicada.

Apesar de servir como uma luva para explicar as transformações do sistema jurídico, tal concepção é apenas um ponto de vista sobre o objeto que enfatiza seu aspecto dinâmico. Por isso, preferimos, ainda, trabalhar com "sistema" e "ordenamento" como sinônimos. O sistema do direito positivo (ou se preferirmos o ordenamento jurídico) é composto pelo conjunto estruturado de normas jurídicas válidas de um dado país. E este conjunto pode ser analisado sob o aspecto estático e/ou dinâmico.

2.2 Axiomas do ordenamento jurídico

A existência do ordenamento jurídico pressupõe, em primeiro lugar, um conjunto de normas jurídicas (i.e. postas por um ato de autoridade) e, em segundo, que tal conjunto constitua-se numa estrutura. Com base nestes pressupostos, falamos em dois axiomas do ordenamento jurídico: (i) a validade; e (ii) a hierarquia.

Impossível existir ordenamento jurídico onde não houver normas jurídicas válidas, pois estas são seus elementos, logo a validade torna-se um postulado do sistema. Da mesma forma que a hierarquia. Como ensina PAULO DE BARROS CARVALHO, "sem hierarquia não há sistema do direito, pois ninguém poderia apontar o fundamento jurídico das unidades componentes, não se sabendo qual deve prevalecer"[530]. Este pressuposto decorre do fato das normas jurídicas estarem impregnadas de valores. O valor está presente em toda configuração do direito e uma das suas características é a tendência à graduação hierárquica. Logo, onde houver um conjunto de normas jurídicas estas se apresentarão dispostas numa estrutura hierárquica, em que uma regra tem seu fundamento em outra regra que lhe seja superior.

A hierarquia e a validade, axiomas do sistema jurídico, no entanto, não se confundem com os critérios utilizados para implementá-las. Os critérios podem modificar-se, mas a validade e "a hierarquia têm de existir sempre, de uma forma ou de outra, onde houver direito positivo"[531]. Nota-se que as divergências doutrinárias e jurisprudenciais repousam sempre sobre os critérios, nunca sobre a necessidade de validade das normas jurídicas e da hierarquia que se estabelece entre elas. Isto se justifica porque o "ser válida" e o "ter fundamento em norma superior" são conceitos fundantes do ordenamento jurídico.

Analisaremos melhor o conceito de "validade" e de "fundamento de validade" no capítulo XVII deste trabalho, por ora fica apenas a ressalva de serem a validade e a hierarquia axiomas do ordenamento jurídico.

Questões:

1. Como se organizam as normas no sistema do direito positivo?
2. Qual critério informa as relações de subordinação do sistema jurídico?

---

530. *Direito tributário, linguagem e método*, p. 216.
531. *Idem*, p. 216.

3. Qual critério informa as relações de coordenação do sistema jurídico?

4. Quais os enfoques proporcionados por uma análise estática e dinâmica do direito?

5. Que é ordenamento jurídico?

6. Há diferença entre ordenamento e sistema?

7. Explique a teoria que trata o ordenamento como texto bruto.

8. Qual a crítica feita a tal teoria?

9. Explique a teoria que trata o ordenamento como sequência de sistemas normativos.

10. Qual a crítica feita a tal teoria?

11. Quais os axiomas do ordenamento jurídico?

12. Que significa dizer que tais elementos são axiomas do sistema?

Capítulo XVI
FONTES DO DIREITO

SUMÁRIO: 1. Sobre o tema das fontes do direito; 1.1. Fontes do direito na doutrina jurídica; 2. Sobre o conceito de "fontes do direito"; 3. Enunciação como fonte do direito; 4. Dicotomia das fontes formais e fontes materiais; 5. A lei, o costume, a jurisprudência e a doutrina são fontes do direito?; 6. Documento normativo como ponto de partida para o estudo das fontes; 6.1. Enunciação-enunciada; 6.1.1. Utilidade da enunciação-enunciada; 6.1.2. Enunciação-enunciada é fonte do direito?; 6.1.3. Sobre a exposição de motivos; 6.2. Enunciado-enunciado; 7. Enunciação como acontecimento social e como fato jurídico na enunciação-enunciada; 8. Que é veículo introdutor de normas?; 9. Síntese explicativa; 10. Classificação dos veículos introdutores; 11. Hierarquia dos veículos introdutores; 11.1. Hierarquia das Leis Complementares.

1. SOBRE O TEMA DAS FONTES DO DIREITO

Lidar com o tema das "fontes do direito" não é um trabalho tão simples, quanto à primeira vista possa parecer. Há uma tendência doutrinária em se considerar como fontes do direito a lei, o costume, a jurisprudência e a doutrina. E nós, influenciados por esta verdade consensual, continuamos repetindo tal tendência sem ao menos perguntarmo-nos: (i) que é fonte do direito e (ii) que faz a lei, o costume, a jurisprudência e a doutrina serem fontes do direito? – questões elementares para que possamos compreender a matéria.

Antes, no entanto, de encontrarmos respostas para tais perguntas, faremos uma incursão pela doutrina jurídica, com o intuito de desvendar, sumariamente, como os autores trabalham o assunto, para que possamos, no decorrer deste capítulo, observar as confusões metodológicas que cercam o tema das fontes do direito. Mesmo porque, o posicionamento de PAULO DE BARROS CARVALHO com relação ao tema é muito diferente do trabalhado pela doutrina tradicional do direito.

1.1 Fontes do direito na doutrina jurídica

Para HANS KELSEN a "fonte do direito" é o próprio direito, o autor utiliza-se da expressão para caracterizar o fundamento de validade das normas jurídicas. Segundo sua concepção, o direito regula sua própria criação, de modo que todas as normas têm como fundamento jurídico outra norma de dentro do sistema. Neste sentido, a Constituição seria a fonte suprema do direito, pois ela regula a criação de todas as normas e todas elas dela derivam. Seguindo sua linha de raciocínio, a legislação (Códigos, leis, consolidações) seria fonte da decisão judicial nela baseada, a decisão judicial seria fonte do dever imposto à parte, e assim por diante[532]. Mas, KELSEN também chama a atenção para outro sentido de "fontes do direito", empregado para designar os conceitos que influenciam a criação do direito, como por exemplo, as normas morais, os princípios políticos, a doutrina, etc.[533]

Também relacionando o estudo das fontes do direito com a questão do fundamento de validade das normas jurídicas, LUIS RECASENS SICHES entende que todo o direito tem como única fonte a vontade do Estado[534].

---

532. *Teoria pura do direito*, p. 258.
533. *Teoria geral do direito e do estado*, p. 192.
534. *Introducción al estúdio del derecho*, p. 165.

Neste mesmo sentido, ANTÔNIO BENTO BETIOLI sustenta que a fonte do direito é um poder capaz de especificar o conteúdo do devido e de exigir o seu cumprimento. Em suas palavras: "a gênese de qualquer regra de direito, só ocorre em virtude da interferência de um 'poder', o qual, diante de um complexo de fatos e valores, opta por dada solução normativa com características de objetividade e obrigatoriedade"[535].

Já NORBERTO BOBBIO leciona que as fontes do direito são os fatos ou atos indispensáveis, pelo ordenamento jurídico para a produção de normas jurídicas[536]. Neste sentido, a lei seria a fonte direta e superior do direito. O autor faz uma distinção entre ordenamentos simples e complexos segundo as normas que os compõem serem derivadas de uma só fonte, ou de mais de uma que, no seu entender, seriam fontes indiretas. Assim, classifica as fontes em direta (a lei) e indiretas (costume, sentença, autonomia privada).

Sob outro enfoque, MARIA HELENA DINIZ divide as fontes do direito em formais e materiais. De acordo com a autora, as fontes materiais seriam os fatos que dão o conteúdo das normas jurídicas e as formais, os meios em que as primeiras se apresentam revestidas no reino jurídico. Segundo sua concepção só as materiais seriam fontes do direito, pois determinam de onde ele provém (fenômenos sociais e dados extraídos da realidade social juridicizados pelo direito). As fontes formais seriam as formas pelas quais o direito positivo se manifesta na história, segundo a autora: a lei, o costume, a jurisprudência, a doutrina, os tratados internacionais e os princípios. Dentre as fontes formais existiriam aquelas constituídas de normas escritas, promulgadas pelo Estado (Constituição, lei, regulamento, decreto, jurisprudência), denominadas de "fontes estatais" e aquelas constituídas de normas não-escritas, não promulgadas pelo Estado (costumes, doutrina, princípios), denominadas de "fontes não-estatais"[537].

---

535. *Introdução ao estudo do direito*, p. 98.

536. *Teoria do ordenamento jurídico*, p. 44.

537. *Compêndio de introdução à ciência do direito*, p. 256.

PAULO DOURADO DE GUSMÃO compartilha do mesmo posicionamento que MARIA HELENA DINIZ, porém, chama a atenção para a diferença entre as fontes de cognição do direito e fontes de produção jurídica. Para o autor a expressão "fontes de cognição do direito" pode ser entendida em dois sentidos: ou como os meios de conhecimento do direito e, nesta acepção, se confundiriam com as fontes formais, ou como as várias matérias das quais o legislador se serve para formar o conteúdo jurídico das normas por ele formuladas e, neste sentido, se identificariam com as fontes materiais. Já as fontes de produção jurídica seriam aquelas que constituem normas jurídicas (Constituição, lei, regulamento, etc.) e poderiam ser divididas em primárias, por estabelecerem a forma de elaboração das normas jurídicas e secundárias, produzidas com observância daquela. Segundo o autor, as fontes de produção seriam fontes formais[538].

Para MIGUEL REALE por "fonte de direito" designamos os processos ou meios em virtude dos quais as regras jurídicas se positivam com legítima força obrigatória, isto é, vigência e eficácia no contexto de uma estrutura normativa.[539] O autor classifica as fontes em quatro espécies: (i) legal: expressão do poder estatal de legislar (lei); (ii) consuetudinária: resultante do poder social, moldada pelas formas culturais de uma sociedade (costume); (iii) jurisdicional: procedente do Poder Judiciário (jurisprudência); e (iv) negocial: vinculada ao poder dos particulares de pactuar obrigações entre si (autonomia privada). E aponta a impropriedade da expressão "fonte material" que apontaria para um estudo sociológico dos motivos éticos ou fatos que condicionam o aparecimento e transformações das regras, situado fora do campo da Ciência do Direito.

Para TERCIO SAMPAIO FERRAZ JUNIOR a expressão fontes do direito serve para apontar os modos de criação das normas jurídicas. Apesar de identificar a lei, o costume, a

---

538. *Introdução ao estudo do direito*, p. 107.

539. *Lições Preliminares de Direito*, p. 140.

jurisprudência e o negócio jurídico como fontes formais do direito, o autor faz uma crítica detectando que tais termos podem referir-se tanto às regras estruturais (fontes do direito), quanto aos elementos criados em obediência a tais regras (normas jurídicas).

Fazendo esta mesma constatação é que RICCARDO GUASTINI diferencia o ato normativo do produto do ato normativo. Segundo o autor, as fontes do direito são atos normativos capazes de produzir normas jurídicas, isto é, todo comportamento que insere normas no sistema[540].

Conjugando do mesmo raciocínio LOURIVAL VILANOVA denomina de fontes formais as normas que regulam a produção normativa e de fontes materiais os fatos produtores de normas jurídicas. De acordo com o posicionamento do autor, o direito positivo não se autorreproduz, uma norma não nasce de outra norma. A linguagem do direito se dirige à linguagem da realidade social para torná-la jurídica, por meio de um processo de juridicização, as fontes formais seriam aquelas normas que regulam este processo, enquanto as fontes materiais, o fato do processo[541].

Seguindo esta linha PAULO DE BARROS CARVALHO entende por fontes do direito "os focos ejetores de regras jurídicas, isto é, os órgãos habilitados pelo sistema para produzirem normas numa organização escalonada, bem como, a própria atividade desenvolvida por essas entidades, tendo em vista a criação de normas"[542]. Segundo o autor, afirmar que a lei é fonte do direito positivo significa dizer que uma norma cria outra norma, o que deixa sem explicação a origem da primeira norma. A lei, assim como a jurisprudência, os contratos e os atos administrativos, são produtos de um processo e este é que é considerado como fonte do direito.

---

540. *Das fontes às normas*, p. 78.

541. *As estruturas lógicas e o sistema do direito positivo*, p. 23-24.

542. *Curso de direito tributário*, p. 45.

Como se vê, a doutrina sobre o tema das fontes do direito é bem diversificada.

Em coerência com o referencial teórico adotado neste trabalho, seguimos a linha de PAULO DE BARROS CARVALHO, muito bem evidenciada no pormenorizado estudo realizado por TÁREK MOYSÉS MOUSSALEM em sua obra *"As fontes do direito tributário"*. Sua posição ficará bem consolidada no decorrer deste capítulo, mas para isso precisamos esquecer tudo que já estudamos sobre fontes do direito e começar desde o princípio.

2. SOBRE O CONCEITO DE "FONTES DO DIREITO"

Não há como desenvolver um estudo sobre "fontes do direito" sem antes definir o que se entende por "fontes" e por "direito".

A palavra "fonte" vem do latim *fons-fontis*, que significa o lugar de onde se brota, na superfície da terra, a água. As acepções do termo não variam muito neste sentido, remetendo-nos sempre à origem de algo: (i) nascente de água, olho-d'água, mina, minadouro; (ii) local de onde vem ou onde se produz algo; procedência, origem, proveniência; (iii) aquilo que dá origem; matriz, nascedouro; (iv) pessoa que fornece informações secretas ou privilegiadas à imprensa; (v) aquilo que causa (algo) em quantidade; (vi) motivo, razão; (vii) elemento que dá origem a uma mensagem; ponto de origem[543].

O termo "fonte", de uso da linguagem comum, é empregada pela Dogmática Jurídica para designar a origem das normas, isto é, de onde provém o "direito". Mas, ao agregarmos a palavra "fonte" ao termo "direito" com finalidades científicas, surge-nos outro problema: o do sentido de "direito".

Como já vimos, (no capítulo II deste livro – sobre o conceito de "direito"), a palavra "direito" possui diversas acepções e,

---

543. *Grande dicionário Larousse cultural da língua portuguesa.*

por isso, para entendermos o que se pretende investigar dentro do tema das "fontes do direito" faz-se necessário a indicação do sentido em que o termo "direito" é utilizado: podemos falar, por exemplo, em fontes da Ciência do Direito e realizar um estudo sobre a procedência da doutrina jurídica; podemos referir às "fontes do direito subjetivo" e indagar de onde provêm o vínculo jurídico que permite alguém exigir uma conduta ou algo de outrem; podemos, também, aludir à origem daquilo que é certo e ingressar no campo especulativo dos valores; ou então, fazer referência às fontes do direito positivo e voltar nossa atenção ao foco criador dos preceitos jurídicos.

São muitos os enfoques que podem ser dados e, por isso, desde logo se faz necessário um corte metodológico. Neste trabalho nossa preocupação voltar-se-á para a origem das regras que compõem o sistema do direito positivo. Sob esta perspectiva, se entendemos o direito como um conjunto de enunciados jurídico-prescritivos, o estudo das "fontes do direito" deve voltar-se para a origem de tais enunciados. Há, contudo, dentro deste enfoque, várias formas de apreensão, o que requer outros cortes.

Como ressalva TÁREK MOYSÉS MOUSSALLEM, "o nascedouro do direito altera-se de acordo com a Ciência que o investiga"[544]. Neste sentido, o direito positivo pode ser tomado como objeto de estudo de várias ciências e em cada uma delas o tema das fontes é observado sobre aspectos diferentes, inerentes à especificação científica.

Como exemplifica o citado autor, o sociólogo não enxerga outra origem para o direito que não o fato social; já para o historiador, o direito é fruto de conquistas ao longo do tempo; para o psicólogo, a mente humana é responsável pela criação do direito; para a cientista político, o direito origina-se de um jogo de poder, para o antropólogo o direito advém da evolução humana; e assim por diante, conforme é apreendido o objeto pela Ciência, altera-se o foco que dá origem ao direito. Neste

---

544. *Fontes do direito tributário*, p. 118.

sentido, são diferentes as "fontes do direito" para a Sociologia, a História, a Psicologia, a Ciência Política, a Antropologia, etc., modo pelo qual, podemos falar em fontes sociológicas do direito, fontes históricas do direito, fontes psicológicas do direito, fontes políticas do direito e assim sucessivamente[545].

Propomos neste livro uma análise jurídica, de modo que não nos interessa aquilo que se passa fora do sistema jurídico. Para o estudo das fontes do direito vale também esta assertiva. A pergunta central do tema, então, deixa de ser: "Como nascem os enunciados jurídicos que compõem o direito positivo?" e passa a ser: "Juridicamente, como estes enunciados passam a existir no sistema? O "juridicamente" especifica o ângulo de análise. Não buscamos as origens sociais, históricas, psicológicas, políticas, econômicas, ou antropológicas do direito, mas sim a origem jurídica, isto é, o modo disciplinado pelo próprio sistema para a sua produção. Esta é a "fonte do direito" que interessa para a Dogmática Jurídica, as demais são próprias de outras Ciências.

Aquele, por exemplo, que aponta como fonte do direito os fatos sociais que motivam o legislador a criação de normas jurídicas, não assinala a "fonte jurídica" do direito, mas sim a "fonte sociológica". O mesmo acontece com aquele que atribui ser a origem dos enunciados jurídicos os acontecimentos históricos que os antecederam (ex: o golpe político anterior a Constituição), nada mais faz do que apontar para seu berço histórico.

Dizer, no entanto, que nosso estudo volta-se às fontes jurídicas do direito não significa que elas pertencem ao direito positivo, mesmo porque a fonte, enquanto origem, sempre o pressupõe. Ao realizarmos um estudo jurídico das fontes do direito, nosso foco de observação volta-se para aquilo que, por prescrição do próprio sistema, é capaz de criar enunciados jurídicos. A fonte jurídica dos enunciados jurídicos é anterior ao próprio enunciado, mas disciplinado pelo direito como algo capaz de originar enunciados jurídicos.

---

545. *Fontes do direito tributário*, p. 116.

3. ENUNCIAÇÃO COMO FONTE DO DIREITO

Partindo da premissa de que o direito positivo é um corpo de linguagem que se materializa na forma de um conjunto de enunciados prescritivos, a resposta da pergunta: "de onde provém o direito?"; só pode ser uma: "da atividade produtora de enunciados".

A atividade psicofísica produtora de enunciados, delimitada em condições de espaço e tempo é denominada de enunciação[546]. De acordo com ÉMILE BENVENISTE, a enunciação é o processo de funcionamento da língua por um ato individual de utilização[547], ou seja, é a atividade humana de produzir enunciados. Isto reforça o afastamento da tese de que as normas incidem por conta própria e que o sistema do direito positivo se autorreproduz. Uma norma jurídica não é capaz de, por si só, criar outros enunciados prescritivos, mas apenas de disciplinar o ato de enunciação que os produz. Os enunciados, que compõem o plano de expressão do direito positivo, suas proposições e as normas jurídicas com base neles construídas, só existem como tal porque alguém os enunciou, isto é, proferiu um ato de enunciação (de criação de enunciados).

Cabe aqui, a lição de TÁREK MOYSÉS MOUSSALEM de que "toda produção de um enunciado (seja descritivo, seja prescritivo) subjaz a atividade de enunciação"[548] e a complementação de GABRIEL IVO de que "a atividade de enunciação abarca todos os atos que antecedem ou preparam, a produção dos enunciados prescritivos. A preparação e a produção constituem a própria enunciação, de modo que tudo o que acontece antes de o produto surgir é enunciação"[549].

---

546. JOSÉ LUIZ FIORIN, *As astúcias da enunciação*, p. 31.

547. *Problemas de linguística geral*, passim.

548. *Fontes do direito tributário*, p. 78.

549. *Norma jurídica: produção e controle*, p. 7.

A enunciação, assim, aparece como um acontecimento de ordem social, regulado juridicamente que se consubstancia na conjunção de três fatores: (i) um ato de vontade humano; (ii) a realização de um procedimento específico; e (iii) por um agente competente. É exatamente esta atividade que cria as disposições do sistema jurídico. Ela é o que chamamos de enunciação, fonte do direito.

Um exemplo esclarece melhor o que estamos dizendo:

Imaginemos que o país está na eminência de uma epidemia e, no intuito de proteger a população, alguns parlamentares pretendem tornar obrigatório o uso contínuo de máscaras. A Constituição da República, em seu artigo 5º, II prescreve que *"ninguém será obrigado a fazer ou deixar de fazer alguma coisa senão em virtude de lei"*. Diante deste enunciado, o ente interessado em tornar obrigatório o uso de máscaras passa, então, a procurar disposições jurídicas que prescrevam como deve proceder para criar uma lei. Logo se depara com o art. 61 e seguintes da CF, que dispõem sobre o processo legislativo e, em observância a tais dispositivos é instaurado um procedimento para a produção dos enunciados jurídicos que tornarão obrigatório o uso de máscara por toda a população. Um projeto de lei é apresentado à Câmara dos Deputados para votação. Aprovado pela maioria simples dos deputados, o projeto é encaminhado para revisão do Senado. Se lá também aprovado, o projeto passa para a sanção ou promulgação do Presidente da República e depois para a publicação. Com a publicação, os enunciados produzidos no processo legislativo ingressam no sistema e passam a ter força coercitiva, está criada, portanto, a norma jurídica que obriga o uso da máscara por toda população.

Diante deste exemplo, pergunta-se: Qual é a fonte do direito? A epidemia é o motivo da lei, aquilo que determina o ato de vontade do legislador, mas não é ela que produz o direito/dever de usar a máscara. Os artigos da Constituição Federal (5°, II e 64 ss.) são a fundamentação jurídica, tanto da lei, quanto do procedimento que a criou, mas eles, por si só, não produzem o direito/dever de usar máscara. Sem o ato de vontade e a realização do procedimento próprio por autoridade competente, tal norma nunca existiria no mundo jurídico. É por isso que tomamos a enunciação como fonte do direito.

A norma jurídica posta teve origem no processo legislativo, isto é, adveio de uma atividade exercida por órgãos habilitados pelo sistema, credenciada para produção de enunciados prescritivos, instaurada por um ato de vontade, à qual denominamos de enunciação. E, os enunciados produzidos são do tipo de lei, justamente pela especificidade desta atividade que os produziu.

Como já vimos (quando tratamos da aplicação do direito), uma linguagem jurídica é produzida mediante uma série de atos pré-estabelecidos e realizados pelo homem com base em outra linguagem jurídica que, por sua vez, também foi produzida da mesma forma. Assim, entre uma linguagem e outra há sempre um intervalo, que se consubstancia num ato de vontade humano, voltado à realização de um procedimento próprio, por uma autoridade competente, o qual denominamos de enunciação.

Nosso corte metodológico isola o direito enquanto produto (linguagem), como o conjunto de normas jurídicas de um dado país, mas este conjunto de normas existe não por derivação de outras normas e sim porque foi produzido pelo homem mediante um ato de vontade enunciativo. Nós, dogmáticos do direito, é que o desconsideramos, para fins de análise, voltando nossa atenção apenas à linguagem jurídica, enquanto produto deste ato.

Reportando-nos ao gráfico apresentado naquela ocasião, conseguimos visualizar a enunciação como fonte das normas jurídicas e diferenciá-la das regras que prescrevem sua realização (de estrutura).

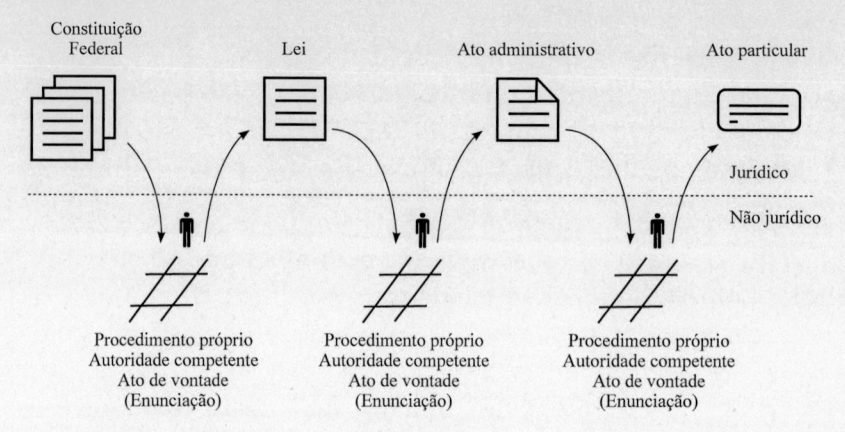

```
Constituição
  Federal              Lei         Ato administrativo      Ato particular
   📄                  📄                📄                    📄
                                                                    Jurídico
   ─ ─ ─ ─ ─ ─ ─ ─ ─ ─ ─ ─ ─ ─ ─ ─ ─ ─ ─ ─ ─ ─ ─ ─ ─ ─ ─ ─ ─ ─ ─
                                                                   Não jurídico
    🧍                 🧍                 🧍
    #                  #                  #

Procedimento próprio   Procedimento próprio   Procedimento próprio
Autoridade competente  Autoridade competente  Autoridade competente
Ato de vontade         Ato de vontade         Ato de vontade
(Enunciação)           (Enunciação)           (Enunciação)
```

<u>Explicando</u>: A Constituição Federal (📄) disciplina (materialmente – quanto ao conteúdo; formalmente – quanto ao procedimento) a enunciação da lei e sua realização fáctica cria a lei "📄". O mesmo se repete na produção do ato administrativo (📄) e no ato do particular (📄). A linha pontilhada representa nosso corte metodológico: o jurídico, formado pelo conjunto de enunciados prescritivos e o não-jurídico, composto pelas enunciações que os criam.

O sistema é dinâmico, está em constante movimento, a todo instante várias normas jurídicas são nele inseridas e todas elas por meio de um ato de enunciação. Assim, são produzidas leis ordinárias, complementares, emendas à constituição, decretos-legislativos, resoluções do Senado, leis delegadas, medidas provisórias, instruções ministeriais, portarias, circulares, decisões interlocutórias, atos administrativos, sentenças, acórdãos, contratos, etc. Qualquer enunciado jurídico que se pretenda produzir é fruto, indubitavelmente, de uma atividade enunciativa.

Pensemos na origem de qualquer norma jurídica e sempre depararemo-nos com uma atividade de enunciação. Vejamos nossa Constituição, por exemplo, de onde ela provém? Qual é sua fonte jurídica? Se retrocedermos ao tempo, precisamente ao ano de 1988, veremos que o que deu origem ao texto constitucional foi a realização de uma assembleia constituinte, regulamentada por normas jurídicas vigentes àquela época. E os enunciados constantes da Emenda Constitucional "x", de onde provêm? Da realização de uma série de atos enunciativos prescritos no artigo 60 da Constituição Federal. E a Lei Complementar "y"? De um processo de enunciação disciplinado pelos artigos 61 e seguintes da Constituição Federal, com aprovação por maioria absoluta dos membros integrantes das Casas do Congresso Nacional. E os enunciados do ato administrativo "z"? De uma atividade enunciativa do Executivo prescrita juridicamente. E a sentença "k" como foi criada? Por um ato de enunciação do juiz dentro de um processo judicial. E o contrato "l" como foi produzido? Da enunciação das partes. A existência de todo enunciado jurídico pressupõe um ato de vontade e a realização de certos procedimentos por parte de uma pessoa competente, ambos determinados pelo sistema.

Em síntese, o que queremos dizer é que a fonte do direito positivo, que interessa para a Dogmática do Direito, é a atividade de enunciação, enquanto acontecimento social, credenciado juridicamente, como apto para criação de normas jurídicas. Esta concepção está diretamente ligada ao fato de encarar o direito como um corpo de linguagem.

Para reforçar nosso posicionamento, cabe aqui repetir a lição de PAULO DE BARROS CARVALHO: "o estudo das fontes do direito está voltado primordialmente para o exame dos fatos enquanto enunciação, que fazem nascer regras jurídicas introdutoras, advertindo que tais eventos só assumem esta condição por estarem previstos em outras normas jurídicas"[550].

Considerando a fonte do direito como a atividade de enunciação, fica fácil de entendermos a importância de seu estudo. O ordenamento jurídico contém certas regras que determinam a autoridade competente e prescrevem como ela deve proceder para produzir enunciados jurídicos. A enunciação, enquanto acontecimento social produtor de normas jurídicas, deve ocorrer nos moldes prescritos por estas regras. Uma análise da fonte

---

550. *Curso de direito tributário*, p. 48.

permite-nos verificar se os enunciados pertencentes ao direito positivo foram produzidos de acordo com as normas que fundamentam juridicamente sua criação e identificar os vícios da atividade produtora que, se existentes, põem em risco a aplicação e a permanência no sistema dos enunciados por ela produzidos.

4. DICOTOMIA DAS FONTES FORMAIS E FONTES MATERIAIS

Há uma tradição doutrinária de classificar as fontes do direito em: (i) formais; e (ii) materiais. Segundo tal tradição, as primeiras (fontes formais) encontram-se no plano do dever-ser (jurídico) e são tomadas como modelos estipulados pela ordem jurídica para introduzir normas no sistema; as segundas (fontes materiais) encontram-se no plano do ser (acontecimentos sociais) e são estudadas como fatos da realidade social que influem na produção de novas proposições prescritivas.

De acordo com o posicionamento firmado neste trabalho, o fato da realidade social apto a criar normas jurídicas é a enunciação. Ela é a fonte material do direito na medida em que produz novos enunciados prescritivos e enriquece o sistema modificando-o de alguma maneira.

A concepção tradicional, porém, leva-nos a considerar o fato social juridicizado ou regulado com a produção de novos enunciados jurídicos como fonte do direito. Se pararmos para pensar, os fatores sociais que determinam o conteúdo das normas e nelas se espelham apenas motivam a vontade do legislador, mas em si, não criam direito. É preciso um ato de enunciação, este sim, motivado por fatores sociais, para criar normas jurídicas. Voltemo-nos ao exemplo da epidemia (dado no item anterior): o motivo da produção normativa é a eminência epidêmica, mas o que cria a regra instituindo o dever de todos usarem máscaras é a realização de um processo legislativo.

Neste sentido, não consideramos o fator social que se projeta no conteúdo da norma jurídica, por ter motivado sua produção, como fonte do direito, pois sem um ato de vontade humano, a realização de um procedimento próprio, por um agente competente (enunciação), tais fatores nada inovam o ordenamento jurídico. Assim, enquanto fato social, só aceitamos a enunciação como fonte do direito.

Os fatos sociais motivadores da produção de normas jurídicas, que informam seu conteúdo, são tomados como fonte do direito para a Sociologia Jurídica, afinal, esta é a ciência que tem como objeto o fato social. Nestes termos, aquilo que a doutrina jurídica tradicional entende ser a fonte material do direito é, na verdade, uma das fontes sociais do direito, objeto de análise das Ciências Sociológicas e não da Dogmática Jurídica.

Quanto às fontes formais a confusão é ainda maior. O fato de a doutrina tradicional conceituá-las como sendo as fórmulas que a ordem jurídica estipula para introduzir regras no ordenamento, leva-nos a dois pontos de vista: (i) considerar como fonte formal do direito as regras de produção, isto é as normas que fundamentam juridicamente a existência de outras normas; (ii) considerar como fonte do direito, a forma como as normas são inseridas e se apresentam no ordenamento (ex: lei, ato administrativo, sentença, contrato, etc.).

Nos termos da primeira concepção, a fonte formal é a norma de superior hierarquia que fundamenta a de inferior hierarquia num ciclo ininterrupto, onde normas criam normas[551]. Por exemplo, a fonte formal da norma N3 é norma N2 e a da norma N2 é a norma N1, que a antecede hierarquicamente. A norma produzida tem como fonte a norma que fundamentou sua produção.

Pela linha de entendimento que traçamos, no entanto, não podemos aceitar como fonte do direito algo que é direito.

---

551. Esta é a linha de raciocínio seguida por HANS KELSEN. O autor trabalha o conceito de fonte para caracterizar o fundamento jurídico das normas que compõem o sistema (*Teoria pura do direito*, p. 285).

Entre uma norma e outra há sempre um ato de vontade e por mais que existam normas de produção, se não for a atividade humana de enunciação, o direito não se inova.

Devemos ter isso bem separado em nossa mente: uma coisa é a fonte do direito (aquilo que dá origem ao conjunto de normas), outra coisa é a fundamentação jurídica de uma norma. As fontes formais (nos termos delimitados pela doutrina tradicional) não são criadoras de normas, isto porque, como diz LOURIVAL VILANOVA, "as normas não são extraídas de outras normas por inferência-dedutiva".

Nos termos da segunda concepção, a fonte formal é a forma como as normas se materializam no sistema, sob o fundamento de que é desta forma que aparece o conteúdo normativo (ou seja, que ele é construído pelo intérprete). Nessa linha, são fontes formais do direito a Constituição, a Emenda, a Lei Complementar, a Lei Ordinária, a Lei Delegada, o Decreto Legislativo, o regulamento, o ato administrativo, a sentença, o contrato, etc.

Devemos atentar, todavia, para a trialidade de acepções que envolvem tais termos (i.e. Constituição, emendas à Constituição, leis, decretos, regulamentos, sentenças, contratos, etc.), pois não raramente confunde-se: (i) o documento normativo; (ii) as normas por ele veiculadas e (iii) o instrumento introdutor de tais normas, na mesma denominação. A lei, por exemplo, como documento normativo, é diferente da lei norma jurídica, e da lei, enquanto veículo introdutor.

Documento normativo é o texto, suporte físico, a expressão material das normas jurídicas. O texto, em si, não é fonte do direito e sim o produto da fonte. Também não é a fórmula que a ordem jurídica estipula para introduzir regras no sistema e sim o meio de expressão de tais regras. Neste sentido, a lei, enquanto documento normativo não se constitui como fonte formal do direito. O mesmo pode-se dizer da lei enquanto regra jurídica (tomada na segunda acepção). Quando dissemos que alguém não obedeceu à lei, referimo-nos à norma jurídica, que também não é fonte do direito, mas sim produto que advém da fonte.

Utilizada na terceira acepção, de veículo introdutor, a lei é o instrumento normativo estipulado pelo ordenamento como apto a inserir normas jurídicas no sistema. De acordo com a segunda concepção de fonte formal sugerida, a lei, enquanto instrumento introdutor pode ser tomada como fonte formal do direito, pois consubstancia-se na forma (molde) como as normas jurídicas são inseridas e aparecem no sistema.

Seguindo a linha que adotamos, no entanto, constitui-se uma incoerência falar em fonte formal do direito, pois nas duas concepções a fonte formal é tomada como o próprio direito (produto). Se um dos critérios da doutrina tradicional para diferençar "fonte formal" de "fonte material" é encontrar-se a primeira no plano do dever-ser (direito positivo), conclui-se que ela não é anterior às normas jurídicas e, assim, não podemos dizer que ela se consubstancia na fonte que as originam.

Neste sentido, vale a pena transcrever a lição de PAULO DE BARROS CARVALHO: "as normas ingressam no ordenamento, por intermédio de instrumentos designados por aqueles nomes conhecidos (lei, decreto, portaria, ato de lançamento, acórdão, sentença, etc.), que são de extrema relevância para alojarmos o preceito nos escalões do sistema, mas que também são regras de direito positivo"[552]. Se são regras, é porque fazem parte do sistema e, portanto, não podem ser consideradas como fontes.

É por isso, que o autor se utiliza da expressão *"veículos introdutores de normas"* ou *"instrumentos introdutores de normas"*, em substituição à elocução "fontes formais", para designar as formas que o direito prescreve para inserir normas no sistema.

---

552. *Curso de direito tributário*, p. 49.

Tecidas tais considerações, afastamos a divisão feita pela doutrina tradicional entre fontes material e formal do direito, para trabalhar apenas com a fonte material (enunciação), que para nós (dogmáticos), constitui-se na única fonte do direito.

5. A LEI, O COSTUME, A JURISPRUDÊNCIA E A DOUTRINA SÃO FONTES DO DIREITO?

Apesar de toda divergência que envolve o tema das fontes, a doutrina segue a tradição de considerar como fontes do direito: (i) a lei; (ii) os costumes, (iii) a doutrina jurídica e (iv) a jurisprudência. As duas primeiras de natureza formal (principal e acessória, respectivamente) e as duas últimas de natureza material. Já afastamos a separação entre fontes formais e materiais, considerando como fonte do direito única e exclusivamente a atividade de enunciação. Mas adotando este posicionamento, será que podemos dizer que a lei, os costumes, a doutrina e a jurisprudência são fontes do direito?

Vejamos, separadamente, cada uma delas:

Lei: a lei não cria direito, ela é o próprio direito. As normas jurídicas não derivam de outras normas, dependem de um ato de vontade humano para existirem como tal e ingressarem no sistema jurídico.

Costumes: os costumes tomados como práticas sociais reiteradas "de natureza iminentemente factual, só geram efeitos jurídicos quando integrantes de hipóteses normativas"[553]. Nenhuma prática reiterada de atos torna-se jurídica sem a existência de uma atividade enunciativa que a constitua como enunciado prescritivo. Quando isto acontece, o costume deixa de ser uma prática social, ou seja, deixa de ser costume e passa a integrar o direito positivo.

Enquanto acontecimento social o costume pode servir de motivação para a criação de normas, mas não é fonte do direito, pois nada modifica juridicamente sem a existência de uma

---

553. PAULO DE BARROS CARVALHO, *Curso de direito tributário*, p. 49.

enunciação que o constitua como enunciado jurídico. Por exemplo, por mais constante que seja a prática da separação do lixo doméstico reciclável por uma sociedade, juridicamente, a separação do lixo reciclável só se tornará obrigatória se, por meio de um processo legislativo próprio, forem produzidos enunciados jurídicos, atrelando a tal conduta o modal obrigatório. Neste caso não será o costume, a fonte provedora da norma que obriga a separação do lixo reciclável, mas sim a atividade enunciativa que a produziu.

O costume, tomado como valor cultural, influencia a interpretação dos enunciados jurídicos, mas por si só não tem o condão de criá-los ou alterá-los e, por isso, não é fonte do direito.

TÁREK MOYSÉS MOUSSALEM explica, no entanto, que o costume pode ser considerado como fonte do direito, quando o próprio direito atribui às práticas costumeiras o condão de inserirem normas jurídicas no sistema. É o caso, por exemplo, do art. 100, III, do CTN que prescreve serem normas complementares, as práticas reiteradamente observadas pelas autoridades administrativas. Segundo o autor, o artigo 100, III, do CTN funciona como regra estrutural de costume, que confere às práticas reiteradas da administração (enunciação), a qualidade de produzirem normas complementares[554]. Neste sentido, o costume se credencia como fonte do direito.

Doutrina: a doutrina jurídica são os ensinamentos e descrições explicativas do direito positivo, elaboradas pelos juristas. Como já vimos (no capítulo III deste trabalho), direito positivo e Ciência do Direito são dois mundos distintos que não se misturam. A linguagem prescritiva do direito não se altera pela linguagem descritiva da Ciência, que a toma como objeto. A função da doutrina é informar sobre o direito e não modificá-lo, por isso mesmo é que não pode ser tomada como fonte do direito[555]. A doutrina o descreve, não o cria.

---

554. *Fontes do direito tributário*, p. 171.

555. Neste mesmo sentido é o posicionamento de MIGUEL REALE: "a doutrina, ao contrário do que sustentam alguns, não é fonte do direito, uma vez que as posições teóricas, por maior que seja a força cultural de seus expositores, não dispõem *de per si* do poder de obrigar" (*Fontes e modelos do direito*, p. 11).

Jurisprudência: denomina-se "jurisprudência" o conjunto de decisões judiciais uniformes, emanadas por um tribunal. A jurisprudência é resultado da atividade jurisdicional, ou seja, de um processo enunciativo realizado pelo Poder Judiciário. Não é fonte do direito, ela é o direito (i.e. o direito dos tribunais – normas individuais e concretas).

Quando, por exemplo, um advogado cita determinada jurisprudência em sua petição inicial ou contestação, fá-lo para tentar convencer o magistrado. Este, porém, não fica obrigado a decidir o caso de acordo com o julgado, que somente será aproveitado para fins de convencimento. Da mesma forma, muitas vezes a fundamentação das decisões judiciais trazem transcrições jurisprudenciais o que demonstra que o juiz utilizou-se da jurisprudência para justificar seu convencimento sobre o caso. Em ambas as situações, a jurisprudência, por si só, não cria direito algum, apenas influi na decisão do magistrado na produção da norma individual e concreta (enunciação). Pode ser entendida, assim, como fonte psicológica do direito, mas não jurídica.

O mesmo pode-se dizer da doutrina, quando citada no corpo de algumas decisões ou utilizadas por advogados em petições com o intuito de direcionar o posicionamento do juiz.

Em suma, de acordo com a posição que assumimos neste trabalho, nem a lei, nem o costume[556], nem a doutrina e nem a jurisprudência são fontes do direito para a dogmática jurídica.

6. DOCUMENTO NORMATIVO COMO PONTO DE PARTIDA PARA O ESTUDO DAS FONTES

O procedimento de criação do direito pertence à ordem dos acontecimentos sociais e se perde no tempo e espaço de sua realização. Aos nossos olhos só aparece o produto,

---

556. Exceto nos casos em que é tomado juridicamente como enunciação.

enquanto conjunto de enunciados prescritivos. Mas, diante dele, sabemos da existência de um processo de criação, pois não há enunciado sem enunciação. Se o produto existe, é porque algo o produziu.

Conforme já exposto, o conjunto de enunciados prescritivos, que compõem o corpo físico do sistema jurídico, é o único e exclusivo dado do jurista e do aplicador do direito, todas as suas investigações partem dele. Com o estudo das fontes não poderia ser diferente, o ponto de partida para a análise da atividade produtora de normas jurídicas é o documento normativo por ela produzido. O produto, como registra GABRIEL IVO, "além de veicular os enunciados prescritivos que constituem seu conteúdo, registra a forma de sua produção"[557], diz como foi feito, remetendo-nos à instância da enunciação.

Assim, no corpo físico do documento normativo diferenciam-se dois tipos de enunciados: (i) aqueles que remetem à atividade de enunciação, informando o processo, a autoridade competente e as coordenadas de espaço e tempo em que se deu a produção do documento normativo, cujo conjunto denominamos de *enunciação-enunciada* e (ii) aqueles que nada informam sobre a atividade de enunciação, apesar de terem sido produzidos por ela, os quais denominamos de *enunciado-enunciado*[558].

Na Constituição Federal, por exemplo, temos o enunciado do preâmbulo – "Nós representantes do povo brasileiro, reunidos em Assembleia Nacional Constituinte para instituir um Estado Democrático, destinado a assegurar o exercício dos direitos sociais e individuais, a liberdade, a segurança, o bem-estar, o desenvolvimento, a igualdade e a justiça como valores supremos de uma sociedade fraterna, pluralista e sem preconceitos, fundada na harmonia social e comprometidas, na ordem interna e internacional, com a solução pacífica das controvérsias, promulgamos, sob proteção de Deus, a

---

557. *Norma jurídica, produção e controle*, p. 3.
558. JOSÉ LUIZ FIORIN, *As astúcias da enunciação*, p. 36.

seguinte CONSTITUIÇÃO DA REPÚBLICA FEDERATIVA DO BRASIL" – que se distingue daqueles constantes nos artigos 1º, 2º, 3º 4º, 5º, 6º, ... (até último artigo do ADCT – Ato das Disposições Constitucionais Transitórias). Tal enunciado juntamente com aqueles constantes após o último artigo do ato das disposições transitórias – "Brasília, 5 de outubro de 1988. Ulysses Guimarães-Presidente....." – remete-nos à instância da enunciação, informando ter sido uma Assembleia Constituinte, no dia 5 de outubro de 1988, em Brasília, que criou todos os enunciados contidos naquele documento normativo (Constituição da República).

A *enunciação-enunciada* nada mais é do que o conjunto destes enunciados, presentes no documento normativo, que nos remete à instância da enunciação. Os outros enunciados, dos artigos 1º, 2º, 3º, 4°, 5°, 6°..... (até o último do ADCT), prescrevem condutas intersubjetivas que devem ser observadas por todos, mas nada informam sobre a atividade que os criou, apesar de terem sido inseridos no sistema pela enunciação, enunciada no preâmbulo e nos enunciados posteriores ao último artigo do ADTC. O conjunto destes enunciados constitui aquilo que chamamos de *enunciado-enunciado*.

Em todo e qualquer documento normativo vamos encontrar sempre estas duas linguagens distintas: (i) uma que se refere à atividade produtora do documento (*enunciação-enunciada*); e (ii) outra que perfaz a prescrição propriamente dita (*enunciado-enunciado*).

6.1 Enunciação-enunciada

Enunciação-enunciada são os enunciados (i.e. frases, sentenças), presentes no documento normativo que informam sobre o processo, o motivo, o local, as datas e os agentes participantes da atividade enunciativa. São as marcas do processo (enunciação) que ficam no produto. Assim, por exemplo, a *enunciação-enunciada* de uma lei é composta por: (i) o nome *Lei n. xxx*, que indica a realização de determinado procedimento produtor de normas; (ii) as datas da promulgação e da publicação; (iii) a referência às pessoas que participaram do processo legislativo; (iv) o local onde foi produzida; e (v) outras eventuais informações que nos remeta à atividade enunciativa.

GABRIEL IVO utiliza-se do termo "dêiticos"[559] se para referir a tais marcas. O autor fala, assim em: (i) dêiticos de forma e conteúdo (nome do documento); (ii) dêiticos de publicidade; (iii) dêiticos de espaço; (iv) dêiticos de autoridade; e (v) dêiticos de tempo; atendo-se detalhadamente a cada um deles, num elaborado estudo onde demonstra a importância de tais marcas para o controle da produção abstrata de enunciados prescritivos[560].

6.1.1 Utilidade da enunciação-enunciada

A atividade enunciativa é um ato singular. Cada documento normativo é produzido por uma enunciação única, o procedimento previsto pode ser o mesmo, as autoridades competentes também, assim como o local de produção, mas a atividade enunciativa em si, enquanto fato social, nunca se repete identicamente.

A unicidade da enunciação reflete-se na *enunciação--enunciada*. Todo texto produzido tem uma *enunciação-enunciada*, que lhe é própria e exclusiva. Ela, além de nos remeter à instância da enunciação permitindo o seu controle jurídico, identifica o documento normativo produzido. Sabemos, por exemplo, que um texto é de lei, graças a sua *enunciação-enunciada* que identifica o processo que o criou. Sem ela, o que nos resta é o *enunciado-enunciado*, um conjunto de prescrições soltas, que nada dizem sobre a atividade de enunciação.

---

559. "Dêiticos", segundo a linguística, são palavras que se referem ao pessoal, temporal e espacial de uma expressão.

560. *Norma jurídica: produção e controle, passim.*

Neste sentido, é a *enunciação-enunciada* que permite distinguir o texto jurídico do não-jurídico, quando nos remete à instância da produção normativa. Como o direito positivo prescreve sua forma de constituição é a *enunciação-enunciada* que diz ser o texto jurídico, ou seja, é ela que informa ter sido ele produzido nos moldes jurídicos.

Ao reconstituir o fato da enunciação em linguagem jurídica, a *enunciação-enunciada* juridiciza a fonte de produção do direito, outorgando juridicidade ao documento normativo. Sem ela, não há lei, decreto, ato administrativo, ou sentença, nem qualquer outro tipo de documento jurídico, apenas um aglomerado de enunciados sem identificação.

Outra utilidade da *enunciação-enunciada* é o controle jurídico. O direito prescreve sua enunciação, disciplinando a forma como seus enunciados devem ser produzidos. A atividade enunciativa aparece na *enunciação-enunciada*, possibilitando verificar se a enunciação se deu nos moldes prescritos juridicamente.

A partir da linguagem da *enunciação-enunciada*, reconstruímos o procedimento produtor de enunciados (enunciação) e realizamos o confronto entre esta e a linguagem da norma de estrutura (seu fundamento jurídico), para aferirmos se a produção normativa deu-se em conformidade com o prescrito no ordenamento jurídico[561] e, assim, constatarmos os vícios formais (de produção) dos enunciados jurídicos.

Estamos tão acostumados a manusear os textos que muitas vezes nem percebemos a importância da *enunciação-enunciada*. Um exemplo, entretanto, demonstra seu valor: digamos que os alunos de uma faculdade cheguem à sala de aula e se deparem com o seguinte escrito na lousa: *"hoje teremos prova"*. Diante desta informação surgem as perguntas: *"quem deixou este recado? Será que foi nosso professor"* (pode ter sido outro); *"quando ele foi escrito?"* (pode ter sido escrito no dia

---

561. TÁREK MOYSÉS MOUSSALLEM, *Fontes do direito tributário*, p. 152.

anterior, para outra turma). Sem estas informações sobre a enunciação, isto é sem a *enunciação-enunciada*, o recado deixado na lousa perde sua credibilidade e causa mais confusão do que informação. A situação é diferente, no entanto, se no recado constar as marcas da sua produção (ex: "Prof.ª Aurora – da turma TGD1, São Paulo, 09 de julho de 2008").

Agora, imaginemos isso no campo do direito. Lidamos com uma série de enunciados prescritivos todos os dias e a todo momento surgem as perguntas: *"que tipo de enunciados são estes? Constitucionais, legais, infralegais? Quando foram inseridos no sistema? Quem os produziu? Qual foi o procedimento utilizado?"*. Com as respostas a tais perguntas, que encontramos na *enunciação-enunciada*, identificamos o tipo dos enunciados observados e estabelecemos critérios para o controle jurídico dos mesmos. Sem elas, os enunciados ficam jogados, sem identidade e nem ao menos podemos dizer se são jurídicos, pois não temos acesso à atividade que os enunciou.

6.1.2 Enunciação-enunciada é fonte do direito?

A *enunciação-enunciada* não é fonte do direito, ela é, juntamente com o *enunciado-enunciado*, produto da enunciação, esta sim fonte de normas jurídicas. A *enunciação-enunciada* é um conjunto de enunciados que faz parte do direito positivo e, se consideramos a fonte algo anterior, não podemos eleger como fonte algo que já é direito.

A atividade criadora de enunciados prescritivos, verdadeira fonte do direito, não está presente no documento normativo. Só temos acesso à enunciação pelas suas marcas identificáveis no texto normativo, pois ela, enquanto acontecimento social, esvai-se no espaço e no tempo de sua realização.

A *enunciação-enunciada* é o único dado material de que dispõe o jurista para conhecer a produção das normas que estuda e assim, identificá-las dentro do sistema jurídico. O processo produtivo, manifestado no exercício da competência legislativa, administrativa, judicial ou particular, é de impossível reconstituição. Só temos acesso as suas marcas, presentes na *enunciação-enunciada* e, por meio delas, uma ideia de como este complexo evento foi realizado.

6.1.3 Sobre a exposição de motivos

Questão polêmica envolve a exposição de motivos. Pode-se dizer que a exposição de motivos faz parte da lei? É ela direito positivo? Integra a *enunciação-enunciada*?

A exposição de motivos é um texto criado no curso de um processo enunciativo jurídico. É, portanto, direito positivo, integra o sistema.

Enquanto documento normativo, encontramos na exposição de motivos os dois tipos de linguagem destacados linhas acima: (i) a *enunciação-enunciada*, expressões, orações que nos informam sobre sua enunciação, permitindo-nos identificar ser aquele documento a exposição de motivos da lei x, do decreto legislativo y, da medida provisória z, etc.; e (ii) os *enunciados-enunciados*, frases que trazem, efetivamente, as razões da criação da lei x, do decreto legislativo y, da medida provisória z, etc.

Apesar de aparecer como *enunciado-enunciado* do documento normativo (exposição de motivo), a efetiva "exposição de motivo" (razões da criação da lei – *enunciado-enunciado*) constitui-se como marcas da enunciação da lei x, do decreto legislativo y, da medida provisória z, etc., na medida em que informa sobre a produção (fonte) destes documentos normativos, mais especificamente sobre as razões que determinam o ato de vontade impulsor da atividade produtora.

Nestes termos, pode-se dizer que a exposição de motivos compõe a *enunciação "enunciada juridicamente"* daqueles documentos normativos. Uma *enunciação-enunciada* não presente no corpo do próprio documento (lei x, decreto legislativo y, medida provisória z, etc.), mas constante do sistema, a qual a *enunciação-enunciada* no documento se remete.

Parece meio confuso, mas através da análise da *enunciação-enunciada* de um documento normativo (ex: lei x, decreto legislativo y, medida provisória z, etc.) identificamos sua enunciação e passamos a procurar, no sistema, outras marcas (constantes em outros documentos normativos) que nos permitam reconstruir cognitivmente a complexidade daquela atividade. Buscamos informações – sobre o processo (ex: como se deu a votação; se houve ementa, algum veto), sobre a competência das pessoas envolvidas, sobre o ato de vontade enunciativo – não constantes no próprio documento, mas determinantes para compreendermos e controlarmos juridicamente sua enunciação. Neste contexto, podemos diferençar dois tipos de *enunciação-enunciada*: (i) em sentido estrito, como marcas da enunciação presente no documento normativo por ela produzido; e (ii) em sentido amplo, como conjunto de marcas da enunciação presente no sistema jurídico.

Considerando a segunda perspectiva os motivos que justificam a criação de um documento normativo integram a *enunciação-enunciada* deste documento, pois eles indicam os fatores determinantes do ato de vontade da enunciação.

A relevância de tomar a exposição de motivos como parte integrante da *enunciação-enunciada* de um documento normativo é que ela vincula a aplicação e controle do *enunciado-enunciado* daquele documento. A exposição de motivos relaciona-se com o documento normativo que motiva, num dialogismo próprio da intertextualidade jurídica, formando um contexto jurídico para construção (interpretação) das normas veiculadas pelo *enunciado-enunciado* daquele documento[562].

---

562. Para reforçar nossas afirmações citamos uma passagem de PAULO DE BARROS CARVALHO: "as exposições de motivos das legislações não podem ser desprezadas. Na qualidade de marcas deixadas no curso do processo de enunciação, assumem indiscutível relevância, auxiliando e orientando a atividade do intérprete" (*Direito tributário, linguagem e método*, p. 393).

6.2 Enunciado-enunciado

O *enunciado-enunciado* de um documento normativo é composto por todos os demais enunciados que não nos remete à instância da enunciação. São preceitos gerais e abstratos, individuais ou concretos, dos quais construímos as normas jurídicas que, efetivamente, regulam as condutas intersubjetivas valoradas pelo legislador.

No exemplo dado acima, do recado deixado na lousa, o *enunciado-enunciado* é a sentença: *"hoje teremos prova"*, que veicula a mensagem motivadora da enunciação, ou seja, aquela para qual o processo enunciativo foi promovido.

O *enunciado-enunciado* nada diz sobre as fontes e, por isso, não se configurará como objeto de um estudo mais aprofundado neste capítulo.

7. ENUNCIAÇÃO COMO ACONTECIMENTO SOCIAL E COMO FATO JURÍDICO NA ENUNCIAÇÃO-ENUNCIADA

Como já repetimos em inúmeras passagens deste trabalho, separam-se os mundos do direito e da realidade social pela linguagem jurídica. O fato jurídico é resultado da incidência da linguagem normativa sobre a linguagem da realidade social, o que, como já vimos, só é possível por um ato de aplicação do direito, isto é, pela construção de uma nova linguagem jurídica. É certo que "não há fato jurídico fora do sistema normativo"[563].

Com base nestas premissas, a atividade de enunciação, considerada no tempo e no espaço de sua realização (processo), é um acontecimento de ordem social e ainda não-jurídico. Com o seu fim, que culmina na publicação dos enunciados produzidos em canal credenciado pelo sistema (i.e. diário oficial, edital), surge a linguagem jurídica (produto). No corpo

---

563. LOURIVAL VILANOVA, *As estruturas lógicas e o sistema do direito positivo*, p. 22.

do documento produzido encontramos a *enunciação-enunciada*, um conjunto de enunciados que nos remete à instância da enunciação e que a constituem como o fato jurídico. Apenas quando relatada em linguagem jurídica, na *enunciação-enunciada* do produto por ela produzido é que a enunciação se constitui como fato jurídico ejetor de normas no sistema. A enunciação, enquanto atividade considerada no tempo e espaço de sua realização é fato social desprovido de linguagem jurídica. O produto a juridiciza, constituindo-a como uma enunciação jurídica na *enunciação-enunciada*.

Neste sentido, não há que se falar na enunciação enquanto fato jurídico produtor de normas, pois se é jurídico faz parte do sistema e não o antecede. Cabe reforçamos aqui a lição de PAULO DE BARROS CARVALHO de que "os fatos-fontes são os fatos vistos do ângulo da enunciação, isto é pelo processo, e não do enunciado, pelo produto"[564].

8. QUE É VEÍCULO INTRODUTOR DE NORMAS?

Da leitura das orações que compõem a *enunciação-enunciada*, passando por um processo gerador de sentido, construímos uma norma jurídica responsável pela inserção dos *enunciados-enunciados* produzidos no sistema do direito positivo, a esta norma atribuímos o nome de *veículo introdutor*.

Por partirmos da premissa de que o direito positivo é um conjunto de normas jurídicas, não podemos aceitar que enunciados ingressem no sistema senão por força de um efeito jurídico, que assim se caracteriza por encontrar-se prescrito no consequente de uma regra. Nestes termos, nenhuma norma jurídica ingressa no direito positivo sem ser através de outra norma jurídica (veículo introdutor), pois a fórmula que o sistema estipula para nele introduzir regras é a produção de uma norma introdutora. É neste sentido que PAULO DE BARROS CARVALHO enuncia: "as normas vêm sempre aos pares"[565].

---

564. *Curso de direito tributário*, p. 49.

565. *Direito tributário, linguagem e método*, p. 393.

Nas palavras do autor: "regra jurídica alguma ingressa no sistema do direito positivo sem que seja introduzida por outra norma, que chamamos, aqui avante, de veículo introdutor de normas. Isso já nos autoriza a falar em normas introduzidas e normas introdutoras, ou em outras palavras, afirmar que as normas vêm sempre aos pares". Uma norma introduz e a outra (ou outras) é (são) introduzida (s).

Vulgarmente identificamos os instrumentos introdutores de normas pelo nome do ato que os contém (ex. lei, decreto, portaria, ato de lançamento, sentença, etc.), confundindo-os com o próprio documento normativo, mas, ao interpretarmos a *enunciação-enunciada* destes documentos normativos, logo constatamos a existência de uma norma introdutora, que prescreve o ingresso dos enunciados produzidos no ordenamento e, juridicamente, os introduz. O antecedente desta norma juridiciza a enunciação ao denotar o agente competente, espaço, tempo e procedimento realizado na produção do documento normativo; e o consequente prescreve a obrigação de todos considerarem como válidos os enunciados produzidos pela enunciação juridicizada no seu antecedente. Em suma, a norma introdutora constitui o fato jurídico da enunciação em seu antecedente e prescreve, no seu consequente, o ingresso no sistema jurídico dos enunciados por ela criados (ex: antecedente – "dado o fato do processo legislativo n° x, promulgado pelo Presidente da República y, em Brasília, na data z e publicado no canal w, na data t"; deve ser; consequente – "o dever de todos os membros da sociedade aceitar os enunciados produzidos neste processo, como parte integrante do sistema e o direito subjetivo dos agentes competentes de que todos os aceitem como jurídicos").

A norma introdutora é da espécie geral e concreta: concreta porque seu antecedente relata um fato passado, mais precisamente, o exercício da competência normativa realizada no plano dos acontecimentos sociais (enunciação); e geral porque no seu consequente se estabelece um vínculo em que um dos polos é composto por sujeitos indeterminados (todos os membros da sociedade). Ela é resultado da aplicação das normas de produção jurídica. É neste sentido que TÁCIO LACERDA

GAMA, indica ser a norma de competência que determina os pares a serem estabelecidos entre normas introdutoras e normas introduzidas, ou seja, quais normas devem introduzir quais normas[566]. As normas de produção jurídica (estrutura) são aquelas que atribuem fundamento à enunciação, disciplinando-a. Elas dispõem como deve ser o processo de criação de novos enunciados jurídicos prescrevendo os agentes competentes, o procedimento e a vinculação de ambos à matéria. Para cada matéria (*enunciado-enunciado*) o sistema prescreve um tipo específico de enunciação, determinando, assim, a norma introdutora que deve introduzi-la.

O procedimento criador de enunciados prescritivos é legitimado pelo fato jurídico da enunciação, constituído no antecedente da norma veículo introdutor. No momento de sua constituição, já não é relevante para o direito a real atividade enunciativa, mas sim, aquela constituída como fato jurídico no antecedente da norma introdutora, pois é ela que propaga o efeito, no sistema, da inclusão de todos os enunciados produzidos, independentemente da real enunciação que os criou. O direito, no entanto, dispõe de meios para impugnar o fato jurídico da enunciação, sob a alegação de vício formal, o que implica a nulidade do veículo introdutor e, consequentemente a retirada do documento normativo do sistema.

Digamos, por exemplo, que o projeto da Lei nº x não recebeu quorum necessário para aprovação em uma das casas do Congresso, no entanto, mesmo assim, foi promulgada e publicada[567]. Ao ser publicada, a norma introdutora juridiciza o processo enunciativo descrito em sua hipótese e lhe atribui o efeito jurídico de inserir os enunciados por ele veiculados no sistema. Mesmo que o fato social da enunciação não tenha ocorrido nos moldes da norma de produção, o direito assim o constitui, pois o que importa juridicamente é a linguagem das normas. Há,

---

566. *Competência tributária, fundamentos para uma teoria da nulidade*, passim.

567. TÁREK MOYSÉS MOUSSALLEM trabalha com o exemplo da Lei da COFINS, que foi alterada no Senado, porém não submetida novamente à votação da Câmara (*Fontes do direito tributário*, capítulo 9).

porém, a possibilidade de, por meio da linguagem das provas, reconstituir o fato da enunciação e verificar a sua incompatibilidade com a norma de produção (vício formal). No entanto, para que a Lei n. x seja retirada do sistema é preciso que se construa juridicamente a negativa da enunciação nos moldes da norma de produção.

9. SÍNTESE EXPLICATIVA

Em busca do aclaramento do que foi dito até agora elaboramos o esquema a seguir:

CONSTITUIÇÃO FEDERAL

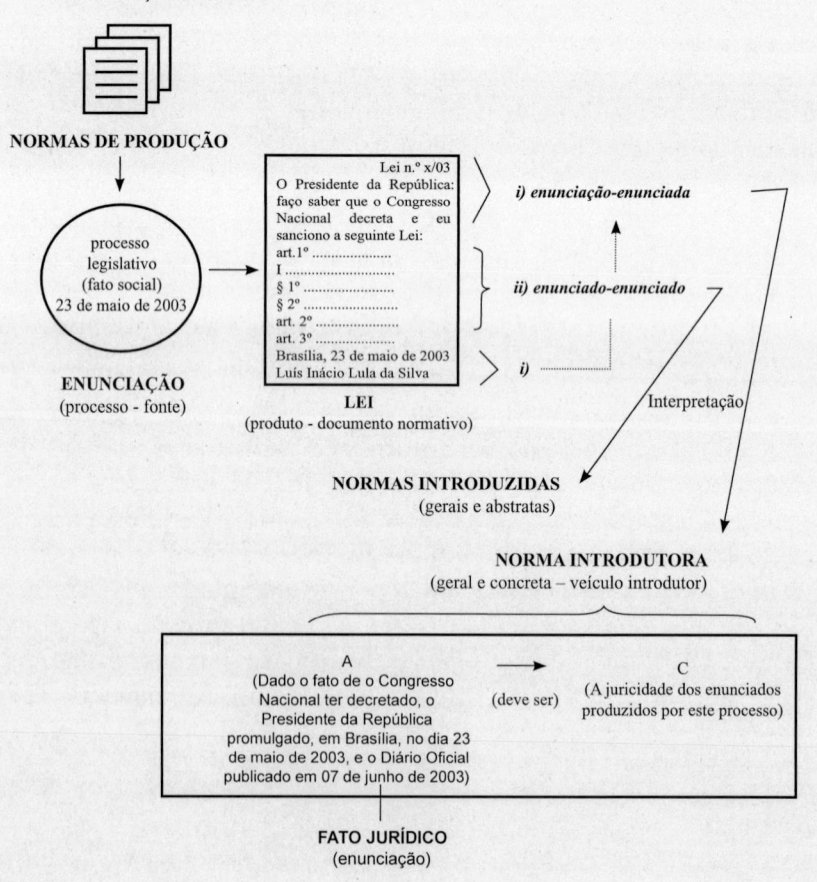

NORMAS DE PRODUÇÃO

ENUNCIAÇÃO
(processo - fonte)

processo legislativo (fato social) 23 de maio de 2003

Lei n.º x/03
O Presidente da República: faço saber que o Congresso Nacional decreta e eu sanciono a seguinte Lei:
art. 1º ....
I ....
§ 1º ....
§ 2º ....
art. 2º ....
art. 3º ....
Brasília, 23 de maio de 2003
Luís Inácio Lula da Silva

LEI
(produto - documento normativo)

i) *enunciação-enunciada*

ii) *enunciado-enunciado*

i) ....

Interpretação

NORMAS INTRODUZIDAS
(gerais e abstratas)

NORMA INTRODUTORA
(geral e concreta – veículo introdutor)

| A (Dado o fato de o Congresso Nacional ter decretado, o Presidente da República promulgado, em Brasília, no dia 23 de maio de 2003, e o Diário Oficial publicado em 07 de junho de 2003) | (deve ser) | C (A juridicidade dos enunciados produzidos por este processo) |

FATO JURÍDICO
(enunciação)

Explicando: As normas de produção presentes na CF (representada, na ilustração, pela figura "▦") regulam a atividade de criação de enunciados jurídicos (no exemplo acima, o processo legislativo – envolto na figura circular), que denominamos de enunciação (fonte do direito para a dogmática jurídica). A enunciação produz (→) um documento normativo (Lei – representada no gráfico pela gravura retangular). Neste documento normativo identificamos dois tipos de enunciados: (i) a *enunciação-enunciada*, composta pelo conjunto de frases que informam sobre a atividade enunciativa (na representação – Lei n. x/03; o Presidente da República: faço saber que o Congresso Nacional decreta e eu sanciono a seguinte Lei; Brasília 23 de maio de 2003; Luiz Inácio Lula da Silva); e (ii) o *enunciado-enunciado*, que se configura na prescrição propriamente dita, formado pelas frases que nada informam sobre a atividade de enunciação, apesar de terem sido produzidos por ela (na ilustração – art.1º ......; I .....; § 1º .....; § 2ª ......; art. 2ª ....; art. 3º .....). A partir da *enunciação-enunciada* construímos, por meio de um processo gerador de sentido, a norma introdutora (veículo introdutor), cuja hipótese constitui a enunciação como fato jurídico e o consequente prescreve a juridicidade dos enunciados por ela produzidos (na figura – A "Dado o fato do Congresso Nacional ter decretado, o Presidente da República promulgado em Brasília 23 de mais de 2003 e o Diário Oficial publicado em 07 de junho de 2003"; → "deve ser"; C "a juricidade dos enunciados produzidos por este processo). E, a partir do *enunciado-enunciado* construímos as normas introduzidas (gerais e abstratas).

10. CLASSIFICAÇÃO DOS VEÍCULOS INTRODUTORES

Utilizando-nos do critério de serem as normas inseridas (*enunciados-enunciados*) de caráter inaugural ou não, podemos classificar os veículos introdutores em: (i) *instrumentos primários*; e (ii) *instrumentos secundários*.

Segundo os ensinamentos de PAULO DE BARROS CARVALHO, os instrumentos primários são veículos credenciados para promoverem o ingresso de regras inaugurais no universo jurídico e os instrumentos secundários, ou derivados, são todos os demais veículos que introduzem normas cuja juridicidade está condicionada às disposições introduzidas por veículos primários[568]. As normas introduzidas por veículos secundários não apresentam força vinculante capaz de, por si só, instituir novos direitos e deveres. São hierarquicamente inferiores às normas introduzidas por veículos primários, não podendo ultrapassar o que nelas estiver regulado.

Nas palavras do autor: "As leis e os estatutos normativos que têm força de lei são os únicos veículos credenciados a promover o ingresso de regras inaugurais no universo jurídico brasileiro, sendo, por isso, designados 'instrumentos primários'. Todas as demais normas reguladoras de condutas humanas intersubjetivas, neste país, têm juridicidade condicionada às disposições legais, quer emanem de preceitos gerais e abstratos, quer individuais e concretos. Por essa razão, recebem o nome de 'instrumentos secundários'. Não possuem, por si só, a força vinculante capaz de alterar as estruturas do mundo jurídico-positivo. Realizam, simplesmente, os comandos que a lei autoriza e na precisa dimensão que lhes foi estipulada"[569].

De acordo com esta classificação, são veículos introdutores primários: (i.a) leis constitucionais (Constituição Federal e Emenda à Constituição); (i.b) lei complementar; (i.c) lei ordinária; (i.d) lei delegada; (i.e) medida provisória; (i.f) decreto legislativo; e (i.g) a resolução do senado. Vejamos cada um deles separadamente:

(i.a.1) Lei Constitucional – Constituição Federal: é o instrumento primário, criado por uma Assembleia Constituinte, que se sobrepõe a todos os demais veículos introdutores de normas e, portanto, constitui-se como o instrumento

---

568. *Curso de direito tributário*, p. 55.

569. *Direito tributário, linguagem e método*, p. 216-217.

introdutor soberano do direito positivo. Abriga, em grande parte, normas de produção, que dispõem como outras normas devem ser produzidas e inseridas no sistema.

(i.a.2) Lei Constitucional – Emenda à Constituição: é um instrumento introdutor criado pelo Poder Constituinte derivado nos termos do art. 60 da Constituição Federal que tem o condão de inserir normas no patamar constitucional.

(i.b) Lei Complementar: é produzida por meio de um processo legislativo de quorum qualificado, nos termos do art. 69 e seguintes da Constituição Federal e veicula normas sobre matérias especificamente previstas.

(i.c) Lei Ordinária: é produzida por meio de um processo legislativo de *quorum* simples, nos termos do art. 69 e seguintes da Constituição Federal. É o item mais comum do processo legislativo para inserir no sistema normas gerais e abstratas.

(i.d) Lei Delegada: é uma exceção à regra pela qual a atividade de editar leis pertence, com exclusividade, ao Poder Legislativo. Nos termos do art. 68 da Constituição Federal, serão elas elaboradas pelo Presidente da República, que deverá solicitar a delegação do Congresso Nacional, que se manifestará mediante resolução, especificando o conteúdo e os termos de seu exercício.

(i.e) Medida Provisória: é o veículo introdutor expedido pelo Presidente da República, subordinado aos pressupostos de relevância e urgência, que tem sua eficácia limitada à 60 dias, prorrogáveis por mais 60, sob a condição de, após sua publicação ser submetida à apreciação do Congresso Nacional nos termos do art. 62 da Constituição Federal.

(i.f) Decreto-Legislativo: é o veículo expressivo das competências exclusivas do Congresso Nacional. Aprovado por maioria simples e promulgado pelo Presidente da República sem sanção, ocupa o mesmo nível hierárquico da lei ordinária. É, por excelência, o veículo responsável pelo ingresso do conteúdo dos tratados e das convenções internacionais no sistema do direito positivo brasileiro.

(i.g) Resoluções: são de competência do Congresso Nacional e do Senado, constituem-se como veículos introdutores aprovados por maioria simples e promulgados pela Mesa do Senado ou do Congresso, revestindo o *status* jurídico de lei, ainda que não decorrentes de um processo legislativo próprio, atuam nos setores que a Constituição lhes demarca.

Em análise um pouco mais específica, podemos subdividir a classe dos veículos primários, utilizando-nos do critério da fundamentação jurídica, em: (i.1) de sobreposição; (ii.2) de subposição. Todos os veículos que elencamos acima inserem disposições inaugurais no sistema jurídico, mas os dois primeiros, as leis constitucionais (Constituição e Emendas), fundamentam os demais, de modo que todos eles submetem-se as suas prescrições. Podemos dizer, então, que as leis constitucionais são veículos introdutores primários de sobreposição e os demais de subposição.

Como veículos introdutores secundários, podemos citar: (ii.a) decretos regulamentares; (ii.b) instruções ministeriais, (ii.c) as circulares; (ii.d) portarias; (ii.e) ordens de serviço; e (ii.f) atos normativos estabelecidos em função administrativa; (ii.g) atos normativos estabelecidos em função jurisdicional; (ii.h) atos normativos produzidos por particulares. Vejamos cada um deles separadamente:

(ii.a) Decretos Regulamentares: são atos da competência privativa dos chefes dos poderes executivo da União, dos Estados, do Distrito Federal e dos Municípios editados para possibilitar a fiel execução das leis. Os decretos regulamentares estão adstritos ao âmbito da lei, não podendo ampliá-la ou reduzi-la. O chefe do Poder Executivo somente está autorizado a produzi-los quando a lei não for autoexecutável.

(ii.b) Instruções Ministeriais: são atos de competência dos Ministros de Estados, nos termos do art. 85, II, da Constituição Federal, que introduzem normas com a finalidade de promover a execução das leis, decretos e regulamentos que digam respeito às atividades de sua pasta.

(ii.c) Circulares: são veículos introdutores de normas infralegais que visam a ordenação dos serviços administrativos. Seu campo de validade é restrito a setores específicos.

(ii.d) Portarias : são instrumentos introdutores de normas que os servidores de superior hierarquia editam para serem observadas por seus subalternos.

(ii.e) Ordens de Serviço: são autorizações ou estipulações, para um determinado tipo de serviço a ser desempenhado por um ou mais agentes.

(ii.f) Atos normativos estabelecidos pelas autoridades administrativas: são instrumentos introdutores de normas que veiculam manifestações dos agentes administrativos especializados, vinculando a interpretação entre os funcionários.

(ii.g) Atos normativos estabelecidos pelas autoridades judiciais: são instrumentos introdutores de normas, produzidos no curso do processo judicial (ex: sentença, acórdãos, decisões interlocutórias, liminares, etc.)

(ii.h) Atos normativos produzidos por particulares: são instrumentos introdutores de normas produzidos por pessoas comuns, por acordo entre partes ou em cumprimento de um dever legal (ex: contratos, ato de formalização do crédito tributário, recibos, etc.)[570].

---

570. A doutrina tradicional não trabalha com os dois últimos itens (ii.g e ii.h). TÁREK MOYSÉS MOUSSALLEM faz, inclusive, uma crítica neste sentido. Segundo suas palavras, "em que pese a larga dimensão doutrinária da classificação dos veículos introdutores em primários e secundários, ela parece ser insuficiente para abarcar o amplo aspecto da fenomenologia das fontes do direito", pois tal vertente restringia-se apenas à criação de normas criadas pelos Poderes Legislativo e Executivo não abrangendo as disposições emanadas pelos Poderes Judiciário e particular. Para ficar completa a classificação, enquadramos os veículos introdutores de normas produzidos pelo Judiciário e pelo particular, na classificação de instrumentos primários e secundários. Pertencem eles à classe dos instrumentos secundários, pois as sentenças, os acórdãos, os atos normativos administrativos exercidos na função atípica pelo Judiciário, os contratos e as outras formalizações dos particulares estão todos subordinados à lei (em sentido amplo), isto é, às disposições jurídicas veiculadas por instrumentos introdutores primários (*Fontes do direito tributário*, p.188).

Acatando a crítica de TÁREK MOYSÉS MOUSSALLEM, e utilizando-nos de outro critério, podemos também separar os veículos introdutores segundo a autoridade competente que os criou em: (i) veículo introdutor-legislativo; (ii) veículo introdutor-judiciário; (iii) veículo introdutor-executivo; (iv) veículo introdutor-particular.

A separação dos veículos introdutores segundo o poder que os produziu não exclui a classificação dos mesmos em primários e secundários, apenas proporciona-nos outro ângulo de estudo. Podemos examiná-los com ênfase na capacidade inovadora das regras por eles veiculadas e depois observá-los com enfoque na autoridade que os produziu, ou vice-versa. Um estudo não exclui o outro, ao contrário, ambos se completam[571].

Outro critério de diferenciação que também pode ser utilizado no estudo dos veículos introdutores, recai sobre o ente federativo que os produziu, o que delimita, juridicamente, a ordem jurídica à qual pertencem as normas por ele introduzidas. Assim, temos veículos introdutores: (i) da União; (ii) Federais; (iii) Estaduais ou do Distrito Federal; (iv) Municipais. Esta diferenciação é relevante em razão da autonomia normativa atribuída a cada ente. Graças ao princípio da autonomia dos entes federativos, não há que se cogitar a supremacia das leis federais em relação às estaduais ou municipais. Disposições inseridas no sistema por meio de uma lei federal ou estadual, por exemplo, não podem ser revogadas por normas veiculadas por lei municipal e vice-versa, porque desfrutam do mesmo *status* jurídico e só se distinguem pela competência exercida.

---

571. O que não se permite, cientificamente, é a mistura dos critérios, isto é, tentar identificar separadamente os veículos legislativos, judiciários, executivos e particulares dentro de uma classificação que não leva em conta o poder que os produziu, mas sim, a capacidade inovadora das normas por ele introduzidas.

11. HIERARQUIA DOS VEÍCULOS INTRODUTORES

Como já ressaltamos, o instrumento introdutor é de extrema relevância para determinarmos a posição das normas jurídicas no sistema. Como enuncia PAULO DE BARROS CARVALHO, "é por aceitar que a norma N' entrou pela via constitucional, que reivindico sua supremacia com relação à norma N", posta por lei ordinária. É por saber que certa norma individual e concreta veio à luz no bojo de um acórdão do Supremo Tribunal Federal, que me atrevo a declarar sua prevalência em face de outro acórdão proferido por tribunal de menor hierarquia"[572].

Neste sentido, reportando-nos às lições de TÁREK MOYSÉS MOUSSALLEM, podemos dizer que o "o direito estrutura-se em uma hierarquia de veículos introdutores, em virtude da hierarquia do seu órgão produtor, em cujo cume encontramos a Assembleia Constituinte, na condição de órgão-fonte superior, descendo verticalmente a 'pirâmide' do direito positivo até aos órgãos encarregados de expedir os derradeiros comandos normativos"[573].

Para conferir ao direito uma estrutura escalonada, o intérprete confronta a *enunciação-enunciada* com as normas de produção que a fundamentam e verifica, também na *enunciação-enunciada*, o poder do órgão produtor. Assim, vai tecendo as relações de subordinação entre normas e determinando os graus de hierarquia das normas introduzidas.

As normas introduzidas ingressam no ordenamento veiculadas ao instrumento que as introduziu e passam a ocupar a posição hierárquica que este assume no sistema. Isto significa que a retirada de qualquer uma delas pressupõe uma enunciação de igual ou realizada por órgão hierarquicamente superior. É neste sentido, por exemplo, que os enunciados inseridos no sistema pela Constituição Federal não podem ser revogados

---

572. *Curso de direito tributário*, p. 50.

573. *Fontes do direito tributário*, p. 154.

por enunciados introduzidos por lei ordinária, mas, enunciados veiculados por sentença podem ser retirados do ordenamento jurídico por outros enunciados inseridos por meio de acórdão.

11.1 Hierarquia das Leis Complementares

A lei complementar, como vimos linhas acima, é um veículo introdutor produzido por meio de processo legislativo de *quorum* qualificado, nos termos do art. 69 e seguintes da Constituição Federal, e que veicula normas sobre matérias especificamente previstas. Temos assim, para sua identificação, um requisito de ordem formal (i.e. *quorum* qualificado), vinculado a outro de ordem material (i.e. matéria específica).

No ordenamento jurídico a lei complementar exerce duas funções distintas, podendo: (i) servir de fundamento para outros atos normativos (ex: art. 59, parágrafo único e 146, III da CF); ou (ii) realizar missões constitucionais próprias, independentemente da edição de outras normas (ex. art. 154, I, da CF)[574].

Tendo em conta estas diferentes funções, em alguns casos a lei complementar aparece como hierarquicamente superior à lei ordinária, quando lhe serve de fundamento jurídico, noutros casos descabe falar em hierarquia, quando ambas fundamentam-se diretamente no texto constitucional, ocupando tanto a lei complementar quanto a ordinária mesmo patamar jurídico.

Nota-se aqui, que o critério hierárquico utilizado é o da fundamentação jurídica (subordinação). Sob este enfoque, não há hierarquia entre leis complementares e ordinárias quando ambas buscam seu fundamento jurídico diretamente na Constituição Federal. Só há que se falar hierarquia, quando a lei complementar disciplina juridicamente a lei ordinária, ou seja, quando esta ao invés de fundamentar-se diretamente na Constituição

---

574. *Lei complementar tributária*, p. 55.

Federal o faz na lei complementar. Utilizando-nos, no entanto, de outro critério hierárquico (como o da qualificação do processo legislativo, por exemplo[575]), a conclusão pode não ser a mesma.

Havendo hierarquia, ou seja, existindo fundamentação jurídica da lei ordinária na lei complementar, esta pode ser de dois tipos: (i) material, quando as normas introduzidas no sistema por lei ordinária fundamentam sua matéria (conteúdo prescritivo) em normas inseridas por complementar (ex. art. 146, III da CF); ou (ii) formal, quando a forma da lei ordinária fundamenta-se em disposições veiculadas por lei complementar (art. 59, parágrafo único da CF).

No caso de ocuparem tanto a lei ordinária quanto a complementar mesmo patamar hierárquico, isto é, quando ambas fundamenta-se diretamente na Constituição Federal, o que há, é a vinculação da forma "lei complementar" à matéria, pela norma de produção constitucional. A Constituição prescreve que as disposições sobre tais e quais matérias devem ser inseridas no sistema por meio de lei complementar.

O problema surge quando a Constituição não prescreve a forma "lei complementar", mas mesmo assim a matéria é veiculada no sistema por lei complementar. É possível dizer, neste caso, que a lei é "formalmente complementar" e "materialmente ordinária"? Que patamar ocupa no sistema? E, mais, pode ser ela alterada ou revogada por lei ordinária?

Neste caso, considerando o critério da fundamentação jurídica, não há hierarquia entre os veículos. A lei complementar ocupa o mesmo patamar hierárquico da lei ordinária. Não há, no entanto, a nosso ver, que se falar em lei "formalmente complementar" e "materialmente ordinária". A lei, enquanto veículo introdutor (norma geral e concreta) é complementar. Sua enunciação-enunciada remete-nos a um procedimento de quorum qualificado. Embora a Constituição prescreva ser a

---

575. Utilizando a qualificação do processo legislativo como critério hierárquico, a lei complementar sempre se apresentará como hierarquicamente superior em relação à lei ordinária, pois ela exige quorum qualificado.

matéria por ela veiculada própria de lei ordinária, ela é naquele documento, própria de lei complementar, não podendo, nestes termos, ser revogada ou alterada por lei ordinária. Para tanto é preciso a produção de idêntico veículo (lei complementar)[576].

Questões:

1. Como a doutrina tradicional trata do tema das fontes do direito?
2. Que é fonte? Que é fonte do direito? Que é fonte jurídica do direito?
3. Que é enunciação? Por que a enunciação é tomada como fonte do direito?
4. Explique como se dá o processo de produção de normas jurídicas?
5. Diferencie: (i) fonte formal, e (ii) fonte material do direito.
6. Pode-se dizer que a fonte formal é efetiva fonte do direito? Justifique.
7. A lei, o costume, a jurisprudência e a doutrina são fontes do direito?
8. Que é enunciação-enunciada? E enunciado-enunciado? Dê exemplos.
9. Qual a utilidade da enunciação-enunciada para o direito?
10. A enunciação enunciada é fonte do direito?
11. Que é exposição de motivos de uma lei? Pode-se dizer que a exposição de motivos faz parte da lei? Ela é direito positivo? Justifique.

---

576. O tema é polêmico e a doutrina divergente. TÁREK MOYSÉS MOUSSALEM, por exemplo, entende que a lei complementar, neste caso, "pode ser alterada ou revogada por lei ordinária, porque além dos enunciados-enunciados inseridos pela lei complementar serem afetos à lei ordinária, inexiste na situação em consideração hierarquia entre ambas" (*Revogação em matéria tributária*, p. 275).

12. Explique a seguinte sentença: *"A enunciação-enunciada, enquanto atividade considerada no tempo e no espaço de sua realização, é fato social desprovido de linguagem jurídica. O produto a juridiciza, constituindo-a como uma enunciação jurídica (fato jurídico) na enunciação-enunciada".*

13. Que é veículo introdutor de normas? Pode-se dizer que é uma norma jurídica? Caso positivo, identifique-a.

14. Que são veículos introdutores primários e secundários? Identifique-os.

15. Identifique: (i) enunciação; (ii) enunciação-enunciada, (iii) enunciado-enunciado da Constituição, da lei, do ato administrativo e da sentença.

16. Qual a relevância dos veículos introdutores para determinar a hierarquia do sistema jurídico?

17. Há hierarquia entre leis ordinárias e leis complementares? Explique.

18. Identifique, no fragmento de direito positivo abaixo (*modificado do original*), os seguintes elementos: (i) enunciação-enunciada, (ii) enunciado-enunciado, (iii) instrumento introdutor de norma, (iv) fonte material, (v) procedimento (vi) sujeito competente, (vii) norma geral e concreta (veículo introdutor):

Presidência da República

Casa Civil

Subchefia para Assuntos Jurídicos

LEI N. 8.313, DE 23 DE DEZEMBRO DE 1991.

Restabelece princípios da Lei n. 7.505, de 2 de julho de 1986, institui o Programa Nacional de Apoio à Cultura (Pronac) e dá outras providências.

O PRESIDENTE DA REPÚBLICA Faço saber que o Congresso Nacional decreta e eu sanciono a seguinte lei:

Art. 1º Fica instituído o Programa Nacional de Apoio à Cultura (Pronac), com a finalidade de captar e canalizar recursos para o setor de modo a:

I – contribuir para facilitar, a todos, os meios para o livre acesso às fontes da cultura e o pleno exercício dos direitos culturais;

(...)

Art. 2º O Pronac será implementado através dos seguintes mecanismos:

I – Fundo Nacional da Cultura (FNC)

(...)

Art. 18. Com o objetivo de incentivar as atividades culturais, a União facultará às pessoas físicas ou jurídicas a opção pela aplicação de parcelas do Imposto sobre a Renda, a título de doações ou patrocínios, tanto no apoio direto a projetos culturais apresentados por pessoas físicas ou por pessoas jurídicas de natureza cultural, como através de contribuições ao FNC, nos termos do art. 5º, inciso II, desta Lei, desde que os projetos atendam aos critérios estabelecidos no art. 1º desta Lei.

(...)

Art. 41. O Poder Executivo, no prazo de sessenta dias, regulamentará a presente lei.

Art. 42. Esta lei entra em vigor na data de sua publicação.

Art. 43. Revogam-se as disposições em contrário.

Brasília, 23 de dezembro de 1991; 170º da Independência e 103º da República.

FERNANDO COLLOR
Jarbas Passarinho

Capítulo XVII
VALIDADE E FUNDAMENTO DE VALIDADE DAS NORMAS JURÍDICAS

SUMÁRIO: 1. A validade e o direito; 2. Que é "validade"?; 3. Teorias sobre a validade; 3.1. Atos inexistentes, nulos e anuláveis; 3.2. Validade como relação de pertencialidade da norma jurídica ao sistema do direito positivo; 3.3. Validade do ponto de vista do observador e do ponto de vista do participante; 3.4. Validade como sinônimo de eficácia social ou justiça; 4. Validade e a expressão "norma jurídica"; 5. Critérios de validade; 6. Presunção de validade; 7. Marco temporal da validade jurídica; 8. Validade e fundamento de validade; 9. A questão do fundamento jurídico do texto originário de uma ordem; 9.1. Fundamento jurídico último na ordem anterior ou no próprio texto originário; 9.2. A norma hipotética fundamental de Kelsen, 10. Adequação às normas de produção como critério de permanência da norma jurídica no sistema.

1. A VALIDADE E O DIREITO

A validade é um conceito fundante, que está na raiz de toda a concepção sobre o direito. Quando, no segundo capítulo deste livro, demarcamos o objeto da Dogmática Jurídica como sendo o direito positivo e o definimos como o conjunto de todas as normas jurídicas válidas num dado país, utilizamos o termo "validade" com um propósito definido, de excluir do campo de apreciação científica o direito passado e o futuro, para concentrarmo-nos apenas no direito presente. Nestes termos, direito posto é o atual, composto pelo conjunto de todas as normas jurídicas que valem hoje. E delimitar o que é validade torna-se indispensável para se dizer o que é direito.

A questão da validade das normas jurídicas, todavia, é muito mais complicada do que parece ser. Há várias formas de encará-la e cada uma delas determina um posicionamento do jurista perante o direito. SÔNIA MARIA BROGLIA MENDES reforça tal assertiva ao estudar as nuances do tema nas escolas do jusnaturalismo, positivismo e realismo[577]. Em cada um destes sistemas de referência a concepção de direito modifica-se e com ela o conceito de validade, justamente por ser ele um de seus conceitos fundantes.

Para a concepção jusnaturalista (conforme já estudo quando tratamos do conceito de direito – no Capítulo II) o direito é um conjunto de normas e princípios que não se originam de um ato de vontade humana, provêm de uma instância superior, natural, divina e expressam a ideia de justiça. Neste sistema, a norma válida é a norma justa, moral, isto é, aquela que atende as exigências fixadas na ordem natural. A norma é válida porque é valiosa, porque implementa o valor da lei natural, eterna ao homem. Transcrevendo os ensinamentos de GREGORIO ROBLES MORCHÓN, "uma norma do direito positivo que entre em grave contradição com o exigido pelo Direito Natural, não será uma norma valiosa, senão 'desvaliosa' e, portanto, indigna de ser obedecida"[578]. O termo validade, nesta concepção, é empregado como sinônimo de "valiosidade".

Para o realismo jurídico, que (como já vimos no Capítulo II) trabalha com uma concepção pragmática de direito, a validade da norma jurídica está relacionada com sua utilização. Norma válida é aquela que é aceita pela sociedade, cumprida

---

577. *A validade jurídica pré e pós giro-linguístico*, p. 75-151.
578. *Teoria del derecho (fundamentos de teoria comunicacional del derecho)*, vol. 1, p. 283.

ou aplicada pelos tribunais. Nesta linha de raciocínio, a validade é tomada como sinônimo de eficácia, de aceitabilidade da norma no plano das relações intersubjetivas ou do judiciário.

Para o positivismo jurídico (normativista), a validade é tida como um atributo da norma que, por ser jurídica, está em condições de produzir efeitos. Os critérios de validade metafísico e social são deixados de lado para adoção de um critério de validade jurídico: a norma de superior hierarquia. Uma norma é válida, quando produzida por ato de vontade (manifestação de poder) disciplinado em outra norma de superior hierarquia e, em consequência disso, ela é obrigatória. Neste sentido, a validade é tida como sinônimo de existência e de obrigatoriedade.

De frente a estes três modelos teóricos verificamos três maneiras de se conceber a validade das normas jurídicas: (i) norma jurídica válida é a que tem compatibilidade com padrões religiosos e morais; (ii) norma jurídica válida é a aceita socialmente ou aplicada pelos tribunais; (iii) norma jurídica válida é a que existe sob certo fundamento jurídico[579].

Dentre estas concepções, trabalhamos com a premissa normativista. E, é partindo dela que compreendemos o conceito de validade. Mas, seguindo, todavia, a linha do construtivismo lógico-semântico sentimos a necessidade de começar, desde o início, com a delimitação do sentido da palavra "validade" que servirá de base para o decorrer de toda nossa investigação.

2. QUE É "VALIDADE"?

Preliminar a qualquer estudo sobre a validade das normas jurídicas é o conceito de "validade". Em sua acepção de

---

[579]. GREGORIO ROBLES MORCHÓN classifica estas três maneiras de conceber a validade em: (i) filosófica; (ii) sociológica; e (iii) jurídica (*Teoria del derecho fundamentos de teoria comunicacional del derecho*, vol. 1, p. 279) e NORBERTO BOBBIO faz a correspondência desta classificação às três funções da filosofia do direito: deontológica, fenomenológica e ontológica. (*Teoria da norma jurídica*, p. 52).

base, aquela encontrada nos dicionários da língua portuguesa, o vocábulo "validade" aparece como a característica daquilo que é válido e, sendo assim, para a conhecermos temos que ter em mente o que é "ser válido".

Na linguagem de uso comum, ao termo válido é atribuído os seguintes significados: (i) forte, sadio, robusto, que tem valor de saúde; (ii) legal, que está conforme as exigências da lei; (iii) eficaz, eficiente, que surte efeito[580]. Mas até que ponto devemos empregar estes significados na construção de uma linguagem científica, ao tratarmos da validade das normas jurídicas? O que é ter saúde para uma norma jurídica, ser legal e ser eficaz? Os conceitos científicos devem ser os mais precisos possíveis, por isso, às vezes, é necessário irmos um pouco mais além das definições encontradas nos dicionários.

Para a filosofia, "ser válido" é uma asserção, ou autorização, aplicável apenas a um universo do discurso limitado e designado[581]. Tomando por base tal definição, o "ser válido" é algo relativo, que só existe em razão de um sistema (i.e. um universo de discurso limitado e designado). Parece um conceito difícil de ser compreendido, mas torna-se claro na medida em que analisamos alguns exemplos.

Quando vamos a uma farmácia deparamo-nos com uma variedade de soluções químicas e nossa atenção se volta para a data de validade que se encontra nas embalagens. Mas o que diz a data da validade senão que a solução é válida ou inválida? A solução válida é considerada como medicamento, já a inválida não o é. O ser "solução válida" é pertencente a um conjunto de soluções com efeitos medicinais, isto é, existir enquanto medicamento, e o ser "solução inválida" é não fazer parte deste conjunto e, portanto, não existir enquanto solução medicinal. A data de validade, fixada pelo laboratório como presunção do tempo-limite de vida do medicamento, diz que até aquele momento a solução existirá enquanto

---

580. SILVA BUENO, *Grande dicionário etimológico prosódico da língua portuguesa*.
581. ANDRÉ LALANDE, *Vocabulário técnico e crítico da filosofia*, p. 1188.

medicamento. Com o passar do tempo, seus componentes químicos se transformam e ela deixa de ter efeitos medicinais não se subsumindo mais aos critérios fixados por sua fórmula. Deixa, portanto, de pertencer ao sistema dos medicamentos. Se, no entanto, em exame laboratorial, mesmo depois de expirada a data de validade, for constatado que não houve alteração química de seus componentes, a solução ainda é tida como válida. Da mesma forma, se antes do prazo de validade, o exame constatar a falta de um dos componentes químicos de sua fórmula, a solução é tida como inválida.

Nota-se que a validade do remédio não depende do seu efeito, mesmo que uma pessoa tome o medicamento e não sinta alívio sintomático, ele continua sendo válido. Neste sentido, o "ser válido" é algo que só tem significado em relação a uma classe. No caso do remédio, a classe é a das soluções químicas medicinais, sua conotação é delimitada por uma fórmula medicinal e o remédio só é válido porque pertence a esta classe. Daí se empreende que o ser válido é pertencer a um conjunto, é existir enquanto elemento de uma classe, o que importa dizer que o conceito de validade é relacional. Abstrai-se a classe ou o elemento e não podemos falar em validade.

Nestes termos, a validade é tomada como um vínculo relacional de pertencialidade entre um elemento e um sistema; e o válido como o existente neste sistema. O tempo, ou a data de validade indica o período em que o elemento existe em referência a dada classe de elementos. O vinho, por exemplo, tem uma data de validade porque presume-se que expedida tal data ele deixa de existir como vinho, passando a ser talvez um vinagre e, portanto, não mais pertencente a classe dos vinhos.

Em suma: valer é um valor atribuído a algo que pertence, que existe enquanto elemento de um conjunto e validade é a relação de pertencialidade entre o elemento e este conjunto.

Utilizemo-nos da representação gráfica abaixo para melhor esclarecer tais conceitos:

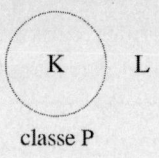

$$K \quad L$$
classe P

Explicando: o elemento K é válido, porque pertence à classe P (K ∈ P), ou seja, porque denota sua conotação (representada pela linha pontilhada). Já L não é válido, pois não existe como elemento da classe P (L ∉ P), ou seja, porque não denota sua conotação.

O problema da validade, no entanto, não repousa propriamente no seu conceito, mas na determinação dos critérios que conotam a classe. O que faz um elemento pertencer a um conjunto e, portanto, ser válido, é ele subsumir-se aos requisitos eleitos para delimitação deste conjunto. Tais requisitos, contudo, variam de acordo com os critérios de uso da classe, o que faz da "validade" algo relativo.

Os critérios de uso de uma classe formam o significado da palavra com a qual se nomeia o conjunto. Suponhamos, por exemplo, que na ilustração acima P fosse a classe dos vinhos, como critérios de conotação teríamos: "bebida alcoólica proveniente da fermentação do suco de uva". O elemento K preenche todos os requisitos que conotam a classe dos vinhos e, portanto, existe como vinho, já L não preenche tais requisitos e, por isso, não é considerado vinho. K é válido e L é inválido. Contudo, em se alterando os critérios conotativos da classe pode ser que L seja considerado como vinho.

Ao tratarmos da validade, atribuímos a tais requisitos o nome de critérios de validade, ou critérios de pertencialidade. Nesta linha de raciocínio, um elemento é válido enquanto subsumir-se aos critérios de pertencialidade de um sistema.

3. TEORIAS SOBRE A VALIDADE

Dentro da visão normativista existem duas grandes teorias sobre a validade: (i) uma que a trata como sinônimo de existência; e (ii) outra que a trata como uma característica da norma averiguada depois de que esta é tomada como existente.

A primeira concepção, que trabalha validade como sinônimo de existência, foi pensada por HANS KELSEN. Segundo o autor, validade significa a existência e a obrigatoriedade de uma norma no âmbito jurídico. Dizer que uma norma é válida importa afirmar que ela existe juridicamente, em suas palavras: "quando se diz: 'uma norma vale', admite-se essa norma como existente"[582]. Isto significa dizer que ela pertence ao direito positivo e que os homens devem se conduzir de acordo com o que ela prescreve (obrigatoriedade). Tal posição enquadra-se bem ao conceito de validade fixado acima.

A segunda concepção, que trabalha a validade como qualidade da norma jurídica[583], parte do modelo pensado por PONTES DE MIRANDA para diferenciar atos nulos e inexistentes. Segundo o autor, o universo jurídico é formado por três planos: (i) da existência; (ii) da validade; e (iii) da eficácia e a existência antecede a validade. Em suas palavras "para que algo valha é preciso que exista, não tem sentido falar-se de validade ou de invalidade de algo que não existe"[584]. Trabalhando com estes pressupostos, PONTES distingue atos nulos e inexistentes utilizando-se o critério da suficiência e deficiência. Os atos inexistentes são aqueles que, por serem insuficientes, não se subsomem à regra e, sendo assim, não são juridicizados por ela. São atos não jurídicos, que se encontram fora do direito. Já os nulos são atos juridicizados, existentes para o

---

582. *Teoria geral das normas*, p. 3.

583. Também seguem esta orientação KARL LARENZ *in Metodologia da Ciência do Direito*, p. 230 e RICCARDO GUASTINI *in Il giudice e la legge – lezioni di diritto constituzionale*, p. 130.

584. *Tratado de direito privado*, tomo IV, p. 39.

mundo jurídico, porém deficientes. São atos que apresentam algum vício em relação às regras que regulam sua produção. Nestes termos, levando-se em conta que todo ato jurídico constitui-se como antecedente de uma norma jurídica, pode ser que uma norma exista no sistema (porque é suficiente perante a regra que lhe fundamenta), mas não é válida, porque produzida em desacordo com as demais normas que regulam sua produção, isto é, porque apresenta uma deficiência perante as regras que a fundamentam.

Sob este enfoque o conceito de validade está vinculado não à existência da norma no sistema do direito positivo, mas à sua compatibilidade com as demais normas que lhe servem como fundamento.

Visando a entendermos melhor tal posicionamento, façamos um parêntese para explicar mais detalhadamente a teoria dos atos inexistentes, nulos e anuláveis.

3.1 Atos inexistentes, nulos e anuláveis

A teoria tradicional civil divide os atos jurídicos (atos de vontade que geram efeitos jurídicos – para nós, constituídos por normas jurídicas) em: (i) atos inexistentes; (ii) atos nulos; (iii) atos anuláveis. Os primeiros (atos inexistentes) são classificados como aqueles que não chegam a ter existência jurídica, possuindo apenas uma "aparência de juridicidade". Os segundos (atos nulos) como aqueles que existem juridicamente, no entanto, carecem de validade e eficácia (não produzem efeito válido entre as partes) por apresentarem vício insanável que os compromete irremediavelmente, em decorrência da violação de exigências prescritas pelas regras que os fundamentam. E, os terceiros (atos anuláveis) como aqueles que se constituem em desobediência a certos requisitos não atinentes à sua substância, como erro, dolo, coação, simulação e incapacidade relativa do agente e que acarretam uma ineficácia relativa.

Segundo os pressupostos com os quais trabalhamos, os atos inexistentes estão fora do direito, não têm relevância jurídica justamente por não serem constituídos pela linguagem própria do sistema (da norma jurídica). Neste sentido, não há que se falar em validade (seja em qualquer de suas acepções) e produção de efeitos na ordem do direito. A norma inexistente (linguagem que constitui o ato inexistente) é a norma não-jurídica, pode constituir-se como norma religiosa, ética, social, moral, mas não pertencente ao sistema do direito, o que a torna totalmente irrelevante para a dogmática jurídica. Como exemplo de ato inexistente, a doutrina tradicional cita o casamento concluído apenas perante autoridade religiosa e não devidamente registrado em conformidade com a lei (registro civil). Dentro da concepção que adotamos, podemos dizer que são todos os acontecimentos que não se revestem de linguagem jurídica.

Por não se revestirem de linguagem jurídica os atos inexistentes não nos interessam. O problema reside, então, em relação aos atos nulos e anuláveis. Segundo a doutrina tradicional, são considerados atos nulos aqueles que, por não terem sido produzidos de acordo com preceitos legais, possuem vício insanável. Os vícios que geram a nulidade são: (a) agente absolutamente incapaz; (b) objeto ilícito; (c) desrespeito à forma prescrita em lei; (d) quando a lei taxativamente o proíbe. Já os atos anuláveis são aqueles praticados: (a) por pessoas relativamente incapazes; ou (b) quando viciados por erro, dolo, coação, simulação ou fraude[585]. As principais diferenças entre eles se mostram quanto: (a) aos efeitos; (b) à legitimidade; (c) à ratificação; (d) à prescrição. Os atos nulos não produzem qualquer efeito porque quando nulo algo, impossível de se produzir efeitos, ao contrário do ato anulável que produz todos os efeitos até ser anulado. Os atos anuláveis só podem ser alegados pelos interessados, enquanto que a nulidade poder ser arguida não só pelo interessado, como também

---

585. SILVIO RODRIGUES, *Direito Civil, parte geral*, vol. 1, p. 283-298.

pelo Ministério Público, ou decretada pelo juiz de ofício. Os atos anuláveis são suscetíveis de serem ratificados, os nulos não. Os atos nulos são imprescritíveis e os anuláveis sujeitos à prescrição.

Nesta linha de raciocínio tanto o ato nulo como o anulável seriam inválidos, porque produzidos em desconformidade com a lei. Em regra, a invalidade acarretaria a ineficácia, pois seria contraditório dizer que algo não produzido de acordo com as regras do sistema gera efeitos dentro dele. No que se refere ao ato nulo, a teoria tradicional considera-o ineficaz, tem-se que não há qualquer efeito jurídico desde sua constituição em razão de uma nulidade absoluta. De outro lado, diferentemente do ato nulo, tem-se que "o ato jurídico anulável gera, desde logo, toda a eficácia jurídica, perdurando até que seja desconstituído por sentença, ou tornando-se definitiva se decorrido o prazo prescricional sem que a ação de anulação seja proposta, ou por outro meio judicial seja a anulabilidade arguida"[586], há, assim uma ineficácia relativa.

Dentro da concepção que adotamos, no entanto, seria um contrassentido dizer que atos nulos ou anuláveis (constituídos em desacordo com as regras que os fundamentam) não produzem efeitos na ordem jurídica. Tanto produzem que ensejam relações jurídicas, atribuindo direitos e deveres correlatos entre dois ou mais sujeitos. Uma prova disso é que a nulidade (absoluta ou relativa) deve ser arguida e constituída. Há sempre necessidade de se expedir outra linguagem competente para que tais direitos e deveres deixem de existir no ordenamento.

O exemplo, trazido no capítulo sobre relação jurídica, da desconstituição da partilha dos bens feita sem inclusão do filho cuja paternidade foi juridicamente reconhecida *a posteriori*, bem demonstra a contradição destas duas linhas de pensamento (teoria tradicional civil x nossa concepção). Na linha da teoria tradicional dos atos nulos, anuláveis e inexistentes, a partilha é

---

586. PONTES DE MIRANDA, *Tratado de direito privado*, tomo IV, p. 186.

um ato nulo desde a sua constituição, por desrespeito à forma prescrita em lei (deixou de incluir um dos herdeiros) e ineficaz juridicamente. Mas como dizer que é ineficaz se, em razão dela, propriedades foram transferidas e efeitos se operaram no âmbito jurídico. Só com o reconhecimento da paternidade é que se pode dizer sobre a não inclusão do herdeiro, pois até então outro herdeiro não havia. Até então a partilha produziu efeitos. O reconhecimento da paternidade funciona como motivo para produção da linguagem competente que constitui o vício da partilha anterior e enseja, no ordenamento jurídico, novos efeitos (ex: pagamento de indenização, divisão do patrimônio ainda existente, etc.).

Partindo desta premissa, se há produção de efeitos tanto no ato nulo (nulidade absoluta) como no ato anulável (nulidade relativa), temos de admitir que mesmo os atos não constituídos nos termos da lei que os fundamentam possuem eficácia até que sejam "desconstituídos" por uma linguagem competente. Neste sentido, considerar que a validade de uma norma está relacionada à adequação material ou formal importa afirmar que uma regra pode ser inválida e ao mesmo tempo, produzir efeitos no sistema enquanto não desconstituída juridicamente.

É por esse motivo que não trabalhamos com a tese da validade como um atributo da norma que se encontra de acordo com o sistema, isto é, com outras normas que lhe são hierarquicamente superiores e lhe dão fundamento jurídico. Preferimos adotar outra concepção: de validade como sinônimo de pertencialidade da norma ao direito positivo.

3.2 Validade como relação de pertencialidade da norma jurídica ao sistema do direito positivo

Partindo dos ensinamentos de PAULO DE BARROS CARVALHO e da delimitação do conceito de validade fixada no item anterior, consideramos a validade normativa como a relação de pertencialidade das normas para com o sistema do direito positivo. O que importa dizer que adotamos o conceito de validade como sinônimo de existência da norma no ordenamento jurídico.

Toda norma jurídica assim o é porque existe como elemento de um sistema jurídico, caso contrário ela seria uma norma moral, religiosa, ética, moral ou de convivência social, mas não jurídica. Nestes termos, uma norma jurídica é válida porque existe como elemento do direito positivo e é inválida quando não pertencente ao mundo jurídico. Transcrevendo os ensinamentos de PAULO DE BARROS CARVALHO, temos que, "a validade se confunde com a existência, de sorte que afirmar que uma norma existe, implica reconhecer sua validade em face de determinado sistema jurídico. Do que se pode inferir: ou a norma existe, está no sistema e é, portanto, válida, ou não existe como norma jurídica"[587].

O valer, como sinônimo de existência é um functor relacional entre a norma e o sistema. Conforme leciona PAULO DE BARROS CARVALHO, a validade tem *status* de relação: é o vínculo que se estabelece entre a norma e o ordenamento jurídico, de tal modo que ao dizermos: "a norma N é válida (V)" expressamos que "ela (N) pertence ao sistema S"[588], em termos formalizados "$[V \equiv (N \in S)]$", e ao dizermos: "a norma N' é inválida (-V)" anunciamos que "ela (N') não pertence ao sistema S", em termos formalizados "$[-V \equiv (N \notin S)]$". Em suma: ser norma jurídica válida é pertencer ao direito posto, em outras palavras, é existir enquanto norma jurídica.

Com relação à validade, aplica-se o princípio lógico do terceiro excluído. Só há duas possibilidades: (i) ou a norma é válida e, portanto, existe juridicamente; (ii) ou é inválida e, consequentemente, não-jurídica. Não existe, nesta concepção, validade plena ou parcial, visto que não há possibilidade de uma norma pertencer "mais ou menos" ao sistema do direito posto. Ou ela pertence e é válida, ou ela não pertence e é inválida.

---

587. *Curso de direito tributário*, p. 80.

588. *Idem*.

O existir juridicamente não pressupõe que a norma esteja de acordo com o ordenamento, nem em perfeita sintonia com as regras que lhe fundamentam, condição que é verificada *a posteriori*. Primeiro se admite a norma como válida e depois verificamos se há ou não fundamentação jurídica para sua existência. O problema deste conceito de validade está na eleição dos critérios que determinam a existência da norma no sistema, isto é, quais os requisitos que uma regra deve apresentar para a identificarmos como jurídica. Depararemo-nos, no entanto, com tal dificuldade mais à frente. Por ora, restringimos a análise ao conceito de validade da norma jurídica.

3.3 Validade do ponto de vista do observador e do ponto de vista do participante

TÁCIO LACERDA GAMA, em minucioso estudo sobre a norma de competência, concebeu uma "teoria dialógica da validade", modelo que conversa tanto com a concepção de KELSEN como com a de PONTES, demonstrando não serem pensamentos contrários ou contraditórios, mas dois modos de explicar a validade, simultaneamente possíveis, que refletem dois pontos de vista distintos sobre o sistema jurídico: um de quem vê para descrever e outro de quem prescreve normas, disciplinando condutas.

O juízo de existência é feito por quem observa o sistema e o de adequação às normas de fundamentação (produção/competência) por quem participa do sistema. O observador pode tecer proposições sobre a compatibilidade ou incompatibilidade das normas produzidas, mas como sua linguagem não é prescritiva, ela não é relevante juridicamente. O participante, ao contrário, tem competência para apreciar a adequação das normas às regras que lhe fundamentam e de dizê-la mediante aquilo que denominamos de interpretação autêntica. Ele está autorizado, pelo sistema, a constituir juridicamente a invalidade, caso haja incompatibilidade.

Ao observador, nas palavras do autor, "cabe: (i) perceber se a norma jurídica existe ou não existe num sistema qualquer, utilizando como critério para fundamentar esse juízo a circunstância da norma ser ou não passível de apreciação pelo Judiciário[589]; e (ii) afirmar a compatibilidade ou incompatibilidade entre as normas do sistema. No item i., a análise é feita no plano do ser e as afirmações do observador sujeitam-se aos juízos de verdade ou de falsidade. No item ii., as afirmações são irrelevantes, pois são feitas por um observador do sistema; não alteram a validade ou invalidade da norma"[590]. E ao participante cabe verificar se a norma é compatível com seu fundamento jurídico, isto é, com as regras que disciplinam sua criação num controle de produção. Transcrevendo os dizeres do autor: "quando um tribunal se manifesta sobre uma norma qualquer, não se cogita mais de sua existência ou inexistência. A norma existe. Um órgão jurisdicional – participante – decide sobre a licitude ou ilicitude da ação nomogenética (enunciação). Norma criada licitamente é válida, vigente e eficaz até que outra norma prescreva de forma contrária"[591].

Nesta linha, separando os juízos que competem aos observadores e aos participantes, percebe-se que os conflitos entre as teorias de KELSEN e PONTES são na verdade, conflitos de pontos de vistas, o mesmo que acontece com as teorias sobre ordenamento e sistema (expostas no capítulo XV). Neste sentido, não há razão de se optar por um conceito de validade em detrimento de outro, pode-se trabalhar ora com um, ora com outro, desde que as categorias de um não sirvam para justificar o outro, quando então aparecem as incongruências.

---

589. O autor utiliza-se da aptidão para ser apreciada pelo Judiciário como critério de pertencialiade da norma ao sistema.

590. *Teoria dialógica da validade existência regularidade e efetividade das normas tributárias*, in Direito tributário homenagem a Paulo de Barros Carvalho, p. 136.

591. *Idem*, p. 137.

3.4 Validade como sinônimo de eficácia social ou justiça

Dentro da concepção de direito com a qual trabalhamos, a validade da norma jurídica não está relacionada à sua eficácia jurídica ou social ou aos valores religiosos e morais a ela atribuídos, como propõem as correntes realistas e jusnaturalistas. Isto porque, sua existência não depende de concretizações do plano social e muito menos a qualquer valoração que a ela se possa atribuir.

O fato dos indivíduos observarem ou não as prescrições contidas no direito positivo em nada interfere na existência de tais prescrições. Lembramos que tratamos com duas realidades distintas: a linguagem jurídica e a facticidade social. O existir no mundo jurídico não está condicionado à verificação empírica da conduta prescrita. Neste sentido, é possível que uma norma seja válida, mas nunca cumprida. Pode ocorrer, também, da prescrição veiculada juridicamente cair no desuso social, passando a ser ignorada no plano das condutas intersubjetivas. Este fato, por si só, não tem o condão de afastar a existência da norma do plano jurídico (sua validade), pois a linguagem jurídica só pode ser alterada com a produção de outra linguagem jurídica e não pela linguagem da facticidade social.

Como já dito em várias passagens deste trabalho, não se transita livremente do mundo do ser, cuja existência depende de critérios de verdade, para o mundo do dever-ser sujeito a critérios de validade. Vale a pena relembrar aqui, os ensinamentos de LOURIVAL VILANOVA de que "a verificação empírica, como critério de verdade, não se transporta para o mundo do direito como critério de validade"[592].

Ser a conduta verificada no plano empírico correspondente à prescrita juridicamente não é critério para se aferir a validade das normas jurídicas, visto tratar-se de planos distintos regidos por valências que não se deduzem. A norma

---

592. *As estruturas lógicas e o sistema do direito positivo*, p. 107.

jurídica é válida desde o momento em que é constituída como tal, o fato da conduta por ela prescrita ser cumprida ou não diz respeito a sua eficácia social e não a sua validade.

O mesmo se segue para a aplicação da norma. O fato dos juízes aplicarem ou não as prescrições contidas no direito positivo em nada interfere na existência de tais prescrições. Não é porque o juiz deixa de aplicar uma regra jurídica, opinando pela incidência de outra, para ele mais adequada, que a regra preterida deixa de existir juridicamente. A prescrição permanece válida e pronta para ser incidida em outra oportunidade[593]. Um exemplo disso é o já citado crime de adultério. O Código Penal, em seu art. 240 prescrevia a pena de detenção de quinze dias a 6 meses para aquele que praticasse adultério. Por diversas razões, que não nos cabe aqui analisar, a traição conjugal passou a ser vista de forma mais amena pela sociedade e assim, os juízes foram deixando de aplicar a regra penal, que caiu no desuso jurídico. No entanto, os enunciados prescritivos que tratavam da tipificação do crime e da fixação da pena continuavam a pertencer ao ordenamento jurídico, isto é, a norma não deixou de ser válida pela sua falta de aplicação, tanto é que um juiz mais conservador poderia muito bem aplicá-la. Foi preciso a produção de um enunciado jurídico (art. 5º veiculado pela Lei n. 11.106/05), para que ela deixasse de pertencer ao ordenamento.

Ainda, dentro da concepção de direito com a qual trabalhamos, a validade das normas jurídicas não pode ser auferida por critérios de justiça. A norma jurídica é posta por um ato de autoridade, independentemente de ser justa ou injusta. A justiça é um valor atribuído às regras jurídicas, não uma condição para sua existência, mesmo porque uma norma pode ser justa para uns e não para outros.

HANS KELSEN fala da necessidade de um mínimo de eficácia para que a norma possa ser considerada como jurídica. Segundo o autor, "uma norma que não é eficaz em certa

---

593. PAULO DE BARROS CARVALHO, *Curso de direito tributário*, p. 80-81.

medida, não será considerada como válida"[594]. Mas o que seria este mínimo de eficácia? Temos para nós, tratar-se de uma relação ínfima entre o mundo do ser e do dever-ser. A norma, para ser válida, precisa pertencer a um sistema jurídico com um mínimo de aceitabilidade social. Não que a norma, para ser jurídica, pressuponha ser cumprida ou aplicada, mas precisa pertencer a um sistema aceito socialmente como jurídico. A eficácia, neste contexto, diz respeito ao sistema em que a regra se encontra inserida, não propriamente à norma. Normalmente todo sistema jurídico tem este mínimo de aceitabilidade porque é coercitivo, mas não é a aceitabilidade social que faz uma norma ou um sistema serem jurídicos, mesmo porque para que eles sejam aceitos eles devem primeiro existir. Nesta linha, podemos também dizer que a validade pressupõe um mínimo de eficácia[595].

4. VALIDADE E A EXPRESSÃO "NORMA JURÍDICA"

Quando pensamos no conceito de validade relacionado às normas jurídicas logo nos vem à mente um pequeno problema: qual sentido deve ser conferido à expressão "norma jurídica" quando tratamos do tema da validade? (i) enunciado prescritivo; (ii) proposição jurídica; ou (iii) juízo hipotético-condicional (norma jurídica em sentido estrito)?

EURICO MARCOS DINIZ DE SANTI chama atenção para o fato de que a validade como relação de pertencialidade pode ser aferida em todos os planos de manifestação do direito positivo[596]. Assim, podemos falar em: (i) validade dos enunciados (S1 – texto em sentido estrito); (ii) validade das proposições ainda

---

594. *Teoria pura do direito*, p. 12.

595. No entanto, em várias passagens KELSEN trabalha a questão da validade das normas jurídicas atrelada à sua aceitabilidade social. Em seus dizeres, "não se considera como válida uma norma que nunca é observada ou aplicada (...) uma norma jurídica pode perder sua validade pelo fato de permanecer por longo tempo inaplicada, ou inobservada, através da chamada desuetudo" (*Teoria pura do direito*, p. 237).

596. *Decadência e prescrição no direito tributário*, p. 69.

não estruturadas (S2); (iii) validade das significações estruturadas na fórmula (H→C), isto é, das normas jurídicas em sentido estrito (S3); e (iv) validade do sistema como um todo (S4)[597].

A relação de pertinência ao sistema (validade) das proposições isoladas e das significações deonticamente estruturadas depende da relação de pertinência ao sistema dos enunciados prescritivos que lhe servem como suporte. Como ensina o autor: "a validade do plano do texto é condição necessária da validade do conteúdo: atacando-se o texto, desqualifica-se a validade não só do documento, como de todo o seu conteúdo"[598]. Isto importa dizer que a validade do conteúdo está atrelada à validade do enunciado no qual ele se baseia, pois se o enunciado existe juridicamente a significação dele construída também irá existir.

Por opção metodológica preferimos trabalhar a validade no plano dos enunciados prescritivos, porque este é o único dado objetivo do direito e, considerando-os válidos, as significações que neles se baseiam também o serão. Lembramos que os enunciados prescritivos são como uma porta aberta pela qual se tornam jurídicos e válidos os valores a eles atribuídos pelo usuário, jurista, ou aplicador, quando das suas construções de sentido.

Pragmaticamente é identificando os enunciados que aferimos a validade das normas jurídicas. Digamos, por exemplo, que alguém chegue com a notícia de que existe uma regra de direito dispondo x, y e z e que resolve determinada questão. Qual a primeira providência que tomamos para saber se tal norma existe juridicamente? Buscamos o documento normativo que a vincula. No caso, em se tratando de norma geral e abstrata federal, vamos direto ao site do Planalto[599] e lá aferi-

---

597. Neste sentido, trata-se da validade do sistema do direito positivo como um todo. Já que uma mesma ordem jurídica vale em determinado país e não vale em outro, ou vale em um determinado momento histórico e em outro já não é mais válida.

598. *Idem*, p. 70.

599. http://www4.planalto.gov.br/legislacao.

mos sua autenticidade jurídica para podermos dizer se se trata de uma regra pertencente ao sistema ou não. Em se tratando de uma norma individual e concreta, caso nos chegue a notícia de uma decisão judicial, por exemplo, vamos ao processo e buscamos a sentença. Sempre vamos ao documento normativo e encontrando-o estamos aptos para dizer se a norma jurídica existe ou não.

Outra ponderação necessária a ser feita com relação ao termo "norma jurídica", quando do trato da validade, é sua unicidade perante o sistema jurídico. O modo de encarar a validade de um enunciado é o mesmo utilizado para o exame de todos os demais, não importando se o conteúdo por ele veiculado é civil, processual, constitucional, administrativo, penal, tributário ou comercial. O que queremos dizer, é que, os critérios escolhidos para delimitar a validade devem ser aplicados a todas as regras jurídicas, independente da matéria que elas disciplinam, ou seja, a validade da norma civil é a mesma validade das normas penais, processuais, comerciais, tributárias, etc.

5. CRITÉRIOS DE VALIDADE

Trabalhando com a tese da "validade" como relação de pertencialidade entre a norma e o ordenamento jurídico, os critérios de pertencialidade (ou de validade), como já vimos (no item 2 deste capítulo) surgem como um ponto crucial para o tema, pois neles reside o diferencial que fará uma norma ser válida ou inválida.

Seguimos a linha segundo a qual o direito válido é o direito posto. "Posto" entende-se aqui em dois sentidos considerados conjuntamente: (i) presente (desconsiderando as normas jurídicas passadas e futuras); e (ii) materializado em linguagem competente. O direito futuro ainda não está materializado e o passado está desconstituído. Assim, a pergunta para identificarmos os critérios de validade das normas jurídica é: o que faz uma linguagem ser jurídica (competente)?

Vimos, nos capítulos sobre incidência (Capítulo XI) e fontes do direito (Capítulo XVI), que o próprio sistema determina o modo de criação de sua linguagem ao prescrever quais pessoas estão aptas a produzirem normas jurídicas e quais os procedimentos a serem realizados para este fim, pelas denominadas "normas de produção" ou "de competência" (regras de estruturas). Nesta linha de raciocínio, para identificarmos se uma regra pertence ou não ao ordenamento, utilizamo-nos de dois critérios: (i) a autoridade competente; e (ii) o procedimento próprio[600].

O critério da autoridade competente diz respeito ao emissor da mensagem, a pessoa que a produz. Para que um enunciado seja tomado como existente na ordem jurídica, a pessoa que o emitiu deve estar credenciada pelo sistema como apta para nele inserir normas jurídicas. Se o emissor não for uma pessoa legitimada pelo sistema para executar a função de emissor, os enunciados por ele produzidos não serão válidos, isto é, não existirão enquanto linguagem jurídica. Já o critério do procedimento próprio diz respeito à forma de produção da mensagem. Para que um enunciado seja tido como existente ele deve ser produzido de acordo com uma forma prescrita pelo direito como própria para a produção de enunciados jurídicos.

Vejamos alguns exemplos:

(i) Digamos que uma pessoa estacione seu carro em local proibido e que o dono do estabelecimento comercial situado em frente registre a infração e deixe no para-brisa uma notificação ao proprietário do veículo para pagar uma multa à prefeitura municipal. O proprietário do veículo ao tomar ciência de quem é o emissor da notificação, logo percebe que ela não tem qualquer valor jurídico e que, portanto, não está obrigado a pagar a multa, porque o dono do estabelecimento comercial não é agente credenciado pelo direito para aplicá-la. Diferente situação ocorre se um agente de trânsito, ao se deparar com

---

600. PAULO DE BARROS CARVALHO, *Curso de direito tributário*, p. 79-80.

o carro estacionado em local proibido, registrar a infração e expedir uma notificação para o pagamento da multa. O proprietário do veículo reconhecerá a juridicidade do documento e a sua obrigatoriedade de pagar a multa, ao certificar-se quem é o emissor da notificação.

(ii) Imaginemos agora que um juiz de direito irritado com seu inquilino elabore, em casa, uma sentença de despejo ordenando que o mesmo entregue imediatamente seu imóvel. O inquilino, ao tomar ciência da sentença, logo percebe que ela não é válida, porque não foi produzida de acordo com a forma prescrita pelo direito, no bojo de um processo judicial. A sentença, apesar de produzida por agente competente (juiz de direito), não existe no mundo jurídico porque sua enunciação não se deu na forma procedimental prescrita como própria pelo sistema.

A indicação do emissor da mensagem e o procedimento utilizado para sua produção encontram-se nas marcas da enunciação refletidas no enunciado, na enunciação-enunciada. Quando deparamo-nos com um texto normativo, é a sua enunciação-enunciada que nos permite dizer se ele é jurídico ou não. Sabemos, por exemplo, que um documento é uma lei federal em razão de sua enunciação-enunciada, pois reconhecemos nela autoridade e procedimento aptos. Da mesma forma, identificamos a existência de um ato administrativo, porque reconhecemos em sua enunciação-enunciada autoridade e procedimento juridicamente credenciados para a criação de normas jurídicas.

Os critérios do agente competente e do procedimento próprio identificam a exitência de um texto normativo, o que vale para aferirmos a pertencialidade de enunciados prescritivos ao sistema do direito positivo. Mas, aqui cabe uma ressalva. Para aqueles enunciados que já foram produzidos há algum tempo, devemos ter um cuidado especial: o de analisar se não existe, no ordenamento jurídico, uma linguagem desconstituindo-os juridicamente, pois, neste caso, pode ser que a norma, mesmo tendo sido produzida por agente competente e procedimento previsto, não seja mais válida em razão de sua desconstituição jurídica.

Trabalhamos com os critérios da autoridade e do procedimento porque é deste modo que atribuímos o qualificativo de jurídica a uma linguagem. Ainda que intuitivamente, quando alguém se refere a uma norma jurídica, pressupomos que ela assim o é porque produzida por um ato de autoridade mediante a realização de um procedimento prescrito pelo direito e buscamos elementos que nos certifiquem disso. Por essa razão, vamos aos sites do Planalto, do governo dos estados, municípios, dos tribunais, à Lex, ao diário oficial, etc.

Devemos ter cuidado, no entanto, ao afirmar que os critérios de validade das normas jurídicas são: autoridade competente + procedimento próprio, pois não consideramos, aqui, o perfeito enquadramento destes critérios (aferidos na enunciação-enunciada dos documentos normativos) com as normas jurídicas (de produção ou competência) que os regulam. Fazer isso seria abandonar o conceito de validade como relação de pertencialidade da norma para com o sistema para adotar o de conformidade da norma para com o sistema.

Primeiro tomamos a norma como válida, porque produzida por um ato de autoridade disciplinado pelo direito como apto à criação normativa, depois, num segundo momento, verificamos se sua produção se deu nos estritos moldes (formais e materiais) das normas de competência que a regulam, isto é, se está de acordo com as normas jurídicas que lhe fundamentam. Caso isso não seja verificado, temos um fundamento para sua impugnação.

Em suma, a validade de uma norma é aferida pela utilização dos critérios autoridade x procedimento, mas se a autoridade é mesmo a competente e se o procedimento é mesmo o prescrito como próprio pelo sistema são constatações apenas possíveis de serem feitas *a posteriori*. É por isso que a validade é tida como um axioma do direito.

Nesta ordem, não cansamos de lembrar que a escolha dos critérios de pertencialidade depende do sistema de referência com o qual se trabalha e, nestes termos, outros critérios podem sempre ser escolhidos[601].

6. PRESUNÇÃO DE VALIDADE

Dizemos que a norma é válida quando produzida por pessoa juridicamente credenciada e mediante procedimento estabelecido para este fim, mas não necessariamente porque a competência e o procedimento concretizaram-se exatamente nos moldes das normas de produção que regulamentam especificamente a criação das normas produzidas. Esta posição parece, em princípio, contraditória, mas um exemplo melhor a esclarece:

Imaginemos que um cidadão comum (não investido do cargo de juiz) redija um texto normativo e o apresente como sendo uma sentença. Logo se verifica a invalidade do documento, por não ter sido ele produzido por juiz de direito, mediante processo judicial. Agora, imaginemos que um juiz de direito, flagrantemente incompetente, ao fim de um processo judicial, observado todos os trâmites legais, produza uma sentença. O documento será válido, mesmo que o fato de sua enunciação não se subsuma às normas jurídicas reguladoras de sua produção, porque a pessoa que o constituiu não é legitimada pelo sistema como apta para criar normas jurídicas. Se

---

601. TÁCIO LACERDA GAMA, por exemplo, com base nas ideias de ALF ROSS (*Direito e justiça*, p. 66), utiliza-se do critério pragmático da possibilidade de ser aplicada por ato do Poder Judiciário. Em suas palavras: "Existe a norma que possa ser levada à apreciação do poder jurisdicional, não existe a norma que não seja passível de análise jurisdicional. O critério é pragmático: desencadeou a jurisdição, existe. Caso contrário, trata-se de proposição não-jurídica, inexistente no sistema do direito" (*Teoria dialógica da validade existência regularidade e efetividade das normas tributárias, in Direito tributário homenagem a Paulo de Barros Carvalho*, p. 134). A nosso ver, no entanto, tal critério só posterga o problema, reportando-nos à escolha de outro, pois logo surge a pergunta: "E o que faz com que a norma possa ser levada ao Judiciário, isto é, que ela desencadeie a Jurisdição?". A resposta é o fato de ela ser constituída em linguagem competente (por autoridade e por procedimento próprios do direito).

o juiz é incompetente, se o procedimento não seguiu todos os trâmites conforme o disciplinado e se isso não foi constatado durante a enunciação a tempo de interrompê-la ou corrigi-la, a norma produzida é válida e os eventuais vícios ocorridos na sua produção servirão apenas como materialidade para sua possível desconstituição.

O mesmo podemos dizer, por exemplo, de um prefeito, que institua um tributo por meio de decreto. Sabemos que, em decorrência do princípio da estrita legalidade tributária, os tributos só podem ser instituídos por meio de lei, no entanto, o prefeito é agente competente e decreto é um procedimento próprio para a inserção de normas no sistema jurídico. A enunciação tem fundamentação jurídica e por conta disso as normas por ela produzidas são válidas, muito embora esta fundamentação não esteja calcada nas regras de produção de normas instituidoras de tributos. Uma prova disso é que a exação será cobrada até que submetidas a um controle de validade.

Há, na realidade, uma "presunção" posta pelo direito, de que todo o processo enunciativo introdutor de normas se deu nos moldes das normas que o regulam, até que se constitua o contrário. Isto não só acontece com o processo enunciativo (antecedente da norma veículo introdutor) mas com qualquer fato constituído juridicamente, pois sistema do trabalha com o controle da validade *a posteriori*.

Se durante o processo enunciativo não foi alegado qualquer vício, ao seu término, com a produção da norma veículo introdutor, presume-se que tudo ocorreu nos moldes prescritos pelas normas de produção em vigor, porque assim diz a linguagem constituída. Presume-se que a autoridade enunciativa é competente e que o procedimento realizado para enunciação é o próprio, e que a materialidade do documento tem respaldo em norma de hierarquia superior, porque sem essa presunção torna-se impossível trabalhar com a linguagem jurídica.

Se a pertencialidade de uma linguagem para com o direito positivo dependesse do controle de produção jurídica, que é realizado posteriormente a sua existência, como poderíamos dizer que esta linguagem é susceptível de controle jurídico se ainda não se sabe se ela é jurídica?

As normas não adquirem validade após o controle de sua produção, elas nascem válidas ou inválidas (jurídicas ou não-jurídicas), de acordo com sua enunciação-enunciada. Posteriormente aferimos se a norma válida foi criada em conformidade com as regras que disciplinam sua produção, o que poderá servir como motivo para uma futura desconstituição. Mas, para que isso aconteça, temos que, primeiramente, aceitar sua existência no mundo jurídico (validade).

Nestes termos, a "presunção" a que nos referimos, não é da validade, porque ninguém nega a existência de uma norma como jurídica, por ela estar sujeita, futuramente, a um controle em razão de não ter sido criada de acordo com as regras que disciplinam sua produção. A "presunção" é de que a enunciação (constituída juridicamente pela enunciação-enunciada) e o produto por ela criado encontram-se em conformidade com as normas que regulam sua criação, está ligada à adequação (formal/material), não à validade da linguagem jurídica.

Como vimos, assim que produzido, o texto normativo juridiciza o fato de sua enunciação, constituindo-o como jurídico (no antecedente da norma veículo introdutor). Mesmo que a enunciação não se der nos moldes das normas de produção, para que os enunciados por ela inseridos sejam retirados do sistema, o fato jurídico da enunciação deve ser desconstituído por outra linguagem jurídica. Enquanto não desconstituída tem-se que a enunciação se deu perfeitamente em consonância com as regras que a disciplinam, pois ela está constituída em linguagem jurídica e toda linguagem jurídica goza de tal "presunção". É este o axioma da validade.

A própria linguagem (por meio da sua enunciação-enunciada) diz que é jurídica (válida). A norma veículo introdutor constitui a "validade" da linguagem produzida para o sistema, tanto é que depois, num eventual controle, é preciso a criação de outra linguagem para constituir juridicamente sua invalidade.

O que se confronta num posterior controle de produção é a adequação do fato jurídico da enunciação (enunciação-enunciada) às provas do processo realizado e às normas que disciplinam sua realização. O confronto é sempre entre linguagens: (i) linguagem jurídica produzida; (ii) linguagem das provas da enunciação; e (iii) linguagem que regula a criação da linguagem produzida (a de superior hierarquia – na qual ela se fundamenta). É neste sentido que dizemos ser a validade aceita, e a conformidade da constituição do fato jurídico da enunciação "presumida", como a de qualquer fato jurídico.

Seguido esta linha, a adequação da enunciação-enunciada e do enunciado-enunciado às normas que os fundamentam não figura como critério de validade do documento produzido, mas como critério de permanência do documento no sistema do direito positivo. Se constatada juridicamente, a inadequação da enunciação-enunciada gera a retirada de todo o documento normativo do sistema, pois trata-se de vício formal (de produção). Mas, além da enunciação-enunciada, cada enunciado está também sujeito a controle (de materialidade).

Se trabalhássemos com o conceito de validade atrelado ao de adequação (formal / material) às normas de superior hierarquia, teríamos que admitir serem todas as normas inválidas ou presumidamente válidas até que submetidas a um controle, isto é, só poderíamos dizer sobre sua validade ou invalidade depois da apreciação do judiciário. Neste sentido, toda linguagem para produzir efeitos válidos no sistema precisaria de outra que lhe afirmasse como apta para tanto.

Na sua dinâmica, o sistema lida tranquilamente com a incerteza sobre a adequação jurídica formal e material dos enunciados produzidos, mesmo porque, seria inviável submeter todas as normas jurídicas a um controle de produção antes de torná-las aptas à incidência.

7. MARCO TEMPORAL DA VALIDADE JURÍDICA

Adotando-se o conceito de validade como relação de pertencialidade da norma para com o sistema, uma dúvida fica latente: qual é o marco temporal da validade, isto é, a partir de que instante uma norma jurídica passa a pertencer ao direito positivo? Ou, mais contundente com a concepção que adotamos: em que momento o sistema considera constituída sua linguagem?

Partindo de uma teoria comunicacional do direito, presenciamos no fenômeno jurídico um órgão credenciado, produzindo uma mensagem prescritiva com o intuito de disciplinar condutas intersubjetivas. A linguagem jurídica, nestes termos, é o instrumento de realização da comunicação entre o órgão credenciado e o destinatário da mensagem prescritiva e, assim, só existe quando instaurado o vínculo comunicacional.

Conforme já tivemos oportunidade de ressaltar (quando tratamos da teoria comunicacional do direito, no Capítulo V), segundo ROMAN JAKOBSON, para existência de um vínculo comunicacional são necessários seis elementos: (i) emissor (remetente); (ii) mensagem; (iii) receptor (destinatário); (iv) contexto; (v) código; e (vi) canal ou contato; e, para que a relação se instaure, é preciso que o emissor transmita a mensagem ao destinatário. A simples constituição da mensagem, materializada num determinado código, pelo emissor, não é suficiente para implementar o conceito de "comunicação", é imprescindível que a mensagem chegue ao conhecimento do destinatário, para que este integre a relação.

Aplicando tais categorias ao estudo do direito, só com a ciência do destinatário é que podemos falar na existência de uma linguagem jurídica e consequentemente na validade da mensagem (norma) produzida. Neste sentido, a pergunta para fins de determinação do marco temporal da validade torna-se outra: em que momento o direito considera a tomada de ciência pelo destinatário da mensagem produzida?

Para responder tal questão, devemos voltar nossa atenção ao processo de produção das normas jurídicas. A enunciação se concretiza com a realização de uma série de atos, todos relevantes, mas, é com o ato de publicação que os enunciados produzidos passam a cumprir sua função comunicativa. A publicação é pressuposto da série de produção normativa, ela instaura a comunicação entre emissor e destinatário da mensagem jurídica e atribui, com isso, juridicidade aos enunciados elaborados, elevando-os à categoria de jurídicos. Assim, sem publicação não há enunciado prescritivo que pertença ao mundo do direito positivo, mesmo que, em sua produção, todos os outros atos da série enunciativa tenham sido observados.

Não podemos dizer, por exemplo, que uma lei sancionada, mas não publicada pertence ao direito positivo, na verdade, nem mesmo podemos chamá-la de lei. O mesmo se aplica à sentença produzida e posta na gaveta pelo juiz, não há como considerá-la válida. Isto porque, é a partir da publicidade que os enunciados produzidos no curso do processo enunciativo passam a pertencer ao mundo do direito. Ela é o marco temporal da validade das normas jurídicas, o momento em que o ordenamento considera constituída sua linguagem.

Como assevera EURICO MARCOS DINIZ DE SANTI, "toda norma jurídica pressupõe a publicidade como condição de validade, sem a publicação, o projeto de lei não é válido; a sentença é inválida; sem notificação também não há que se falar em validade do ato-norma administrativo"[602]. Com a publicidade, que é uma das etapas da enunciação, instaura-se o vínculo comunicacional e os enunciados produzidos passam a existir juridicamente. Assim, frisa PAULO DE BARROS CARVALHO: "o átimo da ciência marca o instante preciso em que a norma ingressa no ordenamento do direito posto"[603].

---

602. *Lançamento tributário*, p. 162-163.

603. Nesta passagem o autor refere-se à norma individual e concreta produzida com a formalização do crédito tributário pelo contribuinte. Ainda segundo o autor,

O direito trabalha com a ficção do conhecimento de seus enunciados por todos seus destinatários a partir da publicação. Mesmo que efetivamente nem todos tenham realmente conhecimento da mensagem produzida, fato que seria empiricamente impossível dado a dinamicidade do sistema jurídico, o direito considera que a partir da publicação todos seus destinatários têm esta ciência. O fato da publicação constitui o conhecimento dos enunciados produzidos, por todos seus receptores, como uma realidade jurídica, devido à prescrição do art. 3º da Lei de Introdução ao Código Civil: "ninguém se escusará de cumprir a lei alegando que não a conhece"[604]. A linguagem produzida juridiciza o fato da publicação e atribui-lhe o efeito da proibição de alegação do seu não conhecimento no plano jurídico. Neste sentido, não é necessário que efetivamente o receptor entre em contato com a mensagem legislada para que o sistema a considere jurídica. O próprio direito cria a realidade jurídica do conhecimento por todos com a publicação[605].

"recuperando a premissa de que o direito se realiza no contexto de um grandioso processo comunicacional, impõe-se a necessidade premente de o documento produzido pelo particular seja oferecido à ciência da entidade tributante, segundo a forma igualmente prevista no sistema. De nada adiantaria ao contribuinte expedir o suporte físico que contém tais enunciados prescritivos, sem que o órgão público, juridicamente credenciado viesse a saber do expediente" (*Fundamentos jurídicos da incidência tributária*, p. 252).

604. Neste sentido, CLARICE VON OERTZEN DE ARAUJO, *Semiótica do direito*, p. 50.

605. Voltando-se à teoria analítica e trabalhando o direito como um fenômeno comunicacional DANIEL MENDONCA abre a discussão sobre a existência da norma jurídica, depender ou não da compreensão dos enunciados produzidos por parte de seus destinatários. O autor expõe dois posicionamentos: (i) as normas jurídicas existem com a emissão da mensagem normativa; (ii) a existência das normas jurídicas dependem da recepção, pelo destinatário, da mensagem emitida, isto é, da sua compreensão; e acaba por filiar-se ao primeiro posicionamento, fazendo a ressalva de que seria necessário, além da emissão, a publicação da mensagem jurídica Toda discussão perde o sentido com a elucidação da acepção empregada ao termo "norma jurídica". Se tomarmos "norma" como significação, imprescindível para sua existência a recepção e compreensão da mensagem legislada pelo destinatário. Se entendermos "norma" no sentido de enunciado jurídico, sua existência se efetiva com a emissão da mensagem, que juridicamente se concretiza com o ato da publicação. Apesar de que, a ficção, criada pelo art. 3º da LICC acima mencionado, considera que juridicamente a compreensão se dá assim que o texto adquire publicidade, independentemente da

A publicidade marca a positivação das normas jurídicas, isto é, seu ingresso no ordenamento. Mas ressaltamos: não é toda publicidade, apenas aquela realizada no meio prescrito como próprio pelo sistema. De nada adianta, por exemplo, uma "lei municipal" ser veiculada no jornal de maior prestígio da cidade e todos os cidadãos tomarem conhecimento de seus enunciados, porque juridicamente ela só tem valor quando publicada no Diário Oficial. É por esse motivo que, o contribuinte quando da formalização do crédito tributário não pode apresentar ao fisco qualquer documento, deve entregar a guia de apuração x, veículo especificamente determinado em cada legislação, sob pena do crédito não ser constituído juridicamente. O mesmo acontece com a propriedade de um imóvel, se a operação não for veiculada em documento próprio, juridicamente não há transmissão, ainda que ela tenha sido verbalizada em outro documento ou socialmente ocorrida.

O direito prescreve a forma de veiculação de sua linguagem e nela se materializa o ingresso de seus enunciados. Por ser o canal/contato um dado físico, é nele que percebemos e comprovamos a existencialidade do direito positivo.

8. VALIDADE E FUNDAMENTO DE VALIDADE

A concepção que adotamos de validade das normas jurídicas tem como base a teoria de HANS KELSEN, mas assume, porém, outra feição, quando analisada sob o enfoque da teoria comunicacional do direito. Considerando-se a autoridade competente e o procedimento próprio como critérios de validade, as normas que os disciplinam aparecem como fundamento de validade, numa correlação entre as diretrizes da dedutibilidade e da fundamentação jurídica.

---

efetiva valoração hermenêutica, porque ninguém pode alegar falta de seu conhecimento (*Exploraciones normativas hacia una teoría general de las normas*, p. 18-23).

Conforme já salientamos (quando tratamos do ordenamento e sistema, no Capítulo XIV), no modelo de HANS KELSEN cada norma deriva de outra norma hierarquicamente superior, na medida em que esta disciplina sua produção. Em seus dizeres, "uma norma é uma norma jurídica válida em virtude de ter sido criada segundo uma regra definida, e apenas em virtude disso"[606]. O critério de validade estabelecido por KELSEN é o da dedutibilidade da norma superior para a norma inferior. A validade de uma norma jurídica é atribuída por sua criação estar fundada noutra norma jurídica que lhe é hierarquicamente superior.

Repetindo o diagrama apresentado naquela ocasião:

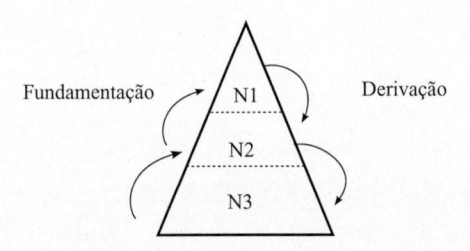

Fundamentação — N1 — Derivação
N2
N3

Explicando: temos que a Constituição Federal (N1) regulamenta a criação da lei (N2), legitimando sua existência. Assim, dizemos que a lei (N2) tem como fundamento de validade a Constituição Federal (N1). Já a norma N3 é criada com base na lei (N2), é ela que legitima a sua produção e, por isso, dizemos que N3 tem, como fundamento de validade, a lei (N2).

Por partirmos de uma visão comunicacional do direito, fica difícil compreendermos que normas jurídicas existam por derivarem de outras normas de superior hierarquia, num círculo vicioso, onde normas criam normas. Como já dito (no capítulo sobre fontes do direito), todo ato produtor de enunciados jurídicos tem como base outros enunciados também jurídicos, que legitimam a autoridade enunciativa e o procedimento por ela realizado como aptos a inserirem normas

---

606. *Teoria geral do direito e do estado*, p. 166.

no ordenamento em relação a determinada matéria. Assim se forma a hierarquia do sistema: as normas tomadas como fundamento para realização dos fatos enunciativos de outras normas são tidas como hierarquicamente superiores às normas produzidas.

Não podemos esquecer, no entanto, que entre a norma fundamento de validade e a norma produzida está o fato da enunciação, fonte do direito (consubstanciado no ato de vontade de uma autoridade competente, realizado segundo um procedimento próprio), já que as normas sozinhas não criam normas, são os fatos enunciativos que as criam.

Segundo esta concepção, cientes de que uma norma sozinha não deriva de outra sem a presença de um ato de vontade humano, a pirâmide idealizada por KELSEN é vista nesta configuração.

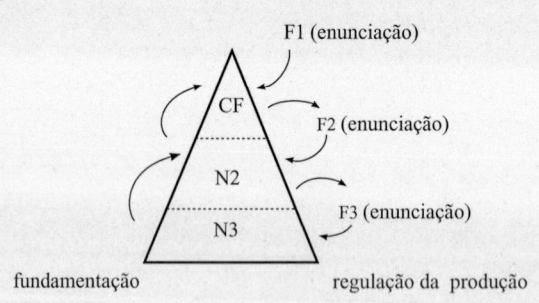

```
                    F1 (enunciação)
              CF
                    F2 (enunciação)
              N2
                    F3 (enunciação)
              N3
       fundamentação      regulação da produção
```

Explicando: a norma N3 (da base da pirâmide) é produzida pelo fato-enunciação F3, realizado com base na norma N2, que lhe é hierarquicamente superior e cuja criação se deu pelo fato-enunciação F2, realizado sob o fundamento da Constituição Federal, norma que lhe é hierarquicamente superior, constituída pelo fato-enunciação F1.

Neste contexto, chamamos de fundamento de validade as normas jurídicas tomadas como base para a produção de outras normas jurídicas, que acabam por legitimar a autoridade e o procedimento enunciativo como próprios para produção daquelas normas jurídicas.

Quando dizemos que uma linguagem é jurídica porque produzida por agente competente mediante procedimento próprio, ambos prescritos pelo direito positivo, estamos indicando que esta linguagem tem um fundamento na ordem jurídica, isto é, que a sua criação foi realizada mediante as regras do próprio sistema. Nota-se que não estamos aqui, pressupondo uma exata adequação entre a regra produzida e seu fundamento de validade para a aceitação de sua existência no sistema (validade), mas apenas que ela tenha um fundamento na ordem posta.

Uma norma é tida como fundamento de validade quando regula o fato enunciativo que insere outra norma jurídica, hierarquicamente inferior, no sistema. Nesta concepção, a validade de uma norma jurídica se mantém mesmo quando as regras que lhe serviram de fundamento são retiradas do sistema, o que não seria possível aceitar se trabalhássemos unicamente com o princípio da dedutibilidade.

Quando uma norma jurídica, fundamento de validade de outra norma é revogada, a norma que lhe tinha como fundamento continua válida. Isto porque, depois de inserido no sistema do direito positivo, a existência do enunciado não está condicionada à validade das normas que fundamentaram sua produção. As regras tomadas como fundamento de validade legitimam o fato enunciativo como apto a produzir enunciados jurídicos no momento da enunciação. Mas, assim que produzido, o próprio texto normativo juridiciza o fato enunciativo, ao relatá-lo no antecedente da norma veículo introdutor, atribuindo-lhe o efeito da pertencialidade ao ordenamento. Há, neste momento, a concretização do fundamento de validade na linguagem introduzida, que passa a existir no plano do direito positivo independentemente das normas que fundamentaram a sua produção. Nestes termos, para que uma norma produzida sob certo fundamento de validade que posteriormente foi revogado, perca sua validade é preciso que seja impugnada e que outra linguagem desconstitua sua juridicidade.

Digamos, por exemplo, que um ato administrativo seja produzido exatamente de acordo com a legislação vigente à época de sua produção e que, depois de certo tempo, a lei que o fundamentava é retirada do ordenamento. Podemos dizer que o ato administrativo perdeu seu fundamento de validade, o que é causa para a sua possível desconstituição, mas não que desde então ele é inválido, pois ele continua existindo juridicamente até que seja desconstituído por outro ato da administração ou em sede judicial. Disto depreendemos que a adequação ao fundamento jurídico de um documento normativo não é relevante para aferirmos sua existência (validade), mas sim a sua permanência no sistema do direito positivo.

9. A QUESTÃO DO FUNDAMENTO JURÍDICO DO TEXTO ORIGINÁRIO DE UMA ORDEM

Ao tomarmos como critério de pertencialidade para com o direito positivo o fato da norma ter sido produzida por uma autoridade competente mediante procedimento próprio, ambos prescritos pelo sistema, estamos pressupondo que todas as normas jurídicas têm fundamento de validade em outras normas que lhes são superiores. Mas, o que dizer do fundamento jurídico da Constituição Federal, que se encontra no topo da escala hierárquica do sistema jurídico? Quais normas legitimam o órgão credenciado a produzi-la, o procedimento a ser realizado e a matéria por ela disposta, servindo-lhe como fundamento jurídico?

Seguindo a sistemática de HANS KELSEN, onde normas juridicizam fatos (enunciação) que criam outras normas jurídicas, a partir da Constituição Federal, encontramos fundamento jurídico para todas as normas dela para baixo, mas não para o fato que lhe deu origem. Dentro desta concepção, sem a existência de normas superiores, a Constituição não teria fundamento de validade, pois, não existiria norma jurídica acima dela legitimando sua produção, como podemos aferir no gráfico abaixo:

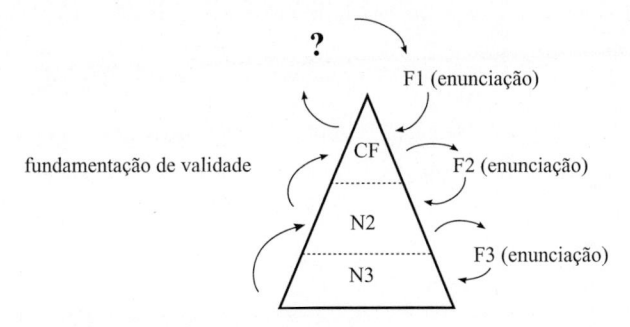

```
            ?
                    F1 (enunciação)
                 ╱╲
                ╱CF╲
fundamentação  ╱----╲ F2 (enunciação)
de validade   ╱  N2  ╲
             ╱--------╲
            ╱    N3    ╲  F3 (enunciação)
           ╱_____╲
```

Para resolvermos esta questão é necessário, fazermos um regresso além da Constituição Federal, o que implica a realização de um estudo que ultrapassa os limites da dogmática e ingressa no direito passado, já que cada Constituição instaura uma nova ordem jurídica[607].

9.1 Fundamento jurídico último na ordem anterior ou no próprio texto originário

Geralmente a fundamentação da linguagem jurídica originária se sustenta na ordem que lhe é anterior, válida à época de sua enunciação. O texto originário, porém, invalida o anterior e constitui uma nova ordem jurídica, que passa a fundamentar todas as demais normas. Neste sentido, existe um fundamento jurídico para todo texto originário à época da sua enunciação, mesmo que, com a produção da nova ordem tal fundamentação perca a validade.

Dizer, no entanto, que existe um fundamento jurídico não significa afirmar que há no ordenamento jurídico uma norma hierarquicamente superior à Constituição, porque toda nova Constituição cria uma nova ordem jurídica, na qual ela é o

---

607. Dizemos que uma nova Constituição instaura uma nova ordem, pois as relações de subordinação do sistema serão alteradas em função dela, que passará a fundamentar todas as demais normas.

fundamento último de validade para todas as normas. Com isso queremos dizer que os textos originários se legitimam juridicamente, embora tal legitimação não mais nos interessa, pois, depois de posta a nova ordem, seu fundamento passa a pertencer ao passado.

Um exemplo esclarece melhor tal assertiva: a nossa atual Constituição da República instituída em 1988, como reação ao regime militar de 1964, qual seria seu fundamento jurídico (ou melhor, de validade)? Embora estivéssemos sob a vigência de um regime militar, em 8 de maio de 1985, depois de reaberto, o Congresso Nacional aprovou uma Emenda instituindo a eleição direta para Presidente da República. Em 22 de novembro do mesmo ano, já no governo José Sarney, foi aprovada a Emenda Constitucional n. 26, legitimando a convocação de uma Assembleia Constituinte. Eleita em 15 de novembro de 1986 e empossada em 1º de fevereiro de 1987, a constituinte trabalhou até 5 de outubro de 1988, quando foi promulgada a atual Constituição Federal. Nota-se que a Constituição Federal é produto da Assembleia Constituinte, mas o seu fundamento de validade encontra-se na Emenda Constitucional n. 26/86, que legitima a Assembleia Constituinte como poder originário. No entanto, com a publicação e consequente ingresso da nova Constituição, a Constituição anterior, de 1967, deixa de existir juridicamente e com ela a Emenda Constitucional n. 26/86 que fundamentou a criação da nova Constituição. Assim, quando referimo-nos ao direito positivo brasileiro fazemos um corte que desconsidera o fundamento "jurídico" da Constituição e tudo o que por ela não foi recepcionado, partimos das normas constitucionais e a elas regressamos, estabelecendo, com isso, a unidade do objeto.

Há casos, entretanto, que a nova ordem instaurada não tem fundamentação jurídica na ordem anterior, o que ocorre, por exemplo, quando ela é posta, em decorrência de um golpe de estado, ou revolução. Nestas circunstâncias, a primeira providência a ser realizada é a produção de um enunciado legitimando o golpe ou a revolução como poder originário para instauração da nova ordem jurídica. Há sempre uma linguagem, pertencente a ordem instalada que legitima seu fato originário e a produção de uma nova constituição.

Exemplo disto foi o golpe militar de 31 de março de 1964 no Brasil. O então presidente João Belchior Marques Goulart, conhecido como Jango, que assumiu o cargo após a renúncia de Jânio Quadros, já contra a vontade dos militares, foi derrubado sob alegação de tender a ideias comunistas e abuso de poder, porque apoiava reformas sociais e uma junta militar assumiu seu lugar. Em 9 de abril do mesmo ano foi instituído, por esta junta, o ato institucional n. 1, cujo texto a legitimou juridicamente como poder originário[608]. O Congresso Nacional ratificou a indicação do comando militar e elegeu o general Humberto de Alencar Castelo Branco como chefe do Estado-Maior do Exército.

Nota-se que mesmo não tendo fundamento na ordem anterior, a nova ordem imposta passou a existir juridicamente, tendo seu fundamento no próprio texto originário (AI-1), que suspendeu a Constituição da época (1949). Somente em 07 de abril de 1966 o governo editou o AI-4 convocando o Congresso Nacional a votar uma nova Constituição Federal. Nestes termos, a Constituição de 1967 tem como fundamento jurídico o AI-1 e o AI-4.

Seja como for, a fundamentação jurídica dos textos originários não interessa ao estudo dogmático do direito, assim como outros aspectos políticos, econômicos e sociais que levaram à instauração da nova ordem. Isto, porém, não quer

---

[608]. No texto do AI n. 1 se lê: "A revolução vitoriosa se investe no exercício do poder constituinte. Este se manifesta pela eleição popular ou pela revolução. Esta é a força mais expressiva e mais radical do poder constituinte. Assim, a revolução vitoriosa, como poder constituinte, se legitima por si mesma. Ela destitui o Governo anterior e tem a capacidade de constituir novo Governo. Nela se contém a força normativa, inerente ao poder constituinte. Ela edita norma jurídica sem que nisso seja limitada pela atividade anterior à sua vitória. Os chefes da revolução vitoriosa, graças à ação das Forças Armadas e ao apoio inequívoco da Nação, representam o povo, em seu nome exercem o poder constituinte, de que o povo é o único titular..." (*Wikipédia – grifo nosso*).

dizer que ela não exista, quer dizer, apenas, que a Ciência do Direito em sentido estrito, não a toma como objeto. As investigações jurídicas partem da Constituição como fundamento de validade de todas as demais normas do sistema e a ela regressa, não se preocupando com a legitimação do fato de sua enunciação.

9.2 A norma hipotética fundamental de KELSEN

Para resolver a questão do fundamento de validade da Constituição HANS KELSEN cria o pressuposto da norma hipotética fundamental, que não é uma norma posta, mas sim pressuposta para o fechamento do sistema, já que na Teoria Pura do Direito não interessam as regras do passado, que legitimam a enunciação constitucional, apenas o direito presente. A norma fundamental funciona, assim, como um instrumento para o jurista delimitar o plano do dever-ser, é uma criação metodológica para fundamentar a existência da Constituição e do direito positivo como um todo.

Segundo KELSEN, ela deve ter caráter normativo, apesar de não ser norma posta por autoridade, porque o fundamento jurídico de qualquer norma só pode ser outra norma[609]. No entanto, não devemos nos preocupar com seu conteúdo, pois tal investigação encontra-se fora do campo da dogmática jurídica.

Nestes termos, a norma hipotética fundamental não é jurídica. Como ensina LOURIVAL VILANOVA, "num regresso da norma mais concreta e individual para a última norma, a mais geral e abstrata do sistema positivo, encontramos como

---

[609]. Em seus dizeres: "Dado que o fundamento de validade de uma norma somente pode ser outra norma, este pressuposto tem de ser uma norma: não uma norma posta por autoridade jurídica, mas uma norma pressuposta (...). Como essa norma é a norma fundamental de uma ordem jurídica, a proposição fundamental diz: devem ser postos atos de coerção sob os pressupostos e pela forma que estatuem a primeira Constituição histórica e as normas estabelecidas em conformidade com ela" (*Teoria pura do direito*, p. 224).

norma-limite dentro deste sistema a Constituição positiva em vigor"[610]. A ideia da norma hipotética fundamental operaciona o fechamento do sistema jurídico, para fins do estudo científico. Com ela pressupomos a existência de uma fundamentação para o texto originário, embora não nos interessa dizer qual seja esta fundamentação.

Neste sentido, vale a pena registrar a explicação do citado autor: "Como sistema (o direito positivo) requer um ponto-origem, e não se dilui numa sequência interminável de antecedentes, há que se deter por uma necessidade gnosiológica, numa norma fundante, que não é positiva, por não ter uma sobrenorma da qual seja aplicação. É uma norma pressuposta, uma hipótese-limite que confere conclusividade ou fechamento ao conjunto de normas que é o direito"[611].

HANS KELSEN é muito criticado por este recorte, mas o que poucos entendem é que a norma fundamental é um axioma e, como tal, não se discute, nem se prova. É uma proposição que aceitamos, sem nos preocuparmos com sua origem, para podermos identificar e compreender o direito dentro da proposta do mestre de Viena.

Toda teoria precisa de um axioma. As Ciências partem de proposições escolhidas arbitrariamente, livres de comprovação, sobre as quais são construídas todas as demais proposições, que inter-relacionadas formam o sistema científico. A Geometria euclidiana, por exemplo, parte do postulado[612] de

---

610. LOURIVAL VILANOVA, *Escritos jurídicos e filosóficos* (Teoria da norma fundamental – comentários à margem de Kelsen), vol. 1, p. 304.

611. LOURIVAL VILANOVA, *Escritos jurídicos e filosóficos* (Teoria da norma fundamental – comentários à margem de Kelsen), vol. 1, p. 313.

612. Alguns autores diferenciam "axioma" e "postulado". Axiomas seriam proposições tidas como absolutamente verdadeiras para vários campos científicos – "duas coisas iguais a uma terceira são iguais entre si". Postulados seriam proposições tidas como verdadeiras para um campo específico do conhecimento – ex. o postulado das paralelas. Outros entendem como "axioma" premissas evidentes, que se admitem como verdadeiras sem exigência de demonstração e como "postulado" proposições não evidentes e não demonstráveis que se admitem como princípios de um sistema lógico. Neste trabalho não nos preocupamos com estas diferenciações e tratamos os termos como sinônimos.

que "por um ponto tomado fora de uma reta, pode-se fazer passar uma paralela a essa reta e só uma" e ninguém discute este postulado ao estudar a geometria euclidiana. A Química de Lavoisier, parte da proposição de que "os elementos químicos são as substâncias mais simples que se obtém pela decomposição de um material" e todos aceitam tal proposição para conhecer a química de Lavoisier, considerando, inclusive, o átomo como uma partícula do elemento e não como a substância mais simples da decomposição material. Se isto cabe a todas as Ciências, por que com a Ciência do Direito haveria de ser diferente?

10. ADEQUAÇÃO ÀS NORMAS DE PRODUÇÃO COMO CRITÉRIO DE PERMANÊNCIA DA NORMA JURÍDICA NO SISTEMA

Há certa confusão na doutrina jurídica entre "critérios de validade" da norma (requisitos de pertencialidade) e seu "fundamento de validade" (fundamentação jurídica), principalmente entre aqueles que trabalham a validade como sinônimo de existência. Se dissermos que uma norma é válida por pertencer ao ordenamento jurídico e elegermos como critério de pertinência sua adequação às normas que lhe servem de fundamento de validade, estamos abandonando o conceito de validade como existência e adotando a validade como atributo da norma que se adéqua ao sistema.

Como sublinhado linhas acima, uma coisa é a validade da norma jurídica e outra a adequação de sua fundamentação jurídica às normas que disciplinam sua produção. Uma norma pode pertencer ao sistema jurídico sem, no entanto, estar de acordo com as regras que disciplinam sua produção ou a sua materialidade. A validade é aferida com a relação de pertencialidade da norma para com o sistema e não com sua adequação às demais normas existentes neste sistema. Tal averiguação é feita num momento posterior, pressupõe a sua validade e permite-nos dizer se a norma permanecerá, ou não, no sistema.

Uma lei, visivelmente inconstitucional, por exemplo, é válida, existe no plano do direito positivo, mesmo que em descompasso com as regras constitucionais que a disciplinam, ela produz efeitos e todos devem cumpri-la até que seja constituída juridicamente sua inconstitucionalidade. Enquanto não impugnada, ela permanece válida, apta a juridicizar os acontecimentos descritos por sua hipótese imputando-lhes consequências jurídicas.

Nestes termos, a conformidade entre a linguagem jurídica produzida e as normas de superior hierarquia que disciplinam sua produção é critério de permanência no sistema e não de validade, vez que o ordenamento prescreve um controle de produção *a posteriori*, ou seja, sobre o produto já constituído.

A título de controle de produção, é feito o contraposto entre as normas introduzidas e aquelas que lhe são hierarquicamente superiores. O confronto recai sobre os dois tipos de normas constantes do documento normativo: (i) o veículo introdutor e (ii) as normas introduzidas. Quando a discrepância é verificada no veículo introdutor, dizemos que há vício formal, o que demonstra alguma inconformidade na enunciação-enunciada (i.e. autoridade incompetente ou falha no procedimento). Quando a discrepância é verificada nas normas introduzidas, dizemos que há vício material, o que demonstra alguma inadequação no conteúdo produzido. Também a título de controle faz-se o contraposto entre o fato constituído juridicamente e a linguagem das provas apresentas e a verificação da adequação jurídica dos enunciados tomados para fundamentação jurídica da norma produzida.

O controle de produção da linguagem jurídica é sempre normativo, não recai sobre o plano social. Mesmo quando tratamos do controle procedimental (enunciação), ou do controle de constituição dos fatos jurídicos (provas), ele é sempre realizado com a contraposição de duas ou mais linguagens jurídicas. Neste sentido, compreendemos o recorte kelseniano, abandonando os fatos-enunciativos e confrontando, para controle de produção (formal/material), norma com norma (normas de produção x norma veículo introdutor e norma introduzida).

O gráfico abaixo demostra tal recorte:

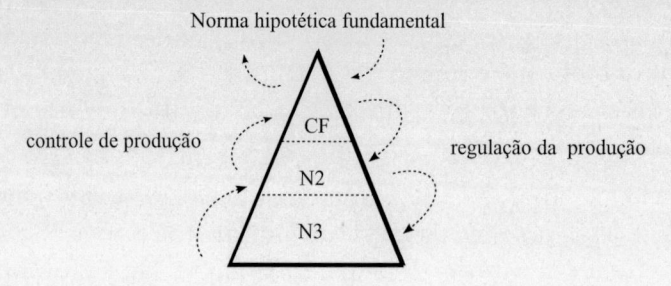

```
              Norma hipotética fundamental
                         △
                        ╱ ╲
                       ╱CF ╲
   controle de produção╱────╲ regulação da produção
                     ╱  N2  ╲
                    ╱────────╲
                   ╱    N3    ╲
                  ╱────────────╲
```

Explicando: a linha em negrito que contorna toda a pirâmide, demonstra que para o controle da produção normativa não se leva em conta a fonte (o ato de vontade e o processo enunciativo), apenas o que dispõe os fatos jurídicos e as normas que os fundamentam.

Em sede de controle, havendo conformidade entre: (i) linguagem produzida e linguagem jurídica de superior hierarquia que disciplina sua produção; (ii) linguagem produzida e linguagem das provas constituídas juridicamente; e (iii) verificação da adequação jurídica da linguagem jurídica que fundamenta a constituída; os enunciados produzidos permanecem no sistema jurídico. Não constatados estes requisitos, tais enunciados podem ser invalidados.

É bom sublinhar que normas jurídicas podem perfeitamente existir na ordem do direito positivo em contradição com outras regras qual lhe são de superior hierarquia, mesmo porque nenhum sistema jurídico está livre de contradições. Do contrário, teríamos que aceitar ser possível a aplicação de norma inválida, pois é certo que uma norma constituída em desacordo com o sistema, enquanto não revogada, pode perfeitamente ser aplicada.

Digamos, por exemplo, que uma lei instituidora de certo tributo foi produzida com vício em seu processo enunciativo (ex. após uma revisão do Senado não voltou à votação da

Câmara dos Deputados), ou então, com vício de competência (ex. utilizando como hipótese tributária uma materialidade própria da competência dos Estados), ou ainda com vício material (ex. hipótese de incidência própria de taxa e a base de cálculo de imposto, não mensurando o fato descrito hipoteticamente). No momento em que ingressa no ordenamento jurídico a lei é válida, mesmo que produzida com todos estes vícios, porque passa a existir no plano do direito posto. Numa primeira análise, logo observamos que ela não se encontra de acordo com as normas que regulamentam sua produção (fundamento jurídico procedimental), mas esta simples constatação não tem o condão de impedir sua aplicação e nem de invalidá-la. A lei continua existindo juridicamente e uma prova disso é que podemos impugná-la. Decorrido o prazo determinado pelo direito para o início de sua vigência, as normas veiculadas por esta lei estão aptas a serem aplicadas, assim que se verificarem os fatos descritos em suas hipóteses.

Enquanto não declarada sua inconstitucionalidade, para o direito, a lei não tem vícios, dado que estes não foram constituídos em linguagem jurídica. E, assim, a União, com fundamento nesta lei, vai constituindo relações jurídicas tributárias válidas e cobrando o tributo até o dia em que ela for expulsa do sistema. Certamente que, se expulsa por inconstitucionalidade com efeitos *ex tunc*, tais relações podem ser desconstituídas, mas isto se dará em momento posterior e também dependerá de linguagem competente. Nota-se que a lei, mesmo tendo sido produzida com incompatibilidade às normas que lhe são de superior hierarquia é capaz de propagar efeitos jurídicos porque existente no plano do direito positivo.

Neste sentido, dizemos que inconstitucionalidade e ilegalidade são desencontros entre a linguagem produzida e aquela que serve de fundamento para sua produção. Mas, não é porque uma norma apresenta tal incompatibilidade que ela é tida como inválida, pois a "invalidade" ainda se encontra no plano dos fatos (não foi constituída juridicamente). Ela é apenas um motivo para a produção da linguagem que a constitui para o sistema. Para ter o condão de retirar uma norma do sistema, o fato da inconstitucionalidade, ou da ilegalidade, deve ser constituído juridicamente por uma linguagem competente. De nada adianta o João da Silva falar que a norma é inconstitucional, ou ilegal, até a melhor doutrina pode com ele concordar, que juridicamente nada ocorrerá. A norma só deixará de ser válida quando a inconstitucionalidade ou a ilegalidade for constituída juridicamente por pessoa legitimada pelo sistema.

Questões:

1. Por que a validade é um conceito fundante do direito?
2. Que é validade?
3. Dentro da concepção normativista como é tratado o tema da validade?
4. Que são atos jurídicos inexistentes, nulos e anuláveis?
5. Pode-se dizer que os atos jurídicos inexistentes pertencem ao direito positivo? Justifique.
6. Pode-se dizer que os atos jurídicos nulos ou anuláveis não produzem efeitos no mundo jurídico? Justifique.
7. Que significa dizer que a norma válida é aquela que pertence ao direito positivo?
8. Diferencie a validade do ponto de vista do observador e do ponto de vista do participante, segundo a teoria de Tácio Lacerda Gama.
9. A validade pode ser tomada como sinônimo de eficácia social ou justiça?
10. Qual o sentido deve ser conferido a expressão "norma jurídica" quando pensamos no conceito de validade?
11. Qual o critério utilizado para determinar a relação de pertencialidade da norma para com o sistema?

12. Pode-se dizer que norma produzida por autoridade incompetente, mas por procedimento próprio é válida? E por procedimento impróprio e autoridade competente?

13. Pode-se falar em presunção de validade das normas jurídicas ainda não submetidas ao controle de legalidade/constitucionalidade? Justifique.

14. Em que momento uma norma torna-se válida para o direito?

15. Que se entende por fundamento de validade?

16. Uma norma sem fundamentação jurídica (inconstitucional ou ilegal) pode ser válida? Produz efeitos jurídicos?

17. Qual o fundamento de validade de um texto originário de uma ordem?

18. Em que consiste a norma hipotética fundamental na teoria de Hans Kelsen?

19. Qual o problema de, partindo de um conceito de validade como relação de pertinência ao sistema, adotar a fundamentação jurídica como critério de validade?

Capítulo XVIII

VIGÊNCIA, EFICÁCIA E REVOGAÇÃO DAS NORMAS JURÍDICAS

SUMÁRIO: 1. Vigência das normas jurídicas; 1.1. Vigência plena e vigência parcial; 1.2. Vigência das normas gerais e abstratas e das normas individuais e concretas; 1.3. Vigência das regras introdutoras e das regras introduzidas; 2. Vigência no tempo e no espaço; 2.1. Vigência no tempo; 2.2. Vigência no espaço; 3. Vigência e aplicação; 4. Eficácia das normas jurídicas; 4.1. Eficácia técnica; 4.1.1. Ineficácia técnica sob os enfoques sintático, semântico e pragmático; 4.2. Eficácia jurídica; 4.3. Eficácia social; 5. Validade, vigência e eficácia; 6. Revogação das normas jurídicas; 6.1. Sobre a revogação das normas jurídicas; 6.2. Efeitos da revogação no direito.

1. VIGÊNCIA DAS NORMAS JURÍDICAS

Próximos ao conceito de validade estão os de vigência e eficácia. Tão próximos que não é difícil verificar entre os autores a confusão de definições e a troca de um por outro. Por esta razão e também em decorrência do condicionamento ao recorte promovido pelo jurista para o isolamento do objeto, há uma grande divergência doutrinária a respeito do que são: validade, vigência e eficácia, o que acaba por causar um enorme embaraço na compreensão do fenômeno jurídico.

No capítulo anterior voltamos nossa atenção ao conceito de validade e assim o fizemos definindo-o como sendo, não um predicado adjetivante da norma jurídica, mas uma relação de pertencialidade entre a regra e o sistema do direito positivo, condição de sua existência enquanto norma jurídica. Neste capítulo, nossa atenção volta-se à definição dos conceitos de vigência e eficácia, que como já mencionamos, estão lado a lado ao conceito de validade.

Diferentemente do que ocorre com a validade, a vigência é tida como uma qualidade de certas normas jurídicas "que estão prontas para propagar efeitos jurídicos, tão logo aconteçam, no mundo fáctico, os eventos que elas descrevem"[613]. Nestes termos, ter vigência é ter força para irradiar efeitos jurídicos em certo espaço territorial e temporal. A vigência é uma característica das normas que estão aptas a serem aplicadas, nos dizeres e **PAULO DE BARROS CARVALHO**, significa o atributo das normas que estão preparadas para incidir no mundo social, regulando deonticamente as condutas intersubjetivas"[614].

É muito comum encontrarmos na doutrina jurídica definições que tratam a vigência como "o lapso temporal em que a norma apresenta a característica de estar apta a propagar efeitos jurídicos". Devemos, no entanto, ressaltar que vigência não é um intervalo de tempo, mas sim a qualidade da norma apta a propagar efeitos jurídicos. A confusão se instaura devido ao fato das regras apresentarem tal característica em certo período de tempo durante sua existência no mundo jurídico, mas não se mantém, pois uma coisa é a aptidão e outra o lapso temporal em que aptidão é verificada.

Outro aspecto a ser ressaltado é que nem toda norma jurídica é vigente. Há normas positivadas, existentes no mundo do direito e, portanto, válidas, que ainda não dispõem desta aptidão, pois não têm força para propagar as consequências jurídicas prescritas em seus mandamentos, sendo suscetíveis

---

613. PAULO DE BARROS CARVALHO, *Curso de direito tributário*, p. 82.
614. *Direito tributário, fundamentos jurídicos da incidência*, p. 53.

de serem aplicadas. A vigência, assim, está diretamente relacionada à prontidão da norma para incidir. As normas aptas a serem aplicadas estão prontas para incidir e propagar os efeitos que lhe são próprios. São, portanto, regras jurídicas vigentes. As normas que não gozam desta qualificação, não têm força para irradiar efeitos no mundo do direito e disciplinar as condutas por elas prescritas. São normas jurídicas não-vigentes.

As normas jurídicas não têm vigência: (i) ou porque ainda não a adquiriram; (ii) ou porque já a perderam.

Nos termos do artigo 1º da LICC (Decreto-lei 4.657/42), *"salvo disposição contrária, a lei começa a vigorar em todo o país quarenta e cinco dias depois de oficialmente publicada"*. Isto significa dizer que, mesmo depois do seu ingresso no ordenamento (que se dá com a publicação) a regra ainda não tem aptidão para produzir os efeitos que lhe são próprios. Somente o terá (i.a) quarenta e cinco dias após; ou salvo disposição em contrário, quando: (i.b) o próprio documento normativo trouxer o prazo de entrada em vigor de seus enunciados (geralmente ao final das disposições); ou (i.c) quando este é fixado em diploma de superior hierarquia (como o princípio constitucional da anterioridade em matéria tributária que prescreve a entrada em vigor das normas instituidoras de tributo no exercício financeiro seguinte a sua publicação ou noventa dias após). Este lapso de tempo em que a norma já pertence ao sistema, porém ainda não tem força para regular as condutas humanas que prescreve, é denominado de *vacatio legis*.

A *vacatio legis* é o tempo que o direito entende como necessário para que todos os membros da comunidade tomem conhecimento das novas disposições nele introduzidas, antes que elas passem a produzir efeitos jurídicos. No decurso deste prazo a norma aguarda a data do início de sua vigência. Assim sendo, ainda que se verifique o acontecimento descrito em sua hipótese, não se propagam os efeitos jurídicos prescritos em seu consequente, pois a regra não está apta a incidir.

Dizemos, então, que durante a *vacatio legis* a norma é válida, porque existe juridicamente, podendo, inclusive, ser objeto de controle de constitucionalidade ou legalidade, mas ainda não é vigente. Decorrido o lapso temporal da *vacatio legis*, a norma adquire a força que lhe é própria para regular condutas intersubjetivas, passando a ter a qualificação de norma vigente. E, com essa qualificação, permanece no sistema, até que seja revogada.

1.1 Vigência plena e vigência parcial

A revogação não tem o condão de retirar a norma do sistema, nem sua vigência por completo. Em razão do princípio da irretroatividade, a norma revogada continua sendo aplicada aos fatos que se sucederam antes de sua revogação[615] (a menos que a revogação tenha efeitos retroativos). Assim, ainda apta a propagar efeitos no mundo jurídico, só perde o qualificativo de "vigente" com relação aos fatos que se verificarem após sua revogação, sob os quais não mais terá aptidão para incidir.

Diante desta observação, TERCIO SAMPAIO FERRAZ JR. distingue vigência e vigor. Segundo o autor, vigência é o intervalo de tempo em que a norma atua, estando apta a incidir e vigor é a força que a norma mantém, mesmo após ter perdido sua vigência, para propagar efeitos aos fatos ocorridos sob sua égide[616]. No caso da norma revogada, mas ainda aplicável aos fatos ocorridos antes de sua revogação, ela não é vigente, mas tem vigor para propagar seus efeitos aos fatos consumados antes a sua revogação.

Considerando relevante tal distinção, PAULO DE BARROS CARVALHO entende mais recomendável não atribuir

---

615. Art. 6º da Lei de Introdução ao Código Civil – "A Lei em vigor terá efeito imediato e geral, respeitados o ato jurídico perfeito, o direito adquirido e a coisa julgada. Reputa-se ato jurídico perfeito o já consumado segundo a lei vigente ao tempo em que se efetuou".

616. *Introdução ao estudo do direito*, p. 202.

conteúdos semânticos distintos às palavras "vigência" e "vigor"[617]. Se considerarmos a regra vigente como aquela que está apta a propagar efeitos, a norma revogada que ainda pode ser aplicada aos fatos ocorridos sob sua égide, goza de tal aptidão, não plenamente, como as normas não revogadas, pois não tem o condão de propagar efeitos aos fatos ocorridos após sua revogação, mas, com relação aos fatos passados, ainda produz efeitos e, portanto, tem esta qualidade.

Neste sentido, o autor distingue: (i) vigência plena, como a aptidão da norma para desencadear efeitos sobre acontecimentos futuros e passados; e (ii) vigência parcial, como a aptidão da norma para desencadear efeitos apenas sobre acontecimentos passados (no caso de revogação), ou apenas sobre acontecimentos futuros (quando a vigência for nova).

A regra revogada que, em razão do princípio da irretroatividade, continua sendo aplicada aos eventos passados (ocorridos antes de sua revogação), conserva sua vigência, porém não de forma plena. Não dispõe mais de aptidão para desencadear efeitos sobre os eventos futuros (verificados após sua revogação). É, assim, parcialmente vigente.

1.2 Vigência das normas gerais e abstratas e das normas individuais e concretas

Como já vimos (quanto tratamos do conteúdo normativo, no Capítulo IX), as normas jurídicas podem ser classificadas em gerais, abstratas, individuais e concretas. As regras gerais e abstratas têm a particularidade de conter, em seu antecedente, critérios de identificação de um fato de futura ocorrência e,

---

617. Segundo as palavras do autor: "O exemplo de uma regra não mais vigente, revogada, que continue vinculante para os casos anteriores a sua revogação, justificaria a diferenciação semântica. Creio que o assunto mereça, efetivamente, variação terminológica capaz de identificar dois momentos diferentes. Parece-me, contudo, que os termos empregados não seriam os mais recomendáveis. Fico com a distinção, que entendo ser útil e relevante, mas sem dar conteúdos semânticos diversos às palavras 'vigência' e 'vigor'" (*Direito tributário: fundamentos jurídicos da incidência*, p. 54).

em seu consequente, critérios de identificação de uma relação jurídica a ser instaurada assim que constatada juridicamente a ocorrência do fato descrito no antecedente; e as normas individuais e concretas, como resultado da aplicação destas primeiras, têm a especialidade de conter, em seu antecedente a circunscrição de um fato passado, ocorrido nos moldes do descrito no antecedente da norma geral e abstrata e, em seu consequente, uma relação jurídica, com todos os elementos plenamente denotados.

Diante destes conceitos, parece-nos claro que os efeitos jurídicos pertinentes às normas gerais e abstratas não são os mesmos atinentes às normas individuais e concretas e isso ocorre porque as primeiras são produzidas para serem aplicadas e as segundas para serem executadas.

Utilizando-nos das palavras de TERCIO SAMPAIO FERRAZ JR. a vigência exprime a exigibilidade de um comportamento, que ocorre a partir de dado momento, até que a norma seja revogada[618]. "Exigibilidade", no sentido do Estado poder utilizar-se de todo seu aparato coercitivo para ver realizado tal comportamento. As normas jurídicas gozam desta característica por pertencerem a um sistema coercitivo, mas isoladamente, para que a exigibilidade do comportamento por elas prescrito seja concretizada no plano jurídico, elas precisam estar aptas para serem aplicadas e executadas.

É certo que muitas vezes, sem ao menos serem aplicadas, os membros da coletividade vão realizando condutas prescritas em normas gerais e abstratas e produzindo, assim, os efeitos sociais que lhe são peculiares. Contudo, esta ação de observância da regra geral e abstrata, realizada no âmbito social, não gera qualquer modificação no âmbito do direito positivo, o que só acontece com a aplicação da norma por agente competente, quando então, é produzida uma regra individual e concreta que noticia para o mundo do direito a ocorrência de um fato jurídico e lhe atribui as consequências que lhe são próprias.

---

618. *Introdução ao estudo do direito*, p. 194.

Já fixamos (em inúmeras passagens deste trabalho) que a simples ocorrência do evento não é suficiente para gerar qualquer efeito na ordem do direito positivo, apenas na ordem social. Enquanto o fato não ingressar no sistema por meio de sua constituição no código/programa que lhe é próprio (linguagem competente), não integra a ordem jurídica sendo incapaz de modificá-la e de nela produzir qualquer efeito. A linguagem competente, por sua vez, só é constituída no ato de aplicação. Assim sendo, se conceituamos vigência como a aptidão da norma para produzir os efeitos jurídicos que lhe são próprios, certamente as normas gerais e abstratas só estão sujeitas a tal predicativo quando aptas a serem aplicadas. Antes disso, no máximo podemos dizer que estão prontas a produzirem efeitos sociais, mas não jurídicos.

Ocorrido os fatos descritos em seus antecedentes, somente as normas gerais e abstratas, que estiverem autorizadas pelo sistema a serem aplicadas, podem juridicizá-los e implicar-lhes relações jurídicas, produzindo, assim, os efeitos jurídicos que lhe são próprios. Neste sentido, analisando a vigência das normas gerais e abstratas em termos sintáticos, posicionamos a data de seu início como critério temporal no antecedente das regras que obrigam sua aplicação: "se verificado o fato descrito na hipótese da norma geral e abstrata x, depois de quarenta e cinco dias da sua publicação (ct), deve ser a obrigação do agente competente de aplicá-la".

Quando dissemos que a vigência das normas está diretamente relacionada a sua prontidão para incidir, referimo-nos à vigência das normas gerais e abstratas, não das individuais e concretas que, como já sabemos, não são produzidas para serem aplicadas, e sim para serem executadas, pois elas próprias se configuram como resultado da incidência.

As normas individuais e concretas recebem o qualificativo de vigentes assim que aptas a serem exigidas. Isto ocorre no momento em que ingressam no ordenamento jurídico. Não existe um lapso temporal (como ocorre com as normas gerais e abstratas na *vacatio legis*) para que elas adquiram tal aptidão.

Elas ingressam no sistema já dotadas de vigor. Isto se justifica porque o prazo da *vacatio legis* serve como período para a presunção do conhecimento das normas gerais e abstratas por aqueles que lhe devem obediência, antes que elas possam acarretar-lhes consequências jurídicas. No caso das regras individuais e concretas, como o ingresso no sistema é marcado pela ciência do destinatário a qual são especificamente dirigidas, tal prazo perde sua função. Excepcionalmente, no entanto, elas podem estar vinculadas às disposições que postergam sua vigência, o que ocorre, por exemplo, nos contratos condicionados temporalmente.

1.3 Vigência das regras introdutoras e das regras introduzidas

Não é demasiado lembrar que as normas ingressam no sistema sempre aos pares: (i) norma introduzida; e (ii) norma introdutora. Como normas que são, tanto as regras introdutoras quanto as introduzidas, hão de ter sua vigência marcada no tempo e espaço, mas não necessariamente o marco inicial da vigência de ambas se confundirá no mesmo momento. Neste sentido leciona PAULO DE BARROS CARVALHO, "os veículos introdutores terão sua vigência marcada pelo átimo da própria validade"[619]. Assim que ingressam no ordenamento, as normas introdutoras produzem os efeitos que lhe são próprios: inserem no sistema as normas por elas veiculadas. De acordo com o autor, "não teria sentido imaginar-se que a regra geral e concreta, operando como instrumento introdutor, tivesse de esperar intervalo de tempo para, somente depois, irradiar sua vigência, dado que a finalidade exclusiva de tais normas é inserir na ordem jurídica posta outras normas"[620]. Nestes termos, as regras introdutoras gozam de vigor assim que ingressam no ordenamento, não estando tal predicação

---

619. *Curso de direito tributário*, p. 84.

620. *Idem*, p. 84.

sujeita a qualquer decurso temporal. Isto, porém, não é o que ocorre com as normas introduzidas. A capacidade de propagar efeitos jurídicos destas últimas está condicionada aos prazos fixados pelas regras de vigência, que muitas vezes não coincidem com a entrada em vigor da norma veículo introdutor.

Não coincidem, mas podem coincidir. Isto porque os enunciados do art. 1º da LICC dispõem: "*salvo disposição contrária, a lei começa a vigorar em todo o país quarenta e cinco dias depois de oficialmente publicada*". A expressão "*salvo disposição contrária*" permite que o legislador fixe prazo diferente do imprimido no artigo em questão e, se assim o estipular, determinando que a lei entre em vigor na data da sua publicação, o marco da vigência das normas introduzidas coincidirá com a entrada em vigor da norma introdutora, que é imediata ao seu ingresso no ordenamento.

Sobre os enunciados que prescrevem o marco temporal da entrada em vigor das normas jurídicas, interessante saber se o mesmo atua sobre a enunciação-enunciada contribuindo, consequentemente, na conformação da norma veículo introdutor. A nosso ver, mesmo quando aparece no bojo de documentos normativos (ex: "esta lei entrará em vigor 120 dias após sua publicação"), tais enunciados não compõem a enunciação-enunciada formada exclusivamente por preceitos que nos remetem à instância da enunciação. Os enunciados que prescrevem o marco temporal de vigência das normas jurídicas não fazem referência ao fato enunciativo nem dispõem sobre efeitos próprios da enunciação. Pertencem, assim, ao campo do enunciado-enunciado e atua diretamente sobre ele. O veículo introdutor, enquanto regra jurídica, tem como única função prescrever o ingresso das disposições por ele veiculadas no ordenamento jurídico. Logo que entra no sistema, a norma introdutora cumpre sua função e, portanto, produz os efeitos jurídicos que lhe são próprios de imediato. O momento em que as disposições por ela veiculadas se tornarão aptas a produzirem efeitos jurídicos ocorrerá numa etapa posterior, a ser disposta por outras normas, cujos enunciados de vigência serão relevantes para determinação do critério temporal[621].

Nestes termos, os enunciados de vigência atuam na conformação do critério temporal das regras que atribuem o direito de aplicar e executar normas jurídicas aos agentes competentes para tais funções, o que influi diretamente na qualidade de estarem elas aptas a produzirem as consequências jurídicas que lhe são próprias, causando, assim, o efeito da protelação da obrigatoriedade jurídica das mesmas.

Assim, o prazo fixado como marco inicial da vigência protela a "obrigatoriedade" das normas introduzidas, mas não da norma veículo introdutor, que prescreve o ingresso de outras normas no sistema e produz efeitos jurídicos de imediatos. Tanto produz que a qualquer momento, depois da publicação (mesmo antes da *vacatio*), é permitido questionar juridicamente não só o veículo, mas todas as normas por ele introduzidas, prova de que elas existem juridicamente e de que o veículo introdutor produziu os efeitos jurídicos que lhe são próprios de imediato: introduziu no sistema normas jurídicas.

Cabe-nos aqui dizer que há normas produzidas para serem aplicadas, há normas produzidas para serem executas e mais, há também normas produzidas para servirem como veículo de outras normas. Estas últimas não nascem para serem aplicadas, vez que se consubstanciam como resultado da aplicação de outras normas, nem são postas para serem executadas, dado a impossibilidade jurídica de se exigir coercitivamente

---

621. TÁREK MOYSÉS MOUSSALLEM, que trata com precisão o tema das fontes e dos veículos introdutores, entende que "a cláusula de vigência atua diretamente sobre a enunciação-enunciada e apenas, excepcionalmente, pode operar sobre o próprio enunciado-enunciado". É que, para o autor, o consequente da norma veículo introdutor prescreve a obrigação da comunidade observar o enunciado-enunciado inserido pela enunciação e não a obrigação de considerar como válidos os enunciados inseridos, como nós o fazemos. Nesta linha de raciocínio, a vigência da norma veículo introdutor pode ser protraída ou retraída de acordo com o próprio direito positivo, como bem entende o autor, pois a prescrição normativa da regra introdutora não seria o ingresso no sistema das normas por ele veiculadas, mas sim a obrigatoriedade destas normas (*Revogação em matéria tributária*, p. 146).

a existência de normas já introduzidas no mundo do direito. Seus efeitos jurídicos se operam de imediato, com o aparecimento na ordem posta, dos enunciados por elas veiculados.

2. VIGÊNCIA NO TEMPO E NO ESPAÇO

As proposições jurídicas têm sua vigência, ou seja, a qualidade de produzirem efeitos jurídicos, propagada no tempo e no espaço. Isto porque apresentam tal atributo a partir de um marco no tempo, durante certo período e dentro de um espaço territorial. Falamos, assim, em: (i) vigência no tempo; e (ii) vigência no espaço, para referirmo-nos à localização temporal e espacial em que a norma possui a característica de ser vigente.

2.1 Vigência no tempo

Como já registramos linhas acima, o termo inicial de vigência das leis no tempo está disciplinado no art. 1º da Lei de Introdução ao Código Civil de forma genérica, isto nada impede, porém, que outros prazos sejam fixados para o início de sua vigência, já que o próprio dispositivo ressalta a cláusula "salvo disposição em contrário". Assim, as normas entram em vigor no ordenamento jurídico brasileiro, *salvo disposição em contrário*, quarenta e cinco dias após serem publicadas.

Situação diferente, no entanto, é a da vigência da lei brasileira, quando admitida em Estado estrangeiro. Sua aplicabilidade inicia-se três meses depois de oficialmente publicada, nos termos do § 1º do art. 1º da LICC. Neste caso, temos duas situações temporais de vigência determinadas pelo espaço de vigência. A mesma lei entra em vigor no ordenamento brasileiro, se não houver disposição ao contrário, quarenta e cinco dias depois de publicada, mas somente tem força para juridicizar fatos ocorridos no exterior, quando admitida em Estado estrangeiro, três meses depois de oficialmente publicada no Brasil. Durante quarenta e cinco dias, a lei tem vigor dentro do território brasileiro, mas ainda não goza de tal predicação no território estrangeiro em que é admitida.

Há documentos normativos que ingressam no sistema jurídico com prazo de vigência de suas normas previamente definido. Estas regras são denominadas de "normas de vigência temporária", pois estão aptas a produzirem efeitos jurídicos apenas durante certo período de tempo, estipulado geralmente no próprio documento normativo que lhes serve de suporte físico. Findo o prazo prescrito, elas perdem tal aptidão com relação aos fatos futuros, automaticamente, sem qualquer outra interferência jurídica. Isto ocorre, por exemplo, no caso das leis vigentes em período de guerra, das medidas provisórias, das normas que concedem isenção tributária por prazo certo, etc. Não se destinando à vigência temporária, decorrido o prazo da *vacatio legis* e se não revogada neste período, a lei tem vigor até que outra a modifique ou a revogue. É o que dispõe o art. 2º da Lei de Introdução ao Código Civil. Lembrando sempre das lições de **TÁREK MOYSÉS MOUSSALEM**, em sintonia com nosso sistema de referência que: "o ter, o não ter, o suspender, o prorrogar vigência é sempre função ilocucionária de um ato de fala deôntico"[622]. Seja temporária ou não, a vigência das normas jurídicas será sempre estabelecida pela própria linguagem do direito.

Além de estabelecida pela linguagem do direito, Cronologicamente, iniciado o período de vigência, este, forçosamente, deve estar contido no intervalo de validade da norma, pois não existe proposição normativa vigente que não seja válida.

Ainda com relação à vigência no tempo, não se deve confundir o período de vigência com o momento de ocorrência do fato ao qual é imputado consequências jurídicas, delimitado pelo critério temporal das hipóteses normativas (conforme já ressaltamos quando tratamos do critério temporal da regra-matriz, no capítulo X). O critério temporal diz respeito ao instante em que se considera ocorrido, no mundo social, o evento que, mais tarde, o direito, mediante um ato de aplicação,

---

622. *Revogação em matéria tributária*, p. 150.

constituirá como fato jurídico. O tempo de vigência da norma concerne ao período em que esta está apta a produzir efeitos no mundo jurídico, intervalo entre início e término de sua vigência. Seguramente que o momento de consumação do fato guarda relação com tempo de vigência da norma, pois, para que a ele sejam imputados efeitos jurídicos, deve ocorrer dentro do intervalo de vigência (exceto no caso de retroatividade). Contudo, os tempos não se confundem, o critério temporal das normas jurídicas aponta para um marco, um ponto no tempo, enquanto o período de vigência das normas jurídicas indica um intervalo entre um ponto e outro no tempo.

2.2 Vigência no espaço

A vigência da lei no espaço está pautada no fato do Brasil, juridicamente, ser uma República Federativa e da sua Constituição estabelecer a autonomia entre os entes federados: União, Estados, Distrito Federal e Municípios. A princípio, as regras vigoram na estrita dimensão territorial do ente político que as instituiu. As normas criadas pelos Municípios estão aptas a produzir efeitos apenas dentro dos limites municipais. A vigência das normas produzidas pelos Estados e Distrito Federal está adstrita, respectivamente, às fronteiras estatais e ao perímetro distrital. E, as regras instituídas pela União só estão qualificadas a propagar consequências jurídicas dentro dos limites territoriais brasileiro.

Excepcionalmente, no entanto, a vigência de certas normas jurídicas pode extrapolar a dimensão territorial do ente que as produziu, causando o efeito denominado pelo direito de extraterritorialidade da lei. Isto ocorre, no caso dos Estados e Municípios, quando celebrados convênios ou acordos que reconheçam a extraterritorialidade, as normas editadas pelos entes, participantes do convênio ou do acordo, passam a ser vigentes também em outro território, mas tão somente nos estritos limites em que a extraterritorialidade foi concedida. O mesmo é verificado com a União: na qualidade de pessoa política de direito público interno, suas normas têm vigência circunscrita aos limites do território brasileiro; já como pessoa política de direito internacional, ao assinar tratados e convenções com outros países, tem o condão de imprimir vigência a suas normas em território estrangeiro.

Seja como for, territorial ou extraterritorial, a vigência das proposições jurídicas é sempre delimitada no espaço pela própria linguagem do direito.

Ainda com relação à vigência no espaço, também não se deve confundir o tempo de vigência das regras jurídicas com o critério espacial das hipóteses normativas, não se deve misturar os conceitos de espaço de vigência da norma e a delimitação espacial do fato contido em sua hipótese (conforme já ressaltamos quando tratamos do critério espacial da regra-matriz). O espaço de vigência de uma regra é a extensão territorial em que ela está apta a produzir efeitos jurídicos, o critério espacial delimita o campo de ocorrência do evento, ao qual serão imputadas consequências jurídicas, quando da aplicação da norma. São, portanto, entidades ontologicamente distintas, que não se confundem. É certo que em algumas não raras circunstâncias, encontramos identificado no critério espacial o próprio plano de vigência territorial da lei, mas isto não é uma feição juridicamente obrigatória.

3. VIGÊNCIA E APLICAÇÃO

Embora muito comum a confusão, dentro da concepção que adotamos, não se misturam os conceitos de vigência e aplicação das normas. O ter vigor é uma qualidade normativa, a aplicação (como já vimos quando tratamos da incidência, no capítulo XI) é uma atuação humana mediante a qual se dá curso ao processo de positivação do direito, fazendo incidir, no caso particular, a norma geral e abstrata, imputando ao fato consequências jurídicas, mediante a constituição da linguagem competente da norma individual e concreta.

Vigência e aplicação se relacionam, mas não se misturam. Algumas normas vigentes podem não ser aplicadas e outras normas serem aplicadas sem terem vigência plena.

Uma norma vigente pode não ser aplicada, por: (i) falta de ocorrência empírica do fato descrito em sua hipótese; (ii) falta de complementação jurídica necessária; (iii) existência de outra regra que impeça sua incidência; ou ainda, (iv) ter caído no desuso dos tribunais (situações que analisaremos melhor quando tratarmos da eficácia das normas jurídicas). Mas, mesmo não sendo aplicada, ela continua tendo vigor, estando apta a propagar efeitos jurídicos.

O ato de aplicação concretiza o aspecto dinâmico do direito e encontra-se entre a vigência e a eficácia normativa. Norma vigente é aquela que está apta a ser aplicada (ou executada, no caso das individuais e concretas), com a aplicação propagam-se as consequências jurídicas que lhe são próprias e, se verificado, no plano social, a alteração prescrita pelo legislador, também os efeitos sociais que lhe são pertinentes. A inaplicabilidade reiterada das regras de direito demonstra a ineficácia das disposições pela ausência de efetividade da norma em regular as condutas que prescreve. A norma pode estar apta a ser aplicada e, portanto, vigente, mas sem o ato de aplicação, efetivamente, não produz qualquer efeito na ordem jurídica.

4. EFICÁCIA DAS NORMAS JURÍDICAS

A palavra eficácia, no âmbito jurídico, está relacionada à produção de efeitos normativos, isto é, à efetiva irradiação das consequências próprias à norma. Muitos juristas a utilizam como sinônimo de vigência, denotando a qualidade da norma de produzir efeitos, mas, vigência e eficácia não se confundem. Uma coisa é a norma estar apta a produzir as consequências que lhe são próprias, outra coisa é a produção destas consequências. Existem regras jurídicas que gozam de tal aptidão, mas efetivamente não produzem qualquer efeito na ordem do direito, nem na ordem social, porque não incidem, ou porque não são cumpridas por seus destinatários.

PAULO DE BARROS CARVALHO no compasso das ideias de TERCIO SAMPAIO FERRAZ JR. distingue três ângulos de análise da eficácia, a saber: (i) *eficácia técnica*; (ii) *eficácia jurídica*; e (iii) *eficácia social*.

A primeira, *eficácia técnica*, é a qualidade que a norma ostenta, no sentido de descrever fatos que, uma vez ocorridos, tenham aptidão de irradiar efeitos, já removidos os obstáculos materiais ou as impropriedades sintáticas. Tal ângulo proporciona a análise dos efeitos relacionados à norma jurídica. A segunda, *eficácia jurídica*, é predicado dos fatos jurídicos de desencadearem as consequências que o ordenamento prevê, permite o estudo dos efeitos relacionados ao fato jurídico. A terceira, *eficácia social*, é a produção concreta de resultados na ordem dos fatos sociais[623], permite-nos especulações sobre os efeitos das normas no plano social. Os dois primeiros enfoques são jurídicos, interessam à Dogmática, ao passo que o último é direcionado ao plano das condutas intersubjetivas, interessa à Sociologia Jurídica, fugindo do campo de delimitação da Ciência do Direito *stricto sensu*.

Mas vejamos cada uma delas separadamente.

4.1 Eficácia técnica

Eficácia técnica, assim como a vigência, é uma característica da norma jurídica de irradiar efeitos no mundo do direito positivo. As disposições jurídicas estão aptas a produzirem consequências no plano normativo assim que decorrido o prazo de sua *vacatio legis*, no entanto, só efetivamente produzem tais consequências depois de aplicadas. Ocorre que, mesmo aptas a produzirem efeitos, certas normas não conseguem juridicizar os fatos descritos em seus antecedentes, por depararem-se com obstáculos que impedem sua aplicação (no caso das normas gerais e abstratas), ou sua exigibilidade (no caso das normas individuais e concretas). Dizemos, então, que tais normas são vigentes, mas não têm eficácia técnica, isto é, não

---

[623]. *Direito tributário: fundamentos jurídicos da incidência*, p. 56.

desencadeiam os efeitos jurídicos que lhe são próprios, mesmo estando aptas a tanto.

Não havendo obstáculos à aplicação ou execução, as regras jurídicas adquirem eficácia técnica no momento em que passam a ser vigentes. Aparecendo qualquer entrave que as impeça de serem aplicadas, enquanto não revogadas ou modificadas, as normas perdem o qualificativo de tecnicamente eficazes até que o entrave seja afastado. Nestes termos, durante o período de sua existência (validade) uma proposição jurídica pode perder e recuperar sua eficácia técnica por várias vezes, dependendo do número de obstáculos que encontre pela frente. Mas, a característica de ser vigente só se adquire e se perde uma única vez.

Em suma: uma norma jurídica é tecnicamente eficaz quando presentes, no ordenamento, todas as condições operacionais que garantem sua aplicação, ou exigibilidade. A falta destas condições gera a ineficácia da norma, não podendo mais ser ela aplicada ou exigida até que a situação ideal se restabeleça.

4.1.1 Ineficácia técnica sob os enfoques sintático, semântico e pragmático

Trabalhando o direito como um grande sistema comunicacional, podemos analisar a falta destas condições técnicas da linguagem jurídica, com auxílio de recursos da Semiótica, sob os enfoques sintático, semântico e pragmático. Assim, distinguem-se em: (i) ineficácia técnica sintática; (ii) ineficácia técnica semântica; e (iii) ineficácia técnica pragmática. No campo das investigações sintáticas deparamo-nos com a inibição da produção dos efeitos normativos em decorrência de enlaces entre normas, ou a falta deles, quando pressupostos pelo sistema. No plano semântico, nossa atenção se volta aos obstáculos de ordem material que se impõem à aplicação da linguagem jurídica. E, no campo pragmático, às barreiras impostas por aqueles que lidam com a linguagem do direito.

Mas vejamos mais especificadamente cada um destes enfoques:

(i) Há ineficácia técnica sintática quando a norma não pode produzir seus efeitos: (a) pela existência no ordenamento de outra norma inibidora de sua incidência; ou (b) pela falta de outras regras regulamentadoras, de igual ou inferior hierarquia. No primeiro caso, podemos citar como exemplo a liminar suspensiva da exigibilidade do crédito tributário, que, enquanto vigente, retira a eficácia técnica da norma tributária individual e concreta, impedindo sua execução e a resolução do senado decorrente de declaração de inconstitucionalidade entre partes (controle difuso), que impede a incidência da norma declarada inconstitucional até que ela seja revogada pelo órgão competente. Em ambas as circunstâncias verifica-se a existência de uma norma jurídica como obstáculo para a atuação de outra norma, trata-se de ineficácia técnica sintática, dado que o impedimento para produção de efeitos decorre da relação entre normas. Para exemplificar o segundo caso de ineficácia sintática, TERCIO SAMPAIO FERRAZ JR. cita a regra que prescreve serem os crimes hediondos inafiançáveis, mas transfere para outra norma a definição de "hediondo"[624], condicionando sua eficácia técnica, no âmbito sintático, à vigência daquela. Nesta hipótese o obstáculo é a falta de regulamentação complementar, é a ausência de um enlace internormativo que o direito pressupõe para atuação da norma que proíbe fiança nos crimes hediondos.

(ii) Enquanto a ineficácia técnica sintática diz respeito às condições formais que impedem a incidência normativa, a ineficácia técnica semântica volta-se às condições materiais sem as quais a linguagem jurídica não pode produzir os efeitos que lhe são próprios. Quando, por exemplo, a norma descreve, em seu antecedente, um fato de impossível realização social, ela é semanticamente ineficaz. Trata-se de um "sem-sentido deôntico" nos dizeres de LOURIVAL VILANOVA. A norma é válida,

---

624. *Introdução ao estudo do direito*, p. 196.

pois existente no ordenamento, é vigente após decorrido o prazo da *vacatio legis*, enquanto não revogada ou modificada, mas tecnicamente não tem eficácia de ordem semântica, pois não pode incidir enquanto não passível de ser realizado o fato por ela descrito. O mesmo ocorre com a regra que prescreve um comportamento impossível de realização, ela pode até ser aplicada, mas há óbice de natureza material a sua execução. Em ambas situações a norma deixa de produzir os efeitos que lhe são pertinentes por impedimentos referentes ao objeto ao qual a linguagem jurídica alude, por falta de sentido jurídico. A ineficácia semântica está relacionada ao conteúdo da norma. Também a verificamos quando da impossibilidade de se identificar o alcance da regra por falta de algum elemento significativo, por exemplo, o critério temporal da hipótese normativa[625].

(iii) Já na ineficácia pragmática as barreiras impostas à aplicação da norma decorrem daqueles que lidam com a linguagem jurídica. Há regras válidas, vigentes, mas que caem no desuso dos tribunais, não sendo mais aplicadas pela convicção de certo grupo de pessoas encarregadas de fazerem incidir a linguagem do direito sobre a da faticidade social. Enquanto não revogadas ou modificadas por uma linguagem jurídica tais normas permanecem válidas e vigentes no ordenamento, mas sem eficácia pragmática. É o caso, por exemplo, da norma tipificadora do crime de sedução, que deixou de ser aplicada pelo desuso, mesmo antes de ser revogada.

4.2 Eficácia jurídica

Diferente da eficácia técnica, que é característica da norma que não encontra obstáculos de ordem sintática, semântica,

---

625. No exemplo sobre ineficácia sintática da norma que prescreve serem os crimes hediondos inafiançáveis, verifica-se além da ineficácia sintática uma ineficácia semântica, ligada ao sentido da norma, vez que, enquanto não produzida a norma complementar, a regra que prescreve a inafiançabilidade dos crimes hediondos não tem sentido deôntico, enquanto não produzida a regra que dispor sobre quais crimes são hediondos. O mais adequado, então, seria dizer ineficácia técnica sintático-semântica.

ou pragmática para incidir, a eficácia jurídica é propriedade do fato jurídico, atribuída em decorrência da aplicação da norma jurídica. É, nos dizeres de PAULO DE BARROS CARVALHO, "a potencialidade inerente aos fatos juridicizados de provocarem o nascimento de relações deonticamente modalizadas"[626] ou seja, de desencadear efeitos jurídicos.

A eficácia jurídica decorre do vínculo, da causalidade jurídica, vínculo segundo o qual verificado para o direito o fato descrito na hipótese normativa, instala-se a relação jurídica, como seu efeito imediato. Em outros termos, é a aptidão do fato jurídico de propagar os efeitos que lhe são próprios na ordem jurídica, em decorrência da causalidade normativa. É, assim, propriedade do fato e não da norma. Afasta-se o fato jurídico e desaparecem os efeitos no plano do direito. Ainda que a norma exista, sem a verificação do fato (em linguagem competente), juridicamente, nenhum efeito se propaga.

Em várias passagens do trabalho frisamos a diferença entre o mundo social e a realidade do direito positivo, duas linguagens que não se coincidem e não se misturam. Para que as ocorrências do mundo social produzam efeitos no plano do direito positivo é preciso que estas sejam trazidas para dentro do ordenamento, o que se dá apenas com a enunciação em linguagem competente. De acordo com este sistema de referência, sem que haja enunciação por agente credenciado, o simples acontecimento no mundo social, que encontra identidade em uma hipótese normativa, permanece fora da realidade jurídica sem nela produzir qualquer efeito. A ocorrência verificada nos moldes descrito na hipótese normativa, só tem eficácia jurídica depois de relatada em linguagem competente no antecedente de norma concreta, isto é, depois de juridicizado. Antes disso, não é capaz de produzir efeitos de ordem jurídica, apenas de ordem social. Assim, para que ao fato seja atribuído o qualificativo de juridicamente eficaz, não basta que ele ocorra nos moldes da hipótese normativa,

---

626. *Direito tributário: fundamentos jurídicos da incidência*, p. 55.

é indispensável sua constituição em linguagem competente, o que se dá no bojo do antecedente de uma norma concreta.

Na doutrina jurídica é comum encontrarmos o uso do termo "eficácia jurídica" em vários outros sentidos, como por exemplo: (i) capacidade da norma de produzir efeitos; (ii) possibilidade de produzir efeitos assim que ocorrido o fato descrito em seu antecedente; (iii) a produção de efeitos propriamente dita; e (iv) observância por parte dos destinatários. Comentemos cada uma deles:

(i) Quando tratamos da capacidade da norma de produzir efeitos, referimo-nos a uma característica da norma e não do fato jurídico, trata-se aqui de sua vigência, se considerarmos a aptidão para irradiar consequências, ou de eficácia técnica, se tal capacidade fizer referência à falta de óbice a sua incidência, mas não se trata de eficácia jurídica que é qualificativo do fato jurídico e não da norma.

(ii) A possibilidade de produzir efeitos assim que ocorrido o fato descrito em seu antecedente, diz respeito à possibilidade de incidência da norma. Verificado, no mundo social, um acontecimento que guarda identidade à hipótese normativa, a norma pode ser aplicada e, assim, produzir os efeitos imputados ao fato jurídico em decorrência da causalidade normativa. Em nosso sistema de referência, neste instante, o fato ainda não tem eficácia jurídica, pois ainda não enunciado em linguagem competente. Mas, para aqueles que trabalham com as premissas de **PONTES DE MIRANDA**, no momento de sua ocorrência empírica o fato já guarda o predicativo de ser eficaz juridicamente.

(iii) Quanto à produção de efeitos propriamente dita, é o sentido no qual empregamos a expressão "eficácia jurídica" neste trabalho, predicativo próprio do fato, constituído juridicamente, de irradiar a relação jurídica que lhe é correlata, em razão da causalidade internormativa.

(iv) A observância por parte dos destinatários da norma se dá no plano da realidade social, tal efeito não é jurídico, não implementa o sistema do direito, e sim o sistema social. Neste sentido, não se trata de eficácia jurídica, pois a simples observância da norma por parte dos destinatários, não resulta o desencadeamento de qualquer consequência no âmbito do direito, a menos que com tal ação, se produza uma linguagem competente. Trata-se de eficácia social, que diz respeito a modificações na ordem das condutas intersubjetivas.

Além destas acepções, frequentemente, verifica-se o uso da expressão "eficácia jurídica" para denotar a característica da norma aplicada dizendo que ela, quando incidida, tem eficácia jurídica. Afastada a impropriedade terminológica, vez que o efeito jurídico é propriedade do fato e não da norma, pode-se argumentar que, indiretamente, eles também pertencem às proposições aplicadas, vez que é em decorrência da incidência delas que o fato é juridicizado e os efeitos se propagam. Neste sentido, ressalvadas as devidas imprecisões do uso da linguagem, podemos separar: (i) eficácia jurídica *stricto sensu* como a característica inerente ao fato jurídico de irradiar os efeitos que lhe são próprios; e (ii) eficácia jurídica *lato sensu*, como qualificativo da norma que já foi aplicada. Dizer que uma norma tem eficácia jurídica em sentido amplo, significa afirmar que ela serviu como fundamento para enunciação de outra norma, isto é, que ela incidiu.

4.3 Eficácia social

O direito é um instrumento utilizado pelo homem com a finalidade de regular condutas intersubjetivas, visando a concretização de certos valores pela sociedade. Para implementar esta finalidade, normas jurídicas são produzidas para serem cumpridas. O cumprimento das regras por todos os membros da comunidade é o efeito mais aguardado, pois ele representa a concretização da finalidade jurídica. A eficácia social de uma norma diz respeito a este efeito, verificando-se toda vez que a conduta fixada pela regra jurídica é adimplida por seus destinatários.

Eficácia social da norma jurídica, nestes termos, trata-se da sua efetividade no plano das condutas intersubjetivas. Quando uma regra é reiteradamente observada por seus destinatários ela é socialmente eficaz, ao passo que, quando a conduta por ela prescrita é frequentemente desrespeitada, ela é socialmente ineficaz. Nos dizeres de PAULO DE BARROS CARVALHO, "eficácia social diz respeito aos padrões de acatamento com que a comunidade responde aos mandamentos de uma norma jurídica historicamente dada"[627]. Uma proposição jurídica pode ter eficácia social antes mesmo de ser vigente e até depois que deixar de pertencer ao direito positivo, desde que continue sendo observada de forma reiterada por seus destinatários.

O socialmente eficaz diz respeito à satisfação dos objetivos visados pela norma no campo das relações inter-humanas, o que pode coincidir, ou não, com a produção de efeitos no plano jurídico. Pode ser que uma norma reiteradamente aplicada e, portanto, gozando de eficácia (em sentido lato), nunca seja socialmente eficaz, porque a conduta nela prevista não se efetive de forma reiterada no seio da comunidade. Pode ser, também, que uma norma não frequentemente aplicada, tenha eficácia social devido à reiterada observância de suas disposições. O fato é que para o direito é irrelevante se a conduta prescrita é cumprida ou não, por isso, este tipo de eficácia não está relacionada aos efeitos jurídicos decorrentes da aplicação da norma, e sim às consequências que esta implementa no plano das relações entre sujeitos, isto é, aos efeitos que estão fora do âmbito jurídico.

O conceito de eficácia social se estende desde as normas gerais e abstratas até as individuais e concretas, a diferença é que a abrangência dos efeitos sociais destas últimas é direcionada. Uma norma jurídica individual e concreta tem eficácia social quando cumprida por seu destinatário, ao passo que as regras gerais e abstratas se dizem socialmente eficazes

---

627. *Curso de direito tributário*, p. 82.

quando se dá a observância da conduta nelas prescrita de forma reiterada pelos membros de toda uma comunidade.

5. VALIDADE, VIGÊNCIA E EFICÁCIA

Sintetizando tudo o que foi dito até aqui temos:

Validade é o vínculo de pertencialidade que se instaura entre a norma jurídica e o sistema do direito positivo. Tal vínculo designa sua existência no ordenamento, de modo que a norma válida é aquela que existe juridicamente.

Vigência é a qualidade da norma jurídica, que está apta a produzir efeitos no mundo do direito. É adquirida após o decurso do prazo da *vacatio legis* e se estende integralmente até o momento em que é revogada, ou em que se esgota o prazo prescrito para sua duração, quando passa, então, a apresentar tal característica parcialmente (apenas em relação aos fatos passados), até que se esgotem todas as possibilidades de sua aplicação.

Eficácia refere-se à produção de efeitos normativos, pode ser dividida em três espécies: (i) *eficácia técnica* que é a característica da norma jurídica que apresenta todas as condições para ser aplicada, ou executada; (ii) *eficácia jurídica* – em sentido estrito – é a qualidade do fato jurídico de produzir os efeitos que lhe são próprios, devido à causalidade intranormativa, em decorrência da aplicação de normas jurídicas; e – em sentido amplo – o predicativo atribuído à norma aplicada; (iii) *eficácia social* é a propriedade da norma jurídica de desencadear efeitos sociais, observada quando do seu cumprimento reiterado pelos membros da coletividade.

Para entender melhor tais conceitos socorremo-nos da didática dos exemplos. Imaginemos uma lei publicada em 07/06/77 e revogada em 02/02/2000, cuja complementação que lhe era pendente foi dada em 03/09/78, mas que até 26/05/79 nunca foi obedecida, pois carente de sanção adequada. Em 06/06/77 a lei ainda não era válida, não existia no ordenamento jurídico e, portanto, também não era vigente nem eficaz. Em 07/06/77, com a sua publicação, a referida lei passa a pertencer ao direito posto, é válida, porém, ainda não vigente. Quarenta e cinco dias após, mais precisamente no dia 22/07/77 (se nada dispôs ao contrário) ela se torna vigente para os fatos futuros[628], mas ainda não goza de eficácia técnica vez que lhe falta certa complementação. A lei adquire o qualificativo de tecnicamente eficaz assim que sua complementação passa a ter vigor no ordenamento jurídico, o que ocorre em 03/09/78. A partir desta data, sendo aplicada, há eficácia jurídica (característica do fato). Até 26/05/79 a lei é socialmente ineficaz, mas depois de agravada, sua sanção passa a ser observada e, então, adquire eficácia social. Após sua revogação ela continua válida, parcialmente vigente e tecnicamente eficaz, até quando não mais puder ser aplicada aos fatos ocorridos entre 22/07/77 e 02/02/2000.

Dado o exemplo e relacionando os conceitos de validade, vigência e eficácia, temos que:

(i) uma norma pode ser válida, porque existente juridicamente, mas não ser vigente, por ainda não ter decorrido o prazo fixado para a sua *vacatio legis*;

(ii) pode ser válida e vigente mas não ter eficácia técnica, devido à existência de algum obstáculo que impeça sua incidência;

(iii) pode ser válida, vigente, ter eficácia técnica, mas não ter eficácia jurídica (em sentido amplo), porque ainda não aplicada em decorrência da falta de ocorrência do fato descrito em seu antecedente;

(iv) pode ainda ser válida, não ser vigente, ou não ter eficácia técnica e ser socialmente eficaz, caso seus destinatários cumpram reiteradamente a conduta por ela prescrita; mas,

(v) não pode ser eficaz (técnica ou juridicamente) se não vigente;

---

628. E no instante seguinte, também para os fatos passados, quando então adquire vigência plena.

(vi) nem vigente ou eficaz se não válida.

De tais considerações inferimos que a norma vigente é necessariamente válida e que a norma eficaz é necessariamente vigente. A eficácia, tanto como predicativo da norma, como característica do fato (exceto a eficácia social), pressupõe a vigência da norma e esta, por sua vez pressupõe a sua validade. Uma norma não é vigente se não for válida e não é eficaz enquanto não vigente.

6. REVOGAÇÃO DAS NORMAS JURÍDICAS

A revogação, antes de tudo, é uma palavra que, como tantas outras, sofre com os problemas da ambiguidade e da vaguidade. Tal crítica não escapou aos olhos de TÁREK MOYSÉS MOUSSALLEM que, em inovador e aprofundado estudo sobre o tema, ao analisá-lo sobre os pressupostos da teoria do discurso e dos atos de fala, encontrou treze acepções para o termo[629], dentre as quais ressaltamos seis: (i) ato; (ii) efeito de tal ato e suas variantes; (ii.a) expulsão da norma do sistema (perda da validade); (ii.b) perda da vigência; (ii.c) perda da eficácia; (iii) ab-rogação; (iv) derrogação; (v) anulação; e (vi) conflitos de normas.

Em seu sentido de base, aquele presente nos dicionários, "revogar" é retirar, desconstituir, desdizer algo. Sem o rigor da precisão, sua utilização no âmbito jurídico marca o término da trajetória da norma no sistema do direito positivo. Cronologicamente, a história das normas jurídicas inicia-se com sua enunciação (mais precisamente com a publicação, após serem promulgadas por procedimento próprio e autoridade competente), depois de postas, elas passam a produzir efeitos jurídicos com a aplicação e caminham ao seu fim com a revogação. Neste sentido, como bem observa PAULO DE BARROS CARVALHO, é "no fenômeno revogatório que o sistema

---

[629]. *Revogação em matéria tributária*, p. 171.

vai adquirindo novas configurações, como se fosse uma formação de nuvens no céu"[630].

Há, no entanto, na doutrina uma confusão de conceitos grande parte em razão da ambiguidade do termo, que acaba por causar um obstáculo à compreensão do fenômeno. A falta de precisão em relação ao objeto da revogação, as suas espécies e aos efeitos revogatórios também contribuem para instaurar tal confusão, afinal, com a revogação a norma perde a validade, vigência ou eficácia? São questões que analisaremos a seguir, utilizando-nos, para tanto, dos pressupostos da teoria da linguagem.

6.1 Sobre a revogação das normas jurídicas

Em primeiro lugar, é de se verificar que o conceito de "revogação" engloba a ideia do ato de revogar; da norma revogadora; e do efeito revogador, imerso na trialidade existencial entre ato, norma e produto inerente a todos os institutos jurídicos. Partindo do pressuposto que o direito é um corpo de linguagem prescritiva, para que o fenômeno da revogação se concretize é necessário a produção de um ato (por autoridade competente mediante procedimento próprio), isto é, há de ser constituída uma linguagem jurídica revogatória. Tal ato veicula no sistema uma norma jurídica que enseja o efeito de revogar outras normas. Neste sentido, a revogação pode ser analisada sob estes três enfoques: (i) ato; (ii) norma; (iii) efeito.

Analisar a revogação enquanto ato/norma só reforça a postura assumida de que todos os efeitos produzidos na ordem jurídica pressupõem a constituição de uma linguagem. Não poderia ser diferente com a revogação. Ela tem que ser constituída juridicamente. Sob este ponto de vista, perde força a denominada "revogação tácita" como espécie de "revogação".

---

630. *Idem, prefácio,* p. XIII.

A doutrina jurídica, com base nas disposições do artigo 2°, § 1° da Lei de Introdução ao Código Civil[631] separa: (i) revogação expressa e (ii) revogação tácita, dizendo haver a primeira quando a lei revogadora indica expressamente aquilo que está sendo revogado e a segunda, quando existe alguma incompatibilidade entre a norma anterior e a posterior, ou quando esta última regula inteiramente matéria de que tratava a anterior. Se considerarmos a revogação como efeito jurídico, em ambos os casos as consequências serão as mesmas: a norma revogada ou incompatível deixa de ser aplicada aos fatos verificados após a vigência da regra revogatória ou da regra posterior. No entanto, ao considerarmos a revogação na sua trialidade existencial, ela não aparece como função de normas conflitantes, mas como específica função de ato de fala deôntico (norma revogadora) que opera sobre outros atos de fala deônticos, conforme observado por TÁREK MOYSÉS MOUSSALLEM.

Nas palavras do autor: "a revogação tácita, enquanto situação ontologicamente subjetiva, não é juridicamente relevante. Para sê-lo depende de manifestação linguística. E não qualquer manifestação, mas tão somente objetivação em linguagem prescritiva do direito positivo. Mesmo que se tenham duas normas em conflito, o conflito só é sanável mediante a interposição de um terceiro elemento: o ato de fala deôntico revogador"[632]. Enquanto não for constituída juridicamente, não se pode falar em revogação, pois, condizentes com a proposta metodológica que seguimos, ela não se resume numa operação intelectual. É função (efeito) de ato de fala deôntico (norma jurídica) dirigido sempre a outro ato de fala também deôntico. Neste sentido, podemos afirmar que a revogação é

---

631. Art. 2° Não se destinando à vigência temporária, a lei terá vigor até que outra a modifique ou revogue.
§1º A lei posterior revoga a lei anterior quando expressamente o declare, quando seja ela incompatível ou quando regule inteiramente a matéria de que tratava a lei anterior.

632. *Revogação em matéria tributária*, p. 211.

sempre da forma (enunciado), o que leva, como consequência, a revogação do conteúdo.

Conforme já dito (quando tratamos da interpretação e da teoria da decisão, no capítulo XII), na denominada "revogação tácita" o aplicador não expulsa o enunciado do sistema, pois inexiste ato revogatório (constituição em linguagem competente – como ocorre na revogação expressa). Ele, simplesmente, deixa de aplicar a norma que, após sua interpretação, em razão de conflitar com outras do sistema, considera "não aplicável". Como explica GABRIEL IVO, "é evidente que, ao não aplicar a norma que entende não pertencer ao sistema, o aplicador afasta, também, para aquele caso específico, a disposição que lhe oferece suporte. Afasta, põe de lado. Não a expulsa do sistema jurídico. Ela permanece e pode, com fundamento em outras normas construídas por meio de outros intérpretes, fruto de interpretações fundadas em outros pressupostos, ser aplicada"[633].

Como, no entanto, em relação às consequências jurídicas do ato-norma revogação e do conflito de regras se equiparam, ao invés de utilizarmos a terminologia "revogação expressa" e "revogação tácita", preferimos trabalhar com o uso da palavra em acepção ampla e estrita. Em sentido estrito o termo revogação reporta-se à trialidade existencial do fenômeno, pressupondo um ato de fala deôntico (norma jurídica) dirigido a outro com a finalidade de pôr fim à atividade jurídica deste. Em sentido amplo refere-se ao efeito, englobando aquilo que a doutrina denomina de "revogação tácita" e o ato de anulação.

A anulação, em termos estritos, diferencia-se da revogação em razão do pressuposto que a antecede. Um enunciado jurídico é anulado mediante a constituição de um contra-enunciado, em decorrência da existência de vício formal ou material do enunciado anterior. A anulação, neste sentido, pressupõe sempre um vício, o que não acontece com a revogação.

---

633. *Norma jurídica: produção e controle*, p. 105-106.

A doutrina tradicional, ainda, diferencia a revogação (enquanto norma jurídica), levando-se em conta o objeto sobre o qual incide, em duas espécies,: (i) ab-rogação, como sendo a supressão total de uma lei (ex: primeira parte do art. 2.045 do novo Código Civil – "revogam-se a Lei 3.071, de 1º de janeiro de 1916" – antigo Código Civil); e (ii) derrogação, como sendo a supressão apenas de alguns dispositivos de uma lei (ex: segunda parte do citado artigo 2.045 do novo Código Civil – "revogam-se... e a Parte Primeira do Código Comercial, Lei 556, de junho de 1850").

Com os recursos de que dispomos e com a análise voltada à teoria dos discursos, principalmente em relação às fontes do direito, logo nota-se que a denominada "ab-rogação" trata-se de uma revogação incidente sobre a enunciação-enunciada, que marca o fim da trajetória jurídica da norma veículo introdutor e, consequentemente, com ela, de todo seu enunciado-enunciado. Já a derrogação trata-se de uma revogação incidente sobre o enunciado-enunciado de dado documento normativo. Neste sentido, explica TÁREK MOYSÉS MOUSSALLEM: "O ataque à enunciação-enunciada tem por *obiectum effectum* a inaplicabilidae de todos os enunciados-enunciados daquele documento normativo para os casos ocorridos após a entrada em vigor do ato de fala revogador. A investida contra o enunciado-enunciado tem por *obiectum effectum* apenas a inaplicabilidade do enunciado-enunciado (*obiectum effectum*) para os casos ocorridos após a entrada em vigor do ato revogador"[634].

6.2 Efeitos da revogação no direito

Sob o aspecto dos efeitos, a revogação é vista como a expulsão da norma jurídica do sistema do direito positivo. Tal ideia, no entanto, deve ser analisada com maior precisão.

Vimos linhas acima que, em razão do princípio da irretroatividade, as normas jurídicas, mesmo depois de revogadas

---

634. *Revogação em matéria tributária*, p. 215.

(salvo algumas exceções), continuam sendo aplicadas aos fatos ocorridos antes da entrada em vigor da norma revogadora. Neste sentido, não seria coerente dizer que a revogação expulsa a norma jurídica do sistema, pois, sob esta afirmação, pressupõe-se que a regra perde sua validade (deixa de existir enquanto regra jurídica) e sem validade não é possível ser aplicada, pois não pertencente mais ao sistema jurídico. A regra revogada continua parcialmente vigente, até que seja aplicada a todos os casos ocorridos antes de sua revogação e, enquanto parcialmente vigente, ainda é válida[635].

Em regra, a revogação atinge, assim, a vigência das normas jurídicas, tornando-as parcialmente vigentes, e consequentemente a eficácia jurídica dos fatos verificados posteriormente. Somente depois de aplicada a todas as situações possíveis a norma deixa de pertencer ao sistema, ou seja, perde sua validade. Nestes termos, o efeito da revogação é anunciar (prescrever) o fim da atividade jurídica da norma revogada. Para chegar ao fim, no entanto, isto é, para perder sua validade, a regra passa por um processo (em razão do princípio da irretroatividade) devendo ser aplicada a todos os casos ocorridos anteriormente. Deste modo, em síntese, podemos dizer que a revogação marca o início da caminhada da norma para seu fim.

Falamos "em regra" porque há casos em que a revogação atinge diretamente a validade das normas. Isto ocorre, como ensina PAULO DE BARROS CARVALHO, quando a norma é revogada no período de sua *vacatio legis*, antes de adquirir

---

635. TÁREK MOYSÉS MOUSSALLEM utiliza-se da diferenciação que adota entre sistema e ordenamento para explicar tal assertiva: supondo que "em SDP1 (sistema do direito positivo 1), todas as normas são válidas, vigentes e aplicáveis. Com a edição do ato de fala revogador em t2 pelo menos uma das normas de SDP1 perde sua aplicabilidade para os casos a ele posteriores. Então em t2, tem novo sistema normativo SDP2 (sistema do direito positivo 2). Em t3, quando decorrido o tempo de aplicação da norma revogada em relação ao derradeiro fato consumado sob seu intervalo de subsunção, a norma revogada perde sua validade e sua vigência, estabelecendo-se novo sistema normativo SDP3 (sistema do direito positivo 3). Veja que em SDP1, SDP2 e SDP3 têm-se três sistemas de direito positivo distintos, já que suas consequências normativas são diferentes (*Revogação em matéria tributária*, p. 188-189).

aptidão para efetivamente atuar nas situações que regula (vigência)[636]. Ou, então, quando há exceção ao princípio da irretroatividade, por exemplo, no caso das normas penais que deixam de tipificar certa conduta como crime. Nestas circunstâncias, a revogação atua diretamente sobre a validade da norma revogada.

Questões:

1. Que é vigência?

2. Explique a seguinte sentença: "As normas jurídicas não têm vigência: (i) ou porque ainda não a adquiriram; (ii) ou porque já a perderam".

3. Que é *vacatio legis*? As normas na *vacatio legis* são vigentes?

4. Que se entende por vigência parcial e vigência plena? Explique.

5. Diferencie a vigência das normas gerais e abstratas das normas individuais e concretas.

6. Diferencie a vigência das regras introduzidas e das regras introdutoras.

7. Diferencie: (i) vigência no tempo e (ii) vigência no espaço das normas jurídicas.

8. Pode-se dizer que norma vigente é norma aplicada? Justifique.

9. Que é eficácia jurídica?

10. Diferencie: (i) eficácia técnica (sintática, semântica e pragmática); (ii) eficácia jurídica (*stricto* e *lato sensu*); e (iii) eficácia social. Dê exemplos.

---

636. *Direito tributário: fundamentos jurídicos da incidência*, p. 52.

11. Pode uma norma jurídica ter vigência e eficácia sem ser válida? Justifique.

12. Pode uma norma jurídica ser eficaz sem ser vigente? Justifique.

13. Pode uma norma jurídica ser válida, mas não ter vigência nem eficácia? Justifique.

14. Que é revogação?

15. Analise a revogação enquanto ato, norma e efeito.

16. Diferencie revogação expressa de revogação tácita? A revogação tácita trata-se de efetiva revogação?

17. Há diferença entre revogação e anulação? Explique.

18. Diferencie: (i) ab-rogação; e (ii) derrogação.

19. Quais os efeitos da revogação em relação à norma revogada? Ela perde a validade, a vigência ou a eficácia? Justifique.

20. Considerando as informações abaixo, analise as duas situações:

> A Lei Federal n. xxx de 10/04/2007 (fictícia), publicada no dia 20/04/07, prescreveu o pagamento de taxa de licenciamento de veículo de 0,6% sobre o valor venal do veículo, de seu proprietário em 01/04 (primeiro de abril), a ser paga até o décimo dia do mês subsequente (10/05) sob pena de multa no valor de 50% da taxa devida.

> a) Situação 1: Em 01/06/2009, o Supremo Tribunal Federal decidiu, em ação direta de inconstitucionalidade com efeitos *ex tunc*, pela inconstitucionalidade da lei. Identifique, nas datas fixadas abaixo, a situação jurídica da regra-matriz de incidência, justificando

cada uma das situações (lembrando que, por se tratar da instituição de tributo, a lei está sujeita ao princípio da anterioridade).

Critérios\datas	05/04/2007	10/04/2007	20/04/2007	01/04/2008	01/06/2009
É válida					
É vigente					
Incide					
É eficaz					

b) <u>Situação 2</u>: Em 01/06/2009, todos os dispositivos da Lei n. xxx foram expressamente revogados pela Lei n. yyy. Indique, nas datas fixadas abaixo, a situação jurídica da regra-matriz de incidência, justificando cada uma das situações.

Critérios\datas	05/04/2007	10/04/2007	20/04/2007	01/04/2008	01/06/2009
É válida					
É vigente					
Incide					
É eficaz					

REFERÊNCIAS BIBLIOGRÁFICAS

ABBAGNANO, Nicola. *Dicionário de filosofia*. 5ª ed., São Paulo: Martins Fontes, 2007.

ALCHOURRÓN, Carlos Eduardo; BULYGIN, Eugenio. *Sobre la existencia de las normas jurídicas*. México: Distribuciones Fontamara, 1997.

—————. *Sobre el concepto de orden jurídico*, in: Análisis lógico y derecho. n. 24, Madrid: Centro de Estúdios Constitucionales, 1991.

—————. *Introducción a la metodología de las ciencias jurídicas y sociales*. Buenos Aires: Astrea, 1974.

ARAÚJO, Manfredo. *Reviravolta linguístico-pragmática na filosofia contemporânea*. São Paulo: Editora Loyola, 1997.

ARAUJO, Clarice Von Oertzen de. *Semiótica do direito*. São Paulo: Editora Quartier Latin, 2005.

—————. *Fato e evento tributário – uma análise semiótica*, in: SANTI, Eurico Marcos Diniz de. *Curso de especialização em direito tributário: estudos analíticos em homenagem a Paulo de Barros Carvalho*. Rio de Janeiro: Forense, 2005.

ATALIBA, Geraldo. *Hipótese de incidência tributária*. 5ª ed., São Paulo: Malheiros, 1999.

ÁVILA, Humberto. *Teoria dos princípios: da definição à aplicação dos princípios jurídicos*. 2ª ed., São Paulo: Malheiros, 2003.

BARTHES, Roland. *A retórica da imagem*, in: *O óbvio e o obtuso*. Rio de Janeiro: Nova Fronteira, 1990.

BECKER, Alfredo Augusto. *Teoria geral do direito tributário*. 4ª ed., São Paulo: Noeses, 2007.

BENTHAM, Jeremías. *Tratados de las pruebas judiciales*. Trad. Manuel Osório Florit, Buenos Aires: Ejea, 1971.

BENVENISTE, Émile. *Problemas de linguística geral*. Campinas: Pontes, 1989.

BETIOLI, Antônio Bento. *Introdução ao estudo do direito*. São Paulo: Atlas, 2001.

BOBBIO, Norberto. *Teoria general del derecho*. Madrid: Debate, 1993.

_____. *Teoria da norma jurídica*. 3ª ed., Tradução de Fernando Pavan Batista e Ariani Bueno Sudatti. São Paulo/Bauru: *Edipro*, 2005.

BRAGHETTA, Daniela de Andrade. *Tributação do comércio eletrônico*. São Paulo: Quartier Latin, 2003.

BUENO, Silva. *Grande dicionário etimológico prosódico da língua portuguesa*. São Paulo: Saraiva. 1968.

BULYGIN, Eugenio. *Lógica Deôntica*, in: ALCHOURRÓN, Carlos Eduardo. *Lógica*. Madrid: Trotta, 1996.

CÂMARA JR, Joaquim Mattoso. *Dicionário de linguística e gramática referente à língua portuguesa*. 14ª ed., Petrópolis: Vozes, 1988.

CAMPILONGO, Celso Fernandes. *Política, sistema jurídico e decisão judicial*. São Paulo: Max Limonad, 2002.

CARNELUTTI, Francesco. *Teoría general del derecho*. Tradução F. X. Osset. Madrid: 1995.

──────. *A prova civil*. Traduzido por Lisa Pary Scarpa. Campinas: Bookseller, 2001.

CARRIÓ, Genaro. *Notas sobre el derecho y lenguaje*. Buenos Aires: Abeledo-Perrot, 1972.

CARVALHO, Paulo de Barros. *Direito tributário linguagem e método*. São Paulo: Noeses, 2008.

──────. *Direito tributário: fundamentos jurídicos da incidência*, 6ª ed., São Paulo: Saraiva, 2008.

──────. *Curso de direito tributário*. 20ª ed., São Paulo: Saraiva, 2008.

──────. *Teoria da norma tributária*. 3ª ed., São Paulo: Max Limonad, 1998.

──────. *Isenções tributárias do IPI, em face do princípio da não-cumulatividade*. Revista Dialética de Direito Tributário, vol. 33, 1998.

──────. *IPI – Comentários sobre as regras de interpretação da tabela NBM/SH (TIPI/TAB)*. Revista Dialética de Direito Tributário, vol. 12, 1998.

──────. *Formalização da linguagem – proposições e fórmulas*. Revista do programa de pós-graduação em direito PUC/SP, vol. 1. São Paulo: Max Limonad, 1995.

──────. *Teoria da prova e o fato jurídico tributário*. Apostila do Programa de Pós-Graduação em Direito da USP e da PUC/SP, 2004.

──────. *Apostila do curso de pós-graduação em filosofia do direito I (lógica jurídica)*. São Paulo: PUC/SP, 1998.

──────. *Apostila do curso de extensão em teoria geral do direito*. São Paulo: IBET/SP, 2007.

————————. *O absurdo da interpretação econômica do 'fato gerador' – direito e sua autonomia – O paradoxo da interdisciplinaridade.*

CONRADO, Paulo Cesar. *Processo tributário analítico.* São Paulo: Dialética, 2005.

COPI, Irving M. *Introdução à lógica.* São Paulo: Mestre Jou, 1981.

COSSIO, Carlos. *La valoración jurídica y la ciencia del derecho.* Buenos Aires: Arayú, 1954.

————————. *La teoria egológica del derecho.* 2ª ed., Buenos Aires: Abeledo-Perrot, 1964.

DALLA PRIA, Rodrigo. *O processo de positivação da norma jurídica tributária e a fixação da tutela jurisdicional apta a dirimir os conflitos havidos entre contribuinte e fisco,* in: CONRADO, Paulo Cesar. *Processo tributário analítico,* São Paulo: Dialética, 2003.

DINIZ, Maria Helena. *As lacunas do direito.* 8ª ed., São Paulo: Saraiva, 2007.

————————. *Conflito de normas.* São Paulo: Saraiva, 2003.

————————. *Curso de direito civil brasileiro.* 22ª ed., v.2, São Paulo: Saraiva, 2007.

————————. *Lei de introdução ao código civil brasileiro interpretada.* 9ª ed. São Paulo: Saraiva, 2002.

————————. *Compêndio de introdução à ciência do direito.*

DUBOIS, Jean, GIACOMO, Mathée, GUESPIN, Louis, MARCELLESI, Christiane, MARCELLESI, Jean-Baptiste, e MEVEL, Jean-Pierre. *Dicionário de linguística.* Trad. Frederico Pessoa de Barros, Gesuína Domenica Ferretti, John R. Scmitz. São Paulo: Editora Cultrix, 1998.

DUROZOI, Gérard e ROUSSEL, André. *Dicionário de filosofia*. 2ª ed., Campinas: Papirus, 1996.

ECO, Umberto. *O signo*. Trad. Maria de Fátima Marinho, Lisboa: Presença, 1990.

ECHAVE, Delia Teresa; URQUIJO, María Eugenia; GUIBOURG, Ricardo. *Lógica, proposición y norma*. Buenos Aires: Astrea, 1991.

FALCÃO, Amilcar de Araújo. *Fato gerador da obrigação tributária*. 5ª ed., Rio de Janeiro: Forense, 1967.

FERRAGUT, Maria Rita. *As presunções no direito tributário*. 2ª ed., São Paulo: Quartier Latin, 2005.

FERRAZ JR, Tercio Sampaio. *Introdução ao estudo do direito*. 4ª ed., São Paulo: Atlas, 2003.

FIORIN, José Luiz. *Introdução ao pensamento de Bakhtin*. São Paulo: Ática, 2006.

───────. *As astúcias da enunciação*. São Paulo: Ática, 2002.

FLUSSER, Vilém. *Língua e realidade*. São Paulo: Annablume, 2004.

GADAMER, Hans-Georg. *Verdade e método*. Trad. Flávio P. Meurer, 4ª ed., Petrópolis: Vozes, 2002.

GAMA, Tácio Lacerda. *Obrigação e crédito tributário – anotações à margem da teoria de Paulo de Barros Carvalho*. Revista Tributária e de Finanças Públicas – v. 11, n. 50, maio/ junho, 2003.

───────. *Competência tributária, fundamentos para uma teoria da nulidade*. 2ª ed., São Paulo, Noeses, 2011.

GENOUVRIER, Emile e PEYTARD, Jean. *Linguística e ensino do português*. Trad. Rodolfo Ilari, Almedina, Coimbra: Livraria Almeida, 1974.

GUASTINI, Riccardo. *Das fontes às normas*. Trad. Edson Bini. Apresentação: Heleno Taveira Tôrres. São Paulo: Quartier Latin, 2005.

――――――. *Distiguiendo, estudos de teoria y metateoria del derecho*. Buenos Aires: 1999.

――――――. In: *Il giudice e la legge – lezioni de diritto constituzionale*. Padova: Libreria Universitária, 1995.

GUIBOURG, Ricardo. *El fenómeno normativo*. Buenos Aires: Astrea, 1987.

――――――; GHIGLIANI, Alejandro; GUARINONI, Ricardo. *Introducción al conocimiento científico*. Buenos Aires: Eudeba, 1985.

GUSMÃO, Paulo Dourado de. *Introdução ao estudo do direito*. 40ª ed., Forence, 2008.

HABERMAS, Jurgen S. *Verdade e justificação: ensaios filosóficos*. Editora Loyola, 2000.

――――――. *Teoría de la acción comunicativa: complementos y estúdios prévios*. Madrid: Catedra, 1994.

HEGENBERG, Leônidas. *Saber de e saber que: alicerces da racionalidade*. Petrópolis: Vozes, 2002.

HEIDEGGER, Martin. *Conferências e escritos filosóficos*. Coleção *Os Pensadores*, São Paulo: Nova Cultural, 1989.

――――――. *A caminho da linguagem*. São Paulo: Vozes, 2003.

HOSPERS, John. *Introdución a análisis filosófico*. 2ª ed., Madrid: Alianza Universidad, 1984.

HUSSERL, Edmund. *Investigações lógicas – Sexta investigação. Elementos de uma elucidação fenomenológica do conhecimento*. São Paulo: Nova Cultural, 2005.

INFANTE, Ulisses. *Do texto ao texto*. São Paulo: Scipione, 1988.

IVO, Gabriel. *Norma jurídica produção e controle*. São Paulo: Noeses, 2006.

—————. *A incidência da norma jurídica tributária – o cerco da linguagem*, in: Revista de Direito Tributário, São Paulo: Malheiros Editores, 2001.

JACKOBSON, Roman. *Linguística e comunicação*. Trad. de José Paulo Paes e Isidoro Blikstein, São Paulo: Cultrix, 1991.

JOTA, Zélio dos Santos. *Dicionário de linguística*. 2ª ed., Rio de Janeiro: *Presença*, 1981.

KELSEN, Hans. *Teoria pura do direito*. Tradução de João Baptista Machado. Lisboa: Armênio Amado, 1984.

—————. *Teoria geral do direito e do estado*. Tradução de Luís Carlos Borges. São Paulo: Martins Fontes, 1990.

—————. *Teoria geral das normas*. Porto Alegre: Fabris, 1986.

LALANDE, André. *Vocabulário técnico e crítico da filosofia*. Trad. Fátima Sá Correa, 2ªed., São Paulo: Martins Fontes, 1996.

LUHMANN, Niklas. *Introducción a la teoría del sistemas*. México: Iberomaricana, 1996.

LYONS, John. *Introdução à linguística teórica*. Trad. Rosa Virginia Mattos e Silva e Hélio Pimentel, São Paulo: Ed. Nacional, 1979.

MATURANA, Humberto e VARELA, Francisco. *A árvore do conhecimento – as bases biológicas do conhecimento humano*. São Paulo: Ed. Palas Athenas, 2004.

MAXIMILIANO, Carlos. *Hermenêutica e aplicação do direito*. 16ª ed., Rio de Janeiro: Forense, 1997.

MENDES, Sônia Maria Broglia. *A validade jurídica pré e pós giro-linguístico*. São Paulo: Noeses, 2007.

MENDONCA, Daniel. *Interpretación y aplicación del derecho*. Editores: Universidad de Almería, 1997.

──────. *Exploraciones normativas hacia una teoría general de las normas*. México: Fontamara, 1995.

MIRANDA, Pontes de. *Tratado de direito privado*. Rio de Janeiro, Borsoi, 1954. T. IV.

MONTEIRO, Washington de Barros. *Curso de direito civil*, 8ª ed, vol. IV, São Paulo: Saraiva, 1972.

MORCHÓN, Gregorio Robles. *Teoría del derecho (fundamentos de teoría comunicacional del derecho)*, Madrid: Civitas Ediciones, 1998.

──────. *Las reglas del derecho y las reglas de los juegos*. Universidade de Palma de Mallorca, 1984.

MORTARI, Cezar A. *Introdução à lógica*. 1ª ed., São Paulo: Editora UNESP.

MOUSSALEM, Tárek Moysés. *Revogação em matéria tributária*. São Paulo: Noeses, 2005.

──────. *As fontes do direito tributário*. São Paulo: Max Limonad, 2001.

NINO, Carlos Santiago. *Introducción al análisis del derecho*. 8ª ed., Barcelona: Ariel, 1997.

PEREIRA, Caio Mário da Silva. *Instituições de direito civil*. Vol. 4, 19ª ed., Forense Editora, 2005.

PEREIRA, Eduardo Carlos. *Gramática expositiva, curso superior*. 87ª ed., Cia. Edt. Nacional, obra da década de 1930 ou 1940.

PEIRCE, Charles Sanders. *Semiótica*. Trad. de José Teixeira Coelho Neto, São Paulo: Perspectiva, 1990.

―――――――. *Semiótica e filosofia*. Trad. de Octanny Silveira da Mota e Leônidas Hegenberg, São Paulo: Cultrix, 1972.

PISCITELLI, Tathiane dos Santos. *Os limites à interpretação das normas tributárias*, São Paulo, Quartier Latin, 2007.

QUEIROZ, Luis Cesar de. *A regra-matriz de incidência tributária*. In: SANTI, Eurico Marcos Diniz de. *Curso de especialização em direito tributário em homenagem a Paulo de Barros Carvalho*. Rio de Janeiro: Editora Forense, 2005.

REALE, Miguel. *Cinco temas do culturalismo*. São Paulo: Saraiva, 2000.

―――――――. *Filosofia do direito*. 20ª ed., São Paulo: Saraiva, 2002.

―――――――. *Fontes e modelos do direito*. 1ª ed., São Paulo: Saraiva, 1999.

―――――――. *Lições preliminares de direito*. 12ª ed., São Paulo: Saraiva, 1985.

―――――――. *Teoria do ordenamento jurídico*. 10ª ed., Brasília: Edt. da Universidade de Brasília, 1999.

―――――――. *Teoria tridimensional do direito*. 5ª ed., São Paulo: Saraiva, 1994.

RODRIGUES, Silvio. *Direito civil, parte geral das obrigações*. 22ª ed., vol. 2, São Paulo: Saraiva, 1994.

ROSS, Alf. *Sobre el derecho y la justicia*. Trad. de Genaro Carrió, Buenos Aires: EUDEBA, 1974.

SANTAELLA, Lúcia. *A teoria geral dos signos – semiose e autogeração*. São Paulo: Pioneira, 2000.

SANTI, Eurico Marcos Diniz de. *Lançamento tributário*. São Paulo: Max Limonad, 1999.

——————. *Decadência e prescrição no direito tributário*. 2ª ed., São Paulo: Max Limonad, 2001.

SAUSSURE, Ferdinand de. *Curso de linguística geral*. Trad. de Antônio Chelini, José Paulo Paes e Isidoro Blikstein. São Paulo: Cultrix, 1991.

SCAVINO, Dardo. *La filosofia actual: pensar sin certezas*. Buenos Aires: Paidós Postales, 1999.

SICHES, Luis Recasens. *Introducción al estúdio del derecho*. México: Porrua, 1977.

STRECK, Luiz Lenio. *Hermenêutica jurídica e(m) crise – uma exploração hermenêutica da construção do direito*. Porto Alegre: Livraria do Advogado, 1999.

TELLES JÚNIOR, Goffredo. *O direito quântico*. 8ª Edição, Max Limonad, 2006.

TEUBNER, Gunther. *O direito como sistema autopoiético*. Lisboa: Fund. Calouste Gulbenkian, 1989.

TOMÉ, Fabiana Del Padre. *A prova no direito tributário*. 1ª ed., São Paulo: Noeses, 2005.

VALVERDE, Gustavo Sampaio. *Coisa julgada em matéria tributária*. 1ª ed., Quartier Latin, 2004.

VERNEGO, José Roberto. *Curso de teoria general del derecho*. 2ª ed., Buenos Aires: Ediciones Depalma, 1988.

VILANOVA, Lourival. *As estruturas lógicas e o sistema do direito positivo*. 3ª ed., Editora Noeses, 2005.

——————. *Causalidade e relação no direito*. São Paulo: Saraiva, 1989.

_____. *A teoria da revolução*. Separata do anuário do mestrado da Universidade de Recife, 1979.

_____. *Lógica jurídica*. São Paulo: José Bushatsky, 1976.

_____. *Norma jurídica – proposição jurídica (significação semiótica)*. Revista de Direito Público, São Paulo: RT, 1982, (XV) 61.

_____. *Teoria da norma fundamental*. In: Estudos em Homenagem a Miguel Reale. Organização Teófilo Cavalcanti Filho. São Paulo: RT, 1977.

_____. *A teoria do direito em Pontes de Miranda*. Escritos jurídicos e filosóficos, vol. 1. São Paulo: IBET/Axis Mundi, 2003.

_____. *Sobre o conceito do direito*. Escritos jurídicos e filosóficos. vol. 1. São Paulo: IBET/Axis Mundi, 2003.

_____. *Analítica do dever-ser*. Escritos jurídicos e filosóficos. Vol. 1. São Paulo: IBET/Axis Mundi, 2003.

_____. *Universo das formas lógicas e o direito*. Escritos jurídicos e filosóficos. Vol. 1. São Paulo: IBET/Axis Mundi, 2003.

_____. *Teoria da norma fundamental – comentários à margem de Kelsen*. Escritos jurídicos e filosóficos. Vol. 2. São Paulo: IBET/Axis Mundi, 2003.

VILLEGAS, Hector. *Direito Penal Tributário*. Trad. Elisabeth Nazar. São Paulo: Resenha Tributária e EDUC, 1974.

WITTGENSTEIN, Ludwig. *Tractatus logico-philosophicus*. São Paulo: Edusp, 1994.

ZAFFARONI, Eugênio Raúl. *Manual de derecho penal; parte geral*. Buenos Aires: Ediar, 1977.

Impressão e acabamento

psi7 | book7